北京文博

文丛

2023 年

北京市文物局 编

北京燕山出版社

图书在版编目（CIP）数据

北京文博文丛. 2023 / 北京市文物局编. -- 北京：
北京燕山出版社, 2023.12

ISBN 978-7-5402-7104-6

Ⅰ. ①北… Ⅱ. ①北… Ⅲ. ①文物工作—北京—文集
②博物馆—工作—北京—文集 Ⅳ. ①G269.271-53

中国国家版本馆CIP数据核字(2023)第203374号

北京文博文丛 2023

出版发行：北京燕山出版社有限公司

社　　址：北京市西城区椿树街道琉璃厂西街20号　100052

责任编辑：郭　悦　　梁　萌

版式设计：黄晓飞

印　　刷：北京兰星球彩色印刷有限公司

开　　本：889mm×1194mm　1/16

印　　张：20.25

字　　数：668千字

版　　次：2023年12月第1版

印　　次：2023年12月第1次印刷

ISBN 978-7-5402-7104-6

定　　价：228.00元

北京文博

2023 年（总第 111 期）

"市文物局青年人才专项培养"专栏

1　南阳出土玉器与独山玉关系的科技检测研究 ………… 张雪鸽　倪　炎　何秋菊
7　魏晋南北朝北方地区民族衣冠的交融与变迁
　　——从出土陶瓷俑与壁画人物形象来考察 ………………………… 温梦砥
16　明嘉靖官窑瓷器"仿古"初探 ……………………………………… 于　凡
27　西板桥沿革述略 …………………………………………… 张　隽　逯曜宇
33　首都博物馆馆藏之陈宝琛家属捐赠文房类藏品概述 ………… 丁炳赫　迟海迪
40　蒋衡的匠人精神
　　——中国古代最后一部规模最大的御制石经的书写者 …………… 马天畅
48　《澂秋馆吉金图》中汉代铜器拓片的解读 ……………………… 孙　劢
55　北京市文物交流中心藏"召公玉刀"拓本研究 ………… 郝佳雯　李宇翔
60　浅析不可移动革命文物保护利用及规划策略
　　——以《没有共产党就没有新中国》词曲创作地旧址为例 ………… 王　爽

北京史地

66　府学胡同 36 号院考略 ……………………………………… 滕修展
76　新发现出土文献所见延庆古代建置沿革 ……………………… 杨程斌
87　北京第一都
　　——纪念金中都建都暨北京建都 870 周年 …………………… 丁利娜
91　关于明廷御用监内部运作机制的若干问题 …………………… 林　欢
97　纳兰明珠家族谱系新探 …………………………… 王建文　焦晋林
101　觉生寺清代祈雨缘起问题新议 ……………………………… 王　申
107　《光绪顺天府志》所引《游大慧寺记》作者考辨 ……………… 王承浩
110　近代全国公共卫生防疫事业起点
　　——中央防疫处创立与前期建设 ……………………………… 徐子枫

文物研究

119　广阳城墓地出土印章的初步研究 ……………… 杨　菊　李伟敏　于　璞
126　孔水洞两龛摩崖造像的年代、风格及历史艺术渊源初探 ………… 黄春和
135　唐幽州节度押衙高霞寓玄堂铭新考
　　——兼论唐代儒州的建置情况 ……………………………… 向传君
141　大运河（北京段）漕运文物的初步研究 ……………………… 郭京宁
150　北京皇家坛庙建筑群的世界遗产价值分析 ………………… 郑　军
156　故宫奉先殿与太庙须弥座台基初探 ……………… 谢嘉伟　卓媛媛
164　故宫长春宫建筑用旧金属钉帽的分析研究 ……………… 王丹毅　李秀辉

171　"纪念碑性"与永乐大钟停放地点的再考证..................李吉光

177　明御用监太监秦德墓志浅析........................陈　倩

186　明代锦衣卫左都督朱希孝墓志浅析....................高丽丽

194　明代英国公张溶墓志考............................张晶晶

201　明式凳类家具造型及应用研究......................罗　颖

209　北京市文物局综合事务中心藏《张奢碑》拓本探析......韩建识

214　长峪城天仙庙铁钟铭文考释........................罗　飞

224　清代宫廷建筑物料研究略论........................赵　晨

229　北京石刻艺术博物馆藏"博博尔代墓碑"考............张云燕

237　大觉寺乾隆帝御赐匾额考..........................张杰燕

243　首都博物馆藏《佛说阿弥陀佛经》经板研究............李　梅

250　浅析扎什琍玛造像艺术........徐　辉　张弘燮　张可欣　姚雨萌

258　南河沿堂子兴废考略.............................王彦嘉

264　北京西城区博济庵现存建筑调查....................吕玮莎

考古研究

275　北京大兴亦庄博兴路唐墓发掘简报..............北京市考古研究院

279　北京市朝阳区东坝唐墓发掘简报................北京市考古研究院

博物馆研究

286　探索文物古建活化利用　创新博物馆文化传播新形式
　　　——"白塔之夜"活动的思考与实践...............康　蕾

291　文化自信视域下博物馆"非遗技艺"教育项目研究
　　　——以北京艺术博物馆"斫木堂"教育项目为例.......孙秋霞

295　博物馆直播宣传的探索与思考
　　　——以"博物馆奇妙之旅"系列直播活动为例.........崔　凯

298　全媒体背景下新闻宣传活动传播路径研究
　　　——以2020年中国国际服务贸易交易会文物及博物馆文化创意展区宣传推广策划为例...白燕飞

301　论剧院的"博物馆化"............................杨学晨

306　文旅融合形势下智慧博物馆建设的必要性分析.........杜　媛

文物保护

310　路县故城遗址出土窖藏铜、铁器的初步保护修复
　　　..................黄　星　魏　然　赵文华　崔兆艺

声　明

编辑出版

北京市文物局综合事务中心

邮箱

bjwb1995@126.com

南阳出土玉器与独山玉关系的科技检测研究

张雪鸽　倪炎　何秋菊

一、背景介绍

（一）研究背景

2017 年，在北京市文物局的大力支持下，首都博物馆承接了"'渎山大玉海'出版项目"。"渎山大玉海"现位于北京市北海公园团城，是中国玉文化发展史上的里程碑，至今影响巨大。课题组首次运用现代无损科技检测方法对"渎山大玉海"材质进行检测，确定其材质为独山玉。然而在目前可见的宫廷旧藏与考古出土的玉器文物中，极少有见其他独山玉实物。那么在元代前是否存在独山玉的用玉传统？除了"渎山大玉海"，还有哪些古代玉器是独山玉材质的呢？

带着这个疑问，课题组查阅了南阳市文物考古研究所编《南阳古玉撷英》①（文物出版社，2005），该书用 230 多幅图片展示了南阳地区出土的从新石器时代到西汉的玉器，其中明确注明了"独山玉"的有 21 件，时代为仰韶文化至西周。其中大多数没有对外展出。根据课题组对书中 21 件独山玉文物图片的分析，有一些层状结构明显、硬度较低（刮痕较重），颜色存疑，颗粒很细，断口方向性明显，没有独山玉的特征；还有部分粒状结构、硬度较高、抛光光泽较高、颜色等与独山玉相似，照片看起来与独山玉相似度较高。但仅靠目测和图片观察不足以作为鉴定依据，无法定名。

2018 年 7 月 2—7 日，课题组一行 4 人携带便携式拉曼光谱仪、便携式红外光谱仪、便携式显微镜、高清单反照相机及常规鉴定仪器，赴河南郑州市和南阳市进行文物检测鉴定。

书中明确注明了"独山玉"的 21 件文物中，其中有 3 件文物在邓州、南召等地，不在南阳市，无法检测；另有 6 件现存于南阳市文物考古研究所，因故不能取出检测。因此本次实际检测的疑似独山玉的文物共 12 件，其中南阳市博物馆 4 件、南阳市文物考古研究所 6 件、河南博物院 2 件。

（二）独山玉的矿物学介绍

在矿物学上，独山玉②是以基性斜长石、黝帘石、白云母（含铬）、纤闪石等为主要矿物组成的中细粒蚀变斜长岩、辉长岩，以绿、白、褐、红、黄、黑等多种颜色共存为特征；是由岩浆分异、动力变质作用及多期次热液沿破碎裂隙带充填交代基性 - 超基性杂岩体而形成。代表产地河南省南阳市独山。

（三）文物基本信息

本次检测的 12 件文物编号及基本信息如下：

01 号玉铲：新石器时期，南阳市博物馆藏，出土地点镇平县安国城，出土时间 20 世纪 70 年代；尺寸：长 21.1cm，宽 7.8—10.9cm，厚 1.58cm。

02 号单孔玉铲：新石器时代，南阳市博物馆藏，出土地点镇平县安国城；尺寸：长 17.7cm，宽 4.05—7.08cm，厚 1.38cm。

03 号独玉铲：新石器时代，南阳市博物馆藏，农民捐献；尺寸：长 21cm，宽 7—9.22cm，厚 0.86cm。

04 号玉璋：商代，南阳市博物馆藏，征集于南阳县潭河公社康庄大队望城岗村；尺寸：长 38cm，宽 10cm，厚 0.5 cm。

作者单位：首都博物馆

图一 文物照片

05 号牙璋：夏（此处为原记录，年代尚有争议），南阳市文物考古研究所藏，出土地点桐柏县月河镇；尺寸：长 25.63cm，宽 5.4—6.9cm，厚 0.304cm。

06 号玉矛：春秋晚期，南阳市文物考古研究所藏，出土地点桐柏县月河镇；尺寸：长 21.35 cm，宽 4.86cm，厚 0.7cm。

07 号玉戈：春秋晚期，南阳市文物考古研究所藏，出土地点桐柏县月河镇；尺寸：长 23.69cm，宽 4.65cm，厚 0.47cm。

08 号玉扁长条形饰：春秋晚期，南阳市文物考古研究所藏，出土地点桐柏县月河镇；尺寸：长 3.78cm，宽 0.977cm，厚 0.552cm。

09 号辟邪；汉代，南阳市文物考古研究所藏，征集于南阳市工地住宅；尺寸：长 3.35cm，宽 1.95cm，厚 2.05cm。

10 号玉璋：春秋晚期，南阳市文物考古研究所藏，出土地点桐柏县月河镇；尺寸：长 31.4cm，宽 4.1—5.9cm，厚 0.7cm。

11 号玉铲：新石器时代，河南博物院藏，出土地点南阳黄山遗址；尺寸：长 15.323cm，宽 8.374—10.13cm，厚 1.35cm，孔径 1.715cm。

12 号玉铲：春秋晚期，河南博物院藏，出土地点镇平县安国城；尺寸：长 22.011cm，宽 6.32—9.1cm，厚 1.425cm，孔径 1.384cm。

二、文物无损分析检测

（一）仪器设备简介

本次检测工作分别在河南省博物院、南阳市博物馆和南阳市文物考古研究所内进行，检测设备为首都博物馆工作人员自带的便携设备，仪器列表及参数如下：

1.肉眼鉴定的仪器：主要有 10 倍手持放大镜、查尔斯滤色镜，用于观察矿物组分、结构、粒度、颜色及其变化、解理与裂理等。

2. 便携式激光拉曼光谱仪：RT3000GI，激光波长 785nm，激光功率 500MW。

3. 便携式红外光谱仪：德国布鲁克公司 Alpha 型号，用于无损检测玉器文物的矿物学材质，红外线波数范围 4000—400cm^{-1}。

4. 便携式显微镜：SCALAR，DG-3 便携数码显微镜；CCD 成像，总像素约 230 万（1901×1212），有效像素约 216 万（1816×1208），放大倍数：25 倍，用于观察玉器加工工艺及结构粒度。

（二）无损分析检测

检测全程采用无损科技分析的方法，分为肉眼鉴定和仪器检测。首先肉眼观察矿物的颜色、结构及特殊物理特性，接着借助 10 倍放大镜和便携式显微镜观察矿物的粒度、矿物组成和加工痕迹，如遇到有特殊光学现象的矿物，可借助查尔斯滤色镜来辅助观察。在仪器检测中，主要使用便携式红外光谱仪和便携式激光拉曼光谱仪获得准确谱图再加以分析。根据检测数据分析及判断，12 件文物的材质被分为独山玉、蛇纹石玉、闪石玉、绢云母化蚀变岩、石英岩和有机质等六个大类，具体研究过程如下：

1. 独山玉材质

由检测结果可知，12 件文物样品中有两件确定为独山玉，红外谱图与独山玉的红外谱图对应。它们分别是 04 号玉璋和 07 号玉戈。04 号玉璋呈黑色，表面沁色为浅白色花格状，网状；断口为参差状，细粒状；硬度较高，莫氏硬度 5—6；划痕浅；孔反面略大于正面；单面管钻。

07 号玉戈为浅褐色、黑色，沁色呈浅灰白色，有横断裂，首部有裂，孔边裂外，表面有许多蚀坑，背面孔大于正面孔，为单面管钻、单面刃；根据器物造型，推测其为史前玉器，后经春秋国君收藏。

再看红外吸收谱峰（图二），两件样品均在 1230—900cm^{-1} 处有强吸收区，由 4—5 个谱带组成，它们归属于 Si-O、Si(Al)-O 伸缩振动；2800—3700cm^{-1} 中强吸收区由 1—2 个吸收带组成，归属于黝帘石中 OH- 伸缩振动；650—550cm^{-1} 的中强吸收区，由 2—3 个吸收带组成，归属于 O-Si（Al）-O 及 Si-O-Si 弯曲振动；800—700cm^{-1} 较弱吸收区，由 2—3 个吸收带组成，归属于 Si-Si、Si-Al（Si）振动，及弯曲振动；500—400cm^{-1} 最弱吸收区，基本由 2 个谱带组成，属 Si-O-Si、O-Si-O 弯曲振动与 Ca-O 伸缩振动相耦合。独山玉是以基性斜长石、黝帘石、白云母（含铬）、纤闪石等为主要矿物组成的中细粒蚀变斜长岩、辉长岩，该谱峰符合独山玉红外谱峰特征[③]。

拉曼检测结果显示，07 号玉器符合独山玉标准拉曼谱峰，最高相似度达 96.5%，04 号样品因蚀变严重，无检测数据，但 04 号红外谱峰与 07 号谱峰相似。

综上，可认定 04 号和 07 号两件文物样品材质为独山玉。

2. 蛇纹石玉材质

01 号玉铲和 02 号单孔玉铲两件文物样品确定为蛇纹石玉材质，具体信息如下：

01 号玉铲，呈黑色，局部花斑，无沁色，细粒结构，刃部没有断裂、破损。10 倍放大镜下观察可见白色物质内含绿色矿物和黑色矿物；硬度较高，擦痕较浅，硬度约 5—6；光泽明亮，反光面为玻璃光泽，钻孔处双面管钻

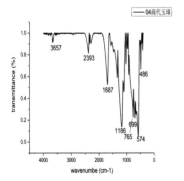 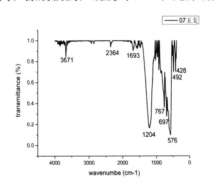 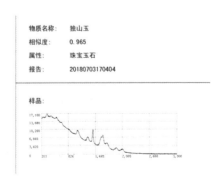

图二 04 玉璋红外谱图（左）、07 玉戈红外谱图（中）和 07 玉戈拉曼谱图（右）

呈参差状。

02 号单孔玉铲颜色灰白、浅绿，分布有片状黑色，两条长脉状、似浅绿色的角闪石或辉石，放大观察（10 倍）可见黑色片状、长柱状矿物的辉石，硬度较高，擦痕浅，抛光面反光，光泽较亮；查尔斯滤色镜下：绿色矿物变色不明显，孔径直径 1.02cm，孔为双面管钻制成。

由图三可知，01 号玉铲和 02 号单孔玉铲红外谱图在 3670—3680cm^{-1} 处有一个强吸收，是 OH$^-$ 的伸缩振动带；950—1100cm^{-1} 有三处吸收，都属于 Si-O 振动；530—700cm^{-1} 的两个吸收峰分别是蛇纹石羟基转动晶格振动和 Mg-O 面外弯曲振动引起的。由以上谱峰判断，玉铲材质为蛇纹石玉[④]。

3. 闪石玉材质

本次检测有四件文物样品确定为闪石玉材质，分别是 05 号牙璋、06 号玉矛、08 号玉扁长条形饰和 10 号玉璋。具体信息如下：

05 号牙璋颜色呈褐色和浅褐色，沁色浅灰白，浅褐色。细粒结构，纹饰刀痕处有沁土，抛光细，光亮度高，划痕少，硬度高，断口呈参差状和层状，正面有平行纹饰。

06 号玉矛为黑色，沁色浅褐。光泽和抛光较好，放大观察（10 倍）可见细粒结构，结构致密，口沿参差状，硬度高，划痕少。

08 号玉扁长条形饰通体黑色，纹饰槽内有红色物质，侧上有一孔，未通，孔内也有红色物质，左右各有一小孔，孔径由外向内变小。

10 号玉璋颜色由黑色、浅褐和浅灰白色组成，沁色浅白；表面抛光好，黑亮，脉状长线状，内有深黑色矿物，断口参差状，细粒，微晶，划痕浅，硬度高，致密，表面无工艺、纹饰，单面刃。初步判断为含铁较高的阳起石玉（闪石玉的一种）。

红外光谱仪的检测结果显示，05 号牙璋、06 号玉矛、08 号玉扁长条形饰和 10 号玉璋具有相似的谱图，即 3663cm^{-1} 附近为 OH- 伸缩振动，3663cm^{-1} 带强度与 Mg^{2+} 含量呈正相关关系，与 Fe^{2+} 含量相关；1000cm^{-1} 附近的吸收谱带为 Si-O 伸缩振动；在 600—300cm^{-1} 的低频区附近的吸收谱带归属于 Si-O 弯曲振动。均符合闪石玉的红外光谱特征[⑤]。其中 05 号牙璋和 06 号玉矛的拉曼谱图再次证明了

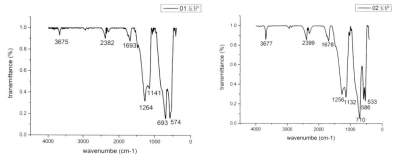

图三 01 玉铲红外谱图（左）和 02 单孔玉铲红外谱图（右）

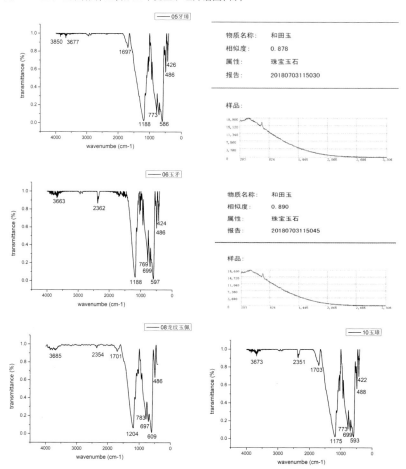

图四 左上、左中、左下、右下分别为 05、06、08 和 10 号样品的红外谱图，右上、右中分别为 05、06 号样品的拉曼谱图

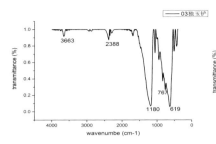
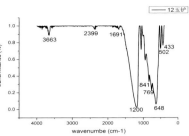
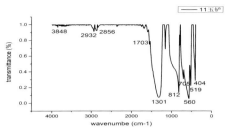

图五 03 号样品红外谱图（左）和 12 号样品红外谱图（右）　　　　　　图六 11 号样品红外光谱图

其主要矿物成分为闪石玉[6]。10 号玉璋结合肉眼鉴别结果，可判定为闪石玉中的阳起石分类。

4. 绢云母玉

该材质相较于独山玉蚀变更为严重，硬度更低，偏向于绢云母材质，以 03 号独玉铲和 12 号玉铲为代表。

03 号独玉铲整体呈浅绿色，脉状分布浅白色，有斑状褐色沁色；放大检查（10 倍）结构为细粒状，玻璃光泽，浅绿色为黝帘石、角闪石；断口参差状粒状，划痕较深，硬度 5—6；正面带褐沁，正面上部有平行磨�痕。

12 号玉铲颜色含有浅绿、浅白、褐色等多种颜色，放大观察（10 倍）可见多处划痕，可见硬度低，边缘透明度较高，断口层状，片状，不可见粒晶、极细粒，疑似高岭石胶结，白色絮状物或为粘土砂粒。

03 号和 12 号样品的红外吸收光谱显示出绢云母矿物红外光谱特征[7]。1060cm^{-1} 附近为 Si-O 伸缩振动，765cm^{-1} 吸收与四次配位 AIIV 有关，属面内 Si-O-AIIV 振动，谱带强度随 AIIV 数目减少而降低。502cm^{-1}、433cm^{-1} 属于 Si-O-Si 弯曲振动，947cm^{-1}、837cm^{-1}、436cm^{-1} 属于 OH 摆动。

5. 石英岩材质

11 号玉铲为石英岩材质，浅黄色，无沁色，晶粒细，无纹饰，裂隙多，无充填物，断口粒状参差，放大观察（10 倍）：断口粒状结构，油脂光泽，有脉状纹理，表面不见划痕，反光强，硬度高。

该红外谱图由以下几部分组成（图六）：由 Si-O 非对称伸缩振动导致的红外吸收谱带为 1301^{-1}、1158 cm^{-1}，由 Si-O-Si 对称伸缩振动导致的红外吸收谱带为 812cm^{-1}、791cm^{-1}、705cm^{-1}，由 Si-O 弯曲振动导致的红外吸收谱带为 560cm^{-1}、519cm^{-1}。由拉曼谱图可知，该样品主要由石英矿物组成，石英岩玉的主要组成矿物是石英，化学成分为 SiO_2，该红外谱图符合石英岩玉的指纹区特征[8]。

6. 有机质材质

09 号辟邪通体黑色，黝亮，表面光亮，切口粗、深，硬度低，比重小，没有粒状晶隙。确定该器物不是独山玉，是一种有机化合物，但因红外和拉曼光谱质量不好，因此无法定名，准确名称还得结合其他科学检测手段做更深入的分析检测。

三、结果与讨论

12 件待测样品，经课题组肉眼观察、放大（显微结构）观察及便携式红外光谱仪、便携式拉曼光谱仪检测，确定为独山玉的有两件，分别为 04 号玉璋（商代）和 07 号玉戈（春秋晚期）。确定不是独山玉的有 10 件，他们的材质分别是：01 号玉铲、02 号单孔玉铲为蛇纹石玉，03 号独玉铲为绢云母化蚀变岩，05 号牙璋、06 号玉矛、08 号玉扁长条形饰为闪石玉，09 号辟邪为有机宝石，10 号玉璋为闪石玉 - 阳起石玉，11 号玉铲为石英岩玉，12 号玉铲为绢云母化蚀变岩。

从以上检测结果可以看出，在南阳地区确实有独山玉质出土玉器，年代为新石器时代晚期，数量很少；另有几件不能确定独山玉质玉器；有 4 件确定为闪石玉（含阳起石玉），出土地点为桐柏月河，时代为春秋晚期，这是重要信息——由此可推测此闪石玉料产自桐柏山地区（大别山山脉）或是秦岭东段延伸部分的伏牛山地区（山体与桐柏山大致为东西走向）。淅川地区至今产出闪石玉料。淅川、南阳、桐柏地区是楚国的核心地区，至春秋晚期，玉料还是"就地就近"取材，比较商代晚期的妇好墓出土大量闪石玉被认定为"和田产的和田玉"[9]，这个结论是否准确还有待商榷。

通过本次科学检测，笔者认为，关于独山玉被称为"历史悠久的我国四大名玉"之说缺乏依据。至今可见的独山玉质出土玉器极少，而且商代以后几乎不见。特别是西周以来"君子比德于玉"理念的出现后，也许，独山玉的性质不适合"君子"对玉的判断标准，便几乎不用此料。在目前可见的宫廷旧藏与考古出土的玉器文物中，也极少有见其他独山玉实物。用巨大的独山玉料做成玉器，应有大量的余料、边角，为何见不到玉料、边角料做的任何物件？是否可以理解为独山玉不具备自西周以后的温润、质纯、色纯的用玉标准而不能"入围"玉器的原料？

独山玉料被忽必烈用于大型器物，而且是在蒙古人西征北伐控制了几乎整个亚洲大陆之时，是玉料产地、玉作匠人尽在蒙古人控制之下之时，确实令人费解。从文化交流或者商品贸易、战争占有等等的因素分析，忽必烈称王登基时，已经占领了昆仑山产玉地，而且和田玉料还在供应南宋朝廷。那么，忽必烈是如何钟爱独山玉的呢？笔者在文献中尚未查到相关记载。

独山玉的使用历史由于许多考古报告对玉器没有全面的材质检测鉴定资料，一些博物馆的玉器标本受条件限制不能进行实物检测，研究仍然存在空白。此次对南阳市文物考古研究所、南阳市博物馆、河南博物院等单位已标注为独山玉的部分文物进行了检测，结果与原标注的出入较大。由于受标本数量、携带仪器设备限制，检测未能深入。曾有学者推测南阳距离安阳较近，殷墟玉器应该有南阳玉，目前没有检测数据支持。希望将来有其他学者侧重于对河南省及其周边出土的史前至清代的相关玉器材质进行科学检测鉴定。

致谢：本文受北京市文物局"首都博物馆'渎山大玉海'出版项目"支持，感谢河南博物院、南阳市文物考古研究所和南阳市博物馆对本研究的大力支持，感谢课题组专家于平、曾卫胜、赵瑞廷等老师的指导，感谢中国地质科学院杨丹研究员对检测结果的核验。

① 南阳市文物考古研究所编：《南阳古玉撷英》，文物出版社，2005年。

② 张蓓莉：《系统宝石学》，地质出版社，2006年。

③ 肖启云：《河南南阳独山玉的宝石学及其成因研究》，中国地质大学2007年博士学位论文。

④ 薛蕾、王以群、范建良：《黄色蛇纹石玉的谱学特征研究》，《激光与红外》2009年第3期。

⑤ 陈全莉、包德清、尹作为：《新疆软玉、辽宁岫岩软玉的XRD及红外光谱研究》，《光谱学与光谱分析》2013年第11期。

⑥ 和田玉是闪石玉的宝石学名称，该便携拉曼光谱仪显示的名称是其自带的宝石学名称谱库。

⑦ 杨春、张平、张琨：《湖北巴东绢云母玉的宝石学研究》，《资源环境与工程》2009年第1期。

⑧ 熊燕、翁楚炘、徐志：《白色软玉及其相似玉石的红外吸收光谱差异性比较》，《红外技术》2014年第3期。

⑨ 申斌：《"妇好墓"玉器材料探源》，《中原文物》1991年第1期。

魏晋南北朝北方地区民族衣冠的交融与变迁

——从出土陶瓷俑与壁画人物形象来考察

温梦砥

处在汉唐之间的魏晋南北朝，战争频繁，南北双方的统治者各自以正统自居、互相敌对，《魏书》记南人为岛夷，《宋书》称北人为索虏，且南方与北方、汉族与戎族在社会生活、文化习俗等方面也确有较大的差别，但深入史料与考古材料可以看到，这一时期也是中国从南北分裂走向统一、各个民族文化相互影响融合、继而形成华夏文化的重要阶段。

本文所说的北方地区，是指秦岭、淮河以北的地域，重点关注中原、华北、东北、关中、晋北以及河西走廊地区出现的考古材料。对于魏晋之际北方地区民族文化交流的研究一直是学界关注的重点，并且在政治、经济等多方面都已取得重要的成果。川本芳昭用"中华的崩溃与扩大"来形容这一时期的中国历史。这确实是一个推陈出新的时期，是华夏文化形成的重要阶段，而魏晋南北朝衣冠制度正是这一时代特征的重要的细节体现。《春秋左传正义》云："中国有礼仪之大，故称夏；有服章之美，谓之华。"衣冠代表了文明礼教，是民族文化的生动体现。魏晋南北朝时期考古资料丰富，尽管曹魏提倡薄葬，但社会风气仍崇尚厚葬，至东晋南北朝厚葬之风愈演愈烈，该时期各地壁画墓、画像砖墓所刻画的人物形象，与墓葬内出土的大量陶瓷人俑，为我们观察该时段民族繁多的北方地区服饰的融合与变迁提供了重要的实物资料。

一、北方地区各族衣冠服饰交互渗透之表现

中国古人所穿服饰，大致由首服、身衣与足服三部分组成。首服即头上所戴之冠帽，身衣为身体所穿着的衣服，足服是脚上所穿的鞋靴。魏晋南北朝时期，身处不同地域不同政权的各阶层，在身穿自身民族和地域特色的服饰之时，

图一 南北朝时期典型袴褶服
（1.洛阳元怿墓壁画上身穿袴褶的武士形象 2.南京雨花台石子岗 M5 出土陶俑）

图二 洛阳地区西晋墓中的武士俑、男仆俑形象
（1.洛阳春都路西晋墓武士俑与男仆俑[3] 2.河南新安西晋墓武士俑[4]）

作者单位：北京市考古研究院

图三 辽阳棒台子二号墓所出车骑图[5]

图四 甘肃高台县骆驼城魏晋壁画墓[6]

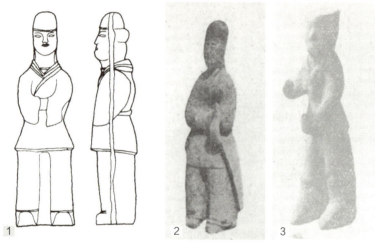

图五 1.咸阳师专十六国墓出土男侍俑 2.西安草厂坡十六国墓出土武士俑 3.南京象山7号墓出土陶俑

图六 云南昭通后海子霍承嗣墓后壁壁画家丁身穿袴褶

同样也会受到其他民族、其他地域服饰风格的影响，特别是长江以北的北方地区，自东汉末年以来，便有大量胡族南下并建立政权，这种不同风格相互融合的着装打扮有大量的考古材料实例，下文将选取一些特征明显的服饰，透过考古材料，以体现服饰文化的细节，并展现该时期各族服饰文化交融的鲜明特点。

（一）袴褶

袴褶是南北朝时期颇为流行的一类服饰，上穿褶衣，下着长裤，且长裤外穿，不加袍服（图一）。起初，袴褶作为戎服在军旅中盛行，后作为常服、朝服，上至统治阶层下至平民百姓、奴隶妇孺皆可穿着，影响远至隋唐。《资治通鉴》卷六一《汉纪》载："范出，便释褲，着袴褶，执鞭诣阁下启事，自称领都督①。《晋书·舆服志》中记载"弓弩队各五十人，黑袴褶"②。史料表明曹魏西晋时，袴褶已流行于汉族军队之中。这种短衣长裤的服装一开始作为戎服，仅在军队武士或地位低下者中盛行，与峨冠博带的统治阶层所穿服饰相对立。

从考古材料来看，此时的塞外、边疆以及中原腹地，都有袴褶服的身影。洛阳地区是魏晋时期的政治中心，发现有大量西晋墓葬，这些墓葬以随葬武士、男仆俑作为其丧葬文化的一个特征，且出土男俑普遍身穿袴褶，代表了这一时期中原地区袴褶服饰的特征（图二）。东北与河西地区的壁画墓上也可以观察到相似的袴褶服饰，如辽阳棒台子二号墓的车骑人物与甘肃高台县魏晋壁画墓的牵马男子（图三、图四）。此时的袴褶服无缚裤，袖口与裤腿较窄，并未上升到礼服的层面，与后来南北朝时期的袴褶区别较大。

西晋后期，少数民族纷纷建立政权，促进了不同民族、不同政权间的文化融合与吸收，其中袴褶在吸收、融合各民族地域因素后，至东晋十六国时期形成新的特点。在北方地区，关中十六国墓葬中出土了大量身穿袴褶的陶俑（图五），说明此时袴褶已非常流行，使用人群的范围进一步扩大。对比南京象山7号墓陶

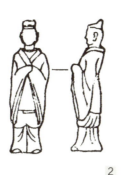
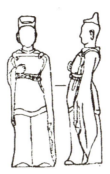

图七 南北朝时期盛行的袴褶
（1. 河北景县封氏墓出土身穿袴褶的男俑 2. 东魏茹茹公主墓出土的文官俑）

图八 山东地区出土东汉坐姿胡人俑
（1. 青州出土石雕胡人 2. 临淄出土石雕胡人）

图九 各地考古材料所见的圆领窄袖衣陶俑
（1. 北京房山区十三里村西晋墓陶俑 2. 山东巨野前贺庄出土陶男俑 3. 洛阳春都路西晋墓出土武士俑 4. 南京江宁上坊村青瓷吹奏人俑）

俑的袴褶服[⑦]，关中地区的咸阳师专、草厂坡十六国墓陶俑所着袴褶带有明显的胡风[⑧]。而且，关中地区的袴褶服与云南昭通后海子霍承嗣墓葬壁画上众家丁穿的袴褶服特征相似（图六）[⑨]，这表明东晋十六国时期，袴褶服已经跨越了地域、民族的界限，影响范围从北到南。

东晋后统治阶层与贵族也逐渐开始接受袴褶，袴褶渐成常服，北魏甚至将其作为祭服。北魏分裂成西魏、东魏，代之西魏、东魏的北周、北齐继续盛行袴褶之风，在邺城地区的东魏茹茹公主墓[⑩]、北齐湾漳大墓，晋阳地区的徐显秀墓等北朝壁画墓及河北景县封氏墓等一大批北朝墓葬出土的考古材料中能够看到北方地区袴褶服依旧盛行[⑪]。这一时期，由于北朝汉化的深入，袴褶服加以改良，较为紧窄的袖口与裤腿向大袖口宽裤口转变定型（图七）。这个时期袴褶便是后来常见的最广泛、最典型的袴褶服形制，其影响深远，直至隋唐时期依然流行。

（二）圆领窄袖衣

与汉族传统的袍服不同，头戴尖帽、身穿紧袖窄口的上衣长裤是传统胡人服饰，典型的形象有山东青州和临淄出土的东汉坐姿胡人俑（图八）[⑫]。东汉末年以来大量胡族内迁，形成所谓"戎狄居半，汉匈杂居"的现象，也带来了大量的草原文化因素，其中之一的传统胡族服饰也会影响北方各个地区。临近塞外的幽燕地区首当其冲，是深受胡族影响的地区之一。北京魏晋十六国时期墓葬出土有不少身着紧身衣尖顶帽的陶俑，体现了胡人服饰的文化因素（图九，1）[⑬]。山东巨野（图九，2）[⑭]、洛阳春都路[⑮]以及南京江宁地区出土的男俑（图九，3、4）[⑯]，都是身穿圆领紧身上衣、头戴尖帽，与胡人的传统服饰特征十分相似。虽然不同简报中对陶俑身份有不同的看法，仅从外观无法准确断定是胡是汉，但从服饰来看无疑是吸收了胡人的服饰传统，其影响不仅在北方地区，也深入到了南方内地。

图一〇 龙门石窟宾阳中洞北魏皇帝礼佛图

图一一 磁县湾漳北朝墓出土陶俑⑱

图一二 北齐崔芬墓墓主夫妇出行图⑲

图一三 西安北周康业墓石围屏线刻男女服饰㉑

（三）宽袍大袖

袍服是两汉以来传统官服，西晋秉持汉代传统，晋室南渡后，东晋至南朝仍然以袍服为通用官服，上层阶级流行褒衣博带之风，从东晋画家顾恺之所画的《女史箴图》《洛神赋图》可以一窥当时六朝流行的服饰风格。北朝自孝文帝汉化改革后，上层贵族间身穿褒衣博带也蔚然成风，改变了以往鲜卑服盛行的风气。北魏宣帝时期开凿的宾阳中洞里的"帝后礼佛图"⑰与司马金龙墓漆屏风画上的服饰即可视为汉化之后的初步表现（图一〇）。观察其后北周、北齐时代各地出土的陶俑、壁画和线刻等考古材料，可以看到宽袖长袍自北魏之后已然被北族政权接受并奉为朝服（图一一至图一三）。

（四）帽

汉族传统的首服应戴冠，少数民族传统戴帽，正如《说文·冃部》所言："冃，小儿及蛮夷头衣也"。胡人所戴之帽，按地域和民族形式各异，这里择取一些形式特征明显的帽子，来看该时期服饰文化的交流、传承。

首先是带翎帽。一般带羽翎的帽子㉑较为少见，辽宁朝阳袁台子前燕壁画墓绘制的仆人所戴之帽与凤凰山一号墓侍者的帽子㉒皆为圆顶带翎（图一四、图一五），凤凰山一号墓年代为东汉，墓主身份是浸染匈奴习俗的汉族官吏贵族，透过相似的帽子可以看到东北地区前燕服饰受到了早期匈奴文化的影响，并有继承，这是北方不同少数民族之间服饰交流的体现。

尖帽作为胡人传统帽式，在北京西

图一四 朝阳十二台营子乡袁台子村前燕壁画墓

图一五 鄂托克旗凤凰山一号墓侍奉人物宽檐帽

图一六 北方地区出土尖帽俑
（1.北京景王坟出土车夫俑　2.山西运城十里铺出土武士俑　3.陕西西安南郊出土陶俑　4.甘肃高台县罗成乡河西村4号墓尖帽胡人　5.北京石景山区八角村西晋墓石椁内西壁上方牛耕图）

图一七 山东临沂洗砚池　图一八 安徽寿县青瓷烛台　图一九 萧山博物馆
青瓷水注　　　　　　　　　　　　　　　　　　　　　所藏西晋青瓷人俑

图二〇 《女史箴图》抬辇宫人穿布履

图二二 司马金龙漆画屏风中身穿高靴的抬辇宫人

图二一 陕西咸阳平陵十六国墓出土侍女俑

郊景王坟[23]、山西运城十里铺[24]、陕西西安南郊[25]、河南洛阳春都路西晋墓中都出土相似的尖帽俑（图一六），这些尖帽从塞北到中原地带都有分布，也是胡人服饰在北方地区广泛影响的体现。

还有一种不同于传统中原冠帽样式的卷沿帽，在许多地区都有发现。山东临沂洗砚池晋墓青瓷水注上的胡人，头顶卷沿帽[26]，与位于南北交界地带的安徽寿县西晋墓中出土的青瓷胡人烛台造型十分相似[27]（图一七、图一八），二者皆佩戴绚纹卷沿帽。萧山博物馆所藏绍兴出土的西晋青瓷人俑（图一九），其头顶所戴之帽，帽檐翻卷与鲜卑三棱帽有几分相似，但多出卷沿。这些区别于传统高冠的卷沿帽形象，在中原腹地越来越多地出土，说明胡汉服饰之间的交流与影响，从西晋伊始就延续不断。

（五）履与靴

《中华古今注·鞋子》："鞋子自古即皆有，谓之履，绚繸皆画五色。至汉有伏虎头，始以布鞔繸，上脱下加，以锦为饰。至东晋，以草木织成，即有凤头之履、聚云履、五朵履。宋有重台履。梁有笏头履、分捎履、立凤履，又有五色云霞履。"东晋南朝时人日常生活所穿多为木屐与各式各样的履，如《女史箴图》中抬辇人所穿（图二〇），而十六国、北朝地区的北人多穿靴，但并非完全如此。

《晋书·载记》："季龙常以女骑一千为卤簿，皆着紫纶巾、熟锦裤、金银镂带、五文织成靴，游于戏马观。"[28]《晋书·刘兆列传》也描述"尝有人着靴骑驴至兆门外"，《南史》也记载严亶"学北人着靴上殿"，可见南朝也有不少穿戴靴子的现象。陕西咸阳平陵十六国墓出土侍女俑足穿尖履（图二一），诸多北齐壁画墓中也有许多穿戴履的陶俑形象，说明北朝除了穿戴传统的长靴外，也积极接受汉文化传统的履鞋。另外，北魏司马金龙墓漆屏风画面内容生动写实地展现了汉族与拓跋族文化交融（图二二），

图二三
（1.洛阳华山西路西晋墓出土男女侍俑，女子上衣下裙，男子身穿袍服；2.甘肃酒泉果园乡高闸沟村彩绘砖上绘制头戴进贤冠，身穿皂袍的墓主人；
3.辽阳棒台子2号墓宴饮图）

图二四 草厂坡十六国墓出土头戴合欢帽男俑

图二五 各地流行的鲜卑服
（1.邢合姜石椁画上身穿鲜卑服的供养人 2.智家堡漆棺画鲜卑侍者 3.宁夏固原棺板漆画上墓主人及侍者 4.关中地区十六国末北魏初出土陶俑）

峨冠博带的主人与身穿鲜卑服、脚着长靴的抬辇宫人服饰的搭配与结合，正是其两种身份的表达，也是当时各民族互相迁移，深入融合的社会背景的体现。

综上所述，通过袴褶、圆领窄袖衣、帽子、靴履等一些能体现服饰变化细节的考古材料，可以直观感受到各类特色服饰在魏晋南北朝时期的深度交融。横向来看，融合与变革之后的服饰，影响地域范围广阔，波及至周边地域民族如朝鲜高句丽和西南少数民族。北方地区主要以关中、幽燕与青齐地区为主，而河西地处偏僻，乱世之际，仍以汉族传统服饰为主。深度来看，上述提到的服饰变化影响了各个阶层，除本文提及的这些服饰类别外，如"舆台成俗"风靡一时的小冠和备受北族人喜爱的步摇、金珰等，从头冠到鞋履服饰各种细节几乎都能体现出跨地域间的交流融合，这种改变，在政局跌宕的魏晋南北朝时期，融合新生的服饰是对两汉以来传统汉族服饰的革新。

二、北方地区服饰融合与变迁之脉络

服饰的变革会受多种因素影响，并不一定与时代发展完全同步，服饰演变也带有一定的滞后性和地域性。魏晋南北朝北方地区服饰的发展和变迁，不同于衣冠南渡后、服饰演变大体稳定的江左政权，在十六国、北朝所统治的北方地区，由于战乱频繁，民族政权更迭不断，服饰乱象杂糅，梳理北方地区的服饰演变有助于理解该时期服饰融合的阶段特征，也有利于把握该时期各地民族融合的特点。

（一）第一期：三世纪末至四世纪初（西晋）

东汉末年胡人大量内迁，至西晋时期，北方地区形成了"西北诸郡，皆为戎居"的局面，这为北方地区各族衣冠服饰的融合奠定了基础。这一时期在北京、晋南、关中、洛阳等地的西晋墓葬中所出土的大量胡人、胡服俑能够体现多民族的初步交融，这些服饰如尖帽、袴褶、窄袖紧身衣等在上文已有论述。胡风服饰从塞外到中原地区的分

图二六 迁洛后北魏墓葬壁画与陶俑上的服饰形象
（1.洛阳王温墓壁画描绘的墓主人夫妇及侍者 2.王温墓出土陶侍俑 3.元邵墓出土陶侍俑）

图二七 北周不同政权下的服饰特色（采自《中国出土壁画全集09、02》）
（1.太原北齐娄睿墓出行图 2.宁夏固原北周李贤夫妇墓武士 3.太原北齐徐显秀墓主夫妇及侍者）

布，表明胡人及其服饰文化从边疆逐渐渗透到汉族文化核心地区。在相对稳定的东北与河西地区，当地的服饰特征仍以汉魏传统服饰为主，辽阳地区的魏晋壁画墓所显示的衣冠服饰[29]仍是汉魏传统服饰（图二三，3），敦煌、酒泉壁画墓与画像砖墓尽管有少量羌族服饰，但整体是传统的袍服、衣裙与梁冠（图二三，2）。总体来看，这一时期，中国北方地区的服饰仍延续汉末魏晋的服饰传统（图二三，1），但已经出现一些胡族服饰的身影。

（二）第二期：四世纪中叶至五世纪中叶（十六国至孝文帝迁洛前）

第二期以十六国为限可分为两个阶段。"戎狄居半"的关中地区在十六国时期是重要的政治中心，前赵、前秦、后秦三个政权定都于此，关中十六国墓葬展现出来的考古学文化明显区别于西晋时期丧葬文化，出土陶俑上的服饰是其中重要的体现。咸阳师专、草厂坡1号墓出土男女陶俑身穿的袴褶、襦裙，与中原地区的魏晋墓葬中的袴褶衣裙相异，男子头戴合欢帽、女子梳独特的十字髻杂糅胡汉特色，地域风格明显（图二四）。《邺中记》记载："季龙猎，着金缕织成合欢帽"。出土大量头戴合欢帽的男俑，是这一时期关中地区十六国服饰特征（合欢帽是将左右两片合在一起的一种帽子，中间有一条合缝）。东北地区十六国时期的前燕、高句丽政权与关中地区不同，继续延续上一时期，承继汉魏传统服饰，这与他们遵奉东晋政权、自身"渐慕诸夏之风"有着较高的汉文化素养有关。

十六国之后，崛起于北方的拓跋鲜卑于386年建立北魏，439年统一北方，在孝文帝迁都洛阳前，平城大同是北魏的政治和文化中心。这一时期以大同为中心的北魏墓葬壁画上鲜卑服盛行，从较早的呼和浩特北魏墓，到大同近郊地区北魏墓葬群出土的大量壁画显示，汉化改革前拓跋鲜卑仍保持着本民族服饰，很少受到汉族服饰的影响，如皇兴三年（469）邢合姜墓出土石椁壁画上所绘北魏供养人[30]，身着鲜卑式襦裤、头戴鲜卑风帽（图二五，1），鲜卑色彩浓厚，与御东新区北魏墓出土陶俑[31]、智家堡漆棺画人物[32]衣服样式风格一致（图二五，2），都是十分典型的鲜卑服饰。在北魏统一北方的进程中，鲜卑服饰也随之在各地出现，如关中地区十六国时期常见的合欢帽男俑消失，渐被鲜卑式衣着的风帽俑所取代（图二五，4）[33]，宁夏固原北魏墓出土的棺板漆画上墓主人与侍者都身穿长襦长裤、佩戴风帽（图二五，3）[34]。但在这一阶段，汉式服装色彩已经开始融入鲜卑服饰当中，如司马金龙墓漆屏风画上人物所穿的汉式服饰、固原棺板漆画上墓主人手持毛羽麈尾扇所显示的胡汉融合现象，更多的与墓主人身份和经历相关，虽并未成主流，但成为了后一阶段服饰汉化改革的先声。

（三）第三期：五世纪末至六世纪末（北魏迁洛后至北齐、北周）

太和十四年（490）孝文帝亲政后，继续推行祖母冯太后的各项政改，随后迁都洛阳，开始大刀阔斧的汉化改革。此后，是北魏一朝服饰全面融合汉族衣冠的阶段，典型墓葬有洛阳地区的孝昌二年（526）元乂墓、武泰元年（528）元邵墓（图二六，3）[35]、太昌元年（532）王温壁画墓（图二六，1、2）[36]，这些北魏晚期墓葬出土大量身穿袍服、袴褶的陶俑，头戴小冠，宽衣博带，上承汉晋之风，兼并江左特色，是北魏汉化多年之后，以正统自居在物质服饰文化上的成熟体现。

北齐、北周继拓跋氏而立，北朝服饰在吸收了北魏的汉化成果之后，又带有不同礼法制度的影响。从邺城与太原大量的北齐壁画墓与陶俑能够看出，如太原北齐娄睿墓和徐显秀墓，磁县的湾漳大墓。北齐政治与社会上涌现出的逆汉化的鲜卑化潮流，在其丧葬艺术体现便是，北齐政权地区服饰除了传统的汉化衣冠外，另出现了继承胡族服饰传统的圆领长靴服装，并演化为后世隋唐盛行的缺骻袍（图二七，1、3）。而北周墓葬诸如西安康业墓、固原李贤墓则显示统治者追求周礼的复古倾向（图二七，2），更流行褒衣博带之风。但总体来看，这时期北朝服饰已经形成了新的服饰特征，区别汉魏，异于南朝。

拓跋鲜卑"胡风国俗，杂相乱糅"，考古材料也反映了北魏前期服饰胡风深厚的特点。《隋书·礼仪六》载："自晋左迁，中原礼仪多缺。后魏天兴六年，诏有司始制冠冕，各依品秩，以示等差，然未能皆得旧制。至太和中，方考故实，正定前谬，更造衣冠，尚不能周洽。及至熙平二年……奏定五时朝服，准汉故事，五郊衣帻，各如方色焉。及后齐因之。"说明太和改制后，传统汉服与鲜卑服饰之间的融合还经历了一段时间的完善打磨，至孝明帝之时才渐成定制，慢慢深入人心，及至北齐的鲜卑化与北周的复兴周礼又让两地的服饰文化呈现相同又不同的特征，最终持续演变在融合了南方的服饰礼仪后，走向了隋唐服饰的另一阶段。

三、结语

魏晋南北朝时期是我国民族融合的重要阶段，服饰变革是文化融合的重要体现，本文通过列举北方地区陶俑和壁画考古材料，探讨了魏晋南北朝时期北方地区服饰的交融与变迁。通过研究，能够看到魏晋南北朝北方地区各族服饰的融合是广泛、深入且持续的，从冠帽、衣着到鞋履等各类服饰，从东北、中原到河西等北方各个区域，不同民族不同政权不同地域之间的服饰融合都在潜移默化地进行着。魏晋南北朝的北方地区的服饰融合与变迁，可以分为三个时期，魏晋时期是初步融合时期，这一时期北方仍以汉魏传统服饰为主，零星出现胡族服饰；十六国至北魏孝文帝改革前是深入交流时期，这一时期尽管胡汉对立严重，以关中地区为代表的十六国服饰异域特征明显，但同时也渐渐吸收了汉族服饰的特点，为后来的全面变革奠定重要的基础；孝文帝服饰改革后是北方服饰发展的成熟期，这一时期北方服饰逐渐定型，并承上启下，开启了隋唐时代的衣冠服饰制度。

梳理魏晋南北朝北方地区的服饰流变，能够看出，在该时期胡族与汉族之间的夷夏对立心理在逐渐弱化，特别是崛起于代北的拓跋鲜卑，入主中原后，开始主动寻求服饰上的融合，积极吸收汉族服饰的优点，创新衣冠服饰制度，这背后也体现了各族之间不断增强的文化趋同和渴望统一的社会时代背景。

① [宋] 司马光：《资治通鉴》卷六一，中华书局，1976 年，第 1973 页。

② [唐] 房玄龄等：《晋书》卷二十五《舆服志》，中华书局，1974 年，第 760 页。

③⑮ 洛阳市第二文物工作队：《洛阳春都路西晋墓发掘简报》，《文物》2000 年第 10 期。

④ 洛阳市文物工作队：《河南新安西晋墓 (C12M262) 发掘简报》，《文物》2004 年第 12 期。

⑤ 辽宁省博物馆文物队、朝阳地区博物馆文物队、朝阳县文化馆：《朝阳袁台子东晋壁画墓》，《文物》1984 年第 6 期。

⑥ 徐光冀主编：《中国出土壁画全集 9》，科学出版社，2011 年，第 47 页。

⑦⑯ 南京市博物馆：《南京象山 5 号、6 号、7 号墓清理简报》，《文物》1972 年第 11 期。

⑧ 陕西省文物管理委员会：《西安南郊草厂坡村北朝墓的发掘》，《考古》1959 年第 6 期；咸阳市文物考古研究所：《咸阳师专西晋北朝墓清理简报》，《文博》1998 年第 6 期。

⑨ 云南省文物工作队：《云南省昭通后海子东晋壁画墓清理简报》，《文物》1963 年第 12 期。

⑩ 磁县文化馆：《河北磁县东魏茹茹公主墓发掘简报》，《文物》1984 年第 4 期。

⑪ 周铮：《河北景县封氏墓群丛考》，《文物春秋》1992 年第 2 期。

⑫ 徐龙国：《山东发现的汉代大型胡人石雕像再研究》，《美术研究》2017 年第 3 期；王新良：《山东临淄出土一件汉代人物圆雕石像》，《文物》2005 年第 7 期。

⑬ 朱志刚：《房山区小十三里村西晋墓》，《北京考古信息》1991 年第 1 期。

⑭ 中国人民大学历史学院、巨野县博物馆：《山东巨野前贺庄西晋画像石墓清理简报》，《文物》2022 年第 8 期。

⑰ 孙机：《中国古舆服论丛》，文物出版社，2001 年，第 197 页。

⑱ 中国社会科学院考古研究所、河北省文物研究所：《磁县湾漳北朝壁画墓》彩版二六，科学出版社，2003 年。

⑲ 山东省文物考古研究所：《山东临朐北齐崔芬壁画墓》，《文物》2002 年第 4 期。

⑳ 西安市文物保护考古所：《西安北周康业墓发掘简报》，《文物》2008 年第 6 期。

㉑ 徐光冀主编：《中国出土壁画全集 8》，科学出版社，2011 年，第 37 页。

㉒ 马利清：《内蒙古凤凰山汉墓壁画二题》，《考古与文物》2003 年第 2 期。

㉓ 喻震：《北京西郊发现两座西晋墓》，《考古》1964 年第 4 期。

㉔ 山西省考古研究所、运城市博物馆：《山西运城十里铺砖墓清理简报》，《考古》1989 年第 5 期。

㉕ 陕西省考古研究所、西北大学文博学院：《西安南郊西晋墓发掘简报》，《文物》2007 年第 8 期。

㉖ 山东省文物考古研究所、临沂市文化局：《山东临沂洗砚池晋墓》，《文物》2005 年第 7 期。

㉗ 安徽省文物考古研究所：《安徽寿县两座西晋墓发掘简报》，《中国国家博物馆馆刊》2023 年第 2 期。

㉘ [唐] 房玄龄等：《晋书》卷一百六《载记第六·石季龙上》，中华书局，1974 年，第 2777 页。

㉙ 王增新：《辽阳市棒台子二号壁画墓》，《考古》1960 年第 1 期。

㉚ 大同市考古研究所：《山西大同全家湾北魏邢合姜墓石椁调查简报》，《文物》2022 年第 1 期。

㉛ 大同市考古研究所：《山西大同御东新区御昌佳园北魏墓 M113 发掘简报》，《考古与文物》2021 年第 4 期。

㉜ 刘俊喜、高峰：《大同智家堡北魏墓棺板画》，《文物》2004 年第 12 期。

㉝ 辛龙：《略论关中地区西晋十六国陶俑的演变》，《文博》2014 年第 5 期。

㉞ 固原县文物工作站：《宁夏固原北魏墓清理简报》，《文物》1984 年第 6 期。

㉟ 黄明兰：《洛阳北魏元邵墓》，《考古》1973 年第 4 期。

㊱ 洛阳市文物工作队：《洛阳孟津北陈村北魏壁画墓》，《文物》1995 年第 8 期。

明嘉靖官窑瓷器"仿古"初探

于 凡

　　"仿古"意指瓷器中仿制前朝器型、纹饰、色釉并署本朝年款、前朝寄托款或无款的一类器物。瓷器的仿古自宋至清均有所见，一类遵从宋代提倡的"师古而不泥古"，仅仿器型或釉色，如南宋官窑模仿商周铜器的造型，清雍正时期仿烧唐代双龙柄壶[①]，釉色则饰以青花、青釉、天蓝釉等当时流行的品种；另一类则从纹饰至器型全面仿制，力求逼真，如清雍正仿明永乐青花缠枝花卉纹折沿盆[②]，晚清光绪时期对康熙青花、青花五彩器的仿制也属此列。目前明代仿古器物实例所见最早的为宣德时期[③]，成化时期亦有烧造[④]，而明代仿古器物大量出现是在嘉靖时期，其出现的具体时间、背景尚待研究，本文拟就传世及出土器物互相比较印证，对以上问题做出初步解释。

一、嘉靖"仿古"瓷器烧造的分期及品种

　　嘉靖"仿古"瓷器依据目前所见资料（详见附表），笔者将按时间跨度分为三期：第一期为嘉靖元年（1522）至九年（1530），第二期为嘉靖十年（1531）至二十一年（1542），第三期为嘉靖晚期接近隆庆。

　　附表中属于第一期的器物有：仿宣德时期的青花穿花龙纹盘、青花鱼藻纹盘、青花鱼藻纹洗、青花海水缠枝莲

图一　正德白地绿彩龙纹盘（台北故宫博物院藏）

图二　嘉靖白地绿彩龙纹盘（台北故宫博物院藏）

图三　嘉靖黄釉敞口盘（台北故宫博物院藏）

图四　嘉靖白釉撇口碗（台北故宫博物院藏）

图五　嘉靖蓝釉暗刻龙纹撇口大碗（台北故宫博物院藏）

图六　嘉靖青花灵芝托杂宝纹罐（《陶书》中青花白地灵芝捧八宝罐）

作者单位：北京市文物交流中心

图七　嘉靖青花鱼藻纹罐[7]（《陶书》中青花白地满池娇鲭鲌鲤鳜水藻鱼罐）

图八　嘉靖青花水火捧八卦纹罐[8]（《陶书》中青花白地水火捧八卦罐）

图九　隆庆矾红彩龙纹杯（台北故宫博物院藏）

纹碗、青花地白龙纹碗、青花地白龙纹盘，仿正统至天顺时期的青花暗刻海水绿彩龙纹碗、青花团花纹碗、青花婴戏图盘，仿成化时期的青花莲托八宝纹三足炉、青花佛花纹卧足碗。

这一时期器物最明显的共同点在于其款识风格的一致。此类款识风格明显延续自正德时期，例如白地绿彩龙纹盘（图一、图二）。根据其形制、暗刻龙纹及款识风格对比，尤其是"大""明""年""制"四字，结合明代官窑款识书写皆由专人负责，则此类器物烧造的年代上限应与正德相接，而落此种款识的器物所见最晚者，应属嘉靖九年下令烧造的四坛祭器⑤（图三至图五），故将其年代下限定为嘉靖九年。

附表中属第二期的器物有：仿宣德时期的青花海水五龙纹高足碗、青花矾红彩花卉纹高足杯、青花云龙纹高足杯、青花凤穿花纹高足杯。

这些器物同样拥有一致的款识风格与青花发色（图六至图八），此类款识风格传世实物最晚可见于嘉靖二十一年，《江西省大志·陶书》（后称《陶书》）"御供"条载：

二十一年，青花白地灵芝捧八宝罐二百，碎器罐三百，青花白地八仙过海罐一百，青花白地孔雀牡丹罐三百，青花白地狮子滚绣球罐三百，青花白地转枝宝相花托八宝罐三百，青花白地满池娇鲭鲌鲤鳜水藻鱼罐

二百，青花白地江下八俊罐一百，青花白地巴山出水飞狮罐一百，青花白地水火捧八卦罐一百，青花白地竹叶灵芝团云鹤穿花花样龙凤碗五百九十，青花白地转枝莲托八宝八吉祥一秤金娃娃花坛二百四十。⑥

附表中属于嘉靖晚期的器物有：仿成化青花莲托八宝纹杯、斗彩婴戏纹杯、斗彩四季花卉纹杯、白地绿彩云龙纹杯。此类器物的款识与明隆庆矾红彩龙纹杯（图九）对比可见高度一致，后者对前者有明显的继承关系，其余如撇口杯的器型二者近似，器身微有变形也符合嘉靖晚期御窑水平下降的特点。

除前文所列器物，附表中剩余的部分器物年代上下限相对模糊，如仿正统至天顺青花朵花纹象耳瓶，仿成化斗彩灵芝纹碟、青花花鸟梵文杯。但并非无迹可寻，其青花发色蓝中闪灰，器型庄重典雅，制作规矩，更接近第一期器物，而且斗彩灵芝纹碟、青花花鸟梵文杯的釉面较为精致，款识风格与第一期器物类似，应属嘉靖九年之前烧造一类。

根据这些器物可以看出，此时嘉靖仿古器物自宣德至成化均有所本，绝大多数器物的器型、纹饰布局、尺寸大小均按原物仿制。在这其中嘉靖帝本人、宫廷扮演了何种角色？嘉靖仿古器物为何前期多见，晚期数量减少？其中有相当一部分器物带有佛教色彩，与嘉靖帝本人的宗教信仰不同，其出现的原因为何？想要得到这些问题的答案，需要对嘉靖朝御窑厂的烧造情况、嘉靖帝继位的背景及嘉靖一朝的政治事件结合进行分析。

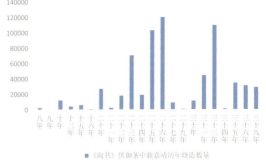

图一〇　《陶书》记载嘉靖御窑厂历年烧造情况统计表

图一一 嘉靖青花金箓大醮坛盏[9]（1987年御窑厂遗址出土，景德镇御窑博物馆藏）

图一二 嘉靖蓝釉爵[11]（故宫博物院藏）

二、嘉靖朝御窑厂的烧造情况

依《陶书》"御供"条载，将嘉靖御窑厂历年烧造情况如图一〇。

需要注意的是，自嘉靖二十一年后供御所需器物烧造量暴增，其中二十五、二十六、三十三年更是突破十万件，且这仅是每年工部下派的烧造数量，御窑厂一年的烧造任务只多不少。明嘉靖王宗沐编纂的《江西省大志·陶书》"窑制"条载："……今遇烧造，官窑户辄布置民窑，而民窑且不克事也，斯官匠独习惯其制，悬高价以市之，而民窑益困匮矣。"明万历陆万垓增补"窑制"条后按："旧规，本厂凡遇部限瓷器，照常烧造不预散窑；惟钦限瓷器，数多限逼，一时凑办不及，则分派散窑，择其堪用者凑解，固一时之权法也……但民窑狡诈，人百其心，乘限期□并，多以歪斜浅淡瓷器塞责，厂官事逼，姑收凑解。"

《陶书》为王宗沐于嘉靖三十九年（1560）在江西按察使任上所写，陆万垓于万历二十五年（1597）增修，可见虽然在嘉靖时官搭民烧已成定例，客观上提升了民窑的工艺水平，但无论是嘉靖时民窑的技术限制，抑或万历时以次品搪塞，都表明此时质量上乘的瓷器仍属官窑烧造。

致使供御器物需求量大增的原因来自嘉靖二十一年的"壬寅宫变"，此案中嘉靖帝险些被宫女勒死，大难不死之后更是移居西苑潜心修道，他认为自己得以幸免是因为诚心修道的原因[10]，导致了之后大兴斋醮，各类道教仪式、西苑陈设所需器物加派烧造（图一一），为完成任务，"官搭民烧"不得不由应急变为定例了。并且根据目前所见仿古瓷器存世数量及种类，第一期嘉靖九年之前可见盘、碗、杯、洗、香炉、象耳瓶等，种类较多，九年至二十一年有高足杯、碗等，至晚期则仅见仿成化小杯一类，由此可见，仿古瓷器于二十一年之后烧造数量减少很可能与嘉靖帝对瓷器需求的改变息息相关。

三、嘉靖继位的背景

正德十六年（1521），正德皇帝在无子的情况下去世，内阁首辅杨廷和选择迎外藩兴献王朱厚熜入京继位，为嘉靖皇帝。但嘉靖皇帝以外藩而非太子继位，以杨廷和为首的文官集团主张嘉靖帝应过继至伯父孝宗一支，尊孝宗为"皇考"，而嘉靖帝主张继统不继嗣，并要求追尊父亲为"兴献皇帝"，母为"兴献皇后"，并有部分中下层文官诸如张璁、桂萼等人为其寻找理论依据，攻击政敌，这一争论史称"大礼议"，由嘉靖继位争论至嘉靖十七年（1538）以兴献皇帝上庙号为睿宗、入太庙为结束，迁延日久。

"大礼议"之争既是嘉靖帝与文官集团的权力斗争，也是其为了维护自身的正统地位加强皇权所主导的政治运动，在此期间嘉靖帝在四坛及各陵祭器上亦提出了自己的要求，其主导的礼制改革是为了重塑帝系、将兴献王一系由小宗改为大宗。嘉靖帝对祭器的烧造非常关注，要求依古礼而制[12]，反映在瓷器烧造上，他曾与首辅张璁商议祭器的具体形制[13]，祭器烧成后召阁臣一起观赏（图一二）[14]。嘉靖一朝还有多名官员因烧造祭器不得力而被治罪[15]。

在这样的背景下，结合传世仿古器物，其尺寸、纹样布局力求接近原物，且《陶书》"御供"条中有"十八年，降发瓷器式样四十三件"之语，可见仿古器应由宫廷下发官样至景德镇进行烧造，参照祭器的烧造，具体样式的选择可能由嘉靖帝本人亲自参与其中。

四、嘉靖对佛教的抑制

嘉靖帝本人的抑佛政策在明代诸帝中仅见，在即位之初就将武宗时迎佛太监治罪[16]，显示了他对待佛教的态度。嘉靖六年（1527）下旨取缔尼僧，甚至想要毁弃前朝孝宗敕建的保明寺（皇姑寺）[17]，在其生母及孝宗张皇后的反对下，不得不放弃，但仍然下令追夺前朝敕额，且禁止其新增尼僧。《礼部志稿》卷八十九载：

旨出之后三四日，不知何人哀奏两宫，皇伯母差人谕朕曰："皇姑寺乃孝宗朝所建，似不可毁。吾心不安。尼僧逐日无处安身，皇帝可遵吾言。"圣母亦差人谕朕曰："闻皇帝有旨，着拆毁尼寺，吾甚不安。其皇姑寺，闻是孝宗时所建，且其中佛像多，若毁之，恐不可。尼僧逐出也无处安身，可不必拆。"……次日该朝圣母又谕朕云："昨说拆寺一事，恐不可动。其中佛像作何处置。况昭圣皇太后有谕，皇帝何不从之。吾今也要建一座寺，或将此寺与我亦好。"朕闻即面奏曰："近日因礼部臣奏要禁僧尼寺，已从其请。两宫尊谕，子敢不奉行。但尼僧甚坏风俗，若不先将皇姑寺首毁之，余难禁约。伏望圣母勿听非人之言，祸与福惟天降之，惟人所召，岂释道所能干乎。有一等愚人深信，故以惑奏，子亦闻之。两宫慈训，皇帝不遵，是为不孝，反依外臣之言，惟圣母察之。"圣母云："随皇帝与大臣议行。"朕退思两宫尊意，只是恐致灾也。此寺中多皇亲、内宫供给信施，而礼部必有请告之者……夫顺天保明者，是我朝国号，言之僧尼之祖能顺圣祖奉天开极建国垂统，惟皇上命之。何待后日以一妖尼能保大明也哉。又云皇姑者，尤不好听，言我皇家之姑也。当时原非祖宗本意，盖被群小传说之耳。故此寺云敕赐，既是官建，何不云敕建。于此便可见非我祖宗本意也。故朕深嫉之。

其中嘉靖帝本人认为"若不先将皇姑寺首毁之，余难禁约"，并且该寺"多皇亲、内宫供给信施"，与明宫廷联系很深。从此次事件可以看出，明宫廷内支持佛教的力量很强，即便是嘉靖帝本人也不得不退让。嘉靖二十二年（1543），再度在全国范围内查禁僧尼[18]，当时嘉靖帝即位已久，孝宗张皇后也已去世，实施起来便没之前那样的阻碍了。明人评价："直至嘉靖中叶，焚弃佛牙头骨几尽，而释氏之不振极也"[19]。但嘉靖二十二年之后也并非没有佛教活动，据《日下旧闻考》记载，嘉靖三十年（1551）[20]、三十一年（1552）[21]、三十九年（1560）[22]均有内监重修寺院的事实，可见明宫廷内部的佛教势力仍然存在，这也与青花莲托八宝纹杯的烧造年代相互佐证。

嘉靖仿古器物中诸如青花莲托八宝纹三足炉、青花花鸟梵文杯、青花莲托八宝纹杯的烧造时间在嘉靖九年之前与嘉靖晚期两段。结合史料笔者认为，考虑到嘉靖帝本人的宗教信仰和即位后的宗教政策，前述器物不会是出于嘉靖帝本人的需要烧制的，应属明宫廷中为了日常供奉、使用及赏赐所需下令制作，为在嘉靖帝抑佛背景下明宫廷佛教势力的活动留下了宝贵的实物证据。

五、结论

综上所述，附表中所录器物应属嘉靖时期为了满足嘉靖帝及明宫廷的政治及实际使用需要而烧造，由于《陶书》中嘉靖八年（1529）前档案损毁，以及嘉靖部分对烧造器物的釉色纹样记载相对简略，笔者并未在其中找到仿古器物的记载，因此推测此类仿古器物可能为皇帝额外加派的"钦限"一类。出土及传世实物可见仿宣德、正统至天顺、成化三个时期，根据款识、青花发色、纹饰风格可分为嘉靖元年至九年、嘉靖十年至二十一年、嘉靖晚期接近隆庆三期，早期受当时诸如"大礼议"等政治事件影响烧造品种相对较多，二十一年之后由于嘉靖帝对瓷器的需求改变烧造品种减少，而御窑厂负担的加重客观上也导致了嘉靖后期官窑品质的下降，这在晚期器物上有所体现。

现存嘉靖仿古器物虽少，但贯穿嘉靖一朝始终，反映了嘉靖时期的景德镇瓷业面貌，丰富了这一时期政治事件、政治运动对现实影响的认识，为我们一窥嘉靖皇帝本人的内心世界及此时其所倡导的御制器物风格、嘉靖朝明宫廷的佛教势力活动、嘉靖朝官窑瓷器的分期等诸多方面留下了宝贵的资料。目前学界对此类器物研究较少，根据所见资料试撰本文，如有错漏，万望指正。

附表：嘉靖仿烧宣德、正统至天顺、成化时期器物

名称	时代	器物及款识	尺寸（cm）	收藏单位及备注
青花穿花龙纹盘	明宣德		高 3.7 深 3 口径 19.3 足径 11.8	台北故宫博物院 故瓷 009700N000000000
	明嘉靖		高 3.7 口径 19.9 足径 11.6	台北故宫博物院 故瓷 015909N000000000
青花鱼藻纹盘	明宣德		高 4.2 口径 19 足径 11.8	故宫博物院
	明嘉靖		高 3.9 口径 15.2 足径 9	故宫博物院
青花鱼藻纹洗	明宣德		高 4.3 口径 18 足径 14.4	景德镇市陶瓷考古研究所 1993 年出土于御窑珠山
	明嘉靖		高 4.1 口径 16.7 足径 12.5	台北故宫博物院 故瓷 015926N000000000

名称	时代	器物及款识	尺寸（cm）	收藏单位及备注
青花海水缠枝莲纹碗	明宣德		高 7.4 深 6.4 口径 15.4 足径 5.3	台北故宫博物院 故瓷 004768N000000000
	明嘉靖		高 7.6 口径 15.5 足径 5.2	台北故宫博物院 故瓷 010850N000000000
青花地白龙纹碗	明宣德		高 11 深 8.9 口径 27.7 足径 12.7	台北故宫博物院 故瓷 016440N000000000
	明嘉靖		高 12.2 口径 28.4 足径 14.1	台北故宫博物院 故瓷 006049N000000000
青花地白龙纹盘	明嘉靖		高 3.7 口径 19.8 足径 11.5	台北故宫博物院 故瓷 005608N000000000
青花海水五龙纹高足碗	明宣德		高 10.6 口径 15.2 足径 4.6	台北故宫博物院 故瓷 010634N000000000
	明嘉靖		高 10.2 口径 15.5 足径 4.2	台北故宫博物院 故瓷 015767N000000000

名称	时代	器物及款识	尺寸（cm）	收藏单位及备注
青花矾红彩花卉纹高足杯	明宣德		高 8.9 深 3.9 口径 9.8 足径 4.5	台北故宫博物院 故瓷 013239N000000000
	明嘉靖		高 8.6 口径 10.2 足径 4.5	台北故宫博物院 故瓷 003312N000000000
青花海水龙纹高足杯	明宣德		高 10.4 深 5.4 口径 11.9 足径 4.4	台北故宫博物院 故瓷 006775N000000000
青花云龙纹高足杯	明嘉靖		高 10.2 口径 12 足径 4.6	台北故宫博物院 故瓷 004588N000000000
青花凤穿花纹高足杯	明宣德		高 10.3 深 5.4 口径 11.8 足径 4.8	台北故宫博物院 故瓷 009790N000000000
	明嘉靖		高 9.9 口径 12.2 足径 4.6	台北故宫博物院 故瓷 004589N000000000
青花暗刻海水绿彩龙纹碗（半成品）	明正统至天顺		高 7.3 口径 13.4 足径 7.6	景德镇御窑博物馆 2014 年景德镇御窑厂珠山北麓出土
青花暗刻海水绿彩龙纹碗	明嘉靖		高 7.3 口径 13.5 足径 7.2	台北故宫博物院 故瓷 008242N000000000

名称	时代	器物及款识	尺寸（cm）	收藏单位及备注
青花团花纹碗	明正统至天顺		高 8 口径 18 足径 8	景德镇御窑博物馆 2014 年景德镇御窑厂珠山北麓出土
	明嘉靖		高 7.7 口径 16 足径 6.2	台北故宫博物院 故瓷 003645N000000000
青花婴戏图盘	明正统至天顺		高 4.3	景德镇御窑博物馆 2014 年景德镇御窑厂珠山北麓出土
	明嘉靖		高 4.1 口径 18.6 足径 11.4	台北故宫博物院 故瓷 010589N000000000
青花朵花纹象耳瓶	明正统至天顺		残高 19、21 口径 10 足径 9.5	景德镇御窑博物馆 2014 年景德镇御窑厂珠山北麓出土
	明嘉靖		高 18.5 口径 5 足径 8.8	首都博物馆 "大明嘉靖年制"六字双行楷书款，1964 年北京市通州区明墓出土
斗彩灵芝纹碟	明成化		高 2.2 口径 8 足径 4.9	台北故宫博物院 故瓷 014820N000000000
	明嘉靖		高 3.3 口径 14.7 足径 8.5	台北故宫博物院 故瓷 010591N000000000

名称	时代	器物及款识	尺寸（cm）	收藏单位及备注
青花莲托八宝纹三足炉	明成化		高 9 口径 10 足径 9.5 足距 8.2	故宫博物院
	明嘉靖		高 8.3 口径 10	台北故宫博物院 故瓷 009258N000000000
青花佛花纹卧足碗	明成化		高 4.8 口径 13.8 足径 7	台北故宫博物院 故瓷 006761N000000000
	明嘉靖		高 4.8 口径 13.5 足径 7.5	故宫博物院
青花莲托八宝纹杯	明成化		高 5 口径 6.5 足径 2.8	景德镇市陶瓷考古研究所
	明嘉靖		高 5 口径 7.1 足径 2.6	台北故宫博物院 故瓷 013777N000000000
青花花鸟梵文杯	明成化		高 4.1 口径 9.6 足径 5.3	台北故宫博物院 故瓷 16229
	明嘉靖		高 4.4 口径 8.7 足径 5.5	台北故宫博物院 故瓷 016248N000000000

［市文物局青年人才专项培养］专栏

名称	时代	器物及款识	尺寸（cm）	收藏单位及备注
斗彩婴戏纹杯	明成化		高 4.7 口径 6 足径 2.7	台北故宫博物院 故瓷 003537N000000000
	明嘉靖		高 5 口径 6.05 足径 2.9	台北故宫博物院 故瓷 018164N000000000
斗彩四季花卉纹杯	明成化		高 5 口径 5.4 足径 2.4	故宫博物院
	明嘉靖		高 5.1 口径 5.8 足径 2.9	台北故宫博物院 故瓷 005816N000000000
白地绿彩云龙纹杯	明成化		高 4.6 口径 5.9 足径 2.5	景德镇市陶瓷考古研究所
	明嘉靖		高 4.6 口径 6.3 底径 2.8	台北故宫博物院 故瓷 002429N000000000

① 周丽丽:《上海博物馆藏品研究大系:清代雍正—宣统官窑瓷器》,上海人民出版社,2014年,第24页。

② 故宫博物院古陶瓷研究中心编:《故宫博物院藏清代御窑瓷器 卷一》下册,紫禁城出版社,2005年,第115页。

③ 故宫博物院、景德镇市陶瓷考古研究所编:《明代宣德御窑瓷器》,故宫出版社,2015年,第278页。

④ 故宫博物院、景德镇市陶瓷考古研究所编:《明代成化御窑瓷器》(上),故宫出版社,2016年,第156页。

⑤ "嘉靖九年,定四郊各陵瓷器:圜丘青色,方丘黄色,日坛赤色,月坛白色,行江西饶州府如式烧解",《大明会典》卷二百一,哈佛大学燕京图书馆藏本,第53页。

⑥ [明]王宗沐著,陆万垓续:《江西省大志》卷七《陶书·供御》,明万历二十五年刊本,日本国立公文书馆藏,第81页。

⑦ 故宫博物院、景德镇市陶瓷考古研究所编:《明代嘉靖隆庆万历御窑瓷器》(上),故宫出版社,2018年,第44页。

⑧ 陆明华:《上海博物馆藏品研究大系:明代官窑瓷器》,上海人民出版社,2007年,第229页。

⑨ 故宫博物院、景德镇市陶瓷考古研究所编:《明代嘉靖隆庆万历御窑瓷器》(上),故宫出版社,2018年,第282页。

⑩ "己亥幸承天还,途中火灾,上仅以身免,因归功神佑。壬寅宫婢之变,益以为事玄之效,陶仲文日重矣。"[明]沈德符:《万历野获编》卷二《列朝·代祀》,上海古籍出版社,2012年,第41页。

⑪ 故宫博物院、景德镇市陶瓷考古研究所编:《明代嘉靖隆庆万历御窑瓷器》(上),故宫出版社,2018年,第254页。

⑫ [明]张璁:《谕对录》卷十八"谕张元辅议制圜丘等处礼器神位",第10—11页;《谕对录》卷十八"谕张元辅奉安天地床座制大明等坛神位",第11—12页;《谕对录》卷二十三"谕张元辅议反坫及祀列圣礼",第8—9页。

⑬ [明]张璁:《谕对录》卷二十"谕元辅张罗峰议制南郊等处祭器",第6—7页。

⑭ "中央研究院"历史语言研究所:《明世宗实录》卷一百六十三"嘉靖十三年五月癸巳","中央研究院"史语所校印红格钞本,第3614页。

⑮ 《明世宗实录》卷一一九:"九年十一月壬寅,罢工部尚书章拯闲住,坐缺误郊坛祭器者也。""中央研究院"史语所校印红格钞本,第2840页;《明世宗实录》卷一二三:"十年三月戊申,江西左参议汪溱、江西佥事陈端甫烧造圜丘祭器不如法,夺俸一年。"第2971页;《明世宗实录》卷二〇八:"十七年正月壬午,工部尚书温仁和奏江西烧造磁器有违钦限请治督官迟误罪,上以巡视官不行催督参调御史陈褒为广东韶州府推官。"第4315页。

⑯ "又有刘允者,以正德十年奉敕往乌斯藏僧,所赉金宝以百余万计,廷臣交章谏,不听。允至成都,治装岁余,费又数十万,公私匮竭。既至,为番所袭,允走免,将士死者数百人,尽亡其所赉。及归,武帝已崩,世宗用御史王钧等言,张忠、吴德发孝陵卫充军,张雄、张锐下都察院鞫治,允亦得罪。"[清]张廷玉等:《明史·宦官传》,哈佛大学燕京图书馆藏本,第65页。

⑰ "嘉靖六年十二月,礼部尚书方献夫等言僧尼、道姑有伤风化,欲将见在者,发回改嫁,以广生聚。年老者,量给养瞻,依亲居住。其庵寺拆毁变卖。敕赐尊经敕饬等项追夺。戒谕勋戚之家不得私度。诏悉如其事。献夫复言:皇姑寺系祖宗敕建,宜留之,以安缉年老无依尼僧、道姑。上曰:变卖庵寺,如议行。年老而贫者,量给银瞻养,各听其父兄亲收之,不必之皇姑寺。上复谕献夫曰:昨霍韬言僧道无度牒者,其令有司尽力查革,自今永不开度,及私创寺院庵观,犯者罪无赦。会江西提学副使徐一鸣,以拆毁寺院被逮至京,献夫乃与詹事府霍韬、少詹事王绾、右佥都御史熊浃上疏,乞宥一鸣。上不悦,乃尽发其前后章疏下大学士杨一清以示票处。因降谕曰:尼僧与僧道不同,风俗之坏更甚。今因尚书桂萼奏尽约尼僧,毁其寺宇,已行了。"[明]俞汝楫:《礼部志稿》卷八十九,浙江大学图书馆藏《钦定四库全书》本,第158页。

⑱ "嘉靖二十二年六月,礼部题称:尼僧本以女流,托名戒行,昼掩外门,夜闭门户,实为风俗治道之累。合行五城,晓谕禁约等因,节奉圣旨:卿等说的是。尼僧庵寺,数多男女混杂,有伤风俗。依拟禁约。钦此。又查本年十二月内节奉上谕,礼部奏将尼姑庵院查毁,朕思此辈委伤风化,着尽行拆毁。又查得嘉靖十六年三月,南京守备太监潘真等题称:尼姑俱系良家子女败坏风俗等因,该本部议拟合行彼处五城禁革。奉圣旨:是,钦此。俱经通行钦遵去,但后日久人玩,前弊复生。近访得尼僧仍复潜聚京师,或私置房屋,或投托亲知,诱引良家妇女,恣肆多端,不可枚举,若不申明先年谕旨,严加禁革,则纵欲导淫,伤风败俗愈甚,而不可制除。行据五城兵马指挥司许榜等各呈称:尼僧真宝等共约三百名,及近据锦衣卫舍余刘璜亦奏前事,本部看得在京尼僧委的纵欲奸淫,有伤风化,诚为可恶。仰惟我皇上临御以来,敦化立教,崇正辟邪,天下向风,固亦翕然成俗矣。伏见近日撤除番寺,钦奉圣谕:尔等遵行,弗得党邪秽正。臣等仰叹大圣人所为,真足以超迈百王、垂训万世也。臣等恭司邦礼,敢不仰赞休德。前照前项尼僧,外假清戒以惑愚民,内实淫奸以坏名节,经本部题,奉钦依禁革还给,而依然尚存,蔑视无忌,真为世道民风之累。合候命下,移咨都察院,转行五城巡视卫门,严加晓谕禁约,责令蓄发还俗。及咨南部礼部,并通行南北直隶各省抚按官,一体禁革。其私创尼姑庵院,不拘在京在外,未拆毁者,通行查出拆毁;其有私置房产,投托亲知,诱引非为者,在京令缉事衙门访获治治,在外听抚按官查验。及照旧存尼姑庵,本为匮乏不给,并老髦无归者居住。今访得年少尼僧亦有潜聚其间者,合并行该城巡视衙门督令兵马司清查名口若干。贫老者照旧插摘,毋行引度以败风俗。年少者随令还俗嫁配,及不许仍前藏匿别处。违者许地方并两邻首告。再查有等游方僧人等项,常在街沿门持钵化缘,或系奸细之徒,假以为由,卒未可辨。合行五城地方,尽行逐去。奉圣旨:依拟。着实奉行。有不遵奉的,着缉事衙门、巡城御史访拿重治。钦此。"[明]俞汝楫:《礼部志稿》卷八十九,浙江大学图书馆藏《钦定四库全书》本,第150页。

⑲ [明]沈德符:《万历野获编》卷二十七《释道·僧道异恩》,上海古籍出版社,2012年,第578页。

⑳ 夏子开《重修崇效寺碑》略:神京之宣武关外,古刹一区,创自唐贞观元年,宋元末因罹兵火,日就倾颓。至正初为好善者重葺,赐额曰崇效。年久就敝,修于天顺年间。至嘉靖壬午,内官监太监袁福等同本寺上人之空秉虔修葺,焕然一新。三十年辛亥,内官监太监李朗捐金造藏经殿一座,属予为文以记其事。嘉靖四十二年仲秋立。"[清]于敏中等:《日下旧闻考》卷六十,浙江大学图书馆藏《钦定四库全书》本,第69页。

㉑ 汪道昆《重修翊教寺碑》略:城西翊教寺,宋元建也,修于成化八年,废久矣。嘉靖三十一年,司礼太监焦忠撤而新之。万历五年立。"[清]于敏中等:《日下旧闻考》卷五十二,浙江大学图书馆藏《钦定四库全书》本,第29页。

㉒ "徐阶《重修广通寺碑》略:广通寺实法王寺之别院也,至元间,圆明普教三藏法师默克沙实哩沙克节依于斯,为诵经之所,住持贵吉祥建石以纪其事,至我朝余二百年,渐就颓坏,太监黄锦重建之。经始于嘉靖己未八月,迄工于庚申三月。嘉靖三十九年立石。"[清]于敏中等:《日下旧闻考》卷九十九,浙江大学图书馆藏《钦定四库全书》本,第108页。

西板桥沿革述略

张隽　逢曜宇

　　2017 年 8 月上旬，西城区什刹海街道施工时发现疑似古代石桥的桥面，9 月至 12 月期间，北京市文物研究所（今北京市考古研究院）对其进行了抢救性挖掘并发表《西板桥及其河道遗址考古发掘简报》（下简称《简报》），北京市古代建筑研究所（今北京市考古研究院）也进行了初步认定，确定其为西板桥，并推荐其为西城区文物保护单位。2021 年西板桥被公布为第九批北京市文物保护单位。近年来，先后有天津大学王其亨教授所发表《康熙〈皇城宫殿衙署图〉解读（上、中、下）》及热心人士临摹之《皇城宫殿衙署图》（下简称《皇城图》），高清《皇城图》的现世再结合北平时期的资料，或可对西板桥的沿革及未尽之细节进行补充。

一、西板桥之初现

　　西板桥，位于景山后街与景山西街的交叉口路北，恭俭胡同南口处，距北海公园濠濮间东墙 20 米。西板桥之名，金、元两代的舆图、文献中均无记载，明代史料亦未见记述①。目前已知最早出现"西板桥"称谓的是清乾隆十五年（1750）绘制的《乾隆京城全图》（以下简称《京城图》）（图一）。光绪年间成书的《京师坊巷志稿》（以下简称《志稿》），记有"西板桥，桥一"②。两者从时间顺序上看，《京城图》在前《志稿》在后，名称是统一的。然而结合康熙八年（1669）绘制的《皇城图》（图二）和《志稿》中后文"内官监胡同，四眼井，井一。巷口火神庙前桥二，曰鸳鸯桥。明之白石桥也"③的记述对照来看，《皇城图》上的白石桥与《京城图》上的白石桥位置是吻合的，但又言"明之白石桥也"。白石桥、西板桥、鸳鸯桥、火神庙之间关系如何呢？

　　又清光绪年间，清内府造办处舆图房藏有《京师城内河道沟渠图》（以下简称《沟渠图》）一图，据今西春秋《京师城内河道沟渠图说》（以下简称《图说》）的考辨④，明朝皇城内外的水道、沟渠的布局、走向基本明确，清朝基本延续。但《沟渠图》中白石桥的位置上标注名字为"西板桥"，另一桥无名（图三）。

　　虽《图说》通篇未提及"白石桥""西板桥"，但介绍了紫禁城内沟渠分布及种类，言"内外城一般沟渠之外于紫禁城内具有特殊之沟渠网，据言勿论遭遇何等大雨，庭中绝无漫溢之患，对其布置构造仍属不明，但自紫禁城之西北隅流入，经过太和殿前而流出于紫禁城东南隅之金水河，无疑为一道干沟，即四周之濠亦足应付城内排出之水"⑤。又言"北京沟渠之有文献，实始于明朝正统四年（1439），距今已六百余年"⑥。大致可知，不管是西板桥

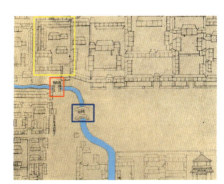
图一　清乾隆《京城图》中的西板桥、白石桥

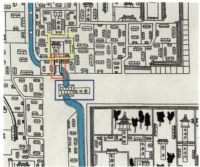
图二　清康熙《皇城图》中的西板桥、白石桥

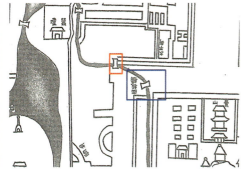
图三　清光绪《京师城内河道沟渠图》

作者单位：北京市考古研究院、北京国文信文物保护有限公司

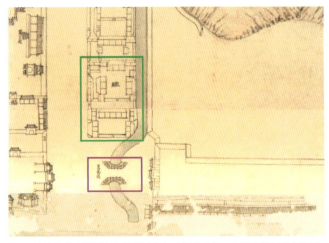
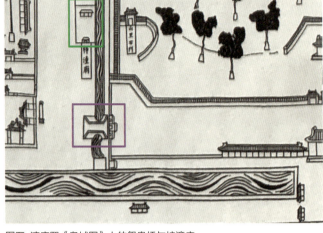

图四 清乾隆《京城图》上的鸳鸯桥与文昌庙（注：文昌庙格局暂未考证，仅为范围示意）　　图五 清康熙《皇城图》上的鸳鸯桥与梓潼庙

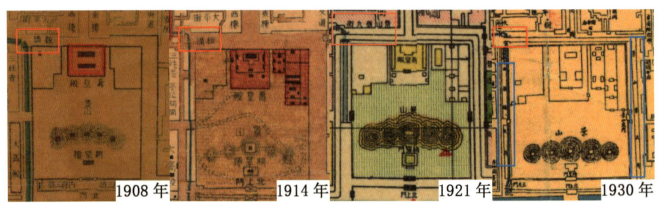

图六 清末民国时期西板桥大街的沿革

还是白石桥，其所跨的水道明代即存，且未有大变动，而二桥的出现也是通行的必要设置。

另一方面《皇城图》中，恭俭胡同南口有一庙标注为"圣人庙"（图二黄框内），根据《北京内城寺庙碑刻志》内"三圣祠"的庙内六通碑刻[⑦]及学者研究[⑧]，基本厘清了明代万历二十九年（1601）三圣祠→清代至民国二十一年（1932）火神庙→民国二十三年（1934）庆云寺的沿革。而光绪三十三年（1907）的碑刻"兹西板桥路北旧有火神庙一所，原为吾辈重华宫之所葺，以享以祀，以妥以侑，要使香火绵延……"[⑨]，更加明确了庙与桥的关系。即庙前有水道，上架桥通行，抑或又可证"西板桥"明代即有，只是至清乾隆时才有名。

二、西板桥之变迁

接续上节疑问，"火神庙前桥二，曰鸳鸯桥。"纵观《皇城图》，并无鸳鸯桥一名，而《京城图》鸳鸯桥画于景山西南墙角外的北上西门之西（图四），这座鸳鸯桥周边没有火神庙，但桥北有文昌庙一座，相同位置的《皇城图》桥北画有"梓潼庙"（图五）。而文昌、梓潼实指同一神。故《皇城图》未命名之桥，《京城图》命名为"鸳鸯桥"。显然景山西南鸳鸯桥并非火神庙前的鸳鸯桥。通过图文结合与比对，西板桥与白石桥地理空间紧密，似用"鸳鸯桥"的称谓形容两桥在一起、成双成对的格局。

西板桥与白石桥的称谓混淆或起自清末至民国时期，而与桥名有着关联的是"西板桥大街"这一名称的出现。1912年民国成立后，为发展近代交通而进行了较多的街巷道路改造。原来皇城内无需命名的街道，逐渐有了称谓。这一点通过几个年代京城图上的对比得以印证（图六）。

光绪三十四年（1908）图见"板桥"二字，围绕景山四面的干道均无名称，故推断此"板桥"仅为桥名。1914年即民国三年，因城市更新刚刚开始，故仍仅标注"板桥"，而未有街名。1921年，已出现景山后大街、景山东大街等街名，1930 年起至 20 世纪 50 年代，现景山西街一直以"西板桥大街"的名称出现。这与 1930 年《北平市内外城沟渠形势图》⑩上已注明的"西板桥大街"符合。而同时期陈宗蕃《燕都丛考》记载如下："[六]……再北有桥二，曰白石桥，俗曰西板桥，自石桥而东，为景山后大街，其北曰内官监"⑪。又将白石桥与西板桥都提及，但又合并为一处。而这一俗名"西板桥"也使得明、清时的白石桥之名被遗忘了。

1935 年《北平市公安区域内大区署境桥梁检查表》（以下简称《检查表》）⑫记录如下：

表一 1935 年北平市公安区域内大区署境桥梁检查表（摘录）

桥梁名称	地点	管辖		建筑形式	建筑材料	桥面（米）			桥孔		交通情况	损坏情形
		路	段			长	宽	高	跨度（米）	数目		
石桥	西板桥北口	3	11	微凸形	石	8.33	3.33	3.33	1.66	1	各种车辆每日数百次	该桥两旁砖石栏杆约脱落大半
西板桥	景山后大街西口	3	11	微凸形	石	12.66	13.33	3.33	1.66	1	各种车辆每日千余次	无
鸳鸯桥	景山前街西口	3	11	平形	石	10.33	16	6.66	1.66	1	同上	无
石桥	大高殿河东	3	11	平形	石	5	5	5	1.66	1	仅有少数行人□无车马同行	未

另备注检查员须知：1. 桥面之高度以河床之底面为准，桥孔跨度即为每孔两桥墩中心之距离。 2. 交通之状况栏应注明车马之种类及经过之多少。 3. 如有应须参加高度展宽及其他意见均列入参加意见栏。

上表再次明确了景山后大街西口明代的"白石桥"已被称为"西板桥"，而原"西板桥"仅被称为"石桥"，位置在西板桥北口。而另有"白石桥"的统计在西郊，《北平市公安区域西郊区署辖境桥梁检查表》第三号记录如下⑬：

表二 1935 年白石桥桥梁检查表

桥梁名称	地点	管辖		建筑形式	建筑材料	桥面			桥孔		交通情况	损坏情形	参加意见
		路	段			长	宽	高	跨度	数目			
白石桥	白石桥		7	八字形	木	六公尺六寸（6.6 米）	五公尺三寸（5.3 米）	○.三公寸三（0.033 米）	○.一公寸六（0.016 米）	1	车马人员均能通行	木料糟朽北首板桥糟朽一窟	迅即修理

1936 年 8 月至 1937 年 8 月北平工务局记录的《北平市桥梁状况月报表》（下简称《月报表》）⑭的白石桥，记录摘抄如下：

（民国）二十五年（1936）四月份第一页记：桥梁名称：白石桥。桥梁种类：木桥。位置：西直门外白石桥，桥幅：5.00（公尺）。桥脚种类：石砌。河底性质：粘泥。通行车辆种类：汽车人力车及大车。载重限制：三公吨。备注：拟改修钢筋混凝土桥，载重十五公吨，天暖动工。

图七 20 世纪 50 年代的西板桥复原示意图　　　图八 复原的西板桥叠压在 1957 年地形图上　　　图九 1957 年地形图两桥一庙的格局关系

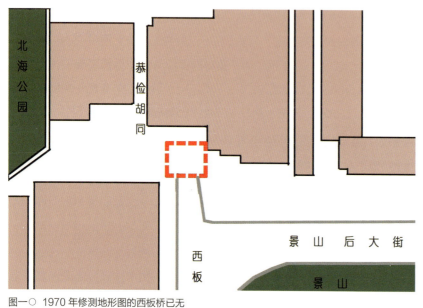

图一〇 1970年修测地形图的西板桥已无

（民国）二十五年（1936）三月份第一页记：桥梁名称：白石桥。桥梁种类：钢筋混凝土桥。位置：西直门外白石桥，桥幅：5.00（公尺）。桥脚种类：石砌。河底性质：粘泥。载重限制：十五公吨。

可见这份《月报表》中的"白石桥"已非皇城内景山之"白石桥"，而是公路网上的公路桥，多在二环及各联络线上。且通过连续的月报表形式，得知白石桥从木质到混凝土的变化应发生在1936年7月之后。

1936年2月《北平市工务局关于景山东、西、北三大街、地安门西大街等改修沥青油路、西板桥大街添修石板道工程有关事项与文整处的来往函》中提到"……景山后大街宽十二公尺五公寸，景山西大街（即西板桥大街）宽八公尺四公寸，对该各路交通，尚属适宜，拟仍照旧修筑，唯西板桥大街，临近三海……交拟具内六区西板桥大街防水设备计划……，现状：本街位于景山西墙外，北起西板桥北之小石桥，南至景山前街，长约五百九十公尺…"[15] 以上皆说明"白石桥"按"西板桥"称呼，真正的"西板桥"无名了，而是按"西板桥之北小石桥"称呼的。

西板桥名称的得失情况基本明确，而对于西板桥形制的迷惑，则是源于《中国古桥结构考察》一书中记录的西板桥与20世纪50年代西板桥明渠工程中描述的西板桥形制的差异[16]。该书调取《北平市桥梁状况月报表》记载："桥梁名称：西板桥。坐落地点：三炷香胡同东口。所属路线：景山后街北河沿。结构种类：石板桥。桥脚构造：条石砌筑。桥梁孔数：3孔。桥面幅度：4公尺。桥梁载重：10公吨。桥梁状况：基本完整。附注：清乾隆十五年（1750）建。"北京市档案馆《北平市工务局》的资料中未查到此项记载，仅有前《检查表》中摘抄的石桥。故未知该记录从何而来。而书中1950年2月西板桥明渠与筒子河疏浚工程时，记录西板桥为："……西板桥南北走向，桥北端正对一小火神庙，跨西板桥明渠上，是一座三孔石板梁桥……前面全宽5.8公尺，净宽4.9公尺，桥身长8.7公尺，南北桥塸长4.5公尺，桥塸外端宽7.2公尺，桥梁全长17.7公尺。桥台为凹字形，前墙长7公尺，端墙长4.5公尺以上（端部埋没）。桥墩西端为尖形，东端为方形，桥墩厚30公分，桥墩长7.45公尺。中孔净跨径2.5公尺，边孔净跨径1.8公尺。海墁东西宽约14公尺。"[17]这与《检查表》中该桥8.33米长、3.33米宽、1.66米跨度和桥孔一孔的描述相距甚远。根据1950年的详细描述复原该桥（图七）并叠压同时期的现状（图八），其三孔所跨的河道宽度应在8米左右，然此泊岸间河道跨度仅4.15米（后考古发掘数据），与现实严重不符[18]。若为西板桥与白石桥的形制混淆，将此规制放到白石桥的位置，则宽度又实难对应。后书中又言20世纪70年代西板桥被拆除，也与西板桥的考古发掘情况不符，被拆除的应为白石桥。再仔细辨别，笔者发现《检查表》中归属第3路11段的这4座桥，其桥孔跨度均为1.66米，或印证该河道的宽度也是固定的。

1957年修测的北京1：500地形图[19]（图九）和同时期的两张老照片[20]，西板桥与白石桥的争论似可告一段落。地形图的位置布局与乾隆图无异，说明了其在几百年的时间未做重大改变。照片上西板桥为罗汉栏板、白石桥为透瓶栏板样式，展现了这一时期两桥不同的样貌。而其桥面宽窄长度及与树木、道路的关系与图上所绘亦基本吻合。

20世纪70年代暗沟工程，西板桥、白石桥所在的水道均被盖于路面之下，该时期的地形图也反映了这一现实[21]（图一〇）。该图还侧面反映了庆云寺的格局变化，山门已无。

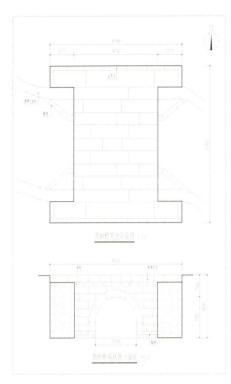

图一一 西板桥现状示意图

图一二 西板桥桥面及复原的庆云寺（自南向北，2022 年摄）

图一三 西板桥桥面（自北向南，2017 年摄）

图一四 西板桥西立面

图一五 西板桥东立面

图一六 景山西街与景山后街转角处
（与 20 世纪 60 年代照片同角度）

三、西板桥之复现

2017 年底随着西板桥及其所在河道的挖掘，西板桥的名称与形制被重新认识。现存的西板桥已不完整，长 6.5 米，残宽 4.15 米，平面呈近正方形。桥头雁翅已无迹可寻，地袱栏板柱子皆无。然桥身基础较为清晰。桥面为石条铺筑，下铺一层青砖。桥下一孔，桥面距券顶 0.9 米，拱券净跨 2 米，高 1.7 米，拱券仅一层石条，厚 0.3—0.35 米，拱脚坐落于桥台上的金刚墙上，桥洞东西进深 4.15 米。金刚墙用石条错缝平铺砌筑，宽 2 米，高约 2 米。在金刚墙的南北基础有雁翅顺水墙，均为石条砌筑，东西长 1.3 米，南北最宽处 0.95 米，高约 2 米（图一一至一六）。

四、小结

通过梳理历史舆图、民国档案、现代学者研究成果，用比对历史与现实复原等方法，西板桥的沿革大致可从三方面进行小结：

第一，西板桥名称的沿革基本清晰：该桥初建于明朝，起初无名，清乾隆时赋名"西板桥"，但在清末时"西板桥"所指已为"白石桥"，故在民国至新中国成立后的一段时间内，误把"白石桥"称为"西板桥"，而真正"西板桥"失名。但"西板桥大街"被沿用了多年。

第二，西板桥的形制尺寸沿革依旧具有干扰性：从乾隆图上的平梁桥带栏杆柱子的表现手法到 1957 年的地形图上的雁翅状；从民国时期桥身 8.33 米 × 3.33 米的记载到 50 年代桥身 8.7 米 × 4.9 米的记载[22]，从 20 世纪 30 年代的一孔变为 20 世纪 50 年代的三孔，又到当今考古挖掘后的一孔；还有桥墩的变化，都为西板桥的历史样貌蒙上了面纱。还有刚建成时是否为木桥？后随着寺庙的建成，车马人员往来频繁，而改为石质了？又或最开始即为石质，因其所跨沟渠为永乐修城之前后已有，在皇城内的桥都按官式石桥的简繁制作？这些猜测为后续留下仍有待发掘的空间。

第三，西板桥的考古发掘具有现实意义：一方面该河道虽然为明皇城建设的产物，但其渊源与金代离宫、元代太液池、御苑的营造存在密切关联，明代利用天然水系进行更为精准的规划确保了紫禁城护城河与南北水系的贯通。

为探究北京中心城区元代以来内金水河水系的历史面貌、变迁过程提供了新的实物资料。一方面几百年的古桥与寺庙的重现，使得相关的人文历史价值再次被发掘，对于丰富运河文化带、北京老城区及中轴线文化内涵等领域的研究具有重要意义，尤其是如今白石桥已不可能再被发掘的情况下，西板桥的历史得以明晰。

① 西板桥在金、元两朝并未出现的说明，可参考《西板桥及其河道遗址考古发掘简报》，《北京文博》2019 年第 2 期。

②③ [清] 朱一新：《京师坊巷志稿》，北京古籍出版社，2000 年，第 50—51 页。

④ 关于该图的论证，参考今西春秋的《京师城内河道沟渠图说》，1947 年，建设总署刊行，《北京沟渠之沿革》。

⑤ 《京师城内河道沟渠图说》，载《北京沟渠之沿革》，第 3 页。

⑥ 《京师城内河道沟渠图说》，载《北京沟渠之沿革》，第 5—6 页。

⑦ [法] 吕敏主编、鞠熙著：《北京内城寺庙碑刻志》第五卷，国家图书馆出版社，2020 年，第 185 页。

⑧ 庆云寺沿革参见 [法] 吕敏著、鞠熙译：《庆云寺小考》，收入 [法] 吕敏、陆康主编：《香火新缘：明清至民国时期中国城市的寺庙与市民》，中信出版社，2018 年。以及北京市档案馆档号：J181-15-375、J2-8-405、J002-008-00405 内六区火神庙尼人张进兰关于登记庙产的呈文及社会局的批示、J002-008-00848 内六区火神庙尼僧宽玄登记庙产的呈文及社会局批示等。

⑨ 《北京内城寺庙碑刻志》第五卷，第 205 页。

⑩ 北京市档案馆：《北平市政府、工务局、国立清华大学等关于拟具全市应修沟渠通盘筹计具体方案、核定整理北平市沟渠计划大纲、送北平市沟渠建设设计纲要及污水沟渠初期建设计划等的训令、函、呈》，档号：J017-001-00740，附图。

⑪ 陈宗藩编著：《燕都丛考》，北京古籍出版社，1991 年，第 448—450 页。

⑫⑬ 北京市档案馆：《北平市工务局检送桥梁调查表的函及公安局关于各区署调查本市桥梁情形的复函和填送的调查表等》，档号：J017-001-00926。另民国十七年（1928）国民政府公布《中华民国权度标准方案》、民国十八年（1929）公布《度量衡法》，一公尺 =1 米，一公寸 =1 分米 =0.1 米。括号内数据依此推测。表二数据桥面高度 3.3 厘米、桥孔跨度 1.6 厘米似不合理，但原纪录确实为 "〇" 而非 "十"。

⑭ 北京市档案馆档号：J017-001-03602、J017-001-03611、J017-001-03613。

⑮ 北京市档案馆：《北平市工务局关于景山东、西、北三大街、地安门西大街等改修沥青油路、西板桥大街添修石板道工程有关事项与文整处的来往函》，档案号：J017-001-01312。

⑯⑰ 孔庆普：《中国古桥结构考察》，东方出版社，2014 年，第 113 页。

⑱ 该图复原为示意，根据 1958 年寺庙调查中庆云寺的山门面阔为 4 米，进深 2.3 米，可作为比例参考。

⑲ 该图是北京史地考证沿革的重要参考依据，因其测绘数据较为准确，基本保留了清末民初的历史街区及建筑布局。

⑳ 《百年回望之八——西板桥与白石桥》，http://blog.sina.com.cn/s/blog_56577d8f01012zdv.html。

㉑ 未算桥埌（头）长，算上即 17.7 米。

㉒ 《京师城内河道沟渠图说》，载《北京沟渠之沿革》，第 6 页。

首都博物馆馆藏之陈宝琛家属捐赠文房类藏品概述

丁炳赫　迟海迪

一、陈宝琛家属捐赠文房类藏品情况简述

首都博物馆现收藏的陈宝琛家属捐赠的 255 件套文物中，文房类藏品共 40 件套，为笔、墨、砚、印章。藏品主要涉及清康熙、乾隆、嘉庆和道光时期的精品文房用品。其中墨类藏品最多，并多为皇家御制墨品，品相完好，雕刻精美，墨色上乘，墨质坚硬、厚实。捐赠品中砚台数量虽不多，但都弥足珍贵，殊为难得。首都博物馆现藏文房类藏品共计 2000 余件套，以墨和砚居多。陈氏家族捐赠的文房类文物在首都博物馆众多藏品中也可算是文房精品。

二、笔类文物

毛笔，因为书写所用的笔头是用动物的毫毛制成而得名，是中国独有的书画工具，也是文房中最为重要的一宝。毛笔制作历史悠久，除了新石器仰韶文化出土过有笔类工具书写痕迹的陶器以外，目前发现最早的毛笔实物是湖南省长沙市左家公山战国晚期楚墓里的一支兔毫毛笔。时至今日，毛笔依然是人们挥毫泼墨的必用之物。陈氏家族捐赠的毛笔中有一套工艺精美、雕刻精湛的仿明万历竹雕云龙纹管文林便用兼毫笔就是清代笔类文物的代表作品。

清末仿明万历竹雕云龙纹管文林便用兼毫笔（图一）：管长 23.1 厘米、直径 1.7 厘米，木盒长 26.5 厘米、宽 19 厘米、高 6 厘米。

毛笔六枝一盒，均为竹管制成。笔管笔帽通体雕刻有龙戏珠纹和龙凤穿花纹，纹饰繁密有致，刀法洗练。笔管末端双线长方框内有阳文隶书题铭"文林便用"四字。帽顶嵌螺钿上阴刻"万历年制"款。笔毫出锋并呈葫芦式。毛笔制作精细，并注重装饰，笔管顶端及帽顶镶嵌螺钿，笔帽及笔管口沿分别嵌有金属圈箍，既有固定的作用，又有装饰效果。附件为木盒一件。

此件藏品为首都博物馆一级文物，在馆藏的 40 余件笔类文物中具有至关重要的历史研究价值。

三、墨类文物

墨是中国最重要的发明之一，是书写、绘画的重要颜料。目前发现最早的人工制墨是 1975 年湖北云梦秦墓出土的墨块，距今已有两千余年。在传统手工艺制品中墨尤为典型，其制作工艺讲究，传统制墨程序也极其复杂且精细。从配料、选烟、和胶、做墨、模制成型、修墨、晾墨到彩绘描金等需要十一道工序。"天下墨业，尽在徽州"，墨的制造以徽墨尤为精良，堪称翘楚。徽州也在历史上涌现出大量制墨名家，如曹素功、方于鲁、程君房、叶玄卿、汪启茂、胡开文等。随着制墨工艺的进步和人们审美的需求，墨也渐渐成为兼具实用性和艺术性的工艺制品，乃至制作精美、品质出色的墨，可以成为了向宫廷进奉的贡品。徽墨造型在明代晚期已经发展到极致，仅以明代制墨家方于鲁的《墨谱》为例，此书

图一　清末仿明万历竹雕云龙纹管文林便用兼毫笔

共收藏 385 种墨式，并分为五大类：规、萬、挺、圭和杂佩。在这五类之下又有许多细目。而同时代的程君房也设

作者单位：首都博物馆

计、搜集了500多式墨样，收于其编辑的《墨苑》之中①。按照墨形，胡开文墨一般可分为规则几何形与异形。规则几何形又主要有长方形、圆形、柱形和椭圆形。异形墨则主要分为仿自然物和仿人物两类。除这些可归类的几种墨的造型外，还有许多墨，是将各种造型组合设计在一起，这样的墨首要的便是集锦墨。在清末集锦墨无论是从品种之繁多、图文之精致，还是装潢之考究，均已达到了空前绝后的程度。它是我国实用性生活品向观赏性工艺品方向发展的产物②。它的问世，推动了制墨业的兴旺和繁荣。墨品表面的装饰题材的种类也十分繁多，可以说天文地理、历史人物、神话传说、祥禽瑞兽、宗教故事等各种吉祥图案几乎无所不包。主要包括皇家题材与古典制度、文人题材、民间题材。到了清代，制墨无论是质量上还是数量上均远超前朝，而且装饰题材也更加丰富和完美。本文拣选陈氏家族捐赠的26块清代制墨精品进行介绍。其中既有宫廷御墨，也有文人用墨，形式多样，内容丰富，集中反映了清代制墨的高超水平。

（一）清康熙含章蕴藻九章墨

长13.8厘米，宽1.4厘米。长方形。正面装饰双回纹，中间为凸起双螭纹，上下分别有"静""满"二字阳文。背面题名阳文行书"含章蕴藻"，下有"九章墨"阳文圆印。

"含章蕴藻"，出自西晋文人傅咸《纸赋》记述："夫其为物，厥美可珍。廉方有则，体洁性真。含章蕴藻，实好斯文。取彼之弊，以为己新。揽之则舒，舍之则卷。可屈可伸，能幽能显。"③本义是形容纸张的优良。摹勒于墨品，又隐喻墨品制作优良。

（二）清康熙描金人物图寿屏墨

长9厘米，宽6厘米。长方形，两面起边框。一面漱金装饰老人图，老人端坐亭台中，身旁古树奇石，面前一童子，喂食一只仙鹤，图右侧阳文篆书："一品奇寿"。墨背阳文楷书："刘健洛阳人，明弘治中为首相，及正德二年始以老致仕，累朝增秩至太师，寿一百有七岁。"

刘健（1433—1526），字希贤，号晦庵。洛阳人。明朝中期名臣、内阁首辅。历仕英宗、宪宗、孝宗、武宗，为四朝元老。《明史》称其"事业光明俊伟，明世辅臣鲜有比者"④。

（三）清康熙描金人物图寿屏墨

长9厘米，宽6厘米。长方形，两面起边框。一面漱金雕一官员坐于亭内书案后，亭外一书童，画上阴文行书："丞相封侯"。墨背阳文楷书："张苍阳武人，汉高时为相十五年，封北平侯，于书无所不通，尤善律历，归老无齿食乳，年百有余岁，见《史记》。"

张苍（前256—前152），河南郡阳武县（今河南原阳县）人。西汉初期丞相、历算学家，他校正的《九章算术》是对中国及世界数学发展的重大贡献。司马迁在《史记》中评价其"张苍文学律历，为汉名相，而绌贾生、公孙臣等言正朔服色事而不遵，明用秦之颛顼历，何哉？"⑤

（四）清康熙描金人物图寿屏墨

长9厘米，宽6厘米。长方形，两面起边框。一面漱金雕一老者立于道中，回头看一童子，身旁松鹤围绕，亭顶半露云端，仿佛置于仙境，画上阴文行书："阴德受报"。墨背阳文楷书："高允蓚人，历佐元魏五帝，封咸阳公，年九十犹劝人学业，常谓人曰，先人有阴德，若报不差，吾应享高年，后果百岁，见编年。"

高允（390—487），字伯恭，渤海郡蓚县（今河北省景县）人。北魏时期宰相、文学家，丞相参军高韬之子。高允不贪财色，气度非凡，宽厚仁德，乐善好施。除了撰述北魏国史和诰命文书外，一生所作的诗、赋有百余篇，辑有文集，刊行于当世。高允精于算法之学，著有《算术》三卷。

上述三件清康熙描金人物图寿屏墨共置于一黑漆描金匣内，盖

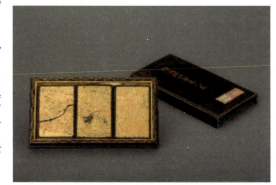

图二 清康熙描金人物图寿屏墨

面描金隶书："精选拜疏著书之墨"（图二）。

（五）清康熙程正路云中君墨

长 9.6 厘米，宽 4.3 厘米。倭角长方形，四边起棱。一面上部彩填篆书"与日月分齐光"及"云中君"，下部阳刻四爪盘龙一条，取自屈原《九歌》中的《云中君》词句。另一面刻填金草书"翰动若飞纸落如云"并篆书钤印"正路"，应为制墨人所作。

程正路，号耻夫，又号晶阳子，别号雪斋，墨肆名悟雪斋。歙县槐唐人，生卒年不详。清代徽州府歙派中的制墨高手，制墨讲究烟质凝细，为康熙年间著名墨坊人之一。

（六）清乾隆御制凤佩形墨

高 8.3 厘米，宽 4.2 厘米。呈扁玉佩形。两面均阳刻凤纹、蕉叶纹。墨侧阴文描金楷书款"大清乾隆年制"，顶阳文篆书"御墨"二字，并填金。

御墨是专为皇家御用所造之墨，品质多属上乘。此墨墨模精雕细刻，装饰凤凰纹，身姿雍容袅娜，羽毛层叠细密，精巧雅致。

（七）清仿乾隆款御制凤佩墨

高 8 厘米，宽 4 厘米。玉佩形，两面各阳刻凤纹、蕉叶纹。墨侧刻有阴文"乾隆丁巳年制"楷书款，下方阳钤篆书"凤佩"印。顶阴文楷书"御墨"二字。此墨品以皇家御凤纹为饰，墨模雕刻精细，凤羽层次分明，与清宫墨品风格一致，其外饰漆皮的呈相冷静含蓄，亦显示沧桑岁月之风貌。

（八）清乾隆御制七香图墨

直径 13 厘米。十二边形，边框起棱，通体漆黑。一面自上而下阴刻楷书"御墨""乾隆丁巳年制"及篆字钤印"七香图"。另一面模印百合、水仙、栀子、梅、菊、桂花和茉莉，即七香图，为文人墨客喜欢的雅物。七香图案繁而不乱，布局紧凑，极为精细。

（九）清乾隆御制五老游河墨

长 11 厘米，宽 4 厘米。倭角长方形，通体漆黑，起边框。一面填金书、自上到下楷书"御墨"及"乾隆丁巳年制"，下填金篆书钤印"五老游河"，四边宽棱中饰如意云头纹。另一面阳刻五位老人在柳岸游河的场景，身边还有三位侍者陪伴。四周亦起宽棱，棱中饰如意云头纹。整体布局紧凑，装饰考究，刻工精细。

"五老游河"典故最早出现于《论语谶》："仲尼曰：'吾闻尧舜等游首山，观河渚，乃有五老游河渚。一老曰：河图将来告帝期；二老曰：河图将来告帝谋；三老曰：河图将来告帝书；四老曰：河图将来告帝图；五老曰：河图将来告帝符。龙衔玉苞，金泥玉检，封盛书。五老飞为流星，上入昴。'"另有《宋书》记载："率舜等升首山，遵河渚，有五老游焉，盖五星之精也。"[6] 五老是神话传说中的五星之精，此五位天神，盖源于古之"五帝"传说。

（十）清乾隆御制天保九如墨

直径 11.5 厘米。八边型，通体漆黑，边缘起棱，八棱起倭角。一面自上而下阴刻楷书"御墨""乾隆丁巳年制"及篆字钤印"天保九如"。另一面刻日月同升、山河松柏，此场景体现了《诗经·小雅·天保》中的"天保定尔，以莫不兴。如山如阜，如冈如陵，如川之方至，以莫不增。如月之恒，如日之升，南山之寿，不骞不崩。如松柏之茂，无不尔或承。"[7] 的词句，为臣子祝颂君主的诗歌。

（十一）清乾隆御制东林莲社墨

长 17 厘米，宽 7 厘米。丰碑形制，朱砂墨，两面起边框。一面上部填金楷书"御墨"，中间填金楷书"乾隆辛卯年制"，下钤填金篆书"东林莲社"印。另一面模印诸多人物居于山林之

图三 清乾隆御制东林莲社墨

间，有僧侣和儒士十余人，为"东林莲社"的故事图，讲述了东晋时，慧远大师集儒释精英慧永、慧持、道生、刘遗民等一百二十三人，于东林寺结白莲净社，共同发愿往生西方的事迹（图三）。

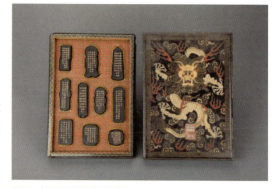

图四　清乾隆御制西湖十景墨

（十二）清乾隆御制凌烟阁墨

直径 7 厘米。八角形，朱砂墨，两面均起边框。一面上部填金楷书"御墨"，中间填金楷书"乾隆辛卯年制"，下钤填金篆书"凌烟阁"印。另一面模印凌烟阁居于高台之上，烟云及松柏映衬其旁。凌烟阁为唐朝纪念功臣而建造的高阁，据传李世民曾命阎立本绘制二十四功臣的画像，皆为真人大小，褚遂良题字。

（十三）清乾隆御制青黎阁图墨

长 13.5 厘米，宽 14 厘米。正方形，圆角，边框起棱，通体漆黑。一面自上而下阴刻楷书"御墨""乾隆辛卯年制"及篆字钤印"青黎阁"。另一面，阳刻浮于云海的高大宫殿，内中有人物驻留，四周饰祥云及树木。

（十四）清乾隆御制世掌丝纶墨

长 17.7 厘米，宽 9.5 厘米。墨四角内凹，成矩形，朱砂所制，边沿起棱。一面上部填金楷书"御墨"，中间填金楷书"乾隆辛卯年制"，下钤填金篆书"世掌丝纶"方印，取自《礼记·缁衣》："王言如丝，其出如纶"⑧，在中书省为皇帝草拟诏旨，称为掌丝纶，父子或祖孙相继在中书省任职的称为世掌丝纶。另一面阳刻"纺织图"，纺丝之人居于庭屋之内，四周装饰着草木山石。

（十五）清乾隆御制西湖十景墨

最长 9.8 厘米，最宽 3.8 厘米。长方形、倭角方形、长圆形、圭形不等，各形均起边框。面心雕杭州西湖十景图：苏堤春晓、花港观鱼、曲院风荷、平湖秋月、三潭印月、双峰插云、断桥残雪、南屏晚钟、柳浪闻莺、雷峰夕照。墨背阴文填金楷书乾隆帝御制咏景诗，"庚子"年制。十墨合置于一黑漆描金云龙纹匣内（图四）。

（十六）清乾隆御制敬胜斋墨

高 9.4 厘米，直径 1.1 厘米。圆柱形，通体洒金装饰。一面阴文填绿楷书："敬胜斋珍藏"，一面阳文楷书："大清乾隆年制"。下方钤印篆书："玉质""金相"。

（十七）清仿程君房款凤佩形墨

长 11 厘米，宽 6.5 厘米。凤佩形。墨面雕山水图，远山矗立，近处松峰竹林，亭台屋宇，高士息坐，侍童烹茶。背面云凤纹，中心椭圆形框内一周"S"形纹，阴刻隶书"与茶荈必较新陈"。墨两侧分别阳文楷书"天启元年""程君房制"，为清仿款。

乾隆皇帝有《御制咏墨诗》，并摹勒于御制墨，一套九锭，命名为"御制咏墨诗墨"，分别摹勒御制诗文："与茶荈必较新陈，用佐文房孰比伦。历历千言照今古，超超六法显精神。呼卿唤子谓多事，玩日愒时斯枉珍。磨尽思王才八斗，依朕联北此龙宾。"⑨墨上装饰图案与诗文之意呼应，相得益彰。

程君房，字大约，号幼博，别号墨隐道人。明万历时安徽歙县人，歙派制墨代表人物。清代亦有许多制墨家沿袭其制墨的模式及名称。

（十八）清乾隆御制咏墨诗墨

长 6.8 厘米，宽 6.8 厘米。八边形，两面起边框。一面雕山水图，远山层叠，流水潺潺，水边屋宇，文人对窗读书。一面为仿古变形龙纹，中间八边框内描金隶书："用佐文房孰比伦"。

乾隆皇帝有《御制咏墨诗》墨，一套九锭，分别引用御制诗文。墨上装饰图案与诗文之意呼应，相得益彰。

（十九）清乾隆曹文埴书御制蚯蚓结诗图墨

长 8.4 厘米，宽 8.4 厘米。外呈八瓣花（莲瓣）型，两面锦地纹，内凹刻圆心。一面圆心内刻风景图，屋宇寒树，属寒冬景色。一面圆心内描金楷书诗文："凝冬自不冻黄泉，蚯蚓居之安则然。绝饮已同龙与蛰，伏眠何异兔为跧。别名岂必巴人辨，充操惟应仲子坚。早是一阳生子半，即看启户答芳年。"落款："御制蚯蚓结"，钤"臣""填"二印。

曹文埴（1735—1798），字竹虚，号近薇。清朝安徽歙县雄村人。历刑、兵、工、户诸部，兼管顺天府府尹。

（二十）清嘉庆尺木堂造琴式墨

长9.4厘米，宽1.7厘米。古琴形，琴身包裹印花云纹琴囊，腰系丝带，两面饰有花卉、瑞兽团纹，正面琴头钤阴文填金印式墨铭："太平雅寄"，侧面阳文楷书款："尺木堂造"。

此墨造型新颖，颇具文人情趣，墨模雕刻精工，线条流畅，纹饰清晰，花卉、瑞兽图案栩栩如生。

（二十一）清嘉庆尺木堂造湘浦持赠墨

长6.6厘米，宽1.8厘米。长方形。正面填金楷书："湘浦持赠"，背面阳文楷书款："尺木堂造"。推测为松筠在尺木堂定制此墨赠与好友。

松筠（1752—1835），姓玛拉特氏，字湘浦，蒙古正蓝旗人。是乾隆、嘉靖、道光三朝元老。松筠一生仕途数次起落，实心为国，以治边、外交等方面功劳尤为突出。曾两次出任伊犁将军，协助伊犁人民垦荒六万余亩。又奉命管理与俄罗斯的贸易事宜，经多年努力，最终使长期停止的中俄贸易恢复正常，维护了边境地区的稳定与长治久安。

（二十二）清嘉庆汪近圣文光射斗墨

长3.1厘米，宽3厘米。倭角正方形，两面起边框。一面雕涂金宝剑、星辰图案，图侧填蓝阴文楷书："文光射斗"。墨背阳文楷书："徽城汪近圣法制"。"文光射斗"多形容文章文采像光芒一样射到斗宿上。

汪近圣（1692—1761），斋号鉴古斋，安徽绩溪人，为清代四大墨家之一。汪氏原为曹素功家墨工，后自立门户，制墨以墨质精良、工艺精美闻名。乾隆帝曾褒其"得法真"，并奉诏制作御用墨。

（二十三）清道光汪近圣什锦墨

长3.1厘米，宽2厘米。长方形，两面起边框，框内刻一周几何纹。墨面阴文填金"染翰人夸玉作堂"，钤"两峰"印。背阳文楷书"徽城汪近圣监制"。

（二十四）清道光汪近圣造心阶珍藏墨

长9.7厘米，宽1.9厘米。舌形。面心内凹椭圆框，内雕龙纹，框上填金钤印篆书"香"。墨背填金阴文楷书："心阶珍藏"。两侧分别阳文楷书："汪近圣造，听莺山房"。此四墨共置于一黑漆描金匣内，盖面描金隶书："听莺山房藏墨"。

（二十五）清仿程君房款宝墨斋墨

长7厘米，宽2.7厘米。此墨通体漆黑，呈椭圆形。一面边缘绘古兽纹样，正中外圈饰回纹，其内填金刻有篆书"宝墨斋"。另一面四周亦饰兽纹，下部绘鱼尾样的纹饰，正中阳识"天启元年程君房造"。程君房为明万历时歙派制墨大家，清代亦有许多制墨家沿袭其制墨的模式及名称。

（二十六）清仿程君房款雎鸠墨

直径10.8厘米。此墨呈圆型，边沿起棱，墨面在方框之内阴刻"雎鸠"二字，取自《诗经》中的诗句"关关雎鸠，在河之洲"，墨背刻山峦叠翠，苍松翠茂，并绘制了雎鸠两只，衬托诗意。圆墨侧边阳识"天启元年程君房造"。

四、砚类文物

砚，也称为砚台，是脱胎于原始研磨工具而来的，考古发现最早的砚台和墨一样，均出自湖北云梦秦墓，是配合墨来使用的研制色彩的工具。作为文房四宝之一，砚除了具有实用性之外，还集绘画、书法、雕刻于一体，充分展示了历代文人墨客的高雅审美和赏玩风尚。本文拣选了三块陈氏家族捐赠的清代砚台进行介绍，通过这些砚不同材质、不同题材和不同用处的对比，来了解砚类文物的多样性以及清代制砚的工艺特点。

（一）清仿建安十四年砖砚

图五 清仿建安十四年砖砚

长 20.5 厘米，宽 16.5 厘米。砖砚为以建造房屋用的砖石所制的砚台，多取自两汉宫殿。此砚为整块古砖琢制，背面阳刻隶书"建安十四年造"。正面上部阴刻隶书"烘云托月"，下部为圆形砚堂及月牙形砚池。砚侧三面均有刻字，部分已经漫漶不清。其中一侧有明代藏书家徐熥款行书诗文，可以辨认出"藏乎旷泽用"等字，另有一侧阴刻隶书"比缶"二字（图五）。

（二）清研经室写经砚

长 21.5 厘米，宽 14.3 厘米。写经砚为器物主人写经所用。此砚为长方形，砚堂宽广，留窄边，砚池浅开。砚背面阴刻阮元款写经铭一首："朝写经夕写经，香林古铜龛灯。此时欲守西方，醒悟酒戒不能。嘉庆七年冬至日。"

阮元（1764—1849），字伯元，号芸台、雷塘庵主，晚号怡性老人。籍贯江苏仪征。为官多年，被尊为三朝阁老、九省疆臣。其在经史、书法、数学、天算、舆地、编纂、金石、校勘等方面都有着非常高的造诣，可称一代文宗。著有《研经室诗录》家刻本。此砚还配有木盒，盒盖上阴刻隶书"研经室主人写经砚"，落款"乙丑夏皖江汪志伊观并题"，钤印"中丞之章"。

（三）清仿唐寅欧阳文忠公像砚

长 17 厘米，宽 11.5 厘米，砚体直方而厚重，淌池式，砚面光素无雕饰。砚背上刻隶书"欧阳文忠公象"，正中线刻一文人形象，应为欧阳文忠本人，其侧有唐寅落款并钤印。欧阳文忠即为欧阳修，文忠为其谥号。

欧阳修（1007—1072），字永叔，号醉翁，晚号六一居士，汉族，出生于绵州（今四川省绵阳市），籍贯吉州永丰（今江西省吉安市永丰县），是北宋政治家、文学家，与苏轼等人并称唐宋八大家。

五、结语

文房清供本是文人书桌上的书写工具，在千年的流传中逐渐形成代表文人审美意趣的书房陈设。作为中国传统文化之精髓，文房四宝经过数千年的积累和沉淀，其蕴含的文化内涵越来越得到人们的认同，价值也远远超过了其本身的功能。陈宝琛作为晚清民国时期非常有名望的艺术家、收藏家，更作为末代帝师，在当时文人圈子中的文物收藏也颇有成绩。从首都博物馆收藏的这几十余件陈氏家族捐赠的文房用品的整体情况，便可看出陈宝琛对于文物收藏的鉴赏水平之高，以及对古物的热爱与尊重。

① 林欢:《徽墨胡开文研究: 1765—1965》,故宫出版社,2016 年,第 78 页。

② 林欢:《徽墨胡开文研究: 1765—1965》,故宫出版社,2016 年,第 84 页。

③ 马积高:《历代辞赋总汇》,湖南文艺出版社,2014 年,第 612 页。

④ [清]张廷玉等撰:《明史》卷一百八十一,中华书局,1974 年,第 245 页。

⑤ [汉]司马迁:《史记》,中华书局,1959 年,第 1260 页。

⑥ [梁]沈约撰:《宋书》,中华书局,1974 年,第 762 页。

⑦ 程俊英、蒋见元:《诗经注析》,中华书局,2017 年,第 490 页。

⑧ 廖璨璨:《竹简〈缁衣〉与〈礼记·缁衣〉对读研究》,《儒家典籍与思想研究》(第七辑),北京大学出版社,2015 年,第 219 页。

⑨ [清]爱新觉罗·弘历:《钦定四库全书荟要御制诗三集》卷八十六,吉林出版社,2005 年。

蒋衡的匠人精神

——中国古代最后一部规模最大的御制石经的书写者

马天畅

一、蒋衡与江苏金坛蒋氏家族

（一）蒋衡其人

蒋衡（1672—1743），清代书法家。后改名为振生，字湘帆，又字拙存，晚年号拙老人、再生人、函潭老布衣等，江苏金坛人。蒋衡历经康熙、雍正、乾隆三朝，却一直无缘仕途，青年时曾先后做过颜光敩、年羹尧和高斌的幕僚。蒋衡善小楷，好游历，游历时观古碑，多临帖，晚年专注写经，力辞六安州英山县教谕和博学鸿词不赴，后因进呈手书《十三经》授国子监学正衔。翁方纲《复初斋文集·金坛蒋氏三世合传》里有这样一段记载：

> 早岁出居庸、渡滤沦，诣曲阜，谒孔林、周公墓。中年往会稽，谒禹陵，泛富春江，题诗钓台。复游中州，历嵩少，涉鄱阳，道荆楚，过庾岭，登白鹤峰，抵琼海，观扶桑出日，至崖门山吊文、陆诸公之迹，又为终南华岳之游。皆借山川以发其奇气。①

其游历的脚步遍布大半个中国。

《清史列传》中对蒋衡的记述为：

> 蒋衡，字湘帆，又名振生，江苏金坛人。少为诸生，试辄不利。幡然曰："吾不能习世俗骩骸之文以诡遇。"乃益肆力于古，受文法于妇翁王源，而峭利坚削，时或过之。时吴中书家推杨宾，衡师之。复博涉晋唐以来各家名迹，积学既久，名噪大江南北。性好游，足迹半天下。所至赋诗作书，歌啸不能自已。尝入关，年羹尧招至幕下，衡长揖傲睨，日借临剧迹妙拓以自验所学，绝不干预他事。偶游碑洞，观诸石刻，慨然曰："《十三经》皆当时经生所书，非欧虞笔也。中有舛谬，且残缺。当今崇儒重道，必校正，一手重书，庶足佐圣天子右文之治。"遂矢志键关，蹢吉张筵祀先圣，先书《左传》《礼记》，计历一纪，至乾隆三年，十三经次第毕成。扬州马曰琯为出白金二千镪，装潢成三百册，五十函。四年，总督高斌特疏进呈御览，藏懋勤殿，奉旨授国子监学正衔。当写经时，以恩贡选英山教谕，又举博学鸿词，皆力辞不赴。其专精如此。八年，卒，年七十二。卒后五十年，上命将衡所书《十三经》刻石太学，御制序文以垂万世。生平论书，谓不能为人宗祖，亦当与古人弟昆，有《拙存堂临帖》二十八卷。著有《易卦私笺》二卷、《拙存堂诗文集》。子骥，字赤霄。能传其家学。②

（二）写经前的蒋衡

蒋衡出生在江苏金坛的一个书香世家，自幼聪明好学，加之良好的家庭教育环境，四岁便能读诵诗文。受祖父蒋鸣玉、父亲蒋进和大伯蒋超的影响，蒋衡自幼时起在文学和书法方面就打下了扎实的基础，其中影响最大的是其大伯蒋超。蒋超好游、善书、淡仕的性格潜移默化地感染着蒋衡，从而使蒋衡一生所经之事，都有蒋超的影子。

蒋衡十五岁时拜杨宾为师，开始正式学习书法。杨宾（1650—1720），号大瓢山人，因此又称杨大瓢，是清代著名学者、书法家，声望名极一时，好金石与收藏，在他的《大瓢偶笔》中提到蒋衡，称赞道："湘帆十五岁从余学书，今小楷冠绝一时，余不及也。"两年后，蒋衡随父亲入都省亲，这也是他第一次踏入京师，并一试为大兴县

作者单位：孔庙和国子监博物馆

学生，从此开启了他的科举之路。

蒋衡第一次随父亲去到京师时，父亲的好友大兴县王源先生前来拜访，了解到蒋衡尚未娶亲，女儿王氏亦尚未婚配，于是决定将二人的婚期定于康熙三十二年（1693）冬天。天不遂人愿，到了婚期这一年十月时，王氏祖父中齐公王世德去世，不久后的十二月蒋衡父亲也去世了，守孝三年后方可成婚。在守孝期间，为了照顾母亲，维持家族生计，蒋衡曾在浙江学使颜光敔处做其幕僚，为期四年。守孝毕，又恰逢其母五十岁寿辰，蒋衡便留在老家祝寿，因此二人婚期又往后拖了一年。待到康熙三十八年（1699）时，蒋衡二次入都应试后第二年，二人才完婚。

之后的几年中，蒋衡身边的亲友接连去世，又加之科举的不断失利，重创打击加上身体劳累致使蒋衡于雍正二年（1724）时身患厉疾，这次经历九死一生，之后便多了"再生人"这一自号。在《再生人临帖目录书后》中蒋衡写道："再生人者，江南老布衣函潭蒋衡之自谓也。岁癸卯函潭已三入京师，甲辰三月十六日，俶装将归，病卧于乡先生王虚舟斋，阅七日气绝，太仓顾行人玉停先生来药之，乃苏，百有八旬始得出户。"③其挚友王澍在《虚舟题跋》中亦写道："拙存病余寓斋，病且死，死而复苏。"④

蒋衡一生命运多舛，历经种种重创，接连打击，九死一生后，不再醉心科举，自此绝意仕途。身体恢复后便继续游历四方，决心写经后更是以最大的热情投入这一伟业中。

（三）蒋衡手书《十三经》始末

蒋衡在病愈后继续游历，雍正二年（1724）十月他远涉秦关西安，历览汉唐古迹和雁塔碑洞内诸多石刻，发现《十三经》⑤"众手杂书，文多舛错，行次参差，心实悼之"⑥。再加上此前东游山东曲阜，谒孔林，当时康熙皇帝正在命人重修阙里孔庙，蒋衡看到御题诸额，却发现先圣故里只存汉隶《礼器》《孔宙》数碑，并无儒家典籍《十三经》碑刻。作为尊崇儒家思想的学者，蒋衡在游历期间看到这种情形，便萌生了独立手书《十三经》的想法。

又有《跋书十三经残字册》文载："（雍正四年）夏初抵二泉⑦，适王吏部虚舟⑧请假归，相与作书斗胜，无虚日。既余写《法华经》七卷，作大楷，分十四册。虚舟曰：'儒而书佛经，不足道，庶几书《十三经》乎？'盖戏之也，余唯唯，遂矢志力书。"挚友王澍的一句玩笑话，使本就有意手书《十三经》的蒋衡心里的笃定又添了几分。

蒋衡在将写经想法告诉友人时，获得了众友人的大力支持，但也有不同的声音。友人刘吴龙在《拙存堂文初集》序写道："吾心善而奖劝之，然恐繁重，难成也。湘帆志益决，赁居琼花观以碑洞《十三经》为式，构善本校正，择日具纸笔力书。嗣是，例选教谕，辞檄试鸿博辞，羁旅造次，晦明风雨，未尝一日辍。历十有二年，共书八十余万言⑨，竟成厥志。"在准备写经之前，蒋衡和众好友举行了"发笔仪式"："筵祀先圣，邀众宾酌酒称庆"⑩。

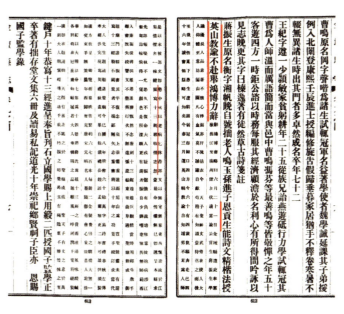

图一 《民国金坛县志》书影

手书《十三经》确实是一项庞大的工程，普世之人很难下决心静心书写，但蒋衡前半生命运太过坎坷，在连续落榜、亲友去世、身患厉疾九死一生后，慨然看淡，而写经就像是他漂泊生涯中的一根救命稻草，做自己喜欢并擅长的事情，定下一个宏伟的目标，但也不给自己施加过多压力，写完一经，就很满足了。他在《跋书十三经残字册》自述："余思久废举业，绝意仕途。若无事收束，身心必流为游惰之民矣，可乎哉？况事虽艰巨，何必求成，苟完一经，亦足快意。"如果说蒋衡在大病前的人生，是坎坷的、凄惨的，那开始写经的蒋衡，就一定是愉逸的。

为解决"众手杂书，文多舛错，行次参差"⑪的问题，蒋衡在写经前期先是广泛购得善本，并在好友黄如琏的帮助下，对《十三经》进行文字校对。庞鸿文《常昭合志稿》有云："衡尝写《十三经》于广陵⑫，校谬正讹，如班之力居多。"又购买东洋纸，打上乌丝栏进行书写，独力手书，将以上种种问题一并解决。

图二　蒋衡临《九成宫碑》时以"钦授国子监学正"落款

写经期间，雍正十三年（1735），蒋衡曾受到两次举荐，一次是六安州英山县教谕，另一次是博学鸿词科，但他均以专注写经且年岁已高为由，力辞不赴。《上高大中丞辞教职书》："触冒大人敢请咨部另选宿儒为英山教谕，则衡得肆力速成。若天假余生，三年可以告竣。"《上两江总督赵府辞鸿博书》："即哀恳高大中丞，以振老病乞休事咨部。"其中《辞鸿博书》还被记录在《民国金坛县志》蒋衡生平中（图一）。如此力辞赴任，蒋衡写经之心可谓坚定。他终日闭户，潜心书写，终于在乾隆三年(1738)，历时十二载，手书《十三经》功成。

此前，扬州徽商马曰琯在扬州盐运使卢见曾的引荐下，听闻蒋衡手书《十三经》事迹，于雍正十二年（1734）独资修建梅花书院供蒋衡潜心书写，又慷慨出资二千金用于装潢《十三经》，并找遍吴中名手负责装潢工作，如此蒋衡在写经前期所担心的装潢书册问题也就迎刃而解了。马曰琯（1687—1755），字秋玉，号嶰谷，安徽祁门人，后迁至江苏扬州，虽为商贾，却极为重文，是集文人与商贾于一身的乾隆时期徽商代表人物之一，与其弟马曰璐号称"扬州二马"，其刊印书籍，刻本精良，世称"马版"。

《十三经》进呈御览的最后一位功臣，是河道总督高斌⑬。他曾在《拙存堂文集》序中写道："适遇知爱者为图装潢。余见之惊且喜，乃奏呈预览。今藏之内府，闻者俱以为奇。"⑭蒋衡在《跋书十三经残字册》也写道："自是四方钜公咸来顾问，今年春总河高公屡招，余病甚，迁延至夏切，旨袁浦，公乃折奏，先呈《周易》二函。奉旨大学士等议奏，既复，旨以字画端好，命取全经，交武英殿校对，十月又奉旨命英武殿照淳化阁帖式，用枣木板双勾镌拓，颁发各省。特授国子监学正职。"⑮（图二）

由此可见，恢弘庞大的手书《十三经》在进呈御览时，是分批进上的，先呈二函，乾隆皇帝见蒋衡书法端好，小楷精妙，之后才准整部进上。之后乾隆皇帝便命大臣将蒋衡本与武英殿本勘校后便藏于懋勤殿。在刻石前还曾用枣木板双勾镌拓并颁发各省，足见朝廷对蒋衡手书《十三经》的重视。

另外，关于蒋衡键户时间的说法，一说十年，一说十二年，十年的说法源于蒋衡在写经时所书文章中提及，这里所说的十年是蒋衡预计完成写经的时间，经之后史料证实，实际历时十二载。

《民国金坛县志》"辞鸿博书略"还写道：

还辕东至曲阜，适圣庙新成，御题庙门诸额。振书其半，复念皇上崇儒重道，而尼山为宣圣钟灵，未有请写十三经勒石阙里者，不揣鄙陋，矢志重书，将以十年之功，双手校订，求当代大人先生题请勒诸圣庙，今已历八年，所书六十余万字……更二年可竣。但须装潢方敢呈御览，而卷轶浩繁，约六七百本，每册二金，装费倍之，穷措大无一知交，束手无策。⑯

从上文不难看出，蒋衡在写经至多半时，就曾思考过装潢成册、进呈御览、勒石立碑的问题了。蒋衡原本希望在曲阜孔庙立碑十三经，无奈抱憾：其一，蒋衡并未等到其手书《十三经》勒石；其二，《十三经》勒石立碑后并不如蒋衡最初所希望的那样，立于曲阜孔庙，而是被乾隆皇帝谕旨立碑于北京国子监。勒石立碑之事虽未达夙愿，却也算殊途同归。嘉庆元年（1796），此时距蒋衡去世已过五十三年，《乾隆石经》的内府初拓本被恩赐于曲阜孔府，共计四十函，二百六十册。事已至此，也算是另一种夙愿圆满的结局。

据史料记载，嘉庆二年（1797），乾清宫发生了一次火灾，宋本典籍烧毁殆尽，蒋衡本《十三经》成为唯一一部被完整保留、一人独力手书的儒家典籍。

二、书香门第的金坛蒋氏家族

乾隆四十三年（1778）清代学者武进人郑环在《毗陵蒋巷蒋氏宗谱序》中有云："吾乡著姓，恽、巢、汤、蒋为最。"蒋氏家族是江苏常州金坛的望族，以蒋衡祖孙三代为代表秉承家学，在书法、帖学、碑学、文学等方面颇有成就，而这与其祖父蒋鸣玉父子三人对蒋衡的家传影响是分不开的。蒋衡作为金坛蒋氏家族的核心人物，倍受其祖父、大伯、父亲的文化熏陶，研经学，习书法，颇具建树，与此同时他也把这种良好的学术环境、浓厚的学习氛围传承给其子、其孙，尤其是其孙蒋和，蒋衡字拙存，晚年号拙老人，他则自称江南小拙，其中尊敬与景仰之情可见一斑，可以说蒋衡不仅仅是金坛蒋氏家族的代表人物，更是其家族文化中承前启后的存在。江庆柏在《明清苏南望族文化研究》一书中提出"苏南望族是一种文化型家族"的观点，并写道："家族以实现本家族的文化性为自己的追求目标，家族具有强烈的文化意识，家族具有良好的文化环境，并有相当的文化积累。"[17]金坛蒋氏家族正是如此，他们有相对明确的治学方向，并以此为目标不断地积累和创造，进而形成独具特色的家学文化传统。

（一）祖父蒋鸣玉

蒋鸣玉（1600—1658），字楚珍，号中完。明崇祯十年（1637）丁丑科三甲二十二名进士。恩贡。精于理学，著有《四书讲义舌存》《五经圭约》《尚书讲义舌存》《怡曝堂集》等书[18]。曾任台州府推官七年，官至山东按察司佥事。清《碑传集》卷七十七载有《山东按察司佥事蒋公鸣玉神道碑》碑文。有记载称，蒋鸣玉在尚未中进士前，曾做过国子监祭酒侯恪的门生，在侯府做塾师。明末清初著名散文家、"明末四公子"之一的侯方域是侯恪的侄子，他在《四忆堂诗集校笺》中自注："仆十五岁时学为文，金沙蒋黄门[19]鸣玉方为孝廉，有盛名，每见必称佳。"

（二）父亲蒋进

蒋进（1649—1693），字度臣，号退庵。由邑庠生，工于诗，所友皆当代名士，著有《退庵集》。通才博学，以子岱生赠户部湖广司主事[20]。无功名。

（三）大伯蒋超

蒋超（1624—1673），字虎臣，号绥庵、华阳山人。顺治二年（1645）考中举人，顺治四年（1647）丁亥科第一甲第三名进士，为探花，授弘文苑编修[21]，官至翰林院修撰，委任顺天提督学政。但他好佛学，喜禅理，乐善好施，淡泊名利，康熙初年便托病告退，游历四方山川，康熙十一年（1672）春，隐居于峨眉山伏虎寺，剃度为僧，法号"智通"，翌年去世。著有《绥庵诗稿》《绥庵集》《峨眉山志》十八卷等书。清王士祯《池北偶谈》云："蒋虎臣先生幼耽禅寂，不茹荤酒。"清初著名诗人施闰章为蒋超《绥庵诗稿》作序云："虎臣天才爽敏，刻意好古，匠心独造，怀瑰森扳，不肯一语近人，且忘富贵重行谊，往往与布衣欢，尊礼如大宾，生产日落，能倾索急人。"[22]蒋超好书，他对蒋衡在书法方面的启发和学习是有直接影响的。

（四）儿子蒋骥

蒋骥（生卒年不详），字赤霄，号勉斋。秀才。蒋和的父亲。恪守家学，精书法，善人物写真。著有《传神秘要》[23]《续书法论》[24]等书。蒋骥自幼随其父学习书法，《清史稿》有记载，称蒋骥"尤精分隶"。周中孚在《郑堂读书记》中对《传神秘要》一书的评价为："论画之书作者最夥，然其书皆详于山水人物，而于写真之法则略焉。"据程嗣立记载："蒋子骥三岁失恃，初不省太夫人遗像。及稍有知识，即日夜思慕，求画工仿貌似者为之。呈于太翁拙存先生，曰弗肖也。由是思念之心，盖不客已。年逾就传，潜心画决。及长，遂工其技。屡追遗像，

图三 《蒋湘帆先生写经图》拓片

终以不得神似为恨。因亦不为他人一试也。余与蒋子为世好，时往来其斋中，偶见其所著《传神秘要》，方心嘉其多技能。而蒋子挥泪而前，具述所以工此之由如此。"

（五）孙子蒋和

蒋和（生卒年不详），字仲和、重和、仲淑、仲叔，号醉峰、最峰，自称江南小拙。国子监生，举人。后迁至无锡。精书画，尤善篆隶，兼工指画，尤善画墨竹，参以草隶奇字之法为之，或画竹既就，以指补石，甚是别致。周中孚《郑堂读书记》云："国朝和，字仲叔，金坛拙老人孙，移家梁溪，初充三通馆校录，复修四库书，得钦赐举人。"蒋和因以太学生充四库馆篆隶总校，于乾隆五十一年（1786）被赐为举人，后官至国子监学正、学录[25]。著有《书法正宗》《说文集解》《写竹简明法》《汉碑隶体举要》等书。此外，蒋和还汇集了其祖父、父亲及自己三人的论书画著作，出版《蒋氏游艺秘录》[26]《书法正宗》[27]，将蒋氏家族书法论著保存并流传后世。值得一提的是，当时蒋和被委以《乾隆石经》刊刻收官的重要工作。立石于《乾隆石经》末尾处的《蒋湘帆先生写经图》刻石（图三）就是由蒋和一手操办的。他请了著名书画家冯敏昌先生以隶书题名，刻石立碑。石碑右上即为"蒋湘帆先生写经图"，落款为"钦州冯敏昌题"。右下题有"仲孙和刻石"。左上有题诗曰：

> 写经余暑每陶陶，曳杖闲看致自高。
> 为问兰亭修禊日，岂因内史重濡豪。
> 修竹清流尺幅天，杜陵怅望好林泉。
> 他时我亦拈书卖，白发逍遥橐宇仙。

诗尾注"橐宇巢仙汉元卿公号"，落款为"拙老人自题写十三经小照时客涟水暮春既望"。左下有一印，印文为"仁者寿"。石碑正中所绘蒋衡长须在前，左手轻捻之，右手执杖，衣袂飘然，神情怡然，周围有奇石墨竹环绕，一位洒脱淡然的老者尽显眼前。

三、十三经刻石——乾隆石经

中国古代历史上曾大规模刊刻儒家石经七次，有东汉灵帝《熹平石经》、三国曹魏齐王芳《正始石经》、唐文宗《开成石经》、五代十国后蜀孟昶《广政石经》、北宋仁宗《嘉祐石经》、南宋高宗《御书石经》以及清高宗《乾隆石经》。《乾隆石经》是我国现存历代儒家经典碑刻中最完整、规模最大、年代最晚的一部石经。

《乾隆石经》刊刻于乾隆五十六年（1791）十一月，告成于乾隆五十九年（1794）九月，耗时三年。曾设立石经馆，命和珅、王杰为总裁，董诰、刘墉、金简、彭元瑞为副总裁，负责校对及刊刻工作。石经共189通，后有《圣谕及进石刻告成表文》1通，共63万余字，其中《周易》6通、《尚书》8通、《诗》13通、《周礼》15通、《仪礼》17通、《礼记》28通、《左传》60通、《公羊传》12通、《穀梁传》11通、《论语》5通、《孝经》1通、《尔雅》3通、《孟子》10通，立石于北京国子监东西六堂内，现位于孔庙与国子监之间的夹道内，专设碑林展厅，供保护及观摩用（图四）。

图四 《乾隆石经》现陈列于孔庙和国子监之间夹道内的碑林展厅中

四、结语

笔者详引史料，对蒋衡生平做了较为详细的梳理，其一生命途多舛，在遭受科举失利和亲友相继去世的双重打击后，大病一场，病愈后便慨然，不再追求功名。键户十二年，静心写经62万余字，其恒心与毅力可见一斑。蒋衡善书，以小楷名扬天下，在金坛蒋氏家族中起到了至关重要、承前启后的影响，他手书《十三经》的伟大事迹更是为其后辈树立典范形象，蒋衡及其后辈在书法方面的研究著作和造诣对今日的书法教育颇有借鉴和启示意义。且《乾隆石经》的刊刻也为研究和保护儒家典籍起到至关重要的作用。

　　结合以上内容，作者将蒋衡生平以及《乾隆石经》以年表形式整理出来，便于更直观清晰地看到事件发生的时间。蒋衡生平年表（表一）及《乾隆石经》大事年表（表二）附于文末。

附录：

表一　蒋衡生平年表

公元纪年	朝代纪年	年龄	事件
1672	康熙十一年	1 岁	蒋衡出生，原名振生，后改名为衡
1686	康熙二十五年	15 岁	拜师杨宾，开始正式学习书法
1688	康熙二十七年	17 岁	蒋衡跟随父亲入都省亲，一试为大兴县学生，与大兴县王氏订婚
1693	康熙三十二年	22 岁	十月王氏祖父去世，十二月蒋衡父亲去世，因此原定婚期推迟
1694	康熙三十三年	23 岁	其父蒋进去世后，蒋衡于正月扶柩南归，送父亲归乡安葬，后为照顾家中老母，入浙江学使颜学山之府为幕僚，为时四年
1698	康熙三十七年	27 岁	蒋母五十岁寿辰，称觞拜祝，留家一载
1699	康熙三十八年	28 岁	春季入都参加己卯科乡试，家遭外侮，老母惊怖成疾，孺人闻呜咽流涕
1700	康熙三十九年	29 岁	五月二十五日与大兴县王氏于天津成婚，婚后王氏随蒋衡回金坛侍奉蒋母
1710	康熙四十九年	39 岁	妻子王氏父亲王源去世
1723	雍正元年	52 岁	雍正登基，以岁贡准作恩贡，入都参加癸卯科乡试
1724	雍正二年	53 岁	三月十六日蒋衡重病，在其友王澍家卧床，太仓顾行人王倬先生送来药物，一百八十天后蒋衡才康复
1727	雍正五年	56 岁	开始漫漫十二年的手书《十三经》之路。期间完成了对《十三经》善本的校正，书写材料的购置，以及发笔仪式
1738	乾隆三年	67 岁	耗时十二年，《十三经》手书完成，共六十二万余字，装帧成三百本，五十函
1739	乾隆四年	68 岁	八月《十三经》手书由河道总督高斌进呈御览，藏于懋勤殿，赐蒋衡国子监学正一职
1743	乾隆八年	72 岁	蒋衡去世

表二 《乾隆石经》大事年表

公元纪年	朝代纪年	事件
1739	乾隆四年	河道总督高斌将江苏金坛蒋衡手书《十三经》进呈御览，藏于懋勤殿内。与武英殿刻本校正后，谕旨用枣木版双勾镌搨，颁发各省
1791	乾隆五十六年	谕旨以蒋衡手书《十三经》为底本，刊刻上石，立于太学
1794	乾隆五十九年	石经刊刻工成，始称《乾隆御定石经》，简称为《乾隆石经》或《清石经》。立于国子监东西六堂内（此时监生移至南学学习）
1795	乾隆六十年	乾隆内府初拓本
1796	嘉庆元年	嘉庆皇帝赐曲阜孔府《乾隆石经》初拓本，共计四十函，二百六十册
1803	嘉庆八年	石经副总裁彭元瑞奏请重修《乾隆石经》，嘉庆皇帝谕旨下令磨改，重新校订并补齐被和珅挖去的字。磨改重修后有拓本留存
1884—1889	光绪十年至光绪十五年	国子监祭酒盛昱为保护《乾隆石经》，在东西六堂外加装栅栏
1885	光绪十一年	因刊刻已近百年，字迹年久受损，国子监学录蔡赓年上书奏请重修。本次重修后亦有拓本留存
1932—1934	民国二十一年至民国二十三年	个别石碑因房屋坍塌等问题损坏，后修补
1956	二十世纪五十年代	为当时以国子监为馆址的北京市图书馆腾出更多空间，《乾隆石经》迁移至孔庙与国子监之间的夹道内
1981	二十世纪八十年代	首都博物馆为移至夹道内的《乾隆石经》加盖简易的石灰瓦棚，并加铺水泥地面
2011	二十一世纪	在北京市政府的推动下，对《乾隆石经》所在夹道进行升级改造，成为碑林展厅，延续至今
2019	二十一世纪	在孔子博物馆举办的"第四期全国碑帖编目与鉴定研修班"期间，专家学者确认孔子博物馆藏《乾隆御定石经》为初拓本
2020	二十一世纪	孔子博物馆藏《乾隆御定石经初拓本》进入第六批《国家珍贵古籍名录》公示名单，《乾隆御定石经初拓本》作为孔子博物馆藏文物登上中央电视台文博探索节目《国家宝藏第三季》的舞台

① [清] 翁方纲:《复初斋文集》,上海古籍出版社,1995 年。

② 王钟翰点校:《清史列传》,中华书局,1987 年,第 5855—5856 页。

③⑥⑩⑪⑮ [清] 蒋衡:《拙存堂文初集》,载《清代诗文集汇编》,上海古籍出版社,2010 年。

④ [清] 王澍:《虚舟题跋》,清乾隆三十五年杨建闻川易鹤轩刻本,第 167 页。

⑤ 西安碑林《十三经》即"开成石经"。

⑦ 二泉:指无锡惠泉,因其有天下第二泉之称,故名。

⑧ 王虚舟,即王澍。

⑨ 计数有误,实为 62 万余字。

⑫ 广陵:今江苏扬州。

⑬ 高斌:1683—1753,字东轩,隶汉军镶黄旗。雍正十三年(1735)改隶满洲,称高佳氏。历官苏州织造、广东布政使、河东副总、江南河道总督。乾隆十年(1745)以吏部尚书协办大学士,十二年(1747)授文渊阁大学士,著有《固哉草堂集》。高斌所著《固哉草堂集》时就请蒋衡为之作序。蒋衡所作此序后被收录到其《拙存堂文集》中,名曰《固哉草亭诗序》。

⑭ [清] 蒋衡:《拙存堂文初集》,高斌序,清乾隆年间刻本。

⑯ [民国] 冯煦等:《民国金坛县志》卷九,中国方志书业,民国十年刊本,第 613 页。

⑰ 江庆柏:《明清苏南望族文化研究》,南京师范大学出版社,2016 年。

⑱ [清] 夏宗彝修、汪国凤纂:《光绪金坛县志》卷八,光绪十一年活字本。

⑲ 蒋黄门:黄门,官名,因给事黄门,故名蒋黄门。

⑳ [清] 郭毓秀纂修:《康熙金坛县志》卷八,清康熙刻本。

㉑ [民国] 冯煦等:《民国金坛县志》卷九,中国方志书业,民国十年刊本,第 606 页。

㉒ [清] 王士祯:《感旧集》卷六,清乾隆十七年刻本。

㉓ 《传神祕要》共分二十七个部分进行介绍,例如"以远取神法""点睛取神法""神情""笼墨""用笔四要""全局""设色层次""气韵""临摹"等,后被收录至《四库全书》。

㉔ 《续书法论》是蒋骥在其父蒋衡书著《书法论》的基础上续著的,他将旧制"九宫结字法"进行改良,成《九宫新式》。

㉕ 《钦定国子监志》:蒋和能承其家学,著加恩,以国子监学正、学录补用,并著赏大缎二匹,以示表章经学,奖励宿儒之意。

㉖ 《蒋氏游艺秘录》共两卷,上卷为蒋衡著《书法论》、蒋骥著《续书法论》《九宫新式》《读画纪闻》《传神秘要》,下卷为蒋和著《说文字原表》《汉碑隶体举要》《学书杂论》。

㉗ 《书法正宗》共四册,第一册为蒋和著《笔法精解》,第二册为蒋和著《点画全图》,第三册为蒋衡和王澍合著《分部配合法》,第四册为蒋和著《全字结构举例》、蒋骥著《重定九宫格》以及蒋和著《分笔先后》《学书杂论》。

北京文博文丛 2023

《澄秋馆吉金图》中汉代铜器拓片的解读

孙　勐

"盖著述之中，考证为难。考证之中，图谱为难。"①对于金石图谱类著作的认知，最基本地要依其摹、拓，辨其形制、纹饰和铭文，核其真伪、时代、名称、用途等。《澄秋馆吉金图》②中收录多件青铜器的拓片，并附有题跋，记有尺寸和重量，钤有印章，属清末民初金石家著作中图谱之学③的代表成果之一。其中收录的7件汉代铜器拓片，均为不可多得的全形拓精品，是了解当时金石学发展、汉代青铜文化的重要资料。本文首先对拓片的来源、形式与构成进行论述，然后通过拓片对其所展示的器物的形制、纹饰、铭文与年代等进行探讨，从而尽量将拓片、器物和相关认知联系在一起。

一、拓片、著录和特点

作为私人藏品的金石学著录，器物的出土、来源、经历是器物研究中的重要一项。这虽非直接关乎器物本身，但已是其历史信息的重要组成部分，同时也是判断其真伪的重要参考。按《澄秋馆吉金录》作序者罗振玉所言，以及辑录者、亦即藏品拥有者陈宝琛在后记中所述，这些器物既有陈承裘得于关中者，也有陈宝琛"在京师续得诸器"。该书所录7件汉器应均属于前者，但这些器物具体何时出土于何地、何时又如何进入到陈氏父子之手等更为详细的信息，陈宝琛并未详说。陈承裘时代，因"既鲜同嗜并乏搨工，著录则不果"，没能对器物进行椎拓。《澄秋馆吉金图》则是在陈宝琛主导下将这批藏品首次椎拓并集结的成果④。

《澄秋馆吉金图》中收录器物拓片85件，其中汉代青铜器7件，所占比重不大；在目录编排上，一级目录中除"汉器"按朝代定名，其余均依器类定名。这基本上可以反映出清晚期青铜器鉴藏情况。拓片的著录，采用分页编排的形式，主要是器、铭相分各为一页，还包括印章、跋文、尺寸和重量的记录等。器物拓片的左下以"甲子孟冬希丁拓于闽县赢江"长方形朱文印压角，明确椎拓者；铭文拓片的左下以"澄秋馆所藏器"长方形白文印压角，凸显所有者，其左侧记该器的尺寸和重量；其中仅"陈仓成山匜"铭文后、尺寸和重量前有罗振玉跋文并在落款下空白处钤两方姓名印章，标示考订者。总体而言，该书对于汉器，"录"多而"著"少，"图"多而"文"少。

按史树青先生的回忆："社员中藏器较多者如罗振玉的《雪堂所藏吉金》二百五十七器，陈宝琛的《澄秋馆藏器》六十九器……每器各拓数十份至百份不等。"⑤可知，澄秋馆的每件器物都有相当数量的拓片。除《澄秋馆吉金图》之外，从其他公布的资料中还可见到另一些拓片，如《秦汉金石录》《北京图书馆藏青铜器全形拓片集》《澄秋馆藏器拓本》（日本京都大学藏）⑥等。根据所拓器物、印章等，这些拓片都应出自同一批椎拓。比较而言，同一器物的不同拓片，除在墨色表现和印章钤盖等方面略有差别，《北京图书馆藏青铜器全形拓片集》《澄秋馆藏器拓本》最大的特点就是器、铭合一，表现为上下结构，更多地保存了拓片的原始形态。而《澄秋馆吉金图》则是器、铭相分，并附加跋文，增添器物尺寸与重量，更多地展现出著作的样式。

按拓片制作、技法和表现形式来看，《澄秋馆吉金图》所录7件汉器均为全形拓，使用整纸，用墨匀净，浓淡适宜，深浅适度，立体感强。拓片左下方钤盖"甲子孟冬希丁拓于闽县赢江"朱文印，甲子孟冬为1924年农历十月，"希丁"是椎拓者周康元的字；直接证明了这些拓片均出自周希丁之手，并与其他学者所记相吻合⑦。当时陈宝琛身在北京⑧，藏品多在其福建螺洲老家，而周希丁则是受托远赴闽地完成椎拓。此时周希丁已成名家，将全形拓技法发展至鼎盛⑨。

作者单位：北京市考古研究院

这些器物拓片造型准确，比例协调、纹饰清晰、铭文逼真，神形兼备，本身也值得赏玩。

《澂秋馆吉金图》对每件器物，先记尺寸，后书重量，承袭了宋代以来金石著录的传统。需要特别说明的是，该书记尺寸用"建初尺"，标重量用"库平"，则是清代嘉、道以来金石学著作中的一个新现象，如钱坫《十六长乐堂古器款识考》[⑩]、曹载奎《怀米山房吉金图》等[⑪]。"建初尺"是东汉铜尺，有铭文"虑俿铜尺，建初六年八月十五日造"。"建初则东汉章帝年号也。考章帝时，泠道舜祠下得玉律，以为尺，与周尺同，因铸为铜尺，颁郡国，谓之汉官尺。"[⑫]该尺成为清代学者考订周汉古制的重要器物。因此，"清以来考古尺度者，皆以此为标准"[⑬]。清代以金属立方寸定衡制的标准，称作库平，又叫部法[⑭]。该书以库平两为权衡标准，在民国初年，官方、民间和国内、国际等多方面之间制度并不统一的环境下，体现出学术上的严谨性。

二、器物、形制与年代

《澂秋馆吉金图》中7件汉器的拓片，按编排顺序依次是刘氏卣、陈仓成山匜、富贵昌洗、上林灯、宜子灯、牛铎、宜子孙熨斗。由于不见实物，因此仅能基于图像——拓片对器物的基本形制、纹饰、铭文等进行探讨。

（一）刘氏卣

带盖，盖面凸起，盖顶中部有一个小环钮。侈口，束颈较长，鼓腹，斜直壁高圈足。腹部有四道弦纹。肩部对称位置有铺首衔环。有提链，由上部"⌒"形提梁和两侧链节组成，盖与提梁也有链节相连（图一）。有铭文"刘氏容二升重十九斤七两"，两行，右五字，左六字。根据铭文拓片下方的铺首图案，推断铭文应位于肩部外壁、一侧铺首的上方。根据器物的形制特点和演变发展，该器应为壶。壶是盛放酒、水的器具，附带提链，易于携带使用，因此也称为提链壶。从该器的整体形制来看，包括器身和提链两部分，与湖南长沙汤家岭汉墓[⑮]、溆浦县茅坪坳汉墓[⑯]等出土的铜壶相近，其年代可定在西汉中晚期。"卣制如壶，差小而有提梁"[⑰]，因此该器在当时被称作卣，也大体符合宋代以来金石学者的认识[⑱]。从目前学界对青铜卣、壶的认识及名实角度来讲，卣未见自名器物，且器名定自宋人[⑲]，但可确定其为单独一类器物，大体出现于商代晚期而基本消失于西周晚期[⑳]。该器的类名定为卣，有误，可改为壶。

（二）陈仓成山匜

口为圆角长方形，腹较深，上腹外凸于下腹，应为折腹，平底。口沿部一侧有流，与器身连通，为半圆形沟槽状，略向上倾斜。与流相对的一侧腹上部有一铺首衔环（图二）。有铭文两处，应该在器内壁。单行"苐十二陈仓成山共金匜一容一斗八升重五斤七两"共21字。另一处为两行"□成□□□□；重五斤七两名曰廿"。铭文先记容量、再说重量，是汉代容器铭文常例。该器的形制与陕西西安西北国棉五厂三分厂M6出土的铜匜[㉑]相近，可定在西汉早中期。铭文中所记成山共，即成山宫[㉒]。成山宫，不见于传世文献史料的记载，仅见于出土器物铭刻，如陕西西安市文物中心藏成山宫鼎（无盖）[㉓]、陕西宝鸡金台区出土成山宫瓿[㉔]、山

图一 汉刘氏卣

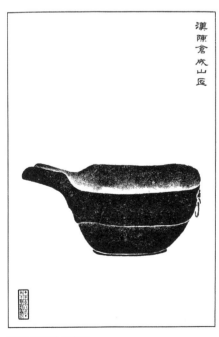

图二 汉陈仓成山匜

西朔县汉墓出土成山宫行灯[25]等。遗址的考古发现也证实了成山宫的存在与具体位置[26]。

（三）富贵昌洗

敞口，宽沿斜折，鼓腹，平底。腹部有四道凸弦纹。腹部对称位置有两个铺首衔环（图三）。内底中部长方形框内铸"富贵昌宜侯王"六字阳文，直行，铭文两侧为对称的双鱼纹饰，鱼首同向，腹部朝内，背部向外，生动写实。该器铭文"文势雄展可爱"[27]，具有笔画直、体态方、结构紧、布局满的特点。汉代铜洗在唐代已见出土，《太平御览》引《东京记》曰："上阳宫在

图三 汉富贵昌洗　　　　　　　　　　　　　图四 汉上林灯

皇城西南东苑，苑东垂南临洛水，西拒谷水。上元中，韦机充使所造列岸修廊连垣，掘地得铜器，似盆而浅，中有隐起双鲤之状，鱼间有四篆字，曰'长宜子孙'。时人以为李氏再兴之符。"[28]北宋吕大临《考古图》卷九收录5件汉代铜洗，其中一件定名为双鱼四钱大洗，另四件则称为双鱼洗，"皆汉洗也"[29]。宋、清以来金石学著作中，洗是最多的汉代青铜容器，"为诸汉器冠"[30]。该器整体形制与甘肃成县博物馆[31]、四川通江县文管所[32]、山东济南市博物馆[33]、湖北省浠水县博物馆[34]等收藏、山东寿光纪国故城东汉窖藏[35]、山东章丘东平陵故城[36]、贵州安龙县[37]、湖北咸丰县[38]、四川宜宾市郊岩墓[39]、浙江绍兴市南郊金刚庙窖藏[40]、安徽寿县窖藏[41]、山东苍山柞城遗址[42]、湖南汝城县窖藏[43]等出土的铜洗形制基本相同，铭文的内容、字体及位置，与陕西西安北郊高庙北村窖藏出土的铜鋗[44]基本一致。从该器的形制、纹饰和铭文风格来看，可定在东汉中晚期，且有可能属于朱提堂狼器[45]。洗，据马衡《中国金石学概论》中所说，"盘与匜相需为用，以匜泻水于手，而盛之以盘。故匜有鋬有流。盘浅而巨，两旁有耳，观其制即可以明其用。盘在汉为洗"[46]，是为汉器。另有孙机先生从出土器物组合角度的考证可备一说："在有关汉代文物的记述中，常把一种平底、鼓腹、颈微敛、口微侈的容器称为洗，认为它就是沃盥时承水之器……几乎看不到匜与之伴出，说明这里当时并不用沃盥的方式洗手，因而根本不存在生产'洗'的社会需求"[47]，从而提出汉代铜器中没有洗，而应是杆。

（四）上林灯

浅腹圆盘形灯，直口，平沿，浅腹直壁，平底，腹壁一侧有一曲折状长柄，柄前端略窄，末端变宽呈舌形。外底内侧靠近边缘处附三个短柱状足。素面，无纹饰（图四）。柄部依从前端到后端的方向刻铭文"上林铜荳重三斤茅卅七"十字，不过铭文位于柄的正（上）面还是背（下）面并不清楚。这种形制的铜灯，也就是常说的行灯。该器整体形制与山西朔县汉墓[48]、山东巨野红土山汉墓[49]、广西贵县木椁墓[50]、广西合浦母猪岭土坑墓[51]、广西平乐银山岭汉墓[52]、湖南资兴西汉墓[53]、湖南常德肖家湖汉墓[54]、湖北光化五座坟汉墓[55]、江苏盱眙大云山西汉江都王陵一号墓[56]、江苏徐州石桥汉墓[57]、江苏徐州黑头山刘慎墓[58]、江苏扬州平山养殖场汉墓[59]、贵州赫章县汉墓[60]、贵州清镇平坝汉墓[61]、云南昭通桂家院子汉墓[62]、安徽阜阳双古堆汝阴侯墓[63]、安徽阜阳医药公司汉墓[64]等出土以及陕西历史博物馆收藏的行灯[65]基本相同。该器的时代可定在西汉中晚期。有一点需要指出，从出土铜灯实物来看，其中大多数的灯盘内中心都有一个凸起的尖头支钉状的灯钎。灯钎的用途，主要是固定烛或灯芯，以便固态或液体的燃料燃烧[66]。而少数没有灯钎的铜行灯，很可能只是燃烧液体燃料。灯钎居于盘内中心，是全形拓无法表现出来的部分。

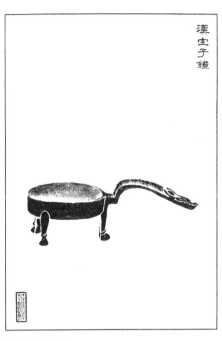

图五 汉宜子灯

（五）宜子灯

为浅腹圆盘形行灯，曲折状长柄，后端作龙首形，三个蹄形足较高，足根部与灯盘外壁的底部相连（图五）。柄部龙首的前侧铸铭"宜子孙"三字，铭文应位于柄的正面。张廷济曾购得一件与此基本相同的器物，并将其拓片收录于《清仪阁所藏古器物文》，"嘉庆廿年乙亥二月廿八日见于海盐陈氏肆中，索价番银五饼有半，如其数得之。秦以下阳识则铸，阴款则凿……宜子孙字，汉器习见。此子字，左向叠旋；孙字，右旁增二小直文，势益觉缜密，可见汉京结体之妙"[67]。该器物形制和装饰上一个较为突出的特点是龙首柄，也见于湖南郴州市郊东汉墓[68]、四川郫县东汉墓[69]等出土的同类器物。以龙首为饰，在西汉晚期至东汉魏晋常见于灯、炉、鐎斗、鐎壶[70]、熨斗、勺、魁、刷等的柄部[71]，应是这一时期的风尚。从其形制，该灯应为东汉早中期。该器类名称灯，无误，而专名应改作"宜子孙灯"[72]。

（六）牛铎

顶上有钮，可分为上下两部分，上为一圆环，下为一长方形系。合瓦体外鼓，平顶，器体较长，口部为上凹弧形而略外侈。钲部两面中部为直行铭文，一面铸阳文"宜牛羊"，另一面铸阳文"大富昌"，均为吉语（图六、图七）。铭文的左右两侧分别有两个"※"形纹饰。鼓部无纹饰。从拓本来看，顶部是否有用以连接音舌的穿孔并不清楚。若有穿孔，则应配套有舌，其发声方式为摇鸣；若无穿孔，则推断原本无舌，应是敲击发声。该器铭文，从对文的角度分析，"宜"在此处应为修饰语，义为"多"。"宜牛羊"之辞见于东汉时期"博局四神朱氏镜"[73]"大富贵铃"[74]；"大富昌"之语见于东汉时期瓦当[75]。该器形制和铭文位置、纹饰图案与牛保犊铃[76]颇为相似，应属东汉晚期。铃、铎之辨，涉及内容甚广，仅从形制上而言，铎有方形或长方形短甬[77]，而铃则为方形或半圆形钮。因此，对于该器的定名，类名称铎，似有不妥，可改为铃；对于专名，也要相应地改为"宜牛羊铃"[78]。

（七）宜子孙熨斗

敞口，宽沿斜折，圆形斗，腹较深，圜底，长直柄，柄与斗壁的夹角应为90°。柄的长度明显大于斗的直径（图八）。内底铸阳文图案，中心为一方框，其内左侧直行铭文"宜子孙"，右侧为一直立舞人形象，两手各持一物。方框外的四边

图六 汉牛铎（宜牛羊）

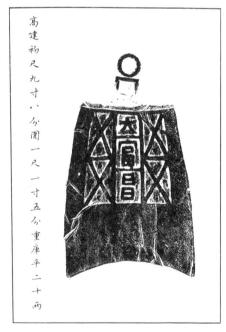

图七 汉牛铎（大富昌）

各有一钱币形图案，钱文不清，似为"货泉"。同形之器，吴云《两罍轩彝器图释》称之为"刁斗"，认为"刁斗无足"[79]；端方《陶斋吉金录》定之为"鐎斗"[80]。目前发现的最早的青铜熨斗应为战国晚期[81]，西汉时期熨斗的出土数量开始明显增多[82]，东汉至魏晋更为常见。其形制，经历了口沿从平折到斜折再到平折、柄部从短变长、底

部由平底到圜底再到平底的演变。该熨斗的总体形制，与山东章丘市东平陵故城[83]、山东济宁窖藏[84]、河南巩县窖藏[85]、陕西西安高庙窖藏[86]等出土、河南新安县博物馆[87]、陕西咸阳博物馆[88]藏器物基本相同，可定为东汉时期器物。

图八 汉宜子孙熨斗

三、承袭、传播及流散

1. "金石之学，创自宋代"，汉代铜器的著录与研究散见于当时的金石学著作之中。图谱之学的代表性著作，如吕大临《考古图》收录汉代有铭铜器 17 件，每器均绘画图形、摹写铭文、兼附释文，并记铜器尺寸、重量、铭文字数等，兼有相关内容考释。还有赵九成《续考古图》收录汉代有铭铜器 4 件[89]、王黼《宣和博古图录》收录汉代有铭铜器 9 件[90]等。清代，金石之学复兴，收录汉代铜器及铭文的著录明显增多。收录汉代铜器及铭文的图谱之学著作主要有梁诗正等《西清古鉴》收录汉代有铭铜器 18 件、吴云《两罍轩彝器图释》收录汉代有铭铜器 31 件、端方《陶斋吉金录》收录汉代有铭铜器 102 件等。《澂秋馆吉金图》出版之时已入民国，几近传统金石之学尾声，收汉器拓片的数量不多，但予以刊布、专列一项、展现全面、编排得当，可见承袭宋、清金石学著录之脉络。且其汉器拓片呈现器物形态、纹饰和铭文全面、清晰，是民国初期著录汉代铜器的重要著作之一[91]。

2. 《澂秋馆吉金图》中收录的 7 件汉代铜器受到相关学者的重视。王国维《三代秦汉金文著录表》[92]、容庚《秦汉金文录》[93]等均有收录。相比于罗振玉《匋斋吉金录及续录跋》中列举该书五项疏误，即鉴别之疏、称名（器名）之误、时代之误、释文字之误、编订之疏[94]，罗氏在《澂秋馆吉金图》序中直言此书有三善，"窃谓此书之成，有三善焉。循器、款并摹之，旧惩薛、阮诸家之失，一善也。绍先人未竟之志，餍海内乐观之心，二善也。抱遗器于板荡之余，存斯文于绝续之际，使读者缅怀轨物，慨念先荆，三善也"，亦可知此书质量堪属上乘。尽管从现在的研究程度而言，《澂秋馆吉金图》对汉器的命名存在偏差，但综观 7 件汉代铜器拓片，收藏者精于鉴别——均为真器；椎拓者长于传拓——均为全形，题跋者善于研究——考证准确，编纂者通于刊布——编排得当，"多一时师友互相赏析所得"[95]，可见陈宝琛其人，"亦有相当之素养，鉴赏之趣味，与研究之趣味，思古之性，求新之念，相互错综"[96]。

3. 除好古之情、藏古之行、考古之心，思古之性，陈宝琛还有忧古之虑、存古之念，这在其书自序中有明确表达，一睹"簠斋、匋斋藏器流散殆尽"，一历"内府珍秘近且横遭劫掠"，难免"顾古器自周秦至今，凡有七厄"[97]之运，因此冀希借此书"亦当有以广其传也"。可以说《澂秋馆吉金图》出版后而藏品流散各处，见证了身处板荡之中的陈宝琛的忧深思远。图谱考证之中，器物现状是不同时代读者共同探寻的重要内容之一，或存或毁，直接关乎器物命运和观者情感。澂秋馆诸器之中，父丁卣于 1972 年出现在富士比拍卖会、齿受祖丁尊于 1985 年现身佳士得拍卖会[98]等，均飘零海外；7 件汉器中仅有刘氏卮、陈仓成山匜，并同西周时期的卿鼎、史颂簋盖现收藏于天津博物馆[99]，可供大众亲睹螺洲陈氏父子之藏。这也恰合陈宝琛所作、王国维遗墨"流水前溪去不留，余香骀荡碧池头"[100]。

① [清] 永瑢等撰：《四库全书总目 · 子部 · 谱录类》卷一一五，中华书局，1965 年，第 984 页。

② [清] 陈宝琛辑、孙壮编次，北京市文物研究所整理：《澂秋馆吉金图》，北京出版社，2022 年。

③ 陆和九：《中国金石学讲义》，北京图书馆出版社，2003 年，第 379 页。

④ 澂秋馆器物的鉴藏，主要由陈宝琛之父陈承裘完成，目前尚无资料表明陈宝琛自己有主动性的收藏行为，因而这些器物对于陈宝琛而言，算是家传私人藏品。而椎拓和著录，则主要由陈宝琛主持完成，也尚无资料表明陈宝琛之父有主动性的著录行为。对于该书的解读，可把器物的鉴藏年代与拓片刊布年代有一个区分，这也是该书的一大特点。

⑤ 史树青、傅大卣：《冰社小记》，《北京史苑（第一辑）》，北京出版社，1983 年，第 296—297 页。

⑥ 《澄秋馆藏器拓本》（日本京都大学藏）与《澂秋馆吉金图》的异同、版本关系等，本文暂不讨论。

⑦ 史树青：《悼念周希丁先生》，《文物》1962 年第 3 期；另可参见马子云：《金石传拓技法》，人民美术出版社，1988 年，第 4 页。

⑧ 陈宝琛的北京寓所在灵境胡同七号，参见崔金泽：《风雨飘摇中的陈宝琛旧居》，《北京观察》2013 年第 5 期。

⑨ 桑椹：《青铜器全形拓技术发展的分期研究》，载浙江省博物馆编：《东方博物》第十二辑，浙江大学出版社，2004 年。

⑩ [清] 钱坫：《十六长乐堂古器款识考》，浙江人民美术出版社，2015 年，第 12 页。

⑪ 可详见容庚：《清代吉金书籍述评》，《颂斋述林》，中华书局，2012 年。

⑫ [清] 李斗：《扬州画舫录 · 草河录上》卷一，凤凰出版社，2013 年，第 8 页；可参考《晋书》卷十六《律历志上》，中华书局，1974 年，第 491 页。

⑬ 马衡：《凡将斋金石丛稿》卷一，中华书局，1977 年，第 23 页。

⑭ 丘光明等著：《中国科学技术史 · 度量衡卷》，科学出版社，2001 年，第 432 页。

⑮ 湖南省博物馆：《长沙汤家岭西汉墓清理报告》，《考古》1966 年第 4 期。

⑯ 怀化市文物事业管理处：《湖南溆浦县茅坪坳战国西汉墓》，《考古》1999 年第 8 期。

⑰ 马衡：《凡将斋金石丛稿》卷一，中华书局，1977 年，第 12 页。

⑱ 容庚《汉金文录》将其归入杂器，仍称之为"刘氏卮"。可参见容庚：《秦汉金文录》卷四，中华书局，2012 年，第 475 页。

⑲ [宋] 吕大临：《考古图》卷四，中华书局，1987 年，第 87 页。

⑳ 马军霞：《中国古代青铜器整理与研究 · 青铜卮卷》，科学出版社，2015 年，第 90—97 页。

㉑ 呼林贵、孙铁山、李恭：《西安东郊国棉五厂汉墓发掘简报》，《文博》1991 年第 4 期。

㉒ 按上古音，共属东部群母，宫为冬部见母。参见唐作藩：《上古音手册》（增订本），中华书局，2013 年，第 50—51 页。通假字一定要同时具备以下四个条件：通假字与本字在意义上毫不相干、通假字与本字在声音上相同或相近、通假字与本字并存、文献史料中要有例证。由此而言，"共""宫"不能通假。按二字音近，很可能共为宫之别字。

㉓ 王长启：《西安市文物中心藏战国秦汉时期的青铜器》，《考古与文物》1994 年第 4 期。

㉔ 徐彩霞：《"陈仓"现身青铜甄》，《文博》2007 年第 4 期。

㉕ 平朔考古队：《山西朔县秦汉墓发掘简报》，《文物》1987 年第 6 期。

㉖ 赵丛苍、刘怀君：《陕西眉县成山宫遗址的调查》，《考古》1998 年第 6 期；宝鸡市考古工作队、眉县文化馆：《陕西眉县成山宫遗址试掘简报》，《文博》2001 年第 6 期；眉县文化馆：《陕西省眉县成山宫遗址的再调查》，《考古与文物》2002 年第 3 期。

㉗ [清] 张廷济：《清仪阁所藏古器物文》第二册，浙江人民美术出版社，2020 年，第 153 页。

㉘ [宋] 李昉等撰：《太平御览》卷一百七十三《居处部一》，上海古籍出版社，2008 年，第 678 页。

㉙ [宋] 吕大临：《考古图》卷九，中华书局，1987 年，第 158—160 页。

㉚ 朱剑心：《金石学》，浙江人民美术出版社，2015 年，第 134 页。

㉛ 张馨月：《成县博物馆馆藏双鱼纹青铜洗初考》，《文物鉴定与鉴赏》2019 年第 17 期。

㉜ 李白练：《通江东汉铜洗考》，《四川文物》2009 年第 1 期。

㉝ 李晶：《介绍济南市博物馆收藏的几件青铜器》，《文物》1996 年第 1 期。

㉞ 浠水县博物馆：《浠水县博物馆馆藏东汉铜洗》，《江汉考古》1994 年第 2 期。

㉟ 寿光市博物馆：《山东寿光纪国故城东汉窖藏清理简报》，《中原文物》2018 年第 4 期。

㊱ 宁荫棠、牛祺安：《山东章丘市东平陵故城出土汉代铜器》，《文物》1997 年第 4 期。

㊲ 李飞：《贵州安龙新出铜器——兼论贵州西南地区的青铜文化》，《四川文物》2009 年第 3 期。

㊳ 刘学良：《湖北咸丰县发现的青铜器》，《四川文物》1993 年第 6 期；刘学良：《湖北省咸丰县文管所收藏的部分青铜器》，《文物》1995 年第 7 期。

㊴ 丁天锡、周植桑：《宜宾市郊区出土东汉铜洗》，《四川文物》1993 年第 6 期。

㊵ 绍兴市文物管理处考古组：《浙江绍兴市发现东汉窖藏》，《文物》1991 年第 10 期。

㊶ 寿县博物馆：《安徽寿县发现汉、唐遗物》，《考古》1989 年第 8 期。

㊷ 刘心健、刘自强：《山东苍山柞城遗址出土东汉铜器》，《文物》1983 年第 10 期。

㊸ 鸣笙：《汝城出土汉蜀郡成都双鱼铜洗》，载《湖南考古辑刊（第 3 辑）》，岳麓书社，1986 年。

㊹ 杨平：《西安北郊高庙北村出土的一批汉代铜器》，《文博》1986 年第 2 期；张占民：《西安高庙村新莽窖藏铜器考略》，《文博》1992 年第 5 期。

㊺ 吴小平、魏然：《朱提堂狼器考》，《考古学报》2021 年第 3 期；白云翔：《论基于风格与分布的考古遗物产地推定法》，《考古》2016 年第 9 期。

㊻ 马衡：《中国金石学概论》，时代文艺出版社，2009 年，第 23 页。

㊼ 孙机：《汉代物质文化资料图说》，上海古籍出版社，2011 年，第 299 页。

㊽ 平朔考古队：《山西朔县秦汉墓发掘简报》，《文物》1987 年第 6 期；屈盛瑞：《山西朔县西汉并穴木椁墓》，《文物》1987 年第 6 期。

㊾ 山东省菏泽地区汉墓发掘小组：《巨野红土山西汉墓》，《考古学报》1983 年第 4 期。

㊿ 黄增庆：《广西贵县汉木椁墓清理简报》，《考古通讯》1956 年第 4 期。

㉑ 广西合浦县博物馆：《广西合浦县母猪岭汉墓的发掘》，《考古》2007 年第 2 期。

㊼ 广西壮族自治区文物工作队：《平乐银山岭汉墓》，《考古学报》1978 年第 4 期。

㊽ 湖南省博物馆、湖南省文物考古研究所：《湖南资兴西汉墓》，《考古学报》1995 年第 4 期。

㊾ 常德市文物工作队、津市市文物管理所：《津市肖家湖十七号汉墓》，载《湖南考古辑刊》（第 6 辑），1994 年。

㊿ 湖北省博物馆：《光化五座坟西汉墓》，《考古学报》1976 年第 2 期。

㊷ 南京博物院、盱眙县文广新局：《江苏盱眙县大云山西汉江都王陵一号墓》，《考古》2013 年第 10 期。

㊸ 徐州博物馆：《徐州石桥汉墓清理报告》，《文物》1984 年第 11 期。

㊹ 徐州博物馆：《江苏徐州黑头山西汉刘慎墓发掘简报》，《文物》2010 年第 10 期。

㊺ 扬州博物馆：《扬州平山养殖场汉墓清理简报》，《文物》1987 年第 1 期。

㊻ 贵州省博物馆：《贵州赫章县汉墓发掘简报》，《考古》1966 年第 1 期。

㊼ 贵州省博物馆：《贵州清镇平坝汉墓发掘报告》，《考古学报》1959 年第 1 期。

㊽ 云南省文物工作队：《云南昭通桂家院子东汉墓发掘》，《考古》1962 年第 8 期。

㊾ 安徽省文物工作队等：《阜阳双古堆西汉汝阴侯墓发掘简报》，《文物》1978 年第 8 期。

㊿ 刘建生、董波、杨玉彬：《安徽阜阳出土汉代铜器》，《考古与文物》1998 年第 6 期。

㉕ 韩建武：《几件有铭秦汉铜器的考释》，《考古与文物》2007 年第 6 期。

㉖ 麻赛萍：《汉代灯具燃料与形制关系考》，《考古与文物》2019 年第 1 期；刘兴林、邓雨菲：《汉代日常灯具燃料的来源与加工》，《东南文化》2022 年第 2 期。

㉗ ［清］张廷济：《清仪阁所藏古器物文》第二册，浙江人民美术出版社，2020 年，第 130 页。

㉘ 湖南省博物馆：《湖南郴州市郊东汉墓发掘简报》，《考古》1982 年第 3 期。

㉙ 梁文骏、潘瑞明：《郫县出土东汉铜器》，《文物》1981 年第 11 期。

㉚ 广西文物工作队、合浦县博物馆：《广西合浦县母猪岭东汉墓》，《考古》1998 年第 5 期。

㉛ 孔繁刚：《山东沂水一批汉代铜器》，《东南文化》1993 年第 4 期。

㉜ 容庚《汉金文录》中名为"宜子孙行灯"。参见容庚：《秦汉金文录》卷三，中华书局，2012 年，第 272 页。

㉝ 辛冠洁编：《陈介祺藏镜》中册，第九件，文物出版社，2003 年。

㉞ 容庚：《秦汉金文录》卷三，中华书局，2012 年，第 367 页。

㉟ 郑漫丽：《浅议四川地区出土的汉代文字瓦当》，《四川文物》2022 年第 4 期。

㊱ 于省吾：《双剑誃吉金图录》，中华书局，2009 年，第 255—256 页。

㊲ 曹淑琴：《先秦铜铎及其相关问题》，《文物》1991 年第 3 期。

㊳ 容庚《汉金文录》中名为"宜牛羊铃"。参见容庚：《秦汉金文录》卷三，中华书局，2012 年，第 275 页。

㊴ ［清］吴云：《两罍轩彝器图释》卷十，浙江人民美术出版社，2019 年，第 443—446 页。

㊵ ［清］端方辑：《陶斋吉金录》卷六，朝华出版社，2018 年，第 698 页。

㊶ 新疆文物考古研究所：《新疆新源铁木里克古墓群》，《文物》1988 年第 8 期。

㊷ 湖南省博物馆：《长沙汤家岭西汉墓清理报告》，《考古》1966 年第 4 期；贵州省博物馆：《贵州清镇平坝汉墓发掘报告》，《考古学报》1959 年第 1 期（该报告中定名为镳斗）；南京博物院：《江苏盱眙东阳汉墓》，《考古》1979 年第 5 期。

㊸ 宁荫棠、牛祺安：《山东章丘市东平陵故城出土汉代铜器》，《文物》1997 年第 4 期。

㊹ 武健：《山东济宁市发现汉代铜器》，《考古》1996 年第 3 期。

㊺ 巩县文化馆：《河南巩县发现一批汉代铜器》，《考古》1974 年第 2 期。

㊻ 杨平：《西安北郊高庙北村出土的一批汉代铜器》，《文博》1986 年第 2 期；张占民：《西安高庙村新莽窖藏铜器考略》，《文博》1992 年第 5 期。

㊼ 高耀伟、杨利娟：《河南新安县博物馆馆藏汉代钱币纹铜熨斗》，《文物鉴定与鉴赏》2019 年第 16 期。

㊽ 王英：《咸阳博物馆收藏的汉代带尺铜熨斗》，《文物》2010 年第 8 期。

㊾ ［宋］赵九成：《续考古图》卷三，中华书局，1987 年，第 229—231 页。

㊿ ［宋］王黼：《宣和博古图》，上海书店出版社，2017 年。

㈱ 李海荣：《民国时期关于青铜器的研究》，《文物世界》2002 年第 2 期。

㈲ 王国维编撰、罗福颐校补：《三代秦汉两宋（隋唐元附）金文著录表》，北京图书馆出版社，2003 年。

㈳ 容庚：《秦汉金文录》，中华书局，2012 年。该书于中华民国二十年正式出版，距离《澂秋馆吉金图》正式出版的时间仅有一年。其中的《汉金文录》在 1931 年 1 月 29 日已经写完；2 月 14 日，容庚曾亲自到京华书局催印。可参见容庚著、夏和顺整理：《容庚北平日记》，中华书局，2019 年，第 222、227 页。不像王国维，容庚与陈宝琛似乎没有直接接触和交流。不过，容庚与《澂秋馆吉金图》的椎拓者周希丁、编次者孙壮（字伯恒）有密切往来。1925 年 4 月 14 日，"孙伯恒来信"。1930 年 2 月 7 日，"早周希丁在富源楼请早饭"。可参见《容庚北平日记》，第 22、201 页。

㈴ 罗振玉：《匋斋吉金录及续录跋》，罗继祖主编：《罗振玉学术论著集·云窗漫稿》第九集，上海古籍出版社，2010 年，第 133、134 页。

㈵ 梁启超：《清代学术概论》，中华书局，2016 年，第 86 页。

㈶ 王国维：《宋代之金石学》，《王国维遗书·静安文集一卷续一卷》第三册，上海书店出版社，1983 年，第 718 页。

㈷ ［清］潘祖荫：《〈攀古楼彝器款识〉序》，桑椹编纂《历代金石考古要籍序跋集录》卷一，浙江古籍出版社，2010 年，第 419 页。

㈸ 刘雨、汪涛：《流散欧美殷周有铭青铜器集录》，上海辞书出版社，2007 年，第 127、157 页。

㈹ 天津博物馆：《天津博物馆藏青铜器》，文物出版社，2018 年，第 72、96 页。

⑩ ［清］陈宝琛：《沧趣楼诗文集·次韵逊敏斋主人落花四首》卷八，上海古籍出版社，2006 年，第 180 页；袁英光、刘寅生：《王国维年谱长编》，天津人民出版社，1996 年，第 520 页。

北京市文物交流中心藏"召公玉刀"拓本研究

郝佳雯　李宇翔

　　清末出土于陕西岐山的"召公玉刀"，为时任陕西巡抚的北京大收藏家端方所藏，并著录于其藏品集《陶斋古玉图》，后被学者更名为"太保玉戈"，因原件早年流出国外，故而拓本鲜见。史载，"武王伐纣"后"封召公于北燕"，随着北京琉璃河西周燕国墓地考古工作的深入开展，自西周时期开始以燕国为中心带动北方开发的历史已得到学术界较普遍的认同。而新见北京市文物交流中心收藏的"召公玉刀"拓本，具有重要的研究价值，为我们更加全面地认识早期燕文化、更深入地了解燕文化与其他地区文化之间的关系提供了重要依据。

一、太保玉戈的发现与流传

　　据记载，太保玉戈发现于陕西岐山①。清光绪二十八年（1902），慈禧太后为避八国联军入侵北京之难而暂住西安，时任岐山县学博的武敬亭借机请得专款在岐山县城西南八里的刘家原创修召公祠，太保玉戈于掘土中被偶然发现，同出的还有一件无铭玉戈。太保玉戈通体为灰白色，有黑色斑点，保存状况较好，仅下刃部有小缺。此戈属直援直内戈，于近援尖处一侧长弧收向内侧，铭文在援基部，作两行，共27字。

　　出土之后，玉戈归为时任陕西巡抚的端方所有，并著录于其藏品集《陶斋古玉图》中（图一），该书成于光绪二十九年（1903）。端方，字午桥，号陶斋，满洲正白旗人，官至直隶总督、北洋大臣，为清末北京地区大收藏家。宣统三年（1911），端方在镇压四川"保路运动"中殒命，所遗诸多金石书画文物也随之四处佚散。几年之后，上海博远斋的古董商人游小溪向远在美国的收藏家弗利尔力荐这件带有铭文的玉器，认为其价值连城，当属世界之瑰宝。1919年，弗利尔通过博远斋，以4000美元从端方后人手中购得此器，现藏于美国华盛顿弗利尔美术馆，藏品编号为：F1919.13。此后，学界依据铭文与形制将此器的命名更正为太保玉戈（图二），遂延用至今②。

二、太保玉戈各拓本情况

　　关于太保玉戈的旧拓本，现普遍认为仅存陕西历史博物馆与陕西省岐山博物馆收藏的两本③，除此之外，另有陈梦家藏本，著录于其《西周青铜器断代（五）》中④，但流传情况不明。

　　岐山博物馆藏的太保玉戈拓本，为当年武敬亭在发现这件玉器之后的初拓本，一直为其家族收藏，直到其曾孙武宗仁一代，将这件装裱过的、名为《召公玉刀图》的拓本捐献给了岐山县博物馆。该拓本装裱边际微损，画芯发黄略有污渍，玉戈拓片部分墨色清晰完整，拓片铭文以另纸拓出，接于戈阑上端左侧的相应之处。

　　而陕西历史博物馆所收藏的太保玉戈拓本，为原陕西省博物馆在1962年自民间征集。此拓本呈现出长卷的装帧形式，引首处空白待题，玉戈墨拓部分横置居中，铭文部分以另纸拓出，并

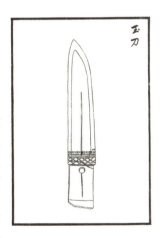 

图一《陶斋古玉图》中的著录页（1936年版）　图二　太保玉戈（现藏弗利尔美术馆）

作者单位：北京市文物交流中心

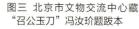

图三 北京市文物交流中心藏 "召公玉刀"冯汝玠题跋本

图四 冯志青题《北京地区古玩业者与收藏家合影》（20世纪30年代摄，前排左二为时年56岁的冯志青，后排左四为时年51岁的黄伯川）

附于戈刃部缺口上端。后为民国年间陕西杨调元先生的千字跋文，文中所录内容应为目前所见最早有关太保玉戈的释文，跋文中不仅对玉戈的形制和发现过程进行了记述，更据此考证出了玉戈的时代归属及用途。

2022年8月，在中国国家画院 "缘于图像背景的社会和艺术·金石书法研究与创作系列展之三——篆书廿九品新探"展览中，展出了一件北京市文物交流中心所收藏的太保玉戈拓本（图三）。该拓本品相完好，装裱为立轴形式，同样在器物旁另附了清晰的铭文墨拓一张。画面右上方题写 "召公玉刀" 四个篆书大字，所临摹铭文的左侧题："右刀铭三十字（作者按：今释为27字），器为武敬亭修召公墓所得，后归匋斋（端方），今不知所在矣。百（旧通"伯"字）川兄属（旧通"嘱"字）题，因为录其文，惟（文中）汉下二字不可识。壬申四月志青汝玠。"下钤 "志青"朱文印。

由跋文可知，其曾为民国年间北京琉璃厂尊古斋古董商黄伯川收藏。黄浚（1880—1952），字伯川，以字行，别署衡斋，湖北江夏人。十余岁至京师，曾入 "同文馆"就读，通晓英、法、德多国语言。宣统二年（1910）接管家族在北京琉璃厂开设的尊古斋，经手的古器物品类繁多，尤以古玉、甲骨、青铜器、印玺为精。辑有《尊古斋古鈢集林》《古玉图录初集》《衡斋藏印》《邺中片羽》等书。在黄氏邀请之下，壬申（1932）四月，冯汝玠临摹并题跋了玉戈的铭文。冯汝玠（1873—1940），字志青，自号环玺斋主人，浙江桐乡人，曾任北京大学教授，为民国时期北京地区研究金石文字、甲骨目录学的名家。著有《文字总枢》《文字形义总元》《说文举例》等，并撰有《续修四库全书》金石类图书提要。其所临铭文为："六月丙寅王才（在）丰令大（太）保省南或（国）帅汉诰寝南令隩（濮）侯辟用（戈）龟（献）走百人。"

从拓本可以看出，玉戈之上所刻的铭文书体与殷墟文字相近，排列和间隔也不甚规整，铭文的笔意又与周原一带出土的甲骨文字有异曲同工之妙。而玉戈拓片上的铭文笔划细如蛛丝，即使借助于其他工具，有些字也不易看得真切。能够将此难辨之铭文进行临摹，冯汝玠先生在金石学及书法上的造诣可见一斑。由最后一句 "壬申四月志青汝玠"可知，其题跋的时间是1932年4月，早于陕西历史博物馆藏拓本中杨调元先生抄录时间。学者冯汝玠不仅临摹出了细小难辨的铭文，更将此件玉戈的相关轶事进行了补充记录。

由此可见，此拓本曾经民国时期北京琉璃厂尊古斋古董商黄伯川所递藏，为目前在我国所能见到的太保玉戈拓本实物的第三件。而此件拓本的收藏与题跋，不但能够丰富相关文献资料，更是对于民国前期北京地区古玩行业的历史发展与学术交流的旁证（图四），故此本足可称善。

三、对于太保玉戈铭文的梳理与研究

自太保玉戈面世以来，便有多位学者围绕其形制、时代、用途进行了深入的研究。民国时期，陈梦家先生在美国曾对太保玉戈实物进行了鉴定研究，并根据其所藏拓本与实物照片（图五），释出此戈"六月丙寅，王才豊，令大保省南或，帅漢造官，南令属侯辟，用黿走百人"的27字铭文，并据其中的"或"字被刻损的现象，得出了所刻铭文早于玉戈纹饰的发现⑤。

图五 太保玉戈铭文　　　　图六 太保玉戈铭文拓本与临摹

20世纪70年代，李学勤先生在美国访问时也曾在弗利尔美术馆对此玉戈进行了研究，并进一步将其铭文释读为："六月丙寅，王在丰，令太保省南国，帅（循也）漢，诰（遂）殷，令厉侯辟，用黿走百人"⑥。

1986年，学者庞怀靖对岐山县博物馆所藏的武氏拓本进行研究，释读出的27字铭文为："六月丙寅，王才（在）丰，令（命）大保省南或（国），帅漢，诰（出）寏（殷）南令（命）厉应（居），辟用黿（蛛）走百人"，并释出了"寏南"中的"殷"字。此外，庞怀靖先生认同此前由郭沫若先生所释读的"诰"字为"出"字之繁文，认为此处可引申为发布之意⑦。同年，李学勤先生再次对玉戈原物进行鉴定后，将研究中的新发现撰文发表在《海外访古记（五）》一文中。

1993年，学者徐锡台、李自智将岐山博物馆所藏武氏拓本上的铭文部分拍照放大，并将铭文摹本临出（图六），认为铭文中的"隮"字左侧从"阜"、右侧从"攴"，中间字形与金文中"僕"字右边的形体相近，故在此基础上将太保玉戈铭文补释为："六月丙寅，王才（在）丰，令（命）太傼（保）眚（省）南或（国），帅漢，诰（出）寏（殷）南，令（命）隮（濮）侯辟，用黿走百人。"⑧此前学者多将"隮"字释为"厉"，而此次释作的"隮"字，或为武王伐纣时牧誓八国（庸、蜀、羌、髳、微、卢、彭、濮）中的濮国，即《广韵》中所记载的"彭隮，蛮夷国名"。据顾颉刚先生考证，濮地处在楚国附近，当属于今湖北省境，江汉流域⑨。当时，召公奉成王之命，沿汉水南下，巡省南方诸侯国，濮亦当属诸国之列。

综合多位学者的研究⑩，此件太保玉戈铭文的大意是：丰镐（周王朝的国都）的周王在六月丙寅这一天，命令太保（以官职指代召公）巡省南方诸国，召公循汉水而下，封赏了有功劳的濮侯。濮侯遂将此件玉戈作为听命于周王朝的象征物进献给了召公，有百人参与（之规模）。从形制上看，这件玉戈本或为商代玉器。濮人参与了周人灭商的战争，玉戈可能作为战利品为濮人所获。在召公巡省时，濮侯借援立之机将其进献给召公。召公命人刻铭以记此事，后来又以之随葬。

四、召公奭与燕国初建

由前文可知，太保玉戈原属召公所有。召公，又作"邵公""召康公""太保召公"。姓姬名奭，周王的同姓宗室，因最初采邑在召（今陕西省扶风县东北），故称召公。据《史记·燕世家》记载："周武王之灭纣，封召公于北燕。"召公曾辅助周武王灭商，被封于燕（今北京市房山区琉璃河镇董家林村），是后来燕国的始祖。周武王驾崩后，周成王年少继位，召公任"太保"一职，主要负责"教养天子于德义之职"，与太师姜太公望、太傅周公旦并称"三公"，成为周初建国的三大名臣之一。但由于当时姜太公居齐，周成王左右实际为周、召二公辅政，洛邑东都就是

图七 首都博物馆藏克罍

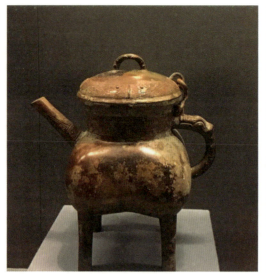

图八 首都博物馆藏克盉

图九 北京房山琉璃河遗址 1902 号墓出土青铜卣

由召公策划而营建；之后，召公与周公分陕（今河南省陕县）而治，政绩斐然。《诗经》中的《召南·甘棠》，便是歌颂召公遗爱于民。召公十分长寿，是周初唯一经历过四朝的元老。据董作宾考，召公大约长寿达 110 岁[11]。

据史料记载，在任期间，召公奭屡次帮助周王公平定叛乱[12]。召公北伐的军队曾进攻到今北京境内，并命令箕子带领部队穿过辽西走廊进入东北地区，不断追击逃散的殷商叛军。随后，为了稳定北方统治，召公被封于"燕"。在当时，燕地虽属于北方边远地区，但却是北方各民族南下的交通要道，对于周王朝来说是一个至关重要的区域。将召公封于燕地这一历史事件，标志着北京这一地区首次被正式纳入中原王朝的管辖。

1986 年，在北京房山区琉璃河遗址 1193 号大墓的考古发掘中，克罍、克盉的出现引起了广泛的关注（图七、图八）。两件器物上出现了一段相同的铭文：

王曰："太保！佳（唯）乃明乃心，宵（享）于乃辟。余大封乃宵（享），令（命）克侯于匽（燕）。事（使）羌、页、□。平（与）驭（御）敫。"克来医（燕），入（纳）土□又（有）嗣（司）用乍（作）宝尊彝。[13]

铭文大意为：成王封召公长子姬克赴燕就封为侯，管理上地和各个机构。该铭文与《史记·燕召公世家·索引》中所载召公由于在朝中辅佐周王、身肩重任无法前往、遂"以元子就封"的史料得到了相互印证。

根据这一段铭文，很多学者就此认为召公在被封于燕之后，并未来到燕国，只是让其长子就封。直到 2021 年，北京房山琉璃河遗址 1902 号墓出土一件带有铭文的青铜卣（图九），再次颠覆了人们的认知[14]。此卣上刻有铭文："太保墉匽，延宛匽侯宫，太保作册奂贝，用作父辛宝尊彝。庚。"铭文中的"太保"即召公，"墉"译为筑城、修建之意，"作册"为商周时期史官的称谓。铭文译为："太保召公在匽筑城，随后在匽侯宫进行了宴飨。太保赏赐给作册奂一些货贝，奂为他父亲铸制了这件礼器。"由此铭文可知，燕（匽）城实为召公奭所亲自修建。也就是说，最早的北京城、位于今北京市房山区琉璃河镇的燕国国都"匽"，是在召公奭的亲手策划下建造完成的。可以说，正是召公奭卓越的政治才能、丰富的治国经验与北伐南巡所积累的广博见识，为燕国日后发展跻身为战国七雄，奠定了坚实的基础。

随着北京琉璃河西周燕国墓地考古工作的不断深入开展，自西周时期开始以燕国为中心来带动开发北方的历史，已得到学术界较普遍的认同。而新发现的太保玉戈旧拓本，为我们更为全面地认识早期燕文化、更深入地了解燕文化与其他地区文化之间的关系，提供了重要依据。

图一〇 河南博物院展厅中陈列的商代玉戈

五、后记

太保玉戈作为数千年前的一件礼器，见证并通过铭文记录了一段历史事件，具有极其重要的文献研究价值。而玉戈本身所具有的艺术价值更不容小觑，这类寒光凛凛、具有流畅挺拔线条的大体量玉礼器（图一〇），多被发现于商代早中期的墓葬遗址之中[15]，而方国首领将此古物进献给召公的目的，当是想通过这件稀世珍宝来表现对周王室的忠心。

传拓是一种以保留器物造型、工艺、铭文为主要目的的传统技艺，能够辅以绘画、剪纸裱拓等技术，将古代器物的形状按照原本尺寸立体呈现在纸张平面之上的一种特殊技法。最早出现于清代嘉道年间的全角拓，主要被应用于青铜器，当时由于照相技术还未能普及，人们想见到一件他人收藏的青铜器十分困难，全角拓的出现恰好可以满足同好藏家们的购藏目的，也方便学者们利用拓片对古器物形制及其铭文进行欣赏与研究。发展至清末民国时期，又借鉴了西方绘画、摄影的构图方法，形成"全形拓"技艺。将这种大多应用于青铜器上的传拓技法用于玉器之上亦不多见，也由此反映出太保玉戈实物及其拓本重要历史资料的文献价值。

① ⑦ 庞怀靖：《跋太保玉戈——兼论召公奭的有关问题》，《考古与文物》1986 年第 1 期。

② ⑥ 李学勤：《青铜器与周原遗址》，《西北大学学报（哲学社会科学版）》1981 年第 2 期。

③ 王晶晶：《陕西历史博物馆藏太保玉戈全形拓考释》，《文博》2019 年第 1 期。

④ ⑤ 陈梦家：《西周青铜器断代（五）》，《考古学报》1956 年第 3 期。

⑧ 徐锡台、李自智：《太保玉戈铭补释》，《考古与文物》1993 年第 3 期。

⑨ 顾颉刚：《史林杂识初编》，中华书局，1963 年，第 39 页。

⑩ 陈鹏宇：《太保玉戈的出土时地及铭文释读》，载清华大学出土文献研究与保护中心编：《出土文献》（第十四辑），中西书局，2019 年，第 60 页。

⑪ 张光远：《古物瑰宝考说文集》，台北故宫博物院，2020 年，第 97 页。

⑫ 郭旭东：《召公与周初政治》，《华中师范大学学报》2003 年第 1 期。

⑬ 李仲操：《燕侯克罍盉铭文简释》，《考古与文物》1997 年第 1 期。

⑭ 尹星云：《北京琉璃河新出土青铜卣铭文或改写 3000 年前西周历史》，人民网北京频道，2021 年 12 月 21 日。

⑮ 古方等：《中国出土玉器全集·河南卷》，科学出版社，2005 年，第 114、115 页。

浅析不可移动革命文物保护利用及规划策略

——以《没有共产党就没有新中国》词曲创作地旧址为例

王　爽

一、研究的背景

党的十八大以来，党中央高度重视革命文物保护利用工作。随着对新时代革命文物工作的重大意义的认知不断加强，为切实把革命文物保护好、管理好、运用好，同时也为了贯彻落实《关于实施革命文物保护利用工程（2018—2022 年）的意见》与《北京市关于推进革命文物保护利用工程（2018—2022 年）的实施方案》要求，北京市文物局于 2021 年与 2022 年公布了两批革命文物名录。

二、北京地区不可移动革命文物情况统计

北京市已经公布的两批革命文物名录中包括不可移动革命文物 188 处（表一），其中包含全国重点文物保护单位 22 处，北京市文物保护单位 48 处，区级文物保护单位与尚未核定公布为文物保护单位的不可移动文物 118 处（与最新公布的北京市第九批市级文物保护单位核对后得出）。目前北京市级及以上文物保护单位共计 392 处，其中不可移动革命文物 70 处，已公布的革命文物名录中不可移动革命文物的文物保护单位级别在动态调整中，不可移动革命文物的更新管理对北京地区红色文物资源的保护与利用有重要意义。

表一　北京市不可移动革命文物统计表

	全国重点文物保护单位	北京市文物保护单位	区级文物保护单位及尚未核定公布为文物保护单位的不可移动文物	共计
密云区	0	2	24	26
西城区	6	14	6	26
东城区	6	9	9	24
海淀区	4	7	10	21
房山区	1	3	13	17
门头沟区	0	3	9	12
延庆区	0	1	11	12
昌平区	0	1	10	11
平谷区	0	2	7	9
怀柔区	0	0	7	7
朝阳区	1	1	3	5
丰台区	2	2	1	5
顺义区	1	0	3	4
通州区	0	2	2	4
大兴区	0	1	2	3
石景山区	1	0	1	2
合计	22	48	118	188

三、《没有共产党就没有新中国》词曲创作地旧址保护区划研究

（一）研究背景

《没有共产党就没有新中国》词曲创作地旧址坐落在北京市房山区霞云岭乡堂上村，2021 年被公布为北京市第九批市级文物保护单位。2022 年 8 月，笔者跟随第十一批 49 项市级文物保护单位保护区划划定课题组来到《没有共产党就没有新中国》词曲创作地旧址，开展保护区划划定工作。

（二）历史沿革

霞云岭乡位于房山区西部，在明代称霞岭，清代称为匣岭，后因峰峦常现岚光霞影改成霞云岭。堂上村位于霞云岭乡最西端，清代成村，村子因曾有王侯居住，建有琉璃瓦庙堂而得名堂上。村里至今仍有"龙卧三堂上，凤扑两厅中"的传说。霞云岭乡是革命老区，抗战时期隶属于平西抗日根据地，是抗日的前沿阵地。堂上村在抗战时期隶属于房涞涿联合县。

作者单位：北京市考古研究院

图一 《没有共产党就没有新中国》词曲创作地旧址鸟瞰图（2021年孟昕蕾摄）

图二 中堂庙正殿（2022年张维摄）

图三 中堂庙东配房

1943年3月，正值国民党掀起第三次反共高潮之际，蒋介石在其出版的《中国之命运》中胡说"没有国民党，那就没有了中国"，贬低中国共产党在抗日战争中的地位和在中国革命中的作用，消极抗战，积极反共。中共中央根据国内外局势，用大量的事实对国民党蒋介石的荒谬论调进行了驳斥和反击。同年8月25日，延安《解放日报》以《没有共产党就没有中国》为题发表社论驳斥蒋介石的谬论，指出共产党、八路军、新四军才是抗日的中流砥柱，观点明确地指出"如果今日的中国，没有中国共产党，那就没有了中国"。

曹火星就是在这一历史背景下，于1943年9月被派到堂上村进行党的抗日宣传工作的。同年10月，曹火星受延安《解放日报》社论《没有共产党就没有中国》标题启发，结合自己的亲身体会，利用当地特色的"霸王鞭"歌舞形式，创作了《没有共产党就没有中国》一歌。

1950年，毛泽东在中南海听到女儿李讷唱"没有共产党就没有中国"时当即提出这个歌词不科学、不准确。因为中国已经有几千年的历史，是先有中国，后来才有共产党。所以，应该在"中国"前面加一个"新"字，即"没有共产党就没有新中国"，这样才符合历史事实。此后，毛泽东在中央的一次会议上还把这个问题郑重地提出来，这首歌的名称也就正式定为《没有共产党就没有新中国》。

（三）保存现状

堂上村是2015—2016年度"北京最美的乡村"，也是霞云岭爱国主义教育基地，在前往堂上村的路上就可以看到嵌着"赞歌唱响的地方"字样的山坡。堂上村按地势高低，自上而下分为上堂、中堂和下堂。中堂庙因坐落于中堂而得名，曾供奉龙王，又称龙王庙（也有称娘娘庙），本来是当地村民求雨上香，祈求平安的地方。

堂上村内多山，《没有共产党就没有新中国》词曲创作地旧址就建在两山之间的山谷间的台地上。沿一处斜坡向上，便可以看到带有两层台阶的台地（图一）。台地呈坐东北朝西南方向，与其东北方向的山体为一整体，南侧人工垒砌毛石。台地各边皆有围栏界定出边界，与东边的台阶边缘共同围合成如今的形状。从台地东侧沿第一层台阶拾阶而上可以看到围墙上刻有"没有共产党就没有新中国词曲创作地"字样，第二层台阶位于台地东南角，两层台阶靠东殿殿后侧道路连接，道路北侧尽头有一座软芯影壁墙做视线遮挡。

经实地确认，旧址展览馆已改称为乡情村史陈列室（图二），正位于中堂庙正房的位置。正房坐东北朝西南，面阔五开间、长18米，进深一开间、长6.2米，建筑面积111.6平方米，为五檩硬山顶建筑，清水脊筒瓦屋面，屋面当心为石板瓦，安装木质门窗。室内陈列有反映在中国共产党领导下平西抗日根据地人民昂扬战斗的相关展览。

正房现有两级台阶，踏跺上有花卉纹雕刻，有一种说法是早年拆自村内地主家的石质构件。

词曲创作地旧址（图三）位于中堂庙东配房位置，坐东南朝西北，面阔三开间、长8.5米，进深一开间、长5.1米，檐口高

图四 石碑

图五 雕塑（2022年张维摄）

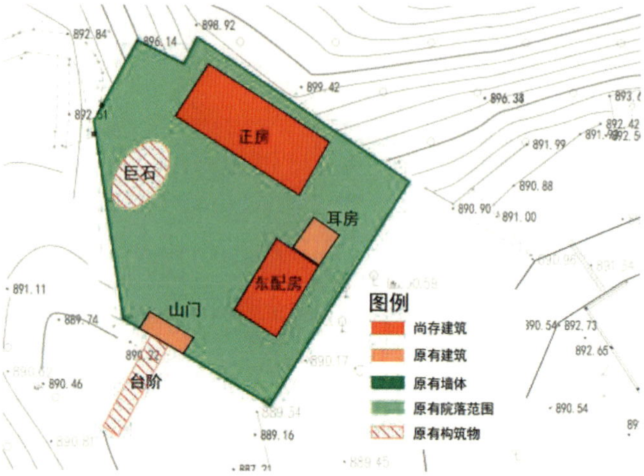

图八 文物本体构成图（作者自绘）

没有共产党就没有新中国词曲创作地旧址
J01 东配房
G01 台地

图六 历史平面复原图（作者自绘）

图例
尚存建筑
原有建筑
原有墙体
原有院落范围
原有构筑物

图七 台地西侧河道（自东南向西北摄）

度 3.06 米，脊高 4.2 米，建筑面积 43.35 平方米，为五檩硬山顶建筑，清水脊合瓦屋面，屋面当心为石板瓦，前后檐开券门券窗，背立面山墙上刻有"团结紧张、朴实虚心、勇敢活泼、向前迈进"十六字标语。屋内现有土炕一座，小桌一个，板凳一个，为曹火星在此居住时场景的原状陈列。经修缮后整体保存较好。

正房西北侧有一块石碑（图四），碑上简要记述着《没有共产党就没有新中国》歌词诞生的始末与部分歌词。

正房西南侧有一座雕塑（图五），黑色的大理石基座上立着半个黄色的地球仪，一面赤旗深深地插在中华人民共和国版图中，石台正面镌刻着江泽民主席的"没有共产党就没有新中国"题字，背面是房山区委、区政府建设纪念雕塑的题记。

（四）历史格局变迁

据与当地老村长交流得知，中堂庙原来有山门、正殿、东配殿、东配殿耳房四座建筑（图六）。正殿建于九级台阶之上，形制现在已经无法考证。山门位于台地西南侧边缘，与正殿正相对应，山门外有台阶通往台地之下，台阶两侧遍植松柏。山门两侧构筑院墙将庙内建筑与周边环境隔绝开来。当时的中堂庙没有西配殿，与东配房遥相对立的是一块巨石，石头顶部平整，尺寸与东配房面阔方向长度大致相同。据此笔者做出分析：可能是先有巨石，其后建的中堂庙。中堂庙正殿建筑位置与体量的设计不仅受台地形状的影响，而且受巨石尺寸与位置的制约。而东配殿很有可能是按照当时巨石的位置与尺寸而设计的对称位置与相似体量。

而到 1943 年曹火星同志在此居住时，山门与院墙已经不存，具体拆除时间不详，中堂庙仅剩有正殿、东配殿、东配殿耳房三座建筑。因正殿中供奉有神像，所以曹火星在东配殿中居住。

抗日战争爆发后，中堂庙改作为乡公所办公使用，1968 年至 1974 年改为村小学校，1975 年被辟为生产队粮库，1983 年卖给村民。为了方便居住，村民将正殿改建成民居。

此后，当地村委即将村民迁出后，拆除正殿的民居新建纪念馆，此时纪念馆较村民民居在面阔方向的尺寸有所扩大，同时将入口改在正殿东侧。20 世纪 80 年代、1999 年当地管理部门两次对中堂庙进行过修缮。

2001 年依托中堂庙正殿位置新建没有共产党就没有新中国纪念馆。在纪念馆西南侧建立雕塑。

2003 年这里被北京市政府批准为爱国主义教育基地。同年拆除台地西侧巨石。

2014 年当地政府对词曲创作地旧址进行了修缮，将正殿更名为乡情村史陈列室，拆除东配房北侧耳房，在正殿东侧新建院墙，同时将入口改建在东配房西侧。

根据中堂庙的历史沿革与历史格局变迁记录，笔者可以推断现存台地形状就是歌词创作时的历史边界。

（五）周边环境

台地下有一条河道（图七），河水水量较小，从两山之间自西北向东南顺着台地下沿流过，最后引入地下。河道上有一座石桥连接两岸。一条小道蜿蜒连接着石桥与穿过台地西北角栅栏门。

台地东侧是一条北高南低的坡道。台地与道路间有用花坛围合而成的广场，做停车场之用。河水就是经广场西沿引入地下的。道路东侧有高台。高台顺山势北高南低，植被丰富，其上散落有民居，民居最高有三层。

（六）保护区划方案

1. 认定保护对象

曹火星曾居住的中堂庙东配房是《没有共产党就没有新中国》歌曲创作和传唱的重要实物见证，反映了在中国共产党领导下平西抗日根据地人民昂扬的战斗激情；台地作为人工垒砌的构筑物，反应了当时当地的施工技艺。故而认定东配房与台地为《没有共产党就没有新中国》词曲创作地旧址的文物价值载体（图八）。

2. 附属设施

根据前期文献研究，结合现场调研结果，笔者发现中堂庙正房经数年的多次改建，其建筑形制、体量、外观均与原建筑不符，且并未保留原寺庙建筑基址。中堂庙正房虽然不能体现与《没有共产党就没有新中国》歌词创作这段历史相同的价值共性，但其作为历史格局的一部分，可以作为歌词创作者在此居住时院落空间分布的证明，应保留其建筑，后期可作介绍当地人民积极参与抗战斗争和《没有共产党就没有新中国》歌词创作始末的相关展览。

院内围墙、影壁、石碑、雕塑、台阶、步道均为现代新建构筑物。石碑与雕塑虽为近年内新建构筑物，但能够进行红色文化内涵等方面的介绍与展示，同样可以保留。

3. 保护范围划定建议

中堂庙东配房为砖木结构一层建筑，本体周边应留有必要的安全距离。因为东配房建在台地之上；周围无其他与《没有共产党就没有新中国》歌词创作无关的建筑；与东侧高台上的民居亦有道路相隔，村庄区域内威胁文物安全的因素有限。所以为了保证文物本体基址不受扰动，保护历史格局的完整性，保障周边有足够的安全空间，同时便于日常管理维护，笔者建议《没有共产党就没有新中国》词曲创作地旧址的保护范围依从自然地形条件，范围边界与台地边界一致，设置为：北界、南界、西界至各边围栏边缘，东界至东侧围栏及台阶边缘。

4. 建设控制地带划定建议

《没有共产党就没有新中国》词曲创作地旧址所在台地与其前后山川存在必然的自然地理关联；周边散落的民居与旧址空间上相呼应，文化上相共生，具有不可分割的历史文化关联。同时房山区分区规划显示霞云岭乡是促进生态涵养、保育山水本底、凸显传统民俗的山区乡镇。为了旧址保证周边环境和景观的谐调性，保证山水格局的完整性，预防如地产开发、修路架桥、挖矿爆破等情况建设性破坏，笔者建议：（1）北界至北方山体 896 米等高线边缘及河道北侧边缘，东界至道路边缘，南界至现状前广场铺装南边缘，西界至现状河道上桥的西边缘划为 I 类建设控制地带。（2）北界至北方山体 905 米等高线，东界至现状道路尽头边缘延长线，南界至现状高台北边缘及河道北边缘，西界至沿西侧围栏外扩 4 米划为 V 类建设控制地带，要求在此范围内必须保护地形、地貌，加强绿化，不得开山、开矿和采石，禁止进行与文物保护无关的建设行为。（3）东南侧（河沟对面）存在部分民房，建议适度划定Ⅲ类建设控制地带，增加对此区域民房建筑立面及高度的控制。

（七）保护利用措施

从 1995 年 5 月，71 岁高龄的曹火星再访堂上村，当地举行纪念碑的立碑仪式以来，霞云岭乡人民政府与堂上村对《没有共产党就没有新中国》词曲创作地旧址进行了充分的保护与展示利用。

2001 年，适逢中国共产党 80 华诞，堂上村建立"没有共产党就没有新中国"的纪念雕塑，请江泽民同志题写"没有共产党就没有新中国"。2006 年，中国共产党诞辰 85 周年之际，房山区委、区政府在词曲创作地旧址南边新建《没有共产党就没有新中国》纪念馆。2009 年 6 月，房山区文化委员会登记《第三次全国文物普查不可移动文物登记表——

没有共产党就没有新中国词曲创作地旧址》。2011年前后，房山区委、区政府在纪念馆周围又不断建成巨幅党旗、擎天柱、红歌舞台等附属建筑。2013年房山区政府公布《没有共产党就没有新中国》词曲创作地旧址为房山区文物保护单位。2019年9月，《没有共产党就没有新中国》纪念馆被中宣部列为"全国爱国主义教育示范基地"。2021年3月，北京市文物局确定《没有共产党就没有新中国》词曲创作地旧址为北京市第一批不可移动革命文物。2021年，北京市古代建筑研究所对旧址进行不可移动革命文物调查并填写登记表。

如今的堂上村已成为永久性的爱国主义教育基地，在一些重大活动上，村民们依然会组成表演队，挥动霸王鞭载歌载舞，表演《没有共产党就没有新中国》。

四、不可移动革命文物保护利用思路

（一）现行法规与政策评述

《关于实施革命文物保护利用工程（2018—2022年）的意见》提出："新时代党和国家事业的发展，迫切需要加强革命文物资源整合、统筹规划和整体保护，迫切需要深化革命文物价值挖掘阐释传播，迫切需要发挥革命文物服务大局、资政育人和推动发展的独特作用。"《中央宣传部、国家教委、民政部、文化部、国家文物局、共青团中央关于加强革命文物工作的意见》提到："在开展革命文物工作中，坚持把社会效益放在首位，努力实现社会效益与经济效益的最佳结合。"

同时，《房山分区规划（国土空间规划）（2017年—2035年）》第81条提出："以白草畔—堂上为重点打造红歌绿海园区。加强没有共产党就没有新中国等重要红色遗址的保护。利用重大活动、重要节庆日，举办主题教育和展览，拓展红色旅游，弘扬中华文化。"

此外，《霞云岭乡文化建设发展规划》将"加强文物保护、管理与合理利用。（堂上没有共产党就没有新中国词曲创作地、庄户台三角城、王家台烈士陵园、上石堡房涞涿第一个党支部遗址、北直河岩画）"列为工作重点。

（二）不可移动革命文物保护利用规划策略

1. 梳理革命文物清单

对行政区划内涉及的革命文物资源清单进行梳理。明晰红色文化资源的属地保护管理责任主体，及时更新补充各项红色文化资源档案内容，完善文物"四有"（有保护标志，有保护范围，有科学记录档案，有保护机构）建设，明确每一处红色文化资源的保护利用工作计划，构建红色文化资源保护长效机制。

2. 挖掘革命文物的历史文化内涵

以《没有共产党就没有新中国》词曲创作地为重点，以庄户台三角城、王家台烈士陵园、上石堡房涞涿第一个党支部遗址为补充，通过开展口述史采集、村史村志史料收集等措施串联红色故事，让观众循着故事来、带着故事走。开展革命文物集中连片保护利用工作，做好革命文物资源文化内涵的整体规划、连片保护与展览展示工作。

3. 保护不可移动革命文物的赋存环境

明确《没有共产党就没有新中国》词曲创作地旧址与其他不可移动革命文物的保护范围及一类建设控制地带用地的非建设性质、五类建设控制地带特殊保护管控性质要求，注重在建设控制地带满足红色旅游沿线整体环境协调的保护管控要求。对红色文化资源涉及的山水格局、历史街巷尺度及空间肌理进行保护，保证不可移动革命文物本体及其赋存环境的真实性和完整性延续。

4. 红色文化传播赋能乡村文化振兴

霞云岭乡是以国家森林公园为核心的红色生态旅游乡。传播红色文化、传唱《没有共产党就没有新中国》，结合霸王鞭等民俗表演，统筹利用特色文化资源，发挥红色文化赋能城乡发展和乡村振兴的重要作用。打造红色旅游路线，以红色文旅发展促进产业融合、增进民生福祉、构建多元产业体系。

五、结语

革命旧址多处于山区，其保护与利用相较于其他类型的文物保护单位更依赖于山水格局完整性。保护区划的划定起到了在保障文物安全的同时协调周边建设行为与文物环境景观的作用，是文物保护单位保护规划工作的前期准备，决定整个规划划定工作的走势。本文以《没有共产党就没有新中国》词曲创作地旧址为出发点，立足于霞云岭乡，提出当地的不可移动革命文物保护利用规划策略与建议，以期为不可移动革命文物保护利用的规划工作抛砖引玉。

北京文博文丛 2023

府学胡同 36 号院考略

滕修展

府学胡同 36 号院（以下简称 36 号院）为现北京市文物局所在地。该院落与西面紧邻的东城区妇幼保健院（今交道口南大街 136 号）原本同属于一个大院，侧门朝着麒麟碑胡同。如今，36 号院正门北开，正对着府学胡同小学（明清顺天府学）和文天祥祠。南面有小门朝着麒麟碑胡同，距离张自忠路有一百多米，院落规模比原先要小很多。府学胡同西口的导览牌显示，胡同内有清末兵部尚书志和宅，一般认为就是 36 号院（志和宅还应包括西面的东城区妇幼保健院）。

一、36 号院曾为明末田戚畹府邸说

如今坊间传说多认为，明朝末年 36 号院这个地方曾是崇祯皇帝田贵妃的娘家——田弘遇（？—1643）的府邸。据说，田家门前立了两只铁狮子，因此这条胡同得名铁狮子胡同（今张自忠路）。当年，田弘遇从苏州买来歌伎陈圆圆，先是献给崇祯皇帝被退回，后便置于本府中歌舞娱乐。有一次，田弘遇邀请当时镇守山海关的大将吴三桂来府中宴饮，让陈圆圆以歌舞助兴。吴三桂当场被陈圆圆的美貌和风采所折倒。于是田弘遇顺水推舟，将陈圆圆赠送给了吴三桂，正所谓"相见初经田窦家，侯门歌舞出如花"。崇祯十七年（1644），农民起义军闯王李自成打到北京，闯王手下大将刘宗敏据有田府，劫得陈圆圆，这才引来吴三桂"恸哭六军俱缟素，冲冠一怒为红颜"的故事。

关于田弘遇府邸在铁狮子胡同的说法，较早见于清代靳荣藩（1726—1784）和陈奋永（清代人，生卒年不详）的描述。靳荣藩，清乾隆十三年（1748）进士，曾在多地任知县、知州、知府。他对明末清初人吴伟业的诗情有独钟，著有《吴诗集览》二十卷、《吴诗谈薮》二卷。靳荣藩在对吴诗笺注时，引述了陈奋永《寄斋集》的一段文字，即：

> 禁城后之交衢，有铁狮焉，巷即以此名，为明戚里田氏物。自田怙宠时，卿大夫之车马日盘桓其间。明亡，田氏死，垂二十年无过者。

吴伟业（1609—1672），字骏公，号梅村，崇祯四年（1631）进士，曾任翰林院编修，与田弘遇属同时代人（年岁稍小），在北京生活了很多年，应该是亲眼见过田氏府邸门前的一对铁狮，以及当时士大夫往来于田府的热闹景象，写有《田家铁狮歌》，感叹"田家铁狮"见证了时代的变迁。但吴伟业的《田家铁狮歌》并没有写出田府的确切地点。

到光绪十二年（1886），翰林院编修朱一新（1846—1894）编纂《京师坊巷志稿》一书，其卷上"铁狮子胡同"条下称：

> 吴伟业《梅村集》有《田家铁狮歌》，为田弘遇作。

朱一新还再次引用陈奋永《寄斋集》的上述文字，作为田弘遇府邸在铁狮子胡同的依据。

自此之后，人们便常常将铁狮子胡同与《田家铁狮歌》、皇亲田弘遇府邸联系在一起了。清末民初人富察敦崇（1855—1926），字礼臣，号"铁狮道人"，于光绪二十七年（1901）作《增旧园记》一文，认为其先考竹溪公以万金购置位于铁狮子胡同的增旧园，就是当年的田弘遇府邸：

> 增旧园，旧名天春园，在安定门大街铁狮子胡同，乃康熙间靖逆侯张勇之故宅也。当明季之世，宅为田贵妃母家。名姬陈圆圆者，曾歌舞于此。道光末年，先考竹溪公由鸭儿胡同析居后，购以万金，因其基而修葺之，故更名

作者单位：北京市文物局机关

增旧园云。

清末学者震钧（1857—1920）于光绪二十九年（1903）撰成的《天咫偶闻》一书卷三"东城"部分记述：

吴梅村有《田家铁狮歌》，疑即铁狮子胡同。双狮在一狭巷中，已破碎。巷口另有二石卧狮，制作极工。梅村歌有"铸就铭词镌日月"语，今狮半埋土中，铭词有无不可知。

其实，震钧也带有怀疑的语气，不能确定吴伟业诗中的"田家铁狮"，是否就是铁狮子胡同里的铁狮子。那么，田弘遇府邸是否真的在铁狮子胡同，36号院是否曾经是崇祯皇帝田贵妃的娘家，后文再做分析探讨。

二、36号院曾为明代英国公园说

明初之际，燕王朱棣发动靖难之役夺得皇位，是为永乐皇帝。在朱棣南征北战的过程中，身边的心腹爱将张玉、张辅父子，立下赫赫战功。张玉在靖难之役战死后，其子张辅挑起大梁，为永乐皇帝南征安南，北扫漠北，功勋卓著，深得永乐皇帝的器重与信赖。

永乐六年（1408），张辅被封为英国公，世袭罔替，并赐府邸。张辅历经永乐、洪熙、宣德、正统四朝，可谓德高望重，最后在明英宗正统十四年（1449）土木堡之变中战死，享年七十五岁。到崇祯年间，已经传至第八代英国公张之极（崇祯三年袭封）、第九代英国公张世泽（也是末代英国公，崇祯十六年袭封）。

可以说，英国公张氏家族与明王朝的命运休戚与共，伴随了整个明朝的兴衰。有明一代，英国公张氏家族兴旺发达，地位显赫，握有实际兵权。且张氏家族与皇族之间、与靖难之役的另一位重要功臣成国公朱能的家族之间，多有联姻，关系特殊。即使在明末天启年间，阉党魏忠贤专权，嚣张跋扈，陷害贤良，但也还畏惧第七代英国公张维贤几分，不敢对英国公怎样。

关于英国公的赐第之园，明末人刘侗（1593—1636）、于奕正（1597—1636）合撰的《帝京景物略》一书有记载。该书大概完成于崇祯八年（1635）。

《帝京景物略》卷一"城北内外"关于"英国公园"的记述如下：

英国公赐第之堂，曲折东入，一高楼，南临街，北临深树，望去绿不已。有亭立杂树中，海棠族而居。亭北临水，桥之。水从西南入，其取道柔，周别一亭而止。亭旁二石，奇质，元内府国镇也，上刻元年月，下刻元玺。当赐第时，二石与俱矣。……畦则池，池则台，台则堂，堂傍则阁，东则圃。台之望，古柴市，今文庙也。堂之楸、朴老，不好奇矣，不损其古。阁之梧桐，又老矣，翠化而俱苍，直干化而俱高严。东圃方方，蔬畦也。其取道直，可射。

《帝京景物略》将崇祯年间的英国公园描写得很详细。园内亭台楼阁，小桥流水，古树奇石，花圃蔬畦，景色十分优美。关于英国公园的位置，文中有"南临街""台之望，古柴市，今文庙也"的描述。英国公园内的亭台正对着古柴市，即文天祥祠。据史料记载，府学胡同（元代不称府学胡同）西口一带元时为大都的柴市，大都路北兵马司所在地。南宋丞相文天祥被俘后便关押于此，后来在柴市被害。明初在此建祠纪念文丞相，即今文天祥祠，也称文庙。由此推定，今天的府学胡同36号院及相邻的几个四合院位置，应该就是当年的英国公园。"南临街"，应该指的是南临铁狮子胡同。

《帝京景物略》正文记述后面还附了两首描写英国公园的诗。两首诗的作者都是明中叶正德年间（1506—1521）人，一位是安徽亳州的薛蕙（1490—1539），一位是江苏仪征的蒋山卿（1486—1548）。薛、蒋二人都是正德九年（1514）进士，而且是同僚。薛蕙曾任刑部主事、吏部考功司郎中，著有《西原集》。蒋山卿曾任工部主事、刑部主事、广西南宁知府、广西参政，明代文学家、书法家、诗人，著有《南泠集》《休园集》。

薛诗《英国公山亭宴集》云：

东第君王赐，西园宾客来。将军元好士，公子复怜才。舞袖飞花旋，移尊影竹开。坐需明月上，不畏夕阳催。

蒋诗《英国公山林宴集》云：

甲第连云起，名园对日开。洞牵青薜荔，石坐绿莓苔。屡舞动花气，和歌有鸟来。主人能爱客，数命鼓催杯。

这两首诗，应是二人赴英国公园宴会时的"命题作文"，属于"宴集诗"一类。两首诗都极力赞美了英国公园的气派、幽静，主人的好客、热情，歌舞的优美和富有感染力。

关于薛蕙的这首诗，明末清初孙国敉（1584—1651）所著《燕都游览志》里引薛蕙的《西原集》，题为《宴故英国公山亭即文皇帝赐第一首》，后四句为"玉袖花间出，金尊竹下开。还需明月上，莫畏夕阳催"，似更准确恰当。

当时的英国公园主人应该是第三代英国公张仑（1485—1535）。张仑于正德十年（1515）袭爵，为庆祝成为新的英国公，他邀请官员、文人等来府邸聚会宴饮、游园赋诗，符合常理。而薛蕙、蒋山卿于一年前考中进士步入仕途，又与新英国公张仑年龄相仿，受邀赴宴也在情理之中。薛诗中"将军元好士，公子复怜才"一句，"将军"当指第二代英国公张懋（1441—1515），张辅之子，张仑之祖父，《明史》卷四十二记载他"嗣公凡六十六年，握兵柄者四十年，尊宠为勋臣冠"；而"公子"当指张仑。

根据《帝京景物略》的记述分析，整个明代，从永乐皇帝（文皇帝）封张辅为第一代英国公，到明中叶正德年间的第三代英国公张仑，再到明末崇祯八年（1635）《帝京景物略》成书时，南临铁狮子胡同、北对文天祥祠的英国公园赐第始终存在。

三、田弘遇府邸所在具体地点的分析

明末有位文人叫史玄（？—1648），苏州吴江人。崇祯十一年（1638）来北京游历生活，亲历了明末京师的动荡局面。他诗词曲皆工，时人评价他"藏书万卷，学有根柢"，留有《弱翁诗文集》《松陵耆旧传》《梅西杂志》《史弱翁先生剩稿》《玉花记》《旧京遗事》等作品。曾参与组织团练抗清，后因贫病而卒。

其著作《旧京遗事》是一部反映北京风俗的杂记，大约撰成于崇祯末年，以明末北京生活为背景，记述了宫中遗事轶闻及民间生活习俗。该书中有这样的记述：

田皇亲居第在西安门，即太监王体乾之旧宅，都人称为铁狮，故元贵家门前狮也，今在田家云。皇亲女为西宫。皇贵妃善大书，能鼓琴，圣心钟爱。皇亲持亲，恃其贵溢，气势奢华，是以园亭声伎之美倾甲于都下。……是以长安诸外戚虽以意气自豪，亦颇讥田家家法之不检。皇亲于辛巳年以进香普陀为名，道经吴门，渔猎金昌声妓无已，竟以此失欢皇上。壬午，皇贵妃薨，田家稍稍戢然。贵妃之恩礼逾数，与神庙之郑贵妃埒矣。

这段文字中有关于田皇亲府邸具体地点的记述，即在西安门，是天启朝太监王体乾的旧宅。史玄虽非史家，《旧京遗事》也非正史，但作为生活在当时的文人，史玄结交见闻很广，对于田家府邸应该很熟悉，所以其杂记中对田弘遇及其府邸的描述应该是可信的。

明末天启年间，阉党魏忠贤和皇帝乳母客氏专权，弄得朝廷上下乌烟瘴气、人人自危。崇祯皇帝即位后，迅速对客氏、魏忠贤及其余党等进行了清除。太监王体乾作为魏忠贤的党羽，自然在被清算之列。关于如何处置魏忠贤等人的田宅，清初史学家谷应泰所著《明史纪事本末》卷七十二载：

上曰：俟东西底定，留赐第以待功臣。

崇祯皇帝的意思是等到天下安定太平了，将魏忠贤及其党羽们的田宅分给有功的王公大臣。王体乾的府邸应该是在这个时候赐给了田弘遇。史玄《旧京遗事》关于"田皇亲居第在西安门，即太监王体乾之旧宅"的记述，是符合逻辑的。事实上，明清之际的西安门外一片地区，的确是当时宫廷太监、皇亲国戚的聚居地。如，崇祯皇帝周皇后的父亲周奎的赐第也位于西安门，清代成为礼王府。

《旧京遗事》还进一步说明田弘遇府邸前的铁狮，"都人称为铁狮，故元贵家门前狮也，今在田家云"，这正好与吴伟业的《田家铁狮歌》形成了相互印证。由此看来，田府门前的铁狮子，是元朝权贵人家留下的遗物。吴伟业《田家铁狮歌》"铸就铭词镌日月，天贻神兽守重阍"诗句，所言狮子身上镌刻的铭词和日月图案，当初并不是为田弘遇所刻。当年，崇祯皇帝特别宠爱田贵妃，田弘遇"恃其贵溢，气势奢华，是以园亭声伎之美倾甲于都下"，这在当时的北京城应该妇孺皆知，不是什么新闻。人们习惯称田府门前的一对铁狮为"田家铁狮"是很自然的。

关于田弘遇府邸在西安门，还有一例证。明末清初浙江海宁人、史学家谈迁，于清初顺治年间受浙江义乌人朱之锡太史之邀，来京作其幕友，同时也为了搜集明代史事修订本人著作《国榷》一书。谈迁于清初顺治十年（1653）至顺治十三年（1656）游历北京两年半时间。在京期间，他住在南城骡马市寓舍（今菜市口附近）。据其游历期间写下的笔记《北游录》"纪邮下"记载，顺治十二年（1655）七月辛亥日：

> 早发为海淀之游，入宣武门大街。久之，道侧铁狮二，元元贞十年（注：此年号当误写，元成宗元贞年号只用了三年）彰德路造。先朝都督田弘遇赐第，狮当其门。今门湮而狮如故也，吴骏公作歌。寻策蹇出西直门，十二里至海淀。

该书"纪闻上·田氏铁狮"条下又云：

> 故左都督田弘遇赐第前，铁狮二，元元贞十年彰德路铸造，精莹不锈。吴骏公先生作《田家铁狮行》。

谈迁的记述提供的信息很丰富。当年，谈迁从南城骡马市寓舍出发，先从宣武门进入内城，沿当时的宣武门大街（今宣武门内大街、西单北大街、西四南大街）北行，经过西单、西四，继续往北到西直门内大街折而向西，然后从西直门"策蹇"（骑驴）出城去往海淀。这条旅行路线正好经过西安门。在宣武门大街路侧，谈迁亲眼见到田弘遇的赐第及门前的一对铁狮子。只不过那时距田弘遇亡故和明朝灭亡已十余年，田府的大门早已被岁月所湮，但门前的铁狮子依然"精莹不锈"完好如初。从谈迁的记载可知，田弘遇府邸应该就在今西城区西四南大街与西安门大街的交汇处一带，而且紧临着宣武门大街，与史玄《旧京遗事》载"田皇亲居第在西安门"正好吻合。

谈迁关于"田家铁狮"的记载，一方面可能是他亲眼看见了铁狮身上镌有元代彰德路铸造的铭文。另一方面，他与《田家铁狮歌》的作者吴伟业（《北游录》中称"吴骏公""吴太史"）是好友，不少京师掌故来自于吴伟业等友人的介绍。谈迁居京期间，交往最多的人就是吴骏公太史、朱之锡太史等学者和官员，经常去拜访他们，一起吃饭、饮酒、聊天，讨论书稿，互致诗文，这些情形在《北游录》中记载不下百次。即使在吴伟业"注籍"（被弹劾居家接受调查）期间，谈迁还去吴府拜访过。两年多的时间，谈迁一定从他们那里听到不少京城的遗闻轶事。所以，关于田弘遇府邸和"田家铁狮"的故事，在他见到铁狮之前，可能早就耳闻了。所以，他在记述位于宣武门大街路侧的田家铁狮时，自然也提到吴伟业的《田家铁狮歌》（谈迁文中作《田家铁狮行》）。

四、英国公后人是否将英国公园卖给田弘遇考证

史玄《旧京遗事》、谈迁《北游录》等时人笔记的记述表明，田弘遇赐第在西安门无疑。那么，田弘遇有没有可能除了拥有皇上御赐的西安门府邸外，又从英国公手里买下位于铁狮子胡同的英国公园呢？震钧《天咫偶闻》一书中有"或英国后人，又鬻之田氏耳"的猜测。现就这个问题作简要分析。

前文已就英国公张氏家族作了介绍，整个明朝英国公一共世袭九代，从未间断过。崇祯年间是第八代英国公张之极、第九代英国公张世泽。末代英国公张世泽死于甲申之变，为李自成农民起义军所杀。这两代英国公虽然没有什么大的建树或影响力，但国公的地位还是十分尊崇的，以三千石的岁禄，显然日子过得衣食无忧。况且，鬻卖皇上钦赐给祖先、象征着英国公身份地位的府邸亭园，是一种有失尊严、有辱祖先的事情，除非到了穷困潦倒、万不得已的境地。实际上，明末之季，英国公家族不但没有穷困败落，反而实力雄厚不减当年，居然能够在京城黄金地段（什刹海银锭桥南侧）购得一块地，建造新的园亭专门用来观景，就是一证。

《帝京景物略》卷一"英国公新园"条下记载：

> 崇祯癸酉岁深冬，英国公乘冰床，渡北湖，过银锭桥之观音庵，立地一望而大惊，急买庵地之半，园之，构一亭、一轩、一台耳。但坐一方，方望周毕，其内一周，二面海子，一面湖也，一面古木古寺，新园亭也。园亭对者，桥也。过桥人种种，入我望中，与我分望。南海子而外，望云气五色，长周护者，万岁山也。左之而绿云者，园林也。东过而春夏烟绿、秋冬云黄者，稻田也。北过烟树，亿万家荟，烟缕上而白云横。西接西山，层层弯弯，晓青暮紫，近如可攀。

崇祯癸酉岁，即崇祯六年，公元 1633 年。这一年深冬的一天，英国公（从英国公世系看，当时应为第八代英国公张之极）坐着冰床渡过北湖（今什刹海），来到银锭桥南边的观音庵。他"立地一望而大惊"，顿时被眼前的景色吸引住了，于是当即决定买下观音庵的一半地块构建新的园亭。

英国公新园只建了一亭、一轩、一台，很显然，是用来观景而不是当住家用的。新园所在的银锭桥观音庵，建于明嘉靖年间，又称海潮庵，位于银锭桥南侧、银锭桥胡同的北口。此处乃观景的极佳位置，明中叶内阁首辅李东阳（1447—1516）就曾盛赞此处为北京"城中第一佳山水"。根据《帝京景物略》的描述，置身英国公新园内，无论是坐在亭、轩之中，还是立于高台之上，极目四望，园子四周夏绿秋黄的稻田、碧波荡漾的湖面，北面炊烟袅袅的人家，南面云气五色的万岁山（今景山），西面晓青暮紫、近如可攀的西山，都尽收眼底。

当年英国公不费思量、轻描淡写地买下一块地构筑新园子专用于赏景，根本没把购置园宅当回事，简直比普通人家买件新衣服还随意，说明他无论权势地位、还是经济实力，都不是寻常百姓家可比的。如此有权势地位、有经济实力的人，不大可能将皇上赐予祖上、象征着家族地位和荣耀、流传二百多年的府邸卖掉，还要背上一个对祖宗不敬不孝的"罪名"。因此，震钧《天咫偶闻》中"或英国后人，又鬻之田氏耳"的猜测基本上可以否定。

如今，英国公新园已踪迹全无，成了寻常百姓的大杂院。海潮庵遗址尚存部分建筑，现为西城区"一般不可移动文物"。

明末清初人孙国敉（1584—1651）的《燕都游览志》一书中也有关于明末私家园亭的记载：

园亭之在东城者曰梁氏园，曰杨舍人沁园，曰张氏陆舟，曰恭顺侯吴国华为园，曰英国公张园，成国公适景园，后归武清李侯，曰万驸马曲水园，曰冉驸马宜园，园故仇鸾所筑，鸾败，归成国公，后归于冉。

其中提到了东城有英国公张园，但并未提该园易主田家。前文所述成书于崇祯末年的《旧京遗事》一书，也未提田弘遇在京城另有府邸之事。

明朝中期正德、嘉靖年间的张爵（1485—1566）所著《京师五城坊巷胡同集》（嘉靖三十九年即公元 1560 年成书），记载了明嘉靖时期北京内城 900 余条胡同、外城 300 余条胡同，其中就有"仁寿坊"铁狮子胡同。铁狮子胡同里的确有一对铁狮子，且直到清末民初震钧生活的年代，这对铁狮尚存。根据震钧《天咫偶闻》描述，"双狮在一狭巷中，已破碎"。但这个半埋于狭巷里的铁狮子，并非田弘遇府邸前的铁狮子，或属英国公府。古代官署衙门、王公贵族为了彰显其地位和尊荣，门前立一对石狮子或铁狮子的现象很常见。还有一些寺庙、陵园的门口也摆放石狮或铁狮。如北京至今仍有铁狮子坟的地名，据说，当年的陵园入门处就有一对高达 2 米的铁狮子。

综上所述，关于田弘遇赐第在铁狮子胡同实为误传，都是铁狮子惹的"祸"。位于交道口大街东侧的铁狮子胡同因铁狮子而得名不假，但不是因"田家铁狮"而得名。"田家铁狮"另在他处。

基于以上史料记载和分析，既然田弘遇府邸不在铁狮子胡同，那么 36 号院这个地方，也就不可能曾经是田贵妃的娘家，这里也没有发生过吴三桂与陈圆圆一见钟情的故事。整个明代，36 号院这个地方应该就是英国公张家府邸及花园。在成为英国公府邸花园之前，此地为空白之地抑或是衙署、私宅，目前未见有明确的史料记载。《帝京景物略》关于"英国公园"的记载提到：

亭旁二石，奇质，元内府国镇也，上刻元年月，下刻元玺。当赐第时，二石与俱矣。

就是说，当年永乐皇帝赐第英国公时，这两块元代的"内府国镇"之石就已经在此了。这两块奇石，乃元代宫廷之物，并且是镇国之宝，非一般老百姓家能拥有。据朱彝尊辑前人《风庭扫叶录》一书称，"元大都园亭多在城之西南，惟赵参谋禹卿匏瓜亭在城东"，元大都的私家园亭多在城西南，在城东的仅有匏瓜亭。所以，元代此处为私家园亭的可能性也较小。由此推测，36 号院这个地方元代时不似空白之地，是官府衙门的可能性较大。

五、清朝前期 36 号院的主人

富察敦崇《增旧园记》称，康熙年间此宅成为靖逆侯张勇（1616—1684）的府邸。

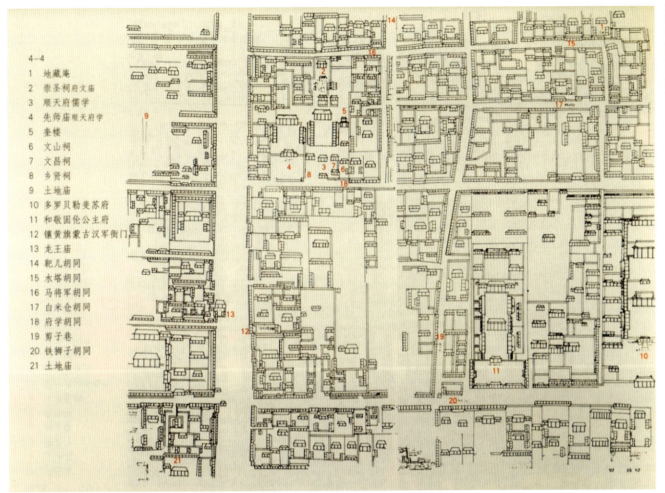

4-4
1 地藏庵
2 崇圣祠府文庙
3 顺天府儒学
4 先师庙顺天府学
5 奎楼
6 文山祠
7 文昌祠
8 乡贤祠
9 土地庙
10 多罗贝勒斐苏府
11 和敬固伦公主府
12 镶黄旗蒙古汉军衙门
13 龙王庙
14 靶儿胡同
15 水塔胡同
16 马将军胡同
17 白米仓胡同
18 府学胡同
19 剪子巷
20 铁狮子胡同
21 土地庙

图一 《乾隆京城全图》铁狮子胡同和府学胡同区域

但据震钧《天咫偶闻》卷四"北城"记载:

靖逆侯张勇第在西直门街。侯之勋，已具国史。后裔尚能守世业。

富察敦崇和震钧二人都是清末民初人，又都长于北京掌故的研究，那么我们到底相信谁的说法呢?

从分析来看，震钧的说法更为可信。理由有二:

其一，乾隆年间人吴长元《宸垣识略》称，英国公园遗址在乾隆年间已不可考，如果英国公园在清康熙年间成为靖逆侯府，吴长元在记述东城园亭时应该提及，而不是"无考"。

其二，富察敦崇称增旧园是其先考竹溪公在道光末年以万金购得，但纵观整个清代，张氏家族共世袭九代靖逆侯（颇似明代的英国公），直至光绪年间也未曾衰败。且震钧也称张勇"后裔尚能守世业"，没有出售祖宅。

基于以上两点分析，靖逆侯张勇府邸在西直门的记载应更可信。

明末清初以来，北京城经历了剧烈的社会大动乱、大变局，城市地理街巷的面貌也随之发生了很大的变化。一些前朝的衙署宫苑、府邸宅院都在战乱中遭到了严重破坏。

清乾隆年间，曾对京城开展了大规模的地图测绘工作。乾隆十五年（1750）绘制成《乾隆京城全图》（当时无此名称）。1935年，北京故宫博物院文献馆于清内务府造办处舆图房发现了该图。此后，该图便见诸于世。《乾隆京城全图》把北京城的每一个街巷胡同、官署衙门、王府大宅、民居小院，甚至建筑物的每一间房子都绘制出来了，是比例精确、非常完整详细的城市全图。它远远超越了古代示意性的地图，有点类似于今天的卫星影像图。

36号院这个地方同北京城的其他地方一样，也在不停地更迭演变。从《乾隆京城全图》可以清晰地看出，清乾隆年间，原英国公园所在区域（今36号院及附近）已形成了若干个独立的小院。有的院落比较规整，且具一定的规模，可以看出几进院的格局；有的院落很小，就是简单的四合院。该区域西南侧临交道口大街有镶黄旗蒙古汉军衙署（图一中 12），大约在今东城区妇幼保健院位置。《乾隆京城全图》还显示，该区域的东部存在大片空白地带，无建筑物存在（图一）。

前文已经介绍过，吴长元于乾隆五十三年（1788）编纂的《宸垣识略》一书，其卷六"内城二"引述《燕都游览志》的记载：

园亭之在东城者曰梁氏园，曰杨舍人泌园，曰张氏陆舟，曰恭顺侯吴国华为园，曰英国公张园，成国公适景园，后归武清李侯，曰万驸马曲水园，曰冉驸马宜园，园故仇鸾所筑，鸾败，归成国公，后归于冉。

吴长元按语称："以上园亭遗址，今俱无考。"

也就是说，到了清乾隆后期，明朝时这些著名的私宅园亭都已无影无踪了。从明朝灭亡至清乾隆年间的一百四十多年里，原来的英国公园早已毁于战火不复存在，或为兵营所据，或为民宅杂院。

六、天春园、增旧园和 36 号院的关系

有文章称，今天的 36 号院，曾经是清道光末年的增旧园。富察敦崇《增旧园记》称"增旧园，旧名天春园，在安定门大街铁狮子胡同"。其先考竹溪公于道光末年（1850 年左右）在天春园的基础上，修葺成新的园子名为增旧园。也就是说，大概在 1850 年之前，此处园亭叫天春园。有人认为天春园是田弘遇府邸的名字，还有人认为天春园是靖逆侯张勇府邸的名字。但通过前文的分析，田弘遇和靖逆侯的府邸皆在别处，所以天春园的主人应另有他人。

关于增旧园的情形，富察敦崇《增旧园记》记述如下：

园有八景，其正厅东向者曰"停琴馆"，取停琴伫月之意。对面有亭曰"山色四围亭"。亭之北有台曰"舒啸台"，盖尝登东皋以舒啸焉。台之西有厅南向者，曰"松岫庐"。庐之南有修垣焉，长三十余丈，苍苔掩映，薜荔缠之，曰"古莓堞"。垣之曲折处有石洞，上镌有"凌云志"，可以暗通前宅者，曰"凌云洞"。停琴馆之西有曲房焉，曰"井梧秋月轩"。轩之北由长廊而斜度者，曰"妙香阁"，乃昔年拜佛处也。此增旧园之八景也。

《增旧园记》又云：

呜呼，客岁庚子之变，联兵入京，如西苑中之万佛楼、春藕斋等，悉被焚毁。其余前朝后市富丽繁华之地，尽变为荒凉瓦砾之场，闲尝观之，直莫得其仿佛，是亦大可悲矣。斯园也，以弹丸之地，居兵燹之中，虽获瓦全，又安能长久哉！自今以往，或属之他人，或鞠为茂草，或践成衢径，或垦作田畴，是皆不可知矣，又何敢望如昔之歌舞哉。噫嘻，岁月如流，沧桑屡易，关中洛下古之名都，秦有阿房，汉有未央，唐有华清，宋有艮岳，转瞬之际，已尽成荒烟蔓草，一片平原，而况蕞尔之地哉！其所以流传后世者，亦惟有纸上文章耳。文章若在，则斯园为不朽矣。此记之所由作也。光绪二十七年，岁次辛丑春三月下浣，增旧园主人醴丞氏自记。

从富察敦崇以上的记述看，增旧园乃"弹丸之地""蕞尔之地"，应该是一座规模不算很大、但很精致优美的亭园，其格局为前府后园，即前面（南面）是府邸部分、后面（北面）是花园部分。花园部分有八处景观，且都各有题名，亭台轩阁、修垣洞庐，景观形式丰富多样。花园和府邸之间有一道三十余丈长（约合一百余米）、带有曲折的女儿墙（称之"古莓堞"）隔开，墙上长满了青苔、薜荔，并在曲折处开有洞门可从花园暗通府邸。

文中有"客岁庚子之变"一句，落款为"岁次辛丑春三月下浣"，表明《增旧园记》写于庚子之变的第二年，即 1901 年。经历庚子之变，北京城许多皇家园林"悉被焚毁"，"前朝后市富丽繁华之地，尽变为荒凉瓦砾之场"，而增旧园因隐藏在小胡同里，暂获瓦全。富察敦崇目睹这世纪之变，深感遭逢乱世增旧园"又安能长久哉"！感叹"自今以往，或属之他人，或鞠为茂草，或践成衢径，或垦作田畴，是皆不可知矣，又何敢望如昔之歌舞哉"。从这段文字可以看出，1901 年的时候，增旧园的主人还是作者本人，但作者担心今后有可能属于别人，也有可能变成了荒芜之地、被人踩成道路、开垦成田地。这也是富察敦崇写《增旧园记》的初衷，即作者所说"其所以流传后世者，亦惟有纸上文章耳。文章若在，则斯园为不朽矣。此记之所由作也"。富察敦崇的担忧不无道理，应该是在他写《增

72

旧园记》十多年后的民国初年，这座园亭果然易主他人。

关于"天春园"，现代学者瞿宣颖（1894—1973）所著《北梦录》一书中有描述：

旧家中之最饶史意者，无过铁狮子胡同之天春园。

《天咫偶闻》云："吴梅村有《田家铁狮歌》，疑即铁狮子胡同。双狮在一狭巷中，已破碎。巷口另有二石卧狮，制作极工。梅村歌有'铸就铭词镌日月'语，今狮半埋土中，铭词有无不可见。"今其地名麒麟碑胡同，委巷颓垣，星移物换，盖已析为民居。

惟麒麟碑胡同之东尚有大宅一区，为田宅旧址之一部，此宅昔属宜兴任公振采，继归嘉定顾公少川，孙中山先生最后入京，假馆于是，旋易簀焉。余初客于任继客于顾，于是宅尤有缘焉。其客坐中有旧主满洲某君所作增旧园记，曾录入笔记，其略曰：增旧园旧名天春园，在安定门街东铁狮子胡同……

根据瞿宣颖《北梦录》的记述，天春园"昔属宜兴任公振采，继归嘉定顾公少川"。文中提到的"任公振采"，即任凤苞（1876—1953），字振采，江苏宜兴人，晚清民国时著名金融家、藏书家，晚年潜心方志文献收藏。民国初，他在天津建天春园藏书楼。关于"天春园"的命名，据说取自唐代诗人施肩吾的诗句"天遣春风领春色，不教分付与愁人"。任氏外孙陈文渊先生则称，任凤苞在京时居铁狮子胡同，其宅旧为明末田贵妃母家，号曰天春园，藏书处之名应源于此。任凤苞因天春园而自号"天春园主人"。

继任凤苞之后，天春园主人又换成"嘉定顾公少川"，即顾维钧（1888—1985）。大家对顾维钧较为熟悉，他是中国近现代外交家，1919年曾作为中国代表团成员出席巴黎和会。后曾任北洋政府外交总长、财政总长等职，一度代理国务总理，摄行大总统职。1931年任国民政府外交部长，1945年后任国民政府驻联合国代表。1985年在美国纽约逝世，享年98岁。

瞿宣颖曾先后与任氏、顾氏有交往，而且还在天春园客居过，称"余初客于任继客于顾，于是宅尤有缘焉"。他在天春园客居时曾见到过富察敦崇所写的《增旧园记》，并抄录下来。富察敦崇说增旧园旧名天春园，是在天春园基础上修葺改建的；而瞿宣颖客居过的任氏、顾氏天春园显然是在增旧园之后。抑或是当年任凤苞从富察氏手中买下增旧园后，又恢复了天春园的名字。后来，顾氏买下此园，仍沿用天春园之名。

任氏、顾氏成为天春园主人的时间应该是在民国时期。民国初，任凤苞寓居北京。1915年出任交通银行协理，1916年兼代交通银行总理。1917年1月，曹汝霖接任交通银行总理职，任凤苞仍任协理。1921年11月，交通银行发生挤兑风潮，曹汝霖辞去交通银行总理职，任凤苞也因之离职。

民国十一年（1922）顾维钧任外交总长，成为天春园新的主人。民国十三年（1924）北京政变，顾维钧离京，此宅便闲置了。同年底，孙中山应冯玉祥之邀带病进京，共商国是。段祺瑞执政府将此院作为孙中山在北京的行馆。1924年12月31日，孙中山抵京后先入住协和医院治病。1925年2月18日移至行馆，即顾维钧宅。1925年3月12日，孙中山病逝于此院。1984年5月，该院作为"孙中山逝世纪念地"公布为北京市文物保护单位。2006年作为"孙中山行馆"公布为全国重点文物保护单位。

那么，天春园、增旧园与如今的36号院是什么关系？

前文已分析，明代英国公园于明末清初遭战火毁坏，至清乾隆末年已"无考"。从乾隆十五年地图上看，原址被析分为若干小院，或为民居，或为衙署，或为闲地。大约在嘉庆、道光时期，在英国公园原址上建了天春园（未见史料记载主人是谁、何年所建，但经分析不是靖逆侯张勇府邸），但其规模、规格等远不及英国公园，从今天的张自忠路23号院的规模看，应只相当于当年英国公园的东南隅。道光末年，满清贵族竹溪公（富察敦崇出继其为嗣）以万金购得天春园，修葺营建后改名为增旧园。民国初，增旧园易主又变为天春园，直至1925年成为孙中山行馆。

而今天的36号院，则是清末兵部尚书志和府邸的东院（西院为今东城区妇幼保健院）。志和尚书府邸及花园，大约建成于清光绪年间早期，晚于增旧园的建成约30年，与偏于东南隅的增旧园同时并存了一段时间。关于这个问题，后文将继续探讨。

综上所述，今天的 36 号院，与孙中山行馆（今张自忠路 23 号）即之前的天春园、增旧园，东城区妇幼保健院（今交道口南大街 136 号），在明代的确曾经属于同一个大院——明代的英国公园。清代嘉道年间以后，在英国公园的旧址上，才先后出现了天春园、道光末年的增旧园，光绪年间的志和尚书府邸。

七、清末以来 36 号院的变迁

前文已述，今天的 36 号院清末时为兵部尚书志和府邸的东院。《天咫偶闻》卷三"东城"记述：

巷北为志尚书和第，屋宇深邃，院落宽宏，不似士夫之居。后有土山，山上树数间。后墙外即顺天府学。

此处的"巷"，当指今天的麒麟碑胡同，即当时那对破碎的元代铁狮所在的"狭巷"。清末震钧撰写《天咫偶闻》一书时此巷的名字还不叫麒麟碑胡同，至民国年间于此巷地下挖出一块麒麟碑，此后才改为麒麟碑胡同。1932 年，北平市筹备自治委员会刊印的《北平市自治区坊街巷村里名称录》中，在"第三自治区第二十六坊"条下有"麒麟碑胡同"名称。当时的志和府邸大门是朝这条小巷开的，后院有土山，山上还有几人合抱的古树，后墙外即北面的院墙临着府学胡同。

志和（？—1883），清满洲正蓝旗人，字蔼云，号春圃。咸丰二年（1852）进士。光绪三年（1877）授内阁学士，曾任刑部右侍郎、吏部左侍郎、吏部右侍郎、都察院左都御史、理藩院尚书等职。光绪七年（1881）任兵部尚书，光绪九年（1883）被革职，不久去世。志和府邸是哪年营建的，没有史料记载。根据志和的生平分析，当在 1883 年之前的几年间，即 1880 年前后。

志和府邸完整地存在了 30 年左右的时间，到民国初年被析分为东、西两部分。其中，西院部分（相当于今东城区妇幼保健院部分）被北洋政府海军总长刘冠雄购得作为府邸，直至 1931 年成为国立第一助产学校的北校区及其附属医院。此后，国立第一助产学校及附属医院逐步演变为今天的东城区妇幼保健院（东西妇产医院），门牌号变为交道口南大街 136 号。

东院部分即今天的 36 号院。1924 年 10 月，冯玉祥发动北京政变，勒令前清皇室人员限期全部迁出紫禁城。同治皇帝的遗孀敬懿、荣惠二位皇太妃当时已年近七旬，出宫后先被安排在位于大佛寺街西侧的大公主府（即荣寿固伦公主府，今北京中医院所在位置），1925 年 8 月中旬迁至麒麟碑胡同 5 号（今 36 号院）居住。1932 年 2 月、1933 年 5 月两位皇太妃先后在此院去世，1935 年 3 月被一同安葬于清东陵。

二位皇太妃去世后，麒麟碑胡同 5 号院由载涛等清宗室接管。日伪时期，该院被日本人占领。抗战胜利后，1946 年，北京大学从昆明迁回北京，急需一批房产作为教舍和教职工宿舍。于是，辗转从载涛手里购得麒麟碑胡同 5 号院，略加修缮后作为北大教职工宿舍。从 1946 年到 1952 年全国院系调整北京大学迁至西郊燕京大学校址，麒麟碑 5 号院作为北大教职工宿舍共 7 年时间，先称"麒麟碑宿舍"，后改称"府学胡同宿舍"。

当年北大府学胡同宿舍，曾住过几十位国内著名学者，如许德珩（著名政治活动家和教育家）、饶毓泰（著名物理学家、民国中央研究院院士）、袁翰青（化学家）、郑天挺（历史学家）、郑华炽（物理学家）、王铁崖（国际法学家）、楼邦彦（法学家）、杨人楩（历史学家）、游国恩（楚辞学专家）、龚祥瑞（法学家）、胡世华（数理逻辑学家、计算机专家）、马杏垣（地质学家）、王嘉荫（地质学家）、张龙翔（生物化学家）、周祖谟（语言学家和文学家）、缪朗山（西方文学及西方文艺理论家）、陈阅增（生物学家）等。

1952 年，全国开展大规模的高校院系调整。位于海淀的燕京大学撤销，其内部院系被拆并至北大、清华、政法大学、北师大、天津大学等高校。北京大学迁至燕京大学校址，北大府学胡同宿舍置换给在燕京大学校园里的燕京宗教学院（燕京大学的原宗教学院）。至此，府学胡同 36 号院告别了北大宿舍，成为燕京宗教学院所在地。一年后，燕京宗教学院合并了北京神学院、华北联合女子圣道学院、北平圣经神学院等华北地区神学类院校，更名为燕京协和神学院。1961 年，燕京协和神学院并入南京金陵协和神学院，留京部分教职员工组成了金陵协和神学院北京研究室。

20 世纪 60 年代中前期，府学胡同 36 号院成为东城区委党校所在地。1967 年 8 月，北京市古书文物清理小组成立，办公地点设在府学胡同 36 号院，这是北京市文物工作机构落户 36 号院的肇始。自此，36 号院便与"文物"二字结缘。1968 年 11 月，北京市古书文物清理小组、北京市文物工作队、首都博物馆筹备处合并，成立北京市文物管理处，办公地点仍在 36 号院。1978 年 11 月，北京市文物管理处升格为北京市文物事业管理局。2000 年 7 月，北京市文物事业管理局更名为北京市文物局。

新发现出土文献所见延庆古代建置沿革

杨程斌

延庆古代历史悠久，但因现存史料较少，直到现在也无法梳理出完整的古代建置沿革，特别是元代以前的建置沿革，文献记载出入较大，而建置沿革又是历史研究无法回避的基本问题。近年来，随着工程建设的不断推进，延庆开展了多次大规模的考古发掘工作，出土了许多带有文字的文物，为研究延庆的建置沿革提供了更丰富的资料。笔者利用自新中国成立以来延庆地区的出土文献资料结合传世史料，对延庆古代建置沿革进行了重新考证、梳理，通过出土文献，补充了很多典籍未载的行政、军事建置。

一、秦代

《汉书》记："上谷郡，秦置。"①证明秦代设有上谷郡。汉代仍设有上谷郡②。2007 年，延庆南菜园汉墓中曾出土刻有"上谷王文胜铭"的铭文砖③（图一），证明延庆在汉代属上谷郡，据此推测，延庆在秦代很可能也属上谷郡。《汉书》记："上谷郡，秦置。莽曰朔调。属幽州。……县十五：……居庸，有关。……夷舆，莽曰朔调亭。"④证明汉代上谷郡属有夷舆县。西安曾出土秦代封泥"夷舆丞印"⑤（图二），证明在秦代已有"夷舆县"这一建置，设有夷舆县丞。那么，"夷舆县城"在哪里？徐建中先生在《西汉夷舆县地望考略》一文中通过辨析史料，证《辽史》记载有误，夷舆城不在今河北怀安，又通过研究《水经注》对夷舆城的记述，结合考古发现，证明夷舆城即今延庆古城村的古城遗址。清代乾隆《延庆州志》记："夷舆故城，在州东北。汉县，后汉省。按《水经注》，谷水与浮图沟水出夷舆县故城西。"⑥浮图沟水即今延庆古城河，根据方位推测，夷舆县故城在今古城河下游，今古城河下游仅存一座城址，城墙尚存，在今延庆古城村⑦，且位于"州城"（今延庆城区）东北，这应该就是夷舆县城遗址。考古调查结果也推断"夷舆县治"在今延庆古城村⑧。

夷舆县之名，似与"异族"有关。冯括、朱安祥认为一种铸有"寺□"铭文的燕国方足布币应写为"夷舆"⑨，如此观点成立，推测至少在东周时期就已经出现了"夷舆"这一地名或部族。今延庆古城村的夷舆故城附近曾发现葫芦沟、西梁垙、龙庆峡等东周时期北方部族墓地⑩，这些北方部族极有可能就生活在夷舆县城内。推测秦汉夷舆县设置的目的是为了管理这些"部族"。"夷"

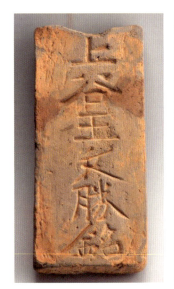

图一 延庆南菜园汉墓中出土的刻有"上谷王文胜铭"的铭文砖（现藏于北京市考古研究院，照片由延庆区文化和旅游局范学新研究员提供）

图二 西安出土的秦代封泥"夷舆丞印"（现藏于西安中国书法艺术博物馆，图片取自《秦封泥入藏西安中国书法艺术博物馆二十年学术理论研究成果综述》）

作者单位：中国国家博物馆

指其他部族，"舆"字外形好像车的周围有四只手合力造车，原指造车的工匠。后多指车厢，泛指车，转喻疆域。"夷舆"直译为"其他部族的疆域""其他部族的车"，意指"异族的地方""使车的部族"。今延庆地区的玉皇庙、葫芦沟等东周墓地出土了大量的"车"⑪。今河北北部地区也发现了与玉皇庙文化类型相似的墓地⑫，证明这个部族广泛活动于冀北地区。这个部族可能是春秋时期"病燕"的"山戎人"，但"山戎"为族群的泛指，东周、秦汉时期生活在延庆北部山区的部族很可能是山戎人的几个部落或后裔，燕国人称之为"夷舆"，指异族的地方，其真正部落名不得而知。又如《汉书·地理志》记上谷郡除有夷舆县外，还有雊瞀、茹、女祁、下落等县⑬，名称与中原地区县名有很大不同，很可能是以山戎人的不同部落取名。通过地表踏查发现，夷舆故城内有战国至两汉的遗物，而玉皇庙、葫芦沟、西梁垙等墓地多为春秋时期，少部分是战国早期，证明夷舆人在春秋时期较为活跃，夷舆城可能设立于战国时期，目的是管理被燕国征服的夷舆人，这与史书所记燕国北击东胡后设上谷郡相吻合。根据地表踏查采集文物推测，夷舆城在东汉时期废弃。

根据冯括、朱安祥《"夷舆"布币考》所记，燕国方足布币皆出土于今辽宁省⑭，那么，是不是可以推测一下，夷舆人先居于辽西、辽东，后迁居燕山南北？这是值得思考的问题。

据此部分研究，延庆在秦代属上谷郡，设夷舆县。

二、两汉时期

前文已述，汉代仍设上谷郡。基本可以确定，延庆在西汉时期属幽州上谷郡，设有夷舆县。目前为止，延庆暂未出土带有"居庸"二字的汉代文物，难以确定西汉上谷郡居庸县在延庆，但延庆一座晋武帝司马炎泰始二年（266）的墓中曾出土带有"居庸"二字的砖志（图三），遂推测延庆在西汉也设有居庸县。另外，有些史料记延庆在汉代属于广宁县、潘县、宁县。如《辽史》记延庆"本汉广宁县地"⑮。明代嘉靖《隆庆志》记延庆"汉置潘县，东汉为广宁县"⑯。万历《永宁县志》记延庆"西汉高帝分关北上谷郡，置广宁县。至武帝分天下为十三部，本县仍属幽州部，称宁县"⑰。乾隆《延庆州志》记"汉为潘县，为广宁县"⑱。广宁县、宁县、潘县在今张家口、涿鹿，已是学界共识。因唐代妫州的东迁⑲，妫汭、妫水、怀戎等名随之东渐，不仅让后人认错了"舜乡"的位置，还"张冠李戴"地将今河北张家口、涿鹿的地名"挪移"到了延庆，认为延庆在汉代设有广宁县、宁县、潘县，这是错误的。

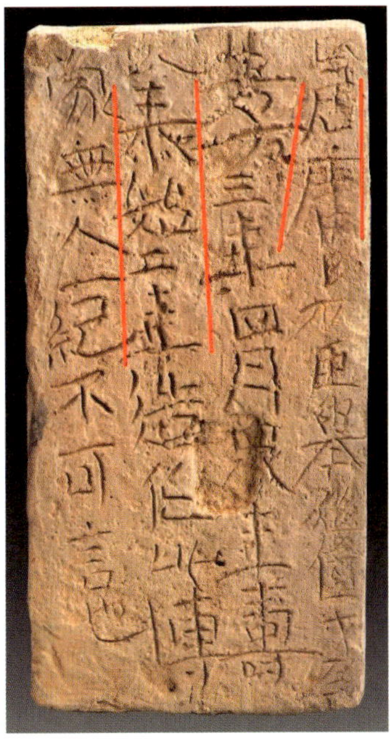

《汉书》记上谷郡时云："莽曰朔调。属幽州。"又记："夷舆，莽曰朔调亭。"北魏郦道元《水经注》记清夷水"西南流，谷水与浮图沟水注之。水出夷舆故城西南，王莽以为朔调亭也"⑳，证明上谷郡在新莽时期改为朔调郡，设有朔调亭。根据前文研究，"夷舆县治"在今延庆东北的古城村。郦道元记朔调亭在夷舆故城，证明今延庆古城村还是新莽时期朔调亭所在地，亦是朔调郡治所在地。延庆在新莽时期也可能设有居庸县。

《后汉书》记："上谷郡秦置。……居庸、……"㉑此证东汉仍有居庸县这一建置，隶属上谷郡。《后汉书·刘虞传》记："虞遂大败，与官属北奔居庸县。瓒追攻之，三日城陷，……"㉒文中瓒即东汉末年的公孙瓒，证明在东汉晚期仍有居庸县这一建置。那么，汉代居庸县的方位在哪里？《水经注》载："清夷水又西北迳阴莫亭，在居庸县南十里。……沧河又西迳居庸县故城南，魏上谷郡治。昔刘虞攻公孙瓒不克，北保此城，为瓒所擒。有粟水入焉，水出县下，城西枕水，又屈迳其县南，南注沧河。"㉓《水经注》中记载了居庸县，又记载了居庸故城，证明二者方位不同。《水经注》所记沧河即今延庆妫水河，粟水即今延庆城北三里河㉔。《水经注》所记"居庸故城"即今延庆城区。东汉、曹魏时期的居庸县治所在今延庆城区，今延庆城区

图三 延庆西晋墓出土的刻有"居庸"二字的砖志（现藏于北京市考古研究院，照片由延庆区文化和旅游局范学新研究员提供）

还是曹魏的上谷郡治所。嘉靖《宣府镇志》记东汉光武帝建武二十六年（50）上谷郡"泉上、夷舆、茹、女祁并省"[25]。自此，夷舆县撤废。夷舆城始设于战国时期，为燕国所建，最晚在秦代已设置夷舆县，至东汉初期终止，前后共设置 300 年左右。夷舆这一名称正式退出了历史舞台。

据此部分研究，延庆在西汉属幽州上谷郡，设夷舆县、居庸县。新莽时期属幽州朔调郡，设居庸县、朔调亭。东汉属幽州上谷郡，设居庸县、夷舆县。

三、魏晋时期

2016 年，北京世界园艺博览会（以下简称世园会，今世园公园，在延庆城区西南）规划园区内魏晋墓出土的封门砖写有"上谷"二字（图四），证明延庆在魏晋时期属上谷郡。《晋书》记："幽州……上谷郡秦置，郡在谷之上头，故因名焉。统县二，户四千七十。沮阳、居庸。"[26]证明魏晋时期延庆为幽州上谷郡。嘉靖《隆庆志》记延庆"晋属广宁郡"[27]，万历《永宁县志》记延庆属晋"广宁郡"[28]，乾隆《延庆州志》亦记"晋属广宁郡"[29]。前文已述，此皆为"张冠李戴"之果，皆误。

根据《晋书》所记，上谷郡至少在西晋时期属有沮阳、居庸二县。沮阳故城在今河北怀来大古城村[30]，沮阳县治所不在今延庆，但管辖范围有可能涉及今延庆西南部。

前述《水经注》记曹魏居庸县是"上谷郡治"，居庸县城同时又是上谷郡城，曹魏居庸县在今延庆城区，证明上谷郡治也在今延庆城区，也证明延庆在曹魏时期设有居庸县。延庆张山营西晋墓出土的砖志刻有"居庸……泰始二年……"（图三），"泰始"是晋武帝司马炎的年号，确切证明延庆在西晋时期属上谷郡居庸县。万历《永宁县志》记延庆属西晋"广宁"[31]，误也。

据此部分研究，延庆在魏晋时期属幽州上谷郡，设居庸县。

四、北魏时期

延庆西屯北魏墓曾出土一方砖志，刻有"神龟元年……燕州上谷郡居庸县……"（图五）。"神龟"是北魏孝明帝的年号。查阅《魏书》，有很多关于"燕州上谷"的记载，如神龟元年（518）八月"燕州上言上谷郡木连理"[32]。武泰元年（528）"冬十月……丁酉，以冀州之长乐、相州之南赵、定州之博陵、沧州之浮阳、平州之辽西、燕州之上谷、幽州之渔阳七郡，各万户，增封太原王尔朱荣为太原国"[33]。但仅有一处关于东燕州的记载："东燕州太和中分桓州东部置燕州，孝昌中陷，天平中领流民置。寄治幽州宣都城。领郡三，……上谷郡天平中置。领县二，……居庸孝昌中陷，天平中置。"[34]此"东燕州"应该是指东部的燕州，可能设于燕州陷落之后，但未有出土文物作依据，史料稀少，暂难判定。暂只能确定延庆在北魏除末期的大部分时间属燕州上谷郡。关于"燕州"与"东燕州"之异同，清末学者麻兆庆已经考证得十分清楚[35]。

北魏郦道元《水经注》记："清夷水又西北迳阴莫亭，在居庸县南十里。"阴莫亭方位大概在今延庆金牛山东的吴坊营村一带，其地北十里是今旧县，旧县村今仍遗有古城墙，推测北魏居庸县治在今延庆旧县村。

据此部分研究，延庆在北魏属燕州上谷郡，设居庸县。居庸县自西汉始设，北

图四 延庆世园会魏晋墓出土的写有"上谷"二字的封门砖（现藏于北京市考古研究院，作者自摄）

图五 延庆北魏墓出土的刻有"居庸县"的砖志（现藏于北京市考古研究院，照片由延庆区文化和旅游局范学新研究员提供）

魏以后不见史册，前后历 700 年左右。是延庆历史上设置时间最长的县级行政建置。

五、唐代

儒州为"燕云十六州"之一，最早记有"燕云十六州"之"儒州"的是《为幽州长史薛楚玉破契丹露布》（下简称《露布》）。记载了开元二十一年（733）幽州长史薛楚玉率领唐军与契丹人的一次战事："节度副使右羽林军大将军乌知义，即令都护裴旻理兵述职，大阅于松林……并里水扶余如者违末卢东胡杂种君长之郡，……经略军副使左卫率府右郎将李永定，咸宁府军李车蒙领马步五千……奚王李诗，与内供奉长上折冲归州刺使韩仙松，衙官段志忠等统其部属知虏掠，北郡长上折冲兼儒州都督乌承恩，与供奉将军恩卢庭宾，平卢军摄副使遂城县折冲桓善珍，经略军副使政和府果毅杨元亨，军前讨击副使果毅路顺，清夷军子将英乐，府右果毅樊怀璧等四面云合，烟尘俱起，两翼掩进，前后夹攻。"[36]《露布》所记幽州、经略军、咸宁府、归州（即归义州）、平卢、清夷军皆在唐朝东北地区，扶余、东胡、奚也是唐朝东北之民族。乌承恩之父乌知义在任幽州节度副使前曾任"平卢节度、营州都督"[37]，乌承恩在开元中期又曾为平卢先锋[38]，乌氏父子曾长期供职唐朝东北地区。《露布》中所记乌承恩任职的北郡、儒州很有可能在唐朝东北地区。乌承恩任"北郡长上折冲兼儒州都督"，证明乌承恩既是北郡官员又是儒州都督，北郡和儒州应在相邻的地方。

除《新唐书》记天宝四年（745）安禄山"起军击契丹，还奏：'梦李靖、李勣求食于臣，乃祠北郡，芝生于梁'"[39]外，《旧唐书》《新唐书》再未有北郡的记载。《大唐六典·尚书工部·屯田郎中》在记唐河北道军屯时云"北郡六屯"[40]。《唐开府仪同三司行太子宾客国君（希仙）墓志铭并序》记希仙"祖守乙，金紫光禄大夫、太常卿、北郡守捉使、上柱国"[41]。但以上史料皆未说明北郡之方位。幸 2003 年出土于延庆南菜园湖南小区的唐代刘日用墓志（图六）有关于"北郡"方位的记述，其记："迁厝于北郡城南三里……"[42]湖南小区北 3 里即今延庆城区，证明北郡城在延庆城区，儒州也应在今延庆城区附近。延庆近年发掘的墓葬中发现了记有"儒价州""儒城""儒价城"的墓、砖志。按墓主人下葬时间顺序排列如下，2007 年，在延庆南菜园二区建设工地北侧，编号 M79 的唐墓中出土一方砖志，记："大唐开元廿八年，……郑州荥泽县人逯运，……寄葬儒价州城东南一里坎上。"[43]（图七）这是目前为止关于"儒价州"最早的记述，证明最晚在开元二十八年（740）已有儒价州城的建置。前述刘日用墓志记刘日用季弟刘日政曾任"北郡使兼儒价州刺史、……永□二年五月日"（应为永泰二年，图六）。2016 年年底，延庆世园会发掘了唐末白贵夫妇合葬墓，出土了《南阳郡白氏夫人墓志》，其记女墓主人高氏卒于"中和二年"，"悲风傍□于儒城，……中和三年十月一日，遂迁葬于儒价城西南七里西横渠村"[44]（图八）。此处儒城当为儒价城的简称。儒价城（儒城）应为儒价州的治所，儒价州很可能就是前文所述的儒州。唐朝在今延庆设有儒州和北郡。嘉靖《隆庆志》记："唐末，析置儒州。"[45]万历《永宁县志》记："武宗置儒州。"[46]乾隆《延庆州志》记："武宗析置儒州。"[47]皆误，儒州在唐代中期已经设置。乌承恩曾任"北郡长上折冲兼儒州都督"，刘日政曾任"北郡使兼儒价州刺史"，二人都同时兼任北郡和儒（价）州官职，这应是唐代为官的一个定制，此证，北郡和儒价州官员驻地可能相同。《南阳郡白氏夫人墓志》记墓主人葬于"儒价城西南七里"（图八），《刘日用墓志》记墓主人葬于"北郡城南三里"，今延庆城即在白贵夫妇墓的东北方向，在刘日用墓的正北方向，儒价城与北郡城都在今延庆城区。白贵夫妇合葬墓出土的《唐故高道南阳白公夫人高氏盖祔墓志》记男女墓主人合葬于"郡之西南七里……大郡之郊"[48]，此处"郡"应为"北郡"。证明白贵夫妇墓既在"儒价城西南七里"，又在"北郡城西南七里"，儒价城和北郡城是同一座城，在今延庆城区。唐朝在延庆设有儒州和北郡，儒州是儒价州的简称，儒州治所在儒价城，儒价城同时又是北郡城，北郡的治所与儒州相同。

那么，为什么要在同一个地方设置了北郡和儒州两个行政建置呢？唐朝在边疆地区设有大量侨置羁縻州，幽州是唐代侨置羁縻州比较集中的地区。有的侨置羁縻州是将设置在边疆民族地区的州迁移并设置在内地已有之行政建置内，原州名不变，即"入内侨置"，这会导致一个地方出现两个行政建置。前述北郡和儒州设置在同一地方，且

图六 延庆南菜园湖南小区出土的唐刘日用墓志（现藏于延庆博物馆，照片由延庆区文物管理所王伯轩提供）

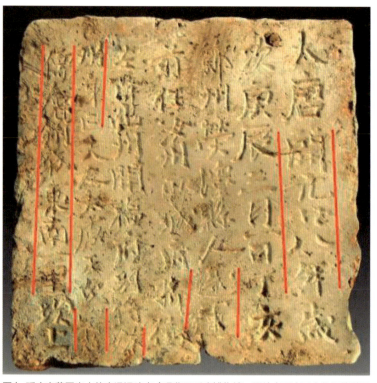

图七 延庆南菜园出土的唐逯运砖志（现藏于延庆博物馆，照片由延庆区文化和旅游局范学新研究员提供）

图八 延庆世园会唐白贵夫妇合葬墓出土的《南阳郡白氏夫人墓志》部分拓片（实物藏于北京市考古研究院，照片由延庆区文化和旅游局范学新研究员提供）

乌承恩、刘日政身兼北郡、儒州官职，儒州很可能是侨置在北郡的羁縻州。

1975 年，在世园会规划园区内发掘的白贵夫妇墓东侧几百米的延庆原谷家营村曾发现唐代张乾曜墓，出土了一合较为珍贵的墓志。志文记张乾曜生前曾任"云麾将军、守右金吾卫大将军、试太常卿、防御军防城副使"，"迁祔于军之西南五里古原"⑭（图九）。据此可知，张乾曜墓在防御军西南五里，白贵夫妇墓在"儒价城西南七里"，白贵夫妇墓在张乾曜墓的西侧几百米，推测防御军在儒价城的西侧，即今妫水河北岸的延庆城区西南。另外，《南阳郡白氏夫人墓志》记女墓主人"终于防御军阛阓之东南私第"⑮（图八），也提到了防御军。唐代在今延庆城区附近设有防御军。嘉靖《宣府镇志》记唐"武宗会昌年置山北八军，……儒州曰缙阳，……"⑯，唐朝在延庆还设有缙阳军。

《唐故高道南阳白公夫人高氏盖祔墓志铭》记男墓主人白贵是"妫州缙阳人"，光启三年（887）卒于"新妫州"⑰（图一〇）。此证唐代晚期延庆属新妫州，但《旧唐书》只记有"妫州"未记"新妫州"，强调"新妫州"应是为了区别老妫州。嘉靖《宣府镇志》载："妫州治怀戎，……贞观间伐

图九 延庆原谷家营村出土的唐张乾曜墓志拓片（实物藏于北京市考古研究院，图片由延庆区文化和旅游局范学新研究员提供）

图一〇 延庆世园会出土的《唐故高道南阳白公夫人高氏盖袝墓志铭》部分拓片（延庆区文化和旅游局范学新研究员拓，作者自摄）

突厥得怀戎已西地，则未置州，……初唐时，妫州尽统其西北地，而武、新二州置在垂拱后也，二州置则妫不得有前地矣。"⁵³依此可知，在原妫州西北地界上又析置了武州和新州。如嘉靖《宣府镇志》云穆宗长庆二年（822）："改涿鹿为新州。"⁵⁴《旧唐书·地理志》妫州条下记："长安二年，移治旧清夷军城。"⁵⁵旧清夷军城方位学界已有定论，在怀来老城（今官厅水库下旧怀来城）⁵⁶。可能是武州、新州从妫州析置后，妫州不再管辖西北地界，所以将州治东移。《南阳郡白氏夫人墓志》记女墓主人卒于"儒城"，合葬于"儒价城西南七里"，据此可知，白贵夫人去世的中和三年（883），儒州（儒价州）称儒城、儒价城，证明此时儒州已不是独立一州。前述白贵于光启三年卒于"新妫州"，证明此时的"儒州"属妫州。推测，为区别于"老妫州"，时人遂将析出武州和新州、州治迁至旧清夷军城，后又管辖儒州地界的妫州称为"新妫州"。嘉靖《宣府镇志》记唐"武宗会昌年置山北八军，……儒州曰缙阳"。证明最晚在会昌年间（841—846）仍有儒州这一建置，所以新妫州肯定设于会昌六年（846）以后，白贵去世的光启三年之前。以上都是假设唐代早中期儒州不属妫州作出的推测，现存史料均未记载儒州属妫州，但也存在漏记的可能，假设儒州一直属于妫州，而记载妫州建置的史料漏记了儒州，也不是没有可能。例如，辽代的刺史州儒州即属节度州奉圣州统领。

《唐故高道南阳白公夫人高氏盖袝墓志铭》记男墓主人是"妫州缙阳人"，生于唐元和二年（807），卒于光启三年⁵⁷，证明可能在此期间已设缙阳县。辽《秦德昌墓志》记秦德昌"曾祖美，左拾遗，知缙阳县事"⁵⁸。秦德昌生于辽统和十五年（997），其曾祖可能出生于后晋天福二年（937）左右。推测自唐元和二年至后晋天福二年（937）的130年时间里，都存有缙阳县这一建置，在今延庆。唐后期，延庆还称缙山县，嘉靖《宣府镇志》记"改广宁为儒州，领县一，缙山"⁵⁹。

乾隆《延庆州志》载："韩梦殷，幽州安次人也。……乾宁元年，李克用即陷武、新。又使李嗣源、嗣昭并出飞狐、定山。后取妫、儒州，遂以梦殷为妫、儒州刺史。"⁶⁰《辽史·韩延徽传》亦载："韩延徽，字藏明，幽州安次人。

图一一 延庆南菜园元代杨祐之墓出土的覆面瓦（现藏于延庆区文物管理所，照片由延庆区文化和旅游局范学新研究员提供）

图一二 延庆旧县镇旧县村内残存的城墙遗址（照片由延庆区文化和旅游局范学新研究员提供）

图一三 延庆出土的元代铁钟（现藏于延庆博物馆，照片由延庆区文化和旅游局范学新研究员提供）

父梦殷，累官蓟、儒、顺三州刺史。"⑥据此可知，可能在唐乾宁元年（894）以后，儒州又从妫州分离出来，成为单独一州。推测，乾宁元年至唐朝灭亡（907）期间，延庆复名"儒州"。

此外，2002 年，在延庆永宁西关村征集到了唐代刘海云墓志，现藏于延庆区文物管理所，残损严重，墓志云："会昌六年丙寅岁归合于敕防御军东石堆栅之私第。"证明防御军东有石堆栅。《唐故高道南阳白公夫人高氏盖祔墓志铭》记"合葬于所居郡之西南七里白马村之原"（图一〇），前述《南阳郡白氏夫人墓志》记其"迁葬于儒价城西南七里西横渠村"。证明白马村与西横渠村方位相同，西横渠应是白马村的俗称。延庆在唐代建有白马村（西横渠村）。

据此部分研究，延庆在唐代中期属幽州大都督府，设儒州（儒价州）、北郡、防御军、缙阳军，防御军东有石堆栅。唐代晚期属新妫州，设缙阳县（缙山县），属有白马村，又名西横渠村。唐末复属儒州。

六、元代

根据出土文物可以确定延庆在元代是缙山县。1986 年延庆南菜园元代"杨祐之"墓出土的覆面瓦上写有"大元国至元二十二年二月廿八日故，缙山县杨祐之"以及"延祐四年"⑥²等字（图一一），确证延庆在元代设有缙山县，延续了辽金时的称谓。

《元史·地理志》记："上都路，……保安州，下。唐新州。辽改奉圣州。金为德兴府。元初因之。旧领永兴、缙山、怀来、矾山四县。至元二年，省矾山入永兴。三年，省缙山入怀来，仍改为奉圣州，隶宣德府。五年，复置缙山。"⑥³证明从金贞祐三年（1215）蒙古人彻底占领缙山，到元世祖至元三年（1266），延庆属上都路德兴府，设缙山县。元世祖至元三年到至元五年（1268），延庆短期隶属上都路宣德府奉圣州怀来县。《元史·地理志》又记："大都路，……龙庆州，唐为妫川县。金为缙山县。元至元三年，省入怀来县，五年复置，本属上都路宣德府奉圣州。……延祐三年，割缙山、怀来来隶大都，升缙山为龙庆州。"⑥⁴证明从至元五年到延祐三年（1316），延庆属上都路宣德府奉圣州，设缙山县。延祐三年以后，延庆属大都路龙庆州。但是，史料还记载了"龙庆路"。《元史·泰定帝》记泰定元年（1324）五月"龙庆、延安、吉安、杭州、大都诸路属县水，民饥，赈粮有差"⑥⁵。《元史·五行志》亦记泰定元年五月"龙庆路雨水伤稼"⑥⁶。《元史·泰定帝》记泰定三年（1326）八月"龙庆路雨雹一尺，大风损稼"⑥⁷。此外，《元史·五行志》记泰定元年"七月，龙庆路雨雹，大如鸡卵，平地深三尺余"⑥⁸。"八月，龙庆路雨雹一尺，大风损稼"⑥⁹。《元史·泰定帝》也记当年七月"龙庆州雨雹，大如鸡子，平地深三尺"⑦⁰。龙庆路和龙庆州都在泰定元年七月雨雹，平地深三尺，此龙庆路极有可能就是龙庆州。根据上述记载可知，泰定元年至泰定三年元廷肯定设有龙庆路。《元史》又记至顺元年（1330）三月"分龙庆州隶大都路"⑦¹，证明在至顺元年以前，仍存有龙庆路这一建置。自泰定元年至至顺元年，龙庆路至少存在了 6 年。也就是延祐三年至泰定元年，延庆从上都路宣德府奉圣州缙山县转隶大都路龙庆州，最晚泰定元年至至顺元年延庆属龙庆路龙庆州，至顺元年至元末延庆属大都路龙庆州。龙庆路很可能是在龙庆州基础上设置的，以一州为基础设一个路，这在元代是十分罕见的，也证明了龙庆州在元代的重要地位。

"龙庆"是延庆历史上唯一和"皇帝"有关的建置名称。那么，龙庆之名是怎么来的呢？龙庆州是崇尚儒学的元仁宗诞生地，顾名思义，龙庆州就是天子降生、喜庆祥和的地方。但是，不仅如此，龙庆州的名称可以追溯到更早。《旧唐书》记："玄宗龙潜之时，宅在隆庆坊。"⑫又记："南内曰兴庆宫，在东内之南隆庆坊，本玄宗在藩时宅也。"⑬据此可知，唐玄宗的太子府、潜龙邸叫隆庆坊。《旧唐书》又记："上所居里名隆庆，时人语讹以'隆'为'龙'。"⑭据此可知，"隆庆坊"又俗名"龙庆坊"。这是史料记载的第一个以"龙庆（隆庆）"为名的太子府，"龙庆坊"暗喻真龙天子的潜居处。金代的太子府也以"隆庆"为名。如《金史》记："明昌五年复以隆庆宫为东宫，慈训殿为承华殿，承华殿者，皇太子所居之东宫也。"⑮应有承袭唐制之意。据此可知，在历史上就有太子府名龙庆（隆庆）之传统。元仁宗仰慕中原文化，且其本人在武宗时期（1307—1311）即为皇太子，这是其在登基即位几年后的延祐三年将其出生地缙山县改升龙庆州的原因，意其"潜龙邸"。还有一个原因是元仁宗贵为天子，没有出生在宫中，反而出生在等级较低的县城，这在重视出身的皇族中是不可接受的，遂《元史》有云："帝生是县，特命改焉。"

嘉靖《宣府镇志》记："龙庆治缙山。"⑯证明二者治所为同一处。但查阅其他史料，发现关于龙庆州和缙山县的治所，史料中有两种截然不同的观点。一种认为缙山县在今延庆东部的永宁附近，如《大明一统志》记："永宁县在州城东三十里，本辽缙山县地，金元因之。"⑰嘉靖《隆庆志》载："永宁县在州城东四十里，本唐儒州地，辽以缙云氏故都，立缙山县。金因之。元升龙庆州，……"⑱嘉靖《宣府镇志》记："文皇帝永乐……十一年置隆庆州，即元龙庆，及永宁县，即缙山，……"⑲又记："永宁知县。……县元名缙山，……"⑳《长安客话》："永宁本缙山地。"㉑乾隆《宣化府志》："永宁，永乐十三年分缙山县地置。"㉒光绪《延庆州志》："永宁县，明史稿，永乐十三年分缙山县地置，属隆庆州。"㉓根据以上记述可知，元代缙山县在今延庆永宁附近。《金史》载完颜纲曾"行省于缙山"㉔，万历《永宁县志》记邑人筑墙时曾发现完颜纲兵败缙山时遗失的官印㉕，再次佐证缙山在永宁。《延庆州乡土志要略》记："永宁在缙山县故城东南十五里。"㉖延庆州城在永宁县的西侧，此处所记缙山县故城肯定不是延庆州城。又记："缙山县即今旧县。"㉗今延庆旧县镇旧县村仍遗留城墙（图一二），又在永宁西北，旧县地在明代属永宁县，这很可能就是缙山县治所。

还有一种观点认为龙庆州和缙山县治所在今延庆城区。《大明一统志》记："缙山废县，在州城内。"㉘嘉靖《隆庆志》亦记："缙山废县，在州城内。"㉙《读史方舆纪要》记："缙山废县今州治。"㉚但辽金时已有缙山县，此处缙山废县也有可能是辽金废县。有些史料明确说缙山县是"元废"。如《嘉庆重修一统志》记："缙山废县，今延庆州治，唐末置为儒州治，元废。"㉛光绪《延庆州志》亦："缙山废县，今州治，唐末置，为儒州治，元废。"㉜根据以上史料可知，缙山县在元代废弃，方位在今延庆城区。另一些史料认为明代延庆州城是在元代城墙基础上建造的。明人林廷举《隆庆州城记》认为延庆州城"相传建自金元"㉝，嘉靖《隆庆志》记延庆"州城因元之旧"㉞，《宣大山西三镇图说·宣府镇总图说》亦记其为"金元旧治，昔名龙庆"㉟。从侧面佐证元代龙庆州治所可能在今延庆城区。另外，康熙《延庆州志》载《重修观音阁》记"观音阁，古刹也，在郡城中央稍南迤东，元至正年间建"㊱。侧面反映了今延庆城区在元代有城。

假设龙庆州和缙山县的治所在今延庆旧县，此地未免离龙庆州管辖的怀来县太远，不便就近管理。如果治所在今延庆城区，距离缙山县和怀来县都不算太远，且位于二者之间，更便于管理。所以，笔者更倾向于延祐三年升缙山县为龙庆州以后，龙庆州治所在今延庆城区。

龙庆州辖有神峰乡、花园村、荆子村，均在今延庆界内。嘉靖《隆庆志》记道观："天成观，在永宁城东北二十里，……"㊲证明天成观在今延庆界内。嘉靖《隆庆志》收录的元代《天成观碑》碑文最早记载了神峰村，其记："山有仙髻之奇，村号'神峰'之异。"㊳明清志书都记其为神峰乡，而不是神峰村。神峰乡很可能在金代已经存在。如万历《永宁县志》记："旧治团山下，无城池。金为州之神峰乡。"㊴《延庆文化文物志·文物卷》记有一口出土地点不详的铁钟，上有铸文："怀来县龙山水峪真大道太玄宫下院缙山花园村水碾龙泉观谨记。"⑩（图一三）真大道教兴盛于金元时期，今河北省怀来县在辽代、元代称"怀来县"，金代称"妫川县"，可以确定这是一口元代的铁钟，证明延庆在元代设有花园村，隶属缙山县。《天成观碑》记："复于荆子村修泰庙三楹，青绿妆饰，搭栖众道室，以为本观下院。"⑩证明延庆在元代还设有荆子村。花园村和荆子村应该隶属神峰乡。

据此部分研究，延庆在蒙元初期属上都路德兴府，设缙山县，后短期隶属上都路宣德府奉圣州怀来县，后属上都路宣德府奉圣州，设缙山县，中期以后属大都路，设龙庆州、神峰乡。随后短期隶属龙庆路，复属大都路，所属州、乡不变。神峰乡辖有花园村、荆子村。

七、结语

综上所述，笔者通过现存的墓志、砖志等出土文献结合史料，对延庆秦汉、魏晋、北魏、唐代、元代的建置沿革进行了通考，用出土文献补充、纠正了史料未记、误记的建置，还论及了重要建置的治所方位、名称由来、建撤时间等，基本理清了上述历史时期延庆的建置沿革，构建起了延庆古代建置沿革的基本框架。因地理环境影响，延庆在历史上战乱频仍，建置更迭频繁，即使是正史也鲜有关于其建置沿革的记载，且有讹误。因历史上延庆及周边曾发生建置和人口的迁移，再因受正史讹误的影响，现在延庆方志在记载建置沿革方面产生了很多错误，并且以讹传讹，纠正这些错误是开展延庆历史研究的基础。本文基本理清延庆古代时期建置沿革，特别是唐代，利用大量出土文献构建起了延庆唐代建置沿革的基本框架，这是史料未记也是前人未做之事。总而言之，理清延庆古代建置沿革，对于科学、严谨开展延庆古代历史研究是十分有益和必要的。

除本文已考证的历史时期，其他时期或因出土文物和史料缺失，或因史料较多出土文物较少，或因史料和出土文物都较为丰富，建置沿革较为清晰，未被收录在本文范围内。

①④⑬《汉书》卷二十八下，中华书局，2000 年，第 1298 页。
②《汉书》记："上谷郡，秦置。莽曰朔调。属幽州。"《汉书》卷二十八下，中华书局，2000 年，第 1298 页。
③ 胡传耸：《北京考古史·汉代卷》，上海古籍出版社，2012 年，第 136 页。
⑤ 傅嘉仪：《新出土秦代封泥印集》，西泠印社，2002 年，第 138 页。
⑥⑱㉙㊼［清］李钟俾、［清］穆元肇、［清］方世熙：乾隆《延庆州志》卷一，影印清乾隆七年（1742）刻本。
⑦㉔ 杨程斌：《〈水经注〉所记北京延庆山水地名研究》，《中国地名》2020 年第 3 期。
⑧ 盛会莲：《北京考古志·延庆卷》，上海古籍出版社，2012 年，第 8 页。
⑨⑭ 冯括、朱安祥：《"夷舆"布币考》，《文物春秋》2018 年第 1 期。
⑩ 北京市文物研究所编著：《军都山墓地：葫芦沟与西梁垙》，文物出版社，2010 年。
⑪ 王继红：《北京考古史·东周卷》，上海古籍出版社，2012 年，第 158 页。
⑫ 胡传耸：《从出土文物看东周燕文化与玉皇庙文化的联系》，《北京文博》2006 年第 4 期。
⑮《辽史》卷四十一，中华书局，2000 年，第 347 页。
⑯㉗㊺(78)(94)［明］谢庭桂编、［明］乾续编：嘉靖《隆庆志》卷一，《天一阁藏明代方志选刊》，上海古籍书店据宁波天一阁藏明嘉靖刻本影印，1962 年。
⑰㉘㉛㊻(99)［明］李体严等纂修：万历《永宁县志》卷一，影印明万历三十年（1602）刻本。
⑲(55)《旧唐书》卷三十九，中华书局，2000 年，第 1047 页。
⑳［北魏］郦道元著、陈桥驿注：《水经注》卷十三，浙江古籍出版社，2013 年，第 180 页。
㉑《后汉书》志第二十三，中华书局，2000 年，第 2407 页。
㉒《后汉书》卷七十三，中华书局，2000 年，第 1591 页。
㉓［北魏］郦道元著、陈桥驿注：《水经注》卷十三，浙江古籍出版社，2013 年，第 180—181 页。
㉕［明］孙世芳：嘉靖《宣府镇志》卷一，成文出版社，1970 年，第 100 页。
㉖《晋书》卷十四，中华书局，2000 年，第 274 页。
㉚ 周正义主编：《北京地区汉代城址调查与研究》，北京燕山出版社，2009 年，第 137 页。
㉜《魏书》卷一百一十二下，中华书局，2000 年，第 1974 页。
㉝《魏书》卷十，中华书局，2000 年，第 174 页。
㉞《魏书》卷一百一十六，中华书局，2000 年，第 1681 页。
㉟［清］麻兆庆原著：《昌平外志校理》，北京燕山出版社，1991 年，第 196—198 页。
㊱［唐］樊衡：《为幽州长史薛楚玉破契丹露布》，周绍良主编：《全唐文新编》卷三百五十二，吉林文史出版社，2000 年，第 4024—4025 页。
㊲［唐］张九龄：《敕平卢使乌知义书》，周绍良主编：《全唐文新编》卷二百八十五，吉林文史出版社，2000 年，第 3232 页。
㊳《新唐书》卷一百三十六，中华书局，2000 年，第 3611 页。
㊴《新唐书》卷二百二十五，中华书局，2000 年，第 6412 页。
㊵［唐］张九龄等原著，袁文兴、潘寅生主编：《唐六典全译》，甘肃人民出版社，1997 年，第 238 页。
㊶ 吴钢主编：《全唐文补遗》第七辑，三秦出版社，2000 年，第 399 页。
㊷ 因墓志"永"字后漫漶不清，遂难以确定年代。延庆区文物管理所王伯轩认为是"永泰"，笔者赞同此观点。《延庆三方唐代墓志考释》，中央民族大学硕士学位论文，2014 年，第 15 页。
㊸㊹㊽㊿(52)(57) 杨程斌、戢征：《新出土唐代白贵夫妇墓志考疏》，《文物鉴定与鉴赏》2018 年第 3 期。
㊾《延庆文化文物志》编委会、延庆县文化委员会编：《延庆文化文物志·文物卷》，北京出版社，2010 年，第 146 页。
(51)(54)(59)［明］孙世芳：嘉靖《宣府镇志》卷一，成文出版社，1970 年，第 12 页。
(53)［明］孙世芳：嘉靖《宣府镇志》卷七，成文出版社，1970 年，第 55 页。
(56) 曹子西：《北京史志文化备要》，中国文史出版社，2008 年，第 80 页。
(58) 李宇峰：《碑志所见辽代赴西夏外交使臣事略考述》，杜建录主编：《西夏学》第 7 辑《第二届西夏学国际论坛专号（上）》，上海古籍出版社，2011 年，第 76 页。
(60)［清］李钟俾、［清］穆元肇、［清］方世熙：乾隆《延庆州志》卷五，影印清乾隆七年（1742）刻本。
(61)《辽史》卷七十四，中华书局，2000 年，第 838 页。
(62) 笔者经多方询问后，得知这件覆面瓦现在收藏在延庆区文物管理所。延庆区文物管理所副所长于海宽查找到了覆面瓦出土墓葬的档案。根据档案所记，此墓葬位于延庆南菜园，发掘于 1984 年。延庆区文化和旅游局文物遗产科科长范学新为笔者提供了这件覆面瓦的照片。根据照片观察瓦片全貌，发现"杨祐之"3 个字明显比其余字体刻划更深、更大，且位于整块瓦片的中心，可以确定墓主人名为"杨祐之"，覆面瓦实际上具有墓志铭的功能。《延庆文化文物志·文物卷》《北京考古志·延庆卷》将其记为"杨佐墓""杨佐之□"，有误。
(63)(64)《元史》卷五十八，中华书局，2000 年，第 906 页。
(65)《元史》卷二十九，中华书局，2000 年，第 438 页。
(66)《元史》卷五十，中华书局，2000 年，第 718 页。
(67)《元史》卷三十，中华书局，2000 年，第 455 页。
(68)(69)《元史》卷五十，中华书局，2000 年，第 722 页。
(70)《元史》卷二十九，中华书局，2000 年，第 439 页。
(71)《元史》卷三十四，中华书局，2000 年，第 510—511 页。
(72)《旧唐书》卷二十九，中华书局，2000 年，第 717 页。
(73)《旧唐书》卷三十八，中华书局，2000 年，第 966 页。
(74)《旧唐书》卷八，中华书局，2000 年，第 111 页。

⑦⑤《金史》卷二十四, 中华书局, 2000 年, 第 377 页。

⑦⑥[明]孙世芳: 嘉靖《宣府镇志》卷七, 成文出版社, 1970 年, 第 56 页。

⑦⑦[明]《大明一统志》卷五, 三秦出版社, 1990 年影印本, 第 100 页。

⑦⑨[明]孙世芳: 嘉靖《宣府镇志》卷一, 成文出版社, 1970 年, 第 14 页。

⑧⓪[明]孙世芳: 嘉靖《宣府镇志》卷二十九, 成文出版社, 1970 年, 第 340 页。

⑧①[明]蒋一葵:《长安客话》卷七, 北京古籍出版社, 1982 年影印本, 第 157 页。

⑧②[清]吴廷华、王者辅: 乾隆《宣化府志》卷二, 成文出版社, 1968 年, 第 87 页。

⑧③[清]张惇德等: 光绪《延庆州志》卷一上, 成文出版社, 1968 年, 第 19 页。

⑧④《金史》卷九十九, 中华书局, 2000 年, 第 1456 页。

⑧⑤万历《永宁县志》记:"古印, 金左丞完颜纲与元师战于缙山, 败绩, 失之。见《金史》。万历二十八年, 邑人筑墙得土中, 今在县库。"[明]李体严等纂修: 万历《永宁县志》卷一, 影印明万历三十年 (1602) 刻本。

⑧⑥⑧⑦《延庆州乡土志要略·历史·本境建置年代·未置本境以前历代所属及名称沿革》, 影印手抄本。

⑧⑧[明]《大明一统志》卷五, 三秦出版社, 1990 年影印本, 第 101 页。

⑧⑨⑨⑦[明]谢庭桂编, [明]苏乾续编: 嘉靖《隆庆志》卷八,《天一阁藏明代方志选刊》, 上海古籍书店据宁波天一阁藏明嘉靖刻本影印, 1962 年。

⑨⓪[清]顾祖禹:《读史方舆纪要》卷十七, 影印本。

⑨①[清]穆彰阿、潘锡恩等纂修:《大清一统志》, 上海古籍出版社, 2008 年影印本, 第 563 页。

⑨②[清]张惇德等: 光绪《延庆州志》卷十一, 成文出版社, 1968 年, 第 226 页。

⑨③[明]林廷举:《隆庆州城记》, [明]谢庭桂编、[明]苏乾续编: 嘉靖《隆庆志》卷十,《天一阁藏明代方志选刊》, 上海古籍书店据宁波天一阁藏明嘉靖刻本影印, 1962 年。

⑨⑤[明]杨时宁:《宣大山西三镇图说·宣府镇总图说》,《玄览堂丛书初辑》, 中国台北"中央图书馆" 1981 年影印本, 第 4 册, 第 172 页。

⑨⑥[清]康熙《延庆州志》卷八, 影印本。

⑨⑧[元]胡庆云:《天成观碑》, [明]谢庭桂编、[明]苏乾续编: 嘉靖《隆庆志》卷十,《天一阁藏明代方志选刊》, 上海古籍书店据宁波天一阁藏明嘉靖刻本影印, 1962 年。

⑩⓪《延庆文化文物志》编委会、延庆县文化委员会编:《延庆文化文物志·文物卷》, 北京出版社, 2010 年, 第 182 页。

⑩①[元]胡庆云:《天成观碑》, [明]谢庭桂编、[明]苏乾续编: 嘉靖《隆庆志》卷十,《天一阁藏明代方志选刊》, 上海古籍书店据宁波天一阁藏明嘉靖刻本影印, 1962 年。

北京第一都

——纪念金中都建都暨北京建都 870 周年

丁利娜

北京因"都"而立，因"都"而兴。公元 1153 年 4 月 21 日，金帝完颜亮迁都于此，史称金中都，开启了北京作为统一多民族国家首都的辉煌历程，拉开了北京作为元、明、清以及中华人民共和国首都的序幕，这是北京城市发展史上具有里程碑意义的一件大事。今天的北京拥有 870 年的建都史、3000 多年的建城史和 50 多万年的人类生活史，承载了中华民族的基因血脉，见证了中华文明的源远流长。

一、何以为都

金中都何以成为一座都城？金朝为何将都城从东北地区的金上京迁到了现在的北京？

这要从金代第四位帝王完颜亮说起。完颜亮是一位受到儒家思想影响比较大的帝王。他的母亲大氏是渤海人，接受汉文化比较早、也比较深。受到母亲的影响，完颜亮自幼"好读书、学弈象戏、点茶、延接儒生"，"其貌类汉儿"[①]。金朝占据北宋广大领土后，完颜亮曾到过东京城，对北宋皇室的富贵豪华、排场用度感到深深震撼，产生了强烈的仰慕之情，对中原帝王之都充满向往，"入主中原、一统天下"的种子很早就在完颜亮心中生根发芽。

皇统九年（1149）完颜亮弑杀先帝金熙宗而夺得皇位，迫于当时的政治压力，完颜亮决议迁都，首选之地便是当时的燕京城（今北京）。议事会上群臣阐释了迁都的客观原因，"北番上都，黄沙之地，非帝居也"[②]，当时的都城上京偏居东北一隅，随着金朝统治疆域南达淮河一线，在政治统治、公文传递、物资运输等方面的劣势越发明显。而"燕京地广土坚，人物蕃息，乃礼仪之所"[③]，是先进文化衍生之地，且"惟燕京乃天地中"的优越地理条件，是金帝完颜亮实现"天下一家，然后可以为正统"政治抱负的最佳之地，燕京城具备作为都城在人文、地理方面的绝对优势。

顺天时，借地利，安人和，三方面要素共同促成了金朝从当时的上京迁都燕京。完颜亮在迁都诏书中说："燕京本列国之名，今为京师，不当以为称号，燕京可为中都。"这就是完颜亮迁都中都的历史背景，以及金中都之所以成为北京第一座正式都城的历史渊源。

理解金中都的重要性，可以从三个层面来分析。首先，从金朝历史上来看。金朝最早的都城是金上京，在今黑龙江省哈尔滨市阿城区，历经金太祖、金太宗、金熙宗三世的经营，金上京作为金朝的都城有 38 年的历史。金代第四位帝王完颜亮，于即位第五年即贞元元年（1153）迁都到现在的北京，改称中都，开启了金中都作为金朝都城的历史，历经完颜亮、金世宗、金章宗、卫绍王四世的经营，金中都作为金朝都城达 62 年。金宣宗贞祐二年（1214），在蒙古军的攻打下，金朝又迁都汴京，也就是现在的河南开封，金中都作为金朝都城的历史结束。直到公元 1234 年金朝灭亡，汴京作为金朝的都城有 20 年的历史。纵观金朝历史上先后三座都城，金中都作为金朝都城的历史占了金朝历史一半以上的时间，并且也是金朝发展最为鼎盛的时期，政治稳定，经济繁荣，可以说金中都开创了金朝历史的新局面。

其次，从北京城市发展史上来看。北京从蕞尔小城逐步演化成一个具有广袤疆域的朝代的首都，金帝完颜亮的选择是最为关键的一步。从最早的琉璃河、蓟城，到后来的唐幽州，北京充其量都只是偏居一方的边防重镇，或者

作者单位：北京市考古研究院

图一 南城墙夯土遗迹局部

图三 马面遗迹西南拐角

图四 西城墙外护城河遗迹

说扮演的至多是地方小朝廷的角色。辽南京使北京具有了陪都的身份，而金中都则拉开了北京作为"一国之都"的新篇章，为后来元、明、清成为全国大一统的政治中心奠定了最为坚实的政治基础。

再次，从中国古代都城发展史上来看。清人称"自古帝王建都之地多且久莫如关中，今则燕京而已"，而这一转变正是从金朝开始的。中国古代都城的变迁有着从西向东、再向北转移的过程。长安、洛阳是早期历时最长的都城所在地，北京是古代政治中心北移的起点，而金中都便是这个过程中最为重要的转折点。从中国古代都城制度的发展来说，金中都也是从封闭的里坊制向开放的街巷制过渡的重要阶段，有着承上启下的历史地位。

二、何以多元

金中都城是一座怎样的融合之城？体现了怎样的多元文化？历年来的考古发现为我们串联起这座都城的精彩印记。

金中都城是以北宋东京城为蓝本营建的一座都城。外城、皇城、宫城三重相套的都城格局，摆脱了辽金时期北方民族南北相接、分而治之的"日"字形都城模式。它在辽南京旧城的基础上，向东、西、南三面扩建而成一座体现皇权"居中""居正"的理想都城，同时离宫别苑、园林水系星罗棋布遍及都城内外，是中原的农耕文明与女真民族四时捺钵的游猎文化交汇融合的重要体现。

金中都城位于现在北京城的西南部，主要区域横跨西城区和丰台区。外城近方形，周长有 18690 米[④]，面积约 20 平方千米，四周初设城门 12 座（后增设光泰门），每面 3 座，四面分别有施仁门、彰义门、端礼门、崇智门，是儒家思想"仁义礼智"核心内涵的价值体现。近年来北京市考古研究院对外城西墙高楼村段和南墙万泉寺段的考古发掘显示，外城墙基部宽度有 24 米（图一、图二），高约 16—18 米，在城墙外侧增筑有加强攻守功能的圆角梯形的马面遗迹（图三），西城墙外侧 17 米处发现的护城河宽约 66 米（图四），远超北宋东京城。城墙、马面、护城河共同构成了金中都外城"城高池阔"的防御体系，这是随着石炮、火炮等攻城技术的应用，从宋金交战中汲取经验、拓宽防守半径的智慧结晶，体现了中国古代都城"城高池深"防御理念的转变，凝聚了文化融合、发展的历史进程[⑤]。

1990 年考古工作者对广安门外大安殿遗址的发掘，确立了由应天门、大安门、大安殿所组成的金中都的中轴线位置[⑥]，更加明晰了金中都城以皇宫为中心、中轴线两侧对称分布的总体布局。这条中轴线南起外城正南门丰宜门，中间贯穿整个皇城的各组宫殿，北至正北门通玄门，全长约 4.5 千米，是北京作为都城最早的一条中轴线。金中都皇宫正殿大安殿面阔十一间，平面"工"字形，顶部覆以黄色琉璃瓦，号为金殿，是金朝帝王举行皇家典礼的场所，也是这条中轴线的辉煌顶点。大安殿遗址出土的铜坐龙成为金中都皇家的标志性遗物（图五），现在西二环边矗立着的"北京建都阙"就是在大安殿遗址的北侧设立的，阙上的铜坐龙形象正是根据大安殿的这件遗物设计制作的。

金中都城的融合之貌还体现在它是新、旧两种城市理念的碰撞和融合，

图五 铜坐龙

图六 水关遗址全景

是中国古代都城制度在唐、宋之际变革的产物。在原辽南京旧城的区域继续沿用原来封闭式的里坊结构，在之外新扩建的区域则采用了开放式街巷的布局形式。20 世纪 60 年代，徐苹芳等考古前辈探明了城内西南隅南北向大街与东西向胡同共同构成的类"丰"字形和"井"字形的街巷系统⑦。近年来的考古成果进一步显示，"十"字形、"T"字形、"一"字形等道路交织并存，有南北向、东西向、以及西南—东北斜向等不同走向；有 20 米、5 米等不同规格；也有门内大街、顺城街、十字街坊间道路等不同功能⑧，揭示了金中都城在从唐代封闭式里坊制向宋元开放式街巷过渡时期承上启下的重要地位。

金中都城的布局规划上最能体现北方民族文化特色的就是丰富的离宫、别苑园林和水系的布置。金中都城宫城和皇城一带有同乐园，分布有密集的帝王游乐场所；在中都城南门外还建有广乐园，又称南园；在城外东北现在的北海公园一带还建有太宁宫等。女真帝王钟情山水，是与东北渔猎民族春水秋山、冬夏捺钵、流动办公的体制特色密切相关的，中都城内这些苑囿的布置正是女真文化特色融合于中原都城布局理念后的变相呈现，逐渐演变成以金中都为核心的春水秋山，从而更加稳固金中都的政治核心地位。此外，由西北入城、东南出城的宫苑用水路线，依旧形成了中都城内的"汉河"布局，迎合了古代"象天设都"的堪舆理念。这条水源路线上，考古发掘揭露了外城南墙的水关遗址⑨、宫城西侧的鱼藻池遗址⑩，并探明了外城西北的莲花池遗址⑪。其中水关遗址的"丨〕〔"形结构、用木桩、衬石枋、石板三者紧密相连而成的"铁（木）穿心"制式与北宋《营造法式》中"卷輂水窗"的做法完全一致，体现了中都城营建者的工匠智慧（图六）。考古工作者沿着水关遗址的入水口向北进行了考古勘探、试掘等工作，最终基本确认了金中都城的城市用水路线，即从城外西北的莲花池引水，穿过皇城的同乐园，然后到达宫城的鱼藻池，再向南过龙津桥，再向东南通过丰宜门与景风门之间的水关出城。

三、何以文明

博大精深的中华文明是由各族人民共同缔造的，多民族文化交汇、融合造就了中华民族多元一体格局。历史上的北京，一直处在农耕、游牧与狩猎文化交错融合的重要地带，人群与文化的交融一直是文明发展的主旋律。金朝历史上，随着宋金关系的变化有过三次大规模的人群迁徙。金初以中原汉人北移为主；迁都中都后，大批女真人随皇室内迁；金末中都人口则向外流散。人群的流动加速了民族的融合，促进了文化的交流和双向互动。正是在这种背景下，当时大半个北中国的能工巧匠都参与了金中都城的营建，这其中除了汉人、女真人，还有大量的渤海人、契丹人和奚人等。

金中都城三重相套、布局方正，城门相对、仁义礼智，皇宫居中、中轴对称，街巷里坊、双制并存，宫苑园林、依水就势。这样的布局特色一方面继承、吸纳了中原都城的规划理念和礼制思想，另一方面保留着北方游猎民族的风格特色，凸显了文化的包容性和统一性。

同样的文化融合也体现在房山的中都皇陵和中都地区的金代墓葬中。房山金陵坐北朝南（图七），以神道为中轴线，两侧建筑对称分布，帝王陵寝位于最北端的制高点，突出了皇权"居高""居中"，与金中都城的布局如出一辙。已经探明的五座帝陵的分布遵循了中国古代宗法制度中"左昭右穆"的排序，也有学者认为皇陵四面环山的选址是迎合了汉文化青龙、白虎、朱雀、玄武的堪舆之说⑫。遗物上，金陵不仅出土了与大安殿类似的铜坐龙，还发现了大量的石坐龙、龙纹抱柱等构件，金太祖完颜阿骨打与皇后的石椁分别雕刻了龙纹和凤纹，且随葬了精雕细

图七 金陵地势图

图八 玉雕凤鸟纹饰件

图九 金丝凤冠

琢的玉器和富丽堂皇的金器（图八、图九），表达了对中原帝王气象的追求。

文化的影响从来都是双向的，文化的融合也总是多元的。女真人在接纳、吸收汉文化的同时，汉人也在悄然接受新的外来文化。延庆张山营村的一座金代汉人砖室墓中[13]，发现了一件与金陵萨满小铜人形制基本相同的遗物，有趣的是，同出的还有佛教典型的千手观音、释迦牟尼铜饰件以及象征菩提叶和菩提果的琥珀饰件等，萨满、佛教遗物并存共出，体现了文化双向互动。女真人在学习汉文化传统的同时，在一定程度上还保存了自身的文化特色。比如帝陵和女真贵族墓葬通常采用的石椁墓形制，与汉人常用的砖室墓截然不同，在金陵发现的玉雕海东青、萨满小铜人等饰件都是女真民族保有原始信仰的最好体现。

金中都是由以汉人和女真人为主的多民族共同参与营建、多元文化共荣共创而成的一座融合之城。金中都之所以成为金朝最为鼎盛时期的都城、成为北京的第一座都城、成为中国古代都城向北迁移的起点和转折点，源于中华文明进程中"天下一家"的正统理念，成于中华民族融合共赢的大进程中、盛于多元文化积淀深厚的幽燕之地。

历时 120 年的金朝是中华五千年文明中的沧海一粟，是中华民族多元一体格局进程中的一个片段。在这段历程中，金中都作为一个印记和符号，承载了北京作为首都 870 年来的文化源头，包容、大气、兼容的金中都城成就了金朝历史上的精彩，也成就了北京都城史上的一段佳话。

附记：2023 年 6 月，在中央民族大学与北京市文物局联合主办的"中华民族共同体形成与发展的北京视角——辽金元考古学术研讨会"开幕式上，北京市文物局陈名杰局长在致辞中提出当从"何以为都、何以多元、何以文明"来理解北京的文化内涵。本文的写作受此启发，试从金中都的视角来回答这三个问题。不当之处敬请方家指正。在此谨致谢忱！

本文为北京市"四个一批"高层次人才资助项目"北京建都之始——金中都城墙遗址考古研究"的阶段性成果。

①②③ [宋] 宇文懋昭：《大金国志校证》卷十三《海陵炀王纪上》，中华书局，1986 年。

④ 阎文儒：《金中都》，《文物》1959 年第 9 期。

⑤ 北京市考古研究院：《金中都（2019—2020）城墙遗址考古发掘报告》，科学出版社，2023 年。

⑥ 北京市文物研究所：《北京西厢道路工程考古发掘简报》，《北京市文物与考古》（第四辑），1994 年。

⑦ 徐苹芳：《金中都遗址》，《中国大百科全书·考古卷》，中国大百科全书出版社，1986 年。

⑧ 北京市考古研究院近年来配合北京城市基本建设项目的考古新收获。

⑨ 北京辽金城垣博物馆：《金中都水关遗址考览》，北京燕山出版社，2001 年。

⑩ 北京市考古研究院：《金中都太液池遗址 2012 年度考古发掘简报》，《北京文物与考古》（第九辑），北京出版社，2022 年。

⑪ 参见齐心：《近年来金中都考古的重大发现与研究》，《北京文物与考古》（第四辑），1994 年；齐心主编：《图说北京史》，北京燕山出版社，1999 年。

⑫ 参见北京市文物研究所：《北京金代皇陵》，文物出版社，2006 年。

⑬ 北京市文物研究所、延庆县文物管理所：《延庆县时尚纺织品有限公司壁画墓发掘简报》，《北京文博》2005 年第 3 期。

关于明廷御用监内部运作机制的若干问题

林 欢

御用监是明宫宦官机构的"二十四衙门"之一，宣德元年（1426）六月重建于北京紫禁城西华门外原玉瓮庵胡同（今南长街 99 号院内）。它在明代宫廷日常陈设器具制作方面，于中国古代工艺美术史上占有一席之地。目前所见，仅有许冰彬先生曾从《明实录》等相关史料就其内部机构设置等问题进行专文考述[①]，有助于人们增强对于御用监基本情况的了解。本文拟从各类文献资料出发，就御用监的组织、职责、内部办事程序，以及监内管理人员、工匠来源等方面进行梳理和补充，以充实人们对此机构相关情况的认识，从而为明代宫廷艺术品的生产背景提供一个新的视角。

一、御用监的组织机构

（一）行政人员的升迁

关于机构设置，许冰彬先生（以下简称"许文"）虽引《酌中志》指出御用监设有一定管理人员外，并未对重建后的御用监机构得以进一步细化的情况进行梳理，更未对监内行政人员的职务升迁途径进行总体阐释。例如文中提及"下设里、外监把总二员，另有无定员的典簿、掌司、写字、监工等"内容，仅为简单引述。事实上，除御用外监（公厅）外，尚有设于西华门内武英殿南熏殿以西的御用里监，"凡遇徽号册封大典，阁臣率领中书篆写金宝、金册在此"[②]。就里、外监把总二员的分工，御用监内部承应宫内外各项事务的方向也有所不同。如属于"里监"的木漆作成造多体现皇帝个人喜好的陈设，"凡御前所用围屏、床榻诸木器"[③]，以及紫檀、象牙、乌木、螺甸等诸玩器，类似清代"内廷恭造之式"[④]。例如魏忠贤曾下令造五彩围屏，绘有西湖虎丘诸胜，可起到引导熹宗玩之"忘倦"的作用。而碾玉作的玉作制品分礼器、生活用器等。除皇家御用外，不少流入本监主管太监手中，如目前所见实物，有北京工商大学明代御用监太监赵芬墓（万历十年，1582）出土的玉带等[⑤]。

此外，关于御用监长官的升迁程序及其宫中经历，许文并未提及。如太监王嵩于成化壬寅（1482）成为御用监书办。到弘治十年（1497）冬"命除典簿、佥押，管理内外监事"。正德元年（1506）总督监务，"凡成造上用龙凤样式，巧制御物，若巨、若细，指示有方。钱粮出纳，撙节有度，寻升左少监"[⑥]。历景泰、天顺、成化、弘治、正德五朝的御用监太监郭通因其"小心寅畏，莅事安详"而深受历代皇帝的赏识，多有恩赏，钦命委职[⑦]。明代中后期，御用监最初所掌礼仪职责也有所恢复，如御用监太监钱义曾"宴四夷，简命主席；聘王妃，命与司礼监掌礼"[⑧]。另外，由司礼监掌印太监兼掌御用监印的实例不少。以上现已出土的墓志铭所记诸例皆说明，能力强且具备一定文化素质的宫内宦官，可以遵循长随、奉御、右监丞、左监丞、右少监、左少监，直至太监的职务升迁顺序，进而达到权力高层。即便皇帝驾崩失宠后，仍可到南京担任闲职[⑨]，颐养天年。

（二）作与库

除衙门外，监内机构下设作、库等分支机构，具体承担木漆器、玉器、宫灯、佛像、乐器、珠宝首饰、科学仪器、武器以及道具等杂物的制造、修理和收贮事务。而许文仅仅提及御用监最初的四作，即：木漆、碾玉、灯作、佛作[⑩]。虽然文中指出随着宫廷生活事务的增加，御用监所辖各作的数量逐步添设，但总体而言，此文并未指明监内作坊数量较少且分工不很细致的现状，同时，明代文献中出现的各作并非一定归御用监所有，而许文并未就此问题进行特

作者单位：故宫博物院

别阐述。原因在于工部所属各司、所、局、厂以及"二十四衙门"中地位重要的监、厂、局之下均设有若干作。不仅如此，文章有仍将御用监视为一个拥有全行业工匠，庞大的宫廷器物制造机构的倾向，应是受到了清宫造办处权限范围的误导。

明代内府与原料储存和保管加工有关的库房共 12 座，分属于户部、工部和兵部管理。其中有甲字库和丁字库等直接归御用监掌管。甲字库居十库之首[11]。库内主要贮存布匹、颜料，如银朱、乌梅靛、花黄、丹禄矾、紫草、明矾、光粉等；丁字库贮存铜、铁、兽皮、苏木、生漆、桐油、红黄熟铜、白麻等[12]。户部派有大使、副使等官员参与内廷仓库的管理，主事、科道也定期巡视。不过，对宫中物资的实际支配权掌握在拥有钥匙的宦官手中，外臣不得介入。凡各省及藩属国运抵土贡原材料物品，皆由户、工二部先出具文件手本，按照类别知会相应库房，具文请批收放。验收程序完毕后，由该库出具实际验收及入库记录，发回二部投验。拨交物品按类由各库妥善保管，再按年例向所需机构发放。

（三）特设机构

关于御用监特设机构事，许文仅引用文献中武英殿刻书、绘画之事，并未深入探讨。事实上，早在洪武之时，内廷已有御用监掌绘画事，且负责宫廷藏画装裱[13]。朱元璋曾命御用监长臣为其马"缯其真形"[14]。宣德时，武英殿和仁智殿是明廷主要的绘画机构，统一归御用监管理，相当于宋代的宫廷画院。其中武英殿设"掌房"一职，须由受过良好教育，具有一定鉴赏力的宦官负责[15]。武英殿主要安置文化素质较高的画士，通称"待诏"[16]。其主要职责是创作器物装饰画和殿堂陈设画，"一应本监刊刻书篆，并屏幛、槅角，以及鞭扇、陈设绘画之事，悉以委之。"[17]留存至今的明代古建，有永宣时的瞿昙寺、正统时的法海寺以及成化的观音寺等。这些寺庙在结构与装修上应当承续了当时京城成熟的设计、施工、材料、乃至建设队伍[18]。特别是寺内精美壁画由本监所辖宫廷画士绘制。宣德、成化、弘治等时代，因皇帝兴趣致使宫廷绘画创作比较繁荣，"特设仁智殿以处画士"[19]。此处除作为画士从事创作活动的场所外，也管理宫廷秘藏图籍书画，负责御览的各项事宜。其具体职掌人员，是执掌武英殿中书，"承旨所写书籍、画扇等，恭进御前。"[20]此时宫廷画家在其作品上多署有"侍诏仁智殿"或"直仁智殿"等字。相对而言，仁智殿级别较低，仍设"监工"一员。"凡杂流以技艺进者，俱隶仁智殿。自在文华殿、武英殿之外。"[21]嘉靖以后，画家们多聚集于武英殿从事创作活动，逐渐代替仁智殿作用，但"仁智殿监工"一职依旧保留。

（四）经费来源及后勤保障

御用监的办公及生产用房虽然规模庞大，但是由于其本身属于皇权的附庸，而非独立机构，故而其经费来源及后勤保障方面，仍由明中央政府正式的职能机构负责。据《明会典》记载，御用监每年拨款及物质、人员保障等，皆由屯田清吏司负责开支，每年需用水和炭三十万斤[22]，料银约三十万两。驻守御用监军匠的食粮，有妻母者每月食米八斗，只身者四斗八升[23]。

二、御用监的办事程序与所用物料的征集

（一）御用监的办事程序

明代与御用监有关的政府职能机关为户、工二部。其中工部在官营手工业生产中起主要组织和协调作用。户部则负责管理手工业生产的物料及产品的估算。就实质而言，御用监仅是圣旨上传下达的临时机构，其开支奏本可以因预算经费过大而被否决。故御用监有常规或临时任务，俱由工部、各内府监局衙门先期上请。如大内每年成造龙床，须由御前传出红壳面揭帖一本，上面注明所需品名、数量、所需钱财等，交工、户二部合议，然后将合议结果起奏，将最终决定权归于皇帝。如皇帝决意成造，则送工部具文，将任务知会御用监，并由御用监进行料估后差人领用。各厂作承办制作任务之前，由御用监出具相关公文，否则不予执行。正德年间，为保障武宗出游，山西保德州千户所舍余戴寿曾伪造御用监用札[24]。若有原料非常用仓储，须由工部出面招商买办。办纳到京后，由御用监拟文提交请收，并由其交付商人实际所用钱粮数目，再经户、工二部批准后报销。其人工费用，则由本监衙门登记名册，经二部批

定数目后方准支给。

（二）御用监所用物料的征集与运输

明代统治集团所需大量手工业产品，除通过官办手工业制造外，仍有一部分产品和手工业原料需要直接从民间获取。

1. 岁办和采办

宦官奉命办理纳供物品，总体上分为岁办和采办两大类。岁办又称"上供"，明代各地方依据"任土作贡"[25]的原则，履行封建义务，定额定期向皇室和中央政府无偿提供本地所产的物资。御用监岁征物料，一般每年入贡一次[26]，涉及浙江、河南、山东、山西、广东、陕西等省及苏州、大名、河间、永平、顺天各府；物产以当地矿物、动物皮毛、铜铁丝、竹木、纸张、石灰、木炭、药材等为主[27]。同时，一些特殊物产由于技术原因，宫廷会派御用监镇守太监在产地现场督造。如明孝宗曾派董让负责瓷器的烧造[28]。当原有皇家用度不能满足宫廷所需，或有对一些特殊物品的另外需求，就会出现宫廷采买。采买又称"采办"，是皇室用有价的方式向地方采购宫用物资。由于在采买过程中，常出现从异地采买非原产地物品的情况，官府遂召募一些财力雄厚的大贩运商，以支应大宗物料的召买，被称为"召商买办"或"取办"。正统以后，除木材外，各监局的日常物资供应，如水和炭、石灰等也被批准召商买办。又有隆庆时的猫睛祖母[29]，嘉靖时阿丹所产红黄玉[30]，以及广东所产黄白蜡，吐鲁番所产制瓷用回青，以及万历年间御用监所用玉石，以及添置乾清宫陈设所需龙床、书阁、宝椅、插屏、香几、屏风、画轴、围屏、镀金狮子、仙鹤、香筒、香盘、香炉、黄铜鈸子等日用陈设物料，俱系召买[31]。关于采买费用，原则上由内府或工部支付，但实则多由地方财政负担。除了岁办和采办贡品之外，各地的镇守太监竞相以本不在征贡范围之内的土产进奉。如镇守云南的御用监太监梁芳之兄梁德曾"自备到禽鸟、土宜等物赴京进贡"，这些"孝顺"物品，后逐渐成为定规，且数量不断增加，"不遵诏例"[32]。

2. 运输

岁办物资的南北往来，大多经官船水运完成。官船由南京兵部守备衙门等专门机构负责，备有贡船166艘，马快船（上等贡船）600艘，同时还备有龙衣板方黄鱼船[33]。宦官及其爪牙，不仅利用特权公船私用，而且飞扬跋扈，直接导致明代通航效率较为低下，且"沿途多所征索，驿官不胜捞答，至有自溺死者"[34]。在不便水运的地方，贡品往往是用车马载运或人工抬扛，"劳人尤甚"[35]。

3. 影响

御用监的巨额花费是明代宫廷财政逐步崩溃的一个表现。尽管永乐以后几代皇帝在即位之初都曾表示过要减免宫廷财政，但从具体内容来看，减免的大部分是前朝采办、买办、派办、坐派等临时额外征收的部分，以及宫廷消耗量小，不甚急需的物品[36]。此举虽表面可减少宫廷财政的部分支出，但与明代诸帝个人纵情挥霍的真实意图常常相悖，故在实质上更趋向于变本加厉。例如宣德帝叫停"下西洋"后，很快就确定了属于本朝的采办活动，以至于"清理之使方行，织造之命随下。生财之源既塞，蠹财之孔复生"[37]。此时负责采办的宦官作为心腹，在纳贡事宜"最为民害者"[38]。一些办贡太监因谋取私利而凌辱官吏、迫害军民之事颇多，不胜枚举。究其根本，是主政者放纵的结果。宫中采买给人民带来极大的心灵创伤以及恶劣的社会影响，导致文人以《髑髅言》《沈小官一鸟害七命》等笔记小说的形式加以批判。

即便不出宫的宦官，也可用虚报、自盗等方式中饱私囊。他们甚至公开对各监差事的优劣进行比较，认为司设监"事最烦苦"，无法通过虚报物价的方式敛财，"远不逮御用监、内官监有盈余肥润也。"[39]万历十四年（1586）三月，御用监针对成造天灯、万寿灯及春联灯的制作，共要价四万八千余两，而工部审得所需实际费用不过二万二千两[40]。另外，宦官监守自盗是内库中常见的现象。太监张永理御用监时，令库官吴纪等窃出银七千余两异入私宅[41]。嘉靖十年（1531）三月，内库所藏象牙、画绢等珍贵物品"为典守者所侵匿无算"[42]。在皇权压力下，万历时的户部为了完成购买金宝等原料指派，甚至挪用九边额饷[43]，以至于有诗讽刺："不修军垒修宫室，枉括金银太病狂。"④

三、御用监工匠的升迁与待遇

明初将官营手工业匠人列入匠籍，分为"轮班匠"和"住坐匠"两种，隶属于工部、内府各监局和都司卫所等机构。成化年间，明政府允许以银代役，愿出银者可免赴京应差。到嘉靖时，这种"以银代役"的劳役制得到进一步推广。据司礼监在嘉靖四十年（1561）和隆庆元年（1567）的两次清查，御用监保留具有真正技术的官匠 2898 人和军民匠 2755 人（另有匠官 40 人），位列各监局之首⑤。

（一）招募

多数工匠的选拔在很大程度上属于亲属、同乡的引荐或世袭传承，并通过考试后录用。以宫廷画士为例，当时应征的考试题目当多与宫廷内主流画风一致。如戴进（字文进）"尝闻英庙召天下画工至京，试以'万绿枝头红一点，动人春色不须多'之题"⑥得进。弘治七年（1494），林良之子林郊以考试第一，官锦衣卫镇抚，直武英殿⑦。出于补充人手目的，内府官员会将御用监实缺人员的工种、人数等情况事先请旨。在得到皇帝裁决后，再行文相关地区官员，由其在当地拣选技艺精湛的工匠送京应役。如山西镇守太监刘政奏送画士白玺等十八人，俱送御用监⑧。而嘉靖以来监内成造雕填剔漆龙床顶架等项⑨，多由"滇工"完成，万历时御用监、供用库诸役"皆其子孙"⑩。新入选工匠一般会根据手艺的高低享受不同的待遇。如郭纯得到黄淮推荐后，恰逢朱棣北征，直至永乐十二年（1414）"偶阅文通画大悦"后才下令召见，并"赐名纯，以旌其德，授营缮所，永食禄"并赐冠带衣服⑪，生活水平由之得以提高。

（二）升迁

多数情况下，工匠画士会按照锦衣卫的级别每次晋升一级，少数有升二级的待遇。宫廷画士常被授以锦衣卫武职，称为"寄禄"。其官职仅作为领取俸禄和升迁的依据，不事其职，亦无实权。宫廷画家吕纪"攻翎毛，间作山水"。他于弘治年间应例入御用监，"应诏承制多立意进规"⑫，故孝宗尝称之。他在短短五、六年间，从副千户（从六品）升至锦衣卫指挥使（正三品），深受皇帝宠遇。但其经历仅属个例。

相对而言，御用监等内府工匠所升授的官职，以担任工部文思院大使、副使衔者居多，另外还有工部营缮所丞、鸿胪寺序班等。不过其所授品秩极低，如大使仅正九品、副使从九品。他们所升授的官职，被称为"传奉官"。它是通过非正常的文职官员铨选程序，由皇帝直接传旨以得授官升迁的官员⑬。传奉官在成化、弘治年间得到极大发展。成化元年（1465），文思院副使李景华等三人得升中书舍人、御用监书办⑭。

（三）待遇及社会地位

明中期御用监工匠的俸禄十分优厚，每个月能够得到一石的食粮，或日支白粳米八合。如弘治年间，画士牛瑛等一百四十五名，人匠龚礼等七十六名，"人月支食粮一石，光禄寺人日支粳米八合，俱送御用监上工。"⑮正因为如此，正德时期出现了"府库日竭"的局面，遭群臣极力反对。除锦衣卫外，御用监工匠还可寄禄于中书舍人。自嘉靖以后，文华殿由司礼监所属"书籍名画等库掌司"的中书房掌管。其内以善书者供奉为主，"文华殿有直殿中书，择能书者居之。"⑯文华殿"直殿中书"工作较为轻松，主要承办书法御用品，如对联、年贴、扇柄等类。特别是自隆庆三年（1569）起规定，御用监等各项匠作官，照例免考⑰。具有锦衣卫职衔的画士待遇更高，且由于锦衣卫"恩荫寄禄，无常员"⑱，没有固定的员额限制，方便人事变更，更可以每月领取薪俸，进而获得一笔生活保障。相较于御用监本监、工部的各作手艺工匠，其工作环境、劳动强度更为优越，生活待遇也更为丰厚。嘉靖以后，任职武英殿中书舍人的宫廷画家的俸禄，也由光禄寺每月末负责发放，发放日还有酒饭供应。"每月酒饭一桌，折银十两有奇，半桌者五两有奇，到每月晦，照钦赏数目、坐名颁给之。"⑲弘治元年（1488），虽然奏准御用监工匠本人免劳役⑳，但在事实上并没有这样严格。一旦成为御用监等官户工匠，便可以成为城乡贫民全家摆脱和逃避官府各种差役压迫的通道。

然而即便如此，御用监工匠中的画士、画士官以及文华殿"直殿中书"等，在本质上仍是工匠的一部分，社会地位仍较为低下。如直殿中书被视为"混迹"于役匠之流。然而其技艺亦与一般工匠无异，"专凡宫中糊饰，如不用外匠，则由监工及学手艺牌子太监糊饰，然后递转此处或御前作"[61]，为士大夫所轻。而画士的创作技能，受皇权等外力因素干预较多，如其创作自由度受限，完全受宣德、成化、弘治等几代君主的个人喜好影响。

在此情况下，其中一些画士官，或者一些匠官，能够得到皇帝的特别赏识，容易获得宦官的赏识和推荐，故文官集团对传奉官极其鄙视。而传奉官的来源，仍是从工匠中选拔出来，均为技术超群且具有一定管理能力的"作（匠）头"，此举打破了授官必由吏部的旧制，且文职不由铨选、武职不由军功，又享受有一定的丰厚酬劳，故而很多受皇帝恩宠、非科举正途出身的宫廷画家及皇帝所宠已故御用监太监的亲属皆被授予此类官职[62]。此举遭到文官集团的坚决反对，进而引起朝臣与宦官之间激烈的政治斗争[63]。在朝臣不断反对下，嘉靖时曾三次下令削降"匠官"的待遇，裁革投充冒顶人员。例如嘉靖十年题准南京各监局军匠，"止存留一十一名"[64]。至于武英殿于万历年间新设属御用监管辖的中书舍人们，因资历较浅，"皆以艺进，或献诗词与大珰者"，或者"为中人所引"，抄写小说、杂书。"士林"遂将其视为"市井小人"，"最为猥贱"，不齿与之为伍[65]。之所以如此，一方面与明代文人士大夫集团天生而来的"进士出身"优越感有关，另一方面是这些士大夫，在政治权力的斗争中，将御用监工匠视为宦官集团的附庸。他们"在太监的管理之下，戴着特务的头衔，专门为最高政治者服务，地位之卑，品格之下，也就可想而知了"[66]。

四、小结

宣德元年（1426）在北京重设的御用监，在组织机构上进行了调整，在规章制度上得以明确，使得行政人员、监内工匠的职务升迁、行业调动、福利待遇等方面有所保障，不仅积极推动了御前器物制作的统一管理，而且使得各方利益得到基本满足，最终有助于监内生产活动的组织和开展，进而使得其所制器物满足了明代诸帝各种生活享乐的需求，体现了帝王个人审美，对清代内务府造办处的兴起和发展提供了借鉴。

和清代造办处相比，其机构设置、权力制约方面仍不完善。有明一代，其政出多门、机构不清、职责不明等弊端现象层出不穷，尤其表现在保障皇室后勤供应与工匠待遇制度方面。特别是在实际运作过程中，为内府所提供的原料和成品，仍需内府各衙门临时征召办事，不仅不利于克服长年积弊，而且无法弥补制度漏洞，为御用监等处监局掌权宦官的人为操作提供了空间。

包括御用监在内的"二十四衙门"寄生于皇权，是皇帝的代言人。在皇权的护佑下，宦官的权限过大，他们多以皇帝的名义中饱私囊。皇帝与宦官的个人私欲不断膨胀，激化了内府与政府职能部门之间的矛盾。不仅败坏了社会风气，而且对明代整体经济等方面具有相当大的破坏作用。而位于社会底层的工匠群体，包括普通工匠与画士、中书舍人等，依然被朝中士大夫集团视为与"阉党"同流合污的"猥贱"小人。

① 目前所见，仅有许冰彬《明代御用监考略》（《故宫学刊》2015 年第 1 期）曾就《明实录》等相关史料进行专文考述。
② ［明］刘若愚：《酌中志》卷十七《大内规制纪略》，北京出版社，2018 年，第 149 页。
③ ［清］于敏中：《日下旧闻考》卷四十一《皇城二》，北京出版社，2018 年，第 642 页。
④ 熊嬿：《解读"内廷恭造之式"——中国设计制度研究个案之一》，《南京艺术学院学报》2008 年第 1 期。
⑤ 北京市文物研究所：《北京工商大学明代太监墓》，知识产权出版社，2005 年，第 26、51—52、71—72 页。
⑥《明钦差总镇云南金齿腾冲地方等处御用监太监王公（嵩）墓志铭》，中国文物研究所、北京石刻艺术博物馆编：《新中国出土墓志·北京》（上册），文物出版社，2003 年，第 197 页。
⑦ 柳彤：《明代御用监太监郭通墓志及相关研究》，《北京文博文丛》2021 年第 3 辑。
⑧《明御用监太监钱公墓志铭》，中国文物研究所、北京石刻艺术博物馆编：《新中国出土墓志·北京》（上册），文物出版社，2003 年，第 121 页。
⑨ 徐佩佩：《明御用监太监吴经墓出土文物的一些考证》，《文物鉴定与鉴赏》2018 年第 19 期。
⑩ ［清］于敏中：《日下旧闻考》卷四十一《皇城二》，北京出版社，2018 年，第 643 页。
⑪ 王清林：《明御用监太监赵西漳墓志考》，北京市文物研究所编：《北京文物与考古（第六辑）》，民族出版社，2004 年。
⑫ ［清］高士奇：《金鳌退食笔记》卷下，《明宫史、金鳌退食笔记》合刊，北京古籍出版社，1982 年，第 151—152 页。
⑬ ［清］孙承泽：《庚子销夏记》卷一，文渊阁四库全书本。

⑭ [明] 宋濂:《龙马赞》,[明] 程敏政:《明文衡》卷二十一,文渊阁四库全书本。

⑮ [明] 刘若愚:《酌中志》卷二十二《见闻琐事杂记》,北京出版社,2018 年,第 194 页。

⑯ [清] 孙承泽著、王剑英点校:《春明梦余录》卷十一,北京古籍出版社,1992 年,第 149 页。

⑰ [明] 刘若愚:《酌中志》卷十六《内府衙门职掌》,北京出版社,2018 年,第 111 页。

⑱ 金萍:《瞿昙寺壁画的艺术考古研究》,西安美术学院博士学位论文,2012 年,第 20 页。

⑲ [明] 何良骏:《四友斋丛说》卷二十九,中华书局,1959 年,第 267 页。

⑳ [明] 刘若愚:《酌中志》卷十六《内府衙门职掌》,北京出版社,2018 年,第 103 页。

㉑ [明] 沈德符:《万历野获编》卷九,中华书局,1959 年,第 249 页。

㉒ [明] 申时行:《明会典》卷一百八十八《工部九·工匠一》,《续修四库全书》,上海古籍出版社,2002 年,第 270 页。

㉓ [明] 申时行:《明会典》卷四十二《户部二十九·官军匠役俸粮》,《续修四库全书》,上海古籍出版社,2002 年,第 764 页。

㉔《明世宗实录》卷十一,嘉靖元年二月庚辰,"中央研究院"史语所校印本,第 402 页。

㉕ [清] 张廷玉:《明史》卷八十二《食货志六》,中华书局,1974 年,第 1991 页。

㉖ [明] 申时行:《明会典》卷二百七《工部二十七·四司经费》,《续修四库全书》,上海古籍出版社,2002 年,第 454 页。

㉗《明世宗实录》卷十六,嘉靖元年七月甲寅,"中央研究院"史语所校印本,第 507—508 页。

㉘ 韩冰:《明江西镇守御用监太监董让墓出土文物及相关思考》,《文物鉴定与鉴赏》2020 年第 1 期。

㉙《明穆宗实录》卷四十四,隆庆四年四月辛酉,"中央研究院"史语所校印本,第 1120—1121 页。

㉚ [清] 张廷玉:《明史》卷八十二《食货志六》,中华书局,1974 年,第 1994 页。

㉛ [明] 何士晋:《工部厂库须知》卷九,《续修四库全书》第 878 册,上海古籍出版社,2002 年,第 665 页。

㉜ [明] 王世贞著、魏连科点校:《弇山堂别集》卷九十三《中官考四》,中华书局,1985 年,第 1778 页。

㉝ [清] 谈迁:《枣林杂俎·智集·南京贡船》,《续修四库全书》第 1134 册,上海古籍出版社,2002 年,第 757 页。

㉞ [明] 王世贞著、魏连科点校:《弇山堂别集》卷九十三,中华书局,1985 年,第 1783 页。

㉟ [明] 王恕:《王端毅奏议》卷六《同南京吏部等衙门应诏陈言奏状》,文渊阁四库全书本。

㊱ 赵中男:《明前期减免宫廷财政初探——以目前所见相关诏书为中心》,中国社科院明史研究室编:《明史研究论丛(第八辑)》,紫禁城出版社,2010 年,第 128 页。

㊲ [明] 王世贞著、魏连科点校:《弇山堂别集》卷九十四《中官考五》,中华书局,1985 年,第 1790 页。

㊳ [清] 张廷玉:《明史》卷八十二《食货志六》,中华书局,1974 年,第 1989 页。

㊴ [明] 刘若愚:《酌中志》卷十六《内府衙门职掌》,北京出版社,2018 年,第 106 页。

㊵ [明] 何士晋:《工部厂库须知》卷九,《续修四库全书》第 878 册,上海古籍出版社,2002 年,第 665 页。

㊶ [明] 王世贞著、魏连科点校:《弇山堂别集》卷九十五《中官考六》,中华书局,1985 年,第 1825 页。

㊷ [明] 王世贞著、魏连科点校:《弇山堂别集》卷九十九《中官考十》,中华书局,1985 年,第 1888 页。

㊸《明神宗实录》卷三百五十五,万历二十九年正月己未,"中央研究院"史语所校印本,第 6640 页。

㊹ [清] 顾宗泰:《月满楼诗文集》卷三《南都咏史诗》,丛书集成初编本,中华书局,1985 年,第 27 页。

㊺ [明] 申时行:《明会典》卷一百八十九《工部九》,《续修四库全书》第 792 册,上海古籍出版社,2002 年,第 288—289 页。

㊻ [明] 郎瑛:《七修类稿》卷四十三,中华书局,1959 年,第 630 页。

㊼ 徐邦达:《明代供奉画家的官职考》,徐邦达:《历代书画家传记考辨》,上海人民美术出版社,1983 年,第 75—78 页。

㊽《明孝宗实录》卷九十四,弘治七年十一月丁酉,"中央研究院"史语所校印本,第 1726 页。

㊾ [明] 申时行:《明会典》卷二百七《工部二十七》,《续修四库全书》第 792 册,上海古籍出版社,2002 年,第 453 页。

㊿ [明] 沈德符:《万历野获篇》卷二十六《玩具·云南雕漆》,中华书局,1959 年,第 661 页。

51 [明] 黄淮:《黄文简公介庵集》卷九《阁门使郭公墓志铭》,《四库全书存目丛书》,集 27 册,齐鲁书社,1997 年,第 50 页。

52《佩文斋书画谱》卷五十六《吕纪》,文渊阁四库全书本。

53 赵晶:《明代宫廷画家官职考辨》,《故宫博物院院刊》2015 年第 3 期。

54 [明] 沈德符:《万历野获编》卷九《仁智等殿官》,中华书局,1959 年,第 249 页。

55《明宪宗实录》卷二百七十六,成化二十二年三月癸丑,"中央研究院"史语所校印本,第 4646 页。

56 穆益勤:《明代院体浙派史料》,上海人民美术出版社,1985 年,第 149 页。

57 [明] 申时行:《明会典》卷十三《吏部十二·京官考察(王府官附)》,《续修四库全书》,上海古籍出版社,2002 年,第 224 页。

58 [清] 张廷玉:《明史》卷七十六《职官志五》,中华书局,1974 年,第 1860 页。

59 [明] 吕毖:《明宫史》卷二《内府职掌·尚膳监》,文渊阁四库全书本。

60 [明] 申时行:《明会典》卷二十二《户部七·赋役》,《续修四库全书》第 617 册,上海古籍出版社,2002 年,第 259 页。

61 [明] 吕毖:《明宫史》卷二《内府职掌》,文渊阁四库全书本。

62《明孝宗实录》卷二百九,弘治十七年三月戊寅,"中央研究院"史语所校印本,第 3891 页。

63 [明] 郑自璧:《郑给谏奏疏·裁滥役以节京储疏(内监工匠)》,[明] 陈子龙:《明经世文编》卷一百九十二,上海书店出版社,2019 年,第 1989 页。

64 [明] 申时行:《明会典》卷一百五十八《兵部四十一·南京兵部建置见吏部官制》,《续修四库全书》第 791 册,上海古籍出版社,2002 年,第 660 页。

65 [明] 沈德符:《万历野获编》卷九《仁智等殿官》,中华书局,2004 年,第 249 页。

66 俞剑华:《明代画院画家的特务官衔》,《大公报(香港)·艺林副刊》1961 年 7 月 16 日。

纳兰明珠家族谱系新探

王建文　焦晋林

　　纳兰明珠家族是清朝贵族之一系，康熙时期，纳兰明珠权倾一时，其子纳兰性德也以文武名士著称于世，其文学作品影响至今。在清史研究中，学界对于该家族谱系的探究由来已久，以期通过建构沿革有序的家族谱系，来了解该家族的演变历程。同时，也希望透过对纳兰家族的个体研究，管窥满清望族随着历史兴衰而产生的演变规律。基于此，本文立足于前人研究成果，以新发现的三份纳兰明珠家族的家谱为基础，尝试就其中一些问题稍作探讨。错讹之处，请方家指正。

一、纳兰明珠家族谱系研究现况简述

　　早在民国时期，就有学者对纳兰明珠家族谱系进行过挖掘梳理。民国十九年（1930），张任政先生在北京对纳兰明珠的后代进行了实地调查，并结合清道光三年（1823）额腾额所修《叶赫纳兰氏八旗族谱》，对明珠家族三世谱系作了梳理（表一）。

　　此后，张任政先生根据《满洲名臣传》卷四十七，补充了第三世永绶和第四世瞻岱，并认为永绶（永寿）是揆叙之子，但是不清楚瞻岱之父是福哥还是福尔敦（表二）。

　　中华人民共和国成立后，北京市海淀区上庄镇皂甲屯村和海淀镇双榆树地区陆续出土了纳兰家族九合（方）墓志，为纳兰家族谱系研究提供了新的资料。

　　2000年，赵讯先生在其《纳兰成德家族墓志通考》一书中，根据墓志铭文以及盛昱《雪屐寻碑录》一书记载的《富格神道碑》碑文，推断出明珠以后第五世，即瞻岱有一子（达洪阿）、二女，并绘制出一份明珠家族五世家谱（表三）。

　　2009年，张一民先生根据清内务府档案《会计司呈稿》《为咨催盛京将军衙门派员查清承安名下各界地亩事》，以及《钦定八旗通志》卷四《旗分志四》的记载，将纳兰明珠家族家谱延伸到第六世（表四）。

　　概而言之，有关纳兰明珠家族谱系的研究呈现出两个基本特征，一是涉足此领域的学者越来越多，除了上面引述的学者外，还有其他不少学者都对该问题有着独到见解，比如李勖、黄天骥、徐征、橘玄雅、那迦等。二是研究资料越来越丰富，研究成果越来越多样和深入。如赵讯的《纳兰成德家族墓志通考》，赵殿坤、

表一　纳兰明珠家族三世家谱

1世	2世	3世
明珠	常德①	福格
		福勒敦
	奎叙	
	奎芳	

表二　纳兰明珠家族四世家谱

1世	2世	3世	4世
明珠	成德	福哥	瞻岱？
		福尔敦	瞻岱？
	揆叙	永绶？	
	揆芳		

表三　纳兰明珠家族五世家谱

1世	2世	3世	4世	5世
明珠	成德	福哥	瞻岱	达洪阿
		福尔敦		
		福森		
	揆叙	永绶（入继）	宁琇（入继）	
		永福（入继）	宁琇（出继）	
	揆芳	永寿（出继）		
		永福（出继）		

表四　纳兰明珠家族六世家谱

1世	2世	3世	4世	5世	6世
明珠	成德	福哥	瞻岱	达洪阿	那伦
		福尔敦			
	揆叙	永绶（入继）	宁秀（入继）	玉琳？	成安
		永福（入继）	宁秀（出继）		
	揆芳	永寿（出继）			
		永福（出继）			

作者单位：北京农学院、大钟寺古钟博物馆

隽琳的《叶赫纳兰氏八旗族谱补遗》，以及那迦女士撰著的纳兰性德传记《不辞冰雪为卿热》等。

与此同时，也存在着三方面明显不足：一是纳兰明珠家族谱系目前只延伸至纳兰明珠起的第六世，而第六世生活的年代大约是清朝乾嘉年间，此后二百多年的代系仍存在大的空缺。二是现有资料之间也存在着一些互相矛盾之处。比如康熙二十四年（1685）《纳兰性德墓志》记载永寿为性德之子，而雍正九年（1731）《纳兰永寿墓志》记载其生父是揆方，嗣父是揆叙，两项记载互相矛盾。三是除了上述家族谱系表中的成员外，尚有已经知道是纳兰明珠家族后裔、但无法归入具体代际谱系中，如海亮、玉琳、成安、那什、锟钰、叶连德等人应归入第几代世系，仍然没有充分的证据。

针对上述问题，近年来，笔者先后从中国第一历史档案馆和国家图书馆查阅到三份纳兰家族满文家谱，经过与其他资料的比较和结合，一方面将纳兰明珠家族谱系递续延伸到了第十世，在绝对年代上延伸到民国时期，使得明珠家族谱系又向后补充了一百年左右；另一方面则是解决了部分诸如墓志记载等材料之间的矛盾和人员之间的世代关系问题。

二、乾隆五年（1740）五世家谱在人物关系梳理中的作用

2018 年，笔者查阅到乾隆五年讷亲《奏议将根泰之子玉麟过继于正黄满洲旗宁琇为嗣，并承袭佐领世职折》一份②，其中记载了有关明珠家族五世的谱系图（表五）。

根据这份家谱，结合雍正九年《纳兰永寿墓志》记载，可以厘清如下人物关系：一是永寿生父为揆方、嗣父为揆叙；二是宁琇生父为永福、嗣父为永寿；三是宁琇与根泰是堂兄弟，且根泰是玉麟生父，宁琇是玉麟嗣父。由此印证了《纳兰永寿墓志》中永寿生父为揆方的记载，同时勘误了《纳兰性德墓志》的矛盾记载。另外还可以得出如下结论，即揆方的后代到了宁琇已经绝嗣，而揆叙一脉也由性德一脉过继而来，其余后代都属纳兰性德一脉。

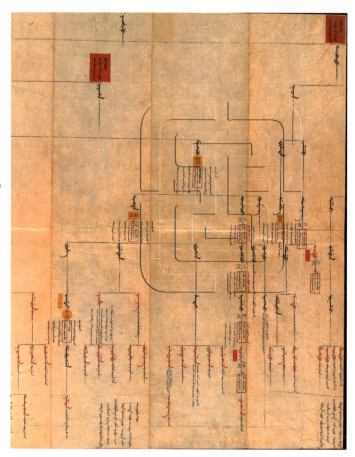

图一 纳兰明珠家族六世满文家谱（国家图书馆藏）

表五 纳兰明珠家族五世家谱

1世	2世	3世	4世	5世	6世
明珠	成德	富格	瞻岱	达洪阿	
		富尔敦	延宁		
			延禧		
		富森	根泰	玉麟	
	揆叙	永寿			
	揆方	永寿	宁琇		
		永福	宁琇		

表六 纳兰明珠家族六世家谱

1世	2世	3世	4世	5世	6世
明珠	成德	富格	瞻岱	达洪阿	那伦
		富尔敦	延禧	那钦布	
				根珠乐	
				达理善	
			延宁	玉禧	
				福林阿	
		富森	根泰	扎拉丰阿	那强
				福通阿	
				玉麟（出继）	
				福隆阿	
				福朗阿	
	揆叙	永寿（入继）	宁琇（入继）	玉麟（入继）	成安
	揆方	永寿（出继）			
		永福	宁琇（出继）		

表七 纳兰明珠家族十世家谱

1世	2世	3世	4世	5世	6世	7世	8世	9世	10世
明珠	性德	富格	瞻岱	达洪阿	那伦	恩隆			
						恩升			
		富尔敦	延禧	商延泰	伯善	贵林			
			延宁	玉禧	丁绥	塔克西布	松兴	文秀	
							巴哈那		
							巴彦	文敦	
							巴彦安	文豪	
							巴连		
							巴尚	文哈	
						塔那宝			
				福林阿	托克托布				
					杭盖				
		富森	根泰	扎拉丰阿	那强	尚京（出继）			
						尚福	常林（入继）		
					吴能浑				
					吴能伊	法末宝			
						尚宝			
					乌福禧				
					巴良	凌善			
						凌强			
				福通阿					
				玉麟（出继）					
				福隆阿	那贵	尚京（入继）	常山	文佳	连方
									连昌
									连并
									连昭
									连珮
								文贵	连奎
							常林（出继）		
				福朗阿	伯兴	长庆	松林	文周	连春
					伯良				
	揆叙	永寿（入继）	宁琇（入继）	玉麟（入继）	成安	喀喇春	巴哈布	文通	
								文茂	
	揆方	永寿（出继）							
		永福	宁琇（出继）						

三、乾隆中期六世家谱及反映的人物关系

2020 年 1—10 月，笔者查到了一份明珠后人六世满文家谱③（图一），根据家谱制表六。

这份家谱虽然与张一民先生总结的家谱一样只延伸到明珠起第六世，但是家谱中的人物明显增多，且与乾隆五年家谱形成接续关系。从表六可知，纳兰性德长子富格、三子富森后人记载了三世，次子富尔敦后人记载了二世。富森之子根泰第三子毓麟过继给了永寿的儿子宁琇，生子成安。这与《钦定八旗通志》卷四《旗分志四》中"宁秀故，以其兄之子玉琳管理。玉琳故，以其子成安管理。成安革职，以其叔祖之孙那伦管理"的记载相印证。

四、清末十世家谱的发现及整理

纳兰家族十世满文家谱发现于中国第一历史档案馆④。笔者根据查阅笔记对家谱内容整理如表七。

从表七可知，自清初纳兰明珠开始，至清末民初，其家族共历十世。其中，揆方一脉早在乾隆年间即绝嗣，揆叙一脉可查至第九世文通、文茂辈，而性德一脉可查至连方、连昌、连并、连昭、连珮、连奎、连春辈。此外，根据档案记载，民国年间，纳兰家族位于今海淀区上庄镇皂甲屯的祖茔屡遭破坏和盗扰，村民叶连德曾以纳兰家族后人身份报警，并扭送盗墓者送官⑤。笔者也曾实地走访海淀区山后地区，在北安河村了解到曾有叶连生和叶培源父

子一家人，系从上庄村迁此暂住，后来一直住在西直门内后秀才胡同，现在此胡同已消失。由此可知，纳兰家族"连"字辈应不止表中所列七位。

综上所述，新发现的三份家谱不仅将明珠家族谱系延伸至十世，而且人员增加到近八十人，并对此前资料之间存在的矛盾之处予以匡正。同时，由于这三份家谱，尤其是十世家谱所包含的内容还缺少其他可以相互印证的资料，尚属孤证，因此在今后的研究中需要加以特别关注和调研。

---

① 笔者注：满汉转换中，多有音同字不同现象，为了保留资料客观性，本文原文录之。常德，即纳兰成德，也称纳兰性德。其他如：奎叙—揆叙、奎芳—揆方、永绶—永寿等。

② 《奏议将根泰之子玉麟过继于正黄满洲旗宁琇为嗣，并承袭佐领世职折》，中国第一历史档案馆，档号：03-0174-1493-002。

③ 《讷丹珠承袭世管佐领家谱》，中国国家图书馆藏。

④ 《正黄旗满洲世职官员家谱档》，中国第一历史档案馆，档号：071-155-156。

⑤ 《原河北省昌平县公安局写给北京市公安局的公文函件》，北京市档案馆，档案编号：j181-20-09751。

觉生寺清代祈雨缘起问题新议

王 申

中国古代祈雨的祭祀活动被称为"雩祀"。在农耕时代，祈雨是对农事的重要祭祀活动之一。清代乾隆时期将祈雨正式列为"常雩"，并规定在每年"孟夏"时施行。如果常雩后旱情仍然没有缓解，又规定"则仿唐制，祭神祇、社稷、宗庙。七日一祈，不足，仍分祷"①。 觉生寺始建于清雍正十一年（1733），自乾隆年间起，一直作为清朝祈雨的重要场所之一。

《佳梦轩丛著》一书中记载："常雩后十日不雨则请礼部请祷，先于黑龙潭、觉生寺二处乞请，如不雨则祷三坛，再不雨祷于皇穹宇，若久旱不雨以致成灾，则行大雩礼于圆丘，本朝凡两行此典矣。"②该书作者奕赓，为庄亲王绵课之子，大致生活在嘉庆、道光二朝，从其描述的祷雨顺序的地点可以看出，至迟在道光年间，觉生寺祈雨已经被纳入并成为清代皇家祈雨的重要组成部分。

然而，觉生寺祈雨始于清乾隆年间，虽是学界共识，但具体始于乾隆何时，缘何而起，尚无定论。笔者多方收集史料，结合对比，略作探讨，请各位学者批评指正。

一、觉生寺祈雨的形式种类

清代觉生寺的祈雨活动，据《清史稿·礼二》记载可知，不属于"常雩"，而是根据当年旱情的需要，适时而举行的祭祀活动，举行的季节并不固定，但主要集中于农忙时节。与之类似的，北京地区还有其他清代官方祈雨的重要场所，他们都有着独特的祝祷对象和仪式，统治阶级选择祈雨的形式也十分多样。如，在大高殿以道士进行祭祀，在黑龙潭以喇嘛为主进行祭祀；凝和庙祀云神，宣仁庙祀风神，等等。

觉生寺祈雨形式主要可分为"拈香祈雨"和"祭坛祈雨"两种，只有在光绪二十九年（1903）出现了一次迎请"邯郸圣井岗龙神庙铁牌"到寺供奉进行祈雨的方式。

"拈香祈雨"，为皇帝或者皇室亲贵奉旨到觉生寺进行拈香祝祷祈雨。"拈香"即撮香焚烧以敬神佛。这种祈雨活动形式简单，有时是皇帝亲诣觉生寺拈香，其他亲贵分诣大高殿、凝和庙、宣仁庙等地，有时是皇帝单独于觉生寺拈香，有时则由其他皇室亲贵到觉生寺拈香。

如同治三年（1864）五月二十日上谕，由于"京师入夏以来，雨泽稀少，现在节交夏至，农田待泽甚殷"③，同治皇帝决定于五月二十二日亲自到大高殿拈香，并派恭亲王奕䜣、惇亲王奕誴、钟郡王奕詥、孚郡王奕譓、礼亲王世铎、豫亲王义道前往时应宫、昭显庙、宣仁庙、凝和庙、黑龙潭、觉生寺分诣拈香祈祷。

又如，光绪二十九年四月二十五日上谕，"京师本年入夏以来，雨泽稀少，现在节届小满，农田待泽孔殷"④。光绪皇帝决定于四月二十七日亲自到觉生寺拈香，并派恭亲王溥伟、醇亲王载沣、贝勒载瀛、贝子溥伦、贝子毓橚分诣大高殿、时应宫、昭显庙、宣仁庙、凝和庙拈香。

"祭坛祈雨"相较"拈香祈雨"更为复杂且隆重。祈雨时由皇室特选高僧在"觉生寺墙西净地""按大藏内大云轮请雨经依科设坛"，祈雨活动一般持续举行七日，中间不能间断，如果一个七日未能降雨或者雨量不够，则需要再祝祷七日。嘉庆至光绪时期，觉生寺的祭坛祈雨已经形成了完备的程式，每次以军机处上谕命令开坛（或设坛），进行拈香、轮班住宿祈雨，成功后发上谕撤坛、报谢。它始于清代乾隆年间，嘉庆至光绪时期时形成了完备的程式，

作者单位：大钟寺古钟博物馆

图一 雍正十二年《敕建觉生寺碑》

至清朝灭亡才随之消失。

如同治二年（1863）四月初九日上谕，因为京城雨季延误，同治皇帝先后于三月十七、二十七日亲自到大高殿拈香，在效果不理想后，又于四月初三日举行了常雩大祀，但因为常雩后即将又到十天，仍然"未霑优渥"，所以"允宜竭诚再申祈祷"，这次祈雨，决定"遴选僧众在觉生寺讽经，均于本月十二日开坛"⑤。同治皇帝亲自到大高殿拈香，而觉生寺派肃亲王华丰拈香，派广毓常川住宿，派溥庄、奕櫹、德鑑、鹤龄分为两班轮流在觉生寺住宿上香行礼。

之后，同治皇帝又相继于觉生寺设坛，"自四月十二日起连设五坛"⑥。到五月十三日午后，"得有微雨，十四日夜间浓云密布，甘澍滂沱"，故而"允宜敬谨报谢，用答天庥"⑦。同治皇帝于五月十七日亲自到大高殿拈香报谢，派豫亲王义道诣觉生寺虔申报谢，觉生寺即行撤坛，至此，本轮祈雨活动才全部结束。

大钟寺古钟博物馆大雄宝殿东配殿耳房为"前班求雨住处"，是觉生寺清代举行祭坛祈雨活动中亲贵轮班求雨等环节的重要实物见证。而馆内所藏清代雍正十二年《敕建觉生寺碑》（图一），碑一侧镌有清乾隆皇帝所作的御制诗，其内容为谢雨。御制诗也从侧面反映了觉生寺祈雨的历史地位与时代意义。

迎请"邯郸圣井岗龙神庙铁牌"到觉生寺供奉进行祈雨，则是从地方"引进"的祈雨形式，且仅于光绪二十九年出现。也许是由于当年进行的祈雨效果并不理想，光绪二十九年五月初九日派时任顺天府尹的陈璧，到邯郸县龙神庙迎请铁牌到京供奉。五月十六日，军机大臣面奉谕旨，"前饬陈璧迎请铁牌现已到京，在觉生寺供奉，著发去大藏香一枝，派醇亲王载沣即日前往拈香行礼，钦此"⑧。

这次祈雨达到了"叠沛甘霖，郊原普被"⑨的目的，于是在闰五月初九日的上谕中，光绪皇帝决定于五月十二日亲自到大高殿拈香，觉生寺派礼亲王世铎恭代拈香报谢，觉生寺即行撤坛。

按照邯郸龙神庙铁牌祈雨的习俗，祈雨活动成功以后也照例命顺天府府丞李盛铎将铁牌送回，并且举行祀谢⑩。至此，觉生寺迎请邯郸圣井岗龙神庙铁牌祈雨活动才算结束。

二、觉生寺祈雨缘起问题

关于觉生寺祈雨的起始时间，各方论述中有着不同的看法，且各有依据，大体可分为三种，一是说觉生寺祈雨始于乾隆初年，二是认为至迟在乾隆二十九年（1764）觉生寺成为皇家祈雨场所，另一则是认为在乾隆五十二年（1787），觉生寺被辟为皇家祈雨场所。

关于乾隆初年的说法，则有乾隆八年（1743）、乾隆十二年（1747）两个时间节点。对于乾隆八年，主要是觉生寺大钟楼内悬挂有明代永乐年间铸造的青铜大佛钟，其在乾隆八年从万寿寺移至觉生寺存放，而永乐大钟长期被认为是祈雨的法器，有着"非祈雨不鸣"的说法。然而，在觉生寺祈雨仪式中并未有任何永乐大钟直接参与清代觉生寺祈雨的记载。

乾隆十二年之说，则源于对于《日下旧闻考》所载内容的认识和理解。大钟寺古钟博物馆内藏有清代雍正十二年《敕建觉生寺碑》，该碑原立于大雄宝殿前，碑正面原有文字已经风化，从拓片可知，其为雍正皇帝撰写，翰林院编修张若霭奉敕敬书的《敕建觉生寺碑文》。碑阴、碑东侧、西侧分别镌有清乾隆皇帝所作的御制诗，其中碑阴镌刻有："侵晨奠静安，返跸礼栴檀。结习镇如此，觉生良已难。聊因甘雨足，稍为怅怀宽。调御无忧喜，金刚四句观。"落款为"甲申仲夏上澣御题"，当是乾隆二十九年农历五月上旬所题。该种说法的依据是《日下旧闻考》在描述乾隆二十九年御制觉生寺诗时，有"觉生寺御制诗始见于乾隆十二年，又二十九年御制诗恭刊于世宗御制文碑后"的记载。故认为觉生寺祈雨当在乾隆十二年就已经出现。笔者查阅《日下旧闻考》，书中记述原文为："增乾隆十二年御制觉生寺诗：禅关郭外清，小憩喜秋晴。树影疑翻贝，钟声偶发鲸。尘心何处着，画意逐方呈。一叩三乘演，诚哉善觉生。增乾隆二十九年皇上御制觉生寺诗：侵晨奠静安，返跸礼栴檀。结习镇如此，觉生良已难。聊因甘雨足，稍为怅怀宽。调御无忧喜，金刚四句观。臣等谨按觉生寺御制诗，始见于乾隆十二年，又二十九年御制诗恭刊于世宗御制文碑后，今并敬谨编入，并恭载御制大钟诗歌各一章于后，余不备录。"[11]且在这些记述之前，也有"殿前恭立世宗御制文碑，碑阴恭勒乾隆二十九年皇上御制诗"[12]之语。从记述而看，其中作者所说觉生寺御制诗始见于乾隆十二年的，应专指"禅关郭外清"一诗，而并非"侵晨奠静安"一诗。且《御制诗集》中出现最早以"觉生寺"命名的御制诗，确为"禅关郭外清"一诗，同时将觉生寺御制诗"侵晨奠静安"所作时间记为乾隆二十九年。

故由上述可知，第一种说法的各项论证，均不足以支撑该说法。乾隆十二年所作诗句应仅为乾隆皇帝在觉生寺小憩时所作，而与祈雨无关。

第二种说法认为，觉生寺祈雨始于乾隆二十九年，该种说法的依据是《敕建觉生寺碑》碑阴所撰觉生寺御制诗为瞻礼诗（图二），因有"聊因甘雨足，稍为怅怀宽"等语，故认为该诗是乾隆皇帝在到静安庄祭奠后，回觉生寺因祈雨成功而有感而发。但笔者认为，只因"聊因甘雨足"一句便认为是在觉生寺祈雨之始，证据稍有不足。该诗题目在《御制诗三集》卷三十九中仅为"觉生寺"，未对祈雨有任何专指描述。且从目前查阅的清代历史档案记载来看，也暂未发现乾隆二十九年有过在觉生寺祈雨的记载。根据张祥稳先生的统计看，乾隆二十九年遇到的全国性灾害主要为水灾，直隶东安、永清二县遇到的也为水灾[13]。吴十洲先生在《乾隆朝雩祭礼典一览表》中，也记述乾隆二十九年为平年，仅亲诣圆丘，举行了常雩礼，农业面临形势主要为山东、福建等六省涝灾，洞庭湖水溢，天津蝗灾[14]。除此之外，乾隆二十九年也未曾有皇帝亲诣黑龙潭祈雨记载，仅是遣官祭黑龙潭昭灵沛泽龙王之神，可见当年确实雨泽丰沛，有"聊因甘雨足"一句实为合理。故而笔者认为"聊因甘雨足"或仅是因为当年雨水较为丰沛，未让乾隆皇帝更多操劳，从而有感而发，而与在觉生寺祈雨关联性不强。

第三种说法，则在诸多介绍、文章中认为是在乾隆五十二年，觉生寺被辟为清朝皇家祈雨的场所，但文章中并未提及该说法时间判定的具体出处与来源。《御制诗四集》卷八十九中作于乾隆四十七年（1782）的《觉生寺谢雨即事成什》有"昨适防膏泽，因之谢梵宫"之语；《御制诗五集》卷二十四中作于乾隆五十一年（1786）的《觉生寺》有"视朝关政典，宁只具仪文。便路谒萧寺，拈香祈大云"句，同时自注云："时正望雨命僧诵大云经祈雨"。

图二　敕建觉生寺碑碑阴碑文拓片

图三 敕建觉生寺碑碑侧碑文拓片

除此之外，乾隆四十九年（1784）闰三月初八日的上谕记有"三月二十七日得雨不成分寸，应令回子暂止祷雨，于初七日在觉生寺令僧人达寿唪大云轮请雨经虔诚祈祷。"[15]由此可见，早在乾隆五十二年之前，就已有在觉生寺祈雨、谢雨的活动举行。

关于觉生寺祈雨的具体起始时间，笔者根据目前掌握资料，结合觉生寺祈雨的三种形式，加以梳理，以作探讨。

首先，迎请"邯郸圣井岗龙神庙铁牌"到觉生寺供奉进行祈雨，正如前文提到，仅于光绪二十九年五月间出现一次，也是目前发现的清皇室迎请邯郸圣井岗龙神庙铁牌进京祈雨的最后一次，此项档案史料记载明确，无需过多赘述。

关于"祭坛祈雨"，笔者查阅相关史料，认为关于乾隆四十三年祈雨的相关记载，对于我们判断觉生寺祭坛祈雨的起始时间，有着进一步的帮助和佐证。

据《乾隆朝实录》记载，乾隆四十三年春夏之交，畿辅遭遇干旱，顺天府奏报三月"顺天、保定、正定、河间、定州、深州、顺德、广平、大名、宣化、冀州、赵州所属州县俱于十七日得雨一二三寸不等，麦田已资沾润，惟尚未透足"[16]。这样的雨量是无法解决当时面临的严重问题的。其实早在乾隆四十二年（1777）时，河南、甘肃、山东就有旱情，致使粮食短缺。本来朝廷和官员寄希望于四十三年春能够有雨，以缓解旱情带来的损失，但是未能如愿。雨水缺少带来的严重后果就是粮食短缺和粮价上涨。乾隆四十三年（1778）"届夏令，京师尚未得有透雨。"[17]市间粮价开始上涨，迫于无奈，甲午日，上谕"军机大臣等，昨京畿一带麦苗望泽，粮价稍昂，降旨于五城设厂，酌拨米麦平粜。并传谕弘晌等于盛京各属，采买麦石二三十万，由海道运至天津，再行接运至京，以供平粜之用。"后又考虑奉天地区粮食也不充裕，所以降至采买十五万石，"四百里谕令知之"。与此同时，"是日起，上以常雩祀天于圜丘，斋戒三日。"[18]"丁酉，常雩祀天于圜丘，上亲诣行礼"[19]。然而并没有什么效果，依然是"春膏未渥。昨虽有微雨，不成分寸"。此时已交夏令，农田情况堪忧。于是，乾隆皇帝"因思清理庶狱，亦足感召天和。着刑部堂官，查明军流以下等罪情节，分别减等发落。其因事牵涉，拘系质讯者，亦速行讯明省释。至寻常案件，并着即为完结，毋得稽延留滞。直隶省，并交周元理，一体遵照查办。该部即遵谕行"[20]。同时，乙巳日，再次"上诣黑龙潭祈雨"[21]。四月十三日，"得有阵雨"，但仍不能满足农田需求。五月，京师旱情依然未能好转。

永瑢在《秘殿珠林续编》中简述，乾隆在"诏恤刑狱""复出仓储米麦，并彻尚膳岁需麦之半，减价设厂，分粜以平市直而裕民食""躬祷黑龙潭神祠""遣大臣往祷于石匣龙潭"等一系列努力过后，依然没有效果时，"犹以未获普沾周需为歉"[22]。由此可见，乾隆皇帝在乾隆四十三年春夏之交之际，为了能够祈祷降雨，已经将当时能够采取的所有辅佐措施都已采用，但收效甚微。于是乾隆皇帝命人从《大藏经》中选择《大云轮请雨经》一卷，按照其中的仪轨，在觉生寺设坛祈雨。中国第一历史档案馆藏档案中也记述了相关情况。乾隆四十三年五月初九日，"遵旨谨按大藏内大云轮请雨经依科设坛于觉生寺墙西净地，按经仪执令僧通理主坛，僧达寿、实宁率领万寿等寺住持六名，共僧众九人，于初八日酉时界地净坛，初九日辰时入坛，昼夜六时嗦经持咒，虔诚祈祷，至十五日圆坛……着六阿哥去拈香，钦此。"[23]而正是在这次觉生寺设坛祈雨结束后，即五月十五日，"京城得有透雨。近京东北一带，亦俱沾足"[24]。由于祈雨成功，"甘霈应期，遍霑继需，黎庶腾欢"[25]，于是乾隆皇帝命人用四体书翻译《大云轮请雨经》。而觉生寺祈雨也由此进入档案所载。

除此之外，"壬寅孟夏之月中瀚"，即乾隆四十七年（1782）四月中旬，乾隆皇帝在其御制诗《觉生寺谢雨即事成什》中也提及此事。诗中云："熟读云汉诗，曰靡神不宗。我每值旱时，用此申祈恭。近年翻支那，坛请载其中。清净设供养，防求等寓龙。然有应弗应，难云诚之通。譬逢严君怒，子职迫忧忡。无方冀其释，遑论礼异同。昨适蒙膏泽，因之谢梵宫。解暵实改观，续需仍切衷。"其中"近年翻支那，坛请载其中"，应即是指其从《大藏经》中选择《大云轮请雨经》一卷，在觉生寺依科设坛祈雨一事。这首御制诗也被镌于《敕建觉生寺碑》一侧以铭记（图三）。

并且，乾隆四十七年，根据当时的需求对坛法的设置进行了改良，形成了一套标准的祭祀坛法，由皇六子永瑢绘制坛图，刊印于《御制大云轮请雨经》中。觉生寺自此后作为皇家祈雨的重要场所之一，直至清末。与此同时，乾隆皇帝也对《大云轮请雨经》的祈雨能力深信不疑，乾隆四十九年十月还曾谕军机大臣等时提到"大云轮经，祈雨最为灵应"。并着令"由内取出大云轮请雨经一部发往（河南省城相国寺）。著传谕何裕城，即令卫辉道府，按照经内图设仪轨敬谨讽诵，以期感召天和，俾未得透雨之处，一律普沾渥泽"[26]。

由此可见，乾隆四十三年，乾隆皇帝命人从《大藏经》中选择《大云轮请雨经》一卷，按照其中仪轨，在觉生寺西墙外设坛祈雨，应为觉生寺"祭坛祈雨"之始。

至于为何选定觉生寺西墙外作为设坛祈雨之所。目前暂未发现更多直接阐释其原因的档案证据。唯有光绪四年（1878）三月的一份奏折所载，或是选择在觉生寺西墙外进行"祭坛祈雨"的原因之一。光绪四年三月初一日，御史余上华在上奏的奏折中提到"觉生寺旁向来祈雨立坛之所，俗呼为九龙岗。地稍高而土常润。相传为龙脊发现之地，是以祷雨辄应"[27]。或许正是因为九龙岗一地有着"龙脊发现之地"的传说，再加上觉生寺作为当时清朝皇家重要的寺庙之一，自此次设坛祈雨成功之后，才作为清朝皇家祈雨场所，直至清朝末年。

光绪三十四年（1908），因为节近夏至，而京师"得雨尚未霑足"，所以光绪帝下令，大高殿、觉生寺均于五月二十三日开坛，其中觉生寺命醇亲王载沣恭代拈香，文煦常川住宿，顺承郡王讷勒赫、贝勒毓朗、委散秩大臣德茂、海年分为两班轮班上香行礼[28]。后因"叠沛甘霖"，所以光绪帝下令"觉生寺即行撤坛"[29]，命醇亲王载沣于六月初四日恭代拈香报谢。这是目前所见史料中，觉生寺在清代进行的最后一次祭坛祈雨。

关于"拈香祈雨"，目前发现史料最早见于乾隆四十三年，由六阿哥永瑢在觉生寺拈香，但此次拈香是伴随"祭坛祈雨"而出现，且由于"拈香"祈雨最为简洁，便于成行，故而仍需更多史料加以综合研判，难以此作为结论。

三、结论

觉生寺作为清朝皇家祈雨的重要场所之一，有着"拈香祈雨""祭坛祈雨"以及迎请"邯郸圣井岗龙神庙铁牌"到寺供奉进行祈雨的三种不同方式。根据目前掌握的档案文献记载的不完全统计，觉生寺祈雨自乾隆四十三年始，至光绪三十四年，共进行了240次以上，乾隆、嘉庆、道光、咸丰、光绪均亲诣觉生寺进行过祈雨活动。觉生寺祈雨的系统之完整，时间之长，均体现了清皇室对于觉生寺这座皇家寺院的重视，集中体现了觉生寺在清代所担负的重要职能。

觉生寺祈雨的起始时间，由于觉生寺祈雨相关历史档案资料缺少体系且较为分散，关键节点信息相对较少，研究基础较为薄弱，可能对于相关问题的认识有其局限性，本文也只是基于目前掌握的档案资料而对觉生寺清代祈雨缘起问题的一次系统梳理，以求抛砖引玉，其确切的结论，还有待更多专家学者进一步发掘史料，加以研究。

① 《清史稿》，中华书局，1977 年，第 2512 页。

② [清] 奕赓著、雷大受校点：《佳梦轩丛著》，北京古籍出版社，1994 年，第 193 页。

③ 中国第一历史档案馆藏军机处上谕档：同治三年五月二十日第 3 条。

④ 中国第一历史档案馆藏军机处上谕档：光绪二十九年四月二十五日第 1 条。

⑤ 中国第一历史档案馆藏军机处上谕档：同治二年四月初九第 1 条。

⑥ 中国第一历史档案馆藏：05-08-001-000096-0046，同治二年六月十一日，为请领觉生寺大高殿安坛祈雨备差官员等用过饭食津贴等项钱文事。

⑦ 中国第一历史档案馆藏军机处上谕档：同治二年五月十五日第 1 条。

⑧ 中国第一历史档案馆藏：05-13-002-000338-0096，光绪二十九年五月十六日，为前饬陈璧迎请铁牌现已到京在觉生寺供奉著发去大藏香一枝派醇亲王载沣即日前往拈香行礼事。

⑨ 中国第一历史档案馆藏：06-01-001-000482-0157，光绪二十九年闰五月初九日，为皇上亲诣大高殿拈香并派礼亲王世铎等分诣觉生寺等处恭代拈香报谢降雨事。

⑩ 中国第一历史档案馆藏军机处上谕档：光绪二十九年闰五月初九第 9 条。

⑪ [清] 于敏中等编纂：《日下旧闻考》，北京出版社，2015 年，第 1647 页。

⑫ [清] 于敏中等编纂：《日下旧闻考》，北京出版社，2015 年，第 1646 页。

⑬ 张祥稳：《清代乾隆时期自然灾害与荒政研究》，中国三峡出版社，2010 年，第 417—418 页。

⑭ 吴十洲：《帝国之雩——18 世纪中国的干旱与祈雨》，紫禁城出版社，2010 年，第 391 页。

⑮ 中国第一历史档案馆藏军机处上谕档：乾隆四十九年闰三月初八第 5 条。

⑯ 《清高宗实录》卷一千五十三，乾隆四十三年三月庚辰。

⑰ 《清高宗实录》卷一千五十四，乾隆四十三年四月癸巳。

⑱ 《清高宗实录》卷一千五十四，乾隆四十三年四月甲午。

⑲ 《清高宗实录》卷一千五十四，乾隆四十三年四月丁酉。

⑳ 《清高宗实录》卷一千五十四，乾隆四十三年四月庚子。

㉑ 《清高宗实录》卷一千五十四，乾隆四十三年四月乙巳。

㉒㉕《秘殿珠林石渠宝笈合编（三）》，上海书店，1988 年，第 312 页。

㉓ 中国第一历史档案馆藏奏销档：348-112，奏为令众僧人于觉生寺设坛唪经等事折。

㉔ 《清高宗实录》卷一千五十七，乾隆四十三年五月庚辰。

㉖ 《清高宗实录》卷一千二百十六，乾隆四十九年十月丁酉。

㉗ 中国第一历史档案馆藏：03-5529-023，光绪四年三月初一日，奏请派员查明总管内务府大臣茂林占官地立私坟宜从严治罪事。

㉘ 中国第一历史档案馆藏军机处上谕档：光绪三十四年五月十九日第 1 条。

㉙ 中国第一历史档案馆藏军机处上谕档：光绪三十四年六月初一日第 1 条。

《光绪顺天府志》所引《游大慧寺记》作者考辨

王承浩

北京大慧寺位于宛平县香山乡畏吾村（今海淀区大慧寺路 11 号），明武宗正德八年（1513）司礼监太监张雄所建。历经五百余年风雨沧桑，大慧寺几经废修，现仅存大悲宝殿一座明代建筑。大悲宝殿坐北朝南，面阔五间，进深三间，重檐庑殿顶。殿内供奉一尊千手千眼观音菩萨立像，辅胁侍菩萨两尊。沿殿内山墙及后檐墙环列观音二十八部众彩绘塑像，其身后有明代重彩壁画 11 铺。2001 年大慧寺被公布为全国重点文物保护单位。

一、《游大慧寺记》作者存疑

笔者对于大慧寺历史尤为关注，在搜集整理相关文献资料的过程中，发现《光绪顺天府志》所引《游大慧寺记》所述内容为作者亲见，当为可信，且与其他史料对于大慧寺的记述并无相悖之处，可相互印证，对于大慧寺历史研究颇有参考价值。王敏庆撰《明代北京大慧寺彩塑内容考辨》、邢鹏撰《北京大慧寺诸天塑像的后续调查与研究》等论文均对此文有所引用。

《光绪顺天府志》所引《游大慧寺记》载："余客居京师无事，间从友人薄游京城之外。而环城之四野，往往有佛寺，宏阔壮丽奇伟，不可胜记。询之，皆阉人之葬地也。阉人既卜葬于此，乃更创立大寺于其旁，使浮屠者居之，以为其守冢之人。而其内又必请于中朝之贵人，自公辅以上有名当世者，为文而刻石以记之。出西直门，过高梁之桥，西北行三里许，其地为宛平香山之畏吾村，有寺曰大慧。自远瞻之，高出松栝之表，其中堂有大佛，长五丈余，土人亦呼为'大佛寺'云。盖明正德中司礼监太监张雄之所建也。寺后积土成阜，累石为山，山阜之峻，下视平地殆数仞，其石皆自吴之震泽舟载而舆致焉。山石嵌空珑玲，登其石罅以望远，内见外，外不知有内。寺左建佑圣观，而于土阜高平之处建真武祠。大学士李东阳为文，立石祠门之外。盖当是时，世宗方尚道术，阉人惧其寺之一旦毁为道院也，故立道家之神祠于佛寺之中，而借祠以存寺。寺之西，坟壤累累，而石人石兽，巍然夹侍于前，大抵雄族亲之冢也。夫彼其使中朝之贵人为文，固若挟之以不得不作之势；而彼贵人者，亦遂俯首下气，承之以不敢不作之心。天下未有不相知而可以挟之使然者，原其初，必自中朝之贵人与宦寺有相知之旧。夫以中朝之贵人，而与宦寺有相知之旧，则彼其所以为贵人者，未必不出于宦寺之推引。其不出于宦寺之推引，自我得之，而何畏乎彼？推引不出于宦寺，而甚畏宦寺，则是惟恐宦寺之能为祸福于我，此孔子之所谓患得而患失也。为人臣而患得患失，则其归且将无所不至。且使患得而果可以得之，患失而果可以无失，吾亦安得而使其不患？乃患得患失矣，而得失之权，卒不可以操之自我，我自得其为我，而何必交欢于宦寺？此余之三复碑文，不能不为之长叹者也。"①本文虽是游记，且对大慧寺景物颇多描述，但其主旨不在于此，而在于后半部分，论述朝中官员与宦官之间的关系，进而讽刺官场趋炎附势之风。

据《光绪顺天府志》载《游大慧寺记》为龚景瀚所撰。但笔者深入查阅资料，发现清代桐城派奠基人刘大櫆著《刘大櫆集》②亦收录有此文。龚景瀚、刘大櫆究竟是谁写就此文，需要进一步考辨。

二、龚景瀚、刘大櫆事略

龚景瀚与刘大櫆所生活年代虽存在时间上的交集，但其经历截然不同，以二人生平简谱作为突破口，结合《游

作者单位：北京市海淀区博物馆

大慧寺记》所述内在逻辑进行分析，可推定此文作者。

龚景瀚（1747—1802），字海峰，福建闽县人。其生平简谱如下：景瀚乾隆三十六年（1771）成进士，归班铨选。乾隆四十九年（1784），授甘肃靖远知县，受总督福康安提拔，檄署中卫县，开渠利民。乾隆五十二年（1787），调平凉。乾隆五十五年（1790），署固原州。乾隆五十九年（1794），迁陕西邠州知州。嘉庆元年（1796），以功擢庆阳知府。嘉庆年间成功镇压白莲教起义，官至兰州知府。嘉庆七年（1802），送部引见，卒于京师③。由此可知，龚景瀚可谓是官运亨通，常年在京外为官，且屡有升迁。因而既没有时间客居京城，也没有讽刺官场风气、针砭时弊的个人动机，与《游大慧寺记》所述客居京城、从友人薄游京城之外的情形不符。

刘大櫆（1697—1779），字才甫，一字耕南，号海峰，又因通晓医术，自号医林丈人。安徽桐城人。其生平简谱如下：海峰生于康熙三十六年（1697）。雍正三年（1725），学成入京，在城北课徒。雍正五年（1727），是年仍在京课徒。秋徙居工部侍郎吴士玉家。自此馆吴家近十年。雍正七年（1729），应顺天乡试，中副榜。雍正十年（1732），复应顺天乡试，再中副榜。雍正十三年（1735），再应顺天乡试被黜。此后即不再应试。试后南归。乾隆元年（1736），方苞举海峰应诏。海峰应征入都，有道中述怀之作。乾隆五年（1740），在家闭门僻处，设帐课徒。乾隆十一年（1746），时尹会一任江苏学政。海峰由方苞之介，入其学幕。乾隆十五年（1750），诏举经学。张廷玉举海峰。海峰应诏至京，试复报罢。留京授徒。乾隆十九年（1754），应湖北学政陈浩聘，入其幕中。乾隆三十二年（1767），自黟去官。乾隆三十六年（1771），离歙回桐城枞阳。乾隆四十四年（1779）十月初八日，卒④。由此可见，刘大櫆一生官运不济，早年多次欲入仕而无果，漂泊各处为官员幕僚，晚年则归乡授徒治学。雍正三年至雍正十三年（1725—1735），刘大櫆曾客居京城吴士玉家十年之久，期间与高仰亭、徐崑山、沈维涓、王载阳、沈廷芳、杭世骏、方道希、卢见会等文人相识⑤。因此，刘大櫆既有闲暇与友同游京城之外的可能性，亦有郁郁不得志而需要一吐为快的愤懑心境，这与《游大慧寺记》所述客居京师从友闲游，并借论述明代官员与宦官关系，讥讽其时官场弊端的描述完全相符。

将上述两人事略与《游大慧寺记》所述内容相印证，可初步推断《游大慧寺记》应为刘大櫆所写。

三、对照其他大慧寺相关文献资料

据《游大慧寺记》所述，作者游历之时，大慧寺规模宏大，寺后积土成山，佑圣观、真武祠皆在，李东阳所撰石碑亦在。但据《日下旧闻考》记载："大佛寺即大慧寺，今存殿两重，本朝乾隆二十二年重修。……成德渌水亭杂识所载寺旁之佑圣观，今已废。李东阳、李本、王锡爵三碑并无存者。寺后之山及真武祠亦久废。"⑥由此可见，乾隆二十二年（1757），大慧寺已大部分荒废，仅存殿宇两重，佑圣观、真武祠及李东阳所撰石碑均已废弃无存。而龚景瀚此时年仅10岁，其父龚一发正在中州（今河南）为官，龚景瀚跟随在身边学习⑦。无论以常理推断，还是按逻辑分析，龚景瀚既不可能客居京城、从友闲游，更不可能见到其时已经或废或毁的佑圣观、真武祠及李东阳所撰石碑。《日下旧闻考》以朱彝尊撰《日下旧闻》为基础，经删繁补缺、援古证今、逐一考据而成，是迄今所见清代官修的规模最大、编辑时间最长、内容最丰富、考据最详实的北京史志文献资料集。始修于乾隆三十八年（1773），成书于乾隆四十七年（1782）。因其考据性质，其记载当为可信。

刘大櫆客居京城的主要时间为1725—1735年，明显早于《日下旧闻考》所记述大慧寺已破败的时间，从时间逻辑上看，尚有可能得见佑圣观、真武祠及李东阳所撰石碑。

四、《游大慧寺记》作者为刘大櫆

据《刘大櫆集》前言所述，该书编校是以徐宗亮编本为底本，校以欧校本，并用缥碧轩本、日本翻刻本参校。诸本皆误者，则校以选本⑧。徐宗亮编本是以方国校录本为依据，而方国是刘大櫆的弟子，所以其校录版本当更为可信。

由此可见《刘大櫆集》编校、考据之严谨，所载内容应更严谨可信。从版本学角度来说，徐宗亮编本刻于同治甲戌（1874），其真实有效性明显优于光绪十二年（1886）成书的《光绪顺天府志》。《光绪顺天府志》因其编纂体例繁复、传抄过程驳杂、参与人员参差不齐等因素，均有可能造成疏漏与错误。

《刘大櫆集》除了《游大慧寺记》外，还收录有《过大佛寺阉人葬处》⑨《登大慧寺台有怀姚南菁》⑩《过大慧寺》⑪《出西直门宿大慧寺》⑫四篇诗作，从多个角度证明刘大櫆曾多次游览、夜宿于大慧寺。其中《过大佛寺阉人葬处》一诗，更是明确指出刘大櫆见过真武祠，与《游大慧寺记》作者见闻可以互相佐证。（笔者按：《过大佛寺阉人葬处》载"阉人死去道犹尊，翁仲衣冠满墓门。真武祠前杏花落，塞鸿飞过畏吾村。"）

综上，可基本确定《光绪顺天府志》所记有误，《游大慧寺记》作者应为刘大櫆。

五、余论

至于为何《光绪顺天府志》会将《游大慧寺记》误认为是龚景瀚所撰，笔者初步推测：龚景瀚字海峰，而刘大櫆号海峰，两人字、号恰巧相同，且龚景瀚事略见于《海峰府君行述》⑬，刘大櫆亦有《海峰先生文集》⑭传世，均以"海峰"之名号流传于后世。因此《光绪顺天府志》著录时或未仔细审校，混淆误用，将《游大慧寺记》作者误作龚景瀚。《光绪顺天府志》自光绪五年（1879）设局修纂，至光绪十二年（1886）成书，其时经历过两次"鸦片战争"的清王朝已进入衰败时期，内忧外患，因此修纂过程中难免因时局动荡而有所疏漏。

---

① [清] 周家楣、缪荃孙等编纂：《光绪顺天府志》卷十七"寺观二"，北京古籍出版社，1987年，第548—549页。

② [清] 刘大櫆著：《刘大櫆集》卷九，上海古籍出版社，1990年，第298—299页。

③《清史稿》卷四百七十八《循吏三》，中华书局，1977年，第13040—13042页。

④ [清] 刘大櫆著：《刘大櫆集》附录（二），上海古籍出版社，1990年，第614—621页。

⑤ [清] 刘大櫆著：《刘大櫆集》附录（二），上海古籍出版社，1990年，第617页。

⑥ [清] 于敏中等编纂：《日下旧闻考》，北京古籍出版社，1983年，第1632—1633页。

⑦ [清] 龚葆琛纂修：《福州通贤龚氏支谱》，载北京图书馆编《北京图书馆藏家谱丛刊·闽粤（侨乡）卷》第18册，北京图书馆出版社，2000年，第221—222页。

⑧ [清] 刘大櫆著：《刘大櫆集》前言，上海古籍出版社，1990年，第9页。

⑨ [清] 刘大櫆著：《刘大櫆集》卷十四，上海古籍出版社，1990年，第486页。

⑩ [清] 刘大櫆著：《刘大櫆集》卷十四，上海古籍出版社，1990年，第488页。

⑪ [清] 刘大櫆著：《刘大櫆集》卷十四，上海古籍出版社，1990年，第496页。

⑫ [清] 刘大櫆著：《刘大櫆集》卷十四，上海古籍出版社，1990年，第500页。

⑬ 刘家平、苏晓君编：《中华历史人物别传集》第37册，线装书局，2003年，第543—545页。

⑭《续修四库全书总目提要》（第36卷）载《小称集》（一卷），题下注明清乾隆刊本，齐鲁书社，1996年，第517页。

近代全国公共卫生防疫事业起点

——中央防疫处创立与前期建设

徐子枫

第二次鸦片战争后，西方舶来的现代医学与护理技术、医疗行政管理制度、公共卫生观念，都为当时中国社会维新带来助益。受中外双重权力体系的交互作用，围绕现代化医事服务开办的新式医疗、护病、科研、教育建构层出不穷；此时，多发性的重大疫灾给国民生存、社稷稳定带来考验，为改善对其对策的缺位，中国的公共卫生防疫机构陆续建立。1915 年，北洋政府内务部批准设立京师传染病医院，旨在"为消弭传染病症而设，专司各种传染病之治疗、消毒及研究预防方法等事"①，次年令该院隶属市政公所，将防疫事务列入行政常态职能。紧承其后，又在京首创了统领全国防疫、主责研产生物医药制品的专门机构——"中央防疫处"。该机构历经百年演变、身负宏大发展脉络，对其研究已见诸部分医学史论著，或概括其迁衍的线性历程，综述社会贡献；或在编纂医界名人、生物制品、卫生事业发展史时，以某种角度对其钩玄猎秘。本文结合史料，在揭示其创立背景、核心职能基础上，集中笔墨爬梳自 1919 年到 1935 年，聚焦该机构天坛旧址，关注其前期面貌，具体考述设施建造与功能配置。

一、中央防疫处之创立缘起

（一）机构肇建的直接因素

继 1911 年扑灭东三省"肺鼠疫大流行"，1917 年疫灾再次爆发，主疫区绥远形势恶化、殃及晋直，死亡数突破一万六千人②。灾厄突如其来，再次令北洋政府反应不及，内务部是时经费支拙，只能向四国银行团举借外债支撑防疫，旋即设立中央防疫委员会，特邀外交部医官伍连德与参事严鹤龄、卫生司司长刘道仁等大批名医投身抗疫（多人在日后出任防疫处领导职位）③④，遂划分职能落实检疫、医疗、疫区考察，组织捕鼠及消毒，颁布应急法规，或以外交途径协调国际专家参援，藉行政、业务配合得当，所幸次年即大体将疫情遏止。

"先是逊清宣统二年，哈尔滨发生鼠疫，传遍东省，死五万余人，糜款至数百万两，民国六年十二月，绥远又发生鼠疫，蔓延晋直各省，死一万六千人，防检用款，亦达八十余万元，而各路断绝，商贾停滞，交通收入减少，人民颠沛流离，损失之巨，不可胜计，当时仓猝筹防，以事无先备，着手困难，时机稍纵，遂至燎原……"⑤疫灾频繁反扑、易地肆虐，每每令社会蒙受沉重损失，北洋政府对其预防机制重视不足，缺乏应对性基建，正是导致惨剧的一大症结。以首都为例，民政部曾在 1911 年 1 月奏请创立京师防疫事务局，专司北京内外城检菌、捕鼠、诊断、检验、清洁、消毒、注射等事⑥⑦，却在开办不足三个月时，便按"京城疫气已靖"横遭撤汰⑧。作为该机构的替代，京师传染病医院负责地区性的疫病医疗，与健全全国防疫体系落差悬殊，这种"顶层缺位"状况遂被发端绥远的疫情大考给予严正警示。筹设以传染病防控为根本目的、能够独立统领地方公共卫生防疫事业的高级机关，在此时已成定势。

（二）从擘画到实现

1918 年 6 月，内务总长钱能训专门为创立国家最高级别防疫机构颁令："东西各国对于一切传染病症，莫不设机关，随时研究防止之法，以为有备无患之计，……去冬归绥一带肺疫猝发，传及腹地，多法防范，幸早救平。

作者单位：北京市东城区文物研究中心

惩前毖后，应亟筹设中央防疫处，预筹防范，举凡传染病细菌学之研究，与夫血清痘苗之制造，及一切药品之检定化验等事，均由该处次第举办，以专责成而卫民生云。"⑨ "并派内务部卫生司司长刘道仁、京师传染病医院院长严智钟，筹设中央防疫处事宜，民国八年（1919）三月，中央防疫处遂以成立"⑩，刘氏被委任为第一代处长、严氏为副处长⑪。

中国公共卫生防疫事业的奠基人伍连德博士也在此前提请政府，建议尽快组建领导全国公共卫生防疫事业的实验体系，以求迅速应对疫情、争取防患未然："1917年，我呈文外交部和财政部，请求在北京建立卫生实验中心，我们的东三省防疫事务总处可以隶属于它。我的请求迅即获得批准，事实上外交部已由财政部收到必要的经费，然而第二天又被撤回。恰巧此时适逢山西肺鼠疫暴发之后，利用国际银行团借款结余的100万美元（此处笔误，据当时《中华医学杂志》，筹建防疫处的结余资金实为15万美元⑫），在古老的名胜天坛地面建立并装备了卫生实验室。"⑬

它是中国最早由中央公立，主导防疫及相关医科技术研发，又从事生物医药制品生产的公共卫生机构，是全国防疫行政之中枢，自伊始就划编中央政府要害部门——"本处成立之初，直隶内务部，民国十七年北伐成功，直隶国民政府内政部，十月，卫生部成立，直隶卫生部，民国十八年，行政院议决本处为卫生部直辖永久机关……民国二十年四月，内政部卫生署成立，本处属其指挥监督焉……"⑭ 常费开销凭海关税收来保障，按十一万两千八百七十二银元（年度）划拨⑮。

二、中央防疫处之职能部署

（一）宏观职能

中央防疫处呈现的特点是，事务循行业发展的"精专化"而辅车相依，又常年为弥补地方"短板"、兼具多元的"综括性"，可具体统括为：（1）生物医药制品研发；（2）加大制品产能，保障社会供销；（3）对生物制品落实质量、理化和效力检定，兼顾菌毒毒性检测分析；（4）面向社会基层落实疫病、水质调查；（5）保障检诊、化验、传染病预防接种等服务；（6）编制防疫计划（含实施方案）；（7）赴疫区部署抗疫工作；（8）微生物病理、防疫学、生物制品相关学术交流和教育培训；（9）公共卫生宣传讲习⑯⑰⑱。

（二）核心职能

内务部在机构初创时规定了其核心事务："（一）关于传染病预防计划事项；（二）关于传染病病原及预防治疗之研究及传习事项；（三）关于传染病预防、消毒、治疗材料之检查事项；（四）关于痘苗、血清及其他细菌学预防治疗品之事项"⑲。这是由其一开始的组织章程来决定的："旨在研究预防疾病的措施，从事对各种传染病的细菌学研究，制造各种血清和疫苗……以不负其保全国人性命之职责。"⑳通过早期机构设置也能看出这种靶向：下设秘书室和三科，第一科设疫务和经理两股，负责防疫计划和行政管理；第二科设研究和检诊两股，负责对各种传染病进行细菌学免疫学研究和临床标本的检验诊断；第三科设血清、疫苗和痘苗三股，负责生物制品的制造、保管和实验动物管理㉑。

随1930年国家颁布《中央防疫处组织条例》，有意将其三科职能归拢在防疫制品研发、检定事务、学术研究和传习上㉒，以缓减其他职能占蚀研产精力。自彼时起，对其主司事务的调整，也愈发落位对核心职能的集约化，又特别是作为防疫刚需的生物制品研产，系保障根本目的实现的强力手腕，而学术与检定又是为其服务的基本手段，由此堪为核心的重中之重。正如国民政府内政部卫生署署长刘瑞恒所言："……防疫之工作无论在疫症发生之前后，要以微生物学及免疫学等为根本之研究方能有效。而预防注射及血清疗法更为绝对不可或缺之工具。中央防疫处为吾国国立研究微生物学及免疫学之首要机关，对于痘苗、疫苗、血清等品之制造，已有显著之成绩。"㉓即以医科轨道促进防疫制品研发、投产和使用，是机构不断精进的基调。这种逐渐加深的研产性质，不仅左右防疫处的发展策略与组织厘革，也干系其设施建设、功能配置的侧重定位。

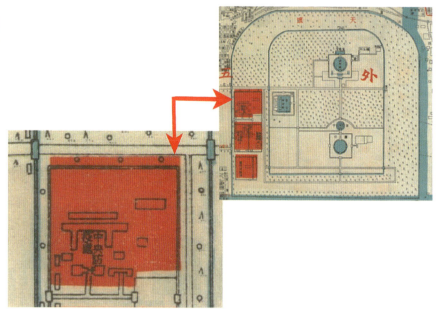

图一 中央防疫处选址范围[25]

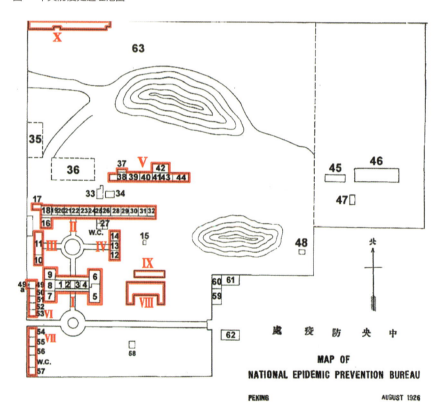

图二 中央防疫处前期基础设施分布（以原图改绘）[29]

三、中央防疫处之设施建设

（一）关于机构选址

防疫处始建于天坛神乐署之西（图一），"广袤八十余亩，于建筑布置，颇为裕如，门外古槐成行，有马路数十丈，直达坛门（指防疫处主体建筑前置的主干道路，延展连通祈谷门）……"[24]。该地比邻市井，环境便利、交通畅达；皇家坛庙景观宜人，外坛地界空旷，闹中取静的氛围浑然自成，适宜公共卫建系统办公；还有一项重要优势，作为京城"绿肺"，这里的土壤生态对饲养动物更加有利。

1912 年 8 月，北洋政府农林部研判，古木参天的外坛最适宜培养苗木，遂藉此创立首座全国性的林艺试验场，开发出占地 44 亩之森林苗圃，历 8 个月实践，首批栽种的 300 万株不同种类树苗，发芽率取得 90% 的喜人实效[26]。防疫处赖以建设的地块即前者造林滋养的对象，林木与土壤的良性生态交互，也加大了培育农作物的潜能。

微生物科研离不开实验动物，动物品系和健康状态会对科研数据产生影响。当时全国没有完备的医用实验动物饲养场，防疫处为自给自足，降低购办饲料面临的病害风险，只能尝试科学饲育管理、落地解决养殖所必须的标准口粮。而紧邻神乐署西北的

土丘地形，外围陆续被营田耕畴，受选址优势之赐福，"绕土山而北，豁然开朗苍翠触目者本处之菜园也。再转而南，高粱黑豆之属分畦生长，耕种收成皆以饲动物耳……"[27]。

（二）关于建筑布局与屋舍功能

以神乐署中轴线向西延伸的林荫步道当作界划参照点，可见分置南、北的两组地块。步道北部的建筑规模集中，布局也最紧凑，大体向东北呈斜角放射状分布；自神乐署向北、临祈谷门与西天门一线南侧的内坛墙根，其间广泛分布着防疫处圈养牲畜的棚舍、放马场与耕植用地。步道南部大片面积为露天体育场，建筑密度极大。截至1931年，

1. 处 长 室	Director's Office	
2. 试 验 室	General Laboratory	
3. 技 师 室	Tech. Expert's Office	
4. 检 诊 室	Diagnostic Laboratory	
5. 会 议 室	Conference Room	
6. 图 书 室	Library	
7. 文牍庶务及售品所	Secretarial, Business & Sales Office	
8. 会 计 室	Accountant's Office	
9. 第二科办公室	Chief's Office, Dept. of Administration	
10. 化 学 室	Chemical Laboratory	
11. 血清浓缩室 (暂)	Concentration Room (Temp.)	
12. 破伤风毒素室 (暂)	Tetanus Antitoxin Laboratory (Temp.)	
13. 技 师 室	Tech. Expert's Office	
14. 白喉毒素室	Diphtheria Toxin Laboratory	
15. 水 塔	Water Tower	
16. 培养基制造室	Media Preparation Room	
17. 焗 炉 房	Boilers	
18. 灭 菌 室	Sterilization Room	
19. 痘 苗 室	Smallpox Vaccine Laboratory	
20. 痘 苗 室	Smallpox Vaccine Laboratory	
21. 技 师 室	Tech. Expert's Office	
22. 血 清 室	Serum Laboratory	
23. 血清分装室	Serum Filling Room	
24. 疫 苗 室	Vaccine Laboratory	
25. 技 师 室	Tech. Expert's Office	
26. 结核菌素室	Tuberculin Laboratory	
27. 动物隔离室	Animal Isolation Room	
28. 狂犬病疫苗室	Rabies Vaccine Room	
29. 疫苗研磨室	Vaccine Grinding Room	
30. 包 装 室	Packing Room	
31. 检 定 室	Standardization Room	
32. 第一科办公室	Chief's Office, Dept. Biol. Lab.	

33. 煤 汽 室	Gas Engine	
34. 冰 室	Old Ice Chamber	
35. 鼠疫室及破伤风淋巴室 (地基)	(Proposed) Plague & Tetanus Laboratory	
36. 疫苗室及血清浓缩室 (地基)	(Proposed) Vaccine & Concentration Bldg.	
37. 冷藏室机器房	Refrigerator Machine	
38. 冷 藏 室	Refrigerator	
39. 白 鼠 室	White Mice Room	
40. 犊痘室 (暂)	Calf Vaccination Rm. (Temp.)	
41. 海 猪 室	Guinea Pig Room	
42. 饲 料 室	Forage Room	
43. 家 兔 室	Rabbit Room	
44. 探 血 室	Bleeding Room	
45. 马 夫 住 室	Stable Boys' Room	
46. 马 厩	Horse Stables	
47. 羊 圈	Sheep pen	
48. 焚 兽 炉	Animal Crematorium	
49. 接 种 室	Preventive Inoculation Room	
49a. 狂犬隔离室	Rabies Isolation Rm. (for dogs)	
50. 狂犬病检查室	Rabies Diagnostic Laboratory	
51. 值日员住室	Resident Staff's Room	
52. 茶 炉	Stove	
53. 守 卫 室	Guards' Room	
54. 守 卫 室	Guards' Room	
55. 住业生住室	Resident Student's Room	
56. 煤 室	Coal Room	
57. 夫 役 住 室	Servants' Room	
58. 马 秤 室	Horse Scale	
59. 第 一 库 房	Storeroom No. 1	
60. 第 二 库 房	Storeroom No. 2	
61. 第 三 库 房	Storeroom No. 3	
62. 第 四 库 房	Storeroom No. 4	
63. 菜 园	Vegetable Gardens	

图三 各项设施功能划分（据原图重排）[30]

较明确可考的主体建筑合共 10 栋，均为单层体量，多以清水红砖砌筑，故称"红屋连楹"[28]。1919 年面世 7 栋（个别随发展而改扩建），后续或划拨、或添建共 3 栋。另含若干附属设施、功能用地。现结合 1926 年平面布局（图二），兼补充 1931 年纪念刊归纳的设施信息（补画于图二），试作爬梳和解析（1926 年各项设施功能划分，参考图三所列明细）：

1. 主体建筑

（1）"H"形前厅

建筑群之前辟石路一道、两旁翠柏蔚然。石路中段以北，建造坐北朝南、跨度九间的前厅（标号Ⅰ），"横亘九楹，四隅各突出一楹，共为十三楹"[31]，形成字母"H"状平面；砖木结构，木桁架，中央双坡、两翼四坡屋面，辟老虎窗，屋角富有中式大屋顶起翘特征；中央体量带有殖民地外廊式色彩，前后敞廊以简化的西式方砖廊柱划分开间，立面以矩形门窗为主（图四）。

前厅内部"中为处长室及秘书室，东为会议室、图书室、礼堂亦在焉，西为文牍、会计、庶务之办公室，及售品室"[33]。图二注明西翼北端为第二科办公位置，按"民国十五年，二月，内务部改订本处编制，分设第一科、第二科，……第二科掌理公共卫生，检诊，及总务"[34]，又"本处文牍、会计、庶务、出纳、售品等，向属于秘书室，即普通所谓总务也"[35]。

其首要用途为行政中枢，其次为对外服务机能。除领导班组

图四 "H"形前厅外景[32]

在此执理政事、主持技术业务外，主以第二科职员活跃——既要负责建筑修缮及固定资产购办，也涉及撰拟文牍、保存案卷、收发文件、管理图书，又打理财务、勤杂、制品发售等[36]，兼顾组织技师面向社会提供病源预检诊断。它既是对内维系机构良性运转的纽带，又是实现自身研产接驳社会供求的桥梁，按"民国十四年四月特立售品所，另辟一门设柜交易，俾顾客商人均得与售品会计庶务等员当面接洽，不特设备周全，实足破除流弊"[37]，是主体建筑之核心与门面。

（2）内院·微生物学技术室

前厅后身，系一组三面围合建筑，环拥中央花园构成内院。"院落北侧为中部技术室，连亘二十一间"，"东西厢房各五间"[38]。

北房平面大致为曲尺形（标号Ⅱ），体量向东拓展、越过东厢房后身；砖木结构，木桁架，屋面以双坡式为主，西南隅向前探出转角连房，折角坡屋面呈三坡式；南立面砌体吞一道内廊勾通各室。东偏部分，以检定、包装、痘苗研磨、狂犬病疫苗室顺次栉比；西偏部分，服务各种血清、疫苗、结合素及培养基研发，辟西尽间按湿热灭菌法（以蒸汽破坏微生物核酸化学键）确保培养基事先灭菌，"冀减浆内杂菌，蒸气减菌室改置锅炉"[39]，故又于主体西端外接一栋平顶锅炉房，帮助实现处理工艺。

两厢房平面均为矩形，砖木结构，木桁架、双坡屋面。西房跨度略大于对侧（标号Ⅲ），东房地基相对内院几何中心向东偏移（标号Ⅳ），前者是进行化学实验、血清浓缩的场所，后者服务白喉、破伤风毒素研究。

内院是第一科"掌理制造、研究"的场所。北房的东尽间为办公室[40]，是预防、扑灭疫病的"科研基地"。其运行关系到病源的培养、鉴别和安全保管的精度；事关病理学、微生物理化性状的正确解析；是诊断试剂与生物医药制品不断研发、精进，履行效能核验的保障。国际上微生物技术成果的诞生，往往伴随对风险防控的重视，对信息、技术的涉密，很多发明在一定时期都被列入国际机密，也是国权地位的象征。内院屋舍不讲求形式美与张扬感，将争取更大建设规模、更多使用面积视作首要，确保复杂的分工单元都能均等享有"私密空间"；布局上，退居于步道及前厅，形成不易被"外部事务"扰动的环境；相对独立、内敛的围合，又将建筑集凑，利于科研、生产主体在专心作业时紧密联动；结合中央花坛舒张的十字路径，将四个方位建筑，聚焦在绿植隔尘、舒适优美的办公条件下，"后有院落，青石峙立，花木扶疏，间有直立亭亭绿荫如盖者，皆数百年前之物颇擅幽趣。"[41]

（3）动物实验室

内院东北偏，设小动物实验室十七间，西端接建冷藏室、东端扩建采血室、北立面添盖饲料间，整体规模为历年累建而成[42]（标号Ⅴ）。其坐北朝南，砖木结构，木桁架，双坡屋面，平面呈"一"字横布，轮廓因局部添改而凹凸不等。

这里仍由第一科管辖，是其技术职能的延伸场所。"家兔海猪猿鼠之属列屋而畜，数恒以千百计"[43]，以备种痘、采血、减毒、试药之需，为与人居环境区隔，特配置在偏离纵轴的大后方。凡制备生物制品，均按内控纳入冷库保藏以防劣化。

（4）临街辅助用房

林荫步道西端，设入口与机构外部衔接。据此南、北两侧各建一所排房，均坐西朝东，砖木结构，木桁架，双坡屋面。步道北侧房舍通脊连檐（标号Ⅵ）；南侧者体量更长、横向划分三段，居中部分之屋面低于两侧且前檐向后退缩（标号Ⅶ）。

从使用功能来看，皆属次级用房。除临步道两端固定设置警卫室，其余房间随机安排勤务、差役、实习人员住宿；为有效防止高致死率病源祸危社会，北房北端单独用于狂犬病防控，特辟相应验查、预防性接种于此，"民国十五年三月另建接种室，俾与检诊室分隔，并移狂犬诊断室于外院"[44]。南房屋面偏低的部分应系供暖操作间。

（5）第二期痘苗生产间

前厅正东邻建一组小规模建筑群，由南偏的倒"凹"字房舍与北偏的单栋排房构成（标号Ⅷ、Ⅸ）。"凹"字

图五 第二期技术室局部体量（笔者自摄）　　　　图六 防疫处技师在神乐署为儿童接种疫苗[54]

建筑偏向西式风格，折角双坡屋面垂脊的曲度不明显；中央五间、转角两翼各五间，均择明间设置对穿式的拱券门洞，其余立面辟矩形大通窗。

　　该组建筑原为内务部卫生司中央卫生试验所的办公旧址，是与防疫处几乎同期、同址组建的兄弟机构[45]。北洋政府执政晚期，防疫处生产的痘苗销途日广，"种痘室狭小不敷应用，民国十五年三月曾绘图招商承揽建筑（原规划地基详见图二标号36），惜时局不靖选材维艰未能动工"[46]；为解决硬件缺位，卫生司遂将卫生试验所用房划转防疫处修葺使用。相关报告称，"痘苗室，与前部厅房并列于石路之北，不过规模略小，此即前内务部卫生试验所之所址，于民国十六年拨归本处应用者也"[47]。自此痘苗室不再与其他技术室共用同一设施。

　　（6）第二期技术室

　　随机构衍进，旧有规模已不敷研产提升之需。循外坛墙根西北隅，"有新筑红屋十余间（标号 X ），即1927年及1930年先后建筑之技术室，今为制造血清、毒素所应用"[48]。这部分房基经1946年整修，至今保留在原位（图五），坐北朝南，维持砖木结构，三角桁架支撑的四坡屋面改覆水泥平板瓦，立面按清水红砖、循"英式排砌法"构筑[49]，对窗台砖料施灰塑、两端以半枭线勒出轻微内凹，此细部装饰与其他排房皆不相同。昔日，室前辟出小径两道，通至中部技术室（内院），现已无迹可循。

　　2. 其他重要设施及功能用地

　　兴建之初，内院东厢房后身设水塔一座；动物实验室西南侧建冰室、煤汽室（以汽火供电）各一所；循神乐署凝禧殿正北辟建畜养场，散布马厩二所，兼牛房、羊圈、猪圈数间，厩舍后方圈出空地十余亩充作放马场；1924年添建焚兽炉一座，次年以东厢房西北的旧机械室改建动物隔离室，复次一年借农商部权度制造所订制载量五百公斤马秤，择林荫步道以南体育场，添盖马秤室一间[50]。

　　3. 借占区域

　　民国以降，神乐署服务封建王朝的本职废止，原建筑一度空置。北洋政府遂批准防疫处借用署址后院[51]，以求物尽其用。"神乐署旧屋一部本处用为仓库，……其余小屋数楹各应所需（详见图二标号59—62）"[52]；"民国十九年，择定神乐署后殿原设器械药品库以东之北房十余间，略加修葺，用作狂犬病疫苗制造室……"[53]（图六）

四、对设施建设的评述

　　第一：业内号称全国领先的中央防疫处，自主建设起步仅数十楹房舍，主体建筑不足十栋。昔日国外视角指出，其优点"以免费治疗为主"，缺点是"所需设备尚未完善"[55]。

　　左右建设个案成型的条件是复杂的，比对标准千差万别、不一而足，通常较难形成深刻的说服条理。但按建设

图七 防疫处、陆军军医

图八 防疫处、陆军军医学校建筑群在京建设规模对比⑤⑧

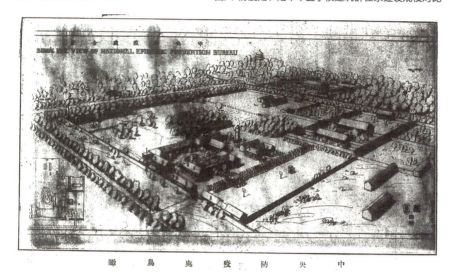

图九 中央防疫处鸟瞰图（1931年）⑥①

背景、择址、工期、投资等要素，仍有一项趋近的案例可供权量，即近代最早的官立军事医疗教育机构——天津北洋陆军军医学校及附属医院。服务公共卫生防疫体系建设同为该校传统，伍连德、全绍清、方擎都曾掌校或任教。1914年后，旧校渐不敷用，感于偏处津沽一隅、诸多不便，遂擘画迁京以谋宏图。据《陆军行政纪要》："惟查该校分居津、保，于管理上每感不便。于五年冬决意，将军医、兽医两校一律移京，俾便监督。遂于六年春择定北京朝阳门内富新与新平二仓旧址，改建教育、医务、制造各机关。至七年十二月全工告成。计军医学校、兽医学校、陆军病院、病马厂、卫生材料厂等五机关。全工约二千八百余方，计平一千六百余楹……"⑤⑥。

防疫处与军医学校体系（图七、图八），双方建筑呈现大量采用砖木结构单层长排房之共性，营建时间相差不足两年，基建费按北洋政府时期汇率大体皆为30余万银元，而后者工期是前者的三倍、进程稳健，又以多台机构复合模式来重构（医学校及附属医院占主体）、配置完备，故其建筑规模按楹数粗算，至少为前者未经累建时的20倍，建设效率反而加速推进；此外，后者选址抢占先机，不仅划地面积更加宏阔，又借拆除漕运仓场，将废房所用质量上乘的"大城样"贡砖搜集起来，重新利用于新式房舍的营造，既省却了建材开销、又保证坚固耐用。相较之下，防疫处徒具多样的宏观职能，建设规模起步有限、设施升级"不温不火"，历十数年发展，每每扩建，时常以寥寥数楹为计，不时依靠其他资产划拨、借地运维，甚至未能配建一所收治危重病患的附属医院，对京畿的疫病治疗仍要分流京师传染病分院、陆军医院等实力机构共担，而满足本地学术传习的教育设施也始终没能面世，甚至理应筹备的宿舍也是常年从缺。它的先天"发育不良"，本质是国家主权、财力羸弱所致——作为常费保障的海关税收经由外国使团把持，政务院议定的执行力虚有其表，还需援请外交部斡旋疏通，第一笔年金拖至民国十年时方才兑现⑥⑦，实则严重限制了自主建设的能动性。由个案比对可以探知，当局在内忧外患、军阀混战的时势下，对军事服务建设的侧重，仍要高于对民众健康利益的顾全。

第二：此阶段建筑设计理念趋向"简单适用"（图九）。故前厅作为早期主体建筑之中枢，是论及形制和构造偏显复杂的唯一对象（其次为后续划转的卫生试验所），其做工更加精细，坐正轴线、讲求平面对称章法，坐实临街的"排面感"。其他单体大多不秉持上述章法，甚至布局不求相互对应，如内院两厢跨度不一、坐落点位的水平线也是偏位的，北房几何中心不坐中轴等；它们的普遍规律是，因工作性质须对病源部署防控，故在布局上借鉴近代医院常见的分立式（又称"馆阁式"，Pavilion Style）长排房（单体）⑤⑨，以实现采光通风、防火间距、卫生隔离等基本要求，并注意布设绿植吸音防尘兼美化室外公共区。但其制式单调划一的表征，也造成了些许刻板乏味的印象。而基于分立式单体形成内庭的作法，此处案例是同样具备典型性的，国内至 20 世纪 70 年代着眼医疗卫健设施的布设，仍在探讨这种作法的改良范式，以求活用院落分隔来组织局部宁静、便于管理的环境[60]。

第三：此阶段防疫处自主建设虽然吃紧，谋求国际前沿现代化设备、升级高新设备间，是其坚持的一大建设基调。团队为此精打细算，坚持"欲谋技术事业之精进，必先有适宜之房子，与夫充足之机械"[62]，即基于对生物制品研发、产出之最核心职能的秉要执本。为改良培养基的灭菌成效，"迨民国十二年，添盖锅炉房（图二标号 17），购入大型蒸汽锅，……至民国十九年，更添大紧张蒸汽灭菌器两具，器为铁质长方箱，外壁之内，尚有附壁一层"[63]，若操控复壁通气阀门启闭，可切换水蒸气、干热气两种灭菌模式；为改善冷藏条件，"至民国十四年，遂另建冷藏室（图二标号 37、38），……地基、屋顶及四周墙壁，坚厚如铸"[64]，其内部分左中右三间，内壁施加煤末层、以碳化吸附原理消减异味，后部又接建机械房，借电力发动设备输送氩气（辅助系统管路制冷，远比现今普及的氮气成本高）通铁管流转室内，加以盐化钙（吸热剂）维持冷度，可使左间降至零度、中间降至五度、右间降至零下十度，便于生物制品依性质相宜分存[65]。1925 年扩充汽火室（图二标号 33），升级新式煤汽发生机[66]，藉燃料形成高压蒸汽推动气轮机旋转，带动发电机生成电磁场，为全机构、特别为满足制备保藏所需的 24 小时自动化设备充分供电。

五、余论

中央防疫处创立后在天坛运行十六七年，奠定了中国防疫行政之基石；特别以冲破外邦技术封锁、自主研发生物制品为"主心骨"，由起初试产白喉抗毒素、抗脑膜炎血清、霍乱与伤寒疫苗等 15 项制品，陆续扩充至 48 项[67]，又取得攻克天花、狂犬病之"天坛株"与"北京株"等国际重大科研突破[68]。日本侵占东三省后觊觎华北，北平局势危殆，该机构遂于 1935 年奉中央令南迁，先后辗转南京、长沙、昆明；天坛旧址一度降为其配属的"北平制造所"[69]，在延续两年制品生产后，也被日本军国主义势力强占。中央防疫处承载了中国公共卫生防疫体系中央建置的发祥意义，故本文尝试对当年布局形貌、基建功能进行研究，就其建立背景、核心职能、社会态势对建设的影响进行讨论，以便对其后一阶段发展的考察做出铺垫。该机构光复天坛后，通过拆旧建新，实现了第二代建设；又在新中国成立初期，面对时势、社会制度变化，在京郊三间房地区实现了第三代建设。目前，结合其后续发展所做的比较性研究仍有许多未知，解析其不同时期的机制内需与外在建构关系，将为探索其具体规划建设、解读机构特色，开辟更加深广的路径。

① 京都市政公所:《京都市政汇览》, 京华印书局, 1919 年, 第 62 页。

②⑤ 中央防疫处:《中央防疫处十二周年刊》, 中央防疫处编印, 1931 年, 第 3 页。

③ 中央防疫处:《中央防疫处一览》, 中央防疫处编印, 1926 年, 第 17 页。

④ 张泰山:《民国时期的传染病与社会——以传染病防治与公共卫生建设为中心》, 社会科学文献出版社, 2008 年, 第 100—104 页。

⑥《民政部奏酌拟京师防疫局章程折(并单)》,《政治官报》第 1184 号, 清宣统三年正月二十日(1911 年 2 月 18 日)。此折奉旨时间为宣统二年十二月二十七日(1911 年 1 月 27 日)。

⑦ 张艳丽:《清代京师疾疫、医疗与防疫》,《北京档案》2020 年第 4 期。

⑧《中国大事记·撤京师防疫局》,《东方杂志》第 8 卷第 3 号, 清宣统三年三月十九日(1911 年 4 月 17 日)。

⑨《内务部令第六十三号》,《政府公报》第 858 号, 1918 年 6 月 13 日。

⑩⑭ 中央防疫处:《中央防疫处十二周年刊》, 中央防疫处编印, 1931 年, 第 4 页。

⑪ 中央防疫处:《中央防疫处一览》, 中央防疫处编印, 1926 年, 第 7 页。

⑫ A Centrral Plague Bureau in Peking.National Medical Journal of China,1918 v.4 Iss.4.pp.126.

⑬ 伍连德著, 程光胜、马学博译:《鼠疫斗士——伍连德自述》下册, 湖南教育出版社, 2011 年, 第 588 页。

⑮57 中央防疫处:《中央防疫处十二周年刊》, 中央防疫处编印, 1931 年, 第 25 页。

⑯ 中央防疫处:《中央防疫处十二周年刊》, 中央防疫处编印, 1931 年, 第 51、67、73、85、91、97(及 97 之前夹页)、99、115 页。

⑰ 江永红:《中国疫苗百年纪实》上卷, 人民出版社, 2009 年, 第 30—32 页。

⑱ 李涛涛、吴亮、彭俊翔、晏庆宏、杨正毅:《二十世纪三十年代中央防疫处防疫研究》,《花溪》2021 年第 27 期。

⑲《中央防疫处暂行编制》,《政府公报》第 1068 号, 1919 年 1 月 23 日。

⑳㉑67 奚霞:《民国时期的国家防疫机构——中央防疫处》,《民国档案》2003 年第 4 期。

㉒㊱ 陈明光:《中国卫生法规史料选编(1912—1949.9)》, 上海医科大学出版社, 1996 年, 第 489—490 页。

㉓ 中央防疫处:《中央防疫处十二周年刊》, 中央防疫处编印, 1931 年, 第 1 页。

㉔㉛㉝㊳㊷ 中央防疫处:《中央防疫处十二周年刊》, 中央防疫处编印, 1931 年, 第 35 页。

㉕ 参考"最新地学社"1938 年印行《北京名胜游览图》, 出自首都图书馆编:《新编北京历史地图集·北京城图(折叠图分卷)》, 学苑出版社, 2021 年, 第 60 图幅。

㉖ 参考《民国初建天坛苗圃·林艺试验京城奠基——1913 年〈天坛林艺试验场森林苗圃图〉》, 出自宗续盛:《老北京地图的记忆》, 中国地图出版社, 2014 年, 第 14—15、18、21 页。

㉗㉘㊶㊸ 中央防疫处:《中央防疫处一览》, 中央防疫处编印, 1926 年, 第 3 页。

㉙㉚㊵㊻ 中央防疫处:《中央防疫处一览》, 中央防疫处编印, 1926 年, 第 5—6 页之间插页。

㉜ 中央防疫处:《中央防疫处十二周年刊》, 中央防疫处编印, 1931 年, 第 34—35 页之间插页。

㉞ 中央防疫处:《中央防疫处十二周年刊》, 中央防疫处编印, 1931 年, 第 12 页。

㉟ 中央防疫处:《中央防疫处工作报告(中华民国二十八年)》, 中央防疫处编印, 1939 年, 第 22 页。

㊲ 中央防疫处:《中央防疫处一览》, 中央防疫处编印, 1926 年, 第 6 页。

㊴52 中央防疫处:《中央防疫处一览》, 中央防疫处编印, 1926 年, 第 4 页。

㊹66 中央防疫处:《中央防疫处一览》, 中央防疫处编印, 1926 年, 第 5 页。

㊺ 何丽江:《民国北京的公共卫生》, 北京师范大学出版社, 2016 年, 第 120 页。

㊼㊽ 中央防疫处:《中央防疫处十二周年刊》, 中央防疫处编印, 1931 年, 第 36 页。

㊾ 张锳绪:《建筑新法》, 商务印刷馆, 1910 年, 第 8—9 页之间插页。

㊿ 中央防疫处:《中央防疫处一览》, 中央防疫处编印, 1926 年, 第 4—5 页。

51 赵彦:《"北支派遣(甲)第一八五五部队"编成新考》,《抗日战争研究》2019 年第 1 期。

53 中央防疫处:《中央防疫处十二周年刊》, 中央防疫处编印, 1931 年, 第 40 页。

54 若雨:《中央防疫处往事》,《国企管理》2020 年第 3 期。

55 丸山昏迷著、卢茂君译:《北京》, 北京联合出版公司, 2016 年, 第 108 页。

56 北洋政府陆军部:《陆军行政纪要(民国九年三月)》第七章第一节第一项, 1920 年, 第 1 页。

58 两图均截自 1945 年 1 月美国第 14 航空队第 21 照相侦查中队对北平城区航拍, 中国城市规划设计研究院提供。

59 建制工程部建筑科学研究院、南京工学院合办公共建筑研究室:《综合医院建筑设计》, 中国工业出版社, 1964 年, 第 3 页。

60《综合医院建筑设计》编写组:《综合医院建筑设计》增订版, 中国建筑工业出版社, 1978 年, 第 55 页。

61 中央防疫处:《中央防疫处十二周年刊》, 中央防疫处编印, 1931 年, 第 34 页。

62 中央防疫处:《中央防疫处十二周年刊》, 中央防疫处编印, 1931 年, 第 37 页。

63 中央防疫处:《中央防疫处十二周年刊》, 中央防疫处编印, 1931 年, 第 42 页。

64 65 中央防疫处:《中央防疫处十二周年刊》, 中央防疫处编印, 1931 年, 第 47 页。

68 江永红:《中国疫苗百年纪实》上卷, 人民出版社, 2009 年, 第 35—39 页。

69 中央防疫处:《中央防疫处工作报告(中华民国二十八年)》, 中央防疫处编印, 1939 年, 第 1 页。

广阳城墓地出土印章的初步研究

杨　菊　李伟敏　于　璞

　　印章起源很早，从目前的考古发现来看，至少在商代就已经有了较为成熟的印章。两汉时期，印章发展进入黄金时期，制作技术较为成熟，使用范围越来越广泛，因此汉代印章成为中国历代印章发展的一个高峰，考古发现及传世数量较多。印章虽小，却蕴含着丰富的历史文化信息，既反映了这一时期的用印制度和印章文化，也是研究当时政治、经济制度及很多相关历史问题的珍贵资料。

　　2018年7月至2020年10月，北京市考古研究院在房山区广阳城墓地发掘出土汉代印章6枚、魏晋时期印章1枚，这是北京地区近年来出土印章数量较多的一次考古发现。广阳城墓地位于广阳城遗址东约800米处，东距今永定河河道约2000米，地处永定河、小清河二级阶地。共发掘墓葬800余座、窑址33座、沟14条、井4口、灰坑21个、灶2个、路1条，其中战国墓葬1座、西汉墓葬300余座（含51座瓮棺墓）、东汉墓葬490座、魏晋墓葬8座、北朝墓葬7座、隋唐墓葬4座、辽金墓葬3座、明清墓葬7座。广阳城墓地是一处以两汉魏晋墓葬为主的墓群，推测为汉至北朝广阳县城的附属墓地[①]。该墓地出土的7枚汉魏时期印章印面保存状态较好，印文均可识读，对于墓葬断代、墓主身份地位的研究具有重要作用，同时对研究汉代篆刻艺术、印章学等也具有一定的学术价值。本文拟对这批印章进行考释和科学分析，并就相关问题进行初步探讨。

一、印章概况

　　广阳城墓地出土的7枚印章中，6枚为汉代印章，1枚为魏晋时期印章（表一，图一）。

（一）西汉铜印章（M181：2）

　　出土于西汉墓M181椁内棺外北侧。M181：2，铜质，两面带穿印，内空，方形印面，边长1.6厘米，通高0.7厘米，重6.1克。长方形穿孔，相对较大，便于穿绶带，穿孔尺寸为1.5厘米 ×1.1厘米 ×0.3厘米，为纵向上下开孔，与

表一　广阳城墓地出土印章一览表

器物编号	时代	印文				印面			材质	钮式	通高（厘米）	印台高（厘米）	重（克）
		内容	规格	类型	阴/阳	面形及尺寸	边栏	界栏					
M181：2	西汉	"日利"＋肖形虎	二字	吉语＋肖形印	阴文	方形，1.6厘米见方	无	无	铜	无钮双面印	0.7	无印台	6.1
M135：1	西汉	"任苌之印"＋"任安国印"	四字	姓名＋表字印	阴文	方形，1.7厘米见方	无	无	铜	无钮双面印	0.6	无印台	7.7
M99：1	西汉	"上官圁"	三字	姓名印	阴文	方形，1.3厘米见方	有	有	铜	鼻钮	0.9	无印台	2.1
M245：4	西汉	"孔驱"	二字	姓名印	阴文	方形，2.1厘米见方	有	无	玉	覆斗钮	1.9	0.9	18.7
M51：6	东汉	"任良私印"	四字	姓名印	阴文	方形，1.7厘米见方	无	无	铜	龟钮	1.3	0.8	14.5
M145：9	东汉	"任弓始印"	四字	姓名印	阴文	方形，2厘米见方	无	无	铜	虎钮	1.9	0.9	19.2
M59：29	魏晋	"军都长印"	四字	官职印	阴文	方形，2.5厘米见方	无	无	铜	桥钮	2.5	1.3	79.3

作者单位：北京市考古研究院

图一 广阳城墓地出土印章及印文

印文方向一致。阴文篆书，正面左起读作"日利"，背面图案为肖形虎。

（二）西汉铜印章（M135：1）

出土于西汉墓 M135 头箱内。M135：1，铜质，两面带穿印，内空，方形印面，边长 1.7 厘米，通高 0.6 厘米，重 7.7 克。长方形穿孔，相对较大，便于穿绶带，穿孔尺寸为 1.7 厘米 ×1.4 厘米 ×0.3 厘米，为纵向上下开孔，与印文方向一致。阴文篆书，正面左起上下读作"任芠之印"，背面左起上下读作"任安国印"。属私印中的表字印，即印上一面刻姓和名，一面刻姓与字。秦汉魏晋时期，人们常使用一个字作为一个人的名，用两个字作为这个人的字。可见印主姓任，名芠，字安国。

（三）西汉铜印章（M99：1）

出土于西汉墓 M99 人骨的盆骨右侧。M99：1，铜质，鼻钮，方形印面，边长 1.3 厘米，通高 0.9 厘米，重 2.1 克。阴文篆书，横向"日"字型界格，印面左起上下读作"上官围"。属私印中的姓名印。

（四）西汉玉印章（M245：4）

出土于西汉墓 M245 棺内。M245：4，玉质，底部为方形印台，台上为覆斗形钮，顶端为凸出的似钮的拱形台，前后呈弧形抹角，横向穿孔。拱形台较覆斗顶面内收，四面形成一周窄台，穿孔在窄台附近，且采用两面下斜对穿的方法进行穿透。方形印面，边长 2.1 厘米，印台高 0.9 厘米，印通高 1.9 厘米，重 18.7 克。阴文篆书，印面左起读作"孔驱"。属私印中的姓名印。

（五）东汉铜印章（M51：6）

出土于东汉墓 M51 椁内棺外北侧。M51：6，铜质，龟钮，方形印面，通高 1.3 厘米，印台边长 1.7 厘米，印台高 0.8 厘米，重 14.5 克。阴文篆书，印面左起上下读作"任良私印"。属私印中的姓名印。龟属于人们崇拜的"四灵"之一，寿命长，读音又同"贵"，因此被视为一种吉祥的动物。此印龟钮高 0.8 厘米，龟腿立于印体四角，与下垂的龟尾形成五个支点，有稳重感。龟首短小且不露颈，龟背呈馒头状，背甲刻单线六角形纹饰。

（六）东汉铜印章（M145：9）

出土于东汉墓 M145 北端二层台及瓦砾层上。M145：9，铜质，套印，即在一大印体内套入较小之印体。此印的大小印体以虎钮组合成一体。大印为方形印台，钮和台分别铸造后焊接在一起，印台边长 2 厘米，印台高 0.9 厘米，通高 1.9 厘米，重 19.2 克。阴文篆书，印面左起上下读作"任弓始印"。小印因锈蚀严重，无法取出。

（七）魏晋铜印章（M59：29）

出土于魏晋墓 M59 前室内。M59：29，铜质，桥钮，方形印面，边长 2.5 厘米，通高 2.5 厘米，印台高 1.3 厘米，重 79.3 克。阴文篆书，印面左起上下读作"军都长印"，属印中的官职印。

二、印章分类

印章分类的方式有很多种，如以年代、材质、用途、功能、形状、篆刻方法、印文内容分类等等。

根据墓葬年代，广阳城墓地出土的印章年代可分为汉代和魏晋，其中汉代印章 6 枚、魏晋印章 1 枚；6 枚汉代

表二 铜印章表面成分分析结果（wt%）

器物编号	年代	检测位置	Cu（铜）	Sn（锡）	Pb（铅）	材质	表面情况
M181：2	西汉	1	73.3	13.8	12.9	Cu-Sn-Pb	薄锈
		2	74.6	13.8	11.6		
		平均	74.0	13.8	12.3		
M135：1	西汉	1	88.4	11.6	–	Cu-Sn-Pb	薄锈
		2	76.2	11.3	12.6		
		平均	82.3	11.5	6.3		
M99：1	西汉	1	88.7	–	10.3	Cu-Pb-Sn	厚锈
		2	87.4	7.8	4.8		
		平均	88.1	3.0	7.6		
M51：6	东汉	1	89.5	–	10.5	Cu-Pb	薄锈
		2	89.1	–	10.9		
		平均	89.3	–	10.7		
M145：9	东汉	1	61.3	24.4	14.3	Cu-Sn-Pb	薄锈
		2	53.7	23.5	22.9		
		平均	57.5	23.9	18.6		
M59：29	魏晋	1	86.9	–	13.1	Cu-Pb	薄锈
		2	87.2	–	12.9		
		平均	87.0	–	13.0		

注："–"表示在该仪器检测精度内未发现该元素

印章中西汉印章4枚、东汉印章2枚。古代印章的质料来源多样，有金、银、铜、玉、石、木、玛瑙等，其中铜质印章最多。依据材质，广阳城墓地出土的7枚印章以铜质为主，仅1枚印章为玉质。依据用途和功能，广阳城墓地出土的印章可分为官印和私印两类，其中以私印为主，6枚汉代印章均为私印，仅1枚魏晋印章为官印。依篆刻方法，7枚印章均为阴文印章。从印章形制来看，该批印章均为方印，即所谓"方寸之印"，边长大多在2—3厘米之间。其中汉代印章尺寸均不超过2厘米，仅一枚魏晋铜印尺寸略大，边长约为2.5厘米。从印章钮式来看，7枚印章除两枚为无钮的穿带印外，其余5枚印章的钮各不相同，分别为鼻钮、覆斗钮、龟钮、虎钮和桥钮。鼻钮是汉代通行的一种钮式，官私印均用之。覆斗钮形如古代量具斗之倒覆状，亦称为盝顶钮，仅流行于战国至汉代，几乎都使用在玉印上。龟钮印章的钮身铸为龟形，腹下有穿孔，始见于秦，为汉晋南北朝时期官私印最常见的钮式之一，亦是此时期官印的等级标志。虎钮属于动物钮的一种形式。桥钮较鼻钮更宽，体更薄，穿更大，两端宽度与印边相接，形如拱桥。

三、印章材质和制作工艺

广阳城墓地出土的这几枚印章以铜印为主，仅一枚为玉印。为进一步了解其材质特点，使用X射线荧光光谱分析仪（XRF）对该批铜印章进行了半定量分析。测试前，将铜印待测定位置的锈蚀物去除，露出金属基体，然后用酒精棉擦拭清洗待测位置，待酒精挥发完全后，将样品放在仓中进行检测。检测仪器为EDAXORBIS微束XRF，分析条件为：X光管电压30kV，管电流300μA，采谱时间100s，每次分析采谱两次，解谱方法为单标样基本参数法。各检测点成分分析结果见表二。

印章表面虽进行了除锈处理，但个别印章因锈层较厚，表面成分会有一定的差异，其中以铅的流失和局部沉积最为明显。从检测数据看，几件铜印章的材质可分为两类，一类为铅锡青铜，包括M181：2、M135：1、M99：1、

M51:6

M181:2

M99:1

M245:4

图二 广阳城墓地出土印章印面超景深照片

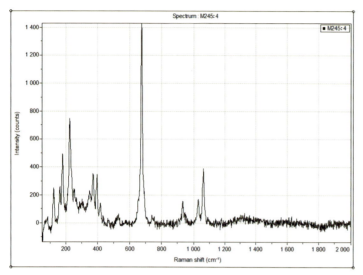

图三 玉印 M245:4 的 Raman 图谱

表三 玉印 M245:4 主要化学成分分析结果（wt%）

器物编号	MgO	Al$_2$O$_3$	SiO$_2$	CaO	Fe$_2$O$_3$	主要矿物
M245:4	29.21	n.d.	57.68	11.77	1.34	透闪石
	29.22	n.d.	57.35	12.04	1.40	
	26.58	3.19	58.67	9.99	1.57	
	28.89	—	57.86	11.72	1.53	
透闪石 Ca$_2$(Mg,Fe)$_5$Si$_8$O$_{22}$(OH)$_2$ 理论值	24.81	—	59.17	13.81	—	

注："—"表示在该仪器检测精度内未发现该元素

M145:9，锡含量为3%—23.9%，铅含量为6.3%—18.6%，铅、锡含量均波动较大；另一类为铅青铜，包括M51:6、M59:29，铅含量为10.7%—13%。整体来看，这批印章的铅含量相对较高。金属铅比重增大一则可以增加金属液体的流动性，使之与外范密合，改善铸件的质量；二则使印章印材的硬度下降，利于镌刻。

两汉时期铜质印章的制作方法主要有铸印和凿印两种。如元代吾丘衍认为："汉、魏印章，皆用白文，大不过寸许。朝爵印文皆铸，盖择日封拜，可缓者也。军中印文多凿，盖急于行令，不可缓者也。古无押字，以印章为官职信令，故如此耳。"[②] 吾丘衍所说的汉魏印章应该均为官印，至于采用何种方式制作，主要取决于制作时间。如文职官印制作时间充分，因此采用铸印，而武职官印制作时间紧迫而采用凿印。但也有学者持不同意见，如罗振玉认为："私印多白文，偶有朱文，皆熔铸。官印皆白文，皆刻，《史记·留侯世家》所谓趣刻印。《汉书·韩信传》所谓刻印者皆其征也。"[③] 祝竹在《汉印技法》中对汉印制作方法进行了全面分析，他指出："今人对于汉铸印和汉凿印的区分，实际上已经不是汉印制作中不同工艺的区分。铸印、凿印的概念已经成为不同艺术风格和艺术形态的一种分类。属于凿印风格的印，毫无疑问是出于凿刻。而属于铸印风格的印，多数也是用刀刻成的。"[④]

为了了解广阳城遗址出土印章的制作特点，我们采用了超景深视频显微镜对印章印面进行了观察（图二），发现除M99:1铜印外，其余5枚印章均为整体铸造而成，即印体与印文一次铸造而成。整体铸造的印章，因一次成型的需要和铜液流动性的特性，相交的笔划一般不会分离或断开，故其线条交笔处呈现略粗的衔接点，在转笔处表现得自然流畅，比较接近当时的篆书书写风格。加之整体铸造出来的印文，因印模需先期完成，印文安排有较大的设计与修改空间，故印文结构安排上多显匀称[⑤]。M99:1的印文则为直接凿刻而成，其印文凿刻刀痕明显，个别笔画中（如"上"字第一笔）可见明显的凿刻方向，整体来看，该印文字线条粗细大致相当，线距较为接近，转折流畅，印面整体空间安排也较匀整，应属凿刻中的佳者。且该印印面上残存有印泥，推测此印非明器而为实用器。

我们对仅有的一枚玉印，采用了光学无损检测技术进行分析，包括能量色散型X射线荧光光谱（EDXRF）和激光拉曼光谱（LRS）。结果显示，这方玉印的主要成分是SiO$_2$（57.35%—58.67%）、MgO（26.58%—29.22%）、CaO（9.99%—12.04%），与透闪石（Ca$_2$(Mg,Fe)$_5$Si$_8$O$_{22}$(OH)$_2$）的理论组分值（MgO24.81%、SiO$_2$59.17%、CaO13.81%）基本一致（表三）。计算其镁铁比R*（Mg^{2+}/Mg^{2+}Fe$^{2+(3+)}$）发现，样品的R*值大于0.9，说明该枚玉印章的成分主要为透闪石。拉曼谱显示此类玉器的拉曼特征峰主要为 670 和 1057cm^{-1}（图三），分别与透闪石 Si-O-Si 伸缩振动（Stretching vibration）和 Si-O 伸缩振动（Stretching vibration）的拉曼特征峰位基本吻合，与化学成分分析结果相一致。

该枚玉印用琢刻方法制作而成。琢，即雕琢，也有称为碾，是两汉时期玉印制作工艺的主要方法，即是用比玉坚硬的解玉砂（玉的硬度一般为 6 度，解玉砂在 6.5 至 7 度左右），通过轮轴带动的磋磨工具的徐徐摩擦，把字划精细地琢碾出来。

四、印章分析

印章按照用途与性质来区分，主要可分为官印与私印。官印由官府督造，在制作材质、形制、钮制、印面文书及印绶的用色等方面皆有一套严格的规定。如《汉旧仪》记载：天子印称"玺"，"皆白玉螭虎钮。……皇后玉玺，文与帝同。皇后玉玺，金螭虎钮。……皇太子黄金印，龟纽，印文曰章。下至二百石，皆为通官印。"[6]又据清孙星衍《汉旧仪补遗》记载："诸侯王印，黄金橐驼钮，文曰玺，赤地绶；列侯黄金印，龟钮，文曰印；丞相、大将军黄金印，龟钮，文曰章；御史大夫章，……御史，二千石银印，龟钮，文曰章；千石、六百石、四百石，铜印，鼻钮，文曰印。章，二百石以上，皆为通官印。"《汉官仪》又载："孝武皇帝元狩四年，令通官印方寸大小，官印五分。"[7]至于印章作为随葬品的起源时间，学界仍存争议。但从有关战国时期墓葬中发掘出土印章的情况可以推测，殷商时期的墓葬中就可能存在有印章随葬的情况。两汉时期，厚葬风气盛行，从葬之物种类繁杂、数量较多，其中最能代表主人身份、财富与权力标志的印章也自然而然地成为了随葬品，因此汉代墓葬中随葬印章的现象比较普遍。随葬的印章中既有墓主生前所使用的印章，也包括专门用于随葬而制作的印章。汉代对于丧葬用印有严格规定，《后汉书》中有"诸侯王薨皆令赠印玺"的记载，同时又载："诸侯王、列侯始封、贵人、公主薨，皆令赠印玺、玉柙银缕。"[8]

广阳城墓地出土印章中 6 枚为私印，仅 1 枚为官印（表四）。这枚官印出土于魏晋时期墓葬 M59 中，该墓为竖穴土圹砖券多室墓，印章与其他随葬器物出土前室。铜质桥钮，边长 2.5 厘米，印文为"军都长印"，且印面上残存有印泥。该印章从其印面文字上看属于官名印类别，随葬的位置与其他随葬器物相同，均为前室，可以推测该印为墓主个人所用随葬官名印，随葬于墓葬中用以指代墓主生前所担任的官职。军都为北京地区古代地名，其地大体位于今北京昌平区。战国燕昭王时期，大将秦开袭破东胡，燕国疆域大为拓展。为了加强防御和实行管理，燕国在北部和东北地区设立了上谷、渔阳、右北平、辽西和辽东五郡。秦灭燕后重建上谷郡。《水经·圣水注》："秦始皇二十三年，置上谷郡。"汉仍因之设上谷郡，领县十五，军都、昌平为其属县之一。《汉书·地理志》载："上谷郡，秦置。莽曰朔调。属幽州。……县十五：军都，温馀水东至路，南入沽。……昌平，莽曰长昌。王莽时改上谷郡名朔调郡，军都县属之。"[9]东汉永元八年（96），将建武十三年（37）并入上谷郡的广阳郡析出，复置广阳郡。军都、昌平由上谷郡改属广阳郡。三国魏时，军都、昌平二县并置，同属幽州燕国。西晋仍三国魏之旧，军都、昌平二县同属幽州燕国。十六国后赵时，军都、昌平二县并属燕郡。前燕时二县并属燕国。前秦时二县亦属燕国。后燕时二县复改属燕郡。北魏时昌平县省废，并入军都县。北齐天保（550—559）中废军都县。该枚印章的出土为研究北京地区古代地名及军都县建置等提供了重要史料，可补史书缺轶。

与官印相比，私印在制作及使用方面没有严格的规定，印质、大小、印文、形式等可以根据个人意趣和喜好来选择和发挥。广阳城墓地出土的 6 枚汉代私印，依据印文内容可以分为姓名印、吉语加肖形印两类，其中 5 枚为姓名印，1 枚为吉语加肖形印。姓名印大体上出现于战国，为秦汉以后的社会所承袭，一般有身份的人和工匠、商贾等，因社会活动所需，都会为自己刻制姓名印，以备证明身份、提供信用之用。刻制和使用姓名印没有什么制度，而唯有习惯，但是由于姓名印沿用了两千多年，也就成了一种传统，成为中国特有的一种文化现象[10]。姓名印在两汉时期的私印中所占比例最大，单面印一般为印主人的姓名，两面印或套印则一面为姓名，一面为字号。广阳城墓地出土的 5 枚姓名印中有 1 枚为两面印，即 M135：1，其中一面为印主人的姓名，另一面为其表字。从印面文字上

表四 印章出土情况一览表

出土编号	时代	墓葬形制	葬具	出土位置	墓主性别	年龄
M181：2	西汉	长方形竖穴土圹单室墓	一椁一棺	椁内棺外北侧	男	35
M135：1	西汉	长方形竖穴土圹双棺合葬墓	一椁一头箱二棺	头箱	西棺男，东棺女	40，35
M99：1	西汉	长方形竖穴土圹单室墓	一椁一棺	盆骨右侧	男	36
M245：4	西汉	长方形竖穴土圹单室墓	一椁一棺	棺内	男	不详
M51：6	东汉	长方形竖穴土圹单室墓	一椁一棺	椁内棺外北侧	男	40
M145：9	东汉	长方形竖穴土圹双棺合葬墓	一椁二棺	北端二层台及瓦砾层上	西棺男，东棺女	不详
M59：29	魏晋	竖穴土圹砖券多室墓	未见葬具	前室内	暂不详	不详

看，该印章属于姓名印类别；从出土位置来看，该印章出土于头箱，可知该印为墓主随葬所用姓名印。其余 4 枚姓名印均为单面印，印文有两字、三字、四字不等，如 M245：4 印文为"孔驱"二字，M99：1 印文为"上官圉"三字，M51：6、M145：9 印文均为四字，分别为"任良私印""任弓始印"。从印面文字上看，这 4 枚印章均属于姓名印类别；从出土位置来看，M99：1 出土于墓主骨架盆骨右侧，当为下葬时系带所致，因此该印为墓主随身佩带之意，应为墓主个人所用随葬姓名印，主要用以指代墓主姓名；M51：6 出土于椁内棺外北侧，M145：9 出土于墓内北端二层台及瓦砾层上，M245：4 出土于棺内，均为墓主随葬所用姓名印。

1 枚吉语加肖形印，即 M181：2。所谓吉语印，即印文内容为象征吉祥意义的吉语，用以表达印主人的美好期盼。西汉时期的私印中，此类印章印文多带有"常乐""长乐""富贵""大利""长贵"等吉语，以追求功名、财富等思想为主。M181：2 较为特别，为双面印，一面为吉语"日利"，另一面为肖形虎。"日利"意为"天天有所盈利"，其中"利"当是利润、财利的意思，自古以来人们把"利"放在一切经营活动的首位，求利是人们从事各种活动的动力。虎为四灵之一，是"山兽之君"，因其威风异常，故虎纹图像印用于驱邪避魔。古代还称威武勇猛之人为"虎臣"，《诗经·潘水》就有"矫矫虎臣"之语。《汉书·赵充国传》有颂："汉命虎臣，惟后将军。"又称勇士为"虎贲""虎将"。

广阳城墓地出土的印章为墓葬定名与断代提供了重要资料。此外通过私印上的姓氏材料还可以发现，广阳城墓地汉墓中可能存在家族墓地。如 "任苌之印" "任安国印""任良私印""任弓始印"的同时出土，似可表明广阳城墓地中存在两汉时期任氏的家族墓地。且出土汉代印章的墓葬均为长方形竖穴土圹，葬式既有单人葬，也有合葬，单人葬墓主均为男性。由此可见，随葬印章的以男性为主。从出土印章的基本情况来看，随葬私印在印面文书上基本以指代身份姓名的姓名印为主，表明墓葬中随葬私印主要是为了证明身份，与实用私印的身份证明功能基本相同。

五、结论

汉印在我国篆刻艺术史及印章史上都堪称高峰，在印章形制、钮式及文字处理、章法变化等方面取得的成就十分突出，治印艺术特色突出，形成了"印宗秦汉"的风范，成为后世篆刻艺术的典范。北京广阳城墓地出土的这批汉魏时期印章为研究汉代北京地区印章史提供了珍贵资料，同时也是研究北京地区古代地名及汉代广阳城的重要资料。

1. 印章材质以铜质为主，可分为铅锡青铜和铅青铜两种，其铅含量相对较高，推测是为了改善铸造质量或利于镌刻，印面的制作工艺采用了整体铸造和凿刻两种方法。仅有的一件玉印材质为透闪石，采用琢刻方法制作而成。

2. 印章从用途上分为官印与私印。官印 1 枚，印文为"军都长印"，印面上残存有印泥。推测该印为墓主个人所用随葬官名印，随葬于墓葬中用以指代墓主生前所担任的官职。该枚印章的出土为研究北京地区古代地名及军都县建置等提供了重要史料，可补史书缺轶。

3. 私印 6 枚，表明两汉时期私人印章的使用较为普遍。私印从类型上可分为姓名印、吉语加肖形印两类。5 枚姓名印中包含 1 枚两面印和 4 枚单面印，印文有两字（"孔驱"）、三字（"上官圉"）、四字（"任弓始印""任良私印""任苌之印""任安国印"）不等。吉语加肖形印为双面印，一面印文为吉语"日利"，另一面为肖形虎。

4. 姓名印"孔驱""上官圉""任弓始印""任良私印""任苌之印""任安国印"的出土为研究汉代广阳县的姓氏情况提供了重要实物资料，其中"任"氏印章的集中出土似可表明"任"为汉代广阳县的大姓，广阳城外的墓地中或存在任氏的家族墓地。

① 程利等：《房山长阳镇两汉魏晋墓群》，载《中国考古学年鉴 2020》，中国社会科学出版社，2021 年。
② [元] 吾丘衍：《三十五举》，载韩天衡：《历代印学论文选》，西泠印社出版社，2005 年。
③ 罗振玉：《赫连泉馆古印存》，载韩天衡：《历代印学论文选》，西泠印社出版社，2005 年。
④ 赵昌智、祝竹：《中国篆刻史》，上海人民出版社，2006 年。
⑤ 孔品屏：《隋唐官印制作工艺初探——兼论工艺类型与艺术风格的相关性》，《中国书法》2020 年第 5 期。
⑥ [汉] 卫宏撰、[清] 孙星衍校：《汉旧仪》，载 [清] 孙星衍等辑：《汉官六种》，中华书局，1990 年。
⑦ [汉] 应劭撰、[清] 孙星衍校集：《汉官仪》卷下，载 [清] 孙星衍等辑：《汉官六种》，中华书局，1990 年。
⑧ 《后汉书·礼仪志下》，中华书局，2000 年。
⑨ 《汉书·地理志下》，中华书局，1962 年。
⑩ 王廷洽：《中国古代印章史》，上海人民出版社，2006 年。

孔水洞两龛摩崖造像的年代、风格及历史艺术渊源初探

黄春和

在北京房山区东北，有一处名为万佛堂孔水洞的地方，这里保存了多个朝代的摩崖刻经、摩崖造像、寺庙殿堂、古塔及碑刻等历史文物，是一处丰富的佛教文化遗存。其中有两龛摩崖造像特别值得注意，一龛为隋大业十年（614）一佛二菩萨二护法像，另一龛为金大定二十年（1180）水月观音像。这两龛造像不仅题材、造型及风格独特，而且都有明确的纪年题记，是十分难得的北京古代佛教造像艺术遗存，对于研究北京地区古代佛教造像艺术的风格特点及古代北京与京外佛教文化交流具有重要学术价值。由于过去学术界对两龛造像的年代和风格说法不一，而于造像艺术及历史背景更未见学人涉足，故本文试以图像学方法，对这两龛造像的造型特征、艺术风格、佛教意涵，以及题材和风格的历史渊源进行分析研究，不妥之处，请大家批评指正。

一、孔水洞历史及石刻文物遗存

孔水洞位于北京市房山区磁家务凤凰岭下，是一处喀斯特自然洞穴。根据相关资料介绍，其大洞高约数米，宽约 20 米，北壁有能容一人出入的小洞，与大洞相连。洞内水面平静如镜，寒气逼人，时而有湿气凝成的水珠滴落在水面上，形成回音，传出有节奏的声响，所以古代传说洞内有"人语丝竹"之声。

孔水洞历史文献记载颇多。最早见于北魏郦道元《水经注》的记载："圣水出上谷……水出郡之西南圣水谷，东南流经大防岭之东首，山下有石穴，东北洞开，高广四五丈，入穴转更崇深，穴中有水。耆旧传言，昔有沙门释惠弥者，好精物隐，尝篝火探之，傍水入穴三里有余。穴分为二：一穴殊小，西北出，不知趣诣；一穴西南出，入水经五六日方还，又不测穷深。其水夏冷冬暖，春秋有白鱼出穴，数日而返。人有采捕食者，美珍常味，盖亦丙穴嘉鱼之类也。是水东北流入圣水。"[1]继之有隋郎蔚之《隋州郡图经》记载："在良乡有石穴，东北洞开，春秋有白鱼，珍美非常味。"[2]之后蒙元时期所立《重建龙泉大历禅寺之碑》追记唐时民风曰："唐玄宗时，天雨不节，民祷于是，莫不应征耳。"[3]碑文以洞中之水比之为龙泉，将孔水洞完全神圣化。其后的北京地方史料也多有记载，其中清嘉庆九年（1804）徐梦陈所撰《重修孔水洞关帝庙碑记》记之尤详："孔水者，由房邑而北行廿余里，千峰险峻，万岫凌僧。未至其地，不见所谓水也。逶迤曲回，忽闻水声潺湲，已见横流澎湃矣。云根石窍，宽阔十余丈，一水平倾，可以乘筏。噫！有泉如此，不诚奇也哉！考之前志，所谓孔水仙舟者也。昔尝有野人，于严冬见花瓣流出，大可径寸。因结筏以进，莫可测其底，闻人语喧腾而返，此与晋太康中之桃花源何异！"同时徐梦陈在碑文中还专为孔水洞赋诗一首："东北分天脊，燕山奥室幽。大房传古洞，孔水泛仙舟。闻说桃花瓣，严冬径寸浮。缤纷飘两岸，荡漾在中流。坞叟乘槎访，渔翁纵苇求。杳然尘世异，别有洞天悠……"[4]他将孔水洞的自然特点和历史传说融入诗中，亦颇具史料价值。

孔水洞除了其自然景观外，更为重要的是遗存了一些珍贵的历史文物，主要为隋代和金代的石刻，包括两龛摩崖造像、四部佛教经典的选刻和四则题记。

两龛造像位于孔水洞券洞尽头的石壁上，是最为显眼的位置。一龛刻一佛二菩萨二护法像，年代为洞内题记所示的"隋大业十年"，另一龛为水月观音像，年代为题记所示的"金大定廿年"。四部佛经分别是北凉天竺三藏昙无谶所译《大般涅槃经》（共四十卷），佚名译《佛性海藏智慧解脱破心相经》（共二卷）[5]、刘宋中天竺三藏求

作者单位：首都博物馆

那跋陀罗所译《胜鬘经》（全称《胜鬘师子吼一乘大方便方广经》，共一卷）、隋天竺阇那崛多和达摩笈多共译《添品妙法莲华经》（共七卷二十七品）⑥。但孔水洞中的四部佛经都是选刻，内容并不完整。其中，《大般涅槃经》选刻了卷二《寿命品第一》之二中的一段偈语，皆五言句，共90句；《佛性海藏智慧解脱破心相经》选刻了该经卷上分布于三处的三段偈语，包括七言句16句、五言句16句；《胜鬘经》选刻了《如来真实义功德章第一》中的偈语，皆五言句，共36句；而《添品妙法莲华经》选刻了《观世音普门品第廿四》中几乎全部经文，仅未刻"重颂"文字及"重颂"前一小段经文。全部经文、偈语及题记皆竖排镌刻，共120余行，每行最少15字，最多28字，总计镌刻2700余字。因岁久自然侵蚀，文字多有漫漶。

四则题记分布于四处不同位置，三则为隋代，一则为金代。其中，一则隋代题记刻于经文偈语的左上角，长宽约20厘米，所刻内容为："诸行无常，是生灭法；生灭灭已，寂灭为乐。十方诸佛，皆因此偈，得灭重生。若能诵持，至□□养，最为第一。□□三课，□难生死，永无业□。大隋大业十年二月二十三日。"再一则刻于《妙法莲华经观世音普门品第廿四》经文末，内容为："大业十年四月八日慧日道场，僧道法□，□敕在此，□永行道，□……《观世音经》一部及余经偈上为皇图……诸王……师父母□世光灵犹出西方六趣……张供养。"另一则为功德主题记，刻于两龛之间，内容为："良乡……守此仙……仨□□寺尼智贞空义……僧惠……光寺严法禅林□法光善藏楤得德守惠。"金代题记刻于经文偈语的左下角，内容为："书诣／山陵祀事毕回游／大房古刹全施盖／佛殿应用钉线（银钱）／岩大定庚子中元日／吏部尚书驸马都／尉乌林答天锡题／婿曹河西完颜奴／疙疸侍行。"（斜线表示分行）⑦

本文讨论的重点是此处遗存中的两龛摩崖造像，涉及内容与刻经及题记密切相关，特别是其中的四条题记，它们对研究摩崖造像与刻经的年代及历史背景具有重要参考意义。

图一　孔水洞隋大业十年（614）一佛二菩萨二护法神像

二、隋代一铺五尊龛像

此龛共有五尊造像，为一佛二菩萨和二护法神像（图一）。一佛二菩萨雕刻于龛内，龛高130厘米，宽100厘米。龛呈圆拱形，龛楣为尖状，龛两边雕出八棱立柱，立柱中央雕出束腰，柱头及束腰部位皆有莲花瓣装饰。龛内中央雕主尊佛陀像，二菩萨分居主尊两边。主尊结跏趺端坐，头部高昂，坐姿挺拔。头顶有高肉髻，面形长圆，大耳齐垂，面相沉静。脖颈细长，肩部削斜。身着通肩袈裟和僧裙，衣质薄透，衣纹疏朗浅细，身躯轮廓清晰可见。双手置双膝上，结禅定印。身下有长方形台座，台座正面以高浮雕手法雕出一长方形平台，表示供案，上置一瓶式香炉。二菩萨皆呈半侧身姿势，笔直站立，身体靠近立柱。皆头戴花冠，宝缯垂肩，上身披帔帛，下身着长裙，颈下有项圈或璎珞装饰，但已模糊不清。帔帛及僧裙亦紧贴身体，衣纹线条硬直简洁。其手印各不相同，右菩萨左手置胸前，右手下垂，左菩萨与右菩萨相反，手印为右下左上。二菩萨身下有盆式台座，其下有粗硕的莲枝承托。主龛之外的下方，也减地雕出一长方形平台，其上高浮雕二狮子，二狮蹲踞似狗，尾巴上扬，肉丰骨劲，体态雄健，形象朴拙自然，与北朝晚期普遍流行于北方地区的狮子造型完全一致。龛外两侧又各雕一立像，二像皆菩萨装束，头戴花冠，身披帔帛，下着长裙，两足立于卧兽（似羊又似鹿）之上。帔帛及下裙衣纹硬直，刀法简洁明朗。它们的身体略向内倾，表现出对主尊的拱

图二　美国波士顿美术馆藏隋开皇十三年（593）铜镀金阿弥陀佛三尊像

图三 平等寺韩永义等造像碑二神王像

图四 美国大都会博物馆藏北齐四面石龛之二神王像

卫之势。右边立像右手叉腰，左手握长柄三叉戟，左边立像与右像正好相反，左手叉腰，右手握长柄三叉戟。从二像手中的持物来看，它们的身份与职能显然与护法有关，无疑是龛内一佛二菩萨的护法神。惜左像面部残损。

首先我们来看这龛造像的年代和风格。过去的相关文章和著作大多将它定为北魏晚期，这一判断显然有误。因为这龛造像无论是其龛型还是五尊造像的造型、衣着样式、衣纹表现手法等，都与北魏造像及龛式风格不符，而是体现了北朝晚期和隋代造像的鲜明风格特点（图二）。前揭孔水洞两处隋代题记，其上出现的"隋大业十年"纪年应为其雕刻的准确年代。隋代是中国佛教造像艺术发展的过渡时期，造像风格一方面体现了对北朝晚期的继承，另一方面又表现出新的发展和变化，这种新旧两种艺术元素同时出现的现象是隋代造像的共同特点。具体到孔水洞这龛造像，其艺术表现正是如此。如这龛造像的主尊，其肉髻微隆，衣纹简洁，明显继承了北齐佛像艺术特征，但脖颈细长，显得头身比例失准，又明显表现了隋代造像的新变化。又如两身菩萨像，其头冠、帔帛、僧裙乃至显得有些板滞的身姿等，都带有浓郁的北齐同类造像遗风，但微微凸起的小腹又表现出隋代造像的新风尚。再如龛外两身护法神像，其衣饰样式和表现手法皆如隋代造像作风，但其身躯不是笔直地站立，而是略带扭动，这是北齐造像罕有的动态表现，也明显体现了隋代造像新的审美追求。目前隋代造像遗存十分丰富，其中邯郸北响堂山石窟第二窟"大业洞"造像，雕造于隋大业七年（611），不仅风格与孔水洞龛像完全一致，而且时间及地理上亦与孔水洞最为接近，最值得我们参考⑧。另外，这铺造像的龛型亦具典型隋代特点，在响堂山隋代窟龛和河南安阳宝山灵泉寺隋代石塔上，皆可看到一些相似的实例，如南响堂山第一、二、六窟隋代诸龛⑨、北响堂山第二窟"大业洞"诸龛⑩，宝山灵泉寺第4号、68号、69号、74号塔塔龛⑪等，其龛型皆与孔水洞一致。通过比较可见，孔水洞龛像无论造像还是龛型都具有隋代鲜明特点，摩崖题记上出现的"隋大业十年"纪年当为其真实的雕刻年代。

值得注意的是，这龛造像的年代不仅在造像自身的艺术特征上有明显体现，而且造像题材及其造型样式也可为其年代提供重要依据。其中，龛内所雕一佛二菩萨像的中央主尊佛陀像，其表现题材虽然我们暂时不得而知，但是基于其与当时流行的三十五佛、五十三佛或贤劫千佛的集群式造像的造型一致，典型实例如安阳宝山灵泉寺大住圣窟三尊大佛像旁浮雕的小佛像⑫、北京石经山雷音洞四根千佛石柱上浮雕的小佛像⑬等，毫无疑问也透露了这类禅定印佛陀像的大致年代信息，因为它与隋代流行的三十五佛、五十三佛和贤劫千佛等多佛信仰有着密切的关联。而时代表现最为突出的是龛外的二护法神像，其时代性可从造像题材及其造型的来源上找到可靠依据。这两尊护法神像造型非常奇特，足下踩兽，手中持三叉戟，很明显它们既非天王像，亦非金刚力士像。根据其造型特征，目前我们可以找到四件相似的实例：其一为北齐天统三年（567）韩永义造像碑，碑身正面下方造像记刻铭位置出现了线刻二护法神像，皆结跏趺坐，身披络腋，颈戴项饰，旁有榜题，左刻"迦毗罗神王"，右刻"那罗延神王"⑭。其二为北齐天统三年至天统五年（567—569）洛阳平等寺崔永仙石造像碑⑮，碑身下部高浮雕二护法神像，皆武士装扮，右手持剑，左手持三股叉，脚下未踩兽（图三）。其三为美国大都会博物馆收藏的北齐四面石龛像⑯，四面中有两面龛外高浮雕二护法神像，其中一面龛像保存比较完好，二护法神皆菩萨装束，一手持三股叉，一手叉腰，脚下踩兽，造型特征与孔水洞二护法神非常一致（图四）。其四为安阳宝山灵泉寺大住圣窟窟门两边雕刻的二神王像，是一组最特殊和最有特点的护法神像，它们不仅有具体雕刻时间、具体的名称和明确的职能，而且造型特征比北齐四组护法神像和孔水洞护法神像都要复杂[17]。通过比较分析，特别是将造像与刻经结合起来分析，我们不难发现孔水洞二护法神像与大住圣窟二神王像的关系最为密切。

大住圣窟位于灵泉寺西侧的宝山南麓，窟门南向，窟室平面呈长方形，进深 3.4 米，面阔 3.43 米，高 2.6 米。其内外雕有卢舍那佛、阿弥陀佛、弥勒佛、24 位祖师、若干小佛像及多部佛经。窟侧崖壁题记也明确记载了窟内雕刻的内容："大住圣窟，大隋开皇九年乙酉岁敬造，窟用工一千六百，廿四像世尊用工九百，卢舍那世尊一龛、阿弥陀世尊一龛、弥勒世尊一龛、三十五佛世尊三十五龛、七佛世尊七龛、传圣大法师二十四人。"[18]其中窟门东西两侧二神王像以其躯体高大、雕刻精美最为引人注目。那罗延神王像，高 1.74 米，宽 0.7 米。头戴饰有羽翼、宝镜的战盔，缯带在耳边向上飘扬，头向左倾，双目微闭，长须。上身颈饰项圈，披帔帛，帔帛缠绕双臂垂于体侧，下身着战裙。左手持剑，右手持三股叉，赤足踩牛形怪兽。迦毗罗神王像，高 1.78 米，身宽 0.6 米。头盔与那罗延神王相似，盔带下垂至两肩，头略左倾，面形瘦长，下颌亦蓄有长须。身披甲胄，右手握剑，左手持三股叉，赤足踏羊形怪兽。此二像上都带有隶书名称的榜题，东侧为"那罗延神王"，西侧为"迦毗罗神王"，为孔水洞二护法神像题材的定名提供了重要参照。

那罗延和迦毗罗在佛典中都有记载。如那罗延，《慧琳音义》卷二十六记载："此云力士，或云天中，或云人中力士，或云金刚力士也，或云坚固力士。"[19]迦毗罗，《慧琳音义》卷二十六亦记载曰："迦比罗，此云黄头仙人。"[20]可见此二神王在佛典中只是各具神通力量的一般神祇，前者是具有大力的"力士"，后者是等同于外道的"仙人"。其在我国流传的历史，目前只能追溯到北齐时期，上揭三件北齐造像碑即为重要例证。其流传的原因，现在比较一致的观点认为与北齐流行的末法[21]思想有关，而与末法思想相关的《大方等大集月藏经》是其重要依典。此经第九卷有两品分别记载了二神王名号及其功德，其中"分布阎浮提品第十七"记载佛陀付嘱天子、夜叉、龙王等"护持震旦国土""令我法眼得久住故，绍三宝种不断绝故"，其中十大夜叉中排在首位的就是"迦毗罗夜叉"[22]；"建立塔寺品第十九"记载"佛说于此四天下中所有过去诸佛如来之所建立住持大塔牟尼诸仙所依住处"，有二十五种名号，"那罗延窟"为其中之一[23]。《大集月藏经》北齐时由北天竺乌苌国僧人那连提耶舍（约490—589 年）翻译，宝山灵泉寺隋代大住圣窟刻有《大集经月藏分中言》，而灵裕又明确将其开凿的大住圣窟命名为"金刚性力住持那罗延"[24]，这些都充分见证了当时二神王的流传与《大集月藏经》的密切关系。但值得注意的是，这种二神王的组合形式在印度佛典和佛教图像志中并无记载和图例，它们双双始现于北齐，应为北齐人的独创，其创作依据应当受到了北魏开始流行的二力士供奉形式的影响。其形成原因与本文关系不大，这里就不展开讨论。

孔水洞二护法神像与大住圣窟二神王像的具体关联体现在两个方面：一方面是两对造像的职能完全一致，都被寄寓了"末法"时期护持佛法的职能，其护持的具体对象就是摩崖刻经。大住圣窟开凿在前，是由高僧灵裕主持开凿的，他开窟的目的在《续高僧传》中有明确记载："又营诸福业，寺宇灵仪，后于宝山，造石龛一所，名为金刚性力住持那罗延窟。面别镌法灭之相，山幽林竦，言切事彰。"[25]从此记载可见，他开窟的目的就是为了保护佛法，他将所开之窟命名为"那罗延"，又雕刻"那罗延王"守护，明确赋予了那罗延护持佛法的重任。而此窟内外雕刻内容，尤其是一些刻经，都关涉"灭法"思想和护法寓意，也显示了神王造像与刻经的紧密联系。孔水洞雕刻在后，其雕刻内容除有一龛造像外，其他皆为刻经，有《大般涅槃经》偈语、《佛性海藏智慧解脱破心相经》偈语、《胜鬘经》偈语和《妙法莲华经观世音普门品第廿四》，虽然刻经内容与大住圣窟有所不同，但目的和性质与大住圣窟完全一致。因此，其龛外所雕二护法像亦如大住圣窟一样，与其所在的刻经紧密相关，用以标显护持佛法的功用。

再一方面是大住圣窟的营造者灵裕与隋初燕地的深厚渊源。灵裕是东魏、北齐和隋初北方地区最著名的高僧之一，他既是当时北方地论学派的主要弘传者，同时又通达《华严》《涅槃》《成实》《杂心》等大小乘经论，一生

图五　孔水洞金大定二十年（1180）摩崖石刻水月观音像

著述甚丰，名震朝野，时人尊他为"裕菩萨"[26]。根据唐道宣《续高僧传》记载，灵裕曾两度赴燕地弘法。第一次是北齐河清三年（564），四十七岁的灵裕受范阳卢氏之请至范阳讲经，"至止讲供，常溢千人，听徒嘉庆，前后重叠。后还邺下，与诸法师连座谈说"[27]。第二次是隋开皇三年（583），相州刺史樊叔略举荐灵裕为"都统"，他坚辞不应，"潜游燕赵，五年行化，道振两河"[28]。灵裕两次深入燕地传经布道，一定会将其末法思想、护法心愿及刻经举措传至燕地；特别是第二次燕地之行，时间长达五年之久，开皇九年（589）重回邺都后，他就开始营造大住圣窟，这一情形充分表明其营窟刻经的理念在燕地已然形成。1992年房山韩村河镇曹章村出土一合墓志《隋国良乡司功韩君墓志》，该墓志记载墓主人韩辅曾劝导乡亲"刻造一切经"，从韩辅卒于隋仁寿元年（601）来看，他劝导乡亲刻经自然发生在隋仁寿元年之前[29]。又唐元和四年（809）刘济《涿鹿山石经堂记》记载，"有涿鹿山石经堂者，始自北齐"[30]，其所记刻经时间更是早至隋代以前。这两条史料记载的北京早期刻经都发生在灵裕在世之时，应当与灵裕两次燕地传法活动有密切关系，足以见证灵裕的护法刻经思想已在燕地落地生根。有此北京早期刻经与灵裕思想及活动的密切关系，后来孔水洞及石经山同时开展的大规模刻经活动也就顺理成章了，它们无疑都是灵裕宣扬的护法刻经思想继续影响的结果；尽管它们发生在灵裕离开燕地回到宝山营造大住圣窟的25年之后，但在刻经理念、刻经内容上与灵裕完全是一脉相承的。二神王像是灵裕开凿的大住圣窟的重要组成部分，也是其护法思想的重要表征，随着灵裕护法刻经理念在燕地的传播和影响，它也必然要影响到燕地与刻经相关的场域，成为燕地佛法外护神力的象征。

由上可见，孔水洞这龛隋代造像基于其自身表现的艺术特征，我们可以明确判断它是一龛雕刻于隋代大业十年的隋代风格造像。根据其题材及造型特点，并结合其所在地的佛教刻经，其艺术源头可以追溯到隋开皇九年安阳宝山灵泉寺的大住圣窟，龛像与刻经的紧密关系、二护法像造型样式及功用都明显受到了大住圣窟的影响，这一艺术背景又可为造像年代提供重要依据和佐证。

三、金代水月观音龛像

此龛造像位于隋代造像的左侧，龛高100厘米，宽55厘米，亦呈圆拱形，龛楣中央出尖，龛内高浮雕单尊菩萨像（图五）。菩萨头顶束高发髻，发髻边缘可见连珠装饰，两耳侧可见发辫及缯带垂至肩部。面形长圆，五官端正，双目凝神，相容慈悲安详。身躯丰腴，腹部微凸，造型姿势生动自然。颈下坠有对称式连珠形项饰，胸前挂连珠式璎珞，两肩披有细薄的帔帛。全身衣饰非常简洁，身躯的起伏和变化完全显露出来。两手均残，从断口朝向大致可以判断其方位，为两手均置于胸前，左手在下，右手在上。根据观音图像志判断，其两手很有可能分别执净瓶和杨柳枝。舒坐姿势，身下有方形束腰式须弥座。束

图六　大英博物馆藏莫高窟藏经洞发现晚唐五代水月观音绢画像

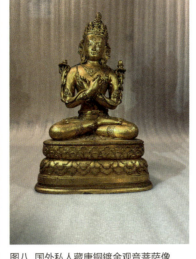

图七 1957年浙江金华万佛寺塔基出土五代铜　图八 国外私人藏唐铜镀金观音菩萨像
镀金水月观音像

腰上方可见三层叠涩，束腰正面偏右三分之二位置凿一浅龛，内雕一坐像。该像身宽体胖，头部浑圆，似胡人样貌，两手似抱一琵琶正在弹奏，毫无疑问它表现的是一位供养人身份的伎乐形象。左腿横盘，右腿残，从台座正面像龛左移的处理形式来看，右边空出地方应为右腿下垂之处。根据这些细部特征，特别是从它的造型姿势和全身装扮形式来看，可以明确判定此像表现的是一尊水月观音菩萨像。

水月观音是佛教崇奉的一尊重要观音菩萨种类和形象，出自唐代画家周昉（8—9世纪初）的创作。唐代张彦远《历代名画记》卷十记载："（周昉）妙创水月之体。"[31]该书卷三又载："西京（长安）圣光寺……塔东院南，周昉画水月观自在菩萨掩障。菩萨圆光及竹，并是刘整成色。"[32]这是周昉创作水月观音的两条重要依据。水月观音在唐中期由周昉创出后，很快为时人接受和喜爱，晚唐时已广为传播，甘肃敦煌莫高窟、榆林石窟就遗存有多幅晚唐时期水月观音绢画和壁画像（图六）。至五代十国，立体雕塑的水月观音像开始流行，其中关中地区流行最盛，其标准的造型和富于时代特征的装饰风范别具一格，对后世产生了重要影响；同时江南地区也纷纷模仿，如浙江金华万佛塔出土的铜镀金水月观音像体量硕大，造型完美，极富时代和地域审美特色，是吴越造像的突出代表（图七）。五代之后，水月观音以其优雅自在的姿势，迎合了人们对闲适生活的美好向往，受到两宋及同时期的辽、金、西夏诸王朝的普遍青睐，成为这一时期南北各地观音崇拜的主要造型样式。宋代以后，水月观音仍流行不绝。历史上，水月观音皆以半跏坐姿或游戏坐姿为基本造型特征，但手和腿的摆放位置略有一些变化，呈现出多种不同的造型样式。这尊造像虽然两手位置比较独特，但坐姿规范，特别是其慈悲的面容、丰腴的躯体充分彰显了观音菩萨大悲济世的宗教特质，是一尊典型的水月观音变形样式。

这尊造像值得我们注意的也是它的年代和风格，因为长期以来它都被当成一尊唐代造像，陈陈相因，几成定论。这一判断也明显有误，具体理由如下：1. 观音面形长圆，与唐代造像圆润饱满的脸庞明显不符。2. 观音头冠较高，而且头冠上还有珠串装饰，唐代菩萨像罕有这样的头冠形式。3. 观音耳边各有发辫垂于两肩，唐代菩萨像两肩所垂多为束发的缯带，亦罕有发辫的表现形式。4. 观音的身躯虽然比较丰腴，但肌肉显得松弛，没有唐代造像饱满有力。5. 观音腰部丰圆，与唐代菩萨像多为细腰软腹的造型样式差别明显。6. 观音颈下的璎珞呈对称的U字形分布，装饰繁复别致，唐代菩萨像罕见这种装饰样式。7. 观音的头光呈桃形，具有唐代特点，但身光的火焰偏大，状如花瓣，与唐代审美情趣及表现形式明显不符。8. 观音台座上雕刻胡人形象的伎乐，多见于辽金造像上，唐代造像上罕有这样的表现题材及形式。综合以上8点理由可见，此像无论从整体造型还是局部特征来看都与唐代造像风格不符，其年代定为唐代显然不对（图八）。

既然不是唐代造像，那又是何时所造呢？根据上面归纳的8处不符唐代造像的表现，我们不难做出大致判断，其整体表现具有两宋时期中原造像的鲜明风格特点。唐代以后，中原佛教雕塑艺术进入了高度写实化时代，不再像唐代那样追求典型化和理想化的艺术模式，表现佛教理想主义精神，而是转向了世俗化审美追求，以现实中的你我他为模型来塑造佛像，以顺应和迎合世俗社会的审美需求，艺术风格富于现实意味和个性特点。这尊观音像面容亲切温和、身躯丰肥写实、姿态优雅闲适、装饰繁复华丽、形象生动自然，充满着浓郁的世俗气息，完全符合两宋时期中原地区造像艺术的审美追求和风格特点。两宋时期，北京先后由北方契丹和女真建立的辽金两个少数民族政权统治，辽金统治时期北京地区的佛教造像艺术得到了空前的大发展，今天都有丰富的造像实物遗存下来。其造像风格鲜明突出，又各具特点，辽代造像面庞圆鼓，身躯饱满，明显带有唐代造像遗韵，典型实例如北京门头沟龙泉务出土的辽代三彩观音像[33]等；金代造像体态丰肥，衣纹写实自然，明显学仿了宋代造像风范，典型实例如北京房山金墓出土的青白釉入定观音像[34]等。通过与辽金两朝的造像风格进行比较，这尊造像明显接近于金代造像风格，它从躯体造型到衣着装饰展现了金代造像的典型艺术风貌及艺术特点。

通过风格分析，我们明确推断出这尊造像的年代和风格属于金代，得出这一结论让我们自然要与孔水洞的一则金代题记联系起来。那么，水月观音像是否与这则题记有关呢？我们先来看题记内容。题记共9行55字，楷体竖排，内容已于前揭。由于个别文字漫漶或为别字，目前研究者对其识读略有不同。相比而言，笔者倾向于马垒识读的版本[35]，唯有一点意见是，题记中出现的"钉线"二字，笔者认为应为"银钱"的异体字，字体相仿，与上下文意亦相通。基于此，这则题记的大意基本可以明了：金代吏部尚书驸马都尉乌林答天锡，完成祭祀之礼后游览房山古刹龙泉寺，布施了该寺佛殿修盖所需全部银钱，同行有其女婿曹河西完颜奴疙疽，时间为金大定二十年（1180）七月十五日。从内容上看，它主要记述乌林答天锡施钱修盖龙泉寺佛殿一事，似乎与观音造像无关，但仔细分析却大有关联，其关联点就集中在题记的主人翁乌林答天锡身上。

据记载，乌林答天锡是金代一位显赫人物，其显赫地位体现在两个方面：一是其高贵的出身。乌林答天锡，姓"乌林答"，为女真姓，汉姓曰蔡。"其先居海罗伊河，世为乌林答部长，率部族来归，居上京，与本朝为婚姻家"。其父乌林答晖为明德皇后之兄，曾任中都兵马都指挥使。受家族福荫，其官运亨通，历任太尉、奉国上将军、驸马都尉上护军、河南路统军使等职。再一方面体现为他是金世宗之女唐国公主的驸马。唐国公主是金世宗完颜雍的第二女，聪慧丽质，孝顺恭谨，深得父亲宠爱。至出闺年龄，完颜雍将她嫁给徒单思忠。徒单思忠出身于女真世戚之家，机敏有才，颇通经史，识量恢弘。金正隆六年（1161）完颜雍建立新政权，自立为帝，徒单思忠出力不小，被任命为殿前左卫将军，次年又加封驸马都尉，可惜大定二年（1162）便英年早逝。因唐国公主年龄尚小，金世宗又将她改嫁给中都兵马都指挥使乌林答晖第三子乌林答天锡。金世宗后期，乌林答天锡以奉国上将军、驸马都尉上护军身份出任河南路统军使驻节洛阳，唐国公主亦随行赴任[36]。

值得特别注意的是，这位乌林答天锡除了具有显赫的身世和地位外，他与其妻唐国公主还都是虔诚的佛教信徒，而且都特别崇拜观音菩萨。其中，乌林答天锡的佛教信仰在孔水洞题记上就有明确的反映，而另有两通重要的碑文可以见证二人共同的观音信仰。一通是嵌于山东济南灵岩寺千佛殿外东石堰内的《唐国公主祈嗣施资颂碑》，碑文记载了唐国公主与驸马都尉同入灵岩古刹朝礼观音、祈求子嗣的经过，文曰："皇女唐国公主并驸马都尉镇国上将军行大理卿，同入寺朝礼观音，后土祈嗣，谨施资金，命山野升座推轮。饭僧毕，焚香作礼求颂，遂成四韵，录呈台座。济南府灵岩方丈惠才悚息上。九重才出动春风，宝马香车谒圣容。祈祷殷勤朝寺岳，必应贤化感儿童。回途妙达长安道，始信无私用不穷。永泰悟明成证果，而今消息类还同。大定十五年五月望日监寺僧宗旨立石。"[37]灵岩寺是山东境内历史悠久的寺庙之一，据寺内保存的一通金皇统七年（1147）所立石碑记载，此寺与观音菩萨渊源深厚，其北魏正光元年（520）寺庙重建者法定禅师被传为"观音菩萨托相梵僧"（意为观音菩萨化身）。可见唐国公主与驸马都尉至灵岩寺朝礼是事出有因的，是专为观音圣迹而来[38]。再一通是金大定二十五年（1185）河南汝州香山寺《重建汝州香山观音禅院记碑》（俗称《唐国公主碑》），该碑记载了驸马都尉乌林答天锡与唐国公主重建汝州香山观音禅院并立碑纪念的因缘。碑文称，唐国公主随夫乌林答天锡赴任河南，"闻大悲菩萨成道开始终于之说，油然欣慕，茫然自失"。不久观音寺因寺主法秀受开封大相国寺智慧之请离寺，不意遭受火焚，唐国公主见状，发心重修。她对驸马乌林答天锡说："菩萨大士割弃情缘，乐从正道，毁舍肤体，证此妙果，与诸众生有大缘法。其道场遽然遭火，赖兹机缘，重修完好。昔在化身，实生王室，我亦帝子，事有相契，彼何人软，我何人也？咦！非患不至，而患不为也。实以天地父母莫大之恩有所未报，尚不能摆落尘缘，尽管如释氏法。世之义，行止无定。今此胜利，既集上愿，将圆我心，则喜如热得凉，如暗遇光。爰记之于文字，曰碑志诸石，以指示无穷，岂不趑欤！"在这段自述中，唐国公主以其帝子身份比之观音化身香山公主的王室身份，表达了对观音菩萨的无限崇敬之情和发愿修寺的无上法喜[39]。汝州香山寺始建于东汉，历魏晋南北朝、隋唐各代，屡有修葺。北宋元符二年（1099）观文殿大学士蒋之奇受请撰《香山大悲菩萨传》碑文，完整记载了观音化身香山公主的家庭背景、出家缘由、修行经过、成道证果的经历，是目前已知最早的汉化观音菩萨的传记故事，因碑文引用道宣律师与天神对话得到天神明示："嵩岳之南二百余里，有三山并列，其中为香山，即菩萨成道之地。"[40]香山寺遂成当时佛门公认的"观音祖庭"。这两通碑文记载的事实发生在乌林答天锡孔水洞"施盖佛殿"的一前一后，足见乌林答天锡与其夫人唐国公主对观音菩萨一以贯之的执着和虔诚信仰。

从乌林答天锡的身份地位及信仰背景可见，孔水洞金代题记与同在此洞的水月观音造像有着非常密切的关系，乌林答天锡是两处遗存的连接点，也是水月观音造像的真正功德主。因为在同一时间和同一地点，除了题记中提及的乌林答天锡，我们很难找到适合观音造像的第二人选；况且如果孔水洞水月观音像与乌林答天锡无关，那么洞内单独出现一则关于他施钱"施盖佛殿"的题记既显得突兀，也无法找到合理的理由。特别是孔水洞遗存有隋大业十年（614）所刻《妙法莲华经观世音菩萨普门品第廿四》，它与乌林答天锡又暗含着紧密的联系。因为乌林答天锡与唐国公主既有金大定十五年（1175）同入灵岩寺拜观音求子嗣，又有大定二十五年欣慕大悲菩萨身世重修汝州观音道场，这两次经历和善举充分表现了二人对观音菩萨始终如一的极大敬信。而《妙法莲华经·观世音菩萨普门品》是《法华经》中重要的一品，主要宣说观音菩萨普门示现、济度众生的种种誓愿与功德，其中就有满足众生祈求子嗣的誓愿："若有女人，设欲求男，礼拜供养观世音菩萨，便生福德智慧之男；设欲求女，便生端正有相之女，宿植德本，众人爱敬。"[41]可见，虔信观音菩萨的乌林答天锡，当看到孔水洞内宣扬观音功德的隋代刻经，自然会想到雕造一尊观音菩萨造像，一来表达他对观音菩萨的崇信，二来也可满足他求子或其他心愿。如此看来，孔水洞《妙法莲华经观世音菩萨普门品第廿四》应为乌林答天锡施刻水月观音像的真正动因。

四、结　语

综上所述，我们对孔水洞两龛摩崖造像的年代、风格及历史和艺术背景的分析研究可以得出如下两点结论：第一，两龛造像各自表现的艺术特征具有鲜明的时代风格特点，通过分析其艺术特征，并与同时代造像及过去误判时代造像风格进行比较分析，可以明确判断其雕刻年代正如孔水洞三处纪年题记所示，分别为隋大业十年四月初八日和金大定二十年（1180）七月十五日。这一结论既可澄清过去人们对两龛造像年代和风格的一些错误看法，更可为今后北京地区佛教造像艺术研究提供有明确纪年和断代依据的两件重要标型器；特别是北京现存有具体雕刻年代的早期造像十分稀少，而隋、金两代更未见一件实例，可见这两龛造像又具有填补空白的重要文物价值和学术意义。第二，两龛造像都有其历史和艺术渊源，其中隋代龛像以其题材与造型、造像与刻经同在一处的独特表现形式，以及与高僧灵裕开窟造像及燕地弘法活动的紧密联系，可以明确判断它与隋开皇九年（589）安阳宝山灵泉寺大住圣窟密切相关；金代水月观音像以像龛旁金代题记提及的"乌林答天锡"，牵引出乌林答天锡及其夫人唐国公主与观音菩萨因缘深厚的重要线索，也充分暗示了乌林答天锡与水月观音像的密切关系。通过对两龛造像历史和艺术渊源的追溯和梳理，我们不仅为两龛造像的雕刻年代找到了新的重要证据，而且亦由此可窥北京佛教史上过去鲜为人知一些重要历史信息，前者反映了隋代燕地佛教和佛教艺术与当时北方佛教重地邺都的密切交往，而后者反映了金代皇室成员唐国公主及其夫婿乌林答天锡与佛教的特殊因缘，这些历史信息对隋、金两代北京史和北京佛教史研究无疑都将提供新的资料和视角。另外，隋代龛像对北京地区早期刻经历史、刻经内容，金代龛像对北京地区金代观音信仰状况，也都有重要的研究参考价值。

① [北魏] 郦道元著、陈桥驿译注、王东补注：《水经注》卷十二"圣水、巨马水"，中华书局，2016 年，86 页。

② 燕赵文库编辑出版委员会：《冀州图经·郎蔚之隋州郡图经·括地志》，河北大学出版社，2017 年，第 71 页。

③ 北京石刻艺术博物馆编著：《新日下访碑录·房山卷》，北京燕山出版社，2013 年，第 226—231 页。

④ 北京石刻艺术博物馆编著：《新日下访碑录·房山卷》，北京燕山出版社，2013 年，第 356—361 页。

⑤ 此经又名《佛性海藏经》和《智慧海藏经》。最初见于《大周刊定众经目录》，因被判为伪经，故历代大藏经均不收。敦煌发现此经后，被收入日本《大正藏》第 85 卷。卷末题记曰"大唐宝应元年六月二十九日，中京延兴寺沙门常会，因受请往此炖煌城西塞亭供养，忽遇此经，无头名目不全，遂将至宋。渠东支白佛图别得上卷，合成一部，恐后人不晓，故于尾末书记，示不思议之事会合。愿以此功德，普及于一切，我等与众生，皆共佛道。"由此可见此经在敦煌早有流行。孔水洞刻有此经上卷部分偈语，说明当时燕地有此经流传。基于它有具体镌刻年代，此经出现于孔水洞学术价值非凡，不仅反映了当时燕地佛教义学之发达，更为重要的是证明此经早在隋大业年间即已流行，比目前已知的敦煌写本和四川安岳卧佛院石刻本都要早。参考邓星亮著《四川安岳卧佛院石窟刻经研究》，巴蜀书社，2016 年，第 161—170 页。

⑥ 隋天竺阇那崛多和达摩笈多共译《添品妙法莲华经》和后秦鸠摩罗什所译《妙法莲华经》内容相差不大，前者为 7 卷 27 品，后者为 7 卷 28 品，只是结构略有差别，其中的《观世音菩萨普门品》在罗什译本中被列为第廿五品，而在崛多与笈多译本中被列为第廿四品。孔水洞此经的经题为"妙法莲华经观世音普门品廿四"，表明出自《添品妙法莲华经》。《添品妙法莲华经》译于隋仁寿元年 (601)，在时间上孔水洞刻经亦与之相符。参考《大正藏》第 9 卷。

⑦ 前三则题记参考颐和吴老：《房山孔水洞隋代和金代刻石初探》，网络文章，发表时间为 2016 年 6 月 26 日。后一则金代题记参考马垒：《北京房山孔水洞金代摩崖题记新考》，《北京文博文丛》2016 年第 3 辑。

⑧⑩ 陈传席主编：《中国佛教美术雕塑卷：响堂山石窟（下）》，天津人民美术出版社，2014 年，8—25 页。

⑨ 陈传席主编：《中国佛教美术雕塑卷：响堂山石窟（上）》，天津人民美术出版社，2014 年，第 47、58、101、132 页。

⑪ 河南省古代建筑保护研究所编：《宝山灵泉寺》，河南人民出版社，1991 年，第 355—357 页。

⑫⑰ 河南省古代建筑保护研究所编：《宝山灵泉寺》，河南人民出版社，1991 年，第 15—18 页。

⑬ 北京市文物局：《北京文物精粹大系·石雕卷》，北京出版社，2000 年，第 70—72 页，图 31—32。

⑭ 碑高 300 厘米，宽 107 厘米，厚 29 厘米，原存偃师市南蔡庄乡寺里碑村平等寺，现为偃师商城博物馆收藏。参见王景荃主编：《河南佛教石刻造像》，大象出版社，2009 年，第 240—243 页。

⑮ 碑高 275 厘米，宽 107 厘米，厚 24 厘米，原存偃师市南蔡庄乡寺里碑村平等寺，现为偃师商城博物馆收藏。参见王景荃主编：《河南佛教石刻造像》，大象出版社，2009 年，第 254—259 页。

⑯ 碑高 241.3 厘米，宽 171.5 厘米。参见金申编著：《海外及港台藏历代佛像：珍品纪年图鉴》，山西人民出版社，2007 年，第 148—149 页。

⑱ 河南省古代建筑保护研究所编：《宝山灵泉寺》，河南人民出版社，1991 年，第 81 页。

⑲ [唐] 慧琳：《慧琳音义》卷二十六，《大正藏》第 54 卷，第 472 页。

⑳ [唐] 慧琳：《慧琳音义》卷二十六，《大正藏》第 54 卷，第 475 页。

㉑ "末法"来源于佛教的"三时"说，三时指佛教发展的正法、像法和末法三个阶段。关于三时的时限，说法不一，综合诸经论所说，比较流行的说法是正法五百年、像法一千年和末法一万年。南北朝时期，由于北魏太武帝首先开展灭佛运动，佛教徒认为末法时期已经来临。率先倡导末法思想的北齐慧思自述："我慧思即是末法八十二年，太岁在乙未 (455) 十一月十一日于大魏国南豫州汝阳郡武津县生。"（《大正藏》第 46 卷，第 787 页）北京房山石经开创者静琬在其刻经题记中也明确表示，唐贞观二年 (628)"已浸末法七十五载"。参见《房山石经题记汇编》，书目文献出版社，1987 年，第 1 页。

㉒ 《大正藏》第 13 卷，第 368 页。

㉓ 《大正藏》第 13 卷，第 373—374 页。

㉔㉕ [唐] 道宣：《续高僧传》卷九"释灵裕"，《大正藏》第 50 卷，第 497 页。

㉖ [唐] 道宣：《续高僧传》卷九"释灵裕"，《大正藏》第 50 卷，第 495 页。

㉗㉘ [唐] 道宣：《续高僧传》卷九"释灵裕"，《大正藏》第 50 卷，第 496 页。

㉙ 北京石刻艺术博物馆编著：《新日下访碑录·房山卷》，北京燕山出版社，2013 年，第 378—382 页。

㉚ [唐] 刘济：《涿鹿山石经堂记》，杨亦武：《房山碑刻通志》卷三"大石窝镇"，学苑出版社，2020 年，第 29—31 页。

㉛ [唐] 张彦远撰：《历代名画记》卷十，文渊阁四库全书，第 812 册，上海古籍出版社，1987 年，第 354 页。

㉜ [唐] 张彦远撰：《历代名画记》卷三，文渊阁四库全书，第 812 册，上海古籍出版社，1987 年，第 308 页。

㉝ 北京市文物研究所编：《北京龙泉务窑发掘报告》，文物出版社，2002 年，第 303—307 页。

㉞ 北京市文物研究所编：《北京考古四十年》，北京燕山出版社，1990 年，第 172 页。

㉟ 马垒：《北京房山孔水洞金代摩崖题记新考》，《北京文博文丛》2016 年第 3 辑。

㊱ [元] 脱脱等撰：《金史》，中华书局，1975 年，第 1519—1521、1217、2620、2897 页。

㊲ 中国观音文化研究中心等编：《重建汝州香山观音禅院记》，文物出版社，2017 年，碑拓图片排在书前。

㊳ 《观音托相圣迹序碑》，载灵岩寺编辑委员会编：《灵岩寺》，文物出版社，1999 年，第 111—112 页。

㊴ 中国观音文化研究中心等编：《重建汝州香山观音禅院记》，文物出版社，2017 年，第 33—35 页。

㊵ 肖红、曹二虎、何清怀主编：《香山大悲菩萨传》，文物出版社，2009 年，第 103—110 页。

㊶ [后秦] 鸠摩罗什译：《妙法莲华经·观世音菩萨普门品第二十五》，《大正藏》第 9 卷，第 57 页。

唐幽州节度押衙高霞寓玄堂铭新考

——兼论唐代儒州的建置情况

向传君

　　《高霞寓玄堂铭》，清末出土于京师昌平县[①]，中国近代考古学家、金石学家罗振玉在他辑撰的《京畿冢墓遗文》中收录有碑文[②]。而当代学者编撰的《唐代墓志汇编》[③]《全唐文补遗·第六辑》[④]也有录文，但均存在一些错误，其中最重要的是将志主的名字误作为"霞寓"。鲁晓帆先生《唐高霞寓玄堂铭考释》一文，在未见拓片的情况下，对玄堂铭进行了一些考证，但仍然沿用了错误的名字[⑤]。所幸的是，河南省文物研究所保存有《高霞寓玄堂铭》的拓片，而《隋唐五代墓志汇编·河南卷》收录该墓志的拓片[⑥]，可以纠正录文错误，还原真实的记载，以正视听。结合传统史籍的记载可知，高霞寓与高霞寓实际为堂兄弟关系。

　　高霞寓作为幽州镇衙将，玄堂铭关于其生平履历的记载，反映了唐代幽州镇的史实。而志文中关于"儒州"的记载，对于研究今北京延庆地区的历史沿革有着重要意义。综合各类墓志史料分析，开元二十一年（733）之前已有北郡、儒州的建置，北郡在元和八年（813）之前升级为防御军。儒州或曾更名为儒价州，大和七年（833）之前复为儒州。防御军和儒州的治所，都在儒价城。

一、高霞寓的名字辩证与生平履历

　　对于高霞寓之名，历来多本书籍存在错误记载，这是导致如今错误之名流传的原因。无论是旧时的《京畿冢墓遗文》，还是今人编撰的《唐代墓志汇编》《全唐文补遗·第六辑》，均存在一些错误。如《京畿冢墓遗文》中记载为"高霞寓玄堂铭"，而在录文中记载的却是"公讳霞寓，字霞寓"，这里标题与录文不一致[⑦]。《唐代墓志汇编》大和〇六六《唐故幽州节度押衙金紫光禄大夫检校太子宾客摄妫檀义州刺史□□□□□等使兼御史中丞东海郡高公玄堂铭并序》中记载为"公讳霞寓，字霞寓"[⑧]。《全唐文补遗·第六辑》第145页有《唐故幽州节度押衙金紫光禄大夫检校太子宾客摄妫檀等州刺史（下泐蚀不清）等使兼御史中丞东海郡高公（霞寓）玄堂铭并序》，录文记载的是"公讳霞寓，字霞寓"，标题与录文也不一致[⑨]。

　　为了查证玄堂铭真实的记载，笔者尝试寻找拓片，最终在《隋唐五代墓志汇编·河南卷》第105页找到了《高霞寓墓志》的拓片，其实就是《高霞寓玄堂铭》（图一）。通过拓片可以清晰看出，志文记载的是："公讳霞寓，字霞寓。"[⑩]由此可以明确，高霞寓之名才是正确的。

　　根据《隋唐五代墓志汇编·河南卷》的记载，《高霞寓玄堂铭》拓片长、宽均为58厘米，正书。拓片自左下方延伸至右下方有部分文字泐蚀不清。志文由崔沂撰写，王朝顺镌刻。根据志文内容，可考证其生平履历。

　　高霞寓（770—835），字霞寓，世代居住于燕地。其曾祖高永□，左卫翊府中郎将。《京畿冢墓遗文》《唐代墓志汇编》均作"永兴"，而《全唐文补遗·第六辑》作"永和"。从拓片看，"永"字后一字磨泐不清。其祖父高行仙，京兆府折冲，充静边军使。其父高栖岩，宁武军使、辅国大将军、行左金吾卫大将军员外置同正员、试太常卿、上柱国、兼殿中监。

　　高霞寓，是高栖岩的第十五子。贞元年间（785—805），幽州节度使刘济以其为名家子弟，擢补为步军副将、

作者单位：四川乐山沫若书院

图一 高霞寓玄堂铭拓片

云麾将军、左卫大将军、试太常卿。其后，升任步军将，即志文所言"转领步□□"。此处文字虽有渤蚀不清，但可推测升为步军将。因此《京畿冢墓遗文》也记载为"步军将"⑪。

志文并没有记载高霞寓履历变迁的具体年代，仅知其累迁至蓟州马步都虞候。次年，改□□左厢马军都虞候。其后，历官至檀州刺史，兼营田团练等使，累加至幽州节度押衙、金紫光禄大夫、检校太子宾客、兼御史中丞。后改摄妫州刺史，一年后移任防御军使，兼知儒等州事。未几，转摄广边军使，兼营田等使。大和七年五月，高霞寓病逝，时年六十六岁。

根据志文记载，高霞寓的夫人为陈郡袁氏，有一子一女。其子高元位，试云麾将军，守□□□将军，充幽州衙前将。其女适于北平荣氏。

高霞寓由最初的步军副将，逐渐升迁至檀州刺史、幽州节度押衙、妫州刺史、防御军使、知儒州事、广边军使等职。在他去世之前，已经成为幽州镇重要的军将，已处于较高的地位。

二、高霞寓与高霞寓之关系

传统史籍中并没有记载高霞寓，但却大量记载了高霞寓。通过考证可知，高霞寓、高霞寓二人实际为堂兄弟。这是以往学者在研究《高霞寓玄堂铭》时没有发现的。如鲁晓帆在《唐高霞寓玄堂铭考释》一文中误认为二人同名同姓，虽然意识到二人并非同一人⑫，但却没有认识到二人的关系。

对于高霞寓，两《唐书》均有传记。据《旧唐书》卷一六二《高霞寓传》记载："高霞寓，范阳人。祖仙，父栖鹤，皆以孝闻。"⑬根据这条记载，可以获得三条信息。其一，高霞寓是范阳人，即幽州人，籍贯与高霞寓一致。其二，高霞寓的祖父为高仙，与高霞寓的祖父高行仙应为同一人。这是因为古代在称人名时，时常有省略前一字的习惯。其三，高霞寓的父亲高栖鹤，其名与高霞寓的父亲高栖岩之名也很相似，高栖岩、高栖鹤二人应为同父兄弟。基于以上分析可判断，高霞寓、高霞寓二人为堂兄弟关系，这也解释了二人之名非常相似的原因。

高霞寓（772—826），贞元年间（785—805）徒步前往拜访长武城使高崇文。高崇文将他视为侄子，擢授军职。元和元年（806），诏授兼御史大夫，跟随高崇文一同平定西川刘辟之乱，以功拜彭州刺史。不久，改任长武城使，封感义郡王。五年（810），高霞寓以左威卫将军的身份，跟随左军中尉吐突承璀一同讨伐成德镇王承宗，又加左散骑常侍。次年，改任丰州都团练防御使。

元和十年（815），朝廷讨淮西镇吴元济，任命高霞寓为唐邓隋节度使。其后由于为乱军所败，坐贬归州刺史。后以恩例，征为右卫大将军。十三年（818），出为振武节度使，后入朝任左武卫大将军。

长庆元年（821），朝廷授高霞寓邠宁节度使。三年（823），加检校右仆射。四年（824），加检校司空，又加司徒。宝历二年（826），因疽发于首，高霞寓上奏求归阙下。同年夏，朝廷授其为右金吾卫大将军、检校司徒。高霞寓入京，行至奉天时去世，时年五十五岁，诏赠太保。

另外，《旧唐书》卷一七下《文宗本纪》有记载："（开成三年十月）壬辰，以右金吾卫将军高霞寓为夏绥银宥节度使。"⑭按照两《唐书》高霞寓传记载，高霞寓已于宝历二年去世，不可能在开成三年（838）出任夏绥节度使。因此，此条记载应当有误。

高霞寓、高霞寓二人虽为堂兄弟，但人生履历完全不同。高霞寓一生在幽州镇内担任军将，由步军副将累迁至刺史、节度押衙，成为幽州镇的重要将领。高霞寓则由投奔长武城使的高崇文而委任军职，进而入仕于朝廷，建功立业，加官进爵，历官至节度使，成为一方大吏。

三、儒州北郡与防御军之建置考略

《高霞寓玄堂铭》还反映了幽州镇的历史、职官、地理等方面的信息，对于研究幽州镇有着一定意义。其中最有价值的应该是"移防御军使，兼知儒等州事"这条记载。这里透露出关于"儒州"的信息，是传统史籍非常少见的，对于研究今北京地区在唐代的行政区划史有着重要意义。

根据鲁晓帆《唐高霞寓玄堂铭考释》一文考证，唐代最迟在开元二十一年就已经建置有儒州[15]。在此，我们将进一步考证儒州的建置情况。

儒州，位于今北京延庆地区。对于其建置，两《唐书》地理志都没有记载。《辽史》卷四一《地理志五》记载："儒州，缙阳军，中，刺史。唐置。后唐同光二年隶新州。"[16]《文献通考》卷三一六亦记载："儒州，唐末置，石晋时没于契丹，领县一，缙山。"郭声波《中国行政区划通史·唐代卷》将儒州的建置时间置于光启二年（886），但没有具体依据[17]。

笔者经过研究发现，儒州与儒价州、北郡、防御军有着密切的关系。如今发现关于儒州的史料，最早是在开元二十一年。当时，幽州都督府长史薛楚玉奉命带军围堵契丹军队南下时就涉及到儒州。《全唐文》卷三五二樊衡《为幽州长史薛楚玉破契丹露布》记载："奚王李诗与内供奉长上折冲归州刺史韩仙松、衙官段志忠等统其部属，知虏掠北郡，长上折冲兼儒州都督乌承恩，与供奉将军恩卢延宾、平卢军摄副使遂城县折冲桓善珍、经略军副使政和府果毅杨元亨、军前讨击副使果毅路顺清、夷军子将英乐府右果毅樊怀璧等四面云合。"[18]

对于这段记载，杨程斌、戢征《新出土唐代白贵夫妇墓志考疏》一文断句为"北郡长上折冲兼儒州都督乌承恩"[19]，鲁晓帆《唐高霞寓玄堂铭考释》一文误作"比郡长上折冲兼儒州都督乌承恩"[20]，两者断句均有误，不利于对于史料的分析。这里"知虏掠北郡"，"虏"是指契丹，意思是"知道契丹掠夺北郡"。这段文字同时提及"北郡"和"儒州"，证明儒州一带还有"北郡"。

2007年，北京延庆县城区南菜园二区建设工地出土了一方《唐逯运砖志》，其志云："大唐开元廿八年（740）岁次庚辰三月一日丁亥，郑州荥泽县人逯运，前任汝州郏城府折冲，左降幽州开福府别将。妫州身亡。夫人太原王氏，寄葬儒价州城东南一里坎上。"[21]这里提及到"儒价州城"，"儒价州"与上一条"儒州"之记载有一字之差，或许儒州已经更名为儒价州。

2003年，北京市延庆县南菜园地区出土的《大唐故云麾大将军刘日用墓志铭并序》则记载："有令季北郡使兼儒价州刺史、平州刺史、卢龙军使、云麾将军、右武卫大将军日政。"[22]这方墓志刻于永泰二年（766），这里提到了"北郡"和"儒价州"。上印《全唐文》樊衡露布中"北郡"，这里又称刘日政为"北郡使"，证实了"北郡"的存在。

1975年，北京市延庆县谷家营村东北出土的《唐张乾曜墓志铭并序》记载，志主张乾曜官至"防御军防城副使"，元和八年三月，"迁祔于军之西南五里古原"[23]。在这里，"防御军"开始出现，但并没有提及"儒州"或"儒价州"。据此推测，"北郡"应该是类似于军镇的一种建置，在此时已经升级为"防御军"。因此此后的相关记载中，再没有"北郡"的记载。

大和三年（829）的《唐故朝散大夫节度押衙刘瞺妻清河张氏合祔墓志铭并序》记载：刘瞺曾经"作镇安塞，转防御军"[24]。这里再次提及"防御军"。其后，大和七年的《高霞寓玄堂铭》记载的"移防御军使，兼知儒等州事"。这里首次同时提及"防御军"和"儒州"。由此推测，晚唐时防御军建立之后，儒价州并未撤除，而是更名为儒州。

表一 儒州相关记载表

年代	相关地名	出处
开元二十一年（733）	北郡、儒州	《全唐文·为幽州长史薛楚玉破契丹露布》
开元二十八年（740）	儒价州城	《递运砖志》
永泰二年（766）	北郡、儒价州	《刘日用墓志》
元和八年（813）	防御军	《张乾曜墓志》
大和三年（829）	防御军	《刘瞛夫人张氏合祔墓志》
大和七年（833）	防御军、儒州	《高霞寓玄堂铭》
开成二年（837）	防御军	《曹府君夫人张氏合祔墓志》
大中二年（848）前	防御军	《王公淑墓志》
咸通三年（862）	防御军	《乐邦穗墓志》
咸通六年（865）	防御军	《论博言墓志》
中和三年（883）	防御军、儒价城	《唐白贵夫人墓志》
文德元年（888）	防御军	《唐故陇西郡要氏夫人墓志铭并序》
唐末	儒州	《旧五代史·王思同传》

此后，大中元年（847）有《唐故钜鹿郡曹府君夫人清河郡张氏合祔墓志铭并序》记载，曹府君"开成二年（837）四月十九日，终于防御军"[25]。大中六年（852）有《大唐故幽州节度判官王公淑墓铭并序》记载王公淑曾经"更充防御军使"，其去世于大中二年（848）[26]。咸通六年（865）有《唐幽州卢龙节度左都衙摄檀州刺史论博言墓志铭》记载："夫人防御军使、检校太府卿兼御史中丞中山刘瞛长女，先于公殁十余年。"[27]中和二年（882）有《唐故幽州节度押衙摄檀州刺史乐邦穗墓志铭》记："乐邦穗"咸通三年（862）秋九月，奏旧职，遥摄防御军使、守妫州别驾、银青光禄大夫、检校国子祭酒兼侍御史。"[28]文德元年（888）有《唐故陇西郡要氏夫人墓志铭并序》记载，其夫君为"幽州节度押衙、□防御军使、□左决胜军使、银青光禄大夫、检校国子祭酒兼御史大夫庐江郡舒行言"[29]。这些墓志均只提及了"防御军"，未提及"儒州"。

2016年，北京市延庆区妫河南岸原谷家营村出土的《唐白贵夫人墓志》记载，夫人于中和二年正月"终于防御军之东南私第"，"泊中和三年（883）十月一日，遂迁葬于儒价城西南七里西横渠村。"志文还有"悲风傍惨于儒城"的表述[30]。通过此墓志的记载进行分析，白贵夫人"终于防御军"，墓志同时称"悲风傍惨于儒城"。这里提及的"儒城"，当是"儒价城"的简称。由此可知，防御军治于儒价城。

《旧五代史》卷六五《王思同传》记载："王思同，幽州人也。父敬柔，历瀛、平、儒、檀、营五州刺史。"[31]由王敬柔在唐末曾任儒州刺史的记载来看，即便到了唐末，儒州的建置也并未撤除。

为了清晰地反映北郡、儒价州、儒州、防御军的建置情况，我们将这些记载汇总如表一所示。

通过以上记载可以总结出，在开元二十一年之前，今北京延庆地区就已有北郡、儒州的建置。北郡应该是军镇一类的建置，设有"郡使"，后来在元和八年之前升级为防御军，设"军使"。儒州或许曾经更名为儒价州，大和七年之前复为儒州。防御军和儒州的治所，都在儒价城。

四、结语

《京畿冢墓遗文》《唐代墓志汇编》等书中将"高霞寓"误作为"高霞寓"，导致学界常将二者混为一谈。《高霞寓玄堂铭》的拓片中"寓"字的准确厘定，解开了这个谜团，高霞寓、高霞寓实为二人。结合传统史料对于高霞寓的记载可知，二人之间是堂兄弟关系。但二人的人生经历完全不同，高霞寓一生在幽州镇担任军将，历官至刺史、节度押衙，而高霞寓入仕于朝廷，累迁至节度使。

　　玄堂铭反映了幽州镇的历史、职官、地理等方面的信息，其中关于"儒州"和"防御军"的记载，具有重要的史料价值。结合其他墓志资料和传统史料的记载分析可知，开元二十一年之前已有北郡、儒州的建置，北郡在元和八年之前升级为防御军。儒州或曾更名为儒价州，大和七年之前复为儒州。防御军和儒州的治所，都在儒价城。通过这些考证，丰富了儒州、防御军的建置沿革信息，对于研究今北京的历史地理沿革有着重要意义。

　　附整理后的志文：

　　唐故幽州節度押衙金紫光禄大夫撿挍太子賓客攝嬀檀莘州刺史□□□□□」莘使兼御史中丞東海郡高公玄堂銘并序　　　奉禮郎守太常寺丞崔沂□」

　　飾終之典，寔可紀扵勳賢；茂胤前脩，則必垂扵器望。」公諱霞寓，字霞寓。其先」東海郡人也，齊太公之後。蟬聯而下，益大其宗。因北國随官，代居燕矣。曾祖諱永□，」皇左衞翊府中郎將。王父諱行仙，皇京兆府折衝，充静邊軍使。列考諱栖巖，」皇寧武軍使、輔國大將軍、行左金吾衞大將軍員外置同正員、試太常卿、上柱國、」兼殿中監。公即大將軍弟十五子也。幼彰國器，長負雄才，囊括六經，邃懷大□。」得黄公之妙術，蘊毅勇之英聲。初効質貞元中，故太師彭郡劉公以名家子擢□」補步軍副將、雲麾將軍、左衞大將軍、試太常卿。逸驥始步，秋鴻刷翰，轉領步軍□。」一命再命，幾廓沙漠；三命四命，晭聲日闡。遷拜葪州馬步都虞候。昱歲，改□」左廂馬軍都虞候。恩威肅爽，名耀一時。特授檀州刺史，兼營田團練等使、□□」御史。境逃獸跡，珠還浦明。累加奏幽州節度押衙、金紫光禄大夫、撿挍太子賓客、兼御史中丞。遇以境塵犯塞，時无戍閑，方伯藉伏虜之籌搖軒振旅，改攝嬀州刺」史，告勳如舊。政以不撓而安，才以任能自博。占風闡化，求瘼安人。暨周星，移防禦軍」使、兼知儒莘州事。霜未幾，轉攝廣邊軍使，兼營田等使，終扵位。扵戲！金枝□□，」併鍾秀扵粹和；武柄儒房，寔得偕扵閔哲。始効仕洎乎執憲，匡時之略，□□」任賢，列岳之名，方會雲風。馳騁異節，何四時之運，迺禍福相依；臻否所鍾，翻□□□。」以大和七年五月十三日迨疾掃謝，時年六十六。夫人陳郡袁氏，德結君子，光揚□□，□」行述宣，克脩内則，奄所天之痛，無喻哀艱。有嗣子一人，曰元位，試雲麾將軍、守□□□□」將軍，充幽州衙前將。藝精騎射，克紹弓裘。代承紱冕之榮，名著忠良之□，□□□」□不避滅身。女一人，歸北平榮氏。叶筏礼適，孝感自心，將筮青鳥，方期種□。□□」歲在攝提格二月三日，葬扵昌平縣安集鄉　　里之原，礼也。慮以陵谷□□，□」□□□。故刊石為銘，致之泉壤。其詞曰：

　　英豪盛族，世継賢良。□□□□，」□□□長。
　　家邦之援，儁彥之特。錫禄霸時，揚名光國。
　　雍容禮樂，□□□□。」□□□□，□□埋輪。
　　所冀鵬翻，將期四裔。如何青冥，白日忽曀。
　　□□□□，」□□□□。□□□□，在匣昆吾。
　　青青短松，峨峨高闕。歷古千秋，□□□□。」
　　王朝順鐫」

① 杨家骆主编、徐乃昌撰：《安徽通志金石古物考稿·碑志》卷五，鼎文书局，1972 年。

②⑦⑪ 罗振玉：《京畿冢墓遗文》卷下《高霞寓玄堂铭》，民国自刊本，第 14—35 页。

③⑧ 周绍良主编：《唐代墓志汇编》大和○六六《唐故幽州节度押衙金紫光禄大夫检校太子宾客摄妫檀义州刺史□□□□□等使兼御史中丞东海郡高公玄堂铭并序》，上海古籍出版社，1992 年，第 2143 页。

④⑨ 吴钢主编：《全唐文补遗》第六辑《唐故幽州节度押衙金紫光禄大夫检校太子宾客摄妫檀等州刺史（下泐蚀不清）等使兼御史中丞东海郡高公（霞寓）玄堂铭并序》，三秦出版社，1995 年，第 145 页。

⑤⑫⑮⑳㉑ 鲁晓帆：《唐高霞寓玄堂铭考释》，《首都博物馆论丛》2017 年刊。

⑥⑩ 郝本性：《隋唐五代墓志汇编·河南卷》，天津古籍出版社，1991 年，第 105 页。

⑬《旧唐书》卷一百六十二《高霞寓传》，中华书局，2000 年，第 2895 页。

⑭《旧唐书》卷十七下《文宗本纪》，中华书局，2000 年，第 391 页。

⑯《辽史》卷四十一《地理志五》，中华书局，1974 年，第 511 页。

⑰ 郭声波：《中国行政区划通史·唐代卷》上编第四章《河北道》，复旦大学出版社，2012 年，第 209 页。

⑱《全唐文》卷三百五十二《为幽州长史薛楚玉破契丹露布》，中华书局，1983 年。

⑲㉚ 杨程斌、戴征：《新出土唐代白贵夫妇墓志考疏》，《文物鉴定与欣赏》2018 年第 3 期。

㉒ 王伯轩：《唐刘日用墓志考释》，《北方民族考古》第 7 辑。

㉓ 王伯轩：《延庆三方唐代墓志考释》，中央民族大学硕士论文，2014 年，第 30—31 页。

㉔ 吴钢主编：《全唐文补遗》第七辑《唐故朝散大夫节度押衙兼御史中丞刘公（騱）妻清河张氏墓志铭并序》，三秦出版社，2000 年，第 102 页。

㉕ 周绍良、赵超主编：《唐代墓志汇编续集》大中○○八《唐故钜鹿郡曹府君夫人清河郡张氏合祔墓志铭并序》，上海古籍出版社，2001 年，第 974 页。

㉖ 吴钢主编：《全唐文补遗》第五辑《大唐故幽州节度判官兼殿中侍御史银青光禄大夫检校太子宾客卢龙节度留后营府都督柳城军使平州诸军使平妫等州刺史上柱国太原王府君（公淑）墓铭并序》，三秦出版社，1998 年，第 433 页。

㉗ 吴钢主编：《全唐文补遗》第七辑《有唐幽州卢龙节度左都衙银青光禄大夫检校国子祭酒摄檀州刺史充威武军使兼御史中丞上柱国晋昌论公（博言）墓志铭并序》，三秦出版社，1998 年，第 141 页。

㉘ 鲁晓帆：《唐乐邦穗墓志考释》，《北京文博》2009 年第 2 期。

㉙ 周绍良主编：《唐代墓志汇编》文德○○二《唐故陇西郡要氏夫人墓志铭并序》，上海古籍出版社，1992 年，第 2521 页。

㉛《旧五代史》卷六十五《王思同传》，中华书局，1976 年，第 868 页。

大运河（北京段）漕运文物的初步研究

郭京宁

一、引言

京杭大运河始建于公元前 486 年，地跨四省两市，全线约 1800 千米。2013 年，被公布为全国重点文物保护单位，2014 年，被列入世界文化遗产目录。大运河北京段涉及今北京的行政区划包括昌平、海淀、西城、东城、朝阳、通州六区。

漕运是我国历史上一项重要的经济制度。它是主要利用水道（河道和海道），调运以粮食（主要是公粮）为主的一种专业运输。运送粮食的目的是供宫廷消费、百官俸禄、军饷支付和民食调剂。这种粮食称漕粮。漕运文物指与漕运相关之文物。

漕运文物是大运河文化内涵的物化反映之一，是北京历史文化遗产的重要组成部分。漕运文物与大运河密不可分，相辅相成。关于大运河的研究近年开展较多，而与漕运文物有关的研究相对较少，这影响到大运河文化内涵的深入挖掘。因此，本文拟对大运河（北京段）的漕运文物开展相关研究。与大运河有关但与漕运无直接关系的文物，诸如白浮泉、万寿寺、延庆寺等虽在大运河文化内涵中较为重要，但不在本文的重点讨论范畴。

漕运文物包括遗址与遗物。大运河（北京段）沿线涉及漕运的遗址类型有桥、闸、坝、码头等不可移动文物。确切数量，已不可考。遗物有石器、铁器、瓷器等可移动文物。

二、遗址

主要有城址、衙署、古河道、桥闸、码头、仓储设施、宗教建筑等。

（一）城址

与漕运有关的古城 3 座，皆位于通州区：迁建于北齐年间、延用至清代的通州旧城（图一）；明洪武年间所筑的漷县城；明嘉靖四十三年（1564）所筑的张家湾城。

城址的形成、发展和完善都与漕运息息相关。通州旧城的主要功能就是漕粮的转运与存储。

（二）衙署

通州旧城内有很多漕运管理机构，如粮储总督署（尚书馆）、户部分司公署、漕帅府等位于大运西仓东南；坐粮厅署、巡仓公署、工部营缮司位于大运西仓之西。都闸府为明天启年间建立，负责东便门外大通桥至通州城北卧虎桥间通惠河上五闸及通州城中一闸之管理及修缮；明设立的巡漕公署旧址，监督转运边防军粮事务；大光楼于明嘉靖年间设置，是为了验收漕粮而设的办公楼。

（三）古河道

即为漕渠，有位于台湖、马驹桥、永乐店诸镇与于家务乡域内的永济渠

图一 通州旧城东城墙及马面遗址

图二 考古发现的位于张家湾城东南的明代善人桥

作者单位：北京市考古研究院

图三 澄清下闸遗址　　　　　　　　　图四 石坝码头遗址　　　　　　　　　图五 小圣庙北大殿基址

遗址，隋代开凿，与通济渠相接；位于台湖、梨园与张家湾镇镇域中的萧太后运粮河故道，传为辽代开凿；位于永顺镇内的金闸河故道，推断于金泰和五年（1205）开凿；还有位于张家湾、梨园的元代通惠河故道，位于台湖的元代金口新河故道，位于张家湾皇木厂的清代大运河故道等。

（四）桥闸

桥梁多为砖石砌筑，多建于明代。现存的有西城区万宁桥，朝阳区永通桥（八里桥），通州区通运桥、卧虎桥、张家湾土桥（广利桥）、土桥（善人桥）（图二）[①]、虹桥、潞县东门桥等。

闸多建于明代，石砌，现存的有海淀区的广源闸，西城区、东城区的澄清三闸，朝阳区的平津闸、庆丰闸等。考古新发现的有澄清中、下闸（图三）。

（五）码头

码头乃漕粮与各类物资转运卸装船只停泊河岸的设施，均在通州发现，明代居多，主要有砖石和土岸两种。现有迹可寻的是明代石坝码头（图四）、土坝码头、潞河驿码头，但保存多不佳。

（六）仓储设施

明清两代的通州仓库遗址，是朝廷设在通州的国家储粮仓库，用来供应京师内外的皇、官、军、民等人群之食用。南仓内发现大量成团的糜朽黑色谷粒。北京城内有东城的南新仓、禄米仓等。南新仓是现存规模最大、现状保存最完好的皇家仓廒，是京都史、漕运史、仓储史的历史载体和见证。

（七）宗教建筑

大运河沿线庙宇以通州甚多，以文庙、道观、寺庙、清真寺、教堂为代表的宗教建筑和文化，反映着宗教的兼容并蓄。燃灯佛舍利塔是运河四大名塔之一。最早出现在元代的通州清真寺是北京四大清真寺之一。里二泗村的佑民观俗称娘娘庙，供奉的是女神天妃（东南沿海一带多称妈姐）。供奉民间杂神的有明代仓神庙、铁锚寺、监斋庙、祖斛庙、大王庙、小圣庙（图五）、海运庙、晏公庙等，有着不同的祭祀对象，是本地漕运文化的缩影。

关帝庙多与漕运有关，较重要的有赵登禹大街关帝庙、小街关帝庙等。龙王庙有都龙王庙（昌平区）、黑龙潭龙王庙（海淀区）、颐和园龙王庙（海淀区）、广源闸龙王庙（海淀区）、高碑店龙王庙（朝阳区）等。

（八）其他

其他还有积水潭堤岸、张家湾皇木厂遗址、花板石厂遗址、上下盐厂遗址等。各色会馆虽不直接与漕运有关，但亦有丝许关联。

三、遗物

有沉船、石器及石刻、铁器、瓷器、木器、建材等。

（一）沉船

迄今在通州旧城东门外东关大桥至潞城镇郝家府村南之间3千米的运河故道中，共计发现元、明、清时期沉船11艘（附表一）。客、货船皆有，空、重船并存。

附表一 大运河（北京段）发现的沉船表

序号	时间	位置	河道	备注
1	1954 年春	永乐店镇德仁务村南	隋唐永济渠故道	挖毁
2	1969 年春	张家湾镇西定福庄东南	大运河故道	挖毁
3	1970 年春	西集镇马坊村西	大运河故道	完整尚存
4	1998 年冬	潞城镇杨坨村西新桥河心	大运河故道	残存露出
5	1998 年冬	潞城镇郝家府村南北岸	大运河故道	清出
6	1998 年冬	潞城镇郝家府村南河中	大运河故道	载瓷船尚存
7	1998 年冬	潞城镇郝家府村南河中	大运河故道	尚沉原处
8	1998 年冬	潞城镇杨坨村西南岸	大运河故道	客船清出
9	2000 年春	梨园镇孙王场村南老条形坑	通惠河故道	挖毁
10	2003 年 5 月	通州东关大桥南 300 米西岸	大运河故道	横沉尚在
11	2004 年 1 月	京秦铁路桥南 200 米处西岸	大运河故道	挖毁

（二）石器及石刻

1. 石权

所谓权即秤锤，俗称秤砣，多出土于通州张家湾。明代较多。方体，钮之形状各异，石质种类多，较厚重。素面，少量刻纹。有的上面刻字，以示字号或地点。较重要的有铭文"官砝"石权（图六）、张家湾下盐厂石权、高纽堂鼓形石权等。张家湾下盐厂的明代方形石权，重约 300 千克，体量之大，世所罕见。

2. 石碑

年代为元、明、清者皆有。有记事者，如明万历新建通运桥记碑记载通州运河转输漕粮保卫京师之重要；雍正御制通州石道碑是印证漕粮入仓的重要资料。亦有纪念某人在漕运方面所作突出功绩，如元代赵公去思碑记述赵温任同知都漕运司事职务时在通州的政绩；元王德常去思碑记载了元至正十二年（1352），王德常被选为京畿都漕运使后，"校斛者公平，不得为高下手"，到任两年多，仓库充实，物阜民丰。还有督管明代漕运的重要人物吴仲撰写高碑店龙王庙碑、明万历新建通济桥碑等。

3. 石刻

有为保障漕运顺利而设置的元代通永道署的石座、明代司空分署石额等。通州城西海子西街出土的河闸吊坠，为金代闸河河闸安卸闸板所用，是古代起重之科学措施。

4. 遗石

长、扁方体，遗有钎眼，最大者 20 余吨，明代工部张家湾花板石厂遗留。

（三）铁器

迄今共发现铁锚 22 件（附表二），大小不一，粗细有别，通州旧城东运河土坝码头等地出土，元、明、清时代铸造，或因洪水、或因狂风、或因漩流、或因搁浅而随船沉没，抑或锚链折断独沉河底。其他还有称重用的铁秤砣，泊船用的铁钩，修船用的铁钉、铁锔、

图六 "官砝"石权

图七 张家湾出土的瓷片

附表二 大运河（北京段）铁锚出土表

序号	出土地点	描述	时代
1	潞城镇杨坨村西运河北端商业码头处	锚杆呈八角棱锥体，高150厘米、头径13厘米、尾径4厘米。锚杆头铸上翘4爪，为"十"字分布，对爪间距83厘米、79厘米。爪作牛角形，爪根径8.5厘米、尖径1厘米。锚杆尾部铸为圆环，内套铸2环，环径16厘米，环截径2.5厘米。一爪之尖回弯为环，内套铸2环，一圆环，一马蹄环，马蹄环似挂在船帮所用者。自锚杆环内套铸一长链，链环长圆形，长4.5厘米，套环78环，链长3米余。此锚重约75千克，似为一艘大货船停泊时使用	元代
2	通州城东大河沿东侧原商业码头处	锚杆八角棱锥体，高127厘米、头径9厘米、尾径3厘米。头部4爪牛角形上翘，对爪爪尖间距分别为62厘米、61厘米。锚爪根径4厘米、尖1厘米。锚杆尾端铸作圆环，径8厘米，内套铸圆环径16.5厘米。无链	明代
3	潞城镇杨坨村西运河北端商业码头处	圆锥形锚杆残断，尾部无存。残高42厘米、头径7厘米、残断处径4厘米。4上翘牛角形锚爪爪尖间距分别为50厘米、53厘米。一爪尖回卷作环，套环无存。无锚链。为一般小型货船使用	明代
4	阳桥北运河东岸扩宽处原河畔下	锚杆八角棱锥体，高163厘米、头径10厘米、尾径4厘米。尾端套铸圆环径18厘米。4上翘牛角形锚爪残缺其一，完存相对爪尖间距90厘米。锚链无存。为大货船使用	明代
5	潞城镇杨坨村西运河北端商业码头处	锚杆八角形棱锥体，高150厘米、头径13厘米、尾径4.3厘米。尾端铸为圆环形，内套铸圆环径22厘米，环截面径4厘米。上翘牛角形锚爪4缺1，完存对爪爪尖间距89厘米。锚链残存长约2米，应是大货船使用者	元代
6	潞城镇杨坨村西运河北端商业码头处	锚杆八角形棱锥体，断缺1爪，完存对爪爪尖间距50厘米。为中等货船使用	明代
7	东关大桥以南约500米处运河西岸污水管道洞内	锚杆高115厘米，头、尾直径亦不明。锚爪牛角形，残失1爪，完存对爪爪尖间距75厘米。锚链无存。从锚杆附粘杂物判断此锚乃大型货船使用	元代
8	东关大桥以南约500米处运河西岸污水管道洞内	锚杆八角棱锥体，高117厘米、头径10厘米、尾径4厘米。尾端套环，上翘牛角形锚爪，对爪爪尖间距分别为83厘米、81厘米。锚链无存。为大货船使用	元代
9	东关大桥以南约500米处运河西岸污水管道洞内	锚杆八角形棱锥体，高112厘米、头径9厘米、尾径4.5厘米。尾端铸为马蹄形环，高10厘米、宽9厘米、孔2.5厘米，无套环。锚爪牛角形，残缺其一，对爪爪尖间距77厘米。锚链无存。为大货船使用	明代
10	东关大桥以南约500米处运河西岸污水管道洞内	锚杆八角形棱锥体，高125厘米、头径9厘米、尾径3厘米，尾端有套环，锚爪牛角形，2爪尖残失。锚链无存	元代
11	东关大桥以南约500米处运河西岸污水管道洞内	锚杆高165厘米、头径10厘米、尾径3.5厘米。尾端铸成五边形，高11厘米、宽9厘米、厚3厘米，有套环，上翘牛角形锚爪，对爪爪尖间距分别为95厘米、97厘米，一锚爪回蜷为环，有套环。锚链锈重残存一部，长3米余。为大货船使用	元代
12	东关大桥以南约500米处运河西岸污水管道洞内	锚杆高56.5厘米、头径7厘米、尾径3厘米、对爪爪尖间距62厘米。尾端铸成平顶弧边状，有套环。锚链无存	明代
13	东关大桥以北约100米处河西岸污水管道洞内	锚杆八角棱锥体，高116厘米、头径8厘米、尾径4厘米。尾端环残。上翘锚爪爪尖对径分别为59厘米、57厘米。锚链无存。为中等货船使用	清代
14	东关大桥以北约100米处河西岸污水管道洞内	锚杆八角形棱锥体，高120厘米、头径6厘米、尾径3.5厘米，尾端有套环。锚爪爪根出戟棱，残缺一爪，对爪爪尖间距57厘米。锚链无存。为中等货船使用	明代
15	东关大桥以北约100米处河西岸污水管道洞内	锚杆为圆锥状，高116厘米、头径10厘米、尾径3.5厘米。尾端铸成菱形，有套环。上翘锚爪4缺1，对爪爪尖间距70厘米。锚链无存。为中等货船使用	清代
16	东关大桥以南约200米处运河西岸污水管道洞内	锚杆为四角棱锥体，高80厘米、头径8厘米、尾径3厘米，尾端有套环。上翘锚爪爪尖间距分别为67厘米、68厘米。锚链无存。为小货船使用者	清代
17	东关大桥以南约200米处运河西岸污水管道洞内	锚杆圆柱状，高30厘米，头出4直爪斜挑，对爪爪尖距12厘米，乃飞锚，相近两船靠拢使用	似为清代遗物
18	通州东关大桥以北运河靠西岸	锚杆圆锥状，高170厘米、尾径4.5厘米，尾端有环，径8.5厘米。对爪爪间距110厘米，为大货船所遗	民国
19	京秦铁路桥南约300米处运河西岸下出土	锚杆八角棱锥体，高140厘米、头径11厘米、尾径4厘米，尾端呈平顶六边状，有孔，孔套环，径18厘米；对爪爪间距57厘米。为中等货船使用	明代
20	京秦铁路桥南约300米处运河西岸下出土	锚杆八角棱锥体，高12厘米、头径9厘米、尾径5厘米，尾端圆形有孔，孔套铸环，径16厘米；对爪爪间距57厘米。为中等货船使用	明代
21	潞阳大桥以北河东岸下	锚杆高65厘米、头径9厘米、尾径3.5厘米，尾端圆形有孔，孔套铸环，径12厘米；对爪爪间距39厘米。为小型货船使用	明代
22	东关大桥以南约500米处运河西岸污水管道洞内	锚杆状若前，高47厘米、头径5厘米、尾径3厘米；尾端圆形有孔，孔套铸环，径10厘米；对爪爪间距40厘米。为小型货船使用	明代

附表三　大运河（北京段）皇木出土表

序号	出土地点	描述	时代
1	永顺镇新建村东运河滩处	1974、1975 年，先后发现两根巨大皇木。长 1 米余，截面方形，边长近 1 米。第二根皇木约与第一根等大，木之一端截面有字，为铁梨木	
2	通惠河河口	1995 年清理出一根皇木，长 10 余米，截面方形，边长约 60 厘米	
3	通州东关大桥北约 300 米处运河西侧河帮底	2005 年 3 月，发现一根皇木。此木残长 10.85 米，截面基本呈正方，边长 60 厘米，重约 2 吨。一面约烙有 6 字，其中 2 字为"顺太"，其余 4 字不清，另外烙有火印。木色黄棕，材质坚硬且韧性好	
4	原运河文化广场北端	2005 年 5 月，出土一根皇木。此木初步断定为鸡翅木，为古代南方所产珍贵木材之一种，用以打制皇家所用木制家具。木长 7.75 米，截面积为长方形，长 42 厘米、宽 39 厘米	

图八　验粮盘

图九　运河出土的皇木

铁舌、铁斧、铁削刀等。

元代设京畿都漕运使分司署于今通州女师胡同，管理通惠河、坝河转漕事宜。铁狮置于衙署门口。雌狮高约 1.4 米，蹲坐于方台上，头略左侧，蜷毛覆耳披肩，口张舌卷，怒目前视，胸前悬铃，右足按座，左足前屈，利爪下抚卧昂头幼狮。脚下的方台右铭楷书"皇庆二年（1313）八月……"，左铭"镇宅大吉"，造型生动，威武雄壮，铸造精致，是北京地区现存古铁狮之最大者。雄狮为"大清康熙拾伍年二月吉日重修"，乃重修通永道署时补铸。

（四）瓷器

通州区张家湾、东关，东城区玉河等地出土较多，特别是张家湾，时代为唐至清代。窑口众多，有景德镇窑、龙泉窑等；器型多样，以碗为主，民窑居多（图七）。

（五）木器

通州新华大街、永顺镇竹木厂等地发现了柏木桩、跳板，时代皆为明代。清代验粮盘（图八），规矩、轻便，用于漕粮验收。

（六）建材

建造或修缮北京皇家建筑所用之木材，体大质重（图九），迄今共出土 5 根（附表三）。

东城玉河及通州张家湾等地出土城砖较多。明代洪武元年（1368）、正统十四年（1449）、嘉靖四十三年（1564）、万历四年（1576）等年间，为修筑通州旧城、新城，张家湾城与修缮漷县城及通州大运通仓等，生产城砖，发现多块，择有铭文者收集（附表四）。砖为长方形，尺寸皆约 40 厘米长、20 厘米宽、11 厘米厚，有些铭文砖上印产地、官署、匠人姓名、年号等，文式阴阳皆有，为研究明代城砖产地、制法与规定提供重要实物见证。

（七）其他

此外，还有压舱砖石、砸桩石锤、苫囤石、军粮经纪密符扇、《漕帮条规》、清代仓场总督衙门《漕运底账花名册》（图一〇）、《运河源流图》、漕运布告（图一一）等各类文物。

清代《京鲁段运河图》（又名《运河源流图》），长 745 厘米、宽 50 厘米，是体量较大的运河地形图，描述了从山东台儿庄到北京段运河流域内城池和闸口的分布，既是地形图也是档案。

清代通州河道图，纸长 55 厘米、宽 46 厘米。图中画有里运河（今温榆河）、外运河（今中坝河与北运河）、五闸河（今通惠河）、饮羊河（今萧太后运粮河）、马驹桥河（今凉水河）、旧运河（张家湾至里二泗东之古运河故道）、港沟河（自张家湾至武清县界）、凤河与潒潒河（今潮白河）等，

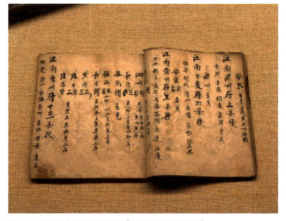

图一〇　清代仓场总督衙门《漕运底账花名册》

图一一　漕运布告

此图在咸丰三年（1853）至民国二十五年（1936）间所画，为研究通州历史地理和通州运河河道变化提供了历史依据。

四、小结

大运河（北京段）漕运文物的特点如下。

（一）等级高

大运河北京段沿线包括世界文化遗产点 5 处、全国重点文物保护单位 6 处、北京市文物保护单位 9 处。这些文物，大部分与漕运有关。例如元代漕船入积水潭，必经之万宁桥为世界遗产目录遗产点。漕船抵达通州的视觉标识燃灯塔，漕运水路进京关口的八里桥等，都是全国重点文物保护单位。

漕运文物中，很多为皇家级别。黄船坞、皇木厂等为皇家文化的代表，南新仓、禄米仓是皇家仓廒，皇木、城砖、花板石等是皇家建筑的重要建材，通州石道碑为雍正御制。与皇家文化关系密切是漕运文物特点之一。

（二）类型丰

漕运作为一项特定的运输制度与物流方式，主要目的为调运公粮，兼及其他用品，在保证中国古代封建社会国家稳定、军事供给、物流平稳方面发挥了重要的作用。由于"民以食为天"，漕运的社会力量参与程度之高、覆盖面之广、鲜有其匹。这使得与漕运相关的文物，几乎包含了所有的遗址类型和文物种类。

不可移动文物主要包括城址、建筑基址、水工遗址等。可移动文物涵盖了石器、铁器、瓷器、木器及有机类文物。其中不乏稀少罕见者，方斗形验粮盘、军粮经纪密符扇等精美绝伦。铭文石权、印记城砖、御制通州石道碑、元代王公去思碑、《漕帮条规》《漕运布告》等文物直接印证或记载了漕运的史实。

但漕运亦有其特定的行业特点，运输和存储是其最核心的内容。现存文物中，桥闸、码头、仓储等遗址及沉船、石权等遗物是最能够集中反映漕运文化特色的文物。通州出土的金代河闸吊坠，上连木制滑轮，用以安卸沉重木闸板，减轻体力劳动，反映了古人的智慧。

漕运文物的"漕运"是文物的属性。就文物自身的研究而言，很多也具有重要的价值。漕运文物不仅为漕运史、北京史、运河史、经济史、军事史等提供着实物资料，也对陶瓷史、石刻史、水工史、物流史等专项学科史研究发挥着重要作用。如：不可胜数的瓷片为陶瓷史研究提供了可靠的标本；去思碑、通运桥、张家湾土桥（广利桥）雁翅上置的镇水兽是精美的石刻文物，去思碑还是文学史上的重要资料；明代"司空分署"石额是书法史的珍贵资料；吊闸石坠有助于推断出金代水闸和元代都漕运司署的位置，可以填补金代、元代史料的空白。沉船为造船史提供了实物材料。清雍正水印盖印布告反映了整治码头上出现的漕弊的情况，《潞河督运图卷》是反映漕运盛况的百科画卷，还反映出当时官民服饰、社会风习等方面的情形。

漕运文物包含皇家、官宦、民间三个层级。漕运全社会参与。漕运文物也因之涵盖社会各阶层，如：皇家的南

新仓、中级官吏的坐粮厅署，民间的小圣庙等。

漕运文物与非物质文化遗产关联度大。与漕运有关的各种物质形态与非物质形态，组成了漕运文化。非遗的历史渊源和艺术表现形式来自物质文化遗产。古河道、古建筑、可移动文物等漕运文物是大运河（北京段）沿线非遗产生的根基和基础，在漕运的过程中形成了丰富的非物质文化遗产。漕运民间传说故事、地名遗产、船工号子、传统工艺、民间美术、民俗活动、曲艺戏剧等均与漕运关系密切，特色鲜明，体现出漕运所承担的物资转运与文化交融。

（三）分布密

漕运文物，数量众多。大运河北京段沿线共有52处物质文化遗产点，世界文化遗产、全国重点文物保护单位、北京市文物保护单位、区级文物保护单位、文物普查登记项目俱全。这些文物，大部分与漕运有关。大运河（北京段）沿线可分上游（昌平白浮泉至西直门外高梁桥闸）、中游（西直门水关至朝阳门平津上闸）、下游（通惠河中游及北运河）三大段。各段均有众多漕运文物的发现。

在漕运的主要地点，出土文物尤为集中。澄清三闸分布于直线距离约1040米的河道上[②]，水利史上罕见，其间还有玉河庵等。通州东关大桥约700米的河道内，出土铁锚10只，沉船3艘及大批修、泊船用具。张家湾古镇区域内有22处不可移动文物点，明前期皇木厂、盐厂、花板石厂、石权等均集中发现于张家湾皇木厂村。郝家府村东出土的石权、古沉船表明这里有外白河道，也标示着古河道的走向。

（四）时代长

秦、汉之际，朝廷即利用沽水（潞水）漕运粮秣供给边关将士。隋代开凿永济渠以供应军队，至今已1400余年。萧太后河始凿于辽统和六年（988），是北京成为辽南京以来最早的漕运河。金代开凿坝河。元初郭守敬主持开凿的大运河，历元、明、清三代，不断贡献着京师漕运，在中国漕运史上写下了光辉的一笔。直至1901年，北运河停止漕运，但萧太后河、通惠河等至今沿用，成为活化的文物。

一些遗址在不同时代连续使用，形成重叠形遗址，如通州仓址明清沿用，石坝码头金、明、清三代使用。

（五）文化融

漕运文化，指因漕运产生的文化。元明清三代漕运文化积淀十分深厚。漕运的过程也是一场文化迁徙，客观上促成了南北文化交融。漕运文物体现出文化的沟通和融合，及运河文化博大的包容性和开放性，在中华民族多元一体的过程中发挥着重要作用。

颐和园玉带桥，桥面双反向曲线，组成波线型桥型，具有长江下游地区石拱桥造型风格。通州出土的金代铜镜，产自浙江湖州。花板石产自山东，城砖产自安徽、江苏一带，瓷器产自江西。清代通州有山西、江苏等外地商业会馆10座。

漕运文物也反映着传统文化与宗教的会同与融合。燃灯塔东侧分布着儒家的文庙（俗称学宫）、佛教的佑胜教寺（俗称塔庵）、道教的紫清宫（俗称红孩儿庙），合称三教庙，由此形成了"三庙一塔"的古建筑群，和谐共存。

很多民间杂神庙是漕运文物不同于其他文物的特点之一。如佑民观供奉的金花圣母保障漕河，牌楼背面悬挂有"保障漕运"的匾额；东岳庙西路殿宇建有海神殿、仓神殿，系与漕运有关系的行业所立。其他与漕运相关的还有仓神庙、龙王庙、祖祠庙、马王爷等。

（六）体系全

漕运文物反映了完整的漕运体系和秩序，除与粮食相关之种类外，为保障漕运运营所需的物品也是漕运文物的组成。铁钉、铁削刀等是日常修船的工具，砖石、城砖是压船舱的工具，石锤是修理木桩的工具，还有苫盖物品的石块等。各类码头反映的是转运环节，南新仓、中仓等反映的是存储环节。

漕运文物还反映了商业、移民、民俗等诸多领域，生动再现了全方位的城市图景。军粮经纪密符扇记录了清代户部官员为整治经纪人员在验收转运漕粮时作弊制定出的密符制度。《漕帮条规》记述清代封建帮会组织安清帮之产生、沿传及大量条规。《潞河督运图卷》尽绘清乾隆漕运盛况，乃壮观历史画卷。《漕帮底账花名册》记载了漕

附表四 大运河（北京段）印记城砖表

序号	城址	长、宽、厚（厘米）	印记文字	文式	完残
1	张家湾	35、24、13	弘治八年（1495）修武县监造	阴文	多半块
2	张家湾	49.5、29、13.5	正德六年（1511）濮州造	阴文	完整
3	张家湾	46、19、10	成化拾玖年（1483）安阳县窑造	阴文	完整
4	张家湾	47.5、22、13	□□□□□拾年造	阴文	完整
5	张家湾	45.5、22、12.3	不清	阳文	完整
6	张家湾	46.5、23、12.5	不清	阳文	完整
7	张家湾	49.5、29、14.5	正德六年濮州监造	阴文	完整
8	张家湾	48、22、12.9	成化十七年（1481）一月汶上县监造	阴文	完整
9	张家湾	48、24.5、12.7	不清	阴文	完整
10	张家湾	45.5、17、窄8.7 宽10.8	成化监造（城门砖）	阳文	完整
11	张家湾	35.8、14.5、9.7	纵铭文3行，其中2"州"字	阳文	完整
12	张家湾	36.8、17、8.5	直隶苏州府委官赵荣 嘉定县提调□□□□□徐锡 成化 年 月 日吏文彪窑匠钱行	阳文	多半块
13	张家湾	49、24.5、12	成化捌年（1472）汤阴窑造	阴文	完整
14	张家湾	49、19、9.5	成化十六年（1480）□□□□□	阴文	完整
15	张家湾	44.7、19、8.5	成化拾柒年安阳县窑造	阴文	完整
16	张家湾	41、14、10.7	直隶安庆府委官□□ 成化十八年（1482）七月□□日 □州怀宁县□□□典史刘信□□	阳文	铭文完整
17	张家湾	50、24、11	成化拾玖年长垣窑造	阳文	完整
18	张家湾	45、19.5、10	成化十七年七月 日 长垣县监造	阳文	完整
19	张家湾	50、23、11	直隶常州府无锡县造	阳文	完整
20	张家湾	46.2、24、13	不清（抹灰）	阳文	完整
21	张家湾	48、23.5、12	嘉靖二十八年（1549）窑户耿珍造	阳文	完整
22	张家湾	25.5、20、12.2	□□二十二年窑户张亨造	阳文	完整
23	通州城	34、18、12.5	崇祯元年（1628）窑户季□□造	阳文	多块
24	通州城	16、17、8	直隶苏州府委官工委指挥…… 嘉定县提调官知县刘翱所…… 成化拾年（1474） 月 日造	阳文	半块
25	通州城	21、6、10.5	……官知县王□委官县丞朱琏 ……日核吏……手匠……	阳文	铭文残块
26	通州城	35、20.5、12	临清厂窑户孙位造	阳文	残块
27	通州城	29、23.5、11.5	三十七年窑户周循鲁作头……	阳文	残块
28	通州城	22.5、21、12	成化玖年（1473）……	阳文	残块
29	通州城	43、24.5、13.2	□□年临清厂窑户□□□□	阳文	残块
30	通州城	28、23.5、13.5	□□年余匠人赵□□造	阳文	完整
31	通州城	27、19、10	□□窑户张德□□志造	阳文	残块
32	通州城	21.5、21、13	应天府委官江浦县委官驿丞…… 正德二年（1507）……	阳文	残块
33	里二泗	50、24.5、14.5	"年例""嘉靖柒年（1528）窑户□□□造"	阳文	完整
34	张家湾	42.5、21.5、11	二十八年张家湾窑户韦继洪秋季造	阳文	完整
35	张家湾	47.5、25、12.5	万历二十九年（1601）窑户蒋□作头□□造	阳文	完整
36	张家湾	45.5、19、9	成化十八年乐陵县窑造	阳文	完整
37	张家湾	41、16、8	直隶松江含山……成化十年	阳文	完整
38	张家湾	41、17、8.5	直隶苏州府委官赵荣 嘉定县金山□□知县刘翱、徐锡 成化□□□窑匠钱行	阳文	完整
39	张家湾	39、13、9	成化十八年直隶苏州含山县委官 □□□窑匠钱行	阳文	完整

运船数，是有据可查的资料。

（七）内涵广

漕运文物反映了漕运的政治性、社会性与军事性。漕运是统治者手中的调节器，是中国古代国家机器运行的生命线。发展漕运是忽必烈最重视的事之一，而元朝灭亡的一个重要原因也是河运和海运被切断，朝廷的粮饷断绝。借助大运河的水道，国家集中调配物流体系中的其他物资如皇木、金砖、花板石等。漕运码头的设置成就了张家湾、通州两座城市的兴起和繁华。张家湾码头是明前期漕运的终点，兼具河运、海运、陆运三种方式。

漕运包括河运、海运、陆运三种方式，北京俱全。如石道碑反映的是陆运，佑民观反映的海运，但绝大多数文物反映的是河运。因此，漕运与大运河有着密切的关系，明代京杭大运河通称为漕河，成化中王恕写《漕河志》，才称为运河。

同时，漕运还起着一些诸如促进商品的流通、刺激商业或市区的繁荣、促进商业性农业的发展、加强各地经济文化的交流等不属于封建朝廷控制范围、客观上却十分积极的社会作用[③]。这些领域，有很多相应文物遗存的发现。

漕运文物与北京历史密不可分。漕运是北京作为首都的保障。从这个角度讲，没有漕运就没有北京，漕运文物反映了北京的形成史。

漕运文物是运河文化的产物和载体，内涵深厚，种类庞杂。本文仅是对漕运文物的粗略总结，在今后研究中的重点，一是寻找明代坐粮厅署、巡漕公署，清代仓场总督衙门等与漕运直接相关的遗迹，这是考古学的主要任务；二是加强漕运各环节文物的专项研究，并对产业链的全过程开展系统研究。

本研究为 2017 年北京市宣传文化高层次人才培养资助项目成果。

① 北京市文物研究所：《北京市通州张家湾古城石桥遗址发掘简报》，载北京市文物研究所编《北京文物与考古》（第 8 辑），北京出版社，2021 年 6 月。
② 北京市文物研究所：《北京玉河遗址南区一期考古发掘收获》，载北京市文物研究所编《北京文物与考古》（第 7 辑），科学出版社，2019 年 12 月。
③ 吴琦：《漕运与中国社会》，华中师范大学出版社，1999 年 12 月。

北京皇家坛庙建筑群的世界遗产价值分析

郑　军

作为五朝帝都的北京，其坛庙的历史非常悠久。自建城之始，北京地区就按礼制要求，修筑了各类祭祀的地方坛庙①。明代是北京坛庙变化与成型的关键时期②。嘉靖朝形成了左祖右社、四郊分祀、先农、祈谷并举的格局③。清朝基本沿袭，至清终世之时，北京已形成了全方位、多层次、规模宏大又特色显著的坛庙格局④。

明清北京坛庙建筑持续营建近500年，"承西周礼乐之制，兼春秋文化之意，存两汉磅礴之气，现隋唐井然之风"，是中国古代坛庙建筑之集大成者⑤。

一、北京皇家坛庙建筑群简介

本文所指的北京皇家坛庙建筑群包括天坛、地坛、日坛、月坛、先农坛、先蚕坛、社稷坛、太庙、历代帝王庙、孔庙共十组建筑群。这是明清时期面向全国、以国家礼仪的形式举行祭祀活动的祭祀场所，是中国礼制思想在祭祀传统中最杰出的代表，是保存最完整的一套中国古代国家级祭祀场所，完整地体现了中国古人的宇宙观、伦理观和秩序观。

（一）各坛庙简介

北京皇家坛庙建筑群由十组各具特色的建筑群组成。这些国家祭祀场所，有朝廷委派的人员专门管理和守护，在祭祀活动举行的前后，戒备更加森严，只有与祭祀活动直接相关的人员才能出入，因而具有神圣性、垄断性、私密性和不可侵犯性⑥。

1. 天坛（含祈谷坛）

天坛是世界上所存规模最大、保存最完整的祭天建筑群，位于北京市东城区永定门内大街东侧，建于明永乐十八年（1420），是明清皇帝祭天、祈谷、祈雨的场所⑦。

2. 地坛

地坛是中国目前所存的唯一一组地坛建筑群，保存较为完整，位于北京市东城区安定门外大街，与天坛遥相呼应，建于明嘉靖九年（1530），是明清皇帝祭祀皇地祇神的场所⑧。

3. 日坛

日坛位于北京市朝阳门外东南，坐东向西，与月坛相对，是明嘉靖九年四郊分祀之制的产物，是明清皇帝祭祀大明之神（太阳）的场所⑨。

4. 月坛

月坛位于北京市西城区南礼士路，坐西向东，与日坛相对，建于明嘉靖九年，是明清皇帝祭祀夜明神（月亮）和天上诸星神的场所⑩。

5. 先农坛（含太岁坛）

先农坛位于永定门西北侧，正阳门之南，与天坛东西对峙，始建于明永乐十八年。是明清皇帝祭祀先农诸神、太岁诸神、天神、地祇之所，也是皇帝示范亲耕的地方⑪。

作者单位：中国文化遗产研究院

6. 先蚕坛

先蚕坛位于北京北海公园东北隅，坐北向南，与先农坛遥相对应，建于乾隆七年（1742），是清代皇后祭祀蚕神的场所[12]。

7. 社稷坛

社稷坛位于故宫西南侧，始建于明永乐十八年，是明清皇帝祭祀太社神（代表土地）和太稷神（代表谷物）的最高等级坛庙，以祈求国家政权与疆土永固[13]。

8. 太庙

太庙位于故宫的东南，与社稷坛相对，始建于明永乐十八年。太庙是明清皇家祖庙，用以祭祀皇家的历代祖先[14]。

9. 历代帝王庙

历代帝王庙是中国现存唯一一座祭祀中国历史上各朝各代帝王的建筑群，位于北京市西城区阜成门内大街，始建于明嘉靖年间，是明清皇帝祭祀三皇五帝和历史上各朝各代帝王的场所[15]。

10. 孔庙

孔庙位于北京东城区安定门内国子监街，始建于元代大德年间，是元、明、清皇帝祭祀孔子的场所[16]。

（二）祭祀礼仪

作为国家祭祀体系，北京皇家坛庙建筑群的祭祀活动有象征、宣示、教化作用。

北京皇家坛庙建筑群的祭祀对象涵盖了中国古代坛庙祭祀的所有神灵，系统并完整地反映了中国古代的宇宙观和伦理观[17]。祭祀活动由皇帝（先蚕坛由皇后）亲自奉祀。祭祀的时间、准备、行为和程序包括服饰等都有祭祀礼仪的规定。各坛庙的祭祀规程由分工明确的各坛庙祭祀制度形成，这些祭祀制度在明代主要依据《大明会典》的规定制定[18]，在清代主要依据《大清通礼》和《大清律例》制定[19]。

总体而言，各坛庙的祭祀礼仪程序基本相同，共有 8 个主要步骤：迎神、初献、亚献、终献、答福胙、撤馔、送神、送燎或观瘗[20]。

（三）营建特征

北京皇家坛庙由"坛"和"庙"两类建筑群系列组成。"坛"和"庙"的功能不同，在城市中的布局也不相同。其总体布局按照《周礼·考工记》"左祖右社"的规定。"庙"的功能是通过祭祀活动来展示、宣教、传承特定的思想和观念，因此，太庙、历代帝王庙和孔庙都规划在居住区域内，以方便展示和传播。而坛的功能是祭祀自然之神，如天地日月、山岳海渎、年月日时等自然神灵，因此规划时将其置于郊野。

祭坛建筑追求"天人合一"的境界，其建筑群往往占地面积很大，主要祭坛堆土成台，四周护以砖石挡墙。祭坛一般置于四方轴线正中，突出其中心地位。四周用坛墙围护，划出边界，取坛壝之内为神人相会之所、神圣之地。附属建筑置于坛壝之外。祭坛建筑群空地广植树木，以强化郊野自然的景观效果，使祭坛建筑群与周边自然环境融为一体。皇家祭坛在空间布局上主要体现庄重、肃穆、神圣的祭祀氛围。利用"回"字形的布局，将祭坛置于松柏环绕之中。简洁的道路与坛台为中心的主建筑群构成主轴线，附属建筑群以各个院落的形式分布于主轴线两侧，内外坛与各建筑院落均以坛墙分隔，并置门来连接内部与外部空间。可以认为，明清北京皇家祭坛无论从出入口、道路及其建筑形制等方面都受到皇家祭祀礼制的严格规定，其布局形式反映出祭坛礼制建筑的空间布局特点，古树等植物配置庄重、肃穆、具有神圣气势，并蕴含着丰富的传统文化寓意[21]。

祠庙的建筑风格则与祭坛相反，高敞华丽。通过周边建筑的反衬和高大的台基凸显主体建筑的崇高地位，追求肃穆、宏伟、庄重，令人肃然起敬。皇家祠庙空间布局的特点：1. 在空间布局方面，各个皇家祠庙举行祭祀仪式的核心院落空间基本居于整个祠庙空间的中心位置，体现了居中为尊的礼制观念。2. 院落空间格局基本是中轴对称的，由中轴线将不同院落组织成整体有序的院落空间，院内建筑具有严格的形制与位置的分配。3. 院落都为南北方向，主体建筑坐北朝南，空间为中心组织模式。4. 在皇家祠庙中，中轴线上其他主体建筑在功能和空间等方面都服从和服务于轴线末端的核心建筑。5. 皇家祠庙的核心建筑等级及体量为最高，几乎都为黄琉璃筒瓦重檐庑殿顶[22]。

北京皇家坛庙的"坛"和"庙"建筑风格截然不同，却都凝结了封建礼制思想与历代坛庙建设的精髓。各坛庙的建筑规制由祭祀礼制规定，包括建筑体量、屋顶形式、色彩和图案等，处处体现了对于封建礼制的尊崇与良苦用心。采用了大量象征、隐喻手法，蕴含中国古代多种哲学思想和传统文化。包括阴阳、五行、五方、五色、奇偶、方圆、八卦、干支等在内的各种重要的古制与诸子百家学说，在北京皇家坛庙建筑群的营建中都发挥了重要作用，在空间氛围的营造上也达到了中国传统建筑的高峰[23]。

总之，北京皇家坛庙是各种传统技术完全成熟后建造完成，因其为国家最高等级的祭祀场所，故各坛庙建筑等级均为同类祭祀场所中的最高等级。太庙、历代帝王庙和孔庙均为中国木构建筑中最高等级的建筑，太庙主殿的高度甚至超过了象征中国至高无上皇权地位的太和殿。北京皇家坛庙建筑群是中国礼制思想的实物体现，是中国古代建筑最高成就的代表。

二、北京皇家坛庙建筑群的国际地位

北京皇家坛庙建筑群是中国皇家坛庙的代表，通过与世界遗产祭祀场所中的国家级祭祀场所进行比较研究，可以确立其国际地位[24]。比较分为3个层次进行：第一层次，国际比较：确定中国祭祀传统所在的东亚文明祭祀传统在国际主要文明祭祀传统中的地位。第二层次，地区比较：确定中国祭祀传统在东亚地区的代表地位。第三层次，国内比较：确定北京皇家坛庙建筑群在国内坛庙建筑群中的地位。

（一）国际地位

通过国际比较确定东亚文化圈的祭祀传统在国际祭祀传统中的地位。比较研究涉及三个部分：祭祀传统、祭祀场所、关联性价值。

各文化圈祭祀传统的特点，主要表现在祭祀对象及其属性、祭祀仪式、祭祀场所的建设传统、运作以及王权与神权的关系等方面。通过比较可知：与国际上其他文化圈的祭祀传统相比较，东亚祭祀传统独树一帜。

祭祀场所的特点，主要表现在祭祀场所定位、选址、建筑形式、建造规范和祭祀场所保存状况。通过比较可知：与其他文化圈相比较，东亚文化圈祭祀场所具有明显的独特性。

在祭祀传统相关联的价值方面，与其他文化圈相比，东亚文化圈的传统信仰独树一帜。

综上可知：东亚文化圈祭祀文化，在祭祀传统、祭祀场所，以及祭祀传统的产生与消亡等方面具有独特性；具有与世界其他文化圈祭祀传统的同等地位；是世界多元化祭祀传统中的重要组成部分。

（二）地区地位

东亚国家祭祀场所与北京皇家坛庙建筑群有较高的相似性。这些国家现存的国家级祭祀场所为越南的顺化历史建筑群、越南胡朝时期的城堡和韩国宗庙3处。通过比较可以看出：越南和韩国的国家祭祀场所仿照中国都城坛庙建造，但其规模、等级均比中国低；而且现存祭祀场所不能形成完整的系列。北京皇家坛庙建筑群继承并发扬历代坛庙建筑传统，形成完整系列并保存完好。

（三）国内地位

中国历史时期从夏开始至清代结束，每一次新的都城营建都会建造帝王专属的祭祀场所，用于宣示皇权天授和中央的地位。

1. 与明代以前各朝都城坛庙比较

明代以前各朝都城皇家祭祀建筑所剩寥寥无几，且均为遗址。与以上各朝都城祭祀遗址相比较，北京皇家坛庙为建筑本体保存相对完整的建筑群，而非遗址，作为一整套皇家祭祀序列保存完整，且与文献记载可相互印证。

2. 与明初都城坛庙比较

明初的南京和未建成的凤阳明中都，都按照《周礼·考工记》和汉唐以来的各朝礼制建筑的模式，有完整的礼制建筑的规划。凤阳明中都尚未建成就止建。而替代明中都的南京，其祭祀场所是北京皇家坛庙的模板。

《明史》记载："永乐十八年十二月癸亥（腊月二十九）宫殿坛庙成"，《明太宗实录》记载"凡庙社祀坛场、宫殿、门阙规制悉如南京，而高敞壮丽过之……"，至嘉靖朝改制，将天地日月分祀，形成了现在的规模。

清代北京皇家坛庙基本上沿袭了明代制度，没有大的变化。与明初南京皇家坛庙相比，北京皇家坛庙建筑更为宏伟、精美，保存更好。

3. 与清初都城坛庙比较

清朝的盛京虽曾修建天坛、地坛、太庙和孔庙，但其建造时间、体量规模、精美程度和保存状况等各方面都无法与北京皇家坛庙相比。

（四）北京皇家坛庙建筑群构成要素合理性

这十组建筑群，为列入明清国家祭祀体系中最高级别的、反映中国古代传统宗法性宗教的祭祀场所。各构成要素之间相互补充、支撑，构成了完整的宗法宗教祭祀体系，因此缺一不可。北京皇家坛庙建筑群作为系列遗产，其选点具有合理性。

三、北京皇家坛庙建筑群的突出普遍价值

通过前文的分析和比较研究，可以归纳总结出北京皇家坛庙建筑群的突出普遍价值（OUV）如下。

（一）简要综述

北京皇家坛庙建筑群是由位于北京的天坛、地坛、日坛、月坛、社稷坛、先农坛、先蚕坛、太庙、历代帝王庙和孔庙十组建筑群组成的系列遗产。这些祭祀场所列入明清国家最高祭祀体系，由国家专设机构负责管理并进行日常维护，祭祀活动由皇帝、皇后亲自主祭，是中国封建社会宗法思想体系的完整见证，是中国礼仪秩序思想的实物体现，代表了中国祭祀建筑的最高成就。

北京皇家坛庙建筑群与明清国家最高等级的祭祀制度以及专设的国家祭祀机构共同构成了中国封建社会最高等级的国家祭祀系统，从1531年形成当今所见格局至1911年祭祀活动终止的380年间，完美地展示了中国古代宇宙观、伦理观和秩序观。

北京皇家坛庙建筑群的祭祀对象包括天、地、祖先、中国古代各代帝王、儒家思想创始人孔子，以及人们生存最根本的衣食之神（神农、嫘祖、谷神、稷神）、天象之神（如日、月、星辰）、气候之神（云、雨、风、雷）、时间之神（如太岁、十二月将）、自然环境之神（如山、岳、海、渎、名山大川）等。这些祭祀对象构成了一个完整的时空框架。通过祭祀，生活在这个框架中的人确定并尊重与这个时空框架的关系，以及自己在其中的定位。换言之，就是确定并尊重人与人、今人与祖先和人与自然的关系。

北京皇家坛庙建筑群在城市中的空间布局、各个建筑群内部的布局，以及建筑形式的象征意义，也反映出中国传统的宇宙观、伦理观和秩序观。北京皇家坛庙祭祀传统，特别是通过祭祀天地和社稷反映出的"皇权天授""虽为帝王、实为天子"和"普天之下莫非王土"的思想，以及通过为民祈福、祈祷风调雨顺、五谷丰登的祭祀活动所反映出的民为国之本的思想，是东方文明社会治理体系的基础。这一治理体系不仅延续了中国两千年的封建统治，同时也深刻影响了周边国家的政体、意识形态、礼制建筑的建造和祭祀仪式。

（二）适用标准

北京皇家坛庙建筑群具有极高的世界遗产价值，符合世界遗产价值标准3、4和6。

标准3：能为延续至今或业已消逝的文明或文化传统提供独特的或至少是特殊的见证。

北京皇家坛庙建筑群是东亚祭祀文化的杰出代表，并为东亚祭祀传统文明提供独特的见证。

东亚文化圈祭祀在祭祀传统、祭祀场所，以及祭祀传统的产生与消亡等方面具有独特性，是世界多元化祭祀传统中的重要组成部分，并具有与世界其他文化圈祭祀文化的同等地位。北京皇家坛庙建筑群是东亚祭祀文化和传统

的代表和特殊见证。

"礼"是中华文明的重要组成部分，也是中华文明与其他文明区别的重要标志。"礼"曾经是中国这个东方帝国长达两千多年的国家社会和意识形态治理的理论基础和实践工具。正如法国汉学家汪德迈指出"礼治是治理社会的一种很特别的方法。除了中国以外，从来没有其他的国家使用过类似礼治的办法来调整社会关系，从而维持社会秩序。这并非说礼仪这种现象是中国独有的，此现象是很普遍的，任何文化都具有的。可是只有在中国传统中，各种各样的礼仪被组织得异常严密完整，而成为社会活动中人与人关系的规范系统"[25]。千百年来，礼制思想在中华大地上传承，它对周边国家也产生了极大的影响。

祭祀是礼的起源、组成部分和表现形式。北京皇家坛庙建筑群是中国古代国家祭祀的实施场所，是中国古代宗法性宗教传统的独特见证。中国古代的国家祭祀，其主要目的不是祈福，而是宣示统治者权利的正统性，是借助祭祀活动来强化统治理念。

标准4：是一种建筑、建筑或技术整体、或景观的杰出范例，展现人类历史上一个（或几个）重要阶段。

北京皇家坛庙建筑群代表了坛庙建筑发展史上的杰作，是世界祭祀建筑中东方祭祀建筑的代表作。

东亚文化圈的祭祀建筑与其他文化圈截然不同，有自己的特色，在世界祭祀场所中独树一帜。北京皇家坛庙建筑群是东亚祭祀场所的代表。

作为整体，北京皇家坛庙建筑群是中国目前保存最为完整的都城祭祀建筑群和礼制建筑群。北京皇家坛庙与其他建筑系列不同，在其选址、规划、布局、象征意义方面有其独特的内在哲学思想和逻辑，展现了人类历史上东方文明祭祀文化的巅峰；作为个体，其建筑等级、规模、质量、设计、用材、施工等代表了中国古代建筑的最高水平。

北京皇家坛庙建筑对东亚及东南亚国家的祭祀建筑有实质而深远的影响。越南、朝鲜和韩国的祭祀建筑从规划布局到建筑本体均以北京皇家坛庙为模板；日本神道教建筑也受北京皇家坛庙的影响。

标准6：与具有突出的普遍意义的事件、活传统、观点、信仰、艺术或文学作品有直接或有形的联系（世界遗产委员会认为本标准最好与其他标准一起使用）。

北京皇家坛庙建筑群与礼制思想直接相关。祭祀文化是礼的起源、重要组成部分和表现形式，"礼"是中华文明的重要组成部分，也是中华文明与其他文明区别的重要标志。

作为礼制思想的一部分，中国传统宗法性宗教与以一神教为特征的世界宗教不同。中国传统宗法性宗教不仅保持了原始的多神教的特点，以自然崇拜和祖先崇拜为基础，通过国家祭祀制度将神灵系统固定化、制度化，由国家设置专门的政府机构组织祭祀活动，由皇帝亲自祭祀，并且没有固定的宗教教义。这种独特的信仰体系在世界宗教之林中独树一帜，且历史悠久，影响深远，在东亚文化圈中占有主导地位，并且成为东亚文化圈与世界其他文化圈所区别的主要标志之一，具有突出的普遍意义。作为整体，北京皇家坛庙建筑群展现了人类历史上东方文明祭祀文化的巅峰，是中国礼制思想在祭祀文化中最完美的体现。

（三）完整性

北京皇家坛庙建筑群包括所有承载和体现突出普遍价值的特征，十组建筑群互为补充，形成一个有机的整体，完整地反映出中国古代传统的宗法宗教信仰体系。与物质遗存相关的各种祭祀制度和仪式的记载完整。各个坛庙作为个体，保存基本完整，且绝大多数处于良好状态。目前除孔庙和历代帝王庙外，其他坛庙均有不同程度的外单位占用情况，对完整性造成一定影响。

（四）真实性

北京皇家坛庙建筑群作为整体，其所反映的中国古代传统的宗法宗教信仰体系是真实的。各个坛庙在北京城市中的位置是真实的，反映了建筑群选址的真实性。各个坛庙的建筑在外形和设计以及材料方面是真实的。北京的皇家祭祀礼仪是国家制度规定的，各坛庙历史档案齐全，祭祀仪式在文献中有详细全面的记载，具有极高的真实性。

北京皇家坛庙在明清时期有祭祀和宣教功能。随着封建王朝的结束，祭祀功能不再延续，天坛、地坛、日坛、月坛、先农坛、社稷坛、太庙、历代帝王庙和孔庙对公众开放，延续了宣教功能的真实性。但先蚕坛目前被外单位占用，功能的真实性存在问题。

（五）保护和管理要求

北京皇家坛庙建筑群的所有构成要素均被国务院公布为全国重点文物保护单位，受国家最高级别法律的保护。所有构成要素均确定了保护范围和建设控制地带，并纳入北京市总体规划的保护内容。构成要素的总体保护责任人为北京市人民政府。部分坛庙公布了保护管理规划。

四、结语

东方文明中有其独特的宗法祭祀传统。与世界上绝大多数祭祀传统不同，中国宗法祭祀传统的基础不是神学，而是哲学；祭祀对象不是人格化的神，而是抽象的哲学概念；所祭并非常驻人间之神，而认为其只是在祭祀时降临；神权依附于皇权，并为皇权服务。这些特征使得中国的国家祭祀传统在世界祭祀传统中独树一帜，成为世界文明中东方文明的重要代表。中国国家祭祀传统对周边国家的祭祀传统有着实质性和深远的影响。

以北京皇家坛庙建筑群为代表的中国皇家坛庙是东方文明中已经消逝的独特的宗法祭祀传统的特殊见证。北京皇家坛庙建筑群是中国祭祀建筑的巅峰之作、集大成之作和绝世之作。北京皇家坛庙集封建两千年祭祀文化于一身，集古代哲学、数学、历史、力学、美学、建筑学、生态学于一身，集宗教信仰与宣教于一身，并对周边国家的祭祀建筑产生了深刻且实质性的影响。

北京皇家坛庙建筑群代表了东方文明中宗法祭祀传统的最高等级，集各种自然神灵和祖先、伟人的神灵为一个完整的体系，是东方文明宇宙观、伦理观和秩序观完整的实物体现，是世界祭祀文化和信仰体系中最重要的代表之一。

北京皇家坛庙建筑群有很高的世界遗产价值，具有申遗潜力；适用标准 3、标准 4 和标准 6。

本文为北京市文物局委托、北京京企中轴线保护公益基金会资助课题"世界遗产祭坛研究"成果。

① 郑永华：《九坛八庙左祖右社——北京的坛庙建筑及其文化价值》，《前线》2017 年第 12 期。

②⑤ 曹鹏：《明代都城坛庙建筑研究》，天津大学博士论文，2009 年。

③ 姚安：《清代北京祭坛建筑与祭祀研究》，中央民族大学博士论文，2005 年。

④ 褚安东：《清代都城坛庙格局演变体系研究》，天津大学硕士论文，2009 年。

⑥ 张勃：《从国家祭祀场所到公共活动空间——关于活化北京七个祭坛公园的思考与建议》，《北京联合大学学报》2013 年第 1 期。

⑦⑧⑨⑩⑫㉑ 刘媛：《北京明清祭坛园林保护和利用》，北京林业大学博士论文，2009 年。

⑪ 韩洁：《北京先农坛建筑研究》，天津大学论文，2005 年。

⑬ 亚白杨：《北京社稷坛建筑研究》，天津大学硕士论文，2005 年。

⑭ 闫凯：《北京太庙建筑研究》，天津大学硕士论文，2004 年。

⑮⑯㉒ 王晶晶：《北京皇家祠庙环境研究》，北京林业大学硕士论文，2012 年。

⑰ 张国瑞：《太庙考略》，故宫博物院，1932 年；闫凯：《北京太庙建筑研究》，天津大学硕士论文，2004 年；姚安：《北京先农坛的沿革》，《紫禁城》2004 年第 3 期；韩洁：《北京先农坛建筑研究》，天津大学硕士论文，2005 年。

⑱ 李媛：《明代国家祭祀制度研究》，中国社会科学出版社，2011 年。

⑲ 《钦定大清会典》卷三十六—三十八、四十、四十三—四十五，乾隆二十九年，吉林出版集团，2005 年。

⑳ 与天神祖先有关的祭祀最后一步是送燎，即焚烧祭祀相关材料；与地祇有关的祭祀最后一步是观瘗，即埋藏祭祀相关材料。

㉓ 刘媛：《北京明清祭坛园林保护和利用》，北京林业大学博士论文，2009 年；楼庆西：《论宫殿与坛庙建筑中的象征手法》，载《中国紫禁城学会论文集》（第二辑），紫禁城出版社，2002 年；李卫伟：《北京皇家坛庙建筑概述》，载《北京古都历史文化讲座》（第二辑），北京燕山出版社，2015 年，第 488—497 页；谷健辉：《场所的解读——明清北京天坛的文化象征意义》，《华中建筑》2005 年第 2 期；王小回：《天坛建筑美与中国哲学宇宙观》，《北京科技大学学报》2007 年第 1 期；朱祖希：《先农坛——中国农耕文化的重要载体》，《北京联合大学学报》2000 年第 1 期；亚白杨：《明清社稷坛空间布局设计意向——"左祖右社"格局探源》，《古建园林技术》2010 年第 2 期；郑艳梅：《五色土与社稷坛祭祀》，《紫禁城》2000 年第 4 期；王仲奋：《北京地坛的设计思想与疑题考证》，载《中国紫禁城学会论文集》（第三辑），紫禁城出版社，2004 年。

㉔ 世界遗产祭祀场所相关方面在本课题的其他部分研究，本部分直接用其研究结论。

㉕ [法]汪德迈：《礼治与法治——中国传统的仪礼制度与西洋传统的 JUS（法权）制度之比较研究》，《儒学国际学术讨论会论文集》，齐鲁书社，1989 年。

故宫奉先殿与太庙须弥座台基初探

谢嘉伟 卓媛媛

明清两代皇家宫殿祭祀有内外之分，内朝有内庙，外廷有太庙①。二者同为祭祀建筑，但承担的祭祀功能及建筑等级各不同，其建筑须弥座台基等级设置存在一定的区别。

《明太祖实录》卷五十九载："上谓礼部尚书陶凯曰：'事死如事生，朕祖考陟遐已久，不能致其生事之诚，然于追远之道岂敢怠忽'。复感叹曰：'养亲之乐不足于生前，思亲之苦徒切于身后，今岁时致享则于太庙，至于晨昏谒见节序告奠，古必有其所，尔考论以闻，……今太庙祭祀已有定制，请于乾清宫左别建奉先殿以奉神御，每日焚香，朔望荐新，节序及生辰皆于此，祭祀用常馔，行家人'。上从之。"②

《世祖章皇帝实录》载"朕考往代典制，岁时致享，必于太庙，至于晨昏谒见，朔望荐新，节序告虔，圣诞忌辰行礼等事皆另建有奉先殿，今制度未备，孝思莫伸，朕心歉然。尔部即察明旧典具奏"③。由此可知，世祖章皇帝复建（顺治十四年）奉先殿之初衷，仍为将其与太庙进行分工，太庙进行"岁时致享"等大型祭祀，而奉先殿进行小型、高频率、礼制不是过于严谨的常祭、荐新、告祭。虽前朝后世多次对祭祀内容和仪式有所更改，但基本祭祀等级制度从未改变，太庙亦国，行国礼相对应，行君臣之礼，而奉先殿亦家，行家人之礼，不限制女性拜祭。由此可见，在等级森严的封建社会，太庙的祭祀等级及礼仪制度明显高于奉先殿，其建筑等级及装饰设计上亦会有所体现。

明永乐迁都北京后按南京旧制仿建故宫奉先殿与太庙，经明清两代焚毁、重建与修缮，目前遗存的奉先殿与太庙为不同历史时期的重建和修缮结果，其艺术风格也是多时期的组合。封建帝制统治时代，建筑的重建与修缮会严格受到等级制度观念的影响，即使是经历两代多朝的更迭，在森严的礼仪制度下建筑等级的设置纵然会遵从一定的规章，但其建筑装饰则会是不同流派和不同时代风格的综合体现。

太庙和奉先殿作为重大祭祀功能的建筑，其主要建筑均坐落在须弥座台基上，须弥座前出月台，其形式等级各不相同，一方面为拜谒仪式提供了场所，另一方面还强调了不同仪式等级在不同建筑上的体现。

一、奉先殿与太庙的营缮与修缮历史

（一）奉先殿

奉先殿肇始于永乐朝，嘉靖帝在新修建太庙的同时，决定将陈旧的奉先殿修缮一新。到了明代末期战火纷飞，此时的奉先殿或遭战乱以致焚毁④。

清初顺治帝仿旧制重建奉先殿，《清世祖实录》卷一三五载："谕工部，奉先殿享祀九庙，稽考往制，应除东、西夹室行廊，中建敞殿九间，斯合制度。前兴造时，该衙未加详查，连两夹室止共造九间，殊为不合。今宜于夹室行廊外，中仍通为敞殿九间，以合旧制。尔部即会同宣徽院详议并选兴工日期具奏。"⑤

清初的奉先殿与明代奉先殿建筑格局不同，明代的奉先殿建筑为十一开间两侧有连廊和庑房相连，无后殿。乾隆十二年载："奉先殿系顺治十四年建立，康熙十八年重修至二十年告竣，康熙四十五年、五十年，雍正八年……"⑥经历了清代顺治朝重建，康熙、雍正、乾隆朝修缮后的奉先殿与现状基本吻合，九开间，前殿、工字廊和后殿的格局。至此奉先殿的基本建筑布局已基本形成，虽然奉先殿又历经了嘉庆、光绪多朝的修缮，但奉先殿建筑群始终保

作者单位：故宫博物院

表一 明清太庙修缮情况统计表

时间	内容
嘉靖二年（1523）十二月辛未朔	工部会议，庙制间座丈尺宽广俱如旧，惟起土培筑寝庙，内分九间，连前间隔如古夹室制，祧庙前改除角道，添置中左右三间并墙一道，东西量移宽广北移进七尺，南移出丹墀三丈，诏可⑪
嘉靖十三年（1534）九月辛未	上欲建九庙，以问辅臣张孚敬、李时。孚敬等对，列庙后垣与太庙、祧庙后墙相并，具图进览⑫
嘉靖二十年（1541）四月辛酉	夜宗庙灾，成庙、仁庙二主毁……入夜火果从仁庙起延烧仁庙及太庙，群庙一时俱烬，惟睿庙独存⑬
嘉靖二十四年（1545）六月壬辰朔	癸巳礼部奏，庙工大体已完，细节为未备，乞暂举秋享之礼于景神殿⑭
顺治五年（1648）四月	以重修太庙，……恭奉神牌暂安后殿，六月工成，奉安神位于正殿⑮
乾隆元年（1736）八月二十八日	太庙、奉先殿殿宇房屋门座等处，将头停拆瓦、大木归安，其椽望糟杇及阶条损坏墙垣城坏之处俱行粘补修理……物料俱按九卿定例核算，今敬修。太庙约估需要办买木、石、砖、灰、绳斤钉铁、杂料等项，并各作夫工价运价银拾万叁仟两。奉先殿约估需要办买木、石、砖、灰、绳斤钉铁、杂料等项，并各作夫工价运价银贰万伍仟柒佰两俟⑯
乾隆三年（1738）二月壬申	谕本年二月初二日兴工修理太庙。……三月庚辰上以恭修太庙后殿，躬诣告祭，安奉神主于前殿⑰
乾隆三年六月	礼部奏：敬修太庙（后殿）告竣……恭请四祖、四后神牌安奉后殿⑱
乾隆三年九月癸酉	上以太庙中殿工程告竣，……奉安列祖、列后神主⑲
乾隆四年（1739）九月丁卯	上以太庙前殿工程告竣，亲诣阅视⑳
嘉庆四年（1799）	高宗纯皇帝、孝贤纯皇后、孝仪纯皇后升祔太庙，重修前、中、后三殿并两庑配殿㉑
道光元年（1821）	是年缮修太庙中殿、后殿俱恭请神牌安奉太庙前殿各等语㉒
同治十二年（1873）八月二十二日	太常寺为咨取事，准礼部文称恭照缮修太庙，中殿现已工竣，据钦天监择得九月初三日辰时，神牌还御㉓
宣统元年（1909）六月十八日	三大殿、戟门等各处须弥座、栏杆、柱子、抱鼓石、垂带、踏跺及东西庑、东西神厨库、井亭、中后东西两库房、押面踏跺踂级各石料均应錾凿刷洗，扚抿灰缝㉔

持着"工"字形前出月台形式。

（二）太庙

明初永乐帝迁都北京，于永乐十八年（1420）开始营建坛庙等建筑。据《春明梦余录》载："永乐十八年建庙京师，如洪武九年改建之制。"⑦洪武八年（1375）始建，次年建成⑧。

《明史》卷五十一《礼志》载：礼部尚书周洪谟及侍郎倪岳认为："国家自德祖以上，莫推世次，则德祖视周后稷，不可祧。宪宗升祔，当祧懿祖。宜于太庙寝殿后，别建祧殿，如古夹室之制。岁暮则奉祧主合享，如古祫祭之礼"⑨，"弘治四年建祧庙与寝殿后，其制九间，间各为室"⑩。至此，太庙建筑群形成享殿、寝殿、祧殿建筑格局。

此后，太庙建筑群又经历明代嘉靖朝重建，清代乾隆朝、同治朝、宣统朝多次修缮，但其建筑布局基本保持不变（表一）。

由此推断，太庙一区始建于永乐时期，期间经过明代弘治朝、嘉靖朝，清代顺治朝、乾隆朝、嘉庆朝、道光朝等多次的添建、改建、修缮。始建时以南京太庙（图一）为蓝本新建北京太庙，轴线上依次建戟门、享殿、寝殿；弘治四年在寝殿后添建祧庙；嘉靖二年在寝殿、祧庙中间添建三座琉璃门、南移祧庙、祧庙添建月台，嘉靖二十年太庙建筑群遭火焚毁，嘉靖二十四年重建享殿及寝殿，此外，勘察发现寝殿至今保留着嘉靖重建的题记"嘉靖二十四年四月"㉕。据此推测，嘉靖二十四年重建的太庙享殿、寝殿与现存太庙并无较大改动。

清代太庙一区经过顺治、乾隆、嘉庆、宣统朝多次修缮，但多为小型保养性修缮，其做法基本为揭瓦檐头、更

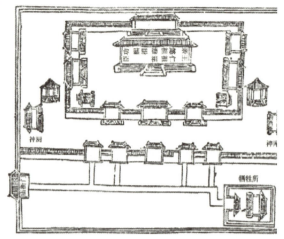

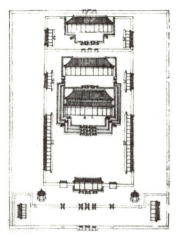

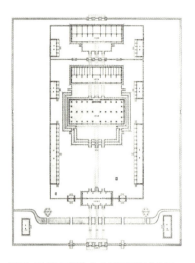

图一 改建后的南京太庙（来源：北京太庙建筑研究）　　图二 乾隆京城图中的太庙（来源：故宫博物院古建部）　　图三 1942年测绘太庙总平面图（来源：故宫博物院古建部）

图四 太庙二道琉璃门普通式须弥座（来源：作者拍摄）　　图五 太庙二道琉璃门玛瑙柱式须弥座（来源：作者拍摄）　　图六 太庙寝殿金刚柱式须弥座（来源：作者拍摄）

换椽望、大木归安、修理门窗、油画见新，修补石活，修补院墙等。其中在乾隆朝（图二）和宣统朝出现对须弥座石活占斧扁光见新的做法，对原本模糊不清的雕刻纹样重新雕凿，刷洗见新。

从中华民国三十年（1941）开始，北平基泰工程公司负责对北平市中轴线建筑进行了测绘，太庙总平面图清晰记录了太庙各建筑之间的联系（图三）。对比乾隆京城图中太庙平面图发现，乾隆初期的太庙建筑布局与民国三十年的并无明显改变，建筑布局基本一致。

二、奉先殿与太庙须弥座台基概述

（一）须弥座概述

1. 琉璃门须弥座

奉先门与太庙琉璃门须弥座主要位于牌楼门下。奉先门位于奉先殿南侧，中间三门，左右各一门。太庙琉璃门位于太庙建筑群轴线上，共三重，一道琉璃门位于戟门南侧，二道琉璃门位于寝殿和后殿之间，三道琉璃门位于后殿北侧。其须弥座形制分三种类型：即普通式须弥座（图四）、玛瑙柱式须弥座（图五）、金刚柱式须弥座（图六）。圭角均雕饰如意云纹。

2. 主体建筑须弥座

奉先殿建筑群及太庙轴线建筑台基为须弥座，四周缭以石栏。望柱、栏板直接立在地袱上，角望柱直接落在角螭上；转角做角柱石，望柱下出螭首。

奉先殿建筑群须弥座一重，整体造型呈"土"字形，月台前正中均出三陛，左、中、右各十级，两侧及工字廊两侧各出一陛，十级。月台御路为海马纹、狮子纹、龙纹。在古代"龙、凤凰、麒麟、白虎、龟"谓之"五灵"，其与"辟邪、螭、天禄、马、羊"等经常共同用于装饰建筑物[26]，其应用体现我国古代人民对福寿平安、吉祥如意

图七 宋《营造法式》中凤、凰、鸾造型（来源：文渊阁四库全书影印版） 　图八 太庙寝殿望柱柱头与奉先殿望柱柱头纹样对比

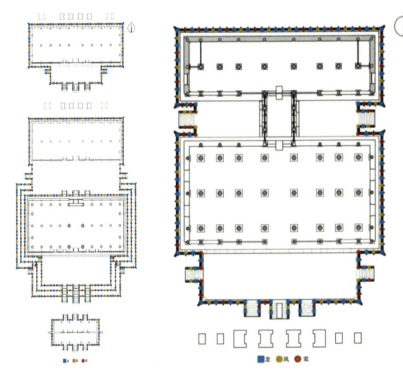

图九 北京太庙须弥座柱头纹饰分布图　图一○ 北京故宫奉先殿须弥座柱头纹饰分布图

的希冀。

戟门须弥座一重，前后檐正中均出三陛，左、中、右各十级，御路为海马纹、狮子纹、龙纹。享殿、寝殿须弥座整体造型呈"土"字形。享殿须弥座三重，前出月台，月台正中出三陛，左、中、右各二十一级，一层十级，二层六级，三层五级，三重御路分别为海马纹、狮子纹、龙纹；月台左右各出一陛，一层八级，二层六级，三层六级；后檐正中出二陛，左、右各六级，御路为龙纹。寝殿须弥座一重，接享殿第二重须弥座，前出月台，月台左右各出一陛，各十二级。

祧庙须弥座一重，前出月台，月台正中出三陛，各十级，御路为龙纹。左右各出一陛，各十级。

（二）须弥座纹样及尺度

1. 须弥座纹饰特征

奉先殿建筑群、太庙建筑群须弥座台基雕饰主要分布于望柱、栏板、螭首、束腰、圭角。

（1）望柱上部做雕饰龙、鸾、凤纹（与《营造法式》凤、鸾纹对应，见图七），下部做四方抹角造型。太庙与奉先殿须弥座望柱柱头纹饰特征及排列方式存在一定规律：太庙望柱柱头纹饰特征较为固定，同一造型细部变化相对较少（图八），以龙－龙－鸾－凤为单元进行交替排列，并以建筑纵向为轴线左右对称，局部不对称疑为后期修缮所致（图九）；奉先殿须弥座以建筑纵向轴线左右对称，并以须弥座北侧沿对称轴向两侧设置龙纹，设置形式以龙纹做间隔，凤、鸾纹为一个单元与龙纹交替分布，但鸾、凤纹呈不规则布置，亦为后期修缮导致（图一○）。太庙须弥座望柱东西、南北对称，而奉先殿须弥座望柱东西向对称，南北向不在同一条线上。

（2）栏板寻杖做六瓣造型，三幅云净瓶，花板造型简洁，为海棠盒形状。

表二 须弥座束腰纹饰组合特征

类型 \ 位置	转角	两端	正中	主要建筑
第一种	海棠盒	无	海棠盒	奉先门中间三门、一道琉璃门中间三门、二道琉璃门左右二门
第二种	玛瑙柱	椀花结带纹	无	奉先门左右两门，太庙一道琉璃门左右两门、二道琉璃门中间三门、三道琉璃门中间三门
第三种	如意金刚柱	椀花结带纹	椀花结带纹	奉先殿须弥座，太庙戟门享殿、寝殿、祧庙须弥座
第四种	如意金刚柱	椀花结带纹	无	

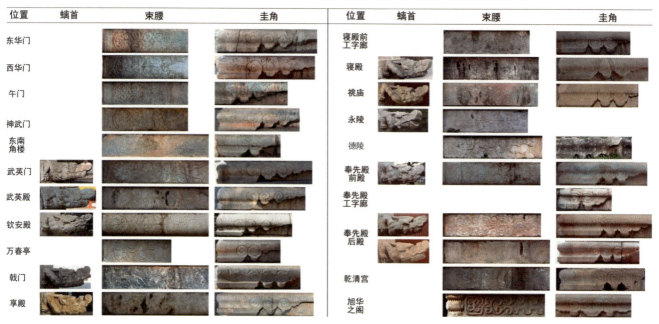

图一一 须弥座螭首、束腰、圭角纹饰演变序列图（来源：作者拍摄制作）

图一二 祧庙后檐东围墙南侧（来源：微博"蓝灯芯绒"） 图一三 祧庙后檐东围墙北侧（来源：微博"士大夫5376"） 图一四 祧庙东北角柱石及墙身角柱（来源：作者拍摄制作） 图一五 祧庙西北角柱石及墙身角柱（来源：作者拍摄制作）

（3）束腰凿刻玛瑙柱、如意金刚柱、海棠盒纹、椀花结带纹，其中玛瑙柱为巴达玛纹和莲花瓣纹，椀花结带长度及造型依束腰长短比例而定，雕刻主要有四种组合方式（表二）。

（4）圭角饰如意云纹；须弥座上、下枋及上、下枭为素面。

圭角作为须弥座下层装饰部位，主要造型及纹饰包括：奶子、唇子、如意云纹，其中如意云纹可能存在一定的演变序列（图一一），根据不同时代建筑纹饰特征归纳出：圭角如意云纹轮廓造型由弧线逐渐向直线演变，线条逐渐僵化，缺乏美感。

此外通过观察发现，同一座建筑的须弥座、栏板及望柱相同部位的纹样不完全一样，存在后期更换和占斧扁光修缮的情况，从而导致纹饰迥异。如乾隆三、四年对太庙享殿、后殿揭瓦查估丈尺做法清册，其中对须弥座进行拆安、挑换新石，凿打做细、糙做，占斧扁光，就身占斧扁光等修缮做法。其次宣统元年（1909）六月十八日再次提出"三

表三 太庙和奉先殿须弥座尺寸（单位：米）

建筑名称		位置	级数	长度	宽度	高度
太庙	戟门	主体	1	38.89	16.73	1.40
	享殿	月台	3	60.40	15.52	3.38
		主体	3	82.64	46.02	3.51
	寝殿	月台	1	60.00	9.53	2.35
		主体	1	64.70	23.00	2.51
	祧庙	月台	1	36.40	9.37	2.05
		主体	1	65.90	22.72	前檐 2.17/ 后檐 2.50
奉先殿	前殿	月台	1	39.56	11.84	1.33
		主体	1	51.07	29.08	1.33
	工字廊	主体	1	51.07	6.56	1.33
	后殿	主体	1	51.07	18.53	1.33

表四 太庙和奉先殿须弥座各部分尺寸（单位：毫米）

名称			上枋	皮条线	上枭	皮条线	束腰	皮条线	下枭	皮条线	下枋	圭角	总高
太庙	一道门	中三门	130	20	120	15	180	15	120	20	150	220	1000
		旁二门	110	5	140	20	200	20	130	5	115	210	950
	大戟门		240	25	150	25	280	25	145	25	165	320	1400
	享殿	一级	230	25	185	25	260	25	165	25	170	310	1420
		二级	210	20	110	20	190	20	110	20	80	240	1020
		三级	220	25	105	20	210	20	105	20	120	225	1070
	寝殿		380	90	360	40	440	40	360	70	350	380	2510
	二道门	中三门	160	20	130	20	140	20	130	20	120	250	1010
		旁二门	145	15	110	15	145	15	110	20	120	270	965
	祧庙	前檐	320	75	290	30	360	35	290	35	290	445	2170
		后檐	380	80	355	45	420	40	310	80	350	440	2500
	三道门	中三门	240	20	130	20	160	20	120	20	150	220	1100
奉先殿	奉先门	中三门	120	25	120	25	230	20	120	20	105	260	1045
		旁二门	120	20	125	20	215	20	120	25	120	260	1045
	前殿、工字廊、后殿		220	20	160	20	240	20	160	20	160	310	1330

大殿、戟门等各处须弥座、栏杆、柱子、抱鼓石、垂带、踏跺及东西庑、东西神厨库、井亭、中后东西两库房、押面踏跺踷级各石料均应錾凿刷洗，捯捯灰缝……"[27]。由此可见，现存须弥座纹饰至少经过两次见新做法，其纹饰特征不为始建之原状。

此外，祧庙须弥座的前檐与东西山、后檐高度不一致，但束腰与圭角纹饰造型高度相似。在《乾隆京师全图》、1942 年北平基泰工程公司测绘太庙总平面图上显示祧庙后檐墙曾与祧庙围墙相连。中华人民共和国成立后对太庙围墙进行改建（图一二、图一三），拆掉祧庙东侧与后檐墙相连的围墙，至此祧庙须弥座东西山面高度不一致的结构特点展现在同一立面，据此推测其原因可能为祧庙原后檐墙南北两侧地势高低不同导致。又根据祧庙后檐墙东西两侧墙身角柱榫头现状推测（图一四、图一五），祧庙东西围墙与后檐墙相连做法极有可能为弘治始建原状或为嘉靖改建后状态。

2. 须弥座尺度特征

太庙建筑群东西面阔 114.42 米，南北进深 207.45 米，纵向轴线的建筑均坐落在须弥座上，其中等级最高的享殿为三重须弥座，为现存须弥座中的最高等级；寝殿及祧庙为单重须弥座，其高度次于享殿。奉先殿院落东西面阔 58.55 米，南北进深 93.665 米，前、后殿须弥座为单重（具体尺寸详见表三）。

比较发现：太庙建筑群须弥座台基面阔、进深、高度及等级均大于奉先殿建筑群须弥座台基，由此可见须弥座台基整体造型、尺度受建筑等级影响，建筑等级越高其整体尺度越大；太庙建筑群须弥座台基体量硕大、气势恢宏、造型组合形式灵活，奉先殿建筑群须弥座台基造型相对单一、体量较小（具体细部尺度详见表四）。

从上表得出：须弥座台基细部尺度与须弥座单体尺度相关，各细部所占整体比例遵循一定的时代规律，具体尺度随比例同比增大或减小；太庙建筑群须弥座比奉先殿建筑群须弥座各细部造型更加简洁、圆润、比例协调。

三、结论

本文结合现状调查和历史文献，对太庙建筑群及奉先殿建筑群须弥座做了较为全面的梳理，主要得出以下结论：

第一，太庙建筑群及奉先殿建筑群现状为不同历史时期的修缮结果。太庙建筑群始建于明代永乐朝，明代嘉靖朝、弘治朝，清代乾隆朝、宣统朝改建或修缮；奉先殿建筑群始建于清代顺治朝，乾隆朝、宣统朝等改建或修缮。几次较大的改建与修缮，对建筑及须弥座布局产生一定影响，但对于须弥座等级制度影响较小，其主要影响体现在须弥座台基雕刻纹饰上。

第二，太庙和奉先殿作为重大祭祀功能的建筑，其主要建筑均坐落在须弥座台基上，其形式、等级各不相同。须弥座总高度与建筑规模、等级相关，但须弥座级数主要受建筑等级影响，建筑等级越高，其须弥座级数相应提高。多级须弥座第一级最高，其上两级次之；单级须弥座不受高度限制。

第三，须弥座纹饰特征受时代影响较为明显。综合两座建筑须弥座装饰纹样来看，部分单体建筑须弥座均为不同时代风格的综合体现。

第四，经文献发现，太庙建筑群须弥座台基在清代存在至少两次扁斧占光做法，将漫漶不清的纹饰进行占斧见新，极有可能改变原有纹饰特征。由此可见，仅通过纹饰特征判断须弥座年代的做法有待于进一步考证。

通过对两座建筑群须弥座台基信息的解读，一方面基本厘清了两座建筑群须弥座台基的修缮历史及做法。另一方面对于须弥座台基研究方法及内容提出新的问题，其纹饰造型具备相应的年代特征，但不是判定年代的直接要素；其次占斧扁光做法作为石作常用的修缮做法，其占斧程度很难界定，这点值得未来更多研究者关注与反思。

本成果得到故宫博物院 2020 年度科研课题"KT2020-15 故宫奉先殿建筑及祭祀空间原状研究"和北京故宫文物保护基金会学术故宫万科公益基金会专项经费资助。

① [清]张廷玉等:《明史》卷五十八《礼志·吉礼六》,中华书局,1974 年,第 1331 页。

②《明太祖实录》卷五十九,洪武三年十二月甲子条。

③《清世祖实录》卷一百五,中华书局,1985 年,第 820 页。

④ 杨新城:《明代奉先殿建筑沿革与形制布局初探》,《故宫博物院院刊》2014 年第 3 期。

⑤《清世祖实录》卷一百三十五,顺治十七年五月辛未条。

⑥ 中国第一历史档案馆藏:《奏为查得顺治至乾隆朝修理奉先殿的情况事》,5 全宗,84 卷,49 号。

⑦ [清]孙承泽:《春明梦余录》卷十七,北京古籍出版社,1992 年,第 241 页。

⑧《明史》卷五十一《礼志》载:"(洪武)八年改建太庙。前正殿,后寝殿。殿翼皆有两庑。寝殿九间,间一室,奉藏神主,为同堂异室之制。九年十月,新太庙成。"

⑨ [明]徐学聚:《国朝典汇》第七册,北京大学出版社,1993 年,第 5649 页。

⑩《大明会典》卷八十七《礼部四十五·庙祀二·奉祧》。

⑪《明实录·大明世宗肃皇帝实录》卷二百八十一,嘉靖二十二年十二月。

⑫《明世宗肃皇帝实训》卷四。

⑬《明实录北京史料》第三册,北京古籍出版社,1995 年,第 321 页。

⑭《明世宗实录》卷三百,嘉靖二十四年六月。

⑮《清世祖实录》卷三十九,顺治五年六月至七月。

⑯ 中国第一历史档案馆藏:《为题估工部修理太庙奉先殿需要工料银两事》,2 全宗,1-8 类项,2 卷,15 号。

⑰《清高宗实录》卷六十一,乾隆三年正月下。

⑱《清高宗实录》卷七十,乾隆三年六月上。

⑲《清高宗实录》卷七十七,乾隆三年九月下。

⑳《清高宗实录》卷一百一,乾隆四年九月下。

㉑ 朱偰:《明清两代宫苑建置沿革图考》,商务印书馆,1947 年,第 82 页。

㉒ 故宫博物院编:《钦定内务府现行则例二种》第三册《掌仪司》卷一,海南出版社,2000 年。

㉓ 中国第一历史档案馆藏:《为咨取恭修太庙中殿工竣恭请神牌还御应行祗告礼》,6 全宗,1-1 类项,718 卷,246 号。

㉔㉗ 中国第一历史档案馆藏:《奏为估修太庙要工拟定做法钱粮》,21 全宗,105 卷,022 号。

㉕ 闫凯:《北京太庙建筑研究》,天津大学 2004 年硕士学位论文。

㉖ 董睿:《易学空间观与中国传统建筑》,山东大学 2012 年博士学位论文。

故宫长春宫建筑用旧金属钉帽的分析研究

王丹毅　李秀辉

　　中国古代建筑除主体的砖木结构外，建筑局部加固补强的金属构件也是很重要的组成部分。我国明清时期的官式建筑就有利用铜、铁材料制作的金属钉帽，用于瓦面加固。钉帽通常是由钉和帽两部分组成，钉部分用铁手工打制而成，用以插入瓦件预留的孔洞，"钉入灰里，钉上扣钉帽，内用麻刀灰塞严。"[①]钉帽下部（随瓦件形）需与瓦件扣紧，防止瓦钉锈蚀。常见的钉帽有琉璃和金属两种材质。钉帽通常使用在琉璃瓦顶建筑，即宫殿建筑中等级较高的建筑屋面之上，建造者会根据屋面坡长来判断安装钉帽的具体方案，固定檐头以及瓦垄，防止瓦面下滑。

　　早在西周时期的宫殿建筑上已被证实使用瓦钉，"在陕西周原岐山凤雏、召陈等周代大型遗址上的西周宫室宗庙建筑基址中，发现有带瓦钉眼孔的瓦。"[②]战国时期燕国建筑也被证实使用瓦钉，"燕下都遗址除出土完整筒瓦外，还出土了与其相关联的组合构件，如瓦钉、瓦钉饰以及脊饰等。"[③]明清时期官式建筑普遍使用钉帽加固瓦面，即铁制瓦钉上覆钉帽。

　　本文以故宫长春宫修缮工程替换下来的金属钉帽为研究对象，使用现代试验技术对其进行分析研究，探讨长春宫区域建筑用金属材料的成分、机械性能、制作技术，研究成果可以充实古代建筑使用金属材料的具体情况，弥补文献记载过于简单的缺憾。《中华人民共和国文物保护法》规定文物在进行修缮、保养、迁移的时候，必须遵循"不

1. 侧视

2. 俯视

3. 顶视

图一　铜钉帽实物照片

表一　样品 TD-2 扫描电镜能谱分析结果

扫描区域	成分组成（wt%）		
	Cu（铜）	Zn（锌）	S（硫）
TD2-1	59.8	39.1	1.1
TD2-2	57.3	42.0	0.7
平均值	58.6	40.6	0.9

表二　样品 TD-2 中第二相扫描电镜能谱分析结果

扫描区域	成分组成（wt%）				
	Pb（锡）	Zn（锌）	Cu（铜）	Na（钠）	O（氧）
TD-2 2	62.4	16.1	19.5	0.1	1.9
TD-2 3	71.9	11.3	14.7	0.2	1.9
TD-2 4	81.1	6.2	10.0	0.1	2.6
TD-2 5	80.9	6.9	9.4	—	2.8
TD-2 6	—	36.4	61.8	0.8	1.1
TD-2 7	—	36.3	61.5	1.0	1.2

注："—"代表该元素未检测出。

作者单位：故宫博物院、北京科技大学

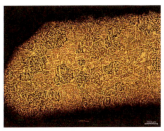

1. 样品 TD-2 端部的金相组织（50 倍） 2. 样品 TD-2 中部的金相组织（50 倍） 3. 样品 TD-2 心部的金相组织（100 倍） 4. 样品 TD-2 心部的金相组织（200 倍）

图二 样品 TD-2 不同视场和不同放大倍数下的金相显微组织照片

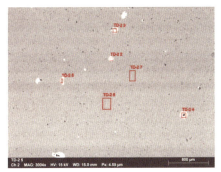

图三 铜帽样品 TD-2 扫描电镜背散射图　　　图五 铁瓦钉扫描电镜能谱背散射图　　　图六 铁瓦钉扫描电镜能谱背散射图

改变文物原状"的原则。长春宫修缮工程做法为补配无法修复的铜钉帽，遵循研究性文物保护修缮原则，对旧有损毁铜钉帽进行检测分析，为修缮提供原始材料的科学信息，为选择替代材料提供参考。

一、铜钉帽保存状态与取样情况

需采样分析的铜钉帽取自故宫长春宫前西配殿承禧殿前檐，与铁钉用灰浆固定成为一个整体（图一），因其已损坏，需更换，可以进行取样分析。

铜钉帽为组合件，钉帽材质为铜合金，瓦钉材质为铁质。钉帽为圆形，外径 55—56 毫米，内径 48—49 毫米。铜钉帽壁厚不均匀，壁厚 3—4 毫米，高度不一致，带有弧线，最高处为 65 毫米，凹处高度为 62 毫米。铁钉锈蚀严重，钉身全长 165 毫米，钉尖截面尺寸为 4 毫米 ×2 毫米，靠近麻刀灰处钉身外形尺寸为 10 毫米 ×10 毫米。钉帽处由于受到铁钉的冲击而破损，破损处铜帽的壁厚 1.5 毫米。

在铁钉尖端部取一小块样品，编号为 TD-1；在铜钉帽破损处取一小块样品，编号为 TD-2。将样品使用电木粉镶样、打磨、抛光、浸蚀后，在金相显微镜下观察样品的组织状态及选取不同视场拍照。样品喷碳后，使用扫描电镜能谱仪对其进行基体成分、夹杂物分析。

二、铜钉帽的检测分析

钉帽部分的样品 TD-2 用 FeCl$_3$ 盐酸酒精溶液浸蚀后，在 LEICA DM4000M 金相显微镜下能够观察其金相组织并拍照（图二）。可以看出，钉帽部分样品的组织为铜锌二元合金铸造组织，为（α+β′）组织。铜锌合金的 α 固溶体树枝状晶偏析明显，分布大量 β′ 相。有极少量铅呈小颗粒状弥散分布。金相组织观察结果表明，铜帽钉是铸造成型。

使用扫描电镜能谱分析仪对样品 TD-2 进行面扫描成分分析，选用实验仪器为 Hitachi S-3600N 扫描电子显微镜。分析结果表明钉帽的材质为铜锌二元合金，含锌量很高，在 40% 左右（表一）。

对样品 TD-2 进行了第二相分析，测试了 6 个区域，分析部位及分析结果见图三及表二。

由实验分析结果可以看出，TD-2 2、TD-2 3、TD-2 4、TD-2 5 这 4 个白色点状物均为细小的铅颗粒，由于颗

<h3 align="center">表三 铁瓦钉夹杂物扫描电镜能谱分析结果</h3>

扫描区域	成分组成 (wt%)											
	Fe（铁）	Mn（锰）	Si（硅）	S（硫）	P（磷）	Ca（钙）	K（钾）	Mg（镁）	Al（铝）	Na（钠）	Cu（铜）	O（氧）
2-3-7 1	20.2	—	9.6	1.0	36.8	0.6	0.4	0.1	0.9	0.1	0.3	30.0
2-3-7 2	18.9	—	0.9	45.7	0.5	0.7	0.6	0.2	0.1	—	0.3	32.3
2-3-7 3	61.2	—	—	—	—	2.0	2.0	0.7	0.5	0.5	1.1	32.1
2-3-7 4	22.1	—	1.0	33.5	33.5	0.4	0.4	0.2	0.1	—	0.4	29.9
2-3-7 5	12.7	—	1.7	52.0	52.0	0.1	0.1	0.2	0.8	0.1	0.2	28.8
2-3-7 6	59.3	—	0.6	—	—	2.3	2.3	1.1	—	0.1	1.7	33.9
2-3-8 1	24.6	—	12.1	28.8	1.2	0.5	0.2	0.2	0.8	0.1	0.5	30.2
2-3-8 2	21.9	0.4	11.3	1.7	32.5	0.6	0.4	0.3	1.0	0.3	0.3	29.3
2-3-8 3	51.2	—	16.6	—	5.1					0.7	1.6	24.7

注："—"代表该元素未检测出。

1. 样品 TD-1 金相显微组织照片（25 倍）　2. 样品 TD-1 金相显微组织照片（50 倍）

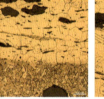

3. 样品 TD-1 金相显微组织照片（100 倍）　4. 样品 TD-1 金相显微组织照片（100 倍）

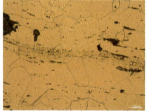
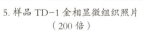

5. 样品 TD-1 金相显微组织照片（200 倍）　6. 样品 TD-1 金相显微组织照片（200 倍）

图四 样品 TD-1 不同视场和不同放大倍数下的金相显微组织照片

粒过于细小，在分析时将样品基体也包括进来。TD-2 6 和 TD-2 7 这两个小区域是铜锌合金中的 β′相。

由金相组织观察与第二相分析结果可以看出，钉帽部分使用的材质为铜锌二元合金，组织均匀纯净，仅含有很少细小的铅颗粒。

三、铁瓦钉的分析研究

瓦钉为铁质，表面锈蚀严重，钉身全长 165 毫米，钉尖截面尺寸为 4 毫米 ×2 毫米，靠近灰浆处瓦钉外围为 10 毫米×10 毫米。

利用金刚石切割机在铁瓦钉钉尖处切取小块样品，编号 TD-1，使用电木粉镶样，经过打磨、抛光后，用 4% 的硝酸酒精溶液浸蚀，在 LEICA DM4000M 金相显微镜下观察与拍照（图四）。

图四 -1、图四 -2 为样品放大 25 倍、50 倍的金相组织照片，其显示出两种组织形式，两侧为浅色的、粗大的铁素体组织，靠中心部偏上为深色的、细小的铁素体组织，两种组织间有明显的界限，说明瓦钉是用两种原料锻打成型。

图四 -3、图四 -4 为样品放大 100 倍的组织状态，依据金属学关于钢的晶粒度级别图规定，边部铁素体，晶粒粗大，晶粒度为 4—5 级；细小铁素体晶粒度为 7 级[④]。具有粗大组织的铁要比细小组织的铁强度和硬度都有所下降。

图四 -5、图四 -6 显示在粗大铁素体组织中存在带状组织。瓦钉样品中存在沿加工方向变形的褐色夹杂物，样品右侧锈蚀严重，已无金属存在。

为了判断瓦钉材质的种类，对其金相组织中的夹杂物使用扫描电镜能谱分析仪进行成分分析。依据扫描电镜能谱分析的结果，对夹杂物种类、其元素组成进行分析，可以探讨其原材料的冶炼工艺水平和材质的质量。

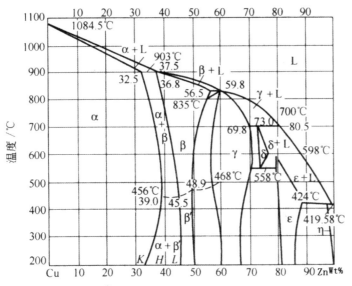

图七 Cu-Zn 合金相图[5]

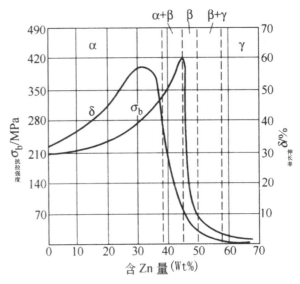

图八 含 Zn 量对黄铜机械性能的影响[7]

选取不同夹杂物进行微区面扫描,扫描夹杂物形状与位置如图五、图六所示,夹杂物的成分分析结果如表三所示。

由表三的分析结果可以看出,样品中的夹杂物成分存在较大差异,尤其是代表冶炼技术的元素,如硫、磷、锰元素。夹杂物有铁的氧化物,如图五中的第 3 点、第 6 点;铁的硫化物夹杂,如图五中的第 2 点、图六的第 1 点;铁的硫化物、磷酸盐物夹杂,如图五中的第 4 点、第 5 点。部分夹杂物中硫、磷含量很高。

硫、磷元素主要来源于冶炼时的燃料煤,锰元素主要来源于铁矿石。磷元素的存在还引起了浮凸组织和磷共晶组织的出现。目前的实验结果说明,制作瓦钉的原材料是以煤为燃料冶炼而成的,造渣技术不好,有害元素硫、磷进入铁液中保留下来。

四、相关问题的讨论

(一)铜帽钉选用黄铜制作的缘由

铜帽钉选用黄铜制作,一方面与黄铜的铸造性能有关,另一方面与黄铜的色泽有关。

由铜帽钉的金相组织观察与扫描电镜能谱分析结果,可以判断钉帽部分为铜锌二元合金铸造而成,含锌量很高,平均达到 40.6%。由 Cu-Zn 合金相图可知,钉帽部分材质属于普通黄铜 Cu-Zn 二元合金。

图七中 α 和 η 分别表示以 Cu 和 Zn 为溶剂的一次固溶体。α 相是 Zn 溶于 Cu 的固溶体,晶格与 Cu 相同,塑性很好,易承受各种冷、热加工。Zn 在 Cu 中的固溶度很大,常温平衡状态下可溶解约 37% 的 Zn,具有良好的固溶强化效果。β 相是以电子化合物 Cu-Zn 为基的固溶体,呈体心立方晶格。理论上 β 相的含 Zn 量为 50.7%,但实际上 β 相的合金成分在一定范围内变动。β 相在 456℃—468℃时发生有序化转变,Cu 原子占据晶格的顶角处,Zn 原子位于体心,转变后以 β′表示。高温的无序固溶体 β 相塑性好,可以承受压力加工,而室温下有序固溶体 β′相塑性较低,压力加工困难,但强度和硬度较高。

在铸造生产的实际情况下,因为冷却的速度比较快,没有足够的时间来保证扩散过程充分进行,以达到相的平衡状态,所以黄铜的铸态组织相对于 Cu-Zn 二元相图有不同程度的偏离。平衡缓冷时,Zn 在 Cu 中的溶解线(α相区分界线)向右下方倾斜,最大溶解度达 39%。而在铸造条件下由于冷却速度较快,β 相到 α 相的分解扩散过程来不及全部完成,这条相区分界线由倾斜向垂直方向移动,冷却速度越快移动越大,以至到室温时 Zn 在 Cu 中的饱和溶解度只能达到 30% 左右。

Cu-Zn 二元合金的结晶温度范围很小,只有 30℃左右,液相线随锌含量增加很快下降,流动性好,形成晶内偏析和疏松的倾向小。液态黄铜中的锌有很高的蒸汽压,可防止合金吸气,并带走铜液中的气体,所以黄铜一般不产生气孔，且具有良好的铸造性能⑥。

含锌量小于 39% 的黄铜称为 α 黄铜，具有较高的抗拉强度和延伸率，且二者都随 Zn 含量的增加而提高。含锌量在 39%—47% 的黄铜称为（α+β）黄铜，强度虽然更高，但塑性却随锌含量增加而急剧下降。

黄铜的含锌量对其机械性能有很大影响。由于在 Cu-Zn 二元合金体系中，化合物及二次固溶体的性能大多硬而脆，所以工业黄铜中 Zn 含量一般在 45% 以下。普通工业黄铜分为 α、β 及（α+β）三种。其强度和塑性随含 Zn 量不同而发生的变化如图八所示。

铜钉帽含锌量平均为 40.6%，其组织为 α+β′，抗拉强度值 σ_b 为 460MPa，但其塑性指标 δ 仅为 27% 左右。由此可知，选择用黄铜铸造钉帽是合理的，利用黄铜铸造性能良好的优点，抗腐蚀性能好，而且钉帽的色泽与黄琉璃瓦的颜色协调。但由于锌含量较高，材料塑性变形能力差，比较脆，因此在使用时若受到冲击，易出现裂纹。钉帽下口不是水平的，轴线部分带有一定弧度，是为了钉帽与筒瓦更好地结合，对铜帽下口进行了打磨。

东北大学李宝绵、王玉贵研究了 Cu-Zn 合金铸件的色泽特性与 Zn 质量分数变化的规律，结果表明，随 Zn 质量分数的增加，合金表面色中的红色成分先减少然后增加，而黄色成分和明度值先增加然后减少；合金的表面色泽由铜色向金黄色、黄色、绿黄、黄、金黄色变化⑧。铜钉帽平均含锌量为 40.2%，铸造成的铜钉帽颜色为金黄色，与琉璃瓦的颜色相近，同时因铜钉帽含有很高的锌元素，铜锌合金表面的氧化膜最外层优先生成大量 ZnO，以避免生成黑褐色的 CuO，保证其颜色不变，表明工匠是有意选择使用该成分的黄铜制作铜钉帽。

中国出土最早的黄铜制品是姜寨的黄铜片和黄铜管状物，韩汝玢通过检测认为冶炼方式比较原始，采用的含铅锌矿的铜矿石在较低温度下得到⑨。较早的黄铜制品还有陕西省渭南市北刘遗址铜笄、三里河遗址出土的锥子、山西省绛县周家庄遗址铜片，都显示出矿料黄铜的特征，都处于黄铜冶炼的原始阶段。凡小盼对世界范围内史前黄铜的分布及冶炼工艺进行了探讨，认为史前黄铜应由铜锌共生矿或混合矿（铜氧化矿和锌氧化矿）冶炼获得，且最初采用的是固体还原工艺，经简单加工成型⑩。罗马被认为在公元前 45 年左右产生了有意识的黄铜冶炼，采用的冶炼方式是渗合工艺，可能是在小亚细亚，并且用于铸造黄铜钱币⑪。之后很快黄铜在该地区其他领域流行起来，特别是在金属装饰品中，很大程度上取代了青铜，黄铜技术也随之在罗马境内普遍存在⑫。有学者认为在公元 2 世纪和 3 世纪，罗马帝国的黄铜冶炼技术传播到两河流域，在魏晋南北朝时期黄铜可能流通到中国⑬。林梅村根据文献记载认为丝绸之路开通后鍮石首先从波斯传入中国，唐以后主要来自印度、克什米尔等地。总之鍮石传播到中国的路线是亚洲内陆，传入中国的具体时间不明确，但是汉唐时期鍮石工艺品已被达官贵人所追捧⑭。

中国至迟在五代、北宋时期，才开始有意识的炼制黄铜。宋代丹经《诸家神品丹法》记载的五代"末日华子点庚法"，利用炉甘石冶炼黄铜。《宋史·食货志》称黄铜为鍮铜，黄铜器为鍮器。宋代制作黄铜是将炉甘石投入到熔化了的铜液中得到，宋崔防《外丹本草》记载："用铜一斤，炉甘石一斤，炼之即成鍮石一斤半"。这些记载说明五代至北宋，已经可以采用炉甘石与红铜进行有意识的黄铜冶炼⑮。周卫荣通过文献考证和实验分析，认为中国古代自 1621 年开始使用冶炼的单质锌制作黄铜铸钱，可以检测黄铜制品中的镉来区分矿炼黄铜和单质锌黄铜⑯。

明清时期黄铜用于制作天文仪器，如紫金山天文台的浑仪，北京观象台清代天文仪器⑰。樊伟对云南昆明太和宫金殿建造的材料进行了科学分析研究⑱，样品分析结果显示，金殿的建筑构件以 Cu-Zn-Pb 三元合金为主，还有 Cu-Sn-Zn-Pb 合金、Cu-Sn-Pb 合金、Cu-Pb 合金存在。与长春宫铜钉帽的材质 Cu-Zn 二元合金存在较大差异。

长春宫是紫禁城内廷西六宫之一，位于西二长街以西，太极殿（启祥宫）以北。作为内廷后宫，长春宫明清以来均为后妃所居⑲。该组建筑级别属于宫殿建筑中较高的规格等级，共 11 座单体建筑。该组建筑屋面全部为黄琉璃瓦顶，均在坡屋面的檐部勾头上加装铜钉帽以固定。长春宫正殿因体量大、坡长较长，在前后坡瓦面中部安装一排星星瓦，安装钉帽以加固瓦垄。经现场确认，该区域屋顶用的铜钉帽样式及材料统一，除外观尺寸有所区别，均与本文样品一致。表明当时是使用了统一的黄铜铸造的铜钉帽，是明清时期又一例黄铜实物证据，也是金属应用在宫殿建筑材料中的重要发现。

（二）铁瓦钉的材质及制作技术

在古代制作铁器的过程中，一些未被排出的非金属相会留在金属基体中形成夹杂物，成为判断铁器材质及制作工艺的重要依据。这些夹杂物中通常包含有整个铁器制作体系中未被还原的或后期被重新氧化的元素成分，因此古代铁器样品中的夹杂物成分既与整个铁器制作过程中所使用的材料（如矿石、焦炭、炉壁、添加剂等）有关，也会受到制作过程中的热力学条件、元素活性的影响[20]。因此通过夹杂物判断铁器材质需要综合考虑多方面因素。

中国古代铁器中的夹杂物多来源于冶炼与锻打过程。锻打过程中产生的夹杂物通常为氧化铁皮，较易于区分。而冶炼过程产生的夹杂物则较为复杂。

在检测的瓦钉金相组织中，出现浮凸组织和带状组织。所谓浮凸组织是样品在4%硝酸酒精浸蚀后，在金相显微镜下观察铁素体基体上出现不在同一平面上的浮雕状组织。从有浮凸组织的样品的金相组织鉴定中可以看出，浮凸组织大部分出现于含碳较低的铁素体组织中，并且全部为锻造制品。经过检测的有浮凸组织的样品中磷含量较高，说明浮凸组织的形成是磷偏析引起的，而古代钢铁制品中磷则是直接来自矿石。

铁矿石常含有磷，生铁冶炼过程中加入的石灰熔剂也常伴生有磷酸钙，因此，无论是块炼铁、还是生铁，都会含有一定量的磷。在古代铁制品中，随着含量增加，磷可以与铁形成固溶体、形成磷共晶等方式存于基体组织中，并因热处理等因素产生磷偏析，出现浮凸现象[21]。

在生铁冶炼过程中，矿石等物料中所有磷都会以合金元素的形式进入生铁中，因而生铁含磷量有时高达2%以上。含磷量高的生铁在炒炼的相对氧化气氛下会被氧化，与铁、钙氧化物形成磷酸盐进入炉渣。炒炼过程的搅拌操作，会使含有磷酸盐的炉渣夹杂在炒钢中。后续的锻打可使炒钢中的非金属夹杂物产生沿加工方向的机械变形，但不能改变其含磷的性质。由于炒炼过程会产生大量的氧化亚铁以及生铁中硅的氧化、炉壁中石英等耐火材料等脱落等原因，炒钢中也含有氧化亚铁、铁橄榄石、石英、三氧化二铝等其他非金属夹杂物。这些夹杂物与磷氧化而生成的磷酸盐不同比例的随机混合，会导致炒钢中的非金属夹杂物的成分波动，在成分上表现为磷等元素的含量不稳定不均匀，因而出现各种成分的夹杂物[22]。

而镁、铝、钾、钙四类元素含量因矿物种类不同而不同，故很难以其含量的高低作为判断冶炼工艺的标准，但由于生铁冶炼过程中这些元素会集中进入液态炉渣，加之助熔剂中钙的加入，故这四类元素尤其是钙元素在单相夹杂中较高且均匀的含量可以作为判断生铁冶炼的标准[23]。

由上可知，瓦钉制作选用了含碳量不同的2种材料锻打而成，含碳高的、组织细小的材料机械性能好于含碳低、组织粗大的材料，这种利用含碳量不同的材料制作器物的工艺称为贴（夹）钢工艺。贴（夹）钢工艺是中国古代强化工具、刃具刃口的工艺。在工具、刃具的刃口部位锻焊嵌入或贴上一块强度较高的钢，使刃口锋利耐用，本体钢用低碳钢或熟铁制成。在中国，此技术始于何时尚待研究。目前在北京延庆出土的汉代铁镢[24]、辽宁北票喇嘛洞鲜卑墓出土的凿（属公元5世纪）发现了夹钢工艺[25]，铁器本体钢和刃部钢锻造结合好，是表现了较高技巧和经验的制品。铁瓦钉实物的发现为贴（夹）钢工艺延续使用提供了实物证明。

因铁瓦钉材质内含有硫、磷的夹杂物较多，铁料是使用煤作为燃料冶炼得到的。铁瓦钉用于瓦的固定，直接插入预留的孔洞中，钉在灰浆中，其机械性能可以满足使用要求。

综上所述，长春宫前东配殿屋面使用的黄铜钉帽是明清时期又一黄铜实物证据，是营建宫殿建筑应用黄铜材料的重要发现。而铁瓦钉是采用贴（夹）钢工艺、使用不同含碳量的铁料锻打而成，因其含有较多的硫化物夹杂和磷共晶夹杂，可以判断原材料是用煤作为燃料冶铁而得到的。铁瓦钉材质的质量一般，但其机械性能仍然能够满足使用要求，也是当时社会生产力水平的重要体现。

① 刘大可：《中国古建筑瓦石营法》，中国建筑工业出版社，2003 年。

② 陈全方：《周原与周文化》，上海人民出版社，1988 年。

③ 吴磬军、魏青：《燕下都瓦钉与瓦钉饰》，《文物春秋》2015 年第 4 期。

④ 宋维锡：《金属学》，冶金工业出版社，1980 年，第 360 页。

⑤ 宋维锡：《金属学》，冶金工业出版社，2005 年，第 68 页。

⑥⑦ 郑来苏：《铸造合金及其熔炼》，西北工业大学出版社，1994 年，第 117 页。

⑧ 李宝绵、王玉贵：《Cu-Zn 合金铸件的色泽特性》，《特种铸造和有色合金》1999 年第 3 期。

⑨ 西安半坡博物馆、陕西省考古研究所、临潼县博物馆：《姜寨——新石器时代遗址发掘报告》，文物出版社，1988 年，第 544—548 页。

⑩ 凡小盼、赵雄伟：《史前黄铜器及其冶炼工艺》，《中国国家博物馆馆刊》2016 年第 8 期。

⑪ Thornton C P , Rehren T , Pigott V C . The production of speiss (iron arsenide) during the Early Bronze Age in Iran[J]. Journal of Archaeological Science, 2009, 36(2).

⑫ ［英］泰利柯特著，华觉明等译：《世界冶金发展史》，科学技术文献出版社，1985 年，第 152—155 页。

⑬ 周卫荣：《黄铜冶铸技术在中国的生产与发展》，《故宫学术季刊》第十八卷第一期，2000 年。

⑭ 林梅村：《鍮石入华考》，《考古与文物》1999 年第 2 期。

⑮ 刘舜强：《再谈我国古代黄铜铸币的年代》，《故宫博物院院刊》2001 年第 5 期。

⑯ 周卫荣、樊祥熹、何琳：《中国古代使用单质锌黄铜的实验证据——兼与 M.R.Cowell 商榷》，《自然科学史研究》1994 年第 1 期。

⑰ 李秀辉、昊坤仪：《浑仪、简仪合金成分及材质的研究》，《文物》1994 年第 10 期。

⑱ 樊伟：《昆明太和宫金殿建造材料科学分析研究》，北京科技大学，2022 年。

⑲ 章乃炜：《清宫述闻》，紫禁城出版社，1990 年，第 760—765 页。

⑳ Dillmann P, L'Héritier M. Slag inclusion analyses for studying ferrous alloys employed in French medieval buildings: supply of materials and diffusion of smelting processes[J]. Journal of Archaeological Science, 2007, 34 (11).

㉑ 陈建立、韩汝玢、今村峰雄：《古代钢铁制品中的浮凸组织初步研究》，《文物保护与考古科学》2003 年第 4 期。

㉒ 杨菊、李延祥、赵福生、楼朋林：《北京昌平马刨泉长城戍所遗址出土铁器的实验研究——兼论炒钢工艺的一种判据》，《中国科技史杂志》2014 年第 2 期。

㉓ Dillmann P, L'Héritier M. Slag inclusion analyses for studying ferrous alloys employed in French medieval buildings: supply of materials and diffusion of smelting processes[J]. Journal of Archaeological Science, 2007, 34 (11).

㉔ 程瑜：《北京延庆地区出土铁器的初步研究》，北京科技大学硕士学位论文，2009 年。

㉕ 北京科技大学冶金与材料史研究所、辽宁省文物考古研究所：《北票喇嘛洞出土铁器的金相实验研究》，《文物》2001 年第 12 期。

"纪念碑性"与永乐大钟停放地点的再考证

李吉光

一、永乐大钟研究文献综述

永乐大钟，钟身至悬挂结构通高 6.75 米，重约 46.5 吨。钟肩外径 2.4 米，口沿外径 3.3 米。钟壁厚度不等，最薄处在钟腰部，厚 94 毫米，最厚处在钟唇部，厚 185 毫米。今对其研究多集中在其铸造工艺、文化内涵、铭文内容等方面。1963 年，凌业勤和王炳仁首先公布了对永乐大钟金属含量的化学定量分析。1984 年，凌业勤又借助《天工开物》等文献的记载讨论了永乐大钟的铸造方法，认为此钟采用了"泥型"而非"蜡型"铸造而成[1]。

对大钟的文化内涵的研究，以往学者多结合铭文内容考证，如于殳结合钟体上的梵文经文，认为永乐大钟体现了华严宗与密教的融合，并证明了明初笃信密教的情况[2]。夏明明、高凯军等人在对永乐大钟铭文反复阅读、梳理的基础上，确认了永乐大钟铭文"三进三出"的排版设计，统计了经文咒语的名称和大致分布位置，并初步统计了汉字铭文和梵文铭文的字数[3]。陈捷、张昕讨论了大钟顶部法曼荼罗的空间分布，以及与汉传佛教建筑空间的关系[4]。2022 年，北京大钟寺古钟博物馆成立"永乐大钟及馆藏古钟文物铭文、纹饰研究"课题组，对大钟的汉梵文铭文重新扫描并释读，并在此基础上试图重新讨论大钟的铸成年代和铸造者[5]。

以上研究，均聚焦于永乐大钟本体，特别是以其铭文的识读和解释为基础；但从历史研究的角度看，永乐大钟的铸造和几次迁移本身已经是重要的历史事件，而作为事件实证物的大钟、万寿寺和觉生寺之间的关系今天也仍然是讨论永乐大钟的另一出发点。孔祥利曾从占筮文化的角度讨论了大钟为何在万寿寺建成多年后才移置于此，以及为何又被弃置于地[6]；霍司佳从永乐大钟的视觉形象与置放空间出发，认为大钟在万寿寺与觉生寺的空间中实现了从"奇物"到"前朝政治物证"的转化[7]。以上研究为永乐大钟的研究提供了新的视角，但始终没有解释的是，在迁到万寿寺之前，巨大的永乐大钟是如何被停放和使用的，这口在移置万寿寺前不见于史料记载的大钟与明代城市空间与政治权利有什么关系。

因此，本文将运用"纪念碑性"这一理论，从"钟"的起源与明早期"铸钟"行为出发，试图运用艺术史的方法为历史事件的研讨提供新的切入点，并得出可能的结论。

二、钟的起源与纪念碑性

（一）钟的起源与视听关系的分离

中国古已有钟，最初是乐器[8]。曾侯乙墓的编钟生动说明了钟在中国的意义。现藏于故宫博物院的狩猎筵乐纹铜壶，铜壶上部呈现了优美的舞蹈，而为舞蹈伴奏的，就是编钟。今人为其定名为筵乐纹铜壶，可见舞、乐与筵的关系。《史记·货殖列传》云："马医，浅方，张里击钟。"击钟，即吃饭时鸣钟奏乐，看到钟的人与听到钟声的人是一致的。因为人与钟此时处于同一室内空间中，在听到钟声时，必然会看到钟的样貌、纹饰。

乐钟之外，我们今天看到的大多数古钟，应是梵钟。孙机认为，这类钟起源于原见于古印度佛塔上的梵铃[9]。据《洛阳伽蓝记》记载，永宁寺有浮图："刹上有金宝瓶，容二十五石。宝瓶下有承露金盘三十重，周匝皆垂金铎，复有铁锁四道，引刹向浮图。四角锁上亦有金铎，锁大小如一石瓮子。浮图有九级，角角皆悬金铎，合上下有一百二十铎。"[10]与中国固有的悬挂的编钟不同，这里铎的响声是随机的，《洛阳伽蓝记》记载："至于高风

作者单位：首都博物馆

永夜，宝铎和鸣，铿锵之声，闻及十余里。"此时铎的功能便是让闻者内心震动，它不是乐器，但直指人心。

钟用于报时，应起于东汉。到南北朝时，用于报时的钟，已经是上文说到的梵钟[11]。据1957—1962年中国科学院考古研究所西安唐城发掘队的调查结果，唐代的钟楼，位于皇城内略微偏东的位置[12]。作为报时的钟，它主要的功用仍在于声音，这一功能延续至今。

从纹饰复杂的编钟到《洛阳伽蓝记》中记载的宝铎，直至以后用于报时的钟，人对钟的关注点从视听并重逐步转变为以听为主。钟的视觉受众与听觉受众渐渐分离。声音的传播范围远远超出了人的目力所及，传播范围越广，社会中对钟的声音的关注程度越高，反过来，对钟本身的关注越次要。而且，由于声音和图像传播距离的差异，当"听到"成为人处于某一时空中的必然时，"看到"就成为某些人的特殊权力。

（二）明初的铸钟行为与永乐大钟的"纪念碑性"

巫鸿在《中国古代艺术与建筑中的"纪念碑性"》一书中认为，具有纪念碑性的"物"存在于"隐秘""幽深"的建筑中，如《左传》中记录的"九鼎"即如此。这些物要么具有巨大的形体，要么具有常规的造型和超出用途本身的繁复的纹饰，要么其材质的获取、使用、雕琢的难度极大，对这些物的完成需要耗费巨大的劳动力，以彰显其拥有者的权力与威仪。而永乐大钟恰恰是形体巨大、有着繁复纹饰，且雕琢难度极大的物[13]。因此笔者以为，它具有巫鸿所言的"纪念碑性"，它是永乐帝王形象塑造的一部分。

明初铸钟行为，始于洪武朝。宋濂《凤阳府新铸大钟颂》曰："用群臣奏临濠为龙飞之地，赐名曰凤阳。南北民大和会，百族错居，共十万数，然而物大而盛，不假器齐一之，无以严晨昏之禁。乃诏江阴侯吴良监铸大钟。以定众志，以裨教化。"朱元璋把钟铸在凤阳，并将这里作为中都，建有钟鼓楼，这口大钟，就在钟楼里。宋濂文中说大钟的用途主要有以下几点：一是严晨昏之禁，二是定众志，裨教化。关于此钟的纹饰，宋濂语焉不详，只说"混融其轮圆，炜烨其容辉，信技殚于人巧，妙夺于神功者也"。从这样的文字描述看，钟面是没有纹饰的，所谓在太阳的照耀下容貌美好，可能只是指圆滑的钟面反射着金色的光辉，令人如观圣山。关于它的声音，宋濂描述到："一杵之撞，隐隐阗阗，雷旋电奔，震撼太虚。遐迩闻者，靡不耸愕。"从弱弱响起，到雷霆之音，声音的回荡，昭示皇恩浩荡，以及皇权对城市的控制。权力用声音规定了城市的苏醒与睡眠。如前文所述，"听钟声"成为人的必须，而看钟，却成为某种特殊权力的象征。宋濂在文中说，"会濂扈从青宫幸凤阳，亲观盛美"[14]，亦可见其难得。今天，这口大钟已不存，我们只能从宋濂的文字中略得一二。将其与永乐大钟相比，有如下相同之处：体型同样庞大、同样在帝王的"龙兴之地"铸造、同样需要耗费巨大的劳动。因此，铸钟不仅是朱棣彰显个人权力的行为，更是通过这一行为彰显了政权的合法性，即他继承洪武朝的正统。

今北京所见永乐年间铸钟共有四口。大钟寺古钟博物馆有两口，题款均为大明永乐年月吉日制，其中一口钟身布满经文的是本文重点讨论的对象。另一口为素面铁钟，曾长期悬挂在北京钟楼报时使用，后落架后转运至大钟寺古钟博物馆。第三口直到现在仍然悬挂在钟楼，另有一口大钟在天坛公园内，是作为祭祀用钟使用的，题款同上，此钟笔者未亲见。也就是说，除了这口最为庞大的永乐大钟，其他三口都曾经发挥过"钟"的功能，只有这一口，在其移至万寿寺之前，基本没有见于文献记载[15]。如巫鸿所述，神秘，是具有纪念碑性的"物"的特征之一，从这个角度推论，这口布满经文的大钟是体现永乐帝现实荣耀的纪念碑。

三、钟停何处——对永乐大钟的文献考察

（一）历史文献与城市空间中的永乐大钟与万寿寺

历史研究离不开实物的考察和文献的梳理。当我们直面大钟时，看到的是一个形体巨大、文字密密麻麻不知从何读起的"钟状物"——我没有意识到这是一口钟，感觉更像是一个布满文字的建筑。它带给人巨大的震撼力，让观者观赏大钟整体的兴致超过了阅读文字的兴趣[16]。事实上，站在一米之外，也很难看得清钟裙三分之一以上的经文，今日的研究者耗费了巨大的精力，终于搞清大钟内外共有铭文231277字（含梵文符号）。每字不过1厘米见方，

基本不在视力可以阅读的范围内。据大钟寺古钟博物馆工作人员的研究，钟体内外共有汉语经文 16 部，其中排版面积最大的是朱棣御制的《诸佛世尊如来菩萨尊者神僧名经》和《妙法莲华经》[17]。有学者考证，《诸佛世尊如来菩萨尊者神僧名经》完成于永乐十五年（1417），这也是永乐大钟铸造完成的时间上限。除这一线索外，笔者查阅了永乐朝的实录和《姚广孝全集》等史料，没有见到任何关于永乐大钟的文字记载。

在万寿寺建成后的文献中，依靠张树伟编著的《万寿寺史料汇编》和相关材料，笔者将万历至清初康熙年间的史料排比如下[18]。

……尝于内地东北隅设番汉二经厂，使内臣习经典法事，盖二百年于兹矣。隆庆五年，先皇帝不豫，因命重修为祈祝地。其后，圣母慈圣宣文皇太后追念先皇帝不置，则语上以重修，故语辄泣，上亦泣。已，乃奉圣母命，思先帝遗意，而推广之。出帑储若干缗，潞王、公主及诸宫御中贵复佐若干缗。命司礼监太监等卜于都城西直门外广源闸之西，得故太监丘聚地一区而建刹焉。是为汉经厂香火院，因旧制也。

——《敕建万寿寺碑文》朱赓

初，禁垣艮隅有番汉二经厂，其来久矣。庄皇帝尝诏重修，以祝釐延贶，厥功未就。今上践祚之五年，圣母慈圣宣文皇太后谕上若曰：朕建一寺以藏经焚修，成先帝遗意。……命司礼监太监冯保等卜地于西直门外七里许广源闸之西，特建梵刹，为尊藏汉经香火院。

——《敕建万寿寺碑文》张居正

先是，京师有番经、汉经二厂，年久颓圮，穆皇命重修未竟，上移贮汉经于其中。……时，上从内府赐出永乐间所铸铜钟，内外范《华严》全部，婆娑环读，此身真在忉利天宫也。

——《万历野获编·京师敕建寺》沈德符

寺有方钟楼，前临大道，楼仅容钟。钟铸自文皇，径长丈二。内外刻《佛号》《弥陀》《法华》诸品经，蒲牢刻《楞严咒》。钟质精好，字画整隽，相传为沈度笔。少师姚文荣公监造。数百年朱翠斑隐隐欲起，即置商周彝鼎间，未多让也。近年自宫中移此，昼夜撞击，声闻数十里。

——《长安客话·万寿寺》蒋一葵

先是，文皇帝铸大铜钟，侈弇齐适，舒而远闻。内外书《华严》八十一卷，铣于间，书金刚般若三十二分，字则铸软，点画波捺楚楚，如碾如刻，复如书楷，其笔法，必沈度、宋克也。向藏汉经厂，于是敕悬寺，日供六僧击之。

——《帝京景物略·卷五》刘侗、于奕正

西郭外万寿寺，今上所建。大内出一钟，成祖时少师姚广孝监铸，重八万七千斤，径丈有四尺，长丈五尺，铜质甚古。

——《日下旧闻考》引《燕邸纪闻》

万寿寺，万历五年建。大珰谷大用寺基，慈圣李太后出资钜万，命太监冯保督造。寺悬永乐时所铸大钟，内外书《华严》八十一卷，名曰华严钟。按钟在汉经厂，此其一也。厂在德胜门内，旧铸高二丈余，阔一丈余者尚有十数，仆地上。

——《天府广记·卷三十八》孙承泽

以上七条史料中都没有提到大钟的声音，笔者检索万历之前的其他史料，亦没有见到关于大钟声音的描述。如前文所述，声音的传播范围远胜于图像，这口没有人听到的大钟，会有人看到么？把以上七条史料按时间顺序排列，其中两条敕建碑文的时间最早，随后是《万历野获编》《长安客话》《帝京景物略》和《天府广记》，其中《燕邸纪闻》一书已佚，据今人王灿炽《北京历史文献佚书考略》，此书作者为汪怀德，《明人传记资料索引》及《明代传记资料丛刊》均无载。

在敕建碑文中，均称万寿寺为"汉经厂香火院"，并称部分经书从汉经厂移至于此。关于永乐大钟是否曾悬挂或停放在汉经厂，两碑都没有记录。《万历野获编》成书于万历末年，只说"上从内府赐出永乐间所铸铜钟"，未言汉经厂。《长安客话》言"自宫中移此"。其后《帝京景物略》称永乐大钟"向藏汉经厂"，《天府广记》亦称"钟在汉经厂"。《燕邸纪闻》成书年代不详，只说"大内出一钟"。至此，对永乐大钟与汉经厂的关系出现了四种说法：写作时间最早的两篇敕建碑文，均不及此事，只说出永乐间所铸大钟。其后《万历野获编》认为永乐大钟曾藏于内府，《燕邸纪闻》和《长安客话》认为藏于"大内"或宫中。从《帝京景物略》开始，称永乐大钟藏于汉经厂，其后清代文献均沿袭此说。

沈德符讲大钟藏于内府，其实是一个比较广大的范围。刘若愚著《酌中志》，详细描述了内府的功能[19]。

《皇明祖训》所载，设立内府衙门，职掌品级，立法垂后，亦尽善尽美。惟是间有祖训所未及载，或载而未详者，谨谱次梗概于左。按内府十二监：曰司礼，曰御用，曰内官，曰御马，曰司设，曰尚宾，曰神宫，曰尚膳，曰尚衣，曰印绶，曰直殿，曰都知。又四司：曰惜薪，曰宝钞，曰钟鼓，曰混堂。又八局：曰兵仗，曰巾帽，曰针工，曰内织染，曰酒醋面，曰司苑，曰浣衣，曰银作。以上总谓之曰二十四衙门也。此外，有内府供用库、司钥库、内承运库等处，亦罗列于后，以备考焉。

承载这些功能的区域占地广大，大多布置在东安门至西安门一线以北，形成一个庞大的生活服务区，也有少数监、局散布在紫禁城西城濠外侧和东安门内南面。一些内廷使用的佛寺、道观、祠庙也在这一地区内[20]。因此，藏于内府，并不是指其中的某一地区，而是指内府这一庞大的机构。沈德潜之后，蒋一葵称永乐大钟在"宫中"，汪怀德称"大内"。笔者以为，沈德潜、汪怀德和蒋一葵都是京城文人，没有可能像内府太监刘若愚那样对内府的职能和办公环境有全面的了解。为皇帝服务的人和事，往往以"内"或"宫"一言蔽之，宫中也应是泛指。

其后，《帝京景物略》成书在崇祯年间。大钟成为被观看的对象已经三十余年，对大钟的联想自然与其日常的功能联系起来。此时，大钟已经落架，"古色沉绿，端然远山"。在其落架之前，则作为寺院报时之钟使用，也有节庆时为百姓祈福的功用；且寺院内有张居正的碑文，观者读罢此碑，再目睹大钟威仪，很自然地会把汉经厂和大钟联系起来：既然这里作为汉经厂的香火院，那么此中一切自然是从那里移至此处，大钟也不例外[21]。笔者以为，如前文所述，这一认识是对"内""宫"的误读。

查张居正的碑文，有对钟楼的记录，"中为大延寿殿五楹，旁列罗汉殿各九楹，前为钟鼓楼、天王殿，后为藏经阁、高广如殿"。然而，再查《酌中志》"汉经厂"条：至于三十年后，于西直门外万寿寺中建大钟楼，悬大钟一口。钟铸楷字佛经，样式淳古，其音洪大，可闻数十里[22]。也就是说，张居正文中的"钟鼓楼"不是刘若愚文中的"大钟楼"，从万历六年（1578）万寿寺竣工，到万历三十五六年间，永乐大钟并没有悬挂在万寿寺。

进一步说，按照文献排比，从永乐十五年到万历三十五六年间，永乐大钟究竟有没有被人看到或听到过，如此庞大的"物"，有没有真正的观看或使用者？

（二）万寿寺建立前，永乐大钟的观看者

如前文所引张居正所撰《敕建万寿寺碑文》：命司礼监太监冯保等卜地于西直门外七里许广源闸之西，特建梵刹，为尊藏汉经香火院。负责万寿寺建造工作的，是司礼监太监冯保。查《酌中志》卷五《三朝典礼之臣纪略》："神庙登极十龄矣，时冯太监保掌司礼监印，兼掌东厂。其仆徐爵号小野，颇通文理，达事情。冯与江陵张相公居正内

外同心，翊戴冲圣。自新郑高相公拱退后，凡江陵在外之相业，圣母圣庙之眷注，皆冯纳约自牖之验也。"[23]也就是说，负责"圣母圣庙之眷注"的冯保，有可能看到过这口永乐大钟。然而，如前文所述，从万寿寺建成，到永乐大钟被移至万寿寺，又度过了三十余年的光阴。

查《日下旧闻考》所引《燕邸纪闻》，其认定"铸时年月日皆丁未，今徙置之日为六月十六日，亦四丁未相符"。此说不详所本，但与刘若愚所言大体相符，查《二十四史朔闰表》，万历三十年（1602）后的丁未年为万历三十五年（1607）。而万历五年（1577）到万历三十五年间，自冯保之后，历任司礼监掌印太监有张宏、张诚、田义、陈矩等。其中陈矩卒于万历三十五年冬，在去世前一直在任[24]。因此有可能看到永乐大钟的，应是永乐朝及其后历任司礼监的掌印太监，负责将其移至万寿寺的，应是田义或陈矩。

而在司礼监掌印太监以下，有没有其他内府太监和这口钟有关呢？笔者以为答案是否定的。《酌中志》"钟鼓司""汉经厂"条内容与钟有关，但都没有谈到钟是如何使用的。"钟鼓司"条偏重于鼓，其文曰："……（钟鼓司）掌管出朝钟鼓。凡圣驾朝圣母回，及万寿圣节、冬至、年节升殿回宫，皆穿有补红帖里，头戴青攒，顶缀五色绒，在圣驾前作乐，迎导宫中升座承应。"[25]显然，出朝迎驾的，不可能是无比巨大和沉重的铜钟。"汉经厂"条亦对宫中佛教仪式记载颇详："如遇万寿圣节、正旦、中元等节，于宫中启建道场，遣内大臣瞻礼，扬幡挂榜，如外之应付僧一般。其僧伽帽、袈裟、缁衣亦与僧人同，惟不落发耳。圆满事毕，仍各易内臣服色。"[26]按《酌中志》体例，如果此钟曾用于宫中的法事活动，应该有所描述。那么，这口钟也没有用于宫中法事。也就是说，参加宫中法事的内官应当没有使用过这口钟，更不用说阅读上面的佛经。

排除了所有不可能的，就会得到问题的结论：笔者以为，在大钟被移至万寿寺之前，大钟应存于皇宫之内或内府的某个不为人知的角落。只有永乐及历朝皇帝、历任司礼监掌印太监和大钟的铸造者与其有过或隐或显的关系。查《明史》，有明一代，中官权力颇大。永乐大钟体现了皇帝的权力，也是今人所言"宦官专权"的实证。

四、结语

当我们再次走出文献的排比来考虑永乐大钟作为"物"的意义，不禁会问，为什么会有这样一口在铸成百余年间未被使用的大钟？铸之无名，藏于深宫，这样一口大钟究竟意味着什么？

前文所述，"物"的纪念碑性往往体现两个方面。一方面，这类"物"隐秘、幽深、不为人知；另一方面，却又体型巨大或纹饰繁复，彰显着拥有者的权势或功勋。永乐大钟恰好具有这两方面的特征。因此，笔者将永乐大钟定义为具有"纪念碑性"的物，并旁及文献与文物，试图探讨它的观看者和存放地点时，得出的结论与以往的文物研究者并不相同。笔者并不认为这一结论是永乐大钟研究的盖棺定论之作，但旨在以此文为文物研究提供新的视角与方法。

① 凌业勤:《北京钟王的铸造技术》,《机械工人》1984 年第 1 期。

② 于弢:《从华严钟看华严宗与密教的关系》,《文物春秋》2003 年第 4 期。

③ 高凯军、夏明明:《发现永乐大钟》,中华书局,2006 年。

④ 陈捷、张昕:《永乐大钟五方佛曼荼罗及其在建筑空间中的运用》,2019 年中国建筑学会建筑史学分会年会暨学术研讨会会议论文。

⑤ 李小丽、程呈、王申、郑宇伟:《永乐大钟汉字铭文新发现及研究》,《博物院》2023 年第 1 期。

⑥ 孔祥利:《万寿寺永乐大钟迁移悬卧考》,《北京文博》1995 年第 1 期。

⑦ 霍司佳:《历史空间中的永乐大钟》,《北京文博文丛》2020 年第 1 辑。

⑧⑨ 孙机:《中国梵钟》,《考古与文物》1998 年第 3 期。

⑩ [北魏] 杨玄之著,范祥雍校注:《洛阳伽蓝记校注》,上海古籍出版社,1978 年,第 2 页。

⑪ 孙机:《中国梵钟》,《考古与文物》1998 年第 3 期。

⑫ 中国科学院考古研究所西安唐城发掘队:《唐代长安城考古纪略》,《考古》1963 年第 11 期。

⑬ 其观点见 [美] 巫鸿著,李清泉、郑岩等译:《中国古代艺术与建筑中的"纪念碑性"》,上海人民出版社,2008 年,第 15、16、32 页。

⑭ 转引自霍司佳:《历史空间中的永乐大钟》,《北京文博文丛》2020 年第 1 辑。

⑮ 以上为 2023 年 4 月访问大钟寺古钟博物馆李小丽、程呈老师所得。

⑯ 关于观看与阅读的关系,前引霍司佳文中也讨论了这个问题,其与笔者观感略同。在此意义上,永乐大钟被称为"钟"还是"巨型雕塑",是值得重新考虑的。

⑰ 李小丽、程呈、王申、郑宇伟:《永乐大钟汉字铭文新发现及研究》,《博物院》2023 年第 1 期。

⑱ 其下七条史料分别见于《万寿寺史料汇编》,第 35、33、55、62、53、64、72 页。

⑲ [明] 刘若愚:《酌中志》,北京古籍出版社,1994 年,第 93 页。

⑳ 潘西谷主编:《中国古代建筑史》第四卷,中国建筑工业出版社,1999 年,第 32 页。

㉑ 前引孔祥利文中亦持这一观点。

㉒ [明] 刘若愚:《酌中志》,北京古籍出版社,1994 年,第 117 页。

㉓ [明] 刘若愚:《酌中志》,北京古籍出版社,1994 年,第 27 页。

㉔ [明] 刘若愚:《酌中志》,北京古籍出版社,1994 年,第 28—30 页。

㉕ [明] 刘若愚:《酌中志》,北京古籍出版社,1994 年,第 107 页。

㉖ [明] 刘若愚:《酌中志》,北京古籍出版社,1994 年,第 116 页。

明御用监太监秦德墓志浅析

陈　倩

　　明御用监太监秦德墓志，1965 年于西郊中央财政金融学院出土，现藏首都博物馆。墓主秦德为明弘治年间御用监太监，历成化、弘治两朝。从墓志所载内容可知，其生前与明宪宗妃嫔万贵妃、明孝宗关系密切，且备受明孝宗重用，恩遇极盛，是弘治朝前期的一位重要宦官。

　　目前关于此方墓志尚无专文研究，仅在《北京市文物研究所藏墓志拓片》中有其拓片公布[①]（图一），在《市文物局资料信息中心藏北京地区出土墓志拓片目录》中有简短介绍[②]，并在北京市文物局官方网站上简介墓志原石信息。秦德其人在诸部有关明代宦官研究史料中也较少提及。因此，这方墓志的研究，既可以补充成化、弘治朝初期宦官选用、仕进、祭葬等具体事例，亦可探讨秦德祭葬规格、坟墓逾制、葬地选址和墓志的迁移等有关问题，并根据相关碑志、文献史料对其参与弘治年间宦官群体的佛事活动进行探讨。

一、墓志录文

　　根据墓志拓片，将秦德墓志录文如下：

　　明故御用監太監秦公墓誌銘

　　賜進士出身、嘉議大夫、禮部右侍郎兼翰林院侍讀學士、知制誥經筵國史官長沙李東陽撰

　　提督十二營諸軍事兼神機營總兵官、掌中軍都督府事、榮祿大夫、柱國、太保兼太子太傅、新寧伯滁陽譚祐書

　　提督五軍營總兵官、掌左軍都督府事、太保兼太子太傅、平江伯合淝陳銳篆

　　公姓秦氏，諱德，字伯仁，世居廣西桂林府荔浦縣鄉里，譜系莫可考。公生十有一歲，當成化四年，公以少俊被簡入內庭，性謹密不洩，得侍昭德宮；六年，命為長隨；十二年，擢奉御；十四年，今上進學春宮，憲宗皇帝慎選侍從，公在列，祗畏供職，未嘗有過。二十三年，擢典藥局丞。是年，上以登極，恩擢御用監右少監僉書公事。而日直乾清宮，為近侍，尋遷左少監。弘治元年，命兼督甜食房事。未幾進太監，賜蟒龍衣、玉帶，許乘馬禁城中，皆異數也。既又以公才可用，命管神機營及奮武營練習兵馬，而凡特旨差遣出入營辦，殆無虛日。若諸王皇親婚喪之禮，周弗與焉。公懼力弗給，乃懇辭戎務。上許之。四年，賜祿十二石。六年，命兼上林苑及南囿事。八年，加祿倍之。前後所賜白金、綵幣、寶飾、絛帽及

图一　秦德墓志拓片

作者单位：北京市考古研究院

諸異物，不可勝紀。一時恩過之盛如公者，蓋不多見也。九年六月十三日，以疾卒。距生天順三年其生之月日即其卒之月日，得年三十有八而已。訃聞，上為震悼，命翰林撰文，遣禮部諭祭、工部治凡葬事，復命太監王公瑞董其喪，特賜寶鏹三萬、白金綵幣各若干為賻。聖慈仁壽太皇太后、皇太后、中宮、東宮咸以次賜賻焉。公簡重寡言笑，信實不浮，接賓客有禮度，不為驕倨，遇事敏而有力，亦不自衒燿，故自少及壯，處貴富、際寵榮而能保守勿失、以聞譽終，詎不難哉？公卒之年八月初十日，義子玉輩葬公順天府昌平縣瓮山之陽，王公謂不可無銘，以紀歲月、示來世，以予嘗侍春宮講筵，知公名，乃遣伻奉狀請于予，固辭弗獲，乃為銘。銘曰：惟帝嗣位，世久稱治；惟內外臣，各供厥事。翼翼春宮，公鳳在侍；睿鑑孔彰，曰稱予意。龍升雲從，上薄天際；嚴嚴內監，耳目攸寄。蟒袍玉帶，帝有明賜；桓桓京兵，弓矢時肆。靈囿蔚蔚，藝植咸遂；曰惟汝才，帝眷方异。胡當壯齡，天奪之亟；騂騂卹典，生有餘貴。高原鬱鬱，有室斯閟；公名有徵，視我銘誌。

二、志主生平事迹

（一）选用、职掌与升赏

1. 成化初年宦官的籍贯、入选标准

墓志记载，秦德"世居广西桂林府荔浦县乡里，……公生十有一岁，当成化四年，公以少俊被简入内庭，性谨密不泄，得侍昭德宫"。据《明宪宗实录》记载，成化二年（1466）至成化十二年（1476）间，昭德宫为明宪宗宠妃万贵妃的居所，可知秦德入宫之后侍奉万贵妃，成化初年宦官入选标准包括"少俊"且"性谨密不泄"。

成化四年（1468）秦德始侍万贵妃于昭德宫，于成化十四年（1478）为太子朱祐樘侍从春宫，弘治元年（1488）升为太监。秦德生平经历中最关键的一步为成化十四年侍从太子进学，这一历转较为特殊，此后秦德愈益得太子信重并在其登基后成为皇帝近侍。成化二十三年（1487）秦德被擢升典药局丞。典药局为东宫宦官六局之一③，负责皇太子的医疗保健。秦德被安排到太子身边的侍从职位，可见太子对其信任。

因秦德先后侍奉万贵妃与明孝宗，关于万贵妃与明孝宗的关系，也可从墓志中看到一些线索。万历时于慎行所著《谷山笔塵》最早记录万贵妃善妒杀嗣："纯皇之诞孝庙也，时万贵妃宠冠后廷，宫中有孕者，百方堕之。……传云：太子迎入东朝，贵妃使赐孝穆死。或曰孝穆自缢。万历甲戌，一老中官为予道说如此。"④《明史·孝穆纪太后传》记载更为详细⑤。与上述记载不同的是，成化时名臣商辂的《国本疏》记载："皇上（宪宗）……诞生皇子（孝宗）……重以（万）贵妃殿下躬亲抚育，保护之勤恩爱之厚，踰于己出……"⑥可知孝宗以皇子身份进宫后，负责抚养的是万贵妃，此时仍居住在昭德宫。秦德在昭德宫多年侍奉万贵妃，贵妃抚育孝宗，秦德亦应陪伴身边。据墓志记载，成化十四年，孝宗进学春宫，"宪宗皇帝慎选侍从，公（秦德）在列"，既说明宪宗皇帝对秦德的信任，也说明万贵妃并无加害孝宗。孝宗登极后，秦德受到恩宠，很快升至太监。墓志撰文于弘治九年（1496），亦为商辂之说提供了佐证。

秦德能获得明孝宗信任，除因其个人品德、能力原因，推测也和秦德籍贯与太子生母相近有关。《明史·孝穆纪太后传》记载，纪氏籍贯广西贺县⑦，秦德籍贯广西桂林府荔浦县，籍贯地域的相近易于产生心理上的熟悉与信任感。与秦德相似的另一位太监梁宣也是广西贺县人氏，"成化十四年始侍宫坊"，与秦德同年侍从太子，后亦获得明孝宗重用，弘治四年（1491）升为太监，"有恒格所不及，若太监梁公，其一也""盖自中使不十年而官至高品，可谓难已"⑧。可知梁宣的擢升不是按照一般的程序，而有特殊的擢升原因，籍贯相近可作为一个重要考虑因素。

秦德为广西籍，与他同时"给事万贵妃于昭德宫"的宦官还有"大藤峡瑶种"汪直⑨。《罪惟录·宦寺列传》谓汪直"初以叛被籍。直年数岁，都御史韩雍奏阉之"⑩。大藤峡在广西桂平西北，成化初年，韩雍奉命平定大藤峡瑶族叛乱。汪直就是此次被籍入宫。秦德居住桂林府荔浦县乡里，亦有可能是在征剿中被籍入宫。此类例证甚多，如后文提到的《敕建西竺寺重修记》碑中"南口"籍宦官数人，亦可说明宪宗、孝宗时期，宫廷选用宦官多来自南方各色民族⑪。

表一　秦德职掌变化表

起始时间	职衔	职掌
成化四年	初入内庭，无官阶	侍昭德宫
成化六年	长随	
成化十二年	奉御	
成化十四年	奉御	侍从春宫
成化二十三年	典药局丞	侍从春宫
	右少监金书	日直乾清宫，为近侍
	左少监	
弘治元年	左少监	兼督甜食房事
	太监	管神机营及奋武营练习兵，弘治四年之前辞去戎务
	太监	诸王皇亲婚丧之礼
弘治六年	太监	兼上林苑及南囿事

2. 职掌与升赏

内官迁升的最高级别是太监，因此以升任太监为界，从两方面来分析秦德的迁升情况：

（1）升任前官阶的升迁与职掌的变化

秦德所在的御用监为明代内廷十二监之一。明代内廷设十二监、四司、八局，统称二十四衙门。《酌中志》中记载了御用监所设置的各职衔及职掌："御用监，掌印太监一员，里外监把总二员，犹总理也。有典簿、掌司、写字、监工。凡御前所用围屏、摆设、器具，皆取办焉。有佛作等作，凡御前安设硬木床、桌、柜、阁及象牙、花梨、白檀、紫檀、乌木、鸂鶒木、双陆、棋子、骨牌、梳栊、螺甸、填漆、雕漆、盘匣、扇柄等件，皆造办之。仁智殿有掌殿监工一员，掌管武英殿中书承旨所写书籍、画扇，奏进御前，亦犹中书房之于文华殿中书也。"⑫

据墓志内容，秦德的官阶历长随、奉御、典药局丞、右少监金书、左少监、太监，由正六品升至正四品，时间跨度从成化六年（1470）至弘治元年。其职掌的变化是：侍昭德宫，侍从春宫，日直乾清宫为近侍，兼督甜食房事，管神机营及奋武营练习兵马，诸王皇亲婚丧之礼，兼上林苑及南囿事（表一）。

（2）升任后内官受恩赏的方式

根据墓志内容，秦德升任太监之后的"升赏"形式有：赐蟒龙衣、玉带，禁城骑马，加禄米。

内府乘马，赐蟒玉、杌凳，是御前亲近内臣升至太监后才能享受的恩荣，次第大致是先蟒衣、后玉带、后乘马，最后才"升"杌凳⑬。秦德获得的赏赐有赐蟒龙衣、玉带，禁城骑马，次序也如常例。

关于加禄米的升赏，"旧制，内臣至太监无秩可升，但加食米，以岁十二石为一级"⑭，多有太监因功而加岁米之例："有以军功加者，如曹吉祥、刘永诚之类，盖以十二石为一级也，然多不过三十六石而止。惟成化中御马监太监汪直初以缉事功加岁米二十四石，又以军功加三十六石，以威宁海功加四十八石，以黑石崖功加三百石，后累至四百八十石。正德中，司礼监太监张永初以恩加岁米十二石，以平宁夏、逆瑾功加四十八石，以获妖人功加一百二十石，后累至三百余石。东厂太监张忠以获妖贼功加岁米二百二十石，前后缉贼及应州等功，亦累至三百余石。大约米至七十二石则当为正一品，而傔从衣料亦累增益，不可胜计，盖又王振、刘瑾之所无也。嘉靖司礼太监张佐累加至二百四十二石，麦福加至三百七十石，黄锦加至五百余石。"⑮秦德于弘治四年获赐禄十二石，八年（1495）加禄倍之，四年之间连加两级。

（二）主要事迹

墓志记载，秦德因才可用，成化二十三年（1487）至弘治四年间擢御用监右少监金书公事，受命管神机营及奋武营练习兵马，并参与诸王皇亲婚丧之礼，弘治六年（1493）兼上林苑及南囿事。

1. 御用监右少监金书公事而日直乾清宫为近侍

御用监右少监金书公事，系在御用监管事的副官之一。根据前引《酌中志》中记载的御用监所设置各职衔，并无金书职衔之设。《酌中志》记载的是明万历至崇祯初年的宫廷事迹，秦德墓志所反映的是成化至弘治初年之事，墓志为明中期内府监局衙门职衔之设提供了资料。

"日直乾清宫为近侍"，据相关研究，近侍本来并非职衔，只是一种"答应殿阁"的资格，近侍皆借列监局之衔。掌握重要职权的内官必加近侍，使"乾清宫近侍"成为一种职衔，这体现皇权的运用发挥到了极致。乾清宫近侍最重，政治地位最高[16]。秦德在成化二十三年孝宗登基后为乾清宫近侍，可见其受皇帝之重视。

2. 管神机营及奋武营练习兵马

有关京营、团营内官的研究虽较为充分[17]，但关于京营、团营内官沿革的事例较少涉及弘治朝，可查到的事例有内官监右少监荆端于弘治二年（1489）兼理神机营[18]。此外，前文提及的另一位广西籍宦官、内官监太监梁宣，弘治四年之后"命分领神机营事"[19]，秦德所掌神机营及奋武营之戎务可为弘治时期的京营内官研究增加史料，另秦德于弘治四年前因"惧力弗给，乃恳辞戎务，上许之"[20]，内官监太监梁宣恰是秦德辞去神机营戎务后的继任者。

图二 昭圣皇后祭外祖金氏墓碑（图片源于《沧州日报》）

3. 参与诸王皇亲婚丧之礼

墓志载，"若诸王皇亲婚丧之礼，罔弗与焉"，可知秦德负责诸王皇亲婚丧之礼。收录于《兴济县志》中的"昭圣皇后祭外祖金氏墓碑"记载，秦德曾于弘治八年致祭于皇后的外曾祖父母、外祖父母：

文曰：维弘治八年岁次乙卯五月癸未朔，越十六日戊戌，皇后遣御用监太监秦德致祭于外曾祖父母、外祖父母曰："嗟我外家，旧称令族，世于德善，眷于乡邦。远惟内则之传，大衍中宫之庆，既驰封于母氏，复进于所从，三族交辉，九泉增慰。故驰一奠，一表素心。"按此碑在兴济逸南里许，卫河东岸堤上沧海桑田。经变迁，金氏墓尽付于洪波，而此碑书翰俱有可观，尚完好如故，然亦扑于荒烟蔓草之中矣。[21]

据有关报道，"昭圣皇后祭外祖金氏墓碑"于2020年9月3日在河北沧州沧县兴济镇大运河沧县余庆屯村出土，被运送到兴济博物馆内（图二）。石碑的碑额是四个大字"中宫祭文"。碑文讲述了昭圣皇后派遣御用太监秦德致祭外曾祖父母、外祖父母之事[22]。

同一时期，也有其他太监主持诸王皇亲婚丧之礼的事例，例如：《明故御马监太监阎公（通）墓志铭》记载了弘治六年御马监太监阎通主持永康公主婚礼之事："癸丑，永康公主婚礼，命公典其事。"[23]

4. 兼上林苑及南囿事

明代上林苑、南囿即今北京南海子。《大明一统志》记载："南海子在京城南二十里，旧为下马飞放泊，内有按鹰台。永乐十二年增广其地，周围凡一万八千六百六十丈，乃域养禽兽，种植蔬果之所。中有海子，大小凡三，其水四时不竭，汪洋若海。以禁城北有海子，故别名南海子。"[24]万历十三年（1585）董文宷所撰《重修古刹镇国观音寺碑记》记载："都城南四十里许，乃上林苑南海子，我国家蕃育鸟兽之所也。"[25]

南海子的管理机构是上林苑监，主要作用是解决宫廷内的副食品供给。"上林苑监。左、右监正各一人……监正掌苑囿、园池、牧畜、种树之事。凡禽兽、草木、蔬果，率其属督其养户、栽户，以时经理其养地、栽地而畜植之，以供祭祀、宾客、宫府之膳羞。"[26]管理上林苑的官员多为皇帝的近臣。此外，由于上林苑不隶户部，也不属顺天府所辖，所以还派宦官提督上林苑，宦官成为实际上主持上林苑诸项事务之人[27]。按照墓志中所写"兼上林苑及南囿事"，秦德于弘治六年起仍以御用监太监兼管上林苑事，并非转为上林苑监宦官。

《明世宗实录》中记载上林苑监所设内臣"至弘治间渐增一十八员"[28]，根据墓志，秦德自弘治六年开始兼上林苑及南囿事，其兼管上林苑时期应是这个规模。

5. 参与宦官群体的佛事活动

（1）参与重修西竺寺

在弘治六年《敕建西竺寺重修记》的碑阴[29]中，秦德名字在列：

大檀越太监 韦敬、曾敏、王瑀、罗荫、黄宣、戴亮、陈玹、山青、秦德、陈富、陈贵、武忠、苗达、王荣、王斌、黄准、席忠、陈定、银保、郑林（第一行，右起）、王巽、孟鑑、杨清、蓝贤、唐闰、受保、郑兴、李镕、王贤、卢寿、韦端、张续、李舟、何彰、江望、的由（第二行）、杨绣、黎田、晋福、杜锦、孙和、吴钊、计原、银保（按此人与第一行重复）、傅锐、杨沂（第三行）、谢友、蒲本、盘福、陈陶、张海、王瑾、隆昇、商得保、袁圮、马仲、张表、凌德、永成、扶瑜、邢济（第四行）。

图三 重砌上方山兜率寺天梯路记

西竺寺是明朝西天宗派在北京阳台山地区的重要寺院。弘治六年，内官监太监罗秀、陈庭重修西竺寺、普照寺等寺院，此方碑刻记载西竺寺重修得到皇帝、皇后、太子的支持，亦获"中外善信咸助"。西天宗派僧人智光及其弟子们为皇室举办密教法事、提供宗教服务，也教授了不少宦官，使他们信奉西天宗派，许多宦官为其建寺造像传教等作"檀越"，西竺寺就是内官监太监罗秀、陈庭与智光弟子大能仁寺西天国师释迦哑而塔共同重建，秦德也参与西竺寺修建出资，列名碑阴"大檀越"，可知其敬信西天宗派。另据《大明故内官监太监罗公塔铭》可知，内官监太监罗秀为广西人氏，秦德为广西桂林府荔浦县人氏，两人的籍贯地域相近，《敕建西竺寺重修记》碑阴中其他太监名字如韦敬、罗荫等看起来亦可能是广西人氏。西天宗派弟子中多有安南人，广西与安南有相近的地缘性，"旧制，使安南者，道必由广西"[30]。安南西天僧人、广西籍宦官群体之间有着紧密的联系[31]。

（2）参与重砌上方山兜率寺天梯

从位于上方山兜率寺舍利殿前东侧的弘治七年（1494）"重砌上方兜率寺天梯路记"碑刻中可以看到（图三），弘治六年，御用监太监王瑞重修上方山天梯，以秦德为首的各监太监参与出资捐助：

御用监太监王公瑞，弘治六年正月二十九日，钦承上命，差往小西天等处散布施。我皇上以西天诸寺密迩皇陵，恩命是以特下；又以王公素存心于好善，简在帝心，有日用是命往。公行至房山兜率寺，见其佛刹创于往昔，而寺前路通四远，顾乃崎岖陡峻，一至辄有修砌开辟之念，抑欲将顺圣意，波及涂人也。顷之僧众，持疏合爪拜于前，请为修路缘。王公曰：嘻，一念发于吾心，寺僧未必知，何为而感通？抑僧众有是心，吾亦未之知，何为而默契？似有不偶者，遂慨然诺之。而各监太监，若秦公德辈，闻风翕然助缘，则又因公之善念，皆有以感触其心焉。于是取木石于山，鸠工于民，不劳余力，砌成天梯千余步，宽展坦夷，有若平地，来往之人，啧啧称颂。始事于是岁四月八日，而毕工于是冬仲月之五日。……大明弘治七年六月吉日立石。

上方山《兜率寺天梯路记》亦有相关记载：

弘治六年正月二十九日，御用监太监王公瑞奉上命往小西天诸寺给散布施，事竟复命，路经天梯，道石蹬崎岖，坡崖陡峻，上下往来者甚艰，若非攀引则不可进，否则有颠仆之虞。公纵适坂堤，俯仰游目，忻然有修葺意。距道二里许，兜率寺在焉，公少憩于内，问诸老僧："此梯造就何年？"僧曰："此梯高拔天成也。"寺必因梯而立名，其来远甚，肇建元末，屡遭兵燹，又况时代凋谢，寺道倾圮久矣。迨我圣朝文□□嘉，永乐间住山僧然义偕内官监太监向公福善、倪公忠重修梯道，以便往来，今八十年余。岁月弥深，梯道弥毁，然旧址虽存，而登临不快者居多。公闻之，此志遂决，捐囊金鸠材石。一时同侪好义闻而劝善者比比，未几，化崎岖而为坦夷，易榛莽而为福地，其造善之功，可胜计耶！……弘治七年，岁在甲寅，夏六月吉日立。东华门管事奉御郭渊到、工部副使历阳王用镶。[32]

弘治六年正月，御用监太监王瑞奉旨到房山云居寺、上方山等寺院布施。他见到上方山"天梯"即云梯崎岖陡峻，攀行艰难，联络宫中太监募化重砌，四月初开工，十一月初告竣。这是自永乐年间修建以来明代第二次修缮上方山上山要途云梯。

三、祭葬情况

（一）祭葬规格

有地位的太监去世，其"哀典"包括：谕祭、赐宝钞、银币、斋粮麻布、给棺椁、工部营葬、造享堂碑亭。秦德墓志中涉及到的祭葬内容有赐祭、赐葬、董丧者、赐赙等方面："讣闻，上为震悼，命翰林撰文，遣礼部谕祭、工部治凡葬事，复命太监王公瑞董其丧，特赐宝镪三万、白金彩币各若干为赙。圣慈仁寿太皇太后、皇太后、中宫、东宫咸以次赐赙焉。"司礼监太监高凤墓志中也有相似规制："讣闻，上震悼，命司礼监太监赖公义、御马监太监李公能、内官监太监刘公英、杨公森、朱公辉理其丧。礼部谕祭，工部治凡丧事。赐银币、米、布为赙。慈圣康寿皇太后、慈寿皇太后暨中宫咸赐赙有差。"[33]这两方墓志都是李东阳撰文，两位太监地位相似，因此墓志中所写的祭葬规格相近，既体现宦官恤典的成例，也是此类墓志撰写的通例。

（二）坟墓逾制

关于秦德坟墓的逾制问题，在嘉靖年间有所争议。嘉靖九年（1530），锦衣卫军匠章源上疏控告张永坟墓逾制且伤及天寿山龙脉，工部及礼部官员经勘察后覆奏，内官赐葬皆出自特恩，多有逾制，"十一月辛丑，工部尚书章拯、礼部右侍郎湛若水奉旨会勘锦衣卫军匠章源所奏事，言品官坟茔原有规制，内官已故，往往赐葬，造碑亭享堂皆出特恩，或有因而盛兴土木，华靡逾分，又有预修越制之工，以冀后来恩宠。积弊既久，玩袭为常，非止张忠、张永一二家而已。其事有实者下法司问拟，诸坟茔过度者通行禁约。瓮山、红石口山脊先经挖掘，广源闸右堤水沟先经开引者，即行填塞。仍敕金山管事太监严禁山原，无致伤龙行正脉。诏法司看处以闻"[34]。

嘉靖十年（1531）二月二十三日，都察院覆奏："查勘过太监秦德、张永、张忠坟墓在瓮山、广源闸等处，俱系山陵来龙过脉及环拱处所，且奢丽踰制，俱宜改正"。明世宗指出："秦德等坟墓越礼奢侈，俱改正拆毁。"可知，嘉靖十年时世宗认为秦德的坟墓"奢丽踰制""越礼奢侈"[35]。但是否真正进行了改正拆毁，目前学者的研究亦有争议。任昉曾撰文认为"是否如此，尚难断言"。依据清人文献，至清张永墓仍在原地。大概世宗仅仅毁坏墓外"奢丽踰制"的建筑，并未触及墓的本身[36]。

这种坟墓逾制的情况应不属个例，据《明孝宗实录》记载，弘治年间，坟墓逾制成风。弘治六年闰五月，礼科给事中王纶奏称："近来贵戚之家坟域、宅第、服饰、土田奢滥无度，下至厮役亦相效尤，乞敕该部查照旧例通行禁约。"请求明孝宗"慎终如始，务遵成宪，使法令归一"，孝宗令所司严禁[37]。关于宦官的恤典，正德十二年（1517）五月"己丑，工部言：太监等官病故，成化、弘治间造坟安葬，给银不过五十两，若连享堂碑亭者，百无一二。自正德以来，奉特旨造建者无月无之，率给银五百两"[38]。宦官坟墓逾制，应是其家属借朝廷恩典，大兴土木。

其事余波，"初，章源告故太监张永弟容不法，并讦永坟建造违制及碍皇城龙脉。诏下所司勘报，永坟与风水无碍，弟[第]侈怵越制，诏损减如式。事竣久矣，至是，容奴郭禄者为容所逐，思有以倾之，乃祖源故智，诬称永坟犯龙脉，容不行迁改，去岁又将妻陈氏窃葬兆内，致哀冲太子不永。令其子郭麒陈牒锦衣卫带俸指挥阎纪所，使之转奏"[39]。张家又遭告讦，仍与张永坟有关，说明张永的坟并没遭到拆毁。从结果来看，张永的墓应该没有变化，秦德墓是否改正拆毁，尚待探讨。

（三）葬地选址及葬地与墓志出土地的差异

墓志记载，秦德葬地为"顺天府昌平县瓮山之阳"。根据《市文物局资料信息中心藏北京地区出土墓志拓片目录》，此墓志是"1965年于西郊中央财政金融学院出土"[40]。中央财政金融学院为今中央财经大学，位于今海淀区学院南路。据前所引《明世宗实录》记载，"查勘过太监秦德、张永、张忠坟墓在瓮山、广源闸等处，俱系山陵来龙过脉及环拱处所。"

据上文所引史料记载，可知秦德墓位于瓮山之阳。元至元二十二年（1285）耶律铸墓志记载："葬于瓮山之阳中书令之兆次。"[41]明正德年间礼部郎中都穆《游名山记》中言"瓮山之阳，有元耶律楚材墓"[42]，根据耶律铸墓的出土地点为颐和园昆明湖东岸的耶律楚材家族墓地内，可知元代前至元年间及明正德年间所说"瓮山之阳"的位置均是在今颐和园万寿山之南昆明湖东岸，那么弘治年间秦德所葬的瓮山之阳也应在此处。这一位置与墓志出土地点、今中央财经大学所在地学院南路附近之间有一段距离（图四），由此推测，秦德墓因逾制越礼故而在嘉靖年间被拆毁，因此由瓮山之阳迁至今中央财经大学所在地学院南路附近。但具体情况暂时无更多资料支持，尚需根据1965年秦德墓志出土情况的相关考古工作信息了解其出土的真实面貌，以详细了解秦德墓葬和墓志的移动情况。

在所引《明世宗实录》史料中，嘉靖时张永之墓位于广源闸，在今紫竹院街道苏州街与南长河的交汇处。《日下旧闻考》记载："昌运宫，太监张永建。昌运宫在广源闸桥之南……宫之后则张永墓在焉。"[43]清吴长元《宸垣识略》："昌运宫在广源闸之南，三虎桥西里许，初名混元灵应宫，明正德六年，司礼太监张永建。"[44]根据墓志资料相关记录，张永墓志"1949年后出土于海淀区甘家口谈判大楼院内"，"今藏北京石刻艺术博物馆"[45]。甘家口谈判大楼位于二里沟附近，距广源闸南也有相当一段距离

图四 ▲ 分别为秦德葬地及墓志出土地点

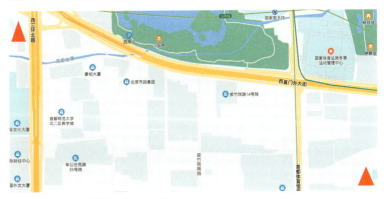

图五 ▲ 分别为张永葬地及墓志出土地点

图六 ▲ 分别为御马监太监李公葬地及其寿藏记铭碑出土地点

（图五）。据《日下旧闻考》记载，万历四十四年（1616）灵应宫又经重修，"增置垣墉二百余丈、门庑百余间，督修者太监林潮也。工竣，更今名，殿宇凡七重。"宫前松柏苍郁，"上枝干霄，下阴蔽地"，又有三碑，"有二碑筑亭覆之，一为敕建碑，一为大学士李东阳撰文、杨廷和书、英国公张懋篆额，俱正德七年立。又一碑万历中立，副使刘效祖撰文"，关于昌运宫作为张永墓的认识一直延续。另有资料表明，昌运宫附近至民国年间仍有太监坟冢。"自明代开始，昌运宫就是太监公墓。20世纪初，这里还存在大量的冢墓，并时有盗卖坟茔石木构件的情况。北京市档案馆馆藏的《北京特别市警察局侦缉队关于送马秀盗卖昌运宫太监枚（墓）一案的呈（一）》中，就反映了1939—1940年，民人马秀盗卖昌运宫一带太监坟冢给日本人山琦武夫开办窑场的情况。"[46]从以上资料看来，昌运宫之地一直为张永墓的所在，张永墓志出土于甘家口谈判大楼亦是令人费解。

太监葬地与墓碑出土地不符的情况另有一例：《大明御马监太监李公寿藏记铭碑》，正德四年（1509）岁次己

巳十月吉日立石（卒葬年月未载），葬于顺天府宛平县香山乡广源闸之原，附会诸公之义域。1949 年后海淀区索家坟出土，现藏北京石刻艺术博物馆。碑铭整理者按：碑出土地点与碑文记载的葬地不符，当是经过移动[17]。从地图上来看，广源闸与索家坟也是相距一段距离（图六）。

以上三例均是太监葬地与墓志或墓碑出土地有差异的情况，限于考古资料的缺乏，目前不能清楚地分析是否墓葬曾有所移动，但是葬地与墓志或墓碑出土地有所差异作为一个问题，仍需进一步探讨。

四、墓志撰、书人及与墓主的关系

此墓志由李东阳撰文、谭祐书丹、陈锐篆盖。

据墓志载，"王公谓不可无铭，以纪岁月、示来世，以予尝侍春宫讲筵，知公名，乃遣伻奉状请于予。"李东阳撰文是受董其丧的太监王瑞所托。王瑞即前文所提重砌上方山兜率寺天梯的御用监太监。查阅李东阳之传世文集《怀麓堂集》，未查到收入秦德墓志，该墓志应属李东阳的一篇佚作，也是有关明代宦官的一份资料。

书丹者为提督十二营诸军事兼神机营总兵官掌中军都督府事、荣禄大夫、柱国、太保兼太子太傅、新宁伯滁阳谭祐。谭祐为参与靖难之役的勋臣谭渊之曾孙，据《明史·谭渊传》可知谭家勋爵"靖难"军功背景、爵位传承情况。谭渊在夹河之战中战死，"赠都指挥使，追封崇安侯"；其子谭忠"以渊故封新宁伯"，宣德三年"坐征交阯失律，下狱论死，已得释，卒"；谭忠之子谭璟"乞嗣。吏部言忠罪死，不当袭。帝曰：'券有免死文，其予嗣。'"谭璟之子谭祐因"成化中，协守南京。还，掌前府提督团营，累加太傅，嗣伯"[48]。据《明故特进荣禄大夫、柱国、太傅兼太子太傅、新宁伯谥庄僖谭公墓志铭》记载，谭祐在成化己亥（成化十五年，1479 年）提督神机营、成化辛丑（成化十七年，1481 年）加太子太保、成化丙午（成化二十二年，1486 年）加太保兼太子太傅、弘治己酉（弘治二年，1489 年）提督十二团营[49]。根据秦德墓志，成化十四年（1478），秦德始侍从太子，弘治元年（1488），秦德受命管神机营及奋武营练习兵马。秦德与谭祐在成化十七年至成化二十三年间同效力于太子朱祐樘，在其登基后又同管神机营及奋武营事。

篆盖者为提督五军营总兵官、掌左军都督府事、太保兼太子太傅、平江伯合淝陈锐，陈锐为平江伯陈瑄之后。据《明史·陈瑄传》所记陈家"靖难"军功背景，靖难之役中，燕军南下，"至浦口，瑄以舟师迎降，成祖遂渡江。既即位，封平江伯，食禄一千石，赐诰券，世袭指挥使"[50]。据《明故太傅兼太子太傅平江伯陈公墓志铭》可知平江伯爵位传承情况：陈瑄后平江伯依次为陈佐、陈豫、陈锐等，陈锐为第四代平江伯[51]。又据《明孝宗实录》，弘治元年甲戌，"命南京中军都督府管事平江伯陈锐提督神机营"[52]，根据秦德墓志，"弘治元年，……既又以公才可用，命管神机营及奋武营练习兵马"，因此陈锐与秦德同在弘治元年受命管神机营事。

据以上内容，谭祐与陈锐都是因"靖难"军功获得勋爵的勋臣后裔，将他们的官职经历与秦德相对照，可知谭祐与陈锐都曾与秦德共事，彼此关系密切，谭祐为秦德墓志书丹、陈锐篆盖合情合理。

五、结语

秦德墓志既补充了弘治朝初期宦官之官与职、迁升、祭葬的具体事例，并揭示了太监坟墓逾制、葬地和墓志出土地点有所差异等特殊史事，也展示了太监秦德积极参与弘治年间宦官群体的佛事活动、在当朝皇室各项吉礼仪程中起到了重要作用，是弘治初年一位较为活跃的太监。关于这一墓志的研究可以进一步展示明代成化朝到弘治朝的历史面貌，为这一时期宫廷政治历史问题的深入研究提供一些新的资料和线索，同时也可以将博物馆中的墓志文物投射到历史背景中，丰富文物背后的故事，让文物"活起来"。

本文是 2022 年北京市文物局科研课题"西山永定河文化带档案及所藏墓志研究"之子课题"中心藏明代北京墓志拓片若干问题研究"的成果。文章写作中，中国社会科学院考古研究所赵超研究员，北京行政学院高寿仙教授，故宫博物院任昉研究馆员，北京石刻艺术博物馆张云燕研究馆员，中国社会科学院古代史研究所解扬研究员、秦博副研究员等各位专家都提出了修改意见，并提供相关研究资料，在此敬致谢忱。

①《北京市文物研究所藏墓志拓片》，北京燕山出版社，2003年，第124页。
②㊵ 孔繁云等：《市文物局资料信息中心藏北京地区出土墓志拓片目录》，《北京文博》1997年第2期。
③《明史》卷七四《职官志三》，中华书局，1974年，第1823页。
④［明］于慎行：《谷山笔麈》卷二《纪述一》，中华书局，1984年，第11—12页。
⑤⑦《明史》卷一一三《后妃列传一·孝穆纪太后传》，中华书局，1974年，第3521页。
⑥［明］商辂：《商文毅疏稿》，《景印文渊阁四库全书》第427册，中国台湾商务印书馆，1986年，第441页。
⑧⑲⑳《明故内官监太监梁公墓志铭》，北京石景山区地铁八宝山站附近出土，现存首都博物馆。中共石景山区委宣传部等编：《北京市石景山区历代碑志选 · 墓志铭》，同心出版社，2003年，第68页。
⑨《明史》卷三〇四《宦官列传一·汪直传》，中华书局，1974年，第7788页。
⑩［清］查继佐：《罪惟录·宦寺列传》，浙江古籍出版社，2012年，第2620页。
⑪ 任昉：《明代宦官籍贯与民族考论——明代宦官墓志研究之一》，《首都博物馆丛刊》第15期，北京燕山出版社，2001年，第110页。
⑫［明］刘若愚：《酌中志》卷一六《内府衙门识掌》，北京古籍出版社，1994年，第103页。
⑬ 胡丹：《明代宦官制度研究》，浙江大学出版社，2018年，第330页。
⑭《明宪宗实录》卷二一三"成化十七年三月辛卯"，"中央研究院"历史语言研究所校印本，1962年，第3704页。
⑮［明］王世贞：《弇山堂别集》卷一五《皇明异典述十 · 中贵岁米》，中华书局，1985年，第268页。
⑯ 胡丹：《明代宦官制度研究》，浙江大学出版社，2018年，第324页。
⑰ 胡丹：《明代宦官制度研究》，浙江大学出版社，2018年，第150—164页。
⑱《明故内官监太监荆公（端）墓志铭》，《北京图书馆藏中国历代石刻拓本汇编》第53册，中州古籍出版社，1989年，第125页。
㉑［明］萧蕃修、郑孝等纂：（嘉靖）《兴济县志》，1942年钞本，故宫博物院编：《故宫珍本丛刊》第71册，海南出版社，2001年，第181页。
㉒《沧州日报》2020年9月5日。
㉓《新中国出土墓志·河北》下册，文物出版社，2004年，第136页。
㉔［明］李贤撰、方志远点校：《大明一统志》卷一，巴蜀书社，2017年，第2页。
㉕《北京图书馆藏中国历代石刻拓本汇编》第57册，中州古籍出版社，1989年，第133页。
㉖《明史》卷七四《职官志三》，中华书局，1974年，第1813—1814页。
㉗ 陈宇赫：《南海子与明代政治》，载朱诚如、王天有主编：《明清论丛》第4辑，紫禁城出版社，2003年，第107页。
㉘《明世宗实录》卷一四"嘉靖元年五月丁未"，"中央研究院"历史语言研究所校印本，1962年，第472页。
㉙《北京图书馆藏中国历代石刻拓本汇编》第53册，中州古籍出版社，1989年，第21页。
㉚《明宪宗实录》卷一六八"成化十三年秋七月乙亥"，"中央研究院"历史语言研究所校印本，1962年，第3042页。
㉛ 参阅北京市文物局综合事务中心侯海洋同志未刊文章《海淀阳台山一带西天宗派传播发展》。
㉜ 刻石现在上方山，拓片收录于《北京图书馆藏中国历代石刻拓本汇编》第53册，中州古籍出版社，1989年，第30页。
㉝《大明故司礼监太监高公（凤）墓志铭》，载《北京市文物研究所藏墓志拓片》，北京燕山出版社，2003年，第141页。
㉞《明世宗实录》卷一一九"嘉靖九年十一月辛丑"，"中央研究院"历史语言研究所校印本，1962年，第2840页。
㉟《明世宗实录》卷一二二"嘉靖十年二月戊寅"，"中央研究院"历史语言研究所校印本，1962年，第2929页。
㊱ 任昉：《北京地区新出明代宦官墓志零拾》，载王春瑜主编：《明史论丛》，中国社会科学出版社，1997年，第364页。
㊲《明孝宗实录》卷七六"弘治六年闰五月壬寅"，"中央研究院"历史语言研究所校印本，1962年，第1451页。
㊳《明武宗实录》卷一四九"正德十二年五月己丑"，"中央研究院"历史语言研究所校印本，1962年，第2901页。
㊴《明世宗实录》卷一六九"嘉靖十三年十一月辛巳"，"中央研究院"历史语言研究所校印本，1962年，第3699页。
㊶ 北京市文物研究所：《耶律铸夫妇合葬墓出土珍贵文物》，《中国文物报》1999年1月31日。
㊷［明］都穆：《游名山记》卷三，中华书局，1991年，第21页。
㊸［清］于敏中等：《日下旧闻考》卷九九"昌运宫"条，北京古籍出版社，1983年，第1636—1637页。
㊹［清］吴长元：《宸垣识略》卷一四，北京古籍出版社，1983年，第282页。
㊺ 北京石刻艺术博物馆编：《北京石刻艺术博物馆藏石刻拓片编目提要》，学苑出版社，2014年，第186—187页；《北京市文物研究所藏墓志拓片》，北京燕山出版社，2003年，第178、295页。
㊻ 侯海洋：《顾太清与道咸时期的北京名胜》，《北京档案》2018年第3期。
㊼ 北京石刻艺术博物馆编：《北京石刻艺术博物馆藏石刻拓片编目提要》，学苑出版社，2014年，第15—16页。
㊽《明史》卷一四五《谭渊传》，中华书局，1974年，第4092页。
㊾ 墓志为首钢在四平山施工时出土，现在田义墓。
㊿《明史》卷一五三《陈瑄传》，中华书局，1974年，第4207页。
(51)［明］李东阳撰，周寅宾、钱振民校点：《李东阳集·文后稿》卷二六《明故太傅兼太子太傅平江伯陈公墓志铭》，岳麓书社，2008年，第1275页。
(52)《明孝宗实录》卷一〇"弘治元年闰正月甲戌"，"中央研究院"历史语言研究所校印本，1962年，第217页。

明代锦衣卫左都督朱希孝墓志浅析

高丽丽

明代朱希孝墓志，1959 年于北京市朝阳区楼梓庄出土。北京市文物局综合事务中心藏有朱希孝墓志拓片一张。墓志拓片长 92 厘米、宽 94 厘米，四周饰以卷云纹。志文楷书，41 行，满行 52 字，全文共计 1400 余字（图一）。

目前，学界对于朱希孝人物的研究成果不是很多，在有关明史中勋贵、锦衣卫等研究的诸多论文中，涉及到朱希孝的论文多限于一般性的叙述，且所叙述的内容也较为简略，不甚全面。廖元琨[①]、曹循[②]等人提到朱希孝执掌锦衣卫时的情况，冯韬[③]、郭怀宇[④]等人提到朱希孝收藏书画情况。关于朱希孝墓志这一出土文献材料目前尚无专人研究。关于朱希孝墓志的记载，最早见于《北京市出土墓志目录》，注明为"1959 年通县娄梓庄村出土"[⑤]，《1949—1989 四十年出土墓志目录》[⑥]引用此条著录。此外，该墓志拓片被《北京图书馆藏中国历代石刻拓本汇编》[⑦]《中国历代墓志选编》[⑧]《北京市文物研究所藏墓志拓片》[⑨]和《市文物局资料信息中心藏北京地区出土墓志拓片目录（七）》[⑩]等著录收录。墓志原石现藏于首都博物馆，首都博物馆"回望大明——走近万历朝"展览曾展出朱希孝墓出土"万历年造"（背八钱、背九钱）银钱[⑪]，但对墓志并未提及。

墓志中所录相关资料，亦可与相关历史记载互相印证。通过与《国朝献征录》作校勘对比，亦可相互补证，于历史研究有所补益。故本文从朱希孝墓志本身出发，通过梳理朱希孝家世、生平、职官履历，借以看出墓志中的朱希孝所呈现的面貌。

一、朱希孝家世与家庭

（一）朱希孝家世

朱希孝是成国公朱能六世孙，成国公朱希忠的兄弟。据墓志记载，朱希孝的七世祖朱亮，跟随洪武皇帝起义，以军功授燕山中护卫千户之职。六世祖朱能是明朝靖难功臣，战功第一，成祖即位后九月论功封赏，授朱能左军都督府左都督，封成国公，给诰券，世袭成国公。永乐四年（1406）七月朱能在讨伐安南的交趾之役中去世，追封为东平王，谥号武烈。朱能在诸将中年龄最年轻，善于作战，被永乐皇帝倚仗为左右手[⑫]。高祖朱勇，承袭成国公爵位，正统十四年（1449）战死于"土木堡之役"，追封为平阴王，谥号武愍。曾祖朱仪，赠太师，谥号庄简；祖父朱辅，赠太傅，谥号恭僖；父亲朱凤，赠太傅，谥号荣康，

图一 朱希孝墓志

作者单位：北京市文物局综合事务中心

都继承成国公爵位；而定襄恭靖王朱希忠是朱希孝的同胞兄长。朱希忠在朝为官三十多年，位及太师，多年来忠诚谨慎，没有过失，士大夫都尊重他。朱希孝比朱希忠小两岁，兄弟俩自幼形影相随，互相亦为师友，两人的功勋、德行、地位、声望，当时为人所称道。很多人将朱氏兄弟与汉代驯行孝谨[13]的石庆、石建相比，而才能谋略超过后者。《皇明功臣封爵考》[14]载有成国公家族世系宗图，朱希孝是朱凤的次子（图二）。

朱亮━→朱能━→朱勇━→朱仪━→朱辅━→朱凤 ┬→朱希忠
　　　　　　　　　　　　　　　　　　├→朱希孝 ━→朱时丰（早夭）
　　　　　　　　　　　　　　　　　　└→朱希慎 ━→朱时济（朱希慎幼子）

图二　据墓志所录朱希孝家族世系图

（二）朱希孝与朱凤、朱希忠的父子兄弟情谊

墓志中则着重介绍了朱家父子三人的礼数。朱希孝的父亲朱凤一向威严，即使在家也是正身而坐，就像面有尊贵的宾客一般。而朱希忠则整日侍立在父亲身边，从不敢歪倚斜靠。父亲参加朝会每次离家和返回时，朱希忠都是衣冠整齐地敬立在门口迎送。而朱希孝也紧随朱希忠之后，快慢有致，未曾违背礼数。

朱希孝与其兄长朱希忠关系笃厚。在朱希忠病重时，朱希孝上疏奏请给假，每日服侍医药，不离左右。朱希忠去世后，朱希孝哀恸悲切，脸色憔悴。等到办理朱希忠丧事时，朱希孝更加困顿疲惫，以致不能上朝，一病不起。墓志中描述朱氏兄弟之间的关系，这样笃实深厚的兄弟之谊，是出自本性，都是自然而然的情感。平常父子兄弟之间，没有一刻废弃礼数。然而真情流露，又不只是毫无意义的礼节。清人梁维枢论述成国公兄弟手足亲情，称："成国病卧东第，锦衣第相去远，则列羽林于道，直至成国卧内。成国欠伸、饮食及何人侍左右，顷刻传报。有不安节，应时而至。及成国殁，日夜号泣，每上食几筵，即取坐，饮食其旁，若与相对。"[15]此外，朱希孝为敬奉兄长，为其建一园林别墅，拟称为"怡园"，待园建好后，朱希忠却去世了。

（三）朱希孝家庭

朱希孝妻子是灵璧侯女汤氏，封一品夫人，能理其内。灵璧侯指的是汤绍中，嘉靖十一年重录功臣后续封灵璧侯，世袭[16]。汤氏生于正德十三年（1518），卒于万历二年（1574）九月，距离朱希孝死后半年去世，万历三年（1575）二月十五日葬于蒌梓庄新阡[17]。长子朱时丰，早夭，于是立侄朱时泰四子朱应梅为嗣，荫授锦衣卫指挥同知，娶武清伯李伟的孙女。武清伯李伟，是神宗生母孝定李太后的父亲，神宗即位，封武清伯[18]。次子朱时济，是朱希孝庶弟金吾君朱希慎的幼子。朱希慎因兄朱希孝嘉靖四十一年（1562）提督宫殿大工告成，恩荫锦衣卫同指挥知。不过，《皇明功臣封爵考》载朱希慎有三子，分别为时泽、时浩、时瀚，并未有时济[19]，《皇明功臣封爵考》中也未载有朱希孝子嗣。

二、朱希孝生平与为官经历

朱希孝，字纯卿，生于正德十三年，卒于万历二年三月廿三日，凤阳怀远（今属安徽）人。

《明史》载："锦衣卫，掌侍卫、缉捕、刑狱之事。恒以勋戚都督领之，恩荫寄禄无常员。"[20]侍卫、缉捕与刑狱是锦衣卫主要的职能，一般是皇帝的心腹亲信统领锦衣卫，勋戚子弟多寄禄于其中。

嘉靖十三年（1534），朱希孝初授锦衣勋卫。其父成国公朱凤备文上奏以祖宗系"开国、靖难功臣，以身殉国，比例乞荫"，经兵部向皇帝进呈，钦授朱希孝为锦衣卫勋卫[21]。时年，朱希孝十七岁，至五十七岁升至左都督掌卫事，朱希孝在锦衣卫衙门任职四十年。嘉靖十七年（1538），皇穹宇、太庙大工先后落成，朱希孝以兄荫得官，授都指挥使，管卫事。自此，朱希孝开始掌锦衣卫事。

锦衣卫有维护京城治安的职能。嘉靖三十三年（1554）九月，朱希孝提督京城内外巡捕，负责缉捕罪犯维护治安。同年十二月，录三年内厂、卫缉访及镇抚司理刑功，荫右都督朱希孝一子为所镇抚[22]。墓志载朱希孝将提督缉捕的同类奏疏汇总，定期上奏。嘉靖三十六年（1557）转为左都督。

锦衣卫有巡捕盗贼的职能。墓志"先后以擒获奸细，并类奏功"。嘉靖三十四年（1555），以捕获奸细的功劳，荫锦衣卫掌卫事右都督朱希孝一子为本卫百户[23]。嘉靖四十一年，京城多盗，令都督朱希孝昼夜巡卫西苑[24]。嘉靖四十三年（1564），录提督缉捕的功劳，赏朱希孝银两、羊、酒[25]。隆庆六年（1572），录三年缉获的功劳，锦衣卫朱希孝荫百户[26]。朱希孝在担任锦衣卫之职负责督捕时，号令严明，所属校官兵卒从不敢假冒希求功赏，百姓感到安宁。

锦衣卫有司法的职能。万历元年（1573），发生王大臣案，皇上命朱希孝会鞫审理，尽得案件实情，最后只囚获罪者一人，没有让无辜的人受到连累。因朱希孝"力持之"，极力为高拱辩诬，高拱才无罪。墓志言朱希孝处理此事镇静自若，实则不然，《明史》载"希孝惧，不敢鞫而罢"[27]。朱希孝与其兄长朱希忠哭诉"谁画此策也，以覆吾宗"[28]，急忙见张居正请示，张居正让他去找吏部尚书杨博。朱希孝哭着拜见杨博，杨博安慰他"欲借公全朝廷宰相体耳，何忍陷公"[29]，并对他颇为指点，朱希孝便按照杨博所说的去做。

墓志中未提及的是，朱希孝执掌锦衣卫的时间是从嘉靖三十九年（1560）十二月前都督陆炳死后，直至万历二年四月去世。墓志记载待锦衣卫掌印者缺失后，还未来得及上疏议选，就忽有特旨任命朱希孝为锦衣卫掌印，"后府左都督朱希孝掌锦衣卫事提督东司房"[30]。时下京城都在相贺，世宗也越发倚重信任朱希孝。而世宗宠信朱希孝，在实录也有体现，《世宗实录》载，嘉靖四十年（1561）十一月四日，宗行大祀仪，当时天气寒冷，世宗脱下自己的外套，赐给代为行礼的朱希孝御寒[31]。

除锦衣卫一主职外，朱希孝还担任督建工程的职务。嘉靖三十二年（1553）监督北京外城建设，嘉靖三十三年外城工完升为都督同知。《明世宗实录》载："以京师城外工完，录管工诸臣功……升都指挥使朱希孝为都督同知。"[32]嘉靖三十六年（1557），奉天、华盖、谨身三殿灾，文武楼、奉天、左顺、右顺及午门外左右廊尽毁。嘉靖三十七年（1558）重建奉天门成，更名曰大朝门。大朝门工成，"以门工完录内外效劳诸臣"[33]，加朱希孝太子太保。

墓志载"未几，授特进光禄大夫、柱国，赐乘肩舆，召入直西内"。嘉靖四十年，"命左都督朱希孝入直西苑"[34]。明代的西苑，是指皇城之内西苑门一线与西安门之间的广大区域。自嘉靖中期世宗移居西苑至其去世的近三十年间，这里是明朝的政治中心[35]。此外，王世贞也对入直西苑的文武大臣做过统计，其中就有武臣朱希孝[36]。自嘉靖四十年十二月始，朱希孝入直西苑，与其一起作为勋臣入直的还有其兄朱希忠，朱希忠则是自嘉靖十八年起入直。嘉靖四十三年，以万寿圣节加恩直赞诸臣，"都督希孝赐乘肩舆"[37]。

穆宗即位后，录朱希孝以前的功劳。隆庆五年（1571）十二月，"命掌锦衣卫事都督朱希孝总理东宫侍卫"[38]。神宗即位，录朱希孝总理东宫仪卫。朱希孝受到万历皇帝的恩宠眷顾愈发隆重了，但他的操守仍十分恭谨。等到皇极殿御宫工成，荫子百户、镇抚者共六人，加太保兼太子太傅，增赐岁禄几百石。

墓志载朱希孝卒于万历二年甲戌三月廿三日，卒之日，天子震悼，赐祭十一坛，给斋粮、麻布、金币、锢宝，诏所司治葬，在既定的恤典规格之外，加厚葬祭，赠太傅，谥忠僖。正德《明会典》载："凡一品官病故者，辍朝一日，祭九坛。"[39]希孝特进光禄大夫，左都督，为正一品官衔，正常恤典规格为祭九坛，《神宗实录》载万历二年四月十三日，"祭葬加祭二坛"[40]。墓志与文献记载互相映照。

朱希孝谥号忠僖，王世贞在《弇山堂别集》有谥法解"忠僖"意为"推贤尽诚，小心恭慎"[41]。

墓志中提到万历二年五月十七日朱希孝葬于娄梓庄新建的墓中。而成国公家族葬于北泽山赐地。据《北京市朝阳区地名志》，明万历二十一年（1593）称娄梓庄，清光绪三十四年（1908）称娄子庄，民国六年（1917）称楼梓庄，民国三十六年（1947）又称楼子庄，1965年更为今名[42]。

三、朱希孝雅好收藏

墓志提到朱希孝在书法上工于大楷、小楷，师法赵孟頫，习得赵之骨法。嘉靖四十二年（1563），朱希孝就曾给高恕妻康氏墓志篆盖，盖篆书为"诰封一品夫人高母康氏墓志铭"，时朱希孝职衔为特进光禄大夫柱国少保兼太子太保掌锦衣卫事后军都督府左都督奉敕提督官校缉事。同年春，他还为《敕修琉璃河桥堤记》碑篆额。

朱希孝精熟历代名家法帖，能够辨别真赝，并且有充分的把握。神道碑亦有"好读书，所购古图篆名笔甚富，亦有精鉴，能辨真赝"[43]。

隆庆、万历时期，有书画折俸制度。因权大势大，通过折俸的方式，朱希孝得到了不少书画精品。张丑在《清河书画舫》载："朱希孝太保，承袭累代之资，广求上古名笔，属有天幸，会折俸事起，颇获内府珍储，由是书画甲天下。"[44]嘉靖四十四年（1565），严嵩父子私藏书画被查抄后进入内府，被充作岁禄分发武官。成国朱希忠、朱希孝兄弟，以善价得之[45]。此外朱希孝还采用巧取豪夺的方式，所藏书画的数量与严嵩父子相差无几[46]，其中不乏书画精品，如唐代怀素《自叙帖》[47]、宋拓五字不损真定武《兰亭》[48]等。朱希孝不光收藏量大，还精于品评赏鉴。徐应秋在《玉芝堂谈荟》中列举书画赏鉴家时，就提到了朱希孝[49]。沈德符载"后朱病哑，渐以饷江陵相（张居正），因得进封定襄王"[50]。王世贞记载朱希孝所藏"最精者十二归江陵"[51]，可见朱希孝兄弟的书画收藏被张居正所得。朱希孝去世后，他所收藏的书画大量流散，大部分被民间收藏者购得。

四、墓志与《国朝献征录》部分文字差异对比

《朱希孝墓志》全文曾收录于焦竑所著《国朝献征录》[52]，《国朝献征录》（以下简称《献征录》）是明代焦竑编辑的大型人物传记资料汇编。《献征录》卷一百九《锦衣卫》收录吕调阳撰的朱希孝墓志。出土墓志与传世文献《献征录》作校勘对比，多有不同，主要分为以下三方面：

（一）关于墓志的撰写缘由

志文第1行"朱公之卒也，其弟锦衣指挥希慎，奉其姻家都指挥同知余君状来请铭。余往岁铭定襄王墓，曾概及太保懿行。嗟哉！讵意去岁铭王，而今岁复铭太保也。"《献征录》中无记载。

（二）关于朱希孝的家室

志文第29行"配灵璧侯女汤氏，封一品夫人，能理其内。长子曰时丰，夭卒，乃立姪嗣公时泰季子应梅为之嗣，以荫授锦衣卫指挥同知，聘戚畹武清伯李公孙女。次子时济，育金吾君幼子也"。《献征录》中无记载。墓志增加了对夫人汤氏及其后代婚配情况的介绍，可能为下葬时墓志新增的内容。

（三）墓志与《国朝献征录》文字对比

墓志首题"明特进光禄大夫、柱国、太保兼太子太傅、赠太傅、谥忠僖、掌锦衣卫事、后军都督府左都督朱公墓志铭"，《献征录》中无"明特进光禄大夫"。

志文第5行"辅谥恭僖，风谥荣康"，《献征录》为"辅谥荣康"。

志文第13行"本卫掌印员缺"，《献征录》为"本卫缺员掌印"。

志文第22行"余亦具述定襄志中"，《献征录》中无。

志文第24行"其志可哀已"，《献征录》为"其可哀已"。

志文第24行"无敢欹仄"，《献征录》为"无敢欹侧"。

志文第25行"以今事考之"，《献征录》为"以今日考之"。

志文第28—29行"不假悉举"，《献征录》为"不暇悉举"。

志文第32—33行"卜以是年五月十七日葬菱梓庄之新阡"，《献征录》无记载。

通过校勘对比发现，可知传世文献有所删改，部分语句字词有所出入。其中，或因《献征录》收录有遗漏，刊刻刻工的讹误，产生文字错漏的现象，如志文第5行介绍朱希孝祖父和父亲的谥号"辅谥恭僖，风谥荣康"，《献征录》为"辅谥荣康"，略有遗漏；或因主家即朱希孝之弟朱希慎在下葬时对墓志原稿所作的改补，如增加了朱希孝家室记载，朱希孝的葬地和时间，这些增补亦可补史。还有含义相同或相近的部分，如志文第24行朱希忠侍立在父亲身边时"无

敢歆仄"，《献征录》为"无敢歆侧"，"歆仄"与"歆侧"同义，同为倾斜、歪斜。

此外，通过与传世文献的对照，亦可弥补出土墓志志石本身的磨损。如志文第23行"意在奉兄"之"意"字漫漶。

五、撰文者、书丹者、篆盖者

朱希孝墓志的撰文者是礼部尚书、武英殿大学士吕调阳，书丹者是兵部尚书谭纶，篆盖者是刑部尚书王之诰。

（一）撰文者吕调阳

墓志中提到，朱希孝的弟弟朱希慎奉其姻家都指挥同知余君状来请铭。余君，指的是余荫，时任锦衣卫都指挥同知，为朱希孝同僚，与朱希孝共事。《穆宗实录》载"隆庆五年，余荫署都指挥同知"[53]。吕调阳于万历元年曾为朱希孝的兄长定襄王朱希忠撰写墓志铭，提及朱希孝的善行，此处又为朱希孝撰文，在志文中也颇为感叹。

吕调阳（1516—1580），字和卿，号豫所，广西桂林人。嘉靖二十九年（1550）一甲第二名进士，选翰林院庶吉士，授翰林院编修，后迁国子监司业，隆庆间历任南北两京国子监祭酒。万历元年，因张居正举荐，以礼部尚书兼文渊阁大学士入内阁，累加官至少傅兼太子太傅、吏部尚书、建极殿大学士。万历六年（1578）致仕，两年后在桂林家中去世，赠太保，谥文简[54]。隆庆六年，吕调阳与张居正同为大学士，二人主持编纂《帝鉴图说》[55]。

（二）书丹者谭纶

谭纶（1520—1577），字子理，江西宜黄人。明代中期抗倭名将。嘉靖二十三年（1544）进士，授南京礼部主事，历任职方郎中，升迁为台州知府。时东南倭寇为患，他练乡兵千人以御寇，立束伍法，节节相制，连战皆捷。嘉靖四十二年，以右金都御史巡抚福建，统领戚继光、俞大猷等剿平入犯倭寇。隆庆元年（1567），以兵部左侍郎总督蓟、辽、保定军务，与戚继光共同练兵蓟镇，自居庸关至山海关，增筑敌台，扼守险要，加强京师东、北沿边防御，以功进兵部尚书。万历五年（1577）在官位上去世，赠太子太保，谥襄敏。谭纶治军三十年，与戚继光共事齐名，号称"谭戚"[56]。著有《谭襄敏奏议》《军征条例类考》。

万历初，张居正推行改革，谭纶被召为张居正改革的核心成员之一，出任兵部尚书。

（三）篆盖者王之诰

王之诰（1521—1590），字告若，湖北石首人。嘉靖二十三年进士，授吉水知县，迁户部主事，改兵部员外郎，出任为河南佥事。嘉靖三十二年（1553），镇压河南师尚诏起义，转参议，调兵备副使。后巡抚辽东，大兴屯田，召为兵部侍郎，总督宣、大、山西军务。隆庆元年，进右都御史。隆庆三年（1569），起督京营，迁南京兵部尚书。万历元年，拜刑部尚书。万历三年，送母归籍，逾期不至，被弹劾。王之诰与张居正是姻亲关系，后张居正丧父夺情，杖言者阙下。归葬还阙，王之诰以召还直臣，收人心为劝。死后赠太子太保，谥端襄[57]。嘉靖四十五年五月，朱希孝与王之诰一同参与督修紫极殿、玉清宫等宫[58]。

万历元年二月，"二日癸未，上初御经筵，钦赏……兵部尚书谭纶、刑部尚书王之诰……都督朱希孝各银三十两、彩币二表里、新钞三千贯"[59]，谭纶、王之诰、朱希孝一同侍班。

吕调阳、谭纶、王之诰同属张居正的阵营，而张居正为朱希孝撰写了神道碑，与朱希孝也交往颇深。

六、朱希孝评价

朱希孝作为勋臣子弟进入锦衣卫，历经三朝，执掌锦衣卫期间行事温和规矩，作风谨慎，时人对其评价颇高，堪称是锦衣卫的一股清流。

墓志载朱希孝掌管锦衣卫十余年间，疏节阔目，务在与民相安。

张居正在给朱希孝的神道碑中评价他有长者宽厚之风，"自太保朱公视卫篆，代猛以宽，罢遣诸阴鸷校卒，一切务从长厚。于是廷杖者，咸得不死，而京师之人，皆始帖席"[60]。廷杖无疑是明代一种残酷的刑罚，死人情况也时有发生，而朱希孝相对缓和了这种刑罚。

王世贞评价朱希孝为人忠懿仁厚，人称"宽然长者"。朱希孝与严嵩交往无间，却畏陆炳权势，凡事多谦卑有礼避让炳，陆炳无意加害朱希孝⑥。陆炳是朱希孝的上一任锦衣卫执掌者，朱希孝与陆炳共事过很长一段时间，不过一直是陆炳的下属，直至陆炳去世。在锦衣卫发展历史上，他享有的尊荣比之陆炳也只是略逊一筹而已。在朝班顺序上，左班最前为内阁，右班最前为锦衣卫，明人于慎行评论："右班武臣，当以都督为先。自世庙以来，锦衣权重，又陆（炳）、朱（希孝）诸公皆三公重衔，官在都督之上，故立于首，若与内阁相视者，而都督以其贵宠，不敢与抗故也。"⑥可见朱希孝政治地位之显赫。

朱希孝交游甚广，不光与权宦交往密切，也与士大夫相交。吕调阳在墓志写道"状称与士大夫交，忠信不欺。处内外姻党，情意周匝"。上文已提到朱希孝对廷杖的态度，亦可反映出普通官僚阶层对朱希孝的称赞。万士和在朱希孝夫人墓志中写道与朱希孝雅相交厚。

清《畿辅人物志》载："先是，掌卫事者峻法网，吏民重足，希孝继之，常持大体，务与民休息，不为操切钩钜之术。常受诏杖言者，必持以平恕，多所全活。其他决大疑，寝大狱，养国家和平之福者，常与有力焉。"⑥

朱希孝对权力的行使可谓规规矩矩，不扩大事态，处理事务比较谨慎，属于行事温和的领导者，与普通官僚阶层保持较为亲密和广泛的联系，但与权臣关系亲密并不能说明其政治立场的趋同性⑥。

七、结语

纵观明代锦衣卫二百多年的发展历程，执掌锦衣卫事的卫帅们常常与宦官或权臣相交，如与王振交结的马顺、严嵩当政时的陆炳以及张居正辅政时的朱希孝、徐爵等。有与权奸同流合污、沆瀣一气的；也有保全名节、为世人所称赞的。而朱希孝出身公爵之家，身为勋戚之后，权势显赫，历经嘉靖、隆庆、万历三朝，为人忠懿仁厚，行事温和，有长者宽厚之风。作为明中后期的锦衣卫执掌者，不但与权臣关系亲密，而且与士大夫交好，在普通官僚阶层中也留有较好的口碑和名声。

朱希孝墓志对朱希孝的家族世系、为官经历及他的家庭情况进行了详细记述，不仅利于我们了解朱希孝个人情况，亦有助于加深对其所处时代背景的认识。此外，通过对朱希孝墓志与传世文献的校勘对比，可以补充传世文献中关于朱希孝记载的不足，弥补墓志志石本身的磨损缺陷。

附录 朱希孝墓志录文

明特進光祿大夫、柱國、太保兼太子太傅、贈太傅、謚忠僖、掌錦衣衛事、後軍都督府左都督朱公墓志銘

賜進士及第、榮祿大夫、太子太保、禮部尚書、武英殿大學士、知制誥、總裁國史、同知經筵事、桂林吕調陽譔。

賜進士出身、資政大夫、兵部尚書、侍經筵、前都察院右都御史、奉敕協理京營戎政、總督薊遼兩廣六鎮軍務、宜黃譚綸書。

賜進士出身、資政大夫、刑部尚書、侍經筵、前奉敕參贊機務、南京兵部尚書、南郡王之誥篆。

太保掌錦衣衛事左都督，朱公之卒也，其弟錦衣指揮希慎，奉其姻家都指揮同知余君狀來請銘。余往歲銘定襄王墓，曾槩及太保懿行。嗟哉！詎意去歲銘王，而今歲復銘太保也。太保姓朱氏，諱希孝，字純卿，國朝元勳世裔。其先鳳陽懷遠人，七世祖諱亮，從高皇帝起義，以功授燕山中護衛千戶。六世祖諱能，從文皇帝靖難，功第一，封成國公，給誥券，世襲，没於交趾之役，追封東平王，謚武烈。高祖諱勇，嗣公，死正統土木之難，追封平陰王，謚武愍。曾祖諱儀，祖諱輔，考諱鳳，俱嗣成國公爵。儀贈太師，謚莊簡；輔謚恭僖，鳳謚榮康，俱贈太傅。而定襄恭靖王則其同母兄也。王立朝三十餘年，位至太師，忠謹無過，士大夫雅重之。太保少王二歲，出入先後，嘗相與偕，家庭之間，自相師友，勳德位望，並擅稱一時，論者比之石慶、石建，而才略為過云。嘉靖十三年，榮康授靖難功臣，例乞廕授錦衣勳衛。皇穹宇、太廟大工先後落成，世宗兩廕成國公子姪一人為百戶，遂以兄廕累秩授都指揮使，管

衛事。外城工完，陞都督同知。奉敕提督緝捕，陞右都督，以類奏功，轉左。大朝門工成，加太子太保。世廟英察，雖朝御稀潤，而羣臣情態，罔不照悉。太保忠勤恭順，蓋在有素。入仕甫二十年，驟至極品，兄弟貴盛，罕與為儷。既受命督捕，號令明肅，校卒無敢妄冒以希功者，士民晏然。先是，都下告訐成風，一遭連引，輒至破家，人皆自危。及本衛掌印員缺，部臣方議推選，疏未及上，忽有特旨以屬太保，都人舉手加額，道路相賀，世宗益倚任之。未幾，授特進光祿大夫、柱國，賜乘肩輿，召入直西內。凡緊急邊情及重大工作，輒下密諭諮詢，日或再三至，皆手自裁荅，無不稱旨。穆宗踐祚，錄潛邸舊勞。今上登極，錄總理東官儀衛。恩眷愈隆，操履彌恪。先後以擒獲奸細，并類奏功。及皇極殿御宮工成，廕子百戶、鎮撫者共六人，洊加太保兼太子太傅，增賜歲祿幾百石。掌衛事十餘年，踈葤潤目，務在與民相安，一切鉤鉅苛察之令，悉皆屏去，非極惡大憝，不窮以法，澆俗為之一變。萬曆改元，星象示異，會有大獄莫決，都下洶懼，恐其誣引。太保奉詔命會鞫，乃致齋虔禱，越宿詰問，盡得其情，罪止凶一身，無枉濫者。于是人情大定，星亦旋滅。其鎮靜類如此。初，定襄王病，疏請給假，日侍醫藥，臥起扶掖，不離左右。王薨，哀慟悲切，顑頷見於容色。縉紳私憂之，以為過戚。余亦具述定襄志中。及襄事，則困憊滋甚，不復朝謁，竟至不起。此其篤厚倫誼，得之性植，蓋不自覺者。居常父子兄弟間，頃刻未嘗廢禮。然真愛流洽，又匪直為儀貌虛文者。近作別墅，擬名怡園，意在奉兄。園成，而兄弟俱不待，其志可哀已。榮康素嚴重，燕居危坐，如對大賓。定襄侍立終日，無敢欹仄。每朝會出入，必衣冠拱候，迎送于門。太保追隨兄，步武疾徐，先後未少有違。此乃手自狀其兄者。以今事考之，則其家庭恩禮，可以勵世訓俗者，詎止人所聞見者哉！狀稱與士大夫交，忠信不欺。處內外姻黨，情意周匝。且明習國家典故，每論議一事，舉其顛末，罔不了了。遭世承平，不以技能才略自表見。然胸中鈐韜醞藉，莫可窺究。嘗與人較射，連發中的，見者驚服，而口絕不言射。篋中所貯，有籌邊六策，言切時務，未嘗示人以草。親交諷之建白，竟未敢輕易也。其他若工大小楷，師趙文敏，頗得其骨法。精別前代名家法帖，圖畫真贗，百不爽一。諸如此類，不假悉舉。余特論敘其大者云爾。卒于萬曆二年甲戌三月廿三日，距生正德戊寅，得壽五十有七。配靈壁侯女湯氏，封一品夫人，頗理其內。長子曰時豐，夭卒，乃立姪嗣公時泰季子應梅為之嗣，以廕授錦衣衛指揮同知，聘戚畹武清伯李公孫女。次子時濟，育金吾君幼子也。卒之日，天子震悼，賜祭十一壇，給齋糧、麻布、金幣、錮寶，詔所司治葬，諸卹典視常制加厚，贈太傅，諡忠僖。卜以是年五月十七日葬蔓梓莊之新阡，乃為之銘曰：矯矯太保，元功之裔。濟美前人，克顯厥世。受命督捕，秋毫無擾。遂典禁衛，歡聲載道。時方尚嚴，我承以寬。去其煩苛，與民相安。都邑浩穰，澆風頓革。無荂荂聲，有冥冥德。伯氏太師，仲氏太保。邦之蓍蔡，國之耇老。名秩先後，金友玉昆。怡怡白首，彌老益敦。伯氏忽殞，仲氏繼捐。生死追隨，於心或然。哲人淪喪，朝野欷歔。匪以私憂，惟國空虛。蔓梓之莊，兀然新阡。殊恩異渥，其來自天。勒銘貞石，紀其卓行。閟之泉臺，永與炳煥。

① ⑥④ 廖元琨：《锦衣卫与明代皇权政治》，《北方论丛》2008 年第 4 期。

② 曹循：《明代锦衣卫官制与职权新探》，《历史研究》2021 年第 1 期。

③ 冯韬：《明代折俸制度对江南地区书画鉴藏的影响》，《创意设计源》2022 年第 3 期。

④ 郭怀宇：《明内府书画流散与鉴赏家寓目经验之关系——以钤有"纪察司印"的作品为线索》，《美术研究》2023 年第 2 期。

⑤ 北京市文物工作队：《北京市出土墓志目录》，北京市文物工作队，1964 年，第 30 页。

⑥ 荣丽华、王世民：《1949—1989 四十年出土墓志目录》，中华书局，1993 年，第 394 页。

⑦ 北京图书馆金石组：《北京图书馆藏中国历代石刻拓本汇编》第 57 册，中州古籍出版社，1989 年，第 13 页。

⑧ 于平编辑：《中国历代墓志选编 9》，天津古籍出版社，2000 年，第 8 页。

⑨ 北京市文物研究所编：《北京市文物研究所藏墓志拓片》，北京燕山出版社，2003 年，第 232 页。

⑩ 孔繁云等整理：《市文物局资料信息中心藏北京地区出土墓志拓片目录（七）》，《北京文博》1997 年第 4 期。

⑪ 章文永：《藉"走近"而"走进"——谈"回望大明——走近万历朝"展览的内容设计》，《首都博物馆论丛》2019 年。

⑫ [清]张廷玉：《明史》卷一百四十五《列传第三十三·朱能》，中华书局，1974 年，第 4085—4086 页。

⑬ [汉]班固撰，[唐]颜师古注：《汉书》卷四十六《万石卫直周张传》，中华书局，1962 年，第 2193 页。

⑭⑲ [明]郑汝璧：《皇明功臣封爵考》，《四库全书存目丛书》史部第 258 册，齐鲁书社，1996 年，第 368—369 页。

⑮ [清]梁维枢：《玉剑尊闻·德行》，上海古籍出版社，1986 年影印本，第 77—78 页。

⑯ [清]张廷玉：《明史》卷一百五《表第六·功臣世表一》，中华书局，1974 年，第 3014 页。

⑰ 北京市文物局综合事务中心藏《明故太保朱忠僖公配汤夫人墓志铭》。

⑱ [清]张廷玉：《明史》卷一百五《表第六·功臣世表一》，中华书局，1974 年，第 3295—3296 页。

⑳ [清]张廷玉：《明史》卷七六《职官五》，中华书局，1974 年，第 1862 页。

㉑ [明]郑汝璧：《皇明功臣封爵考》，《四库全书存目丛书》史部第 258 册，齐鲁书社，1996 年，第 368 页。

㉒ 《明世宗实录》卷四百一十七，嘉靖三十三年十二月甲寅，"中央研究院"历史语言研究所校印本，1962 年，第 7234 页。

㉓ 《明世宗实录》卷四百二十七，嘉靖三十四年十月癸未，"中央研究院"历史语言研究所校印本，1962 年，第 7389—7390 页。

㉔ 《明世宗实录》卷五百六，嘉靖四十一年二月丙寅，"中央研究院"历史语言研究所校印本，1962 年，第 8346 页。

㉕ 《明世宗实录》卷五百四十一，嘉靖四十三年十二月己丑，"中央研究院"历史语言研究所校印本，1962 年，第 8757 页。

㉖ 《明神宗实录》卷三，隆庆六年十二月癸亥，"中央研究院"历史语言研究所校印本，1962 年，第 284 页。

㉗ [清]张廷玉：《明史》卷三百五，中华书局，1974 年，第 7802 页。

㉘ [清]谷应泰：《明史纪事本末》第六十一卷《江陵柄政》，中华书局，2015 年，第 942 页。

㉙ [清]谷应泰：《明史纪事本末》第六十一卷《江陵柄政》，中华书局，2015 年，第 943 页。

㉚ 《明世宗实录》卷四百九十一，嘉靖三十九年十二月癸卯，"中央研究院"历史语言研究所校印本，1962 年，第 8169 页。

㉛ 《明世宗实录》卷五百三，嘉靖四十年十一月庚寅，"中央研究院"历史语言研究所校印本，1962 年，第 8312 页。

㉜ 《明世宗实录》卷四百九，嘉靖三十三年四月丁酉，"中央研究院"历史语言研究所校印本，1962 年，第 7141—7142 页。

㉝ 《明世宗实录》卷四百六十四，嘉靖三十七年九月辛卯，"中央研究院"历史语言研究所校印本，1962 年，第 7832 页。

㉞ 《明世宗实录》卷五百四，嘉靖四十年十二月癸酉，"中央研究院"历史语言研究所校印本，1962 年，第 8324 页。

㉟ 李小波：《西苑与明嘉靖朝政治》，《史学月刊》2022 年第 2 期。

㊱ [明]王世贞：《弇山堂别集》卷九《皇明异典述四》，上海古籍出版社，2017 年，第 211 页。

㊲ 《明世宗实录》卷五百三十七，嘉靖四十三年八月丙子，"中央研究院"历史语言研究所校印本，1962 年，第 8709—8710 页。

㊳ 《明穆宗实录》卷六十四，隆庆五年十二月丙申，"中央研究院"历史语言研究所校印本，1962 年，第 1533 页。

㊴ 《明会典》，《景印文渊阁四库全书》第 617 册，中国台湾商务印书馆，1986 年，第 875 页。

㊵ 《明神宗实录》卷二十四，万历二年四月丁巳，"中央研究院"历史语言研究所校印本，1962 年，第 617 页。

㊶ [明]王世贞：《弇山堂别集》卷七十一，上海古籍出版社，2017 年，第 1711 页。

㊷ 《朝阳区地名志》编辑委员会：《北京市朝阳区地名志》，北京出版社，1993 年，第 409 页。

㊸ [明]张居正著，张舜徽主编：《张居正文集》第 3 册，荆楚书社，1987 年，第 267 页。

㊹ 卢辅圣主编：《中国书画全书》第 4 册，上海书画出版社，2000 年，第 247 页。

㊺㊿ [明]沈德符：《万历野获编》，《明代笔记小说大观》本，上海古籍出版社，2005 年，第 2117 页。

㊻ 张小庄、陈期凡编著：《明代笔记日记绘画史料汇编》，上海书画出版社，2019 年，第 177 页。

㊼ [明]董其昌著，屠友祥校注：《画禅室随笔》，上海远东出版社，1999 年，第 52 页。

㊽ [清]吴荣光撰，栾保群点校：《辛丑销夏记》，浙江人民美术出版社，2015 年，第 10 页。

㊾ 张小庄、陈期凡编著：《明代笔记日记绘画史料汇编》，上海书画出版社，2019 年，第 546 页。

51 张小庄、陈期凡编著：《明代笔记日记绘画史料汇编》，上海书画出版社，2019 年，第 177 页。

52 [明]焦竑：《国朝献征录》，广陵书社，2013 年，第 4860—4861 页。

53 《明穆宗实录》卷六十四，隆庆五年十二月丙申，"中央研究院"历史语言研究所校印本，1962 年，第 1533 页。

54 [明]张居正著，张舜徽主编：《张居正集文集》第 3 册，荆楚书社，1987 年，第 277 页。

55 王勇著：《四库提要丛订》，齐鲁书社，2018 年，第 184 页。

56 [清]张廷玉：《明史》卷二百二十二，中华书局，1974 年，第 5833—5836 页。

57 [清]张廷玉：《明史》卷二百二十，中华书局，1974 年，第 5784 页。

58 《明世宗实录》卷五百五十八，嘉靖四十五年五月丙午，"中央研究院"历史语言研究所校印本，1962 年，第 8973 页。

59 南炳文、吴彦玲辑校：《辑校万历起居注》，天津古籍出版社，2010 年，第 10 页。

60 沈乃文主编：《明别集丛刊》第 3 辑，第 34 册，黄山书社，2015 年，第 264 页。

61 [明]张居正著：《张居正文集》第 3 册，荆楚书社，1987 年，第 265 页。

62 [明]于慎行：《谷山笔麈》卷一。转引自王天有：《明代国家机构研究》，紫禁城出版社，2014 年，第 159 页。

63 [清]孙承泽著，李洪波点校：《畿辅人物志》卷十七，北京出版社，2010 年，第 196 页。

明代英国公张溶墓志考

张晶晶

　　明英国公张溶家世背景显赫，自五世祖张玉追随成祖靖难以来，张氏家族世代为勋臣，其爵位袭承一直延续至明末。张钰坤考证"张氏家族共取得荣国公（系追封）、英国公、太平侯和文安伯四个爵位，张玉、张辅、张懋在去世后都被追封为最高爵位'王'。此外，张氏家族中有两位女性成员嫁入皇室，张懋的姑母为成祖贵妃，同父异母妹为仁宗敬妃"①。目前学界对张溶与英国公家族的研究的个案很少，梁曼容、张钰坤《靖难勋臣政治权力的演变：英国公张辅与明代前期政局》中以一世英国公张辅为例，分析明代前期勋臣政治权力的演变②；张钰坤《英国公张懋与明中期勋臣政治的演变》重点对二世英国公张懋的生平和家世背景进行了梳理，对后世英国公张溶并未有过多表述③。其余大量提及英国公的研究仍主要是从勋臣制度、礼制职权和政治权力等问题展开。如秦博《明代勋臣政治权力的演变》多次提到了英国公张辅、张懋的政治影响力④；秦博《明代勋戚礼制职权初探》中也提到了历任英国公在祭祀、礼仪方面的作用⑤。

　　本文以第四代英国公张溶墓志为线索，通过录文与各类史料梳理出张溶的生平事迹，试讨论张溶墓志中出现的问题，最后通过墓志，简要整理出第四代英国公张溶的家族成员和社会关系。

一、墓志录文

　　1958年，丰台区赵辛店吕村出土了明代墓志一合（图一、图二）。墓志有志盖和志底，共二石。据拓片，志盖长、宽均为86厘米，有卷云纹边框，吴继爵篆盖，六行，行四字，末行一字，共二十一字。文曰："明少傅兼太子太傅英国公赠太保蒙谿张公墓志铭。"志底长、宽均为86厘米，有卷云纹边框，余有丁撰文，徐文璧书。五十六行，行二至六十字不等，全文约1800字，首题："明少傅兼太子太傅英国公赠太保蒙谿张公墓志铭"，明万历九年（1581）十月二十四日"窆于卢沟桥西连三岗"。墓志现藏于首都博物馆，拓片国家图书馆有藏（墓志4397）。根据墓志拓片，将张溶墓志录文如下：

　　明少傅兼太子太傅英國公贈太保蒙谿張公墓誌銘

　　賜進士及第，光祿大夫，少保兼太子太保，戶部尚書，武英殿大學士，知制誥、起居注，同知經筵事，會典、國史總裁，四明余有丁撰

　　後軍都督府掌府事，少保兼太子太保，定國公，知經筵，前奉旨提督皇城五門，管理紅盔將軍，禁侍內直，掌右軍都督府事，鳳陽徐文璧書

　　右軍都督府掌府事，前三奉制敕鎮守兩廣地方總兵官、征蠻將軍，總督京營戎政，侍經筵，守備南京兼掌南京中府印務，掌中左軍都督府事，太子少保，恭順侯，雍涼吳繼爵篆

　　英國公張氏，諱溶，字漸卿，本河南祥符縣人。五世祖玉，從高皇帝起兵，歷燕山護衛都指揮同知。既從文皇帝靖內難，所陷陣先登，功最，以赴東昌圍，歿於軍。追封河間王，諡忠武。子輔嗣，統父兵從戰，以功封信安伯，晉新城侯。平安南，三禽偽王，晉英國公，子孫世世弗絕。既又從睿皇帝北征，戰歿，追封定興王，諡忠烈。子懋嗣，歷三營、十二營總兵，累加太師，卒諡恭靖。子銳蚤卒。子崙嗣，嘗建節奮武營，卒贈太保，諡榮和。公以榮和季子嗣，嘉靖己亥加太子太保，二月封景王，命充正使持節展禮。肅皇帝南巡，命坐五千營，掌行在右軍都督府印。扈乘輿行，

作者单位：北京市文物局综合事务中心

戎容暨暨，凡部曲行陣肅然，莫敢有譁者。駐蹕衛輝，行宮災，時丙夜，變起倉卒，公率中堅數百人，突入煙火中，偕朱希忠、陸炳，翊乘輿出。乃益庀武守，晝夜警備非常，凡卜征至入蹕，擐甲環衛，勞勩居多。丁未，命提督神機營。壬子，命掌前軍都督府事。癸丑，遣祀太和山。庚戌，虜入犯，都城戒嚴，前後三奉勅巡視內外，受兵登陴，武備甚設，虜竟遁去。丙寅，遣祀顯陵。還，命掌左軍都督府事。隆慶戊辰春，上謁山陵，奉勅居守。庚午，命掌後軍都督府事。今上即位，命充班首官，奉勅監修兩朝實錄。萬曆甲戌，奉勅知經筵，以穆宗實錄成，加少保，賜白金、文綺、鞍馬。丁丑，充正使持節，上潞王冠。世宗實錄成，加少傅兼太子太傅，復（後）賜白金、文綺、鞍馬。戊寅，上舉大婚禮，命持節充正使。庚辰，以足疾乞身，疏曰："臣世蒙恩不測，當殺身靡骨死輦下。誠歲餘以來，疾苦加侵，願休歸自治養，惟陛下哀憐。"上慰留勿聽，疏再上。上賜策曰："後將軍寢病不衰，朕愍以職事，久留將軍，使躬不瘳。"遣中使問勞，賜酒米羊豕諸物。公既得請，築一室，顏曰"足豰"，日夕寢處其中。惟以不得報主上恩，欸息永懷，至泣數行下。遄以脾疾不起。上聞，為輟朝，贈階太保，命有司議祭葬如禮。

公母游氏，駙馬都尉泰女；生母曾氏。公生有異徵，貌甚偉，寧陽公每奇之。伯兄砳，仲兄磻，相繼卒，公乃得襲公爵。少入冑監即躭學，銳意講（志）誦（論）。長乃習《周易》，通《左氏春秋》。既老不釋卷，尤善鼓琴，工書法，作詩多自得語。及校射團營，發輒命中。庶幾哉，質有文武。尤躬行儉約，被服如儒者，衣澣濯，衣不數易，不治田產，不廣宮室，非客至不割牲、不設醴。其最隱者，咸寧侯有女及笄，給公家為奴，公育之如己出，既具，厚齎遣之。其折節行仁，克心扶義如此。晚（覽）近世，世家侈靡甚矣，財饒勢足，正所愓意，買京師豪腴美田，大起第觀，連閣臨道，彌亘數里。後廷姬妾數十人，僮奴千百數，羅鐘磬，作倡優，狗馬馳逐，以騁娛恣，莫不謂身虜脂膏，所貴自潤耳。公家重侯累將，曠貴最久。二（三）世封王、三給世券，祖姑一事文皇帝為貴妃，一事仁皇帝為敬妃。至公以宗臣班特進，率諸（群）臣朝會稱壽，制命宣答，代上祀郊廟，諸大典禮無不與，歲時恩賚甚備。而公放遠權勢，誠內自克約而外從制。保身全己，其志念深矣，豈不謂世錄由禮者哉。公生於正德十年二月三日申時，薨於萬曆九年七月二十九日子時，享年六十有七。娶夏氏，慶陽伯臣女，封英國夫人，無出。側室趙氏、孔氏、劉氏、韓氏。男十一：長元功，以勳衛管理紅盔將軍，今嗣公，娶焦氏，東寧伯棟女，繼郭氏，錦衣指揮朝廉女；次元德，錦衣勳衛，初娶蔣氏，玉田伯榮女，繼李氏，羽林指揮璋女，又繼齊氏，駙馬都尉世美孫錦衣指揮整女；次元增，有疾未娶；次元福，冠帶舍人，娶朱氏，撫寧侯岡女。俱趙出。次元偉，孔出。元儁，韓出。元傑，趙出。元義，劉出。元仁、元禮、元智，亦韓出。女六：長適應城伯孫公文棟；次許字西寧侯宋公度故；次適平江伯應襲勳衛陳胤兆。俱趙出。三尚幼。孫女四：長適定國公應襲勳衛徐廷輔，元功出。餘亦尚幼。以十月二十四日歸窆公于盧溝橋西連三岡。欽賜祖塋之側。銘曰：

遙遙張公，肇迹侯封。克讚武功，澤延五世。爰及喆裔，是績是繼。扈我肅皇，警蹕湖湘。我武維揚，北虜匪茹。公為扞禦，虜乃遁（迺）去。公性（惟）恂恂，頌德儒紳。紈綺不倫，不居其有。人倫歸厚，奚特善守。退以功成，克終令名。死哀生榮，我銘於此。寔惟其似，永示無止。

注：括号内容为《余文敏公文集》中收录的志文与墓志志文不同之处。

二、英国公张溶的生平

据出土志文载，张溶生于正德十年（1515）二月三日，卒于万历九年七月二十九日，享年 67 岁。于嘉靖十四年（1535）袭英国公爵位。将张溶墓志中记述的主要经历与三朝实录中的内容所做对比整理为表格，如表一所示。经比对，墓志中所记张溶经历大致能与实录中记载的内容、时间相对应。也有志文中提到的内容，实录等文献中并未记录有张溶参与，可以作为对历史文献的补充。如志文云："肃皇帝南巡，命坐五千营，掌行在右军都督府印。扈乘舆行，戎容暨暨，凡部曲行阵肃然，莫敢有哗者。"据考证，此内容记录了嘉靖十八年（1539）世宗南巡之事，也是嘉靖朝的重要事件，张溶在南巡中"掌行在右军都督府印"，实录中未提及。志文又记载了世宗驾抵卫辉行宫时，曾发生火灾。"丙夜，变起仓卒，公率中坚数百人，突入烟火中，偕朱希忠、陆炳，翊乘舆出，乃益庀武守，昼夜

表一 张溶墓志与三朝实录内容对比表

墓志时间		墓志内容	实录时间	实录内容
嘉靖十八年（1539）	己亥	加太子太保	《明世宗实录》卷二百二十，嘉靖十八年正月二十九日	英国公张溶、礼部尚书兼翰林院学士严嵩，俱太子太保
		二月，封景王，命充正使持节展礼	《明世宗实录》卷二百二十一，嘉靖十八年二月	册立太子，册封裕王、景王……命公郭勋、朱希忠、张溶持节充正使
		肃皇帝南巡，命坐五千营，掌行在右军都督府印，扈乘舆行……		实录未见
嘉靖二十六年（1547）	丁未	命提督神机营	《明世宗实录》卷三百二十八，嘉靖二十六年闰九月	庚辰，命太子太保英国公张溶提督神机营操练
嘉靖三十一年（1552）	壬子	命掌前军都督府事	《明世宗实录》卷三百八十九，嘉靖三十一年九月十九日	戊戌……命太子太保英国公张溶掌前军都督府事
嘉靖三十二年（1553）	癸丑	遣祀太和山	《明世宗实录》卷四百五，嘉靖三十二年十二月四日	以玄岳工成，遣英国公张溶往行安神礼
嘉靖三十九年（1560）	庚戌	虏入犯都城……		实录未见。
嘉靖四十五年（1566）	丙寅	遣祀显陵，还命掌左军都督府事	《明世宗实录》卷五百六十六，嘉靖四十五年十二月十日	丙申……命英国公张溶掌左军都督府事。
隆庆二年（1568）	戊辰	上谒山陵，奉敕居守	《明穆宗实录》卷十七，隆庆二年二月十日	敕英国公张溶、左都御史王廷居守京城
隆庆四年（1570）	庚午	命掌后军都督府事，今上即位，命充班首官，奉敕监修两朝实录	《明穆宗实录》卷四十八，隆庆四年八月四日	乙亥，命英国公张溶掌后军都督府事
万历二年（1574）	万历甲戌	奉敕知经筵，以穆宗实录成，加少保，赐白金、文绮、鞍马	《明神宗实录》卷二十二，万历二年二月四日；《明神宗实录》卷二十七，万历二年七月十六日	己酉，命太子太保英国公张溶充知经筵官；丁酉，以穆宗庄皇帝实录成，赐监修公张溶、总裁辅臣张居正、吕调阳各银两表里罗衣鞍马
万历五年（1577）	丁丑	充正使持节，上潞王冠。世宗实录成，加少傅兼太子太傅，复（后）赐白金、文绮、鞍马	《明神宗实录》卷六十，万历五年三月八日；《明神宗实录》卷六十五，万历五年八月二十一日	乙未，以潞王加冠，命公张溶持节掌冠；丙子，实录监修总裁官英国公张溶加少傅兼太子太傅
万历六年（1578）	戊寅	上举大婚礼，命持节充正使	《明神宗实录》卷七十一，万历六年正月十八日	庚午，以大婚纳采、问名……命公张溶充正使
万历八年（1580）	庚辰	足疾		实录未见

警备非常，凡征至入跸，摞甲环卫，劳勋居多"，志文中记述了张溶与朱希忠、陆炳一起救驾的情景。值得注意的是，《明世宗实录》中只写了陆炳的主要功绩⑥，并未提及张、朱二位国公，墓志的记载以表现张溶在火灾中救驾的英勇为主，可能存在夸大的成分，但客观上丰富了行宫火灾历史事件的细节。

礼仪方面，英国公张溶作为地位最尊崇的国公之一，在礼仪活动上发挥了重要作用。主要包含充任班首官、祭祀活动、充当册封典礼正使、陪侍宴席、知经筵事以及监修国史几个方面，其中以祭祀活动最多。张溶在嘉靖朝参加祭祀活动 300 余次，隆庆朝 30 余次，万历朝 27 次。志云："代上祀郊庙，诸大典礼无不与。"为迎合嘉靖帝热衷道教的兴趣，张溶曾在嘉靖二十二年（1543）七月万寿圣节分祭各宫庙后"（戊辰）奏有白鹤四十余只空中飞舞"⑦，嘉靖三十二年遣祀太和山"（己丑）自言当祭时，天气晴明，和风披拂。方初献，神殿南香炉峰忽出五色光，殊彩四烛，至祭毕，始隐隐徐没，因绘神光图以献，报闻"⑧。也曾因祭祀期间懈怠被训斥，嘉靖三十二年八月"（戊寅）祭大社、大稷，遣英国公张溶代，溶行礼仓遽，科官纠其厌怠不敬"[9]，张溶被"罚俸一年"；嘉靖四十四年八月（1565）"（辛巳）西郊夕月，祭用酉时，此钦制也。英国公张溶乃以申刻行礼，戴日而归，亦为不敬"[10]，皇帝诏"溶姑免究"。

在军事方面，张溶作为第四代英国公，其军事上的能力远不如先祖张玉、张辅。"明代中后期，嗣爵勋臣大多不再镇守四方，统兵征战，而是久居两京，领授五府、京营、侍卫及南京守备等职务为主"[11]。据志文记，张溶曾任"提督神机营操练""掌前军都督府事""掌左军都督府事""掌后军都督府事"，其军事上并未有太多建树。在《明世宗实录》《明史》《涌幢小品》中都记录了嘉靖二十八年（1549）讹传俺答寇至沙河一事[12]，张溶等人闻之惧走，可一窥其军事上的能力。张溶在嘉靖、隆庆时期虽因"骄恣贪纵""怯懦损威""不职"等屡被弹劾，但从未被降以重罪。隆庆元年（1567）正月，《明穆宗实录》中载："（甲申）六科给事中欧阳一敬等、十三道御史陈万言等，以武职自陈考察拾遗，劾奏左军掌府事英国公张溶……各不职状，上以溶勋旧重臣留之……"[13]可见明中后期，朝廷中的勋臣已经不具备指挥军事的能力与基本的军事素养。

在时政参议方面，《续文献通考》一书中记"凡公、侯、伯之任，入则掌参五府总六军，出则领将军印为大帅督，留都关筦钥辖漕纲，独不得预九卿事"[14]。故张溶在主要参与时政方面的表现不多，曾在隆庆和议一事的讨论中给出意见，隆庆五年（1571）三月《明穆宗实录》中载："（甲子）都给事中章甫端、张国彦，给事中宋应昌、张思忠、纪大纲各条上，虏酋封贡互市事，与总督王崇古八议互有异同，诏并下部议。于是兵部集府部科道诸臣廷议之。定国公徐文璧、吏部左侍郎张四维等二十二人皆以为可许；英国公张溶、户部尚书张守直等十七人以为不可许。"[15]

三、张溶墓志中的几点疑问

（一）张溶实际的下葬时间

张溶墓志记录了其卒于万历九年七月二十九日，以十月二十四日归窆于卢沟桥西连三冈。应即以万历九年十月二十四日下葬。但据有关文献与墓志记载则怀疑其并未在卒年下葬，此十月二十四日或者属于万历十一年（1583）之后。张玉、张辅、张懋在去世后都被追封为最高爵位"王"。志云："五世祖玉……追封河间王，谥忠武""子辅嗣……晋英国公……追封定兴王，谥忠烈""子懋嗣，历三营、十二营总兵，累加太师，卒谥恭靖"。张懋于正德十年封宁阳王。而万历十一年八月夺张懋王爵，《明神宗实录》中记："（癸亥）吏部等衙门覆南京户科给事中余懋学奏言：故成国公朱希忠追赠定襄王，谥其弟都督朱希孝远照宁阳王张懋，事例陈乞及夤缘，故大学士张居正票拟曲从，宜追夺王爵，并禁后来陈乞。上命张懋、朱希忠赠王都着追夺，谥准免革，今后妄徼逾制的，该部科执奏革夺。"[16]张溶薨于万历九年七月二十九日，两年后张懋被夺王爵，志文中却并未提及张懋封王之事情，并表述为"二世封王"，似乎已知晓张懋被免王一事，则撰文不应在万历九年。

余有丁所著《余文敏公文集》（以下简称《文集》）中收录的志文"少傅兼太子太傅英国公蒙溪张公墓志铭"[17]与墓志上所刻志文有部分出入。书中在封爵的表述中记为"三世封王"，但只出现了河间王（张玉），定兴王（张辅）二位王爵，张懋只称"宁阳公"。可推断志文可能在余有丁撰写后经过修改，"三世封王"的表述可能为撰写志文时的表述，后期刻印成书时忘记修改或者也有刻工失误的可能。且《文集》中并没有墓志志文中所刻"朝赠阶太保"一句。据《覆英国公张溶赠官疏》中记："张元功奏称'伊父少傅兼太子太傅、英国公张溶给假病故，乞要赠官一节为照'，万历九年十一月二十二日题奉圣旨：'张溶准赠太保'。"[18]如墓志所刻下葬的"十月二十四日"属于万历九年，则张溶被赠太保时间要晚于这一入葬时间，赠太保一事出现在墓志上也就难以解释了。

通过志文中撰文者和书丹人的官职也可推断大致的下葬时间，墓志中记载撰者余有丁为"少保兼太子太保、户部尚书"，而明代史料记载：万历十一年九月"余有丁加少保改户部尚书，武英殿大学士……徐文璧加少保兼太子太保。"[19]与志文中的官职一致，亦可推断墓志篆刻、下葬时间晚于此。墓志志文刻意避开"宁阳王"不表，又强调"二世封王"而非"三世封王"，可以推断该方墓志的篆刻与下葬时间应该不是万历九年十月二十四日，至少要晚于万历十一年九月。但为何张溶在去世两年未能下葬，原因还待考证。

图一 张溶墓志志盖

（二）张溶之父的谥号问题

通过比对，发现墓志中第三代英国公张仑的谥号与历史文献中记载的不同。志云："子仑嗣……赠太保，谥荣和"，《文集》中收录的志文中谥号亦记为"荣和"。《明史》中关于张仑谥号的记录为"赠太保，谥庄和"[20]；《明世宗实录》亦记作"英国公张仑赐祭葬如例，赠太保，谥庄和"[21]，且并未有修改张仑谥号的记录。《史记正义论例谥法解》称："兵甲亟作庄，叡圉克服庄，胜敌志强庄，死于原野庄，屡征杀伐庄，武而不遂庄。"[22]上引谥法解对"庄"的解读正符合张仑的军将世家身份。当以"庄和"为正。分析志文与史料中谥号的差别的原因，可能因繁体字"榮"与"莊"字十分相像，故在志文、《文集》中有此笔误。

四、张溶的家族成员及社会关系

1958 年在丰台区赵辛店吕村出土了张溶妻夏氏墓志一合，首题"诰封英国夫人夏氏墓志铭"，吏部尚书徐阶撰文，户部尚书袁炜书，成国公朱希忠篆盖。次年出土了张溶侧室赵氏墓志一合，首题"皇明太保英国蒙溪张公侧室赵氏墓志铭"，户部左侍郎孙檝撰文，遂安伯陈鏸书，经筵官吴祖乾篆盖。夏氏卒于嘉靖四十一年（1562），此时徐阶刚刚继任内阁首辅，夏氏墓志中述："乃奉都督朱公状，介太师成国朱公请铭于予"，由朱希忠亲自向徐阶请铭，表明张溶与成国公朱希忠关系十分亲厚。

据张溶墓志可知，张溶之妻为庆阳伯夏臣（第二世）之女，封英国夫人。侧室四人，赵氏、孔氏、刘氏、韩氏。男十一人：长子张元功，万历十年（1582 年）袭爵，妻为东宁伯焦栋（第六世）之女，继室为锦衣指挥朝郭廉之女；次子张元德，万历二十四年（1596）袭爵，妻为玉田伯蒋荣（第二世）之女，继室为羽林指挥李璋之女，又继室为驸马都尉齐世美孙、锦衣指挥齐整之女；第三子张元增，有疾未娶；第四子张元福为冠带舍人，妻为抚宁侯朱冈之女；第五子张元杰、第六子张元伟、第七子张元儹、第八子张元仁、第九子张元义、第十子张元礼、第十一子张元智。女六人：长女嫁应城伯孙文栋（第八世），次女嫁西宁侯宋公度（第六世），第三女嫁平江伯应袭勋卫陈胤兆（第九世），三幼女。孙女四：长嫁定国公应袭勋卫徐廷辅（十世，追赠），余尚幼。在《皇明功臣封爵考》中只记载了英国公张溶的六子："元功、元德、元增、元福、元儹、元伟"[23]，墓志弥补了史书之缺。

书丹者，徐文璧（？—1602），南直隶凤阳县人，第七代定国公。隆庆二年（1568）袭爵，《明史·徐达传》中记："传子至孙文璧，万历中，领后军府。以小心谨畏见亲于帝，数代郊天，加太师。累上书请建储，罢矿税，释逮系。"[24]万历十一年九月加少保兼太子太保，万历二十三年（1595）十二月进太师[25]，万历三十年（1602）六月卒，谥康惠[26]。徐文璧在隆庆、万历时期常与张溶参与祭祀之事。《明穆宗实录》记："（乙亥）大祭地于方泽，遣公朱希忠代行礼，公张溶、徐文璧、大学士高拱、赵贞吉分献。"[27]《明神宗实录》："（壬戌）礼部奏大丧事宜，凡二十八款先后俱行如仪祭告。南郊遣公张溶，北郊遣公徐文璧。"[28]"（庚子）冬至节，遣英国公张溶祀天于圜丘，公徐文璧、伯杨炳、大学士张居正、张四维等分献大明等四坛。"[29]徐文璧与张溶都曾参与"隆庆和议"一事，给出了不同的意见[30]。二人之名分别列于廷议首位，可见地位相当。

撰文者，余有丁（1527—1584），明浙江鄞县人。嘉靖四十一年进士，授翰林院编修[31]，万历元年（1573）掌南京翰林院事[32]，万历二年（1574）为南京国子监祭酒[33]，万历十年任礼部尚书兼文渊阁大学士，九月晋太子太保；万历十一年，晋少保，户部尚书，武英殿大学士；万历十二年（1584）进加少傅、太子太傅、建极大学士。十一月

图二　张溶墓志志底

卒[34]。谥文敏。余有丁"少好学，精诣理窟，博通众流百家之言"[35]，"生平性阔大，喜宾客，不设城府"[36]，曾为一些人写过墓志铭，如"赠太保镇远侯谥荣僖顾公墓志铭""武清侯赠太傅安国公谥恭简李公墓志"等，勋臣、锦衣卫、文臣皆有，著有《余文敏公文集》。

篆盖者，吴继爵。志云吴继爵为"右军都督府掌府事、前三奉制敕、镇守两广地方总兵官、征蛮将军、总督京营戎政、侍经筵、守备南京、兼掌南京中府印务、掌中左军都督府事、太子少保、恭顺侯"。常与张溶参与祭祀之事。《明世宗实录》："（己酉）霜降节遣英国公张溶、恭顺侯吴继爵、长宁伯周大经、玉田伯蒋荣分祭。"[37]《明穆宗实录》："（壬戌）霜降节遣英国公张溶、定国公徐延德、恭顺侯吴继爵、玉田伯蒋荣，祭长陵、献陵、裕陵、泰陵、康陵、永陵。"[38]据《明史》记载，吴继爵与张溶都曾被欧阳一敬弹劾[39]，吴继爵因此被罢广西总兵一职。

通过墓志可梳理英国公张溶的社会关系，其社会交往以勋臣为主，有与之地位相当的国公，如成国公、定国公，爵位都世袭至明末。子女的婚嫁也以勋臣居多，多为伯爵、侯爵之家。定国公徐文璧为张溶墓志的书丹人，溶长孙女嫁与定国公应袭勋卫徐廷辅，关系更为亲厚。

五、结语

张溶墓志详细记载了第四代英国公张溶的家世、生平及其子孙情况。通过梳理张溶的生平，可了解其在礼仪、军事、参政方面的表现。张溶作为明中后期的勋臣是具有代表性的，其在军事、政治上并无太多实权，主要以主持参与祭祀等礼仪事务为主，也能反映出明朝中后期世袭勋臣问题的普遍规律。

① ③ 张钰坤：《英国公张懋与明中期勋臣政治的演变》，延安大学硕士论文，2020 年。

② 梁曼容、张钰坤：《靖难勋臣政治权力的演变：英国公张辅与明代前期政局》，《延安大学学报（社会科学版）》2020 年第 2 期。

④ 秦博：《明代勋臣政治权力的演变》，中国社会科学院研究生院硕士学位论文，2013 年。

⑤ ⑪ 秦博：《明代勋戚礼制职权初探》，《明清论丛》第十八辑。

⑥《明世宗实录》卷二百二十一："夜四更，行宫火，是时，法驾已严办。侍卫仓卒不知上所在，独锦衣卫指挥陆炳负上出，御乘舆。后宫及内侍有殒于火者，法物宝玉多毁，行在诸司各上表奉慰。诏右都御史王廷相检括灾所"，"中央研究院"历史语言研究所校印本，1962 年，第 4603 页。

⑦《明世宗实录》卷二百七十六，"中央研究院"历史语言研究所校印本，1962 年，第 5411 页。

⑧《明世宗实录》卷四百七，"中央研究院"历史语言研究所校印本，1962 年，第 7112 页。

⑨《明世宗实录》卷四百一，"中央研究院"历史语言研究所校印本，1962 年，第 7025 页。

⑩《明世宗实录》卷五百四十九，"中央研究院"历史语言研究所校印本，1962 年，第 8850 页。

⑫《明史》卷二百九《杨允绳传》："未几，奉命会英国公张溶、抚宁侯朱岳、定西侯蒋传等简应袭子弟于阅武场。指挥郑玺忽传寇至，溶等皆惧走，允绳独不动，因奏之。褫玺职，夺溶、岳营务，罚传etc俸，由是知名"，中华书局，1974 年，第 5542 页。

⑬《明穆宗实录》卷三，"中央研究院"历史语言研究所校印本，1962 年，第 92—93 页。

⑭ [明] 王圻：《续文献通考》卷一百九十七《封建考·皇明异姓封建》。

⑮《明穆宗实录》卷五十五，"中央研究院"历史语言研究所校印本，1962 年，第 1355 页。

⑯《明神宗实录》卷一百四十，"中央研究院"历史语言研究所校印本，1962 年，第 2613—2614 页。

⑰ [明] 余有丁：《余文敏公文集》卷九，明刻本。

⑱ 杨淮、任健等整理：《阳城历史名人文存》，第 1 册，三晋出版社，2010 年，第 140 页。

⑲《明神宗实录》卷一百四十一，"中央研究院"历史语言研究所校印本，1962 年，第 2629 页。

⑳《明史》卷一百六《功臣事表二》，中华书局，1974 年，第 3131—3132 页。

㉑《明世宗实录》卷一百七十六，"中央研究院"历史语言研究所校印本，1962 年，第 3809 页。

㉒《史记正义论例谥法解》，文渊阁四库全书本。

㉓ [明] 郑汝璧撰：《皇明功臣封爵考》卷二，明万历刻本。

㉔《明史》卷一百二十五《徐达传》，中华书局，1974 年，第 3732 页。

㉕《明神宗实录》卷二百九十二，"中央研究院"历史语言研究所校印本，1962 年，第 5401 页。

㉖《明史》卷一百六《功臣世表二》，中华书局，1974 年，第 3147 页。

㉗《明穆宗实录》卷四十五，"中央研究院"历史语言研究所校印本，1962 年，第 1130—1131 页。

㉘《明神宗实录》卷四，"中央研究院"历史语言研究所校印本，1962 年，第 114 页。

㉙《明神宗实录》卷五十六，"中央研究院"历史语言研究所校印本，1962 年，第 1291 页。

㉚《明史》卷二百二十二，《王崇古传》："诏下廷议。定国公徐文璧、侍郎张四维以下二十二人以为可许，英国公张溶、尚书张守直以下十七人以为不可许。"中华书局，1974 年，第 5842 页。

㉛《明世宗实录》卷五百七，"中央研究院"历史语言研究所校印本，1962 年，第 8369 页。

㉜《明神宗实录》卷九，"中央研究院"历史语言研究所校印本，1962 年，第 322 页。

㉝《明神宗实录》卷二十四，"中央研究院"历史语言研究所校印本，1962 年，第 620 页。

㉞《明史》卷一百十《表十一》，中华书局，1974 年，第 3367—3368 页。

㉟ [明] 余有丁著：《余文敏公文集》序，明刻本。

㊱《明神宗实录》卷一百五十五，"中央研究院"历史语言研究所校印本，1962 年，第 2865 页。

㊲《明世宗实录》卷四百二，"中央研究院"历史语言研究所校印本，1962 年，第 7039 页。

㊳《明穆宗实录》卷十二，"中央研究院"历史语言研究所校印本，1962 年，第 327 页。

㊴《明史》卷二百十五《欧阳一敬传》："言广西总兵当用都督，不当用勋臣。因劾恭顺侯吴继爵罢之，以俞大猷代。寇大入陕西，劾总督陈其学、巡抚戴才，俱夺官。又以军政劾英国公张溶，山西、浙江总兵官董一奎、刘显，掌锦衣卫都督李隆等九人不职。溶留，余俱贬黜。"中华书局，1974 年，第 5675 页。

明式凳类家具造型及应用研究

罗　颖

随着互联网时代的快速发展，通过数字媒体、建筑 App 和虚拟展示技术对明式家具的艺术内涵和文化价值的研究逐渐增多，但这些研究大多涉及明式家具体系的整体，对明式凳类家具整体的创新研究相对较少，而且创作的思想和文化内涵呈现方式也不同。对明式坐凳系统的整体研究相对缺乏创新，家具类型的差异对物品的思想性和文化内涵有不同的影响。在这种情况下，对明式凳类家具的研究和应用，对中国传统文化的传播和发展具有重要的现实价值。

一、明式家具艺术概述

清末至民国时期，中国长期处于动荡之中，对明式家具艺术性的认识和研究停滞不前，与此同时，国外对明式家具艺术性的研究取得了一定的成果。1944 年德国学者古斯塔夫·艾克的《中国花梨家具图考》曾以图文并茂的形式收集了一批明式家具的实例[①]。正是这本书的介绍和推广，让世界了解了我国的硬木家具。1985 年，王世襄出版了《明式家具珍赏》一书[②]，使明式家具进入公众视野。

明式家具是明朝中期以后由能工巧匠用红木和梨木制作的硬木家具，自然古朴、简洁大方、做工精细，深受人们喜爱。首先，明式家具以祖先的质朴风格为设计核心，充分体现木材本身的美感，不加掩饰，体现出家具所蕴含的自然朴实。其次，明式家具所使用的材料、造型和装饰都传达出一种优雅与简约、大方与庄重的感觉，例如，家具线条注重直线与曲线的对比、棱角与圆的对比，体现出强烈的形式美。此外，装饰与形式融为一体，简洁大方，如家具的金属配件，不仅实用，而且具有装饰性。总的来说，明式家具典雅清新，具有很高的艺术品味。最后，明式家具在做工方面精益求精，设计上非常强调结构美，尽量避免使用钉子和胶水，这样不仅可以防潮，还可以降低钉子生锈对家具后期外观的损害。完美的力学结构使明式家具在后期使用中更加坚固耐用。

二、明式凳类家具研究现状

张宗元《明清凳类家具形态和装饰纹样研究》一文，研究了明清凳类家具的形制与装饰的造型规律，完善建立明清家具造型的理论体系，意在为现代明清风格家具设计提供依据，促进和发展古典家具的传承与创新。

《明清凳类家具造型特征探析》[③]一文对凳类家具的座面和腿脚的造型以及各部件的风格进行了分析，找出其总体特征，为研究明清凳类家具提供了相应的依据，为中国家具的设计和制作提供了参考。张宗元、宋魁彦在《明清凳类家具座面形态研究》一文中，对明清凳类家具的座式进行了分类和分析，为现代家具提供设计寻找选择和使用座式及装饰元素的方法。吴华玲等在《明式椅凳家具与现代家具设计》一文中探讨了明式椅凳家具的变化统一、平衡对称、尺度比例、多层次装饰之美，以提炼、吸收和运用明式椅凳家具的优秀传统文化来进行现代家具设计。

《明式椅凳类家具的模件化分析》[④]一文对明代椅凳的制造方法和模块化进行了模块化方向的研究，认为家具件的模块化构成具有一定的数量，在明式家具的背景下，家具件的模块化具有一定的规律性构成和可替换性。《明清时期苏式方凳的设计特征及当代应用》一文将苏式方凳作为一个类别进行了分析和比较，对其形式、审美语境和使用场景进行了分析，并将对苏式方凳的研究结果整合后应用于当代新中式方凳的设计[⑤]。

作者单位：北京市文物进出境鉴定所

朱方成的《呼唤正在消逝的"明式方凳"》一文中，从功能、艺术和经济价值方面考察了明式方凳的作用。《交杌研究》一文以十字凳为研究对象，结合艺术和人体工程学的理论方法，从设计艺术的角度对十字凳的历史、结构、工艺和人体工程学、对生活方式的影响和功能的变化进行了研究。通过对明式交椅家具的坐凳特征的分析，得出的结论是：坐凳的形式具有线性和形体的造型模式，并分为两大类：线性交椅家具和弧形交椅家具。对造型模式的分析是基于三个方面：功能基础、生活方式和文化形式。明式座凳家具各组成部分之间科学而精确的连接形式，形成了功能与形式美和谐统一的造型模式[6]。

直线形座面的凳类家具主要是方形结框式结构，而曲线形座面的凳类家具则是腹部隆起的柱状体结构，这种造型规律应该是受座面形状的影响，在造型特点的影响下，实用性和设施的功能和造型的融合体现了对象的特点。使用场景、行为活动的区别使凳类家具在造型、结构、装饰等方面体现出不同的需求趋势，敞开式坐凳在造型上具有灵活性和坐姿的便利性，开放式坐凳的造型具有灵活性和座位方向的便利性。形体在空间中的表现受文化形态的影响，呈现出稳定平衡的对称美、曲直相间的韵律美和自然的形态美。

三、明式凳类家具造型分类

王世襄在《明式家具研究》中将明式家具按功能分为椅凳、桌箱、床榻、柜架等类别，其中椅凳作为明式家具中的坐具，又分为凳子、坐墩、横凳等类型。明代凳类家具造型多样，由王世襄《明式家具研究》可知，凳类分圆凳、横凳、长凳三类，横凳、长凳座形分别为方形和长方形，显示出直线组合的造型，具有线形造型的特点。而圆凳、杌子的座面形状为圆形，呈现出曲线围合的形状，具有曲线形的造型特征。除《明式家具研究》中列举的凳子类型外，还有绣花柱、梅花凳、海棠凳等，都有弧形座位。明式凳类家具的座位形状有明显区别，笔者将其分为直

方凳图例（尺寸标注为：长 × 宽 × 高）		
明末清初黄花梨无束腰直足直枨方凳 尺寸：56cm × 56cm × 47.5cm 来源：中国嘉德拍卖会	明无束腰直足裹腿罗锅枨加矮老方凳 尺寸：52.5cm × 52.5cm × 51cm 来源：《明式家具珍赏》	清初黄花梨方杌 尺寸：43cm × 43cm × 44.5cm 来源：《故宫明式家具图典》
明无束腰直足直枨小方凳 尺寸：28cm × 28cm × 26cm 来源：《明式家具珍赏》	明紫檀漆心方杌 尺寸：63.5cm × 63.5cm × 49.5cm 来源：《故宫明式家具图典》	明无束腰直足裹腿直枨加卡子花方凳 尺寸：50.5cm × 50.5cm × 46.5cm 来源：《明式家具珍赏》

图一 直线形座面凳类家具（正方形座面）

方凳图例（尺寸标注为：长 × 宽 × 高）		

明紫檀楠木心长方杌 尺寸：53cm × 31.5cm × 41.5cm 来源：《故宫明式家具图典》	明黄花梨无束腰长方凳 尺寸：51.5cm × 41cm × 51cm 来源：《明式家具珍赏》	明晚期黄花梨无束腰直足罗锅枨云纹牙头长方凳 尺寸：51.3cm × 49.5cm × 59.2cm 来源：中国嘉德拍卖会

晚明黄花梨云纹牙头方凳 尺寸：57.5cm × 57cm × 49.3cm 来源：香港苏富比拍卖会	明黄花梨仿竹材方凳 尺寸：54.8cm × 54.5cm × 47.5cm 来源：《明式家具经眼录》	明无束腰带圈口管脚枨长方凳 尺寸：74cm × 63cm × 52.5cm 来源：《明式家具研究》

图二 直线形座面凳类家具（矩形座面）

禅凳图例（尺寸标注为：长 × 宽 × 高）		

明黄花梨刀牙板圆腿直枨大禅凳 尺寸：68cm × 68cm × 46cm 来源：邦瀚斯拍卖会	明末清初黄花梨无束腰顶牙罗锅枨直足方禅凳 尺寸：84cm × 84cm × 48cm 来源：嘉德香港拍卖会	清初黄花梨有束腰直枨加卡子花禅凳 尺寸：64cm × 64cm × 49cm 来源：中国嘉德拍卖会

明末清初黄花梨有束腰马蹄足禅凳 尺寸：62.6cm × 62.5cm × 48.5cm 来源：北京保利拍卖会	明末清初黄花梨有束腰马蹄足禅凳 尺寸：70cm × 70cm × 51.5cm 来源：北京保利拍卖会	清早期黄花梨有束腰罗锅枨三弯腿大禅凳 尺寸：66.5cm × 66.5cm × 52.1cm 来源：中国嘉德拍卖会

图三 直线形座面凳类家具（正方形与矩形座面）

圆凳图例（尺寸标注为：面径 × 高）		
 明末清初黄花梨有束腰四足圆凳 尺寸：39cm × 48.5cm 来源：中国嘉德拍卖会	 明式黄花梨独板面马蹄足圆凳 尺寸：44.1cm × 46.7cm 来源：《明式家具经眼录》	 明式黄花梨带托泥四足圆凳 尺寸：41.6cm × 49.5cm 来源：《明式家具经眼录》
 明式黑漆洒螺钿嵌珐琅面圆杌 尺寸：42.5cm × 41cm 来源：《故宫明式家具图典》	 明式有束腰鼓腿彭牙带托泥圆凳 尺寸：41cm × 49cm 来源：《明式家具珍赏》	 明式末清初黄花梨瘿木面鼓凳 尺寸：47.5cm × 48.7cm × 47.5（底径）cm 来源：中国嘉德拍卖会

图四 曲线形座面凳类家具（圆形座面）

坐墩图例（面径 × 高 × 腹径）		
 明式五开光弦纹坐墩 尺寸：34cm × 48cm × 42cm 来源：《明式家具珍赏》	 明式四开光弦纹坐墩 尺寸：39cm × 48cm × 57cm 来源：《明式家具研究》	 清早期黄花梨嵌瘿木坐墩 尺寸：36cm × 47cm × 48cm 来源：《故宫明式家具图典》
 明式双狮纹鼓式绣墩 尺寸：23cm × 37.5cm × 23cm（底径） 来源：《故宫明式家具图典》	 明式黄地三彩双龙戏珠纹鼓式绣墩 尺寸：22cm × 34.5cm × 21.5cm（底径） 来源：《故宫明式家具图典》	 明式法华釉镂雕花鸟纹鼓式绣墩 尺寸：26cm × 33cm × 25cm（底径） 来源：《故宫明式家具图典》

图五 曲线形座面凳类家具（圆形座面）

线形和曲线形两大类，类型的重新分配有利于分析明式凳类家具的造型规律。

（一）直线形座面

直线座面是指座面的形状以直线为主，由几条线连接而成的座面。根据直线座面的用途和座面的长宽比，可分为方形座面和矩形座面（图一、图二）。其中，方凳、禅凳、交机等是具有直线座面的凳类家具。经过收集和整理相关资料，共收集了58种不同形状的凳子，其中座面长宽比相同的为方形座面，长宽比相差不大的为矩形座面，长宽比为2∶1或3∶1的为线形座面，没有显示形状相同但尺寸不同的凳子。

1. 方凳

方凳按其整体形状分为方凳、小方凳、长方凳和大方凳。方凳的座位形状主要是长方形，长宽比例相同或长宽比例相差不大。方凳在宋代开始逐渐被普遍使用，到了明清时期方凳开始盛行，其形状、类型相对较多。方凳是中国家具中最古老的形式之一，也是最实用、最有品位的坐具之一。不仅是普通百姓不可缺少的家具，深宅大院中也经常使用，其使用功能多为以下几种形式：一种是放置在宝座两侧或床榻前的高规格厅堂招待器；一种是放置在琴几后、香几旁的书房用品，供文人雅士端坐拔背的抚琴之座；一种是用在卧室的床前，用来堆放衣物或午睡。同时，方凳也有前后都可使用的，以座位的宽容度为准。在造型、装饰、材料等方面，有尊卑之分，有宾主之分，有礼仪之妙，对上肢的休息没有妨碍。

图一中六种明式凳类家具，都是座长和座宽比例相同的方凳，从座的形状可以看出，凳身的形状多种多样，但座面都是直线型的方凳。

图二中六款明式凳类家具，为座面长宽比例相差不大的方凳，座面形状均为直线形的矩形座面。

2. 禅凳

禅凳是修行者用来打坐的，风格简单朴素，没有过多的雕饰。最早的禅凳也出现在寺庙中，座位的尺寸比其他形式的凳子大，可以满足人们盘腿而坐的要求，多采用方形座位和褐色藤面（图三），常放置在茶室或禅房。

图三中六款明式凳类家具，大多为座面长宽比相同、但座面尺寸较其他明式凳类家具较大的直线形的正方形座面。

（二）曲线形座面

曲线形座面是指座面的形状主要由一条弧形曲线或一系列曲线连接而成的座面形状。按座面的形状又分为圆形、梅花形和海棠形，类型包括圆凳、坐墩、梅花凳等。

1. 圆凳

又称"圆杌"，因其座面呈圆形而得名。凳脚或三或四或五或多，多为肩榫结构，足下带托泥，或不带，分方足和圆足多腰两种类型（图四）。方足圆凳的基本样式是内翻马蹄形，用绳木柱或贴地托泥，凳面、横柱等也用方边、方料。圆足圆凳采取圆的气势，边棱、柱子和花牙圆滑，不出棱角。其中，鼓凳的造型与圆凳十分相似，本文将其列入圆凳范畴。

图四中六款明式凳类家具，除面径的尺寸不同之外，座面形状均呈圆形。

2. 坐墩

坐墩是一种垂足而坐的小型无靠背坐具（图五），以腹壁代替腿足，其凳身常有开光、鼓钉装饰，不仅用于室内，也常用于室外，石质或瓷质比木质多。又称"绣墩"，因其上常覆以一面丝质绣花织物而得名，绣墩通常形容坐墩较为精致。在明代和清代初期，大多数坐墩还保留着藤条和木制空鼓的痕迹。坐墩的开放性来自于古老的藤墩，它由藤盘汇聚在墩壁上组成。其形状有的是开放的，有的是直梗的，有的是瓜棱的。坐墩是中国古代日常生活中常用的家庭坐凳，同一坐墩使用不同的装饰图案。绣花墩在古代妇女中也很流行，其装饰图案间接向妇女传达了伦理教育和礼仪规范。

图五中六件明式凳类家具在用材上虽有所不同，有木制、瓷制、汉白玉，但座面均呈曲线围合的圆形，只是瓷

梅花凳图例（尺寸标注为：长 × 宽 × 高）		
明式黄花梨梅花式板面五足凳 尺寸：42.2cm × 42.2cm × 44.5cm 来源：《明式家具经眼录》	明式带托泥四足梅花凳 来源：《中国历代家具图录大全》	明式束腰梅花带托泥圆墩 来源：《中国历代家具图录大全》

图六 曲线形座面凳类家具（梅花形座面）

图七 《辟馆亲贤》局部（图片来源：中国台北"国家图书馆"）　　图九 明红漆嵌珐琅面山水人物图圆凳（图片来源：《故宫明式家具图典》）

图八 《汉宫春晓图》（图片来源：中华珍宝馆）

制的坐墩座面呈鼓起的圆形。

3. 梅花凳

梅花凳因凳面呈梅花状而得名，所以它有五个脚，造型别致，做工精致，是一种很特别的凳子（图六）。

图六中三款明式凳类家具，有多条长短相同的半弧曲线连接而成的梅花式曲线形座面。

四、不同造型凳类家具在生活中的应用

作为日常生活中的坐具，不同的形状和类型不仅反映了使用者的身份，也反映了外观的审美观念差异。明代的凳子，作为较小的坐具，在不同的背景下有不同的造型特征和用途，具有层次性。

图一〇 《五同绘图》局部（图片来源：故宫博物院）

图一一 《明人十八学士图》（图片来源：中华珍宝馆）

（一）宫廷贵族的生活场景

凳类家具的使用在宫廷贵族和官员阶层有等级上的划分，从《国朝典故》"典内阁诸老，自解、胡以来，皆东西分坐小杌子及两小板凳，无交椅、公座之设"的记载可以看出，在明代，内阁中的旧物都是由小杌子与小凳组成[⑦]。从图七可以看出，唐太宗坐在高脚凳上，文人雅士左右排开，坐在低脚圆凳上。凳子的形状有弧度，表面圆润，凳身低矮坚实，凳腿和凳脚都有精致的线条装饰，造型精致典雅。

文震亨在《长物志》中说："宫中有绣墩，形如小鼓，四角流垂苏者，亦精雅可用。"图八描绘了宫中嫔妃的日常生活，画面上有嫔妃、宫女、仕女以及太监、画师等人物。在床的附近有一个藤墩，它的肚子鼓鼓的，下面是藤条的交叉编织。分别出现在大厅和院落走廊的带状泥塑圆凳的弧形坐凳，院落走廊的桌案周围摆放着两张凳子，供宫廷妃子下棋，都是带状泥塑圆凳，其形式与明代红漆镶嵌的山水人物圆凳非常相似（图九）。在明代晚期宫廷日常生活和文人活动的场景中，可以看到凳类家具的曲座，形式奢靡，做工精致，反映了凳子坐具风格根据使用者的身份而发生的变化[⑧]。

明代绘画《五同绘图》中，两位高官所坐的榻两侧各有一根浅灰色镶嵌的小雕漆柱，带下有一个鼓腿内弯的马蹄，这也可以作为宫廷风格的线索（图一〇）。由李东阳编撰、沈世兴修订的《大明会典》指出："洪武二十六年定……（公、侯及以下官员）木器并不许用朱红及抹金、描金、雕琢龙凤纹"，可见在家具的漆色和纹饰上具有限制。

总而言之，出现在宫廷贵族和官员生活场景中的凳子和坐凳，一般都有较厚的形状和较优雅的装饰，它们的形状、漆面和装饰都受制于它们的等级，并根据它们的用途而变化。

（二）文人士大夫的生活场景

明代城市经济的发展使人们的生活质量得到改善和进一步发展。文人开始融入城市，参与城市生活，他们的目的是享受休闲的乐趣，过一种宁静的生活。对外贸易带动了民族间的文化交流，文人逐渐开阔了眼界，对建筑、家具和其他行业产生了兴趣。文人参与设计的家具可以说是文人智慧和艺术性结合的结果，受到文人内在精神气质和独特的文人气质的影响，更加强调优雅和格调，避免过度和浮夸的装饰，追求简约和朴素的美，是主要的艺术风格。

在《明人十八学士图》中（图一一），直线型的方形"剔犀"凳和曲线型的瓷墩、藤墩是文人雅士的活动场景，如赏琴、下棋、摆书、品画等。一些桌子、椅子和柱子以及屏风是主要的家具，凳子也出现在四幅画中。第一幅"琴"，设有一个"剔犀"方凳和一个鼓形的瓷墩。前者装饰有如意云头和连续的图案，后者的腹壁上有镂空的海棠花纹和鼓钉。这与晚明文人对设计实用性的强调是一致的。在第二幅"棋"中，学者们围坐在"剔犀"漆榻和瓷墩周围，两人对弈，两人观棋。而在第三幅"书"中，除了一人坐在榻上，其他人都坐在曲搭脑灯挂椅、湘妃竹椅和瓷墩上看书。第四幅"画"，由桌子一侧的藤墩和一个用锦缎织物覆盖的圆凳组成。从结构到装饰，作品干净利落，简约而不单调，体现了文人对简约和朴素之美的追求。

综上所述，从图片中的家具造型来看，直线型座的"剔犀"方凳，直线型的特点呈现出硬朗、稳重的视觉效果，以软化直线型的特点，对凳体整体做适度的装饰，所以它在与其他家具的搭配上丝毫不逊。瓷墩和藤墩的弧形座面，圆润、柔和，整体感强，瓷墩腹部的花纹使其造型自然、优雅，而凳身由藤条编织而成，在藤墩上显示出别致、通透的视觉效果。形状上显示出文人对设计的参与，呈现出文人审美情趣的自然优雅。

通过对明式凳类家具在宫廷贵族、文人生活场景中的分析和总结，不同阶层的凳类家具使用在形式、结构、装饰等方面都有不同的倾向，宫廷贵族生活场景中的凳类家具造型呈现出奢华富贵的风格，注重在形式上表现出等级的划分。在文人墨客的生活场景中，凳子类座具的造型呈现出精致别致的艺术风格，注重功能性与艺术美感的和谐统一。

五、结语

明式凳类家具的直座主要是方形的、结实的框架结构，而凳类家具的曲座则是柱体结构，腹部呈弧形。这种造型规律应受座面形状的影响，在造型特点的影响下，家具的实用性和造型性在功能与造型的融合中体现了对象的特点。古人的生活方式便对凳类坐具的使用形式产生了影响，在使用场景、行为活动的作用下，在造型、结构、装饰等方面都有不同的需求趋势，开放的坐具形式在造型上具有搭配的灵活性和坐向的便利性。开放式坐凳造型具有造型搭配的灵活性和坐向的便利性。形体在空间中的表现形式受文化形态的影响，呈现出稳定均衡的对称美、曲直相间的韵律美和自然的形态美。

① [德] 古斯塔夫·艾克：《中国花梨家具图考》，地震出版社，1991 年。
② 王世襄：《明式家具珍赏》，三联书店香港分店、文物出版社，1985 年。
③ 赵业宏、牛津、陶毓博：《明清凳类家具造型特征探析》，《设计艺术研究》2016 年第 5 期。
④ 颜朝辉：《明式椅凳类家具的模件化分析》，《包装工程》2020 年第 6 期。
⑤ 赵静威：《明清时期苏式方凳的设计特征及当代应用》，江南大学硕士学位论文，2016 年。
⑥ 贺美艳：《交杌研究》，山东工艺美术学院硕士学位论文，2014 年。
⑦ 吴美凤：《小坐具中的等级之分——绣墩与杌凳》，《紫禁城》2012 年第 10 期。
⑧ 刘显波：《〈长物志〉中的明代家具陈设艺术》，《中华建设》2007 年第 9 期。

北京市文物局综合事务中心藏《张奢碑》拓本探析

韩建识

　　《张奢碑》又称《渤海太守张奢碑》《张府君之碑》。该碑在今河北省灵寿县，东魏兴和三年（541）立。碑为青石质，螭首方座。通高 2.2 米，宽 0.9 米，厚 0.2 米。碑额魏碑体书"大魏故渤海太守张府君之碑"，碑阳楷书 25 行，满行 37 字。记渤海太守张奢生平[①]。 前人对《张奢碑》多从录文、题跋等角度加以著录[②]。因该碑早在宋代已字多漫漶，难以句读，故专文研究者较少[③]。北京市文物局综合事务中心藏有《张奢碑》明拓本（下文简称"我中心藏本"），拓本后清人樊彬录文多达 463 字，可以进一步丰富张奢生平资料。

一、我中心藏本概述

　　我中心藏本为割裱经折装，共 14 开，其中录文和题跋 2 开。册高 35.5 厘米，宽 19 厘米。帖心高 29 厘米，宽 14.6 厘米。楠木护板上有周肇祥行书题签："旧拓魏渤海太守张奢碑"，下小字行书"退翁"，钤"周肇祥"白文印。内签隶书题："魏张奢碑"，下小字书"兴和三年"。册内钤"问青""樊彬""樊彬字质夫号文卿印""周肇祥印""退翁""曾经周肇祥赏鉴之记""百镜庵曾藏记"等印。册尾有樊彬关于此碑录文及跋[④]（图一）、周肇祥跋。

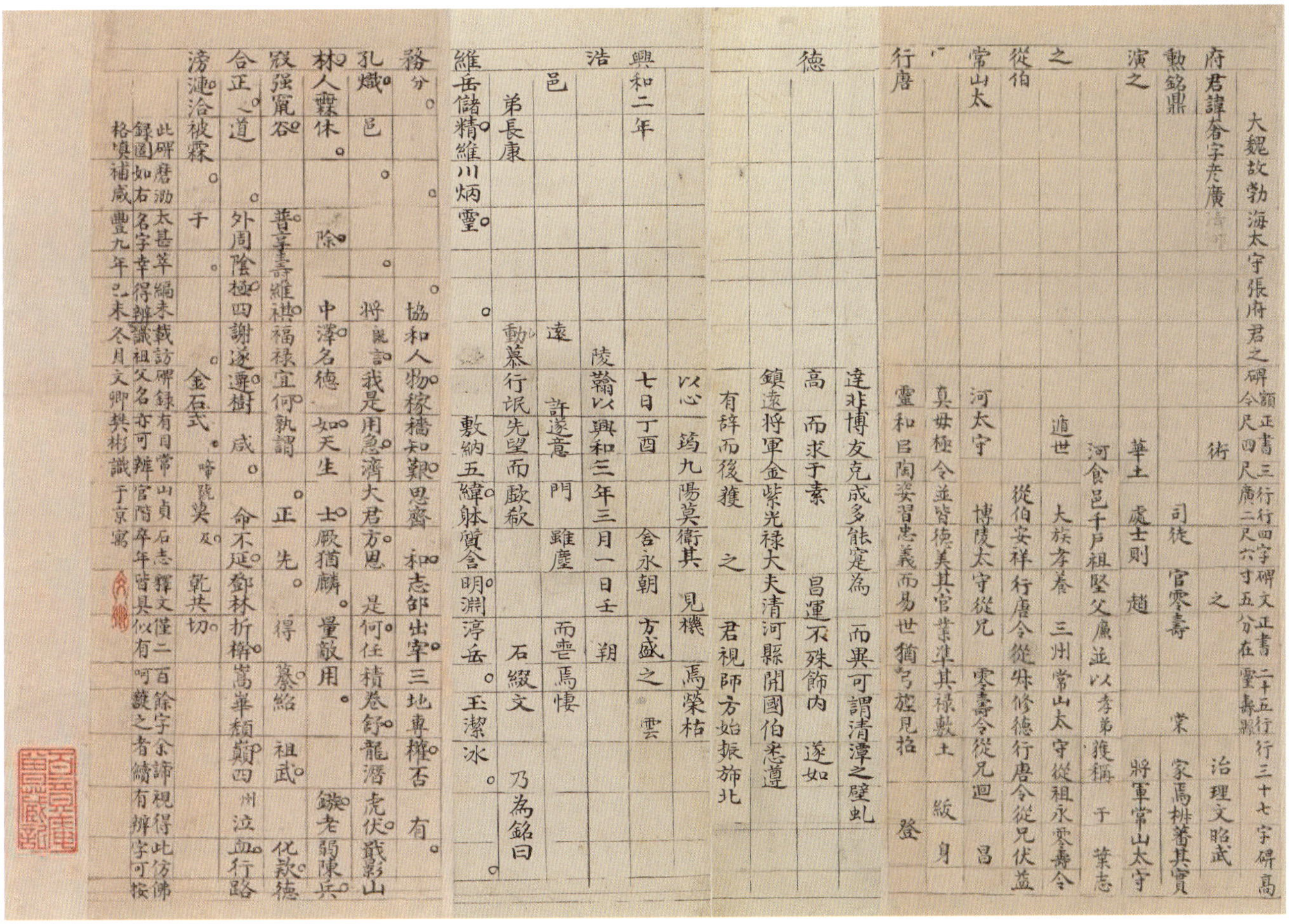

图一 樊彬录文及题跋

作者单位：北京市文物局综合事务中心

樊彬跋："此碑磨泐太甚。《萃编》未载，《访碑录》有目，《常山贞石志》释文仅二百余字。余谛视得此，仿佛录图如右，名字幸得辨识，祖父名亦可辨，官阶、卒年皆具，似有呵护之者，续有辨字可按格填补。咸丰九年己未冬月文卿樊彬识于京寓。"下钤"文卿"朱文印。

周肇祥跋："后魏《张奢碑》，《集古录》《宝刻丛编》皆著之。沈涛《常山贞石志》仅录二百余字。历世久远，宜其漶泐日甚。此本为清人樊文卿彬旧藏，又得一整纸本，乃捡沈志合而校之，皆不及此存字之多。府君讳奢，字彦广，志讳完而字缺。整纸本张府君讳奢，亦不可辨，其他不胜枚举。此纸淡墨，古气盎然，自是明以前物。北碑罕拓，旧本难得，当为最胜矣。文卿依行画格，谛审填录，殊便校读。前辈用心细致力勤，可敬佩也。丁亥八月朔退翁周肇祥。"下钤"周肇祥""退翁"方印。

二、《张奢碑》碑文相关史实考证

《张奢碑》最早见录于宋人欧阳棐《集古录目》[5]，后陈思《宝刻丛编》所录内容[6]应辑自《集古录目》。王昶《金石萃编》对《张奢碑》未记载。孙星衍《寰宇访碑录》所记较略："渤海太守张府君碑：正书。兴和三年三月。直隶灵寿。"[7]沈涛《常山贞石志》[8]、陆增祥《八琼室金石补正》[9]、《鲁迅辑校石刻手稿》[10]、韩理洲等《全北魏东魏西魏文补遗》[11]对《张奢碑》进行了录文，其中《常山贞石志》录文228字，《八琼室金石补正》录文263字，《鲁迅辑校石刻手稿》录文301字，《全北魏东魏西魏文补遗》录文263字。我中心藏本中樊彬录文多达463字，保留了更多的历史信息，下文结合碑文对张奢生平做进一步考证。

碑文第1行"府君讳奢字彦广"（图二），其他拓本录文不见"君讳""彦广"4字，我中心藏本隐约可见。关于张奢，宋人欧阳棐在《集古录目》一书中说"奢之字及乡里皆亡"[12]，据我中心藏本，可知张奢字彦广。

碑文第2行"官零寿"[13]"家焉"等可以推知，张奢乡里应在灵寿县。又（康熙）《灵寿县志》载："北魏渤海张太守墓在县西十五里阜安村积善寺后殿之西，有古碑高七尺，额作大楷书，凡十二字，曰大魏故渤海太守张府君之碑，文作细书，凡二十五行，剥落不可读，盖神道行状之属。穴藏非远，度在佛宇僧舍间，而今不可问矣。"[14]由此可见，张奢乡里应为灵寿县志阜安村，而此前《集古录目》等文献以为奢之乡里已亡。张奢碑应为张奢墓神道碑，清康熙年间，该碑位于灵寿县阜安村积善寺后殿西侧。后积善寺颓毁，1959年，县文管人员将该碑移置城内文庙院中保管[15]，今碑存灵寿县招待所院内[16]。

碑文第4行"祖坚父廉，并以孝弟获称"，可知张奢的祖父名张坚，父亲名张廉，两人都以孝悌著称于世。沈涛《常山贞石志》说张奢碑"祖父名磨灭"[17]，其他拓本录文也不见对张奢祖父和父亲姓名记载。另外，碑文第5行张奢从祖之名"永"、第6行从伯之名"安祥"与从叔之名"修德"也不见于其他拓本。

碑文第2行"司徒"应为张奢先世曾任官职，第4行"食邑千户"当是其曾祖列衔[18]。碑文第3行至第8行显示，在张氏家族中，两人曾任常山太守[19]（一为从兄伏益）、一人任博陵太守、二人任零寿令[20]（从祖永和一从兄）、两人任行唐令（从伯安祥和从叔修德）、一人任毋极令。太守为一郡最高行政长官。北魏时期分上、中、下郡三等，各为四、五、六品[21]。常山郡和博陵郡北魏时期隶属定州[22]。常山郡"领县七。户

图二 碑文存"君讳""彦广"4字

五万六千八百九十，口二十四万八千六百二十二。九门、真定、行唐、蒲吾、灵寿、井陉、石邑"[23]。博陵郡"领县四。户二万七千八百一十二，口一十三万五千七十。饶阳、安平、深泽、安国"[24]。灵寿县和行唐县都隶属常山郡，毋极县隶属中山郡[25]。县令为县级行政机构长官，掌一县之政令。北魏时期上县令为六品，中县令为七品，下县令为八品[26]。太守、县令在北魏时期皆属于地方官僚，由碑文可知张氏家族的经营范围主要在今河北一带。

碑文第12行"镇远将军金紫光禄大夫清河县开国伯"，当是张奢所加之官，"开国伯"为其封爵，"清河县"为其封地。北魏时期镇远将军为四品、金紫光禄大夫为从二品、开国县伯为三品[27]。

碑文第16行"兴和三年三月一日"（图三），应是碑主下葬日期，这里也可理解为立碑日期。关于《张奢碑》立碑日期主要有四种说法，即兴和三年三月[28]、兴和三年五月[29]、兴和三年七月[30]、兴和三年十二月[31]。据碑文，张奢碑的立碑日期应为兴和三年三月一日。我中心藏本可以将立碑日期具体到日，是笔者目前所仅见。

碑文第20行"三地专权"，可知张奢曾在三地任行政长官。碑额书"大魏故渤海太守张府君之碑"，可知碑主张奢曾任渤海郡太守。渤海郡北魏时期隶属冀州[32]。渤海郡"汉高帝置，世祖初改为沧水郡，太和二十一年复。领县四。户三万七千九百七十二，口一十四万四百八十二。南皮、东光、修、安陵"[33]。

图三 碑文存"兴和三年三月一日"8字

三、我中心藏本曾经被樊彬和周肇祥收藏

从我中心藏本内钤印和后跋可知，该拓本曾先后被樊彬和周肇祥收藏。

（一）樊彬与我中心藏本

我中心藏本早年曾经樊彬收藏。该拓本内钤樊彬印章："问青""樊彬""樊彬字质夫号文卿印"。樊彬在册后依行画格，并做了录文。在其所做后跋中评价，该拓本比其他拓本存字多，且可辨识张奢名字、官阶、卒年及祖父名等。

樊彬字质夫，号文卿，一作问青，直隶天津人。生于嘉庆元年（1796），卒于光绪七年（1881）。诸生。尝为幕僚，充国史馆誊录，道光五年（1825）授河北冀州训导，历官湖北蕲水县丞，湖北远安、建始知县，归居京师。善诗古文辞，笃嗜金石，富藏碑刻。辑有《畿辅碑目》，著有《问青阁诗集》《燕都杂咏》《津门小令》等[34]。樊彬不仅收藏《张奢碑》，而且在其所辑《畿辅碑目》中著录："渤海太守张奢碑：三年，灵寿积善寺。"[35]樊彬酷嗜金石文字，张之洞称颂说："天津樊彬文卿，贫老澹泊，精力绝人，搜罗海内碑刻最富，多乾、嘉诸老不及见者。会稽赵之谦刊行《寰宇访碑续录》，什九皆樊所辑也。"[36]

樊彬跋记"咸丰九年己未冬月文卿樊彬识于京寓"。冬月为农历十一月。咸丰九年（1859），樊彬六十三岁。樊彬在致仕后寓居京师。《黄小松先生嵩麓访碑记》载："同治四年乙丑六月朔日，樊彬录于都门香炉营头巷寓室。"[37]民国二十二年（1933），樊彬甥孙天津姚彤章所作《畿辅待访碑目·跋》载："文卿舅祖，解组后居京城香炉营头条。光绪初物故，其所收藏金石碑版拓本以及泉币书画，经潘郑盦尚书首倡，分给同好，集资殡葬，物各得所，亦韵事也。"[38]樊彬辞官后其"京寓"应在今北京市西城区香炉营头条。樊彬于光绪七年去世后，经友人卖掉其所藏金石书画，得以集资安葬。我中心藏本也可能于此时转手其他藏家。咸丰九年十一月，樊彬于其京师

香炉营头条寓所题写了该跋。

（二）周肇祥与我中心藏本

民国时期，我中心藏本又被周肇祥收藏。该拓本内钤周肇祥印章："周肇祥印""退翁""曾经周肇祥赏鉴之记""百镜庵曾藏记"。周肇祥（1880—1954），字嵩灵，号养庵，又号无畏，别号退翁，室名宝觚楼。浙江绍兴县人。清末举人。曾任奉天警务局总办、奉天劝业道、警务局督办兼屯垦局局长、京师警察总监、湖南省财政厅厅长、奉天葫芦岛商埠督办、清史馆提调、临时参政院参政等职。1926 年起任中国画学研究会会长，1926 年 9 月至 1928 年 2 月任古物陈列所所长。著有《东游日记》《补正宋四家墨刻簿》《山游访碑目》《故都怀古诗》《游山》《鹿岩小记》《石刻汇目》《辽金元古德录》《寿安山志》《婆罗花树馆题记》《辽文拾》《辽金元官印考》《虚字分类疏证》《复辑录庄教馆金石目录》《宝觚楼金石目》《宝觚楼杂记》《重修画史汇传》《画林劝鉴录》《退翁墨录》等[39]。

周肇祥跋中评价，该拓本存字多，淡墨拓，古气盎然，为明以前拓本，此本最胜；樊彬依行画格，方便后人填录、校读。丁亥年应是民国三十六年（1947），朔为农历每月的初一。周肇祥跋作于民国三十六年八月初一。周肇祥收藏该拓本后应对其进行过装裱。

四、余论

宋人欧阳棐《集古录目》记载："东魏张奢碑：不著书撰人名氏，残缺记已，奢之字及乡里皆亡。"[40]甘鹏云《崇雅堂碑录》却认为张奢碑为王长儒书[41]，刘琴丽《汉魏六朝隋碑志索引》[42]、胡子平《魏晋南北朝时期石碑整理与研究》[43]沿用此说。王长儒为任城人，魏碑代表书家，今人多以《东魏李仲璇修孔庙碑》为王长儒书。张奢碑为王长儒所书不知何据，此说值得商榷。

张奢碑剥蚀严重，拓本流传不广，"然言金石者，苟一字未没，皆足资考据"[44]。近代藏书家杨守敬[45]、姚华[46]都收藏有该碑拓本。鲁迅也对此碑极为重视，他曾于 1916 年 1 月 15 日和 4 月 13 日先后两次购买该碑拓本[47]，还将拓本赠给好友陈师曾[48]，并且对其加以录文。我中心藏张奢碑明拓本存字多，有重要版本与史料价值，值得珍视。

① 国家文物局：《中国文物地图集·河北分册》（中），文物出版社，2013 年，第 75 页。

② 刘琴丽：《汉魏六朝隋碑志索引》第 4 册，中国社会科学出版社，2019 年，第 1972 页。

③㊽ 胡子平：《魏晋南北朝时期石碑整理与研究》，吉林大学硕士学位论文，2021 年，第 144 页。

④ 我中心藏本将樊彬关于该碑录文第 10 行至 13 行误装裱在第 19 行后，今改正。

⑤⑫㊵ [宋] 欧阳棐：《集古录目》，上海古籍出版社，2020 年，第 482 页。

⑥ [宋] 陈思：《宝刻丛编》，中华书局，2015 年，第 1234—1235 页。

⑦ [清] 孙星衍：《寰宇访碑录》，上海古籍出版社，2020 年，第 16 页。

⑧⑰⑱ [清] 沈涛：《常山贞石志》卷二"勃海太守张奢碑"，天津图书馆藏清光绪二十年（1894）灵溪精舍刻本。

⑨ [清] 陆增祥：《八琼室金石补正》，文物出版社，1985 年，第 112—113 页。

⑩ 李新宇、周海婴：《鲁迅大全集》第 23 卷《鲁迅辑校石刻手稿·碑铭（中）》，长江文艺出版社，2011 年，第 390—394 页。

⑪ 韩理洲等：《全北魏东魏西魏文补遗》，三秦出版社，2010 年，第 75 页。

⑬ 零寿即灵寿，参见 [清] 沈涛撰：《常山贞石志》卷二"勃海太守张奢碑"，天津图书馆藏清光绪二十年灵溪精舍刻本。

⑭ [清] 陆陇其：《灵寿县志》卷二《建置》，康熙二十五年（1686）刊本。

⑮ 河北省灵寿县地方志编纂委员会：《灵寿县志》，新华出版社，1993 年，第 575 页。

⑯ 石永士、王素芳、裴淑兰：《河北金石辑录》，河北人民出版社，1993 年 12 月第 1 版，第 326 页。

⑲ 碑文第七行"常山太"下当为"守"字。

⑳ 零寿即灵寿，参见沈涛撰：《常山贞石志》卷二"勃海太守张奢碑"，天津图书馆藏清光绪二十年灵溪精舍刻本。

㉑ 吕宗力：《中国历代官制大辞典》，北京出版社，1994 年，第 120 页。

㉒《魏书》卷一百六上，中华书局，1974 年，第 2461—2463 页。

㉓㉕《魏书》卷一百六上，中华书局，1974 年，第 2462 页。

㉔《魏书》卷一百六上，中华书局，1974 年，第 2463 页。

㉖《魏书》卷一百十三，中华书局，1974 年，第 2999—3001 页。

㉗《魏书》卷一百十三，中华书局，1974 年，第 2996、2994、2995 页。

㉘ [清] 武亿：《授堂金石文字续跋》，江苏古籍出版社，1998 年，第 555 页；[清] 孙星衍等：《寰宇访碑录》，上海古籍出版社，2020 年，第 16 页；[清] 吴式芬：《金石汇目分编》，艺文印书馆，1976 年，第 21 页；甘鹏云：《崇雅堂碑录》，《石刻史料新编》第 2 辑第 6 册，新文丰出版有限股份公司，1979 年，第 4494 页；[清] 陆增祥：《八琼室金石补正》，文物出版社，1985 年，第 5 页；韩理洲等：《全北魏东魏西魏文补遗》，三秦出版社，2010 年，第 75 页。

㉙ [清] 沈涛：《常山贞石志》卷二"勃海太守张奢碑"，天津图书馆藏清光绪二十年灵溪精舍刻本；戴建兵：《灵寿碑刻辑录》，河北人民出版社，2018 年，第 1 页。

㉚ [清] 叶志诜：《平安馆藏碑目》，《石刻史料新编》第 2 辑第 18 册，新文丰出版有限股份公司，1979 年，第 13409 页。

㉛ [清] 缪荃孙：《艺风堂金石文字目》，《石刻史料新编》第 1 辑第 26 册，新文丰出版有限股份公司，1982 年，第 19547 页；梁披云：《中国书法大辞典》，香港书谱出版社、广东人民出版社，1984 年，第 1191 页；李国钧：《中华书法篆刻大辞典》，湖南教育出版社，1990 年，第 523 页。

㉜《魏书》卷一百六上，中华书局，1974 年，第 2464 页。

㉝《魏书》卷一百六上，中华书局，1974 年，第 2464—2465 页。

㉞ 纪宝成主编：《清代诗文集汇编》第 592 册《问青阁诗集》正文前，上海古籍出版社，2010 年。

㉟ [清] 樊彬：《畿辅碑目》，民国二十五年（1936）河北博物院印行。

㊱ 苑书义、孙华峰、李秉新：《张之洞全集》卷二百八十一《沧州王君侣樵墓志铭》，河北人民出版社，1998 年，第 10088 页。

㊲ [清] 黄易：《黄小松先生嵩麓访碑记》，中国国家图书馆藏樊彬清同治四年（1865）抄本。

㊳ [清] 姚彤章：《畿辅待访碑目·跋》，河北博物馆，民国二十四年（1935）。

㊴ 林吕建：《浙江民国人物大辞典》，浙江大学出版社，2013 年，第 409 页。

㊶ 甘鹏云：《崇雅堂碑录》，《石刻史料新编》第 2 辑第 6 册，新文丰出版有限股份公司，1979 年，第 4494 页。

㊷ 刘琴丽：《汉魏六朝隋碑志索引》第 4 册，中国社会科学出版社，2019 年，第 1971 页。

㊹㊻ 姚华著，李华年、严进军点校：《弗堂类稿》，贵阳人民出版社，2017 年，第 634 页。

㊺ 湖北省博物馆：《邻苏园藏书目录》，上海辞书出版社，2009 年，第 490 页。

㊼ 鲁迅：《鲁迅日记》第 1 册，人民文学出版社，2022 年，第 215、225 页。

㊽ 鲁迅：《鲁迅日记》第 1 册，人民文学出版社，2022 年，第 326 页。

长峪城天仙庙铁钟铭文考释

罗 飞

　　北京市昌平区流村镇长峪城村永兴寺[①]钟楼内悬挂有一口明崇祯十五年（1642）铁钟，钟体外壁铭文篇幅较长，纹饰繁复，根据钟铭可知，此钟原为长峪城天仙庙内用钟，何时被移至永兴寺内悬挂，尚未见明确记载（图一）。钟铭中除常见的道教神号宝诰外，还记述了该钟的募化经过、铸造工艺、器形与发声之间的关系，并对该钟的铸钟匠人进行了赞颂，同时涉及万历年间永乐大钟迁移至万寿寺的史实，以及记录了大量捐资人姓名，内容丰富，在明清北京地区梵钟钟铭中十分罕见，生动地反映出晚明北京西北内边长城沿线地方社会的一个侧面。此钟未著录于大钟寺古钟博物馆出版的《北京古钟》一书[②]，国家图书馆与首都图书馆亦未收藏有该钟的铭文拓片。该钟铭文的录文 2015 年收录于邢军先生所著《长峪城》一书中[③]，近年笔者 3 次到访长峪城永兴寺，对该钟铭文进行了多次反复核校，现将钟铭全文重新辑录（附于文后，"丨"为铭文各列文结尾处），并作初步考释。

一、铁钟的形制与铭文

　　天仙庙铁钟通高 150 厘米，底口直径 100 厘米，钟顶上部蒲牢呈"Ω"状，中心有圆形的挂钟穿孔。蒲牢双龙首吻部较短，近似狮面，下颌、前爪与钟顶连为一体。钟顶呈半球状，以蒲牢为圆心圆周作八等分，每个等分圆周内各装饰有一个中心开一圆孔的莲瓣纹，且各与钟耳相对。钟体呈圆筒状，外撇弧度较小。钟体上栏临近钟肩处留有一宽约 8 厘米的带状区域，随钟栏宽度亦作八等分，每个独立的区域内各铸造有两个双钩大字，单字约 6 厘米见方，内容为"皇图永久，天运隆昌，道日光明，法轮常转"，共十六字。每栏双钩大字中间装饰有微微凸起于钟体表面的金钱纹，可见钱文为"崇祯通宝"，钱径约为 2.5 厘米，其样式与实用的崇祯通宝小平钱一致，当是用流通的崇祯通宝钱币按压在外范上所铸（图二）。钟体中部，平行分布着三道粗弦纹，将钟体分为上下两部分，并以钟耳为界限各分八栏，各栏边界较窄，栏内铸有纵向的栏线。底口为八耳波形口，每个钟耳正中均铸有圆形的撞钟座。钟裙部位加厚，略高于钟体，上沿以每一个钟耳部位为单元铸"菱花口"状双线边郭，八个"菱花口"相连且闭合，环绕于钟体下方。钟底波形口边缘铸有宽约 3 厘米突起的边郭一道，贯穿于钟底口一周，边郭内铸有卷草纹。每个钟耳正上方的钟裙上沿部位各分布有一八卦符号，按照"后天八卦"次序排列。每个八卦符号外围铸有菱花开光状的双线外郭。

图一　天仙庙铁钟

图二　双钩大字铭文与金钱纹

开光两侧铸有云鹤纹。钟裙部装饰有折枝花卉纹、海水纹、双龙纹等纹样，繁复细密，充满炫技色彩。

　　钟体上部铭文每栏内约 10—12 列，每列约 15 字，行文流畅，注重叙事与修辞，可看出撰写者当具有一定的文

作者单位：大钟寺古钟博物馆

化素养。"神、天、大、皇"四字铸于钟体上栏上沿的边郭之上，从而达到抬格的效果。此外，将各部分铭文起始位置与钟裙上沿的八卦符号的对应关系进行考察，还会发现：钟肩部双钩大字起始一栏的"皇图"二字与"乾卦"符号对应；钟体上部铭文起始一栏与代表北方"坎卦"对应；钟体下部地位最显贵捐资人的一栏与代表南方"离卦"对应，可见钟体各部分铭文的起始位置与方位有着周密的对应关系。

二、募化人与捐资人群体

（一）募化人张演龄与募化经过

根据钟铭中的记载可知，崇祯十五年，长峪城天仙庙住持张演龄经过多年募缘，在营造殿宇与塑造神像即将完工之际，继而不畏"时际奇荒，米珠薪桂"的社会环境，又发愿为该庙继续募化钟、鼓、碑石。张演龄首先请钟铭的作者王之祯为其书写祈愿疏文，太监贾养性以一部经过其跪讽的《皇经》相赠，于是张演龄开始了在长峪城及周边村落的虔诚募化。在不到一个月的时间里，信众"捐金输粟接踵而至，施铁效力盈门而来"，并得到了外戚、军官、生员、僧道等群体的支持，从而顺利募集到铸造铁钟的资财，继而又请到了技艺高超的铸钟工匠，得以顺利完成为天仙庙铸钟的宏愿。王之祯在目睹了张演龄募化过程之后，发出了"其纯功稚志，当与斯钟同朽"的感叹，于是欣然为此钟撰写铭文。

根据铭文中张演龄与徒弟邹全明二人姓名中间的"演、全"二字排行，对比《白云观志》收录的《诸真宗派总簿》中华山派字谱为"至一无上道，崇教演全真，冲和德正本，仁义礼智信"[④]，可以确定张演龄为全真道华山派道士。入清后，张演龄来到延庆，据《康熙延庆州志》卷六记载："三清庙，城西北隅，道人文宣言重修，今有道人张演龄肃统改观，焕然一新"[⑤]。又据该志中《重修灵佑观记》中记载："时顺治三年藏经堂建醮，有阅藏道人张演龄，道号至玄，昌平人也，九岁入玄，品格端严，老成脱俗，有绅矜乡耆即聘人观，以振玄风……（三清殿）前此创修者，非龄莫为之终，（灵佑观）后此继修者，非龄莫为之始。其人也，一代清修，百世道范。"[⑥]可知张演龄离开长峪城天仙庙来到延庆州，捐己资并募化，将延庆州城内一座仅有三楹的三清殿扩建为颇具规模的灵佑观。碑文中对张演龄的记载与钟铭中"演龄，高士也，九岁入玄，三载去师，三十年来，谨守清规，操持道戒，坚心弥行"的描述一致。康熙五年（1666），延庆知州王振祖到任后，来到灵佑观看到宫观金碧辉煌，规模壮丽，规制毕备，令他肃然起敬。住持道人文仑向王振祖介绍了张演龄的募化经过，并提出"尚有贞珉未刊，愿乞一言以弁其首"[⑦]的请求。王振祖则深感"演龄之举（建立灵佑观）不可泯"[⑧]。此时张演龄早已羽化，其生前却无暇顾及勒碑记事，也反映出其始终秉持"谨守清规，操持道戒，坚心弥行"的清修道范，为后人敬仰。

（二）外戚

捐资人中地位最为荣显者当属"宗人府掌府事太傅驸马都尉万炜"。据《明史》记载："瑞安公主，神宗同母妹，万历十三年下嫁万炜。崇祯时，主累加大长公主，所产子及庶子长祚、弘祚皆官都督。炜官至太傅，管宗人府印。尝以亲臣侍讲筵，每文华进讲，佩刀直入。李建泰西征，命炜以太牢告庙，年七十余矣。"[⑨]可知，万炜因其妻瑞安公主为万历皇帝胞妹，而在明末宫廷中地位显赫。万炜崇奉佛教，现藏于美国普林斯顿大学图书馆的《永乐北藏》多册后还有题有"天启乙丑某月某日少傅兼太子太傅都尉万炜薰沐拜读"的读经题记，并钤有"万炜之章""太傅之印"的印章[⑩]。瑞安公主则于万历三十九年（1611）在京师施印有《天仙玉女碧霞元君真经》[⑪]，可知其笃信道教，万炜崇奉碧霞元君当是受到了瑞安公主的影响，其作为大功德主参与长峪城天仙庙铁钟捐资时，去瑞安公主过世已有13年[⑫]，此举一定程度上当有追慕当年瑞安公主捐印《天仙玉女碧霞元君真经》以示怀念的意味。

（三）军官

捐资人中，紧随驸马督尉万炜并列的是长峪城守备事指挥同知陈维新、锦衣卫陈维翰、陈维贤兄弟三人，及其妻子、母亲、妹夫京卫武举周文某、王之祯、外甥卫都司王化民以及另外5位无官职的子侄外甥，全家共计15人参与捐资，其中还有一人道名为陈全寿，使用了募化人张演龄徒辈"全"字的字辈排行。此外，钟铭撰写者王之祯

图三 万炜与陈维新家族题名　　　　　　图四 捐资人所在村落示意图[19]

即为陈维新的妹夫，反映出陈维新家族深厚且虔诚的道教信仰，并在募化与铸造天仙庙铁钟过程中起着关键性作用。据《康熙昌平州志》第十八卷"祠"条记载："陈公祠在小南门内街西"[13]，第二十二卷《艺文志》中收录有《兵宪陈公生祠碑记》。据碑文中记载："不避权贵，殚力维持，凡可以羽翼吾民者甚周。宏奖英流，扶迪道素，胶宗雅化，有古袤朴风，其有德于士民。……州民感公（陈维新）允保，依公卵翼，欲有以报公，而又无以报公，爰聚族而谋，鸠工立祠，庶拜手稽首，祀公功德于不朽。"[14]可知，陈维新为安定和治理昌平地方社会做出了一定贡献，晚明昌平州城内为他建有生祠，其名望与社会影响可见一斑。除陈维新家族外，捐资人中还有来自兵部、昌镇、横岭城等长峪城周边建制的军官，当与陈维新及其家族有着密切的关系。

万炜与陈维新二人题名字体不仅明显大于其他捐资人，而且进行了提行空格处理，使此二人明显突出于众多捐资人中，当是为表现出其身份显赫，地位远高于铭文中的其他人（图三）。以万炜与陈维新题名为中心，军官、太监、僧道等阶层捐资人群体分列于二人左右两侧，各栏内则又按照尊卑主次，从左向右依次排列。由此可知，钟体下半部捐资人铭文的排列顺序，当是以万炜、陈维新题名的一栏为中心，两侧展开排列，而非如钟体上半部铭文沿钟体按顺时针方向旋转排列。

（四）宦官

作为大功德主之一的太监贾养性从铭文中的描述来看有着虔诚的道教信仰，在张演龄募化之初便给予了支持，其官职为"天寿山工部厂掌司官内官监太监"，据明《酌中志》记载："天寿山守备太监一员，官防一颗，辖十二陵掌印、金书、工部厂掌司等官。"[15]又据《昌平山水记》记载："宫东南有工部厂及内官监公署，今并亡"[16]，与贾养性官职相合。《光绪昌平州志》卷二《明陵图》中标注了工部厂的具体位置，并在卷三中对该位置进行了更为具体的描述[17]。贾养性在昌平地区的事迹还见于原存昌平旧县狄梁公祠内刻于崇祯十六年（1643）的《重修狄梁公庙碑记》碑文中："遴选本厂掌司官贾养性、段永寿董其事，鸠工庀材，及时备建。"[18]

（五）僧道

捐资人中有来自长峪城周边五座寺观的僧道，从僧道的法名的字辈中可以看出：黑推村明林寺与长峪城关帝庙僧人同属临济宗，而白羊城承恩寺与水峪台石堂庵僧人的法脉尚不明确。捐资道士仅有五圣庙住持道士马太林一位，亦与张演龄不属同一支派。尽管捐资僧道的人数仅有7人，所占整个捐资人数的比例十分有限，但均为寺观住持，其中两座寺庙为师徒共同参与，反映出晚明京师西北内边沿线佛道和谐相处的地方社会宗教生态。

（六）长峪城及周边信众

除长峪城本地信众外，还有来自镇边城、横岭城、白羊城、峰山村、草头村、刘村、水峪台、马跑泉、黑推村、禾子涧村、延庆卫、昌平州等地信众近300人，其中长峪城本地信众最多，约80余人，将这些地点还原至地图上（图四），可大致反映出张演龄的募化轨迹与影响范围。

值得注意的是，铭文中在正式记述张演龄虔心募化过程之前，首先以万历皇帝发帑修建万寿寺，与安置永乐大钟至寺中作为引言："居阜城外万寿寺者，荷蒙神宗显皇帝荣赐常鸣侯，给禄于本刹，至今会炙人口，若非奕赫有功，焉以得膺□阶。"[20]其中"常鸣侯"[21]当指永乐大钟，是其被移至万寿寺后，万历皇帝所赐"封号"。这一看似无关紧要的插叙，不仅反映出"移钟"在晚明京师地区影响之深广，更将张演龄三十年的"坚心弥行"与所有捐资人的"顶礼虔心"，以及铸钟匠人的"世传精艺"置于一个宏大的叙事语境当中，这也是目前所见对永乐大钟由汉经厂移至万寿寺这一史实记述最为直接的一手资料。此外，钟体上、下两部分铭文表现出的类似碑刻中碑阳与碑阴内容与书写格式之别，很可能是由于张演龄在募化庙钟的同时，短时间内不能兼顾募化碑石，故庙钟充当了本应由石碑承担的文本载体的角色，这当是钟铭表现出文字繁多、颇具叙事性而有异于北京地区明清时期其他梵钟铭文的原因所在。

三、铸钟工匠及相关问题

钟体下半部钟铭中有"钟匠顺天府宛平县清水村人王大学、王好学、王吉云"的署款，为来自同一家族的工匠组成的铸钟匠师团队。目前北京地区所见王好学家族铸造的铁钟尚存8口，另有7口钟仅存铭文拓片。根据这些钟铭中金火匠款识与纪年，可知王好学家族上起明万历三十三年（1605），下迄清康熙二十二年（1683），绵延近八十年，自第一代金火匠人王改至其曾孙辈止，传承4代，先后共计9位工匠，活跃在当时北京地区从事铸钟活动[22]（表一）。王好学为该家族的第三代，因此铭文中称其"世传精艺"并非单纯溢美之词。

王好学同辈工匠共有四人，其中王学存的名字仅见于明万历辛亥年崇宁庵铁钟铭中，尚不能确定与王氏第二代工匠王志是父子还是叔侄关系。如果将王大学、王二学、王好学兄弟三人参与铸造的铁钟做一统计表，则会发现一个颇为有趣的现象：王好学与王二学从不同时参与铸钟，而是轮流与王大学合作铸钟（表二）。

笔者认为这一现象并非巧合，可从以下三方面进行分析与解读：第一，从王好学的出现时间上看，其参与铸造的三口铁钟，仅集中出现在天启六年（1626）至崇祯十五年（1642），此期间恰是王氏工匠铸钟最活跃的时期，在此期间，能够明确铸造者的铁钟一共为五口。占目前已知王氏铸钟总数的一半以上。第二，从捐资人群体构成上看，王好学参与铸造的天仙庵铁钟（1626年）与东岳庙铁钟（1631年）之间，穿插有一口由第二代匠人王志与第三代王大学和王二学共同铸造的朝阳庵铁钟（1628年），通过对比捐资人群体构成（表三）可以看出：王好学参与铸造三口铁钟的捐资人中，均有一定数量的达官显贵、高级宦官、守口军官、州县生员群体，而王好学未参与的朝阳庵铁钟捐资人则均为地方僧道与周边普通信众，并无上述群体。第三，从王氏家族内部来看，根据笔者访得至今仍居住在今北京市门头沟区清水镇上清水村的王氏工匠后人口述得知：王氏家族是由山西迁入上清水村，凭借其铸钟技艺在当地谋生，在上清水村当地被称为"小户王家"，家族内自王大学、王二学以降，至今仍分为两支，家族后人认为王大学与王二学兄弟二人是其家族迁入上清水村的第一代人，亦仅知兄弟二人为铸钟匠，而不知其家族内当时还曾有其他铸钟匠人。从天仙庙钟铭署款中可看出王大

表一 王氏铸钟工匠家族世代表

辈分与活跃年代	工匠
第一代（1605—1611）	王改
第二代（1605—1631）	王志
第三代（1611—1683）	王学存、王大学、王二学、王好学
第四代（1639—1683）	王吉云、王吉邦、王吉稳

表二 王好学及其同辈工匠铸钟统计表

匠人铁钟	王大学	王二学	王好学
文殊庵铁钟（1625）	√	√	
三官庙铁钟（1625）	√	√	
天仙庵铁钟（1626）	√		√
朝阳庵铁钟（1628）	√	√	
东岳庙铁钟（1631）			√
伏魔庙铁钟（1632）	此钟拓片漏拓匠人款识，根据拓片反映的器型、装饰风格、所属地域等因素判断当属王氏家族工匠铸造		
地藏庵铁钟（1639）	√		
天仙庙铁钟（1642）	√		√
玉清宫铁钟（1660）		√	
观泉寺铁钟（1664）	√		
白衣庵铁钟（1683）		√	

表三 王好学款铁钟与朝阳庵铁钟捐资人对比表

捐资人铁钟	捐资人
天仙庵铁钟 天启六年（1626）	天仙庵僧人如现（募化人）徒性贵、内府信官赵本清、赵本政、王玉、李孝、郝大臣、马得印、比公村高会比丘僧真香、信僧通海、通寿、悟明吕村、南公、北公、刘大庄、南乐平村、东王佐、瞿家庄、瓦窑、寺头、安乡坟、栗园等村信众
朝阳庵铁钟 崇祯元年（1628）	朝阳庵僧人克念（募化人）、赵家台村居士孙朝福（募化人）、孙朝福之子孙万春（礼部儒士）、孙万冬等5人敕赐潭柘寺住持性安、敕赐万佛寺住持常表、万寿寺住持仁宽、净德寺住持本宁、圆照寺住持明胜、西峰寺住持宽雨、圣寿寺冠带住持性朗、善应寺住持仁林、福田寺住持真琴、广福寺住持圆滋、宝林寺住持圆训、大慈寺僧人如祯等4人、中峰寺僧人可万等4人、圆通庵僧人可宝等4人、弘恩寺僧人性登等49人、法海寺僧人真金等4人、双林寺僧人法全等8人、道士马教林等7人、锦衣卫百户孙应魁、天师庵草场商人刘国相、官亭、岳家坡、门头村、黄石港、黄土台、王平口、灰厂村、斋堂、清水涧、清水社、十字道、抢峰坡、桃园村、田寺村等村信众
东岳庙铁钟 崇祯四年（1631）	南安河东岳庙住持道官霍一玄（募化人）、御马监里草栏贴厂太监张进朝、小帽局管事太监张化麟、惜薪司管事内官监太监曹世茂、甲字库管事内官监太监陈国兴、赐进士第王志举、太学生刘闻泰、锦衣卫西司房掌刑千户曹邦□、锦衣卫东司房王子翠等、乾明门管事赵进朝等、开元寺比丘如升、性稳、保定府库学杨朝卿、昌平州铺头村信士李天贵、李天福、李梦祯、李梦熊、李梦麟、许仲金等15人、石窝、南安河、北安河、周家巷、白家疃、新庄、孟窝、东山、香峪、铺头、常乐、冷泉等村信众
天仙庙铁钟 崇祯十五年（1642）	天仙庙住持道士张演龄（募化人）、宗人府掌府事太傅驸马都尉万炜、天寿山工部厂掌司官□□太监贾养性、□□□锦衣□西司房□揓旗张志□、钦差统领昌镇标□右车营游击杨□节、钦命兵部标兵□□□西军都司钱国祯、兵部□□都司安镇乾、昌镇□车营守备官旗□□杨应□、钦依都司管长峪城守备事指挥同知陈维新、白羊城承□寺比丘妮祥□、五圣庙住持道士□太林、黑推村明林寺住持僧人性玄、水峪台石堂庵住持僧人乘□、长峪城关帝庙住持僧人性□、昌平斗会约30人、白羊城、横岭城、镇边城、峰山、刘村、马跑泉、黑推村、禾子涧、草头村等村信众、横岭城、延庆卫、长峪城等地信众

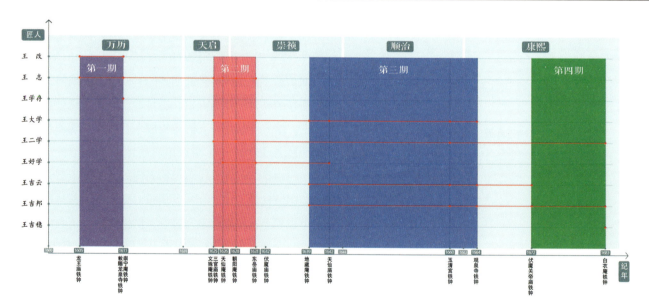

图五 王氏工匠铸钟统计图

学与王好学二人伯仲分明，长幼次序。此外，根据王氏家族铸钟作品铭纪年统计可知，王二学从事铸钟活动时间跨度竟长达58年之久（图五），必然深谙精通铸钟技艺各个环节，而钟铭中洋溢着对王好学铸钟技艺高度认可的赞颂："王好学以世传精艺承役斯工。予亦时常临步，每将凫氏之条向学讲论，学亦应答如流，井井有毂，无愧家风，堪为凫弟，即从沙胎摹范之时，预知拜后煅炼之精，无诬矣。"则似乎更加符合王二学的从业实际，同时也揭示了《考工记》中《凫氏为钟》章节的内容是指导当时匠人铸钟实践的重要知识来源，亦是目前北京地区所见对铸钟工匠的唯一具体记录。而王氏三位工匠以"钟匠"这一铸钟匠人并不常用的称谓自署[23]，则可能是对赞颂的回应与自我认可。

表四　钟铭和《考工记》^㉘对比

序号	钟铭	《考工记》
1	厚薄震动之分	薄厚之所震动
2	清浊声音所出	清浊之所由出
3	侈弇有所以兴也	侈弇之所由兴
4	厚则石，薄则播，侈则柞，弇则郁，长甬则飘	钟已厚则石，已薄则播，侈则柞，弇则郁，长甬则震
5	厚短则声疾，而短闻	钟大而短，则其声疾而短闻
6	小长则声舒而远听	钟小而长，则其声舒而远闻

铭文作者"顺天府学生"王之祯与王好学之间，以"临步"与"讲论"这种看似随意方式进行的"世俗化"互动，却将晚明学者介入工匠场域，致力于"反虚务实"与"经世致用"之学^㉔的时代思潮鲜活地反映出来。

综上所述，笔者认为王好学很可能与王二学是同一人，即"王好学"不过是王二学使用的一个文雅的别名。事实上，王好学活跃的天启至崇祯年间，也恰是王氏铸造的铁钟在器形与装饰上都表现出明显模仿明早期官式梵钟特征的时期，其原因很可能是受到身份荣显捐资人意志的直接干预与影响^㉕，而王二学（王好学）则恰承担着与功德主沟通交流的任务，使用王好学的别名则是出于与身份显贵的功德主在铸钟活动过程中互动的需要^㉖。

四、钟铭中所反映的铸造工艺及相关问题

钟体上部铭文自坎卦对应的一栏起始，前三栏内容依次为《玉清宝诰》《上清宝诰》《太清宝诰》《弥罗宝诰》《三官诰》《玄天诰》。自第四栏始方为作者王之祯所撰铭文，虽已锈蚀漫漶，但大部分仍可辨识，铭文中开篇从梵钟的用途与分类入手："……洪鼎器于乾坤，佐国家大典礼仪□□□乐音大成之高拱风阁……，非用于朱门绿户之家，非用于膏粱富室之第，原用于道观寺院之内，有院者必须所用"，并强调了梵钟在朝会礼仪与寺观日常中的重要性。进而作者自称对《考工记》"详玩精微，参研奥理"，并具体论述了梵钟器形与发声之间的辩证关系，可以看出本部分铭文主要参考了《考工记》中《凫氏为钟》的部分原文（表四），而略有出入。然而，作者认为《考工记》的论述"尤未尽其旨"，又在其后对该内容进行了进一步阐释道："钟之所尚者声，声之所出者形。厚薄侈弇，形也。清浊，声也。太厚则声石而不发，太薄则声播而多散。"王之祯作为无任何头衔的知识分子，如此不厌其烦地将《考工记》中的内容进行转述与延伸，一定程度上看，可能是希望通过这种"自我互动"的形式，以达到"借用知识叙事的中介形式，获取社会或生存方式的角色认同"^㉗的诉求。

根据实地观摩现存天仙庙铁钟发现：钟体铸面粗糙，范线明显。可见两个浇口，分别位于蒲牢正上方，及蒲牢穿孔一侧，接近钟顶中心的部位。钟顶蒲牢与钟体连为一体，为一次浑铸成型。同时，依据铭文中"即从沙胎摹范之时，预知拜后煅炼之精，无诬矣"的描述，进而推断王氏工匠铸钟采用的是"搬砂法"。搬砂法，即中国传统的掰砂法，也称干型法。不同于现代的翻砂铸造，搬砂法不用砂箱，而采用地坑造型，所需设备不多，方法简便易行，适用于铸造对器物表面要求不太高的大型铸件^㉙。《天工开物》中所记载的："凡铁钟模不重费油蜡者，先埏土作外模，剖破两边形或为两截，以子口串合，翻刻书文于其上。内模缩小分寸，空其中体，精算而就。外模刻文后，以牛油滑之，使他日器无粘烂，然后盖上，泥合其缝而受铸焉。巨磬、云板，法皆仿此。"^㉚当属

图六　钟顶内部残白色残留物痕迹

图七　永兴寺后殿壁画局部

于这种王氏工匠铸造铁钟的方法。《中牟县志》中收录的《新铸城隍铜像记》（明弘治十五年，1502）中记载："大梁金火匠张姓者，拔沙为胎，坐高七尺有奇，围大如之，以十二月三日装炉顶……，是日发火镕汁，一倾而成，曾无毫发寡郤，磨洗之馀，但见金色辉煌，形体坚厚，足以起人瞻仰而镇静境土矣。"[31]可知，碑文中记述的铸造神像也是采用了传统的搬砂法。20世纪50年代，温廷宽先生根据现场观摩铸造匠师运用搬砂法铸造大型铸件，进而以大钟为例，详细记录了传统搬砂法铸钟的全过程[32]。至今，

大同市浑源县神溪村一带还传承有"干模法"铸钟工艺[33]，是山西传统铸造技术的代表，也是目前发现保存最为完整的传统铸钟工艺，与"搬砂法"十分接近。

目前天仙庙铁钟钟顶内壁莲瓣纹开孔外围今还残留有白色颗粒状似砂土痕迹硬块（图六），横向沿钟肩呈带状分布，大钟寺古钟博物馆藏同为王好学参与铸造的天仙庵铁钟，其内壁在相同的位置，亦残留有类似的固体硬块，这些可能都是从内模上粘连的砂土痕迹，值得进一步研究。

五、结论

长峪城天仙庙铁钟铭文内容丰富，颇具叙事色彩，其中对梵钟器形与发声之间辩证关系的记述与对铸钟匠人的赞颂，是目前北京地区所见明清梵钟铭文中仅见的一例，全国范围来看亦十分罕见。铭文中记录的道人张演龄募钟过程，不仅可让我们了解到晚明北京地方社会交织在各种社会关系网之下的各阶层信众，对捐资铸钟活动的虔诚与狂热，更从铭文作者王之祯与匠人王好学在铸钟现场互动的生动记述中，折射出晚明学者群体在借用工匠群体的价值"参照"与伦理"同化"中实现"自我互动"[34]的社会发展趋势。诚如卜正民在《明代的社会与国家》中论："明代中国特色不在国家，而在社会；只有在社会中，我们才能敏锐地感受到人口膨胀、交流网络的扩张、迅速的商业化以及新的批判思考方式等带来的影响。"[35]

长峪城铁钟铸造两年后的崇祯十七年（1644），李自成由柳沟逼居庸，焚昌平，攻入京师，万炜及子万长祚在甲申之变中战死[36]。明清递嬗，天寿山工部厂及内监公署俱废[37]；长峪城的驻守军官从守备降为把总驻守[38]。陈维新于顺治四年（1647）出任昌平兵备道[39]；张演龄云游至延庆州，继续他的坚心弥行；王氏铸钟工匠家族则在其铸造长峪城天仙庙铁钟时成就的"堪为兄弟"的光环下，于入清之后继续用"金与火"书写其家族在北京地区的铸钟佳话。值得注意的是：长峪城村当地人，将永兴寺前殿称为佛爷庙，原绘有佛祖及其十八罗汉壁画；后殿则被称为娘娘庙或求子庙，目前后殿内墙壁上留有"稳坐老君山""径河渡船""梁大人跪送白虎关"等榜题，壁画题材为表现女性神仙修道故事（图七）。殿前廊下两山墙上亦绘有道童，因此永兴寺很可能就是张演龄当年募建的天仙庙，后因道教在当地传播式微而被改换门庭，成为佛寺，故天仙庙铁钟则当是一直悬挂在原地，而并未曾被移动。几百年来，天仙庙铁钟的钟声不仅是长峪城村民凤兴夜寐的作息提示，更是提醒民众不忘先人积累善缘的见证。抗日战争时期，天仙庙铁钟的钟声还作为信号，警示村民躲避日寇扫荡，从而赋予了超越其自身属性的历史意义，是当之无愧的"镇村之宝"。

近年，长峪城村已成为京郊知名的乡村旅游目的地，定期在永兴寺后殿西侧戏台举办的长峪城社戏（长峪城山梆子戏），以其独特的韵味与多地相糅的唱腔，多年来吸引着八方游客慕名来此欣赏，2020年被评为昌平区非物质文化遗产项目。今天，在传唱长峪城社戏的同时，悬挂在戏台对面的天仙庙铁钟铭文中所记录的一个个鲜活的人物与故事，也同样值得发掘与讲述。

附：长峪城天仙庙铁钟铭文录文

钟体上半部钟铭：

第一栏：

志心皈命禮，三界之上，梵炁彌羅。上極无上，」天中之天。欝羅□臺，玉山上京。渺渺金闕，森羅淨」泓。玄元一炁，混沌之□。寶珠之中，玄之又玄。開明三」景，化生諸天。億萬天真，無□□□。□□□□，□」度五常。巍巍大範，萬道之□。□羅玉清，虛□」自然，至真妙道元始天尊。」居上清□，號靈寶君。祖劫化生，九萬九千」餘梵炁。赤書焕發，六百六十八真文。□□□赤」文而開九霄。紀元洞玉曆而□五劫。□□」地經，巍乎造化之□。□□□陽，卓□雷□」□□，大悲大願，大聖大慈。玉宸道君，靈」寶天尊

第二栏：

随方設教，歷劫度人。為皇者師，帝者師，王者」師，假名易號，立天之道，地之道，人之道。隱聖」顯凡，總千二百之官君，包萬億重之梵炁」。化行今古，著道德凡五千言；主□陰陽，命」雷霆用九五數。大悲大願，大聖慈，太」上老君道德天尊。」太上彌羅無上天，妙有玄真境。渺渺紫」金闕，太微玉清宮。無極無上聖，廓落」法光明。寂寂號無宗，玄範總十方。湛寂」真常道，□□大神通，昊天玉皇大天」尊，玄穹高上帝。」

第三栏：

三官誥。唯三聖人，乃一太極。普受浩劫家之命，」鼎膺無量品之□。紫微清虛洞陰，□□□□，」賜福赦罪解厄，溥濟存亡，道冠諸天，恩」覆三界。大悲大願，大聖大慈，三元三品，三宮九府，應感天尊。」玄天誥。混元六天，傳法教主，修真悟道，濟度□□，」普為眾生，消除灾障。八十二化，三□祖師。大」慈大悲、救苦救難、三□□□，□天遊」□□，□天□□□，□垣□□□，□□□」順，真□□□，□□□□，□□正烈，□」運真□，□□□□，玉□□□，□天□」□，金闕□□，□魔□尊。」

第四栏：

□□□□之器□□□世甲之重」哉，然自鼃氏所□□成□□于□□」洪鼎器於乾坤，佐國家大典禮儀□□□」樂音大成之高拱鳳閣□□□□□□」小□之清處□□啟神明以列，披宣百千」之家，創物不類，獨鼃氏始法之鐘」者，誠萬世」不磨有用之器。雖然，器具不同，物各有用。欲」用者，非用於朱門綠户之家，非用於膏粱」富室之第，原用於道觀寺院之內，有院」者必須所用，用之者，然必以圖。夫圖，非圖」

第五栏：

之於市，亦非圖之於土，實圖之於紅炉頑」鐵之山，如一旦以頑鐵投胎成滅之間，不」一難乎？不一惡乎？予嘗聞《考工記》，詳玩」精微，參研奧理。大料厚薄震動之分，」清濁聲音所出，侈弇有所以興也。厚則」石，薄則播，侈則祚（柞），弇則鬱，長甬則颺，厚」短則聲疾而短聞，小長則聲舒而遠聽。尤」未盡其旨矣。何也？鐘之所尚者聲，聲之」所出者形。厚薄侈弇，形也；清濁，聲也。」太厚則聲石而不發，太薄則聲播而多」散。此鐘之妙本也，物可同日而語哉？胚胎」

第六栏：

之秀，竭水火而化象；函育之精，凝兩儀」以成形。産之彌微，用之恒地。居阜城外萬」壽寺者，荷蒙」神宗顯皇帝榮賜常鳴侯，給祿於本刹」至今會炙人口，若非奕赫有功，焉以得膺□階。」今有長峪城」天仙廟住持道士張演齡，察其本宮不」可缺鐘，又鐘之不易得也，乃以抱意惓」惓，持心朴朴，猶以鐘、鼓、碑三事是圖。演」齡，高士也，九歲入玄，三載去師，三十年來，」

第七栏：

謹守清規，操持道戒，堅心彌行，歷募」多年，方擬殿宇神像之工將完，遂」繼發三事之願。於是眾檀齊勉曰：時」際奇荒，米珠薪桂，人皆自謀無暇，復何」餘力以進如此聖事乎？然齡竟請予」書数疏，一面受」大檀主賈太監跪諷」皇經，亦一面伏行輪化，不匝月，將見捐金輪」粟，接踵而至，施鐵効力，盈門而來。随搆」匠王好學以世傳精藝

承役斯工，予亦」

第八栏：

時常臨步，每將鼂氏之條向學講論，學」亦應答如流，井井如轂，無愧家風，堪為鼂」弟。即從沙胎摹範之時，預知拜後煆煉之」精，無誣矣。他如演齡從凶年歉歲之時，」斗米兩金之日，不煩苦募，引動善男信女」全成浩大，若非頂礼虔心，有感」天仙，必不能滿三十秋之願，其純功稚志，當與斯」鐘同朽！吁嗟，予覩之不謬，敢以草序是贅。」崇禎拾伍年歲次壬午仲夏吉旦。」都門王之禎沐手謹題。」

钟体下半部钟铭：

第一栏：

天壽山工部廠掌司官內官監太監賈養性」東□□□衛錦衣衛西司房□□摠旗張志□」欽差統領昌鎮標□右車營遊擊楊□□」欽命兵部標□□□營中軍都司錢國禎」□□□□□□□□□□楊國□」□□□□□□□□□□□成龍」□□□□□□□□□□臣」□□□□□□□□□□□」欽差橫嶺城□□□□□□□□自禮」兵部候補山西太原□□武舉蘇其新」兵部□□都司安鎮乾」□宮□衛百戶董國仕」昌鎮右車營守備管旗□楊應□」

第二栏：

宗人府掌府事太傅駙馬都尉萬煒」欽依都司管長峪城守備事指揮」同知陳維新」□□錦衣衛□□旗校陳維翰」三□□□□□陳維賢」妹丈順天府□生王之禎」妹夫京衛武舉周文□」應□道名陳全壽」姪陳□璽、陳用、甥遵化□□」衛都司王化民、次甥王治民」信坤母岳氏、信室女張氏」信嫂□氏、張氏」

第三栏：

昌平斗會信官孫承基等 29 人。鎮邊城王門□氏等 3 人。延慶衛儒學增廣生員□□□等 6 人。白羊城信士劉添祥等 3 人。

第四栏：

峰山村善信李應節等 21 人。草頭村信士等 18 人。劉村會首楊進科。水峪台善信劉天才等 11 人。馬跑泉信士劉炤等 9 人。

第五栏：

黑推村善信谷可康等 34 人。禾子澗村信士王啟等 14 人。大□峪信士 3 人。山西□□□汾陽□信士陳□□□□。

第六栏：

橫嶺城善信劉科等 3 人。延慶衛□生員約 3 人。長峪城善信約 49 人。

第七栏：

長峪城善信約 35 人。

第八栏：

白羊城承恩寺比丘祖祥、徒續住」五聖廟住持道士馬太林」黑推村明林寺住持僧人性玄、徒海□、海住」水峪臺石堂庵住持僧人秉在」本城關帝廟住持僧人性舟」本宮住持道士張演齡」徒鄒全明」募緣俗徒趙□」

鐘匠順天府宛平縣清水村人王大學、王好學、王吉云」

★ 本文为北京市优秀人才基金项目成果，项目名称：《北京古代铸钟工匠家族个案研究——以王氏家族为例》，项目编号：2017000020044G158。

（附记：本文撰写过程中承蒙昌平区流村镇长峪城村党支部陈全刚书记、王凤英副书记的热情帮助，谨致谢忱。）

① 据《昌平文物志》记载：长峪城永兴寺建于明代，位于长峪城村，占地面积约 2 万平方米，坐西北朝东南，四合院布局，有山门、过堂殿、正殿及左右配殿。正殿东侧另有钟楼一座，内置崇祯年铸造铁钟一口。2003 年永兴寺被昌平区人民政府公布为昌平区文物保护单位。见北京市昌平区文化委员会编：《昌平文物志》，北京燕山出版社，2010 年，第 122 页。

② 大钟寺古钟博物馆编：《北京古钟》（上），北京燕山出版社，2006 年。

③ 邢军：《长峪城》，今日中国出版社，2015 年，第 86—93 页。此后，《长峪城村》（张建、阮智杰、赵之凤主编，中国建筑工业出版社，2019 年，第 64—66 页）一书中又全文转录了邢军先生的钟铭录文。

④ [日]小柳司气太著，刘莹整理：《白云观志》，北京联合出版公司，2019 年，第 123 页。此外，天启三年，《延寿宫题名碑》（元大都城垣遗址公园内）碑阴的道士题名可知，该庙当初便是由全真道华山派道士住持，其全称为敕建天仙护国佑圣延寿宫，俗称天仙宫，主祀亦为天仙娘娘。

⑤ [清]迟日豫修、程光祖纂：《康熙延庆州志》卷六，《中国地方志集成·北京府县志辑》第 5 册，上海书店出版社，2002 年，第 268 页。

⑥ [清]迟日豫修、程光祖纂：《康熙延庆州志》卷八《重修灵佑观记》，《中国地方志集成·北京府县志辑》第 5 册，上海书店出版社，2002 年，第 295 页。

⑦⑧《灵佑观维新记》，此碑现存于延庆区灵照寺碑廊内。见程金龙著：《妫川碑石》，北京美术摄影出版社，第 181 页，2014 年。

⑨ [清]张廷玉等撰：《明史》卷一百二十一《公主传》，中华书局，1974 年，第 3675 页。

⑩ 龙达瑞：《玄奘译〈大般若经〉与万炜的〈永乐北藏〉——普林斯顿大学的明〈永乐北藏〉研究之一》，《首届长安佛教国际学术研讨会论文集》（第三卷），陕西师范大学出版总社有限公司，2010 年，第 59 页。

⑪ 周绍良：《明代皇帝、贵妃、公主印施的几本佛经》，《文物》1987 年第 8 期。

⑫ 黄彰健校勘、"中央研究院"历史语言研究所校印：《明实录》附录《崇祯长编》卷六十三，中华书局，2016 年，第 3632 页。

⑬ [清]吴都梁修、潘问奇等纂：《康熙昌平州志》卷十八，《中国地方志集成·北京府县志辑》第四册，上海书店出版社，2002 年，第 132 页。此外，《光绪昌平州志》卷二《州城图》中标出了该祠庙的具体位置。吴履福修、缪荃孙纂：《光绪昌平州志》卷二，《中国地方志集成·北京府县志辑》第 4 册，上海书店出版社，2002 年，第 311 页。

⑭ [清]吴都梁修、潘问奇等纂：《康熙昌平州志》卷廿一《兵宪陈公生祠碑记》，《中国地方志集成·北京府县志辑》第 4 册，上海书店出版社，2002 年，第 178 页。另见，吴履福修、缪荃孙纂：《光绪昌平州志》卷九《杨春茂陈公生祠碑记》，《中国地方志集成·北京府县志辑》第 4 册，上海书店出版社，2002 年，第 433 页。

⑮ [明]刘若愚著：《酌中志》卷十六《内府衙门职掌》，北京古籍出版社，1994 年，第 99 页。

⑯ [清]顾炎武：《昌平山水记》卷上，北京古籍出版社，1980 年，第 5 页。

⑰ [清]吴履福修、缪荃孙纂：《光绪昌平州志》卷三，《中国地方志集成·北京府县志辑》第 4 册，上海书店出版社，2002 年，第 329 页。此外，据《昌平县志》记载："工部厂及内监公署位于陵区七空桥东河北岸、今十三陵乡北新村南，为陵区内的施工基地和内官监掌外厂衙署。厂内原有碑两通，其一刻崇祯帝命太监魏国征掌宣府军务敕谕、一刻翰林韩四维所撰碑记。"见昌平县志编纂委员会编著：《昌平县志》，北京出版社，2007 年，第 875 页。

⑱ 此碑现存于昌平区石刻园内。另见于[清]吴都梁修、潘问奇等纂：《康熙昌平州志》卷二十，《中国地方志集成·北京府县志辑》第 4 册，上海书店出版社，2002 年，第 164 页。

⑲ 底图采自国家文物局主编：《中国文物地图集·北京分册》（上），《北京历史图（六）》明万历二十一年（1593），科学出版社，2008 年，第 58 页。

⑳ 对于永乐大钟万历年被移至万寿寺，最早见于万历间《长安客话》中："近年自宫中移此（万寿寺），昼夜撞击，声闻数十里"的记载。参见蒋一葵：《长安客话》卷三，北京古籍出版社，1994 年，第 47 页。

㉑ 据晚明人王澹所作《万寿寺钟》诗："万寿署招提，今皇建香火。绀宇筑何年，葳蕤闭金锁。杰阁俯丹霄，悬钟势如堕。上有梵王经，屈曲字千颗。岁久挟风霜，莲花莹朵朵。长鸣无已时，余音闻左道。"其后小注曰：今上封钟为长鸣侯。（[明]王澹撰：《墙东集》卷五，国家图书馆藏，明万历年间刻本）。此外，清代陆奎勋所作《万寿寺铜钟歌》中亦有"曩时留镇汉经厂，长鸣侯爵蒙褒封"之句（[清]阮元、杨秉初辑，夏勇等整理：《两浙輶轩录》卷十四，浙江古籍出版社，2012 年，第 1023 页）。

㉒㉕ 罗飞：《明末清初北京王氏铸钟工匠家族研究》，《故宫学刊》第二十一辑，故宫出版社，2020 年。

㉓ 目前所见王氏其他铸钟款识中均署"金火匠""金火匠人"或"匠人"。古代铸钟工匠以自署"金火匠"这一称谓最为普遍，自署"钟匠"或"铸钟匠人"的情况并不常见。

㉔ 潘天波：《齐尔塞尔论题在晚明：学者与工匠的互动》，《民族艺术》2017 年第 6 期。

㉖ 王二学又名王好学，一定程度上与古代画工常有自称待诏与博士的现象有着相似之处。

㉗ 潘天波：《齐尔塞尔论题在晚明：学者与工匠的互动》，《民族艺术》2017 年第 6 期。

㉘ [清]阮元校刻：《十三经注疏·周礼注疏》卷三十九，中华书局，2009 年，第 278 页。

㉙ 谭德睿、孙淑云主编：《中国传统工艺全集·金属工艺》，大象出版社，2007 年，第 132 页。

㉚ [明]宋应星撰、魏毅点校：《天工开物》（中国国家书馆藏明崇祯十年刻本），湖南科学技术出版社，2018 年，第 205 页。

㉛ 故宫博物院编：《故宫珍本丛刊》第 127 册，海南出版社，2001 年，第 277 页。

㉜ 温廷宽：《几种有关技术工艺的传统技术》，《文物》1958 年第 5 期。此外，《中国传统工艺全集·金属工艺》（大象出版社，2007 年）与《中国科学技术史·矿冶卷》（科学出版社，2007 年）两书中介绍砂法铸造梵钟的部分，均以温廷宽先生记录的搬砂法步骤为据。

㉝ 刘培峰、牛晓、刘杰：《传统铸钟工艺调查与初步研究》，《自然辩证法通讯》2018 年第 12 期。

㉞ 潘天波：《齐尔塞尔论题在晚明：学者与工匠的互动》，《民族艺术》2017 年第 6 期。

㉟ [加]卜正民（Timothy Brook）著，陈时龙译：《明代的社会与国家》，黄山书社，2009 年。

㊱ [清]张廷玉等撰：《明史》卷一百二十一《列传第九·公主》，中华书局，1974 年，第 3676 页。

㊲ [清]昌平县志编纂委员会编著：《昌平县志》，北京出版社，2007 年，第 875 页。

㊳ [清]吴都梁修、潘问奇等纂：《康熙昌平州志》卷十四《武备志》，《中国地方志集成·北京府县志辑》第 4 册，上海书店出版社，2002 年，第 102 页。

㊴ 据《康熙昌平州志》卷十《名宦》条记载："陈维新，奉天人，顺治四年任昌平兵备道，居官有惠政，时渤海盗起，捕者株连及州，维新力为昭雪，民赖保全，为立生祠。"

清代宫廷建筑物料研究略论

赵　晨

　　建筑物料即指营建、修缮建筑所需的各种材料，如木材、石材、石灰、砖、琉璃瓦件、铁、绳麻等。采办物料、管理匠役是清代宫廷建筑工程管理的重要组成部分。本文将以清代紫禁城内所用建筑物料为切入点，以公开档案为史料基础，梳理前人对清代宫廷建筑物料及其管理的研究成果，以期为探讨清代宫廷建筑工程管理相关研究提供一些帮助。

一、研究发展回顾

　　20 世纪初，以朱启钤、梁思成和刘敦桢等为代表的前辈学者对我国存世的建筑遗迹、遗物进行了系统测绘、调研和保护，并公开发表了大量著作和文章。梁思成先生认为研究建筑史的终极目标就是揭示、还原建筑"体形环境"的真实面貌，了解古建筑与人和社会的关系，其编著的《中国建筑史》[①]揭示了中国古代建筑的设计规律、技术要点，总结出中国建筑的成就和各时代的主要特征，奠定了中国古代建筑史研究的基调。刘敦桢先生主编的《中国古代建筑史》[②]，对每一历史时期的建筑材料和技术作了简要的阐述，但仍侧重于建筑艺术的阐释。

　　随着学者们对中国古代建筑的历史和理论研究逐渐深入，对某一时代、某一朝、某一地点和某种建筑物料的研究也日益丰富。建筑物料作为中国古代建筑必不可少的一部分，其选材、加工、管理等环节与建筑呈现的形制和营建方式有直接关系，是建筑史学研究的重要切入点之一。除对中国古代建筑大量使用的石料、木料的采办研究外，一些学者还开展了对清宫使用金砖的产地、制作、运输和使用等问题的研究[③]，针对清代皇家陵寝使用物料情况的调查研究[④]，也有一些学者开始关注到与皇家建筑工程息息相关的工匠及工程管理等问题。《中国古代建筑工程管理和建筑等级制度研究》[⑤]一书通过对《周礼》《考工记》《钦定历代职官表》《钦定大清会典》等史料进行细致梳理，大致梳理出自周代起至清代止，国家的建筑工程管理机构、建筑等级制度、建筑工程管理方式以及古代建筑标准规范等成果。

　　21 世纪以来，大量史籍档案不断被整理成册和公开出版，为后继学者开展多学科、多角度的研究工作提供了重要的文献基础，建筑史学的研究范围也在不断扩大和深入，如从通史到断代史、从建筑形制构造到工艺技术研究的转变，还有历史学、考古学等学科与建筑史学的融合。例如，建筑史学者在勘察、测绘中国古代建筑时尝试结合考古学的研究方法，通过判断建筑材料本身的年代、建筑形制、工艺技术的发展变化，探讨古代建筑的来源和演变问题。明史研究的学者从史料中找到明代紫禁城营建时期建筑物料的采办和工匠管理的线索，对于紫禁城宫殿建筑的兴工年代[⑥]、主材的调配、工匠的征用以及工程的管理情况[⑦]都有比较详细的梳理。《明代宫廷建筑史》[⑧]用较大篇幅阐述了明代北京紫禁城营建、修缮等工程中采料、管理和工匠等问题，第一次将除木料、石料、砖料等大体量物料以外的土、铁、油、麻、灰等其他物料一并讨论，为后继学者提供了重要的研究思路。

　　值得一提的是，故宫博物院在人才队伍建设和非物质文化遗产保护方面做出了很多努力，将从事过清代紫禁城修缮的工匠们请进故宫博物院，组成了新中国第一代故宫修缮技艺传承人队伍，保留了较为完整的工匠传承体系，传承人口述历史与史料相印证，为我们探究紫禁城建筑史提供了重要线索。

作者单位：故宫博物院

二、清代宫廷建筑物料种类

从建筑工程的角度来说，建筑物料是一座建筑的基本元素。以营建太和殿为例，建造程序自下而上为铺设台基和踏跺、大木构架、斗拱、外檐装修、墙体、屋面、彩画等⑨，涉及到的建筑物料就有石材、木材、土、砖、琉璃构件、铜铁料、金箔等以及各项杂料。以宋《营造法式》和清工部《工程做法》为基础，将工程中涉及到的各道工序，结合物料类别分成十一作，分别为大木作、小木作（门窗隔扇）、彩画作、油作、瓦作、石作、土作、砖作、泥作（裱糊作）、铜铁作、搭材作⑩。其下设若干工种，与建筑营建的工序有直接关系。清中晚期，在大量对紫禁城的添建、改建、重修和维修过程中，个别工种相互融合和发展，最终形成了现在官式古建筑维修和保护的"八大作"，即瓦作、木作、搭材作、石作、土作、油漆作、彩画作、裱糊作⑪。

（一）皇木采办

中国古代建筑中，使用木材是几千年来的一贯做法。清代宫廷所用木材称为"皇木"，以楠木、杉木、松木等木种为主，用于宫殿建筑的主体结构和装修。《太和殿纪事》载："今福建省将楠木解送前来，该臣等查得，各省前后共送到楠木并杉木放剁兼用，约估足以建造太和殿之用，应速行建造……康熙二十七年十月二十三日题，三十三年十二月十九日奉旨依议。"⑫紫禁城于明代始建之时，大量使用楠木作为建筑的主梁，到清朝中期，楠木日见稀少，康熙皇帝曾建议以松木代替。"（康熙）八年，诏，修造宫殿，所用楠木不敷，量将松木添用，停止各省地方采取。"⑬新建造的建筑还使用柏木作为地下桩基础，称为柏木桩丁，也叫地丁。"昌陵圣德神功碑楼应需柏木一十八根又三十九块，楠木四十二根又五块，当经奴才催令该委员起运赴工……此项木植已抵江宁厂……饬藩司将请领银两，在于道光五年，地丁银两如数动支给领。"⑭

清代早、中期，皇家采办宫廷建筑木材的方式主要是由皇帝指派专员总理采办事务，这其中有为某一大型工程专门进行的临时性皇木采办，也有每年定额的皇木办解；清代中晚期开始，木材的采办交由地方督抚负责。光绪十二年（1886）重修颐和园佛香阁，便是使用的"例木"⑮。宫廷建筑所用木材主要取自川、广、云、贵等省，当地逐渐形成了"三帮""五勷"⑯等木厂商帮，为皇家采买提供木料，甚至承包整个工程。大木采办地一般设有木厂，便于临时存储和中转。木料运至京城采用陆运和水运两种途径，大木大多"备陈山川险阻，采运艰难"⑰，河流较少，需由人力和畜力经陆路运至溪流处，即拽运；之后走水路运抵大运河再运送至京城各厂存贮，也就是泄运的过程⑱。皇木运抵京城后，或直接在木厂卸货存储，或经人力直接送达工地。明清时期，北京地区共有六处存储皇木的厂区，朝阳门外大木厂、崇文门外神木厂、台基厂、山西大木厂为明代所设，位置大都距离紫禁城较近；通州、张家湾两处皇木厂设立于清代，承接大运河抵京的木料⑲。

（二）石料选用与运输

紫禁城内的宫殿须弥座、石栏板、石道、踏跺等部分，全部使用天然石材砌筑而成。在古代最常用的天然石材包括汉白玉石、青砂石、豆渣石、紫石以及花斑石等。紫禁城所用石料大部分采自京郊，"白玉石产大石窝，青砂石产马鞍山、牛栏山、石径山，紫石产马鞍山，豆渣石产白虎涧"⑳，"花斑石，蔚县出"㉑。由于宫廷所需石料多为巨大原石加工而成，一般采用旱船拽运的方式运输，耗费人力巨大；其他小料、中料则使用车辆运输。光绪七年（1881），在定东陵神路营房工程中，"所有应需房山县青白石料以及京运细轨瓦片木植等件，若由旱路运往工次恐值雨水特行道途阻隔，未免耽延有需"，为了挣趱工期，"特日臣等拟请此项物料饬商由水道绕至天津运往工次，以期妥速至"㉒。产地较远的石料也同木料一样，可以先经大运河运抵京郊石塘存贮，再转车辆运至工地。

（三）砖瓦的烧造与使用

砖是清代宫廷使用的一种基本建筑材料，分青砖和金砖两类，均由粘土烧制而成，主要用于铺设宫殿内外地面和墙体。明清两代，山东临清州"以水土之良，作砖坚腻，部颁式于山东巡抚，给帑制造，用则征解"㉓，临清窑烧造的砖主要供京城营造所用。金砖也称澄浆砖，顺治到康熙年间，江宁、太仓、松江、常州、镇江、池州六府沿袭明代烧造墁地方砖，另有苏州府专门承担烧造金砖的工作。"苏州窑设于江南苏州府，制造金砖，大者方二尺二寸，次二尺，次尺有七寸，每正砖十备副砖三，由江苏巡抚给牒委官监造，输部部选收其精良者以备用。"㉔金砖的烧造工序极为复杂，仅用于铺设高等级宫殿建筑的地面，在《清宫金砖档案研究》中对此已有详细论述㉕。雍正以后，前述六府逐渐停用，苏州府成为皇家专供的金砖唯一产地。砖料通常也随漕运经大运河运抵京城，特殊情况下也允许临时租用民船或雇佣商船经海运至天津，再由陆运运至紫禁城。"顺治四年题准，临清转用漕船带运抵通"，"官、民船每梁头一尺带砖十有二块，均给批运交通惠河监督照数验收"，"又奏准城砖滚子砖需用紧急，令山东巡抚雇船委官运送"㉖。

建筑屋面、室内外的墙面一般使用琉璃瓦片和琉璃构件装饰，清代琉璃瓦片、构件等也在琉璃窑场烧造，由矸土烧成胚胎后上釉焙烧，釉面中加入不同的矿物质，形成黄、绿、蓝、黑、紫等不同颜色。窑厂沿袭明代场址，"增凡修建宫殿所需物材，攻石炼灰，皆于京西山麓，琉璃砖瓦取备于京窑。增凡陶瓦之制，设琉璃窑于正阳门之西，以陶琉璃器具，质用澄泥，色有青黄翡翠紫绿黑，砖瓦异名各按模式，吻有大小，垂脊之饰各有等差，以供大工之用。""本朝定制，琉璃、亮瓦二厂皆隶于工部，差满汉官二人，笔帖式二人，三年更代"㉗。

（四）石灰与灰土

灰土是一种由黄土和生石灰按比例拌合后使用的建筑材料，主要用于铺设宫殿的基础，也可做灰土甬路。其中石灰也用于建筑墙体、屋面、饰面等部位㉘。"太庙四季岁暮五次修理，每次石灰一千斤，青灰二百斤。"㉙灰土技术出现于明代㉚，清代已臻成熟，内务府设有土作，并且有详细的加工和夯筑规范。土作技术的流传一直是以历代工匠口传心授的方式进行，通过近年来的考古发掘工作，对于紫禁城古建筑的土作技术已有一些研究成果㉛。石灰是制作灰土的主要成分之一，也较易获得，可"烧青石为灰也"㉜，清袭明制，在京郊房山、顺义、怀柔等地设窑烧造石灰。"顺治初年定，大工需用石灰，委本部官开采烧造……青白石灰于马鞍山、磁家务、周口、怀柔等处置厂烧造，运京应用。"㉝运输基本采用车辆装运，"雍正元年议准，运送灰石该管官动支钱粮，照时价雇车装运，间遇工程紧急，雇觅艰难，暂于近京地方酌量拨取，仍照时价给发"㉞。

（五）其他杂料

宫廷建筑物料还有铜、铁、绳麻等杂料。乾隆六十年（1795），总管内务府呈报为修毓庆宫所用物料、匠夫工价的黄册中提到，除前述大项外，工程还需用到鱼胶、红土、包金土、桐油、白面、江米、白矾、椴木、榆木、竹竿、撬棍、黄铜菱花等绳麻杂料，还有生熟铁料和不同规格的铁钉㉟。据研究，明代营建所需的苘麻取于河南、山东、北直隶各州县、卫所等93处厂地；所用的苇席在明代设有五厂；颜料由内务府直接采买，或向地方派征；宫墙外壁所用的红土子产于山东鲁山，加工在博山；内壁用的包金土产于河北宣化市北面的烟筒山；金箔则在苏州等地加工㊱。

通过历年来对紫禁城建筑的维修、保护和研究，学界对于紫禁城建筑的形制、材料和建筑技术都进行了比较深入的探索。尽管在物材采办、烧造的地点选择上，清代大多沿袭明制，但受管理制度和社会发展的影响，此类杂料的管理制度也应当得到关注。

三、宫廷建筑物料的管理

清代皇家建筑工程分为内工、外工两部分，内工负责皇城、内廷、园囿等内朝工程，由内务府营造司的满族官员和宦官掌管，下设样式房、销算房；外工则掌管外朝重要宫殿建设，由工部营缮司官员执掌。"工部掌天下工虞器用，办物庀材。其有陵寝、宫府、城垣、仓库诸大事，则各率所司分督监理。尚书：满洲、汉人各一人；左右侍郎：满洲、汉人各一人；右侍郎兼管钱法。其属有四清吏司：曰营缮、曰虞衡、曰都水、曰屯田。"㊲其中，都水司负责管理水利、水运；屯田司掌管开窑、采石。同现代建筑工程一样，清代建筑工程也分为设计和施工两个部分。内务府营造司和工部均设有设计部门和估工、估料的预算部门，但不同之处在于，内务府营造司有司属六库三作匠役若干名，负责内廷的日常修缮；而工部营缮司下设料估所、琉璃窑、木仓、皇木厂四个职能部门，管理宫廷专用的物料。

《钦定大清会典则例》中记录了顺治至乾隆年间关于物料管理的谕旨和奏章的批复等。

1. 专员管理。京城各厂设有专职管理的监督职官，"委本部满汉司官各一人管理，一年更代"，为避免馆员同时更替，新委任的官员"未能谙练"，故安排"新旧满汉监督，相互更代"，还有"笔帖式二人，验收运京木植"[38]。

2. 取用报备。工匠取用所需物料，需管工官"先将应用实数覆算具呈，该监督照数请领"[39]。

3. 限时运收。以文到日为始，在限定时间内送往工所，"（康熙四十年）又题准：各工所需木植等项应发钱粮，由部取具监督印领、发银，限定日期运收，违限将该监督题参，照例处分。""管工官亲身验看，随到随收，给发实收完日，将实用过数目及余剩数目同实收送部覆销"[40]。

4. 监管与处罚。（1）划定皇家取用物材区域，限制取用。"顺治四年题准，禁止马鞍等山樵牧，以山内柴草供烧石灰之用。"[41]（2）如发生偷盗物料的行为，若是在工匠役偷盗，监工官罚俸六个月，外人偷盗，监工官罚俸一个月；若是不应内廷行走之人偷盗，守门官罚俸六个月，应行走之人偷盗，守门官罚俸一个月。"（顺治）十二年题准，内廷工所如在工匠役偷盗物料，监工官罚俸六月，外人偷盗者罚俸一月；不应内廷行走之人偷盗者，守门官罚俸六月，应行走之人偷盗者罚俸一月。"看管的物料被人盗走，"该管官罚俸一年"[42]。（3）物料有质量问题，售卖的铺户或制作的匠役要接受处罚。"（康熙）二十二年题准，交送物料若不精好，将铺户匠役惩处。换送如堪用，物料管工官役抑勒不收，系内务府者，部会内务府总管覆参；系在外者，由部题参；书役皆交该部治罪。"[43]（4）皇家专用物料，官民不得擅用，亦不准对外销售。"（康熙）二十七年议准，官民房屋墙垣不许擅用琉璃瓦、城砖，如违严行治罪，其该管官一并议处。""（康熙）三十三年覆准，管窑监督新旧交代，将库银及烧造物料验明注册，不许外卖。"[44]

四、小结

凡是工程兴建，首要之物便是物料，物料的采办、使用和管理直接反映了某一时期的工程管理制度。在物料的选用方面，清代紫禁城是在明代建筑的基础上不断维修、新建而成，因此多沿袭明制，物料的采办和烧造基本上沿袭使用明代的矿场和窑厂。但随着社会的发展，物料的种类发生改变，采办方式也相应改变，最终工程管理制度也作出适当调整，继而影响到宫廷建筑风格。

目前，关于清代宫廷建筑物料采办管理方面的研究成果较多集中于"采"和"运"，对宫廷建筑大量使用的石料、木料、琉璃瓦件烧造等研究较为系统和深入，缺少对土料等物料的研究，例如乾隆六十年总管内务府为毓庆宫粘修殿座并添盖殿座等事项上奏的奏案中提及"南灰"和"北灰"[45]，在现有学术成果中未见说明。清宫建筑工程中还需用到的鱼胶、红土、包金土、桐油等绳麻杂料，以及铁料、铁钉等的研究则更为鲜见。物料的管理制度与当时的工、匠关系有关，同时也反映出国家的管理政策和一些社会问题。这些都是亟待探明的问题。

本文为故宫博物院 2018 年度科研课题"明清紫禁城宫殿建筑材料管理制度研究"的研究成果（课题编号：KT2018-12）。

① 梁思成：《中国建筑史》，百花文艺出版社，1998 年。

② 刘敦桢主编：《中国古代建筑史》，中国建筑工业出版社，1980 年。

③㉕ 中国第一历史档案馆、故宫博物院编：《清宫金砖档案》，紫禁城出版社，2010 年。

④ 李寅：《清咸丰定陵使用宝华峪物料考》，载《中国紫禁城学会论文集》（第七辑），故宫出版社，2012 年。

⑤ 傅熹年：《中国古代建筑工程管理和建筑等级制度研究》，中国建筑工业出版社，2012 年。

⑥ 李燮平：《明代北京都城营建丛考》，紫禁城出版社，2006 年。

⑦ [日] 新宫学著，贾临宇、董科译：《明代迁都北京研究——近世中国的首都迁移》，外文出版社，2021 年。

⑧ 孟凡人：《明代宫廷建筑史》，紫禁城出版社，2010 年。

⑨ 张克贵、崔瑾：《太和殿三百年》，科学出版社，2015 年。

⑩ 李剑平：《中国古建筑名词图解辞典》，山西科学技术出版社，2011 年。

⑪ 王时伟、吴生茂、杨红、赵鹏、郭泓：《清代官式建筑营造技艺》，安徽科学技术出版社，2013 年。

⑫ [清] 汪藻辑：《太和殿纪事》卷一（影印本），藏北京大学图书馆，清康熙三十六年（1697）。

⑬ 沈云龙主编：《近代中国史料丛刊三编》第 79 辑，文海出版社，1995 年。

⑭ 中国第一历史档案馆藏：《奏为解送昌陵碑楼木植续行给发运费动支地丁银两事》，道光五年七月十八日，档案号 03-3337-038。

⑮ 高大伟：《从颐和园佛香阁排云殿营缮看传统建筑工程管理制度的继承和发展》，《中国园林》2005 年第 7 期。

⑯ 蓝勇：《明清时期的皇木采办》，《历史研究》1994 年第 6 期。

⑰ [清] 张曾敏、陈琦纂修：《屏山县志》卷八《木政志》，文华印字馆，1931 年。

⑱ 蓝勇：《古代交通生态研究与实地考察》，四川人民出版社，1999 年。

⑲ 孙雪、李爽、李莉：《明清时期北京地区皇木厂初探》，《北京林业大学学报（社会科学版）》2019 年第 3 期。

⑳㉗ [清] 于敏中主编：《日下旧闻考》第 8 册，北京出版社，2018 年。

㉑ [清] 唐执玉、陈仪修纂：《畿辅通志》，雍正十三年刻本，藏北京大学图书馆。

㉒ 中国第一历史档案馆藏：《奏为普祥峪定东陵神路营房工程应需房山县青白石料等请由水道绕至天津运往工次等事》，光绪七年六月十七日，档案号 04-01-15-0076-022。

㉓㉔《景印文渊阁四库全书·史部三七七·政书类》，中国台湾商务印书馆，1986 年。

㉖ 沈云龙主编：《近代中国史料丛刊三编》第 69 辑，文海出版社，1992 年。

㉘ 李晓、戴仕炳、朱晓敏：《"灰作六艺"——中国传统建筑石灰研究框架初探》，《建筑遗产》2019 第 3 期。

㉙ 国立中央图书馆编：《玄览堂丛书续集》（影印本），国立中央图书馆，1947 年。

㉚ 冯伟旖：《中国古建筑灰土技术的演变》，《古建园林技术》2008 年第 1 期。

㉛ 周乾：《紫禁城古建筑土作技术研究》，《工业建筑》2021 年第 5 期。

㉜ [宋] 苏颂撰、尚志钧辑校：《本草图经》，安徽科学技术出版社，1994 年。

㉝ 沈云龙主编：《近代中国史料丛刊三编》第 69 辑，文海出版社，1992 年。

㉞㊳㊴㊵㊶㊷㊸㊹《景印文渊阁四库全书·史部三八二·政书类》，中国台湾商务印书馆，1986 年。

㉟㊺ 中国第一历史档案馆藏：《呈为毓庆宫粘修殿座并添盖殿座等项销算银两黄册》，乾隆六十年十二月二十日，档案号 05-0460-030。

㊱ 于倬云主编：《紫禁城宫殿》，生活·读书·新知三联书店，2006 年。

㊲ [清] 刘锦藻编纂：《清朝文献通考》第 2 册，浙江古籍出版社，1988 年。

北京石刻艺术博物馆藏"博博尔代墓碑"考

张云燕

清代的各级包衣组织是八旗中的一个独立系统，关于包衣的概念辨析，以及历史渊源、组织职掌、成员的个体经历等，长期以来清史学家和红学家进行了积极的探讨，但有关包衣的史料与研究成果主要集中于内务府包衣群体，对下五旗包衣的研究较为少见。北京石刻艺术博物馆内收藏有一通清代墓碑，碑主博博尔代为郑亲王济尔哈朗包衣，碑文中叙述了博博尔代的生平与仕宦经历，为研究清代王府包衣旗人提供了十分珍贵的资料。

一、碑刻概况

博博尔代墓碑，清康熙十二年（1673）五月立，原在丰台区右安门外祖家坟。碑首浮雕麒麟一对，碑身边框饰如意云纹，下为龟趺（图一、图二）。碑身高 3.40 米，宽 1.03 米，厚 0.36 米；龟趺长 2.48 米，宽 1.06 米，高 0.81 米。碑阴、碑阳均为满汉文合璧，满文在左，汉文在右。碑阳额篆"诰封"二字，左以满文对应。碑文刻顺治十四年（1657）三月初十日御制诰封文书，左为满文 9 行，右为汉文 10 行，满行 58 字，共 261 字。碑阴无额，刻博公二子索龙、色棍遏所述其父生平事迹，左为满文 11 行，右为汉文 11 行，满行 66 字，共 398 字。现录文如下[①]：

碑阳：

皇清誥封資政大夫三等阿達哈哈番護衛壯大議政大臣加一級博公｜誥命碑｜

奉｜天承運，｜皇帝制曰：褒忠表義，昭代之良規，崇德報功，聖王之令典。特頒恩命，以獎勤勞。爾三等阿達哈哈番下壯大黑白昂邦加一級博博爾代，持心克謹，任｜事能勤，侍從王儀，服勞藩第，朝夕匪懈，指使無違。既以舊勞，晉膺顯秩，復逢盛典，宜被新榮。爰煥寵章，益資效力。茲以覃恩，特授爾階資政大夫，錫｜之誥命。於戲！恩推自近，乃弘獎夫崇階，業廣惟勤，尚克承夫寵錫。欽予時命，勵爾嘉猷。｜

初任二等下，二任下壯大，照舊二等下，三任一等下，四任拜他喇布勒哈番，照舊一等下，五任拜他喇布勒哈番又一拖沙喇哈番，照舊｜一等下，六任三等阿達哈哈番、黑白昂邦，七任今職。｜

順治十四年三月初十日

碑阴：

皇清誥封資政大夫三等阿達哈哈番護衛壯大議政大臣加一級博公碑陰文｜

朝廷優遇功臣，生則崇階世秩以寵之，歿則賜金營葬以郵之，所以表有功，彰有德也。我府君資政大夫，賦性忠耿，秉姿明銳，從戎具有勇略，服職昭其敬慎，筮仕二等護衛。｜當和碩鄭親王奉｜天子命南征北討，殄滅錦州、松山、杏山、塔山，我府君屢從戎行，著有勞績，復在王左右，殫心啟沃，以功加授一等護衛，爲護衛長，復晉拜他喇布勒哈番。順治五年睿王攝｜政時，以我府君脫卸鄭親王罪，不以實供，削世職，奪護衛爵。欣逢｜世祖章皇帝躬親大政，王白前冤，遂復原職。未幾，上｜皇太后尊號，加一拖沙喇哈番，大婚禮成，加上｜皇太后尊號，授爲三等阿達哈哈番，淂與議政之列。十四年恭遇覃恩，加一級，晉階資政大夫，追贈三代。不幸於康熙十年七月十五日，以疾捐館舍，享年六十有三。所司｜具聞，蒙加恩郵，賜金營葬。嗚呼！｜朝廷寵遇功臣，恩至渥矣。某以譾劣，濫竽父職，敢不表彰國家盛典與先人駿烈，俾子孫效法，以示後世。敬書綸綍於墓表，復述懿行梗概，識之碑陰，用垂不朽云。｜

作者单位：北京石刻艺术博物馆

康熙十二年五月吉旦孝男三等阿達哈哈番加一級索龍七品官色檁過謹立

碑首雕刻麒麟为清代二品官墓碑规制。康熙十四年（1675）议定，"一品官碑制与镇国将军同，二品官碑制与辅国将军同"，二品官"碑身高八尺，广三尺二寸，麒麟首，趺首高二尺八寸，趺高三尺四寸"②。博博尔代墓碑的刻立虽早于此时，但尺寸与规制大体相当，证明墓葬用碑的等级差异早有成例，康熙十四年的规定只是加以补充规范而已。

依清制，二品官员丧葬，如未蒙特恩得赐谥号，朝廷不予立碑③。博博尔代生前并无殊功，逝后未能蒙赐谥号，因而墓碑系其子索龙、色棂過自立。顺治十三年（1656），内三院奏言："封赠等官墓碑，考之会典，止有碑式大小，其碑上应用何文，未有成例。查故明封赠之官，墓碑称诰赠某官某人之墓，亦有子孙自将封赠诰命之文刊刻碑文者，亦有不刊刻者。今臣等议，臣子荣亲，以王言为重。凡蒙恩封赠官员，似应子孙自备石碑，各将所得诰命刊刻，以垂永久。"④得到世祖皇帝的允准。因此，子孙在墓前立碑刊刻诰封圣旨以示荣宠，也是当时的"规定动作"。

二、博博尔代的生平与家族

博博尔代，亦作波波尔代、博博尔岱，史籍无传，姓氏及祖上族群来历具无考，仅见片言只语散落于《钦定八旗通志》及顺、康两朝实录等文献中。因其领有三等阿达哈哈番世职，在《钦定八旗通志·世职表》中可以看到他所属旗分及部分后裔的情况。将碑文与史籍相互补充，可以勾勒出博公生平的大致轮廓。

《世职表》记载，博博尔代为镶蓝旗，顺治四年（1647）特恩授牛录章京，恩诏加至三等阿达哈哈番。康熙十年（1671），爵位由其子索隆承袭；康熙十三年（1674），由索隆之弟色楞格承袭；三次袭在康熙三十年（1691），传于色楞格子夸色；乾隆五年（1740），夸色子东格袭爵时，销去恩诏所得，袭骑都尉；五次袭在乾隆二十五年（1760），传于东格之伯祖三代孙富兴额；第六次传袭在乾隆五十七年（1792），承爵人为富兴额之子武勒喜布⑤。

博博尔代的诸位后人大多于史无征，唯有孙辈夸色有零星记载。康熙三十三年（1694）到三十五年（1696），夸色从征噶尔丹，跟随御驾，负责沿途掘井、侦查情报等事。初为正三品前锋参领，三十四年（1695）八月丙午，康熙帝驻跸克勒和洛，着夸色署左翼前锋统领，为正二品武官⑥。

据史料记载，夸色还管理有包衣佐领。镶蓝旗包衣佐领第一参领第一佐领系顺治年间郑亲王分封时编立，"初以博尔对管理，博尔对故，以高力管理，高力故，以索伦管理，索伦故，以额克亲管理，额克亲故，以三等阿达哈哈番兼散骑郎夸色管理，续以常进保管理，常进保故，以巴克唐阿管理，巴克唐阿故，以富灵阿管理，富灵阿故，以伯起太管理"⑦。佐领管理者中，博尔对疑即博博尔代，索伦即其子索隆（龙）。除夸色外，佐领都在上一任身故时才发生更迭。《浙江通志》记夸色康熙五十年（1711）任北关监督⑧，故笔者推测，夸色因外任，不便管理包衣佐领，故而卸任。

根据博博尔代家族领有包衣佐领的情况，以及史料、碑文中博博尔代追随郑王济尔哈朗，并多年来管理王府家

图一 博博尔代墓碑

图二 碑首的浮雕麒麟

务的记载，可以判断博博尔代实为郑献亲王济尔哈朗包衣，隶镶蓝旗包衣第一参领第一佐领。

包衣，满文为 booi，意为"家里的"，通常为 booi niyalma，即包衣人的简称。满文中有 booi、booi niyalma、booi aha、aha 等词汇，汉文音译作包衣、包衣人、包衣阿哈、阿哈，意译有家人、家奴、户下人、户下奴仆、庄丁等等。关于 booi、booi niyalma、booi aha、aha 等的用法区别，前人已有辨析⑨，此不赘述。博博尔代的身份显属 booi 或 booi niyalma，文中所用的"包衣"一词意义与此相同。

包衣旗下人，一方面是旗人，另一方面是旗主的家仆，与家主存在支配者与被支配者的关系，主要工作就是管理家务、扈从随侍、听凭家主差遣，且奴籍世代相续，不可轻易脱离。不过，包衣的性质又决定了家主对他们非同一般的信任，忠实且有才能的包衣能够得到家主的尊重与社会的承认。

有清一代，皇帝、诸王家的包衣中不乏身登高位之人，博博尔代即是其中一例。博博尔代家主济尔哈朗（1599—1655）为清太祖努尔哈赤之侄，父舒尔哈齐因罪被幽禁致死，与兄长阿敏均为努尔哈赤抚养长大。天命、天聪年间，从征蒙古、朝鲜，并多次与明军交战，多有胜绩。天聪四年（1630），阿敏获罪幽禁，济尔哈朗继任镶蓝旗旗主，崇德元年（1636），获封郑亲王。博博尔代跟随济尔哈朗多年，碑文中记其"持心克谨，任事能勤，侍从王仪，服劳藩第，朝夕匪懈，指使无违"（碑阳），"赋性忠耿，秉资明锐，从戎具有勇略，服职昭其敬慎，筮仕二等护卫。当和硕郑亲王奉天子命南征北讨，殄灭锦州、松山、杏山、塔山，我府君屡从戎行，著有劳绩，复在王左右，殚心启沃，以功加授一等护卫，为护卫长"（碑阴），明确指出了他从属、服务于济尔哈朗，且多次随同出征⑩，以功勋获得官位并一路升迁的情况。

身为包衣，博博尔代的命运始终与郑（简）亲王一脉紧密联系在一起。皇太极驾崩后，满洲贵族围绕皇位继承展开了尖锐的斗争，最终达成协议，由年仅6岁的福临即位，济尔哈朗与多尔衮共同辅政。多尔衮有同母兄弟多铎、阿济格等人支持，且自身颇具才能，在顺治初年的权力斗争中很快占据上风。顺治五年（1648）三月，多尔衮向政敌展开猛烈攻击。贝子吞齐、尚善、吞齐喀，以及辅国公扎喀纳、富喇塔、努赛等共同讦告郑亲王济尔哈朗罪状，济尔哈朗因在两黄旗大臣谋立豪格时表示同意，"擅谋大事"，迁都燕京时擅令镶蓝旗越次立营前行等共六条罪状论死。最终裁处济尔哈朗革去亲王爵，降为多罗郡王，罚银五千两。两天后，皇位曾经的有力竞争者肃亲王豪格也因部下正蓝旗参领希尔根冒功等罪名被幽禁，一个月后身亡。博博尔代作为郑王亲信也受到了询问，含糊推脱"我一时记不在心，日久忘矣"，因"明知郑王有援比君上之言其同事之巴特玛、达尔岱已实供而犹庇护不吐"，"应论死"。后来虽然保住了性命，却被判处"革职赎身"，丢掉了官位和世职，且与"博博图兄弟二人并拨出隶于别旗"⑪，失去了郑王的庇护。

顺治七年（1650）十二月，多尔衮薨于喀喇城，顺治帝恢复了济尔哈朗辅政王的身份。第二年，济尔哈朗主持了对多尔衮势力的清算，博博尔代也得以官复原职。这段经历碑阴文中也有记载，却没有提及博博尔代所属旗分的变化。《钦定八旗通志》记载博博尔代始终为镶蓝旗，康熙年间的史料也写明博博尔代仍"办理简亲王家务"。至于顺治五年时博博尔代兄弟是否确由镶蓝旗拨出，转各何人名下，又何时重隶郑王麾下，因史料不足，已难以考知。

顺治十年（1653）十二月，博博尔代被任命为议政大臣，正式进入了政府的决策中枢⑫。至康熙八年（1669），他的仕途命运再次发生转折。当年，少年皇帝拘禁权臣鳌拜，对与之为伍的势力加以打击，真正掌握了国家最高权力。博博尔代与鳌拜为姻亲，也在清算之列。七月，"和硕安亲王岳乐等遵旨会议：镶蓝旗奉国将军巴尔堪告称，康熙七年（1668）六月，被掌管简亲王家务之博博尔代倚恃亲家鳌拜权势，诬陷捏控，以致降职。随讯两造，并传都统夸岱等历问前事，洵属冤抑，应给还原职。得旨：巴尔堪给还三等辅国将军。博博尔代情罪可恶，本当从重治罪，姑从宽免。著革去议政大臣、并掌管简亲王家务。罚俸一年"⑬。

巴尔堪为济尔哈朗庶出第四子，顺治十一年（1654）封三等辅国将军。康熙七年六月，"以诬告简亲王下掌管家务官博博尔代故"降为二等奉国将军⑭。当时所告是何名目已难查其详。济尔哈朗长子早逝，薨逝时次子济度又正在前线与郑成功作战，顺治十四年班师方才知晓其父丧讯，袭封王爵，此前三年间郑王府始终处于没有家主的状态。济度又于短短三年后薨逝，以年仅七岁的嫡子德塞袭爵。济尔哈朗第三子勒度亦于顺治十二年（1655）逝世，巴尔堪实为在京郑王一脉之最年长者。博博尔代较巴尔堪年长 30 岁，自入关前便追随郑王，被倚为亲信，为三代亲王办理家务，任王府一等护卫、护卫长，在朝得预议政之列。十余年间主弱奴强，发生龃龉在所难免，出现奴大欺主之事也未可知。史实证明，这起案件的判决结果只是映照了朝堂势力的消长更迭，孰是孰非已经无从得证。

三、博博尔代的职位与官阶

如前所述，博博尔代墓碑的规制与诰命圣旨的行文都依照二品官等级。碑文中对博博尔代官爵的表述为"皇清诰封资政大夫三等阿达哈哈番护卫壮大议政大臣加一级"。其中资政大夫为正二品阶官，护卫壮大、议政大臣为实际官职。下文分别考述。

（一）下与护卫

博博尔代因"从戎具有勇略，服职昭其敬慎"而获得官职，"初任二等下，二任下壮大，照旧二等下，三任一等下"。碑阴文中"下"称为"护卫"，"下壮大"写作"护卫长"。"下"，也写作"虾"或"辖"，为满语"hiya"之音译，汉译为"侍卫"。侍卫，顾名思义，即侍从护卫。"hiya"在满洲人关之前即已存在，皇帝与诸王贝勒都有"hiya"，崇德二年（1637）谕令，诸王贝勒以每旗二十员为定额[15]。顺治元年（1644），定诸王、贝勒、贝子、公等下护卫员数：摄政王三十员，一等十员，二等十员，三等十员；辅政王二十三员，一等七员，二等七员，三等九员；和硕亲王二十员，一等六员，二等六员，三等八员[16]。至康熙朝重修太祖太宗实录时，为彰显皇权之尊贵，以"侍卫"专称皇帝之"hiya"，诸王门下之"hiya"译作"护卫"，以示区别[17]。博博尔代诰封文书和碑阴文中，汉文一作"下"，一作"护卫"，而满语均写作"hiya"，亦可为证。

清代侍卫与护卫等差相同，均分一等、二等、三等和蓝翎四级，对应正三品、正四品、正五品和正六品[18]。侍卫作为侍从武官，出任者有亲信，有功臣后嗣，也有归附政权、部落、汉臣子弟（亦有作为质子的用意），负责守卫宫禁、出入仪仗、传达章奏，亦可出使各地，甚至收集情报、带兵打仗等等。鉴于明代宦官之祸，清代以侍卫取代了相当一部分宦官的职能，成为内外朝连接的纽带。《听雨丛谈》亦提到："以侍卫之秩，别充尚茶、尚膳、上虞、鹰鹞房、鹘房、十五善射、善骑射、善鹘射，悉如古人侍中、给事之任。"[19]侍卫久在御前，职位清贵，官品既高，升迁又速，向来为满蒙勋贵子弟飞黄腾达之捷径。清代由侍卫入仕，最终出将入相，权倾一时者为数不少，如康熙朝的明珠、索额图，雍正朝的鄂尔泰、隆科多，乾隆朝的傅恒、和珅等。王府护卫出身，后期荣膺显秩者亦不乏其人，如康熙宠臣、曹雪芹曾祖父曹玺（正白旗包衣），平定三藩时战功卓著的孙思克（正白旗汉军），二人都曾是多尔衮王府护卫。多尔衮顺治七年薨逝，八年（1651）爵位被革，所领之正白旗被收归皇帝掌管。曹玺由王府护卫改任御前二等侍卫，孙思克被授予佐领并升刑部理事官，从此开启了仕途的新篇章。

（二）议政大臣

议政大臣，在碑阳的诰封圣旨中写作"黑白昂邦"，满语作"heibei amban"，即有资格参与议政王大臣会议的大臣。

议政王大臣会议制度是清早期重要的政治制度，早在天命初年已有雏形。努尔哈赤任命费英东、额亦都、何和礼、扈尔汉、安费扬古为五大臣，与八旗旗主共同议政，"凡事俱五日一听断于公所"[20]。天命十一年（1626）九月，皇太极继位为汗，与诸贝勒议定，每旗设"总管大臣一"，"凡议国政，与诸贝勒偕坐共议之，出猎行师，各领本旗兵行，一切事物，皆听稽查"。王先谦注解说，此"总管旗务之八大臣"，"如前此之固山额真兼议政大臣"[21]。崇德二年，"命贝子尼堪、罗托、博洛等与议国政。每旗复设议政大臣三员"，以巩阿岱、图赖、锡翰等人担任[22]。

议政大臣并无品秩，均为其他衙署官员兼任，品级依从原官而定，多以皇族贵胄和满洲文武重臣简充。交由议政大臣议定的多是涉及军务、边疆民族实务或重大案件等国家机密要务，为保密而不经内阁票发。议政大臣绝大多数都是满洲旗人，蒙八旗入选者凤毛麟角，遑论汉军。议政王大臣会议制度可称是满洲贵族对国家统治权力的直接体现。

顺治初年，多尔衮将支持自己的席讷布库、博尔惠、苏拜、白尔赫等人任命为议政大臣，打压了反对的声音，通过议政王大臣会议幽禁豪格，贬斥济尔哈朗，独掌大权。多尔衮薨逝后，顺治帝亲政，十年间任命议政大臣 37 名，远超多尔衮时期的 9 名。新任命的议政大臣除满洲旗人外，还包括了明安达礼、济席哈等蒙古旗人和范文程、宁完我等汉军旗人，职位上包括了部院大学士、尚书等文臣，以及侍卫、王府长史等。议政大臣的成分更加多样化，权力职掌也较前期有所扩大，"举凡军国政务、封藩袭爵、铨官置吏、礼聘嗣典乃至兴利除弊、决科断狱等等，都在议处之列"[23]，所议大事，"诸大臣佥议既定，虽至尊无如之何"[24]。

表一　清爵职名称演变简表[32]

天命五年	天聪八年（1634）	顺治四年	乾隆元年（1736）	乾隆十六年
一等总兵官	一等昂邦章京	一等精奇尼哈番	一等子	
二等总兵官	二等昂邦章京	二等精奇尼哈番	二等子	
三等总兵官	三等昂邦章京	三等精奇尼哈番	三等子	
一等副将	一等梅勒章京	一等阿思哈尼哈番	一等男	
二等副将	二等梅勒章京	二等阿思哈尼哈番	二等男	
三等副将	三等梅勒章京	三等阿思哈尼哈番	三等男	
一等参将	一等甲喇章京	一等阿达哈哈番	一等轻车都尉	
二等参将	二等甲喇章京	二等阿达哈哈番	二等轻车都尉	
三等参将	三等甲喇章京	三等阿达哈哈番	三等轻车都尉	
一等游击				
二等游击				
三等游击				
备御	牛录章京	拜他喇布勒哈番	骑都尉	
	半个牛录章京	拖沙喇哈番	云骑尉	
				恩骑尉

清圣祖玄烨同是幼龄即位，前期由权臣辅政，议政大臣会议国政，对政局仍有较大的影响。圣祖亲政后，随着皇权的加强，议政大臣的权限逐渐缩小。康熙八年八月初二日谕旨："其诸王贝勒之长史、闲散议政大臣，俱令停其议政"[25]，减少诸王对朝政的影响力。雍正年间军机处设立后，满洲贵族议政的旧制日益衰微，至乾隆五十六年（1791）上谕，"所有议政空衔，着不必兼充"[26]，议政大臣会议制度彻底停罢。

（三）资政大夫

资政大夫为文散官，阶正二品。清代封赠制度有文武之别，而八旗官员诰封例用文衔。顺治五年定制：凡遇恩诏，一品封赠三代，诰命四轴；二、三品封赠二代，诰命三轴；四、五品封赠一代，诰命二轴；六、七品封赠一代，敕命二轴；八、九品止封本身，敕命一轴[27]。博博尔代任一等护卫，为正三品，三等阿达哈哈番世职亦同正三品，能够享有正二品诰命并封赠三代，为顺治十四年"恭遇覃恩"得以晋阶的结果。

在朝廷有重大活动时，会特下恩诏，对各级官员普行封赠，是谓"覃恩"。清制规定：覃恩封赠五品以上官员及世爵承袭罔替者，发给诰命；覃恩封赠六品以下官及世爵有袭次者，发给敕命。博博尔代墓碑所刻诰命为顺治十四年三月初十下旨。据《清世祖实录》记载，"三月初六日，如冬至祈谷仪恭祀上帝，奉太宗文皇帝同配。于初九日，如夏至仪恭祀皇地祇，奉太祖武皇帝、太宗文皇帝并配，式举宏章，宜颁湛惠"[28]，为此，世祖昭告天下，封赠百官。

诰命圣旨的写法有着严格规定，二品官员"起句六，中十二句，结句六"[29]，由内阁撰定程式，不同大臣的诰命，只需在生平事迹部分加以更改即可。刊刻三月初十日诰封圣旨的碑刻非常多，《雪屐寻碑录》即收录 27 种。北京石刻艺术博物馆所藏"穆哈达墓碑"[30]"穆尔太墓碑"，碑阳同样刊刻三月初十日诰封圣旨，其中"褒忠表义，昭代之良规，崇德报功，圣王之令典""钦予时命，励尔嘉猷"等句，均与博博尔代诰命一般无二。

四、博博尔代的世职授予与传袭

在提及博博尔代初获的世职时，《钦定八旗通志》中记为"牛录章京"，碑文中却称作"拜他喇布勒哈番"，随后还出现了"拜他喇布勒哈番又一拖沙喇哈番""阿达哈哈番""骑都尉"等名称，这实际上反映了清代异姓封爵制度形成过程中的不同阶段。

清代的爵位分为两个系统，即宗室封爵和异姓封爵。封爵制度既借鉴了历代王朝的旧例，也有着自身鲜明的特色。

清代的异姓封爵之制起源于后金天命五年（1620）努尔哈赤借取明朝官制创设的武爵制度，初分为总兵官、副将、参将、游击、备御五等十五级。"帝论功序爵，列总兵之品为三等，副、参、游亦如之。其牛禄厄真俱为备御，每牛禄下立千总四员"[31]。此时官、爵同名，合一授予。天聪以后逐渐官、爵分离，百余年间，爵职的名称在满、汉之间几经改易，等阶亦有变化。至乾隆十六年（1751），对封赠袭次已完之阵亡者等外施恩，增设恩骑尉，使异姓封爵演化为公、侯、伯、子、男、轻车都尉、骑都尉、云骑尉、恩骑尉九等二十七阶，遂为定制。其中前五等称为世爵，后四等称为世职。《世职表》对博博尔代家族所袭爵位有三种表述：牛录章京、三等阿达哈哈番、骑都尉，实际反映了清代异姓世爵世职制度中几次较大的变革。为方便对照，现将总兵官及以下爵职名称的变迁列表一。

清代获得封爵的途径主要有功封和恩封两种。努尔哈赤创设武爵制度之初，便尤其强调爵位授予的"功封"特色，只要有功（包括战阵之功和归降之功），"虽微贱至仇，立为升赏，登时富贵"[33]。直至顺、康年间，统治者仍奉行"论功序爵"这一基本准则，通过以军功为主的世爵世职封赠，激发八旗的战斗力。

博博尔代的爵位获取则属于恩封。《世职表》记载，"顺治四年特恩授牛录章京。""特恩"是皇帝施赏的恩典，顺治年间特恩授爵的对象有前朝劳绩旧臣及其子弟、皇族等。从碑文的表述来看，博博尔代的"劳绩"无疑是围绕为郑亲王服务而展开的，他能够获得世职在很大程度上是济尔哈朗的意愿，是郑亲王与摄政王多尔衮权力博弈的成果。顺治四年，正是济尔哈朗的地位受到严重打击的时期。正月，济尔哈朗以王殿台基踰制，及擅用铜狮龟鹤，罚银二千两[34]。七月，多尔衮晋封多铎为辅政叔德豫亲王，并谕令停罢济尔哈朗辅政，各部院事务"止令辅政德豫亲王与闻"[35]。对博博尔代的恩赏在侧面反映了此时济尔哈朗并非一味退守，在朝政上仍保持着一定的影响力。

博博尔代在获得世职爵位后，有过两次晋升，第一次升至拜他喇布勒哈番又一拖沙喇哈番，第二次升至三等阿达哈哈番。清代爵位的晋升采取独特的"阶升制"。所谓"阶升制"，就是确定某阶为爵位的基本单位，每次升爵即赐予授爵对象基本单位的世职，最终爵位是由基本单位世职累加后的总量来决定的。天命年间，爵位晋升以"备御"为单位。天聪时，"半个牛录章京"（顺治时改称拖沙喇哈番）逐渐被确定为世职的基本单位，"加等进位袭次，皆以是积焉"[36]，此后一直相沿未变。虽然在封爵过程中不乏破格超授的例子，但大多数人每次晋爵都是增加一个基本单位世职。

博博尔代爵位的晋升并不是由于屡立功勋或考绩优异，而是由"恩诏"所加。覃恩封赠历朝皆有，但恩诏所加仅为官阶，因恩诏晋升世职爵位的，仅顺治一朝。加爵的恩诏共有三次，即顺治五年十一月太祖配天恩诏、八年二月昭圣皇太后上尊号诏以及八年八月皇上大婚与上皇太后尊号诏[37]。顺治五年三月，博博尔代获罪削爵，第一次恩诏时未能加爵。第二次恩诏在八年二月，可见世祖亲政后即刻便恢复了博博尔代的世职爵位。博博尔代的世职经过两次恩诏晋升，第一次升为拜他喇布勒哈番又一拖沙喇哈番，第二次累进为三等阿达哈哈番。

爵位有别于官阶的基本特征，就在于可以世代承传，以爵位带来的政治、经济特权荫蔽子孙后代。清代世职传袭包括世袭罔替和按次承袭两种。顺治以前，世爵世职的承袭方式并无定制，同爵不同袭次的现象普遍存在。顺治八年二月，以昭圣皇太后上尊号，加恩各世爵世职人员，凡原有袭次者，俱准世袭罔替，给予诰命。八月恩诏又定，"先经颁给诰命各官今遇恩诏升授者，于诰命内准增撰世袭罔替"[38]。不论博博尔代的世职此前以何种方式承袭，蒙受恩诏后均已改为世袭罔替。

顺治朝，恩诏加爵普遍与功封之爵一体承袭。顺治十四年七月，大臣能图奏请"其考满所得及恩诏所加，在顺治七年以前，概与承袭，七年以后，止及本身"，竟被治罪，"革去太子少保、骑都尉，戴罪留任副都御史"[39]。至康熙时，便逐步取消恩诏加爵的承袭。四十年定，"三次恩诏所加拖沙喇哈番，遇承袭时销去"[40]。博博尔代蒙受恩诏所加两个拖沙喇哈番在康熙三十年夸色袭爵时仍未取消，至乾隆五年世职第四次承袭时，销去恩诏所加，仅传袭骑都尉。

五、结语

　　博博尔代身为王府包衣，深受郑亲王济尔哈朗信任，并与出身大姓瓜尔佳氏的权臣鳌拜结为姻亲，在鳌拜的支持下，一度面对主家的控告仍能占尽上风。在朝中官至二品，获得世袭爵位，甚至跻身议政之列，参与国家大政和机密要务的决断，在有清一代都是不多见的。墓碑碑阳诰封文书与碑阴文，是目前所知有关博博尔代事迹最为详实的记述，为研究清代王府包衣旗人的身份、作用、仕途发展、爵位获取与承袭等问题提供了十分珍贵的资料。

① 碑文《雪屐寻碑录》有载，然颇有错讹之处。杨海山先生《京郊清代墓碑》亦有收录，并与《雪屐寻碑录》一一核对，可兹参照，但未加句读。讹误两处，碑阳第 6 行作"燠"非"澳"，碑阴第 4 行"南征北讨"，杨文多一"战"字。见［清］盛昱：《雪屐寻碑录》，《丛书集成续编》第 96 册，新文丰出版公司，第 215 页、259—260 页；杨海山：《京郊清代墓碑（续一）》，《北京档案史料》2005 年第 3 辑，第 272—274 页；杨海山：《京郊清代墓碑》，学苑出版社，2014 年，第 187—189 页。

② 《钦定大清会典则例》卷一百三十七，《景印文渊阁四库全书》第 624 册，中国台湾商务印书馆，2008 年，第 321—322 页。

③ 清二品以下无谥，其有予谥者，系奉特旨《清朝通志》卷五十三，万有文库第二集，商务印书馆，1935 年，志 7059。康熙九年(1670)工部题：康熙二年(1663)奉上谕，一品二品官曾经赐谥者，除造坟外，仍与立碑。《清实录》第 4 册《圣祖仁皇帝实录》卷三十四，康熙九年十一月庚申，中华书局，1985 年，第 463 页。

④ 《清实录》第 3 册《世祖章皇帝实录》卷九十七，顺治十三年正月乙酉，中华书局，1985 年，第 756 页。

⑤ 《钦定八旗通志》卷二百九十二《镶蓝旗世职表》，《景印文渊阁四库全书》第 670 册，中国台湾商务印书馆，2008 年，第 580 页。关于博博尔代世职的获得、晋升和继承等问题，后文详述。

⑥ 《清实录》第 5 册《圣祖仁皇帝实录》卷一百六十三、一百六十八、百七十一，康熙三十三年四月己卯、三十四年八月丙午、三十五年二月乙丑，中华书局，1985 年，第 780、822、854 页。

⑦ 《钦定八旗通志》卷十七《旗分志·镶蓝旗满洲佐领下》，《景印文渊阁四库全书》第 664 册，中国台湾商务印书馆，2008 年，第 560 页。

⑧ 《雍正浙江通志》卷一百二十一，《中国地方志集成·省志辑·浙江》第 5 册，凤凰出版社，2010 年，2148 页。

⑨ 如祁美琴认为 booi 是努尔哈赤家族的旗籍"世仆"，属于专称，booi niyalma 多指八旗将领、官员、甲兵等人的家仆，booi aha、aha 身份相同，类同财产；李文益认为 booi 或 booi niyalma 的本质属性是"人"，而 booi aha、aha 的本质属性是"物"，这从根本上决定了两者地位有别、等级有差。参见祁美琴：《试释满洲包衣》，《中央民族大学学报》1995 年第 3 期，《包衣身份再辨》，《清史研究》2013 年第 1 期；李文益：《清入关前 booi niyalma 与 booi aha 的身份及其演变》，《满语研究》2017 年第 2 期。

⑩ 满洲入关前后，都存在以王公隶下包衣披甲从军或作为厮卒跟役随同出征的现象。作为家主跟役的包衣主要负责随身杂役、刺探情报、掳掠战利品等，必要时也需随同作战。参见刘小萌：《库图勒考》，《满语研究》1987 年第 2 期；李文益：《清入关前的户下奴仆兵》，《吉林师范大学学报（人文社会科学版）》2017 年第 6 期。

⑪ 《清实录》第 3 册《世祖章皇帝实录》卷三十七，顺治五年三月己亥、辛丑，中华书局，1985 年，第 296—300 页。

⑫ 《清实录》第 3 册《世祖章皇帝实录》卷七十九，顺治十年十二月丁卯，中华书局，1985 年，第 626 页。

⑬ 《清实录》第 4 册《圣祖仁皇帝实录》卷三十，康熙八年七月甲辰，中华书局，1985 年，第 412 页。

⑭ 《清实录》第 4 册《圣祖仁皇帝实录》卷二十六，康熙七年六月丙子，中华书局，1985 年，第 361 页。

⑮ 《清实录》第 2 册《太宗文皇帝实录》卷三十七，崇德二年七月辛未，中华书局，1985 年，第 483 页。

⑯ 《清实录》第 3 册《世祖章皇帝实录》卷十一，顺治元年十一月甲午，中华书局，1985 年，第 106 页。

⑰ 陈章：《论清代 hiya 与 giyajan》，《满语研究》2016 年第 1 期。

⑱ 《清朝文献通考》卷八十九，《万有文库》第二集，商务印书馆，1936 年，第 5641—5642 页。

⑲ ［清］福格：《听雨丛谈》卷一，中华书局，1997 年，第 25 页。

⑳ ［清］蒋良骐：《东华录》卷一，天命元年七月，《续修四库全书》第 368 册，上海古籍出版社，2002 年，第 260 页。

㉑ ［清］王先谦：《东华录》天命十一年九月丁丑，《续修四库全书》第 369 册，上海古籍出版社，2002 年，第 51 页。

㉒ 《清实录》第 2 册《太宗文皇帝实录》卷三十四，崇德二年四月丁酉，中华书局，1985 年，第 444 页。

㉓ 杜家骥：《对清代议政王大臣会议的某些考察》，《清史论丛》第七辑，中华书局，1986 年，第 115—124 页。

㉔ ［清］谈迁：《北游录·纪闻下·国议》，中华书局，1960 年，第 368 页。

㉕ 《清实录》第 4 册《圣祖仁皇帝实录》卷三十一，康熙八年八月壬戌，中华书局，1985 年，第 415 页。

㉖ 《清实录》第 26 册《清高宗实录》卷一千三百八十九，乾隆五十六年十月乙丑，中华书局，1985 年，第 660 页。

㉗ 光绪朝《钦定大清会典事例》卷五百八十三《兵部》，光绪十二年刻本，第 1—4 页。

㉘ 《清实录》第 3 册《世祖章皇帝实录》卷一百八，顺治十四年三月癸丑诏书，中华书局，1985 年，第 847—848 页。

㉙ 光绪朝《钦定大清会典事例》卷十五《内阁·职掌·诰敕之式》，光绪十二年刻本，第 95 页。

㉚ 《雪屐寻碑录》未收。

㉛ 《清入关前史料选辑》第一辑《清太祖武皇帝实录》，中国人民大学出版社，1984 年，第 362 页。

㉜ 根据张玉兴：《清世爵世职演变简表》、李文益：《清世职名称演变简表》改作。参见张玉兴：《关于清代八旗等某些表述问题的辨正》，《中国史研究》2002 年第 2 期；李文益：《清包衣牛录下人世职制度初探》，《明清论丛》第十九辑，故宫出版社，2020 年，第 127—128 页。

㉝ 《清入关前史料选辑》第二辑《天聪朝臣工奏议》，中国人民大学出版社，1989 年，第 26 页。

㉞ 《清实录》第 3 册《世祖章皇帝实录》卷三十，顺治四年正月庚午，中华书局，1985 年，第 248 页。

㉟ 《清实录》第 3 册《世祖章皇帝实录》卷三十三，顺治四年七月乙巳，中华书局，1985 年，第 270 页。

㊱ 《清会典》卷十二，中华书局，1991 年，第 102 页。

㊲ 房德邻：《清顺治朝"三遇恩诏"考》，《明清论丛》第十二辑，故宫出版社，2012 年 6 月，第 422 页。

㊳ 《清实录》第 3 册《世祖章皇帝实录》卷五十三、五十九，顺治八年二月己丑、八月丙寅，中华书局，1985 年，第 420、469 页。

㊴ 《钦定八旗通志》卷一百六十五，《景印文渊阁四库全书》第 666 册，中国台湾商务印书馆，2008 年，第 790—791 页。

㊵ 《八旗通志初集》卷三十七，东北师范大学出版社，1985 年，第 693 页。

大觉寺乾隆帝御赐匾额考

张杰燕

　　大觉寺位于北京市阳台山东麓，始称"清水院"。根据寺内发现的《阳台山清水院创造藏经记》碑所载，辽咸雍四年（1068）"清水院"就已经在北京地区享有盛名，是名副其实的千年古刹，自金章宗起又具有皇家别院行宫的职能，是金代"西山八院"之一，宣德三年（1428），宣德皇帝斥资重修后，赐名大觉禅寺，自此大觉寺一名沿用至今。清代乾隆帝尤爱大觉寺，乾隆十二年（1747）乾隆帝巡幸大觉寺后，为其拨帑修缮，御赐匾额数面，匾文笔体苍劲有力，端庄大气，意义深远，颇有禅机。历经两百多年沧桑岁月，有些匾额依然存在，有些匾额历经变换，而有些却因为历史的更迭而遗失未能保存至今（见附表）。

一、《日下旧闻考》中乾隆朝大觉寺御制匾额记录

　　大觉寺在乾隆十二年（1747）曾得到过一次大规模的修缮，在《钦定日下旧闻考》中有这样一段记录：

　　乾隆十二年，皇上发帑重修。寺内弥勒殿额曰圆证妙果。正殿额曰无去来处。无量寿佛殿额曰动静等观，大悲坛额曰最上法门，皆皇上御书。寺旁精舍内恭悬世宗御书额曰四宜堂，皇上御书额曰寄情霞表。联曰：清泉绕砌琴三叠，翠筱含风管六鸣。又联曰：暗窦明亭相掩映，天花洞水自婆娑。憩云轩，轩名额，并轩内额曰涧响琴清。联曰：风定松篁流远韵，雨晴岩壑展新图。又联曰：泉声秋雨细，山色古屏高。①

　　上文中记载，大觉寺现存天王殿即弥勒殿，曾经挂有乾隆帝御题匾额"圆证妙果"（图一），大雄宝殿悬挂乾隆帝御题匾额"无去来处"，无量寿佛殿悬挂乾隆帝御题匾额"动静等观"（图二），大悲坛悬挂乾隆帝御题匾额"最上法门"，寺旁精舍内有雍正帝御题匾额"四宜堂"，乾隆御题匾额"寄情霞表"，憩云轩乾隆御题匾额"憩云轩"，憩云轩内御题匾额"涧响琴清"。值得注意的是，这里所说的寺旁精舍内"四宜堂"匾额，并没有指明是室内还是室外。《钦定日下旧闻考》中所记录的这部分内容也是目前学界公认的大觉寺乾隆时期匾额最详实的史料。

二、《清宫内务府造办处档案》中乾隆朝大觉寺御赐匾额记录

　　在乾隆十三年造办处六月十八日，木作档案中记录：

图一　大觉寺天王殿旧照（图片来源于网络）

图二　大觉寺无量寿佛殿"动静等观"匾额

作者单位：北京大觉寺与团城管理处

十八日司库白世秀来说首领文旦交，御笔白笺纸"动静等观"匾文一张，御笔白笺纸"无去来处"匾文一张，御笔白笺纸"圆证妙果"匾文一张，御笔白笺纸"同佛慈力"匾文一张，御笔白笺纸"最上法门"匾文一张，御笔白笺纸"领妙亭"匾文一张，御笔白笺纸"涵远斋"匾文一张，御笔白笺纸"憩云轩"匾文一张，传旨将"动静等观""无去来处"各做龙边木字匾一面，其"圆证妙果""同佛慈力""最上法门"做金线横斗子匾三面，其"领妙亭""涵远斋""憩云轩"匾文三张先画样呈览，准时再做，钦此。②

值得注意的是，同在乾隆十三年造办处六月十八日的裱作档案中有这样一条记录：

十八日司库白世秀来说首领文旦交，御笔黄绢"山响琴清"匾文一张，御笔黄绢对一副，御笔米色绢"寄情霞表"匾文一张，御笔米色绢对一副，御笔米色绢挑山一张，御笔粉红绢对一副。传旨将黄绢匾文、对联，米色绢匾文、对联，各做锦边壁子匾，对一分，其米色绢挑山粉红绢对各托纸，钦此。③

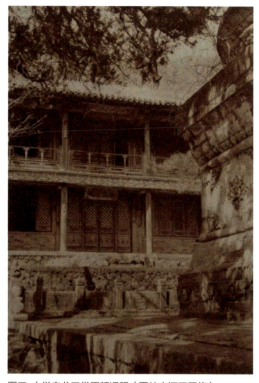

图三 大觉寺龙王堂匾额旧照（图片来源于网络）

三、造办处档案与《日下旧闻考》中大觉寺乾隆御题匾额对比

根据清代匾额制作的规制来看，匾额按照质地大体可以分为三种，一是砖石建筑物的墙体和墩台上镶嵌的石质匾额，例如大觉寺山门殿上悬挂的"敕建大觉禅寺"就是石质匾额，这种材质的匾额在造办处档案中少有记录；二是建筑外檐和内檐悬挂的木质匾额，例如大觉寺大雄宝殿外檐悬挂的"无去来处"，由于这种匾额多为木制，所以在造办处档案中多归属于"木作"，"作"这里是指作坊的意思；第三种是悬挂于室内的壁子匾，不同于室外匾额的材质，一般是在木质的格栅上装裱绫绢，因为重量较轻，所以又称为"壁子"，适合室内墙壁悬挂，所以这种匾额在造办处档案中称为"裱作"，并多配以楹联，例如大觉寺四宜堂内悬挂的 "寄情霞表"，楹联为"清泉绕砌琴三叠，翠筱含风管六鸣"和"暗窦明亭相掩映，天花涧水自婆娑"。

从前文所述两处造办处档案中的记载，我们发现造办处档案与《钦定日下旧闻考》中所记录的大觉寺匾额、楹联等内容基本上能符合，但有几处略有不同，分别是"同佛慈力""领妙亭""涵远斋"与"山响琴清"。

在造办处档案中记载的"同佛慈力""涵远斋"与"领妙亭"这三块匾额由于记载由木作所造，因此推测，该处制作的匾额均为室外悬挂。根据清乾隆时期匾额的制作样式我们可以确定"动静等观"与"无去来处"的规制相同，在造办处档案中，乾隆帝要求制作为龙边木字匾，这也与现今我们看到大觉寺内大雄宝殿和无量寿佛殿，两殿上悬挂的匾额一致。按照乾隆帝的旨意，"圆证妙果""同佛慈力"和"最上法门"这三面匾额做金线横斗子匾。在清代，以故宫为例，中轴线上重要建筑物使用最为普遍的是斗子匾。因其横截面像古时用来称米的斗，故命名为斗子匾。在古代建筑中，斗子匾占有重要地位，安装前需请旨，并遣大臣祭告。

（一）同佛慈力

据《钦定日下旧闻考》记载，弥勒殿匾额为"圆证妙果"，大悲坛匾额为"最上法门"，虽然这两块乾隆御题匾额已经无存（如今大悲坛悬挂"最上法门"为清末醇亲王所书，弥勒殿"圆证妙果"于清末遗失），但两块匾额的制作样式和规制都是相同的，并且全部在大觉寺中路殿宇悬挂，可以看出大觉寺中路建筑的匾额规制应较高。以此类推，有着同样规制的"同佛慈力"也应是在寺庙中路的殿宇上所挂，而中路的建筑除弥勒殿、大雄宝殿、无量寿佛殿、大悲坛外只剩余"龙潭"西侧的龙王堂一所建筑。

根据拍摄的旧照可以看出，龙王堂是依山势而建的双层阁楼，上下两层皆有匾额。下层依稀可辨"香云法雨"

（图三），造办处乾隆帝一朝档案中有记录"香云法雨"匾为静明园所有，制作款式为锦边壁子匾。这里所悬挂的匾额明显不是乾隆所题，据民国时奉宽所著的《妙峰山琐记》记载：

> 大觉寺在徐各庄村西，山麓东向……各殿有慈禧皇太后御书"真如正觉""法云自在""灵鉴七宝""祥云普度""香云法雨""多罗秘藏""象教宏宣""法善吉祥""法卫香台"诸额，又御书联曰："三明广路灵机辟，八解遥源妙谛窥"。又联"金绳路启三千界，宝盖香飞十二城"。皆黄缣墨书，钤用御宝。④

可以得知，此处所挂"香云法雨"为慈禧所题。而上层匾额字迹已经漫漶不清，可以看出年代久远，但匾额规制却清晰可辨，正是斗子匾的形制。

此外，根据道光十二年（1832）爱新觉罗·奕绘作《宿大觉寺》一诗，对大觉寺各处景致进行了细致入微的描写。其中便有这样一句诗句"迢迢大觉寺，远在西山隈。薄游散烦暑，绤衣扑黄埃。山僧睹客面，知自尘中来。引我登上池，清泉喷龙腮。洗涤法眼净，盥漱烦襟开。龙力同佛慈，天语题崔嵬"⑤。

"同佛慈力"寓意与佛陀一样具有慈爱众生的无畏力量。

根据《定庵全集》记录："（清高宗）纯皇帝置行宫，实东巡之所憩，州南门之外有泉焉，曰龙王泉，泉上有龙王祠，泉南流西南又有泉焉出大觉寺"⑥。从这一段话可以得知，在大觉寺及其附近泉水颇丰，古时确实会在泉水汇集和涌出的地方修建祭拜龙王的场所，同时在《钦定日下旧闻考》中曾经记录"寺内龙王堂辽碑，咸雍四年立"便更加可以确定，龙王堂在乾隆时期就已经存在了，但在其记录中却没有龙王堂的匾额。《钦定日下旧闻考》为于敏中等奉敕编，始修于乾隆三十八年（1773），成书于乾隆四十七年（1782），此书为皇家典籍工程，其修书时的谨慎程度可想而知。然而即使再细致的校对也难免会出现疏漏，在清高宗起居注，乾隆四十五年十月中曾有载：

> 吏部等衙门奏，纂辑《日下旧闻考》错误未经详查之编修蔡廷衡，其覆核之侍讲张焘及英廉、梁国治均照例察议一疏，奉谕旨，蔡廷衡着罚俸六个月，英廉、梁国治俱着罚俸三个月，张焘着销去纪录一次免其罚俸。⑦

笔者发现同在《钦定日下旧闻考》中有《实胜寺碑记》一文也存在书中记录内容与碑文刻录内容不一致的情况，书中写道"则是地者岂非绥靖之先声继武之昭度哉！因命择向庀材建寺于碉之侧名之曰实胜"⑧，而实际碑文却刻录为"则是地者岂非绥靖之先声继武之昭度哉！因命于碉傍就旧有寺，新之易其名曰实胜"。所以"同佛慈力"匾额为何没有载入书中，究竟是编修的疏漏还是其他原因还有待进一步考证。

（二）领要亭

根据乾隆十三年（1748）造办处匾额制作的档案可以得知，"领妙亭"匾额为乾隆御题。在乾隆三十一年（1766）五月十八日，乾隆帝巡幸大觉寺时还创作了一首名为《领妙亭》的诗，"四柱孤亭倚碧山，飞流足底落屏颜。问余领妙于何处，只在麦场禾陇间"。该诗被收录在御制诗初集卷第三集内，此时的领妙亭还没有更名，"领妙亭"是如何变为"领要亭"的，这要从乾隆帝的御制诗说起。乾隆三十三年（1768）六月初六日，乾隆帝再一次来到大觉寺，即兴赋诗《领要亭》一首："笠亭栖嶕峣，如鸟翼然。层峰屏峙后，流泉布瀑前。山水之趣此领要，付与山僧阅小年。"在随后的乾隆三十三年造办处六月十六日，油木作档案中便出现这样一条记录：

> 十六日太监吕进忠来说首领董五经交，御笔白纸领要亭匾文一张（大觉寺行宫），传旨，着做粉油板蓝字匾一面，钦此。⑨

由此可以得知，领要亭在乾隆三十三年六月前应称为领妙亭，在乾隆三十三年六月即兴作诗后根据此首诗名才进行的更名，自此领要亭一名沿用至今（图四）。

（三）涵远斋

圆明园著名的四十景之一"汇芳书院"内悬有"涵远斋"匾额，而大觉寺内的建筑中也曾经悬挂"涵远斋"的匾额。

图四 领要亭旧照（图片来源于网络）

据乾隆十五年（1750）造办处档案中，五月二十八日记事录载：

二十八日员外郎白世秀，司库达子来说，太监胡世杰传旨，大觉寺跨所前殿现挂之"涵远斋"匾，着造办处连匾钉挺勾摘下送往静宜园，钦此。⑩

通过此处造办处档案的记载，首先可以证实乾隆十三年造办处所制作的"涵远斋"匾额确实是乾隆帝为大觉寺御笔亲题。其次，御旨中称跨所前殿，殿在我国古代一般指高大的建筑，而大觉寺行宫在寺的南路，共有三组建筑，自西向东分别是憩云轩、四宜堂以及四宜堂东侧的一座高大的建筑，后人传说这里是大觉寺的戒堂，由此推测曾经的"涵远斋"匾额应悬挂于此。由于匾额被取走，乾隆帝又没有赐与其他匾额，所以这可能就是此座殿宇没有悬挂任何匾额，甚至连匾钉钩也没有的原因。

（四）山响琴清

"山响琴清"原为憩云轩内的壁子匾。乾隆十三年（1748）造办处档案中此匾记为"山响琴清"，但《钦定日下旧闻考》中却变为"涧响琴清"，由于历史更迭，此匾额已遗失。至于此匾文为何在文献中记载不同，还有待考证。

四、"四宜堂"匾额与大觉寺

除上文所述御赐匾额外，大觉寺还曾悬挂有"四宜堂"匾额。"四宜堂"与乾隆帝之父雍正帝有着重要的关系，"四宜堂"是雍正帝的书屋，他也用"四宜堂"来命名诗集和法帖。那么大觉寺曾经悬挂的"四宜堂"匾额是否为雍正帝所赐？雍正帝与大觉寺有何特殊关系，这要从雍正帝与大觉寺一位高僧的渊源谈起。

康熙五十九年（1720），尚为雍亲王的胤禛出资修葺茸京西名刹大觉寺，并力荐临济宗高僧迦陵性音禅师任大觉寺方丈。至今在大觉寺南侧碑亭内的石碑上还记录着雍亲王手书《送迦陵禅师安大觉方丈碑记》的碑文。这位禅师与雍正帝关系错综复杂，雍正帝早在潜邸时，迦陵性音禅师在雍亲王府邸附近的柏林寺做住持，雍正常宴请迦陵禅师为上宾，时常与其省究禅宗精义，称赞他无论是在人品还是对佛法的参悟远超其他僧人，甚至还引其密参帷幄。迦陵禅师在雍正初年辞去大觉寺方丈云游到江西，雍正四年（1726）九月圆寂于庐山归宗寺，雍正帝为了表彰他真修翼善的功绩，下命追赠国师，赐给"圆通妙智大觉禅师"谥号，将其语录收入经藏。不过在雍正后期对迦陵禅师的态度，前后有巨大变化，说其行为不端，热衷红尘俗务，并在谕旨中说："朕从前失于检点，亦性音辜负朕恩处"，令削去其国师封号，并将其已收入《大藏经》的佛学著述撤出。雍正十一年（1733）雍正帝又对迦陵禅师的学养、人品和生平法事活动，进行了更全面的否定，并竭力掩饰自己曾与迦陵等僧人有过亲密往来的历史。

至于大觉寺的"四宜堂"匾额何时被赐予大觉寺，著名的文物专家和历史学家、故宫博物院研究员朱家溍（字季黄，号宝襄斋，笔名贞吉）先生在《西山大觉寺行宫》一文中根据雍正帝前期对大觉寺的关注、迦陵禅师与雍正帝的这些千丝万缕的关系，认为大觉寺行宫取名为四宜堂是雍正赐题。后又有部分学者因乾隆帝在乾隆三十一年（1766）、乾隆三十三年（1768）所写的两首诗中的注解而认为"四宜堂"匾额是雍正帝赐予大觉寺的。

《四宜堂》
花宫右侧有书堂，楣额虔瞻御藻光。（堂额乃皇考御笔书赐者）
笔法讵惟仰鸾凤，心传直欲溯羹墙。
秋冬春夏四漎漉，明暗色空一幻常。
小坐便当催辔去，柳阴好趁午风凉。⑪

《右四宜堂》
佛殿边傍精舍存，肃瞻圣藻勒楣轩。
四宜春夏秋冬景，了识色空生灭源。
（大觉寺皇考潜邸时曾与重修四宜堂即赐题也）⑫

然而笔者却根据造办处档案记载发现，雍正十三年（1735）八月初七日，《造办处活计档·眼镜作》载：

八月初七日，据圆明园来帖内称司库常保来说，太监刘仓州传旨，勤政殿四宜堂着安眼镜三副钦此（于本日将做得备用玻璃圈刚簧黑撒林皮拱花盒上用水晶茶晶眼镜各一副交首领太监陆全义持去讫）。[13]

此时距雍正帝驾崩还有两个月，"四宜堂"匾额还高悬于颐和园勤政殿旁边的殿堂门楣上。另根据乾隆十年（1745）七月初七日造办处木作档案载：

太监胡世杰传旨，将所有圣祖、世宗御笔外檐匾额，并朕御书之外檐匾额俱各查来呈览，钦此。于本月初十日，司库白世秀，将查得造办处旧贮楚山吴岫云林等匾五十四面持进交太监胡世杰呈览。奉旨将"鹤禁资善"匾上字起下收贮，用旧胎骨见新另写字成做。其"承华堂"将字样去，亦另写字仍做黑地白字假墨刻。其"待月亭""怡情书史"着收拾在香山挂，其"涧碧溪清""绿筠深处""爱虚心""学古堂""漱芳润""翠栢苍松""水客峰""翠卧云霞""四宜堂""松柏室"俱收拾粘补见新，其余四十匾仍着收贮，钦此。[14]

此处档案我们可以得知，在乾隆十年（1745）七月，乾隆帝曾命人将祖父和皇考曾经在圆明园内的御题匾额进行了收集整理，在乾隆帝御览后，命造办处将"翠卧云霞""四宜堂""松柏室"等十四块匾额收拾粘补见新，其余的四十块匾额全部收藏起来。通过这一处档案的记载内容，可以得知"四宜堂"为外檐匾额。在随后的乾隆十三年（1748）造办处档案，七月初九记事录载：

初九日，司库白世秀来说，太监胡世杰传旨，妙高堂现挂"四宜堂"匾一面，着交三和挪在大觉寺，看地方挂，钦此。[15]

根据此处档案，我们可以了解到，此时的"四宜堂"匾额，早已调整了悬挂的位置。据《钦定日下旧闻考》载，"妙高堂"在静宜园来青轩西侧，现已遗迹全无。"四宜堂"匾额在乾隆十年翻新后，被悬挂在静宜园的妙高堂。乾隆十三年（1748）六月乾隆帝巡幸大觉寺行宫小住后，也许是想到了幼年时期常常在雍王府看到的迦陵和尚，也许是感念世宗与大觉寺的渊源，便命人将悬挂在妙高堂，已经收拾见新的匾额移至大觉寺，所以大觉寺的"四宜堂"匾额应是乾隆帝赐予的。

也许会有人心存疑虑，毕竟有清一代，皇家御赐匾额曾有同一内容，赐予不同地点的情况，如大觉寺的"无去来处"匾额也曾被赐予乾隆南巡途中的幽栖寺，"圆证妙果"匾额在香山的碧云寺也曾有一块文字内容一样，但规制不同的匾额。雍正帝虽曾对大觉寺颇为眷顾，但"四宜堂"对于雍正帝来讲意义并不一般，四宜堂是他在位期间常憩之所，位置在圆明园勤政殿后。雍正帝用四宜堂来命名他的诗集，也用四宜堂来命名他的书法集，所以如此重要的四宜堂，应不会在雍正朝轻易赐予一家行宫别院。

五、结语

大觉寺乾隆御赐匾额多发生在乾隆十三年六月第二次巡幸大觉寺后，亲笔御题并命造办处予以制作，匾额的制作样式也是乾隆帝亲定，甚有些匾额需造办处先行画样后才予以准制。乾隆帝御赐大觉寺室外匾额以楷书为主，赵孟頫体为本，楷中有行，体现了清帝的书法造诣。匾文在其文化内涵上也充分反映出清代帝王的哲学思想与文化修养。

匾额是中华民族特有的文化遗产，蕴涵了一定的文化内涵和精神价值，"门楣上家国、梁柱间文脉"，匾上仅寥寥数字，却蕴含了深厚的文化。大觉寺乾隆御赐匾额的变化、增减或可以从一个侧面促进三山五园、皇家园林匾额相互调换研究，或从另一个角度深化作为皇家行宫别院的大觉寺历史的考察和研究。

附表：北京大觉寺乾隆帝御赐匾额名表（摘自内务府造办处活计档案）

匾名	承做作	记载日期	质地	做成日期	悬挂处所	备注
圆证妙果	木作	乾隆十三年六月十八日	金线横斗子匾	乾隆十四年六月十三日	弥勒殿	现已无存
无去来处	木作	乾隆十三年六月十八日	龙边木字匾	乾隆十四年六月十三日	大雄宝殿	龙边木字匾，匾为原物，字为后期修复
动静等观	木作	乾隆十三年六月十八日	龙边木字匾	乾隆十四年六月十三日	无量寿佛殿	乾隆御笔
最上法门	木作	乾隆十三年六月十八日	金线横斗子匾	乾隆十四年六月十三日	大悲坛	乾隆御笔已无存，现为清末醇亲王所题
同佛慈力	木作	乾隆十三年六月十八日	金线横斗子匾	乾隆十四年六月十三日	龙王堂	现已无存
憩云轩	木作	乾隆十三年六月十八日	木胎彩油地青字	乾隆十四年六月十三日	憩云轩	乾隆御笔
涵远斋	木作	乾隆十三年六月十八日	木胎彩油地青字	乾隆十四年六月十三日	跨所前殿（戒堂）	已移至圆明园
领妙亭	木作	乾隆十三年六月十八日	紫檀木边云秋木心青字	乾隆十四年六月十三日	领妙亭	已替换为乾隆御题领要亭
四宜堂	记事录	乾隆十三年七月九日			大觉寺南玉兰院	原挂在静宜园来青轩西侧的妙高堂，于乾隆十三年七月赐大觉寺
涧响琴清	裱作	乾隆十三年六月十八日	锦边壁子匾	乾隆十三年六月二十九日	憩云轩屋内悬挂	在乾隆十三年造办处档案中记录为"山响琴清"，《钦定日下旧闻考》中记载为涧响琴清
寄情霞表	裱作	乾隆十三年六月十八日	锦边壁子匾	乾隆十三年六月二十九日	南玉兰院屋内悬挂	现已无存
领要亭	油木作	乾隆三十三年六月十八日	粉油板蓝字匾		领要亭	现已无存

① [清]于敏中等编撰：《钦定日下旧闻考》卷一百六，北京古籍出版社，1981年，第1764—1765页。
②《清宫内务府造办处档案总汇》第15册，人民出版社，2005年，第695页。
③《清宫内务府造办处档案总汇》第15册，人民出版社，2005年，第607页。
④ 转引自姬脉利等：《大觉寺》，社会科学文献出版社，2016年，第115页。
⑤ 转引自孙荣芬等：《大觉禅寺》，北京出版社，2006年，第225页。
⑥ [清]龚自珍：《定庵全集》第十七卷，中国书店，1991年。
⑦ 中国第一历史档案馆编：《清高宗起居注》卷三十，乾隆四十五年十月。
⑧ [清]于敏中等编撰：《钦定日下旧闻考》卷一百二，北京古籍出版社，1981年，第1690页。
⑨ 中国第一历史档案馆、香港中文大学文物馆：《清宫内务府造办处档案总汇》第32册，人民出版社，2005年，第12页。
⑩《清宫内务府造办处档案总汇》第17册，人民出版社，2005年，第289页。
⑪ [清]爱新觉罗·弘历：《御制诗初集三集》卷五十七，吉林出版集团，2005年，第179页。
⑫ [清]爱新觉罗·弘历：《御制诗初集三集》卷七十四，吉林出版集团，2005年，第441页。
⑬《清宫内务府造办处档案总汇》第6册，人民出版社，2005年，第713页。
⑭《清宫内务府造办处档案总汇》第13册，人民出版社，2005年，第294页。
⑮《清宫内务府造办处档案总汇》第16册，人民出版社，2005年，第216页。

首都博物馆藏《佛说阿弥陀佛经》经板研究

李　梅

一、关于《佛说阿弥陀佛经》

阿弥陀佛是净土教尊崇的佛祖名号，为西方极乐世界的救世主。阿弥陀佛在佛教中位置非常重要，有学者估计，现存大乘佛典中含有赞颂阿弥陀佛内容的经典约占三分之一[①]。

一般认为净土经典是从东汉末年开始在中土传播。阿弥陀佛的信仰从晋以后较为流行。净土宗以专修往生阿弥陀佛净土法门而得名。唐代僧人善导（613—681）创立净土宗[②]。善导曾写阿弥陀经万卷，画极乐净土变相三百余铺，所以后人传为阿弥陀佛的化身，极受尊崇[③]。净土宗倡导三宗一论。三宗指曹魏康僧铠译《无量寿经》二卷；刘宋畺良耶舍译《观无量寿佛经》一卷；姚秦鸠摩罗什译《阿弥陀经》一卷。一论是元魏菩提流支译《往生论》即《无量寿经优婆提舍愿生偈》一卷[④]。《佛说阿弥陀佛经》汉文译本也称《小无量寿经》，简称"小经"，与《无量寿经》《观无量寿经》合称净土三经。一般认为在公元1—2世纪时印度贵霜王朝时期此经在犍陀罗地区流行。汉文经本最早为鸠摩罗什译，一卷。

汉、藏佛教徒中都认为念诵阿弥陀佛能接引念佛人往生西方净土，到达极乐世界。此经内容描述了西方极乐世界的无上美好，倡导世人称念阿弥陀佛名号，"现世常得安稳，临命终时任运往生"。

阿弥陀佛经汉文译本文字简洁，容易上口成诵，加之其修行方法简单，因而传播迅速，信众数量很大，进而有力地推动阿弥陀佛经快速广泛流布。

馆藏大藏经板《佛说阿弥陀佛经》为鸠摩罗什译本，是一部完整的经书。

二、馆藏乾隆大藏经板中的《佛说阿弥陀佛经》经板

乾隆大藏经板清宫初刻时，木材为梨木，选材十分严格。书体遒劲有力，雕刻刀法严谨。卷首和卷末的《佛陀说法变相图》，雕刻极为精美，馆藏中没有此类经板。故宫收藏古籍中有《乾隆版大藏经》，计7167卷。馆藏乾

图一　经板编号 1-A

作者单位：首都博物馆

1 个半页 =1 个版面　　　　界栏　　　文武栏

图二　经板规格

隆大藏经板计 69240 块，全部为经文经板。本文以《佛说阿弥陀佛经》经板为研究对象。

（一）初步分类

本馆馆藏《佛说阿弥陀佛经》经板及题签共 4 块。题签板 1 块，正文经板有 3 块，双面刻字，6 面经文。为便于展开研究，按照经文前后顺序将经板分别编号为 1 号、2 号、3 号。并对于正反面分别编号，为 1-A、1-B、2-A、2-B、3-A、3-B。1 号经板版面命名为 1-A（图一），其余命名方式与此同。题签板编号为 4 号。

（二）版面版式

1. 基本规格

经板尺寸大小一致，为扁平长方体。长 75 厘米，宽 28 厘米，厚 5 厘米。每块经板分为 5 个半页，如图二中框内部分，称为版面，即单张书页的印刷面。每半页 5 行，每行有 17 个字。一块经板一面分 5 个半页，共 25 行字，双面刻字。每一个版面框 27.2 厘米 ×25.7 厘米。上下双边，天稍宽地略窄。每个半页左右有双边，俗称文武栏。两个版面之间有界栏，分割相邻版面。

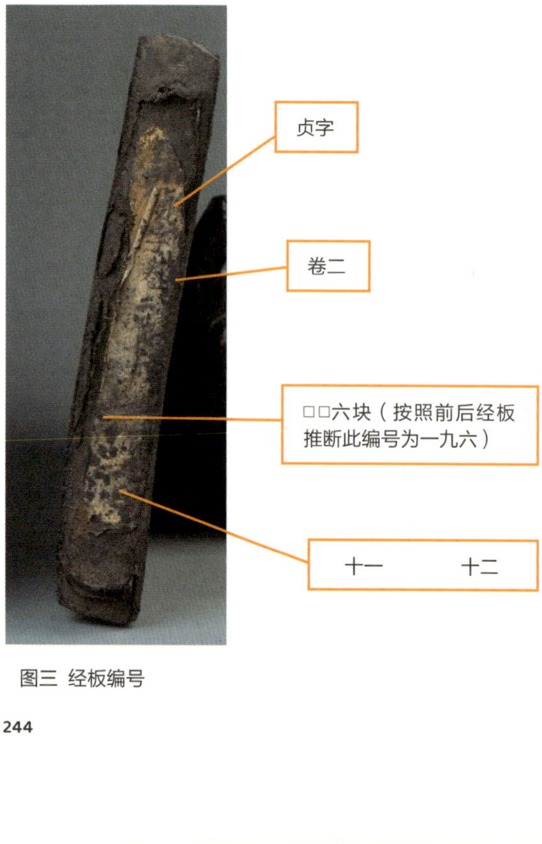

2. 顺序编号

乾隆大藏经经板以《千字文》字序编号，从"天"至"机"，共用 724 字，每字一函，一函 10 卷（册）。各函首册前有佛陀说法变相图，末册有护法天神韦驮像等。各卷末附音释。

馆藏经板仅存经文板，无图画板。《佛说阿弥陀佛经》经板编号为《千字文》之"贞"字部。从经板侧面残存的墨书文字可以辨识，贞字，卷二，□□六块（应为一九六号）见图三。

馆藏《佛说阿弥陀佛经》经板 1-A 正文的第 1、2 版面之间，在界栏中间位置有 "贞二""十一"的标识。贞是《千字文》中第 163 字，佛说阿弥陀佛经在全部经板中为贞字部。"贞二"标明了阿弥陀佛经整部经的顺序位置。十一为编号，用于标注经文前后顺序。

《佛说阿弥陀佛经》经板的编号分别为十一、十二、十三、十四、十五、十六。其中十一、十二为同一个板子的正反面，

贞字

卷二

□□六块（按照前后经板推断此编号为一九六）

十一　　　十二

图三　经板编号

图四　经板正面编号

索引签

图五　经板侧立面索引签

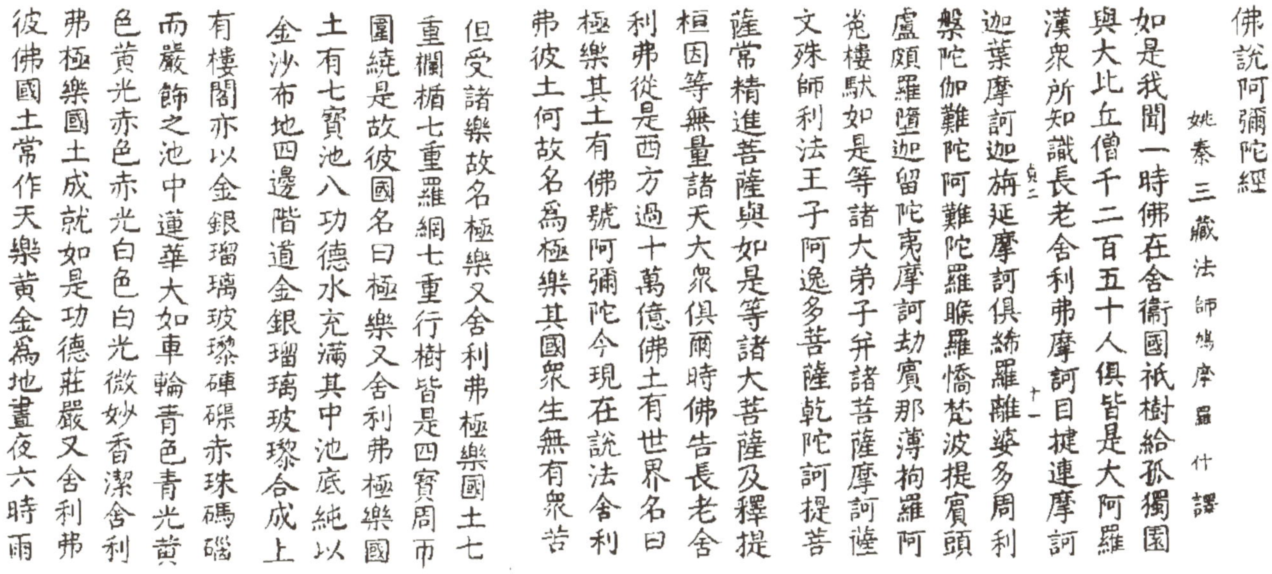

彼佛國土常作天樂黃金為地晝夜六時雨
弗極樂國土成就如是功德莊嚴又舍利弗
色黃光赤色赤光白色白光微妙香潔舍利
而嚴飾之池中蓮華大如車輪青色青光黃
有樓閣亦以金銀瑠璃玻瓈硨磲赤珠碼碯
金沙布地四邊階道金銀瑠璃玻瓈合成上
土有七寶池八功德水充滿其中池底純以
圍繞是故彼國名曰極樂又舍利弗極樂國
重欄楯七重羅網七重行樹皆是四寶周帀
但受諸樂故名極樂又舍利弗極樂國土七
弗彼土何故名為極樂其國衆生無有衆苦
極樂其土有佛號阿彌陀今現在說法舍利
利弗從是西方過十萬億佛土有世界名曰
桓因等無量諸天大衆俱爾時佛告長老舍
薩常精進菩薩與如是等諸大菩薩及釋提
文殊師利法王子阿逸多菩薩乾陀訶提菩
笼樓駄如是等諸大弟子幷諸菩薩摩訶薩
盧頗羅墮迦留陀夷摩訶劫賓那薄拘羅阿
槃陀伽難陀阿難陀羅睺羅憍梵波提賓頭
迦葉摩訶迦旃延摩訶俱絺羅離婆多周利
漢衆所知識長老舍利弗摩訶目揵連摩訶
與大比丘僧千二百五十人俱皆是大阿羅
如是我聞一時佛在舍衛國祇樹給孤獨園
姚秦三藏法師鳩摩羅什譯
佛說阿彌陀經

图六　经板翻转图

十三、十四为一板两个面，十五、十六为一板两个面。经板在界栏的这些编号既能识别板子的顺序，同时也能确定经板的正反两面顺序（图四）。

因经板数量巨大，均摞在一起存放，为便于查找提用，经板侧立面贴签，标出编号，如《佛说阿弥陀佛经》经板"贞字　卷二　一九六块　十一　十二"。目前可以看到至少有两次标注，下层为纸质签，字大，上层为布类签，字体稍小。上层布签上、下端边缘处有缺失，露出下层纸签。纸质签早于布签，推测纸签可能是最初雕刻的清代中期（图五）。

关于《佛说阿弥陀佛经》经板的编号有两个细节需要注意。首先，关于编号所在位置。同一块经版序号所在位置不同，如1-A，"贞二　十一"在左起第1和第2版面之间的界栏中部。而1-B中"贞二　十二"在左起第2和第3版面之间的界栏中部。即单页的编号在第1和第2版面之间，双页的编号在第2和第3版面之间。2号板和3号板的编号位置有同样规律。第二，题签板和内容板标注的贞字部具体内容不同。《佛说阿弥陀佛经》经板为题签板上的"三经⑤一咒同卷　贞二"。依题查找《佛说阿弥陀佛经》时，需要加以注意。

3.经文格式

馆藏《佛说阿弥陀佛经》经板每半页5行，每行有17个字。一块经板一面分5个半页，共25行字。经板双面刻字。据此推断每一块经板刻满约950字。为便于描述，本文在此部分中使用经板翻转照片研究经文格式（图六）。

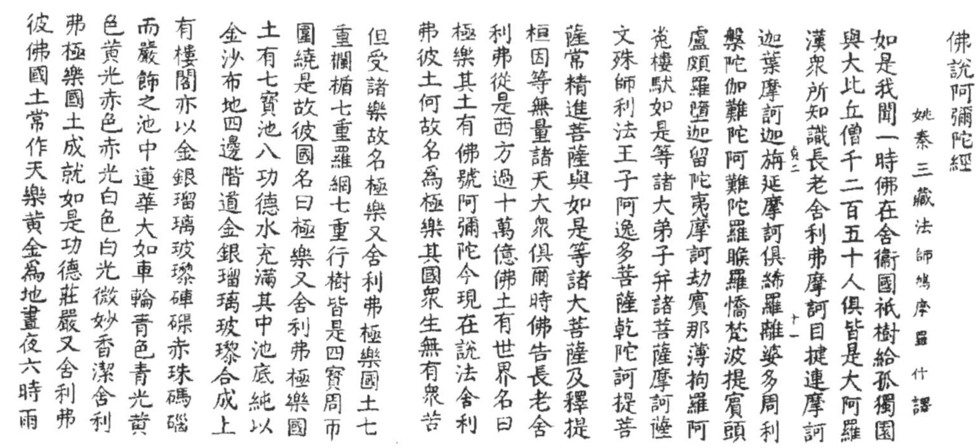

佛說阿彌陀經 姚秦三藏法師鳩摩羅什譯

如是我聞一時佛在舍衞國祇樹給孤獨園
與大比丘僧千二百五十人俱皆是大阿羅
漢衆所知識長老舍利弗摩訶目揵連摩訶
迦葉摩訶迦旃延摩訶拘絺羅離婆多周利
槃陀伽難陀阿難陀羅睺羅憍梵波提賓頭
盧頗羅墮迦留陀夷摩訶劫賓那薄拘羅阿
㝹樓馱如是等諸大弟子并諸菩薩摩訶薩
文殊師利法王子阿逸多菩薩乾陀訶提菩
薩常精進菩薩與如是等諸大菩薩及釋提
桓因等無量諸天大衆俱爾時佛告長老舍
利弗從是西方過十萬億佛土有世界名曰
極樂其土有佛號阿彌陀今現在說法舍利
弗彼土何故名爲極樂其國衆生無有衆苦
但受諸樂故名極樂又舍利弗極樂國土七
重欄楯七重羅網七重行樹皆是四寶周帀
圍繞是故彼國名曰極樂又舍利弗極樂國
土有七寶池八功德水充滿其中池底純以
金沙布地四邊階道金銀瑠璃玻瓈合成上
有樓閣亦以金銀瑠璃玻瓈硨磲赤珠碼碯
而嚴飾之池中蓮華大如車輪青色青光黃
色黃光赤色赤光白色白光微妙香潔舍利
弗極樂國土成就如是功德莊嚴又舍利弗
彼佛國土常作天樂黃金爲地晝夜六時雨

图七 乾隆大藏经印本

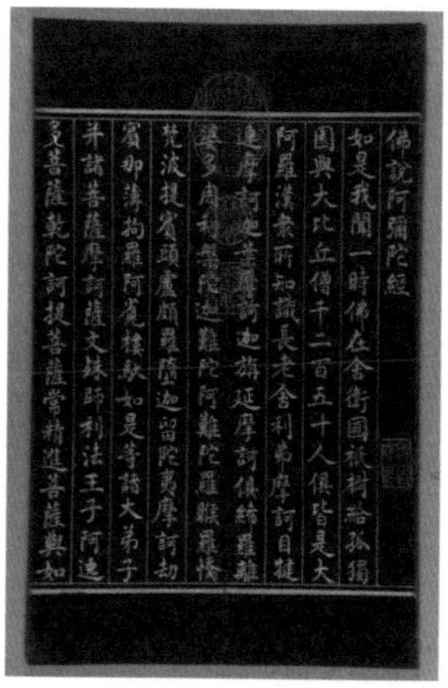

图八 《佛说阿弥陀佛经》清乾隆年弘昐写本

图九 梨木板经板平整如新

一部完整的佛经其结构一般可分为经题、翻译者、正文、文体等部分。馆藏《佛说阿弥陀佛经》经板佛经即此格式，经题"佛说阿弥陀经"，翻译者"姚秦三藏法师鸠摩罗什译"，正文共计1862字。文体为长行散文体裁。此外在《佛说阿弥陀佛经》末尾有"拔一切业障根本得生净土神咒"共59个字15句，每句从一到十五标数。在第一、二、三、四句咒的末尾注音，如第一句末"哆"注切多曷。

正文为正书小楷，字体镌刻秀丽匀称，自然流畅。在故宫所藏古籍中有三个《佛说阿弥陀佛经》写本，即清乾隆年弘昐写本、清乾隆年朱珪写本、清乾隆十二年陈邦彦写本。

馆藏《佛说阿弥陀佛经》经板的书写沿袭北魏敦煌写经以来的经生体风格，每行固定字数，在15—20字之间，馆藏经板为每行17字；满行书写；书法统一、工整，追求一致而抑制个性；整体书写风貌保持高度一致。经文未断句（图七）。将此影印版本与上所列写本对照，认为与《佛说阿弥陀经》乾隆年间弘昐写本，字体相近（图八）。

三、经文

《佛说阿弥陀佛经》与其他佛经相比较而言，经文内容与生活十分接近，所用文字简单易懂，为大众理解诵唱。现将馆藏《佛说阿弥陀佛经》经板与现今通行版对照，有以下三点特别说明。

1. "犍"字应为"揵"字

"摩诃目犍连"⑥在馆藏《佛说阿弥陀佛经》经板中出现在"贞二 十一"中，经板上是用的"摩诃目揵连"，现今通行版中为"摩诃目犍连"。摩诃目犍连有多种译法，以摩诃目犍连最为常见。馆藏经板中的这个名称，字迹十分清晰，可以确定为"扌"偏旁。

2. "巳"与"以"字之混用

在"成佛巳来，于今十劫"这句中，经板中为"成佛巳来"，而现行版为"成佛以来"。此处"成佛巳来，于今十劫"意思为"成佛以来"，而现行版以句意直接写作"以来"。通观乾隆经板的《佛说阿弥陀佛经》整部经文中，有9处使用"以"字，均为"以"字本意。而现行版中独将"成佛巳来"改为"成佛以来"，造成同一部经书中同字用法歧义。见表一，第7条。

表一 全文"以"字统计

序号	现行本	馆藏大藏经板	释义	备注
1	池底纯以金沙布地。	以	用	
2	上有楼阁,亦以金、银、琉璃、	以	用	
3	常以清旦,	以	在	
4	各以衣祴,盛众妙华,供养他方十万亿佛。	以	用	
5	即以食时,还到本国,饭食经行。	以	在	
6	所以者何?彼佛国土,无三恶道。	以	因	
7	成佛以来,于今十劫。	已	助词	同"已"
8	但可以无量无边阿僧祇说。	以	助词	
9	所以者何?得与如是诸上善人俱会一处。	以	因	
10	不可以少善根、福德、因缘,得生彼国。	以	助词	

3. "巳"字写作"已"

经板中的巳字共有4处,见表二。现行版中没有使用"巳"字,使用的是意译之后的"以"或异体字"已"。通过逐一对照,经板中的其他异体字均为经文原字而未经意译,进行意译而后直接使用的意译文字的只有"巳"字,见表二第1条。

表二 《佛说阿弥陀佛经》经板全文"巳"字统计

序号	现行本	馆藏大藏经板	正体字	释义
1	成佛以来,于今十劫。	巳	已	助词
2	舍利弗,若有人已发愿、今发愿、当发愿,欲生阿弥陀佛国者,是诸人等……	巳	已	已经
3	于彼国土,若已生、若今生、若当生。	巳	已	已经
4	佛说此经已,舍利弗,及诸比丘,一切世间天人阿修罗等……	巳	已	完、完毕

四、材质与工艺

1. 梨木

在传统雕版印刷中一般使用枣木和梨木。清代始刻采用的都是梨木。因枣木木质较硬,工匠不易下刀,而梨木的木质较软,年轮均匀,易于下刀,且细小字口不易崩裂。据清史档案记载,对经板木材的选择非常严格。雕板所

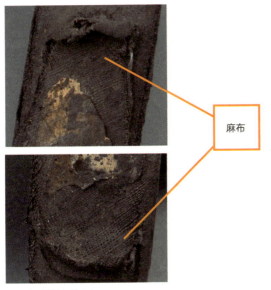

麻布

图一〇 经板上的麻布

披麻挂灰

图一一 披麻挂灰的保护工艺

图一二 经折装经书

图一三 故宫藏《乾隆版大藏经》

用的"梨木惟秋冬收脂之时采买锯板，方得平整不翘，一交春夏难免翘湿。"经过冬天收脂后的梨木板，板材稳定性很好，不易变形，是雕版印刷中最优质的木材（图九）。

2. 披麻挂灰

一块经板重约4.5千克，长75厘米，宽28厘米，厚5厘米。清中期雕刻完成的经板，时隔二三百年，多数板片仍然平整如初。为防止变形开裂，板片四周披麻上漆，又称为披麻挂灰。"麻"就是麻布，"灰"就是灰泥，用猪血调制。顾名思义，披麻挂灰就是用白麻缠裹木胎，再抹上一层砖瓦灰泥，再上漆。披麻挂灰这种工艺最早用于家具表面，在挂灰的麻布上再上漆形成一层有效保护，以防木材开裂（图一〇、图一一）。

3. 装订

经板印刷成书采用"经折装"的装帧形式（图一二、图一三）。经折装，即将长卷佛经从头至尾按照一定行数或者依据一定的宽度折成一叠，前后附封皮封底加以保护，这样的装订形式称为经折装。根据学者对中国古代书籍装帧形式的研究可知经折装是由卷轴装订形式发展而来。"1975年香港中文大学出版的美国芝加哥大学教授钱存训先生的《中国古代书史》，披露了一幅唐写本经折本图版，经名为《入楞伽经疏》，共二百一十一叶，原出自中国敦煌石室，其装帧形式就是左右相连折叠的经折装，这是唐代佛经出现经折装的实物证明"[⑦]。

五、结语

馆藏《佛说阿弥陀佛经》经板保存良好，经文经板，含一经一咒，全文完整。经板所刻经文与现行版经文无明显区别。两个细节不同，一是经板中的"巳"字，在现行版中未见，而以意译的"以"及"已"代替；另一个经板中的"摩诃目揵连"在现行版中以常用的"摩诃目犍连"代替。经文内容除此"巳""揵"两字使用不同之外，再无其他。《佛说阿弥陀佛经》流传范围极广，信者甚众，历久传诵而经文无改，无误，从中也体现出佛家经典的信服力及信众的虔诚。

致谢：邢鹏老师对本文写作的大力支持与热忱帮助。

① 任继愈:《中国佛教史》(一),中国社会科学出版社,1997年,第439页。

② 东晋庐山慧远与十八高贤建立白莲社,发愿往生西方净土,有力地推动了净土思想的传布,被奉为净土宗初祖。慧远之后,善导、承远、法照、少康、延寿、省常、袾宏、智旭、行策、实贤、际醒等十二位大师,合称莲宗十二祖。

③ 王尧:《藏汉佛典对勘释读之四一〈佛说阿弥陀经〉》,《西藏研究》1990年第4期。

④ 崔红芬:《〈佛说阿弥陀经〉及其相关问题探析》,《西夏学》2019年第2期。

⑤ 三经:《佛说阿弥陀经》《佛说无量寿经》以及《佛说观无量寿佛经》。

⑥ 摩诃目犍连:为佛陀十大弟子之一。又作大目犍连、大目乾连、大目连、目连、目犍连、目伽略、勿伽罗、目犍连延、目犍罗夜那、没特伽罗、毛伽利耶夜那。别名拘律陀、拘律、俱哩多、拘离迦、拘理迦、俱离多。意译天抱。被誉为神通第一。为古代印度摩揭陀国王舍城外拘律陀村人,婆罗门种。生而容貌端正,自幼即与舍利弗交情甚笃,同为删阇耶外道之弟子,各领徒众二百五十人。尝与舍利弗互约,先得悟解脱者必以相告,遂共竞精进修行。后舍利弗因逢佛陀弟子阿说示,而悟诸法无我之理,并告目犍连,目犍连遂率弟子一同拜谒佛陀,蒙其教化,时经一月,证得阿罗汉果。目犍连尊者的根本道场位于湖北大冶目连寺。

⑦ 李致忠:《中国古代书籍的装帧形式与形制》,《文献》2008年第3期。

浅析扎什琍玛造像艺术

徐　辉　张弘弢　张可欣　姚雨萌

　　藏传佛教中琍玛是各类合金铜的总称，也被称为响铜。虽然在现今艺术品市场中，金铜佛像关注度更高，但在藏族文化中，古合金铜铸造的佛像比纯金铸造的佛像更加贵重[①]。扎什琍玛造像是指由日喀则扎什吉彩作坊铸造的合金铜造像，扎什吉彩作坊作为扎什伦布寺班禅喇嘛的官属作坊，铸造的合金铜佛造像是后藏最具代表性的作品。扎什琍玛造像受时代演变及风格影响，没有了早期斯瓦特、克什米尔、贵霜和笈多等时期高超的雕塑艺术和优雅的古典神韵，但其在元、明两朝的发展脉络上，吸收了东北印度、尼泊尔等造像艺术风格[②]，其整体造型准确、端庄大方、做工细致，相较同时期西藏造像铸造水平降低、程式化严重的情况，扎什吉彩作坊铸造的琍玛造像代表了17 至 18 世纪西藏中部地区的最高水平，与多觉边肯琍玛造像、德格琍玛造像都是同时代藏区艺术水平最高的合金铜造像，影响遍及整个蒙藏地区以及清代宫廷。

一、扎什吉彩作坊的沿革

　　扎什吉彩作坊是后藏乃至整个西藏重要的艺术中心，作坊虽然有铜、錾刻、木艺、石刻等众多的门类，但扎什琍玛造像和壁画是作坊最为重要的艺术表现形式。

　　扎什吉彩作坊筹建伊始，仅仅是四世班禅将后藏的零散手工业者组织在一起，这并不影响作坊吸收印度、尼泊尔等地区造像的艺术风格，因为在扎什伦布寺建寺之初，各地区的艺术家已经被聘请、吸引到扎什吉彩作坊，艺术风格已经融入作坊。至四世班禅的灵塔修建时，作坊初具规模。五世班禅罗桑耶歇的传记《白色光鬘》记载："身语意所依作坊区以及西边的鲁顶迁到一俱庐舍之外的地方，在扎什吉彩安置各种手工艺作坊，桐措湖岸上需要新建达剌"[③]，意思是身业、口业、意业十善所依托的作坊和西边的鲁顶（管理手工业的作坊），搬迁到五百弓（三个指节合成一指，二十四指横排成一肘，四肘成一弓，五百弓成一俱卢舍），虽近却不闻声音的地方，在扎什吉彩安置各种手工业作坊，桐措湖岸上新建达剌（管理饮料、燃料的机构）。从这段记载来看，扎什伦布寺已经正式设立了各种作坊和管理作坊的机构鲁顶和达剌，明确了作坊和鲁顶安置在扎什吉彩，达剌新建在桐措湖，具有了正规机构的要素，自此，扎什吉彩鲁顶作坊的称谓正式出现在人们的视野。作坊成立后，既经历了 18 世纪扎什琍玛造像成就的最高峰，也走过 19 世纪艺术的衰退，至今逐步发展成为日喀则人民手工艺社。

二、扎什琍玛造像艺术体系的形成

　　扎什琍玛造像艺术体系的形成，经历了学习、模仿、借鉴、融合、发展的过程，藏中受后弘期上、下路传法以及波罗、马拉的影响，兼收并蓄地吸收了印度、尼泊尔和汉地的艺术风格，最终多觉边肯作坊大部吸收了波罗风格，而日喀则地区的本土艺术形式经过长时间的融合，最终形成了独具特色、但偏向于尼泊尔风格的扎什吉彩样式。

（一）受印度艺术风格影响

　　据《后藏志》记载，扎什伦布寺琍玛佛殿里"佛像稀有、圆满，他们是摩揭陀即金刚座、郭扎巴即东印度、贝达拔达即南印度、克什米尔即西印度，以及印度各地的化身工匠建造，其原材料是天然的和人造的，……白响铜、

作者单位：北京市文物进出境鉴定所

图一 铜鎏金释迦牟尼佛（故宫博物院藏）

图二 扎什吉彩作坊铸造站姿弥勒菩萨（扎什伦布寺藏）

紫响铜、黄响铜、白铜等材料甚为稀有……里玛殿供奉的全是稀有的响铜佛像"④。从这段记载来看：扎什伦布寺琍玛佛殿里供奉着各种响铜材质的造像，由来自于比哈尔邦等印度各地工匠铸造。纵观历史，12世纪晚期随着伊斯兰教征服印度次大陆后，在东北印度佛教衰微趋于灭亡，印度艺术家也不再到西藏进行手工艺创作，因此有理由相信，西藏地区13世纪以后仿波罗风格的造像，都应是西藏艺术家吸收古印度造像艺术特征仿制铸造。扎什伦布寺琍玛佛殿里供奉的响铜佛像，无论是早期在印度铸造完成后流传到藏区，还是西藏匠师吸收印度艺术风格的作品，都对扎什吉彩作坊铸造的佛像风格产生了深远的影响。如18世纪扎什吉彩作坊铸造的释迦牟尼佛，扎什琍玛造像特征明显，红铜鎏金，释迦牟尼佛呈坐姿，葫芦型螺发，顶有肉髻，双目低垂，眉间白毫，着袒右肩式袈裟，薄衣贴体，样式简素，仅在袈裟边缘以凸出的线条表示衣纹（图一），属明显的萨尔纳特风格，此风格虽然在克什米尔、尼泊尔、西藏地区都有模仿，但究其源头是受到印度笈多时期萨尔纳特风格的影响，部分造像头光与身光相连，形成葫芦型背光，这种背光样式则是受到了克什米尔造像10—11世纪背光的影响。

（二）受尼泊尔艺术风格影响

从1590年西藏与尼泊尔缔结的第一个真正的条约里可以清晰地看到，藏人给予纽瓦尔艺术家很高的地位，条约规定纽瓦尔艺术家同纽瓦尔商队一样，拥有可以自由进入西藏的权利⑤，这使得纽瓦尔种姓艺术家的足迹遍布藏区，艺术品与匠人活跃在西藏宗教的各个领域。尼藏风格的造像在藏传佛教体系中一直存在，无论是阿尼哥影响下的西天梵像，还是13—14世纪萨迦派盛行下的西藏造像，都有其艺术的痕迹，五世达赖喇嘛建立的多觉边肯作坊，除了将"惹玛岗"的地方手工业者集中起来，还邀请了大批的尼泊尔工匠与汉地工匠一起造像刻经，这些尼泊尔工匠一代代在西藏繁衍生息，至今在藏中地区仍有他们的后裔⑥。17、18世纪尼泊尔艺术风格更是对扎什吉彩作坊产生了最为重要的影响，特别是扎什伦布寺铸造的紫金琍玛造像均是由尼泊尔工匠铸造，西藏本土工匠并不掌握铸造方法⑦。

扎什伦布寺建造之初，根敦珠巴鉴于成本原因，最终由西藏工匠为主，邀请尼泊尔工匠参与铸造了大雄宝殿右侧内殿的巨型弥勒。1463年，弥勒铜像顺利铸造完成。1466年，根敦珠巴又聘请尼泊尔工匠为度母殿铸造了度母大像。四世班禅时期建立的达刺作坊和鲁顶作坊中都有尼泊尔人工作，并且长期在作坊生活、为藏族工匠传授技艺，互相交流经验。因此，在

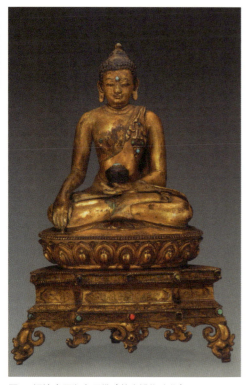

图三　铜鎏金释迦牟尼佛（故宫博物院藏）

扎什吉彩作坊铸造佛像的过程中，尼泊尔工匠与尼泊尔佛像的风格都不可避免地对其艺术风格造成了很大的影响，这种影响是持续不间断的。可以明确地说，扎什琍玛造像是在尼泊尔艺术风格的影响下，形成了自己的风格。扎什伦布寺收藏的站姿弥勒菩萨，高180厘米，体型高大，是18世纪扎什琍玛造像的代表作（图二）。这尊弥勒菩萨发髻高耸，上有涂蓝，表示该尊佛像在藏区供奉，头戴五叶宝冠，圆环型耳珰，面部泥金，眉间镶嵌珍珠，眉目清秀，左手食指与中指拿军持，臂钏靠近大臂上侧，具有早期佛像的特点。佛像整体采取红铜实心铸造，表情肃穆柔美，身体比例适中，双腿修长，身姿挺拔，双腿重心落于右脚，左手戴双戒指，具有强烈的尼泊尔艺术特点，造像背后加工粗糙简陋，不加装饰与修饰，也具有尼泊尔早期造像的特征。

（三）受前藏风格的影响

达赖与班禅都是格鲁派最为重要的宗教领袖，扎什伦布寺与布达拉宫也都是格鲁派重要的寺庙，两者造像风格并不相同，前者多融入了尼泊尔风格，后者在铸造的过程中更多体现了东北印度波罗造像的风格，这两种风格的造像同为西藏造像的最高水准，在17至18世纪藏传佛教中具有独特并且深远的影响。两种造像虽然风格迥异，但相同的教派、同样的宗教地位、较近的距离，使扎什琍玛造像在某些方面不可避免地带有多觉边肯琍玛的特征。如15世纪扎什吉彩作坊铸造的铜鎏金释迦牟尼佛造像，通高26.4厘米，底宽19厘米，是乾隆四十五年（1780）六世班禅在承德须弥福寿之庙觐见乾隆帝进献的礼物之一，佛像红铜铸造，通体鎏金，发髻高耸，躯体造型准确，白毫、衣襟及台座镶嵌有宝石，特别是其俊朗丰腴的脸部、健壮的身体、萨尔纳特式薄衣贴体的衣纹表现手法，以及莲台下方的三足高台都明显具有前藏造像的特点（图三）。另有15世纪中期前藏最著名的铸造艺术大师来乌群巴，来寺庙主持铸造了强巴大佛，大佛也成为了寺庙的标志，虽然在扎什吉彩作坊成立后铸造的佛像里并没有发现来乌群巴造像的明显特征，但这充分说明扎什伦布寺建寺之初直至作坊成立后，接受艺术不拘泥于形式与小节。

（四）受汉地风格的影响

汉地风格的影响，表现最为明显的是厚重的衣纹与灵动的飘带。从喜马拉雅艺术表现可以看到无论是波罗还是斯瓦特、克什米尔亦或是尼泊尔，这些佛教艺术兴盛的地域纺织业都不发达，表现在佛像衣纹方面或是U型大氅，或是薄衣贴体；而中国南部、东南部地区古代纺织业发达，宋至明代纺织业得到了快速有效的发展，经济富庶，奢靡之风日盛，社会各阶层衣着讲究，体现在造像上，无论是汉传佛教造像还是明清宫廷佛教造像，在衣纹表现方面都极其重视，不但华冠丽服、衣冠齐楚，整体感官衣饰复杂、褶皱较多、飘逸灵动，在装饰方面更是不惜重工錾刻，或阴刻，或铲地纹饰凸起，用以表现衣服上的纹饰。

随着藏地与汉地的频繁交往，特别是自明永乐以来，宫廷铸造的汉藏风格造像源源不断地赏赐给藏区寺庙和高僧大德，汉地造像风格不断地影响着藏传佛教造像。《藏传佛像艺术鉴赏》里明确写道，乾隆皇帝与三世章嘉国师编撰的《三百佛像集》和工布查布翻译编

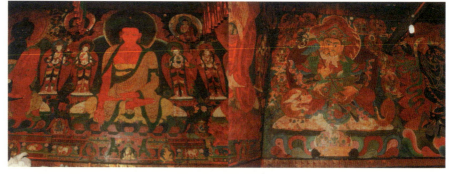

图四　扎什伦布寺大雄宝殿弥勒殿二楼所绘药师佛、黄财宝天王

图五 铜鎏金金刚手菩萨（故宫博物院藏）　图六 红铜鎏金无量寿佛（故宫博物院藏）　图七 故宫博物院藏吉祥天母像（左造办处造，右扎什吉彩作坊造）

订的《造像量度经》，都是吸收了汉地审美特征而形成的造像模式，这两种塑造佛像的粉本在当时都传入了西藏⑧。众所周知，18 世纪藏西地区佛像铸造业早已难觅踪迹，汉地审美特征所能影响的藏区，无外乎藏中与藏东，而扎什吉彩作坊在藏区的重要性不言而喻，所以铸造的佛像不可避免地融入了汉人的审美。

汉地风格在扎什吉彩作坊的地位仅次于尼泊尔风格，对扎什伦布寺艺术影响广泛，在扎什琍玛造像和壁画上都有所体现。扎什伦布寺是勉塘画派和新勉塘画派的艺术中心，绘画大师却英嘉措在寺庙创建了新门塘画派，这些画派融合了汉地的绘画艺术风格，整合了更多的国画山水元素，使用云浪和建筑来分隔画面，使用丝绸锦缎来表现室内装饰和神、人所穿的服饰等，如扎什伦布寺大雄宝殿弥勒殿二楼歇热拉康殿 II 壁所绘药师佛和二楼 I 壁右侧的黄财宝天王（图四），壁画中佛装相着偏袒右肩式袈裟，菩萨装相飘带灵动，两幅壁画主尊衣纹线条流畅，厚重堆叠，局部采用冷金工艺，整体感观用色强烈，画面饱满，除胁侍菩萨所着彩色条带裙具有明显印度的艺术元素，壁画风格明显受到了汉地艺术影响，其艺术特点是将汉藏风格融会贯通，合二为一。如扎什琍玛金刚手菩萨，双肩披飘带，自腋下自然垂落，由后臀部向上，于身体两侧飘扬，极大程度地表现了中原地区丝绸轻滑、随风飘摆的灵动与轻盈，是汉地风格在扎什琍玛造像上的表现（图五）。

三、扎什吉彩造像对清代宫廷造像的影响

扎什伦布寺是格鲁派的重要寺院，扎什吉彩作坊生产的扎什琍玛造像流传区域广泛，不仅被西藏寺庙和信众供奉，蒙古、甘孜藏区、康区寺庙都存有遗存，各地铸造的佛像虽受到扎什琍玛造像风格的影响，但都保持自己地域独特的风格特征。然而在部分宫廷造像上，却能够明显感受到扎什琍玛造像的特征，无论从像式还是紫金琍玛配比，都能够直观感受到扎什吉彩作坊风格的烙印。

扎什琍玛造像风格是如何影响到宫廷造像艺术，并使造办处对其进行仿制？首先，自 17 世纪中叶格鲁派兴盛，扎什伦布寺作为班禅的驻锡地，地位日益显著，清代至乾隆时期，班禅转世历经四世至六世，都推进民族间宗教文化交流，促进了西藏与中央政府的紧密联系。其次，宫廷定制扎什琍玛造像，据《六世班禅洛桑巴丹益希传》记载，乾隆三十六年（1771）皇帝向六世班禅定制了 56 尊佛像，均为无量寿佛，乾隆三十八年（1773）进京交付（图六）。再次，扎什琍玛造像大量进献，清代西藏、蒙古地区实行政教合一政策，宗教领袖需要得到中央政府的册封，地位才能够合法化，因此早期宗教领袖定期要派遣代表进京向皇帝进献礼物。乾隆七年（1742）正式确立达赖、班禅隔年一次向皇帝进贡，进贡的贡品中就有大量扎什琍玛造像。迄今为止，五世班禅进献的礼子佛是自年班制度确立以来进入宫廷最早的扎什琍玛造像，之后历世班禅、达赖、章嘉、阿嘉活佛以及地方首领、满汉大臣等陆续进献扎什琍玛造像 400 多尊，仅六世班禅就进献了 36 尊，喀尔喀蒙古的三世扎雅班地答也进献了一尊扎什琍玛造像，也是

253

图八 清宫造办处造紫金琍玛释迦牟尼（故宫博物院藏）　　图九 清宫造办处造紫金琍玛无量寿佛（故宫博物院藏）　　图一〇 宫廷造办处铸造无量寿佛（首都博物馆藏）　　图一一 红铜鎏金无量寿佛（故宫博物院藏）

喀尔喀蒙古进贡的唯一一尊⑨。需要注意的是喀尔喀蒙古铸造的扎派风格佛像精美绝伦，艺术水准极高，在此情况下，依然进贡一尊扎什琍玛造像，更加反映了扎什琍玛造像流传区域广泛，具有很高的影响力，不但在藏区成就斐然，在西藏以外地区亦达到了新的艺术高度。目前可以明确的是，扎派造像封底錾刻的十字金刚杵，采取鎏金的艺术表现手法是仿自扎什吉彩作坊。

（一）清宫造办处对扎什琍玛像式的借鉴

六世班禅于乾隆四十五年进京参加乾隆七十岁寿辰庆典，进献了谜一样的紫金琍玛，佛像全身闪烁着五彩斑斓的光芒，受到了乾隆皇帝的喜爱和关注，或许扎什吉彩铸造的紫金琍玛最早进入到清宫，所以宫廷仿制的紫金琍玛佛像几乎都按照扎什琍玛的像式或风格铸造，葫芦形背光、简洁的衣纹、形状较大的圆形耳铛等都给清宫造像风格注入了新的元素。现藏于故宫博物院紫金琍玛铸造的两尊吉祥天母，一尊为扎什伦布寺铸造，另一尊为宫廷造办处铸造（图七），两尊造像相互比对，具有极其相似的像式特征，都是呈愤怒相，头戴五骷髅冠，红色猋发竖立，龇牙卷舌，左手托嘎巴拉碗，身披飘带，头顶伞盖，身后有火焰型背光，座下人皮及骡子下人头是其儿子，象征大义灭亲，坐骑为回首的黄骡子，左前腿有两个骰子，驰于血海中。清宫造办处铸造底座前有"大清乾隆年敬造"款识，如果没有款识，很难辨别哪尊是扎什吉彩作坊铸造，哪尊是宫廷造办处铸造。乾隆时期清宫造办处铸造的紫金琍玛佛像具有扎什伦布寺风格的例子层出不穷，如紫金琍玛释迦牟尼佛、紫金琍玛无量寿佛，都能够感受到强烈的扎什吉彩风格（图八、图九）。

除了紫金琍玛，宫廷造办处铸造的其他种类佛像也与扎什琍玛造像互有借鉴，如首都博物馆藏宫廷造办处铸造乾隆三十五年（1770）无量寿佛（图一〇）、故宫博物院藏乾隆四十五年扎什琍玛无量寿佛（图一一），都着菩萨装相，头戴五叶宝冠，发饰顶端宝珠，面部饱满，宝缯向上翻卷，耳铛硕大，臂钏较高，身着坦右肩袈裟，衣纹简洁，裤脚宽大，以凸起的圆棱表现衣服的边缘，双手于腹部结禅定印，全跏趺坐于镂空方形台座，佛衣自身前延伸至台座正前方，除扎什琍玛无量寿佛镶嵌绿松石外，两尊佛像其余特征都较为相似。

（二）清宫造办处对紫金琍玛的仿制

紫金琍玛是一种极其特殊的合金铜，由多种贵金属冶炼而成，是极其珍贵的材料。扎什吉彩作坊于何时开始使用其铸造佛像，至今未发现史料记载，很可能是五世达赖成立多觉边肯行会之后的事情⑩，可以明确的是清宫所铸造的紫金琍玛佛像是仿自扎什吉彩作坊铸造的紫金琍玛佛像。乾隆四十四年（1779）六世班禅为祝贺乾隆七十大寿由西藏远赴北京之前，派遣使者进献给皇帝的礼物中就有一尊紫金琍玛的绿救度佛母，乾隆皇帝命造办处为其配玻璃罩，供奉在养心殿西配殿佛堂，对其崇信和喜爱的程度显而易见，这或许正是清宫仿制紫金琍玛的源头与起因。乾隆四十五年六世班禅因感染天花在北京圆寂后，清宫造办处开始仿制紫金琍玛佛像，从乾隆皇帝于乾隆四十六年

（1781）正月二十二日，派遣管理造办处事务大臣舒文到西黄寺询问岁本堪布仲巴呼图克图紫金琍玛的配方，可以明确造办处在此之前并不具备铸造紫金琍玛的能力，其铸造紫金琍玛的合金铜配方正是从岁本堪布仲巴呼图克图口中获悉。

据岁本堪布仲巴呼图克图回复，紫金琍玛虽然是扎什吉彩作坊铸造，但匠人并非藏族工匠，而是从尼泊尔聘请的纽瓦尔匠人铸造，本次跟随六世班禅进京，虽然带了紫金琍玛佛像作为礼物，但并没有纽瓦尔工匠跟随，随即将紫金琍玛的配方提供给了造办处，即用铜、纹银、高锡、钢、铅、玻璃、赤金、水银八种材料与洋条红铜一起煅烧[11]。值得注意的是虽然岁本堪布仲巴呼图克图称紫金利玛是尼泊尔工匠铸造，但加德满都铸造的佛像几乎全是由红铜铸造和锤揲而成，并未见到紫金琍玛的踪迹。纽瓦尔匠人能够铸造出紫金琍玛佛像，究竟是单纯在藏区推陈出新还是另有出处？藏族学者扎雅所著的《西藏宗教艺术》一书，认为匝那卡西玛和花琍玛较为接近紫金琍玛，特别是花琍玛，由 8 种贵金属合成，花琍玛的配方有 2 至 3 种，配方中的各种金属本色肉眼可辨，犹如各色沙粒，如果将其置于光亮或阳光直射的地方，会折射出各种颜色的光芒，据传，与释迦牟尼同时代的雕刻家就是用这种琍玛来铸造作品的[12]。紫金琍玛来源于印度的观点，与尼泊尔工匠铸造紫金琍玛佛像并不矛盾，尼泊尔与印度毗邻，艺术风格受到东北印度笈多，以及后来比哈尔邦和孟加拉地区的波罗风格影响巨大，因此花琍玛的配方传入尼泊尔在情理之中，尼泊尔工匠据此配方在藏区铸造出紫金琍玛，因紫金琍玛来源的记录稀少，书中观点可以视作重要的佐证。

四、扎什琍玛造像的特点

扎什吉彩作坊成立伊始，不但将日喀则附近的艺人集中起来，还主动邀请不同国家、地区铸造佛像的工匠，兼纳并蓄各种艺术风格，历时几个世纪的发展，不但形成了自身独特的美学特征，各个时期更是有些许的变化。

（一）扎什琍玛造像整体特点

1. 材质上，多数采用红铜鎏金，兼用金、银、紫金琍玛等，硬木、象牙和其他琍玛等材质较少，金、银、紫金琍玛材质铸造的佛像，身体与底座基本都不是一体铸造，底座采用红铜鎏金。

2. 制造方式有空心铸造、实心铸造、锤揲三种，大多数采取空心铸造的方式，实心铸造和锤揲方式较少，后两种方式体现出扎什吉彩作坊深受尼泊尔制造方式的影响，从扎什伦布寺藏扎什吉彩作坊铸造弥勒菩萨来看，像高180厘米，红铜实心铸造，如此大体量的佛像在藏区存世不多，时至今日在庙宇中仍是令人瞩目的焦点，此造像无论是尼泊尔工匠还是藏族工匠制作，都体现出扎什吉彩作坊高超的铸造水平。

3. 扎什琍玛造像鎏金厚重，且金明亮，呈镜面反射状。虽然作坊里有大量的纽瓦尔工匠，作品也深受尼泊尔影响，但鎏金的表现却截然不同，因红铜较其他铜质鎏金后更容易体现金的质感，因此尼泊尔造像都采取薄鎏金的方法，也正因鎏金薄，所以尼泊尔佛像失金现象严重。

4. 在镶嵌位置方面，多在宝冠、臂钏、项饰以及台座等部位；在宝石镶嵌方面与其他藏区的偏好相同，基本上都采用绿松石、青金石、红珊瑚、红玛瑙等材质，偶尔镶嵌有红蓝宝石、珍珠、水晶、玻璃等，尼泊尔造像更偏爱这些偶尔使用的宝石，扎什琍玛造像上少量的使用应是受到了影响。

5. 台座主要分莲座和方台座，方台座分四面实心和中空，莲座分仰莲、俯莲和仰俯莲，单独为仰莲的台座，基本可以断定底座缺失，这点或许受到度量经约束，其他地区生产的造像也有这方面的特点。另在台座的背后下方或内膛，部分造像会錾刻藏文数字以及中国早期民间商业数字"苏州码子"，应是标记铸造过程中生产的第几尊佛像，这种做法不但反映出扎什吉彩作坊接受其他地区寺庙和个人定制佛像，造像流传区域广泛，产量较大，带有程式化因素，也佐证了汉族工匠在扎什吉彩作坊参与佛像铸造。

6. 封底所用铜板为红铜，嵌底时有时会用木板镶嵌，封底方式几乎采取了所知的各种形式，有包底、刹底、嵌底，扎什琍玛造像最具特点的是封底的底板，底板全部或在正中的位置阴刻十字金刚杵且进行鎏金（图一二、图一三），这种形式非常独特，仅在扎什琍玛造像和扎派造像底部看到，至 19 世纪，随着作坊财力及艺术水准下降，

图一二 扎什琍玛造像封底鎏金形式之一　　图一三 扎什琍玛造像封底鎏金形式之一　　图一四 扎什伦布寺藏铜鎏金四世班禅像　图一五 首都博物馆藏红铜鎏金四世班禅像

这种鎏金工艺底板几乎消失不见。

7. 僧袍、袈裟上几乎不见錾花工艺，随衣纹边缘錾刻平行阴刻线。

（二）扎什琍玛造像演变特点

扎什琍玛造像风格的演变大致可分为几个时期，15—16 世纪是风格形成的初期、17 世纪是早期融合成型期、18 世纪为风格稳定的成熟期、19 世纪进入了衰退期。

15—16 世纪，扎什伦布寺经历了建寺与扎什吉彩作坊的初创，这一时期只能称其为扎什伦布寺风格，因现存此时段的造像较少，很难全面总结风格与特点，从现存为数不多的造像分析，该时期造像吸收了元、明两朝藏区的印藏、尼藏风格，完美地避开了程式化的特点，从图三中的释迦牟尼佛造像来看，该像铸造于 15 世纪，工艺细致，形神兼备，脸型丰满，表情生动，造型准确，身躯似一名青少年，肌肉饱满，袈裟薄衣贴体，左手衣角微微向上掀起，与 13—14 世纪衣角的表现形式仿佛，脚趾似乎能看到扎派的影子，仰莲极具 15 世纪莲瓣特征。总的来说，15—16 世纪扎什琍玛造像虽不是成熟期作品，但具有出道即巅峰的风范，是扎什琍玛造像艺术水平的最高时期。

17 世纪是早期融合成型期，随着 13 世纪克什米尔地区佛教艺术的中断，藏西造像的主要艺术源泉枯竭，至 17 世纪藏西造像几乎消失不见。这一时期格鲁派崛起，扎什吉彩作坊适时出现，迅速填补空白并蓬勃发展，成为藏区佛像艺术最为繁荣的中心之一。此时期现存扎什琍玛造像数量相对较少，但也能从中总结归纳其特点。本土化特征逐渐明显，佛、菩萨像脸型清瘦，额头宽大，已经有 18 世纪三角鼻子的雏形；上师像较为写实，从扎什伦布寺藏铜鎏金四世班禅像（图一四）和首都博物馆藏红铜鎏金四世班禅像（图一五）可以看到，上师像面部极为写实，眼窝深陷，双目微垂，脸型瘦削，衣褶线条流畅，僧袍没有錾刻花纹，底部十字金刚杵已使用鎏金工艺。

18 世纪为风格稳定的成熟期，随着康熙五十二年（1713）五世班禅被册封为"班禅额尔德尼"，以及乾隆四十四年六世班禅启程前往北京朝觐，清代班禅一系达到了鼎盛，扎什吉彩作坊正是在这一背景下得到了蓬勃发展。这一时期扎什琍玛造像虽然整体塑造已经程式化，但其胎体厚重，造型比例准确，不失精美华丽，多数鎏金且厚重，脸部依旧维持瘦削细长，三角鼻子波浪眼，配饰敦厚，底座中央錾刻十字金刚杵并鎏金。

19 世纪扎什琍玛造像趋向没落，工艺粗糙，佛像呆板，造型不再准确，比例偏长，莲瓣夸张，装饰手法简化。

五、结语

藏传佛教是喜马拉雅艺术的重要组成部分，历史悠久，教派众多，格鲁派作为藏传佛教的重要教派，能够在噶当派教义的基础上发展壮大，在各教派中逐步占据主导地位，与历世班禅喇嘛坚定拥护清代中央政府不无关系。教派的壮大为扎什吉彩作坊的发展提供了坚实的政治、经济基础，作坊制造的琍玛造像因其官属作坊的地位、神圣的佛教内涵、须弥福寿的吉祥寓意、制作精美的工艺，其艺术风格在 17、18 世纪的藏传佛教体系中传播广泛，影响深远，作品成为联系清代中央与地方、地方与地方的纽带，扎什琍玛造像必将在藏传佛教造像发展史上留下浓墨重彩的一笔。

文中图片来源于《北京文物精粹大系·佛造像卷》《须弥福寿——当扎什伦布寺遇上紫禁城》及《紫禁城》2014 年第 5 期。

① 首都博物馆、西藏博物馆：《天路文华——西藏历史文化展》，科学出版社，2018 年，第 239 页。

② ［瑞士］乌尔里希·冯·施罗德：《西藏寺庙珍藏佛教造像 108 尊》，文化艺术出版社，2010 年，第 130 页。

③ 故宫博物院、西藏自治区文物局、扎什伦布寺：《须弥福寿——当扎什伦布寺遇上紫禁城》，故宫出版社，2020 年，第 548 页。

④ 觉囊达热那特著、余万治译：《后藏志》，西藏人民出版社，1994 年，第 121 页。

⑤ ［瑞士］艾米·海勒著，赵能、廖旸译：《西藏佛教艺术》，文化艺术出版社，2008 年，第 193 页。

⑥ 黄春和：《藏传佛像艺术鉴赏》，华文出版社，2004 年，第 151 页。

⑦⑪ 罗文华、文明：《谜一样的紫金琍玛》，《紫禁城》2014 年第 5 期。

⑧ 黄春和：《藏传佛像艺术鉴赏》，华文出版社，2004 年，第 152 页。

⑨ 马云华：《清宫的"扎什琍玛"佛造像》，《紫禁城》2014 年第 5 期。

⑩ 罗文华：《清宫紫金琍玛造像考述》，《故宫博物院院刊》2004 年第 6 期。

⑫ 扎雅·诺丹西绕著、谢继胜译：《西藏宗教艺术》，西藏人民出版社，1989 年，第 132—145 页。

南河沿堂子兴废考略

王彦嘉

一、研究缘起

　　"堂子祭"是清代国家传统祭祀典仪中的重要组成部分，堂子是进行立杆祭天祭神的重要依托场所。前辈学人对堂子祭祀的历史和内容已有诸多研究。20 世纪 80、90 年代有富育光《清宫堂子祭祀辨考》[①]一文对堂子祭祀渊源、性质及内容做了初步探讨，白洪希的《清宫堂子祭祀研究》[②]对清宫堂子祭祀的产生和发展，祭祀的种类、礼仪、目的及作用做了探讨。近年来宋继刚的《清朝堂子祭祀礼仪考释》探究了清代堂子祭祀从先民习俗所代表的"俗"到国家制度所代表的"礼"的转变，楠木贤道的《清太宗皇太极的太庙仪式和堂子——关于满汉两种仪式的共处情况》[③]，从祭天仪式与祖先祭祀等入手考察皇太极时期的皇家祭祀形态。在堂子的建筑和陈供方面，蒋博光的《满族建筑》[④]一文对《清实录》和《清史稿》中提及的堂子建筑基本格局和陈供物品进行了简略叙述，傅同钦的《清代的祭堂子》[⑤]对北京顺治朝和光绪朝兴建的两座堂子的基本史实亦有简单描述。相对聚焦这一领域的有单士元《东交民巷使馆界和清代堂子重建》[⑥]一文，其文对南河沿堂子的建设的决策和选址过程进行了简明的介绍并披露了一些史料。但前辈学人的诸多成果均未对南河沿重建堂子的建筑兴建和内部陈设恢复进行细致探究，即便有所提及也大多只是一笔带过，而未对其进行深入论述。且 20 世纪 80 年代堂子废毁的相关史实尚未见专文探讨。

　　事实上，自联军从北京撤退，两宫还京之后，清廷陆续对大高玄殿、城内外各坛庙等被联军破坏的礼制性建筑进行了大规模的恢复性修缮，但对彻底平毁的大型皇家寺观诸如大光明殿、弘仁寺等亦未进行重建，更多的是改为官署用房或清理后作为驻军场所使用[⑦]。在庚子劫后，声势浩大的基础设施重建和修葺活动当中，堂子是唯一受到了特殊重视以至于不惜在财力极度困窘的情况下进行完整重建的大型宗教礼制建筑，由此足见其相对于其他皇室管理的礼制建筑的特殊之处。中国第一历史档案馆现存的工部、礼部、内务府和军机处相关档案对堂子在南河沿区域重建的决策和施工过程，及其内部祭器的重制、布置和皇帝亲诣拈香的路线和步骤均有详实的记录。本文试图依托这些一手文本材料，对南河沿堂子的建设和内部陈设的布置情况做一简单梳理和探讨，从而为进一步探究清代晚期皇室进行的满洲祭祀的特点和内容提供基础。

二、南河沿堂子的兴建、使用

　　光绪二十六年（1900）八月十四日联军攻克北京，位于长安左门的建于顺治朝的堂子被划入东交民巷使馆区。在两宫尚未还京的光绪二十七年（1901）七月初七日，刚刚完成《辛丑条约》具体条款谈判并得知堂子将被划入使馆区的首席议和大臣庆亲王奕劻便上《奏为详细勘丈堂子规制绘图贴说并请简派大员专案新建事》[⑧]一折，提出于皇城东南角重建堂子的计划：

　　和硕庆亲王奕劻等跪奏，为奏闻请旨事恭照堂子建于长安左门外。东南外门北向内门西向祭神殿三楹拜天圆殿一座，东南隔尚锡神亭一座，均黄色琉璃瓦朱色油饰。此外库房守卫官房看守人房随建，每届祭祀照例由礼部内务府敬谨将事。现在此段地基划入各国使馆界内，而祀典攸关，自应照式勘丈绘图以便另建。当经分饬礼部祠祭司，内务府掌仪司司员等会同前往详细勘丈，将规划绘图贴说呈由臣等详考无异，伏思回銮在途，堂子礼节届时举行必须赶即择地兴建方昭安慎相。应请旨简派大员专案承修以期迅速。谨将原制图说恭呈御览伏乞皇太后、皇上圣鉴。

作者单位：故宫博物院

谨奏请旨。

光绪二十七年七月二十五日（1901年9月7日），《中国与十一国关于赔偿1900年动乱的最后协定》（即《辛丑条约》）在北京正式签署。在条约正式文本的第七条条款和第十四条附件⑨中，详细划出了东交民巷使馆区的四至范围，顺治朝兴建的旧堂子被正式划入使馆区。

新堂子在选址上并未经过很多讨论和修改，奕劻在提出重建堂子的奏折提交当天就已同时做好了新堂子的图式供帝后御览定夺，并简要阐述了选址在南河沿南口的理由：

> 再查，堂子改建自应仍以东南方相为宜。臣等查皇城外东南一带无甚合宜之处。谨堪得东安门内地南河东岸尽东南隅地，虽稍狭，南北尚属宽展且与禁门邻近，拟于此地兴建。如遇皇上亲诣行礼，跸路往来尤为得宜。不过因地就制稍加变通即可。如式惟看守官房另拟择地建盖。臣等仍饬该司员等相度地势拟新建图式一并恭呈御览，是否有当伏乞圣裁，谨附片具奏请旨。朱批：览。⑩

从现有档案文本上看慈禧皇太后和光绪帝并未对奕劻提出的堂子重建方案提出任何异议。光绪帝在前述奕劻上奏的《奏为详细勘丈堂子规制绘图贴说并请简派大员专案新建事》折上朱批道：

> 著照所请即著派张百熙等谨改建。

在议和大局已定的光绪二十七年六月，清廷对在京的中央官员进行了大规模调整，张百熙由都察院左都御史转任工部尚书⑪，全面统筹负责庚子事变后北京的基础设施系统性修缮。此次堂子的重建工作从现存档案材料看也全部为工部操持。在台北故宫博物院院藏档案中收录了一条没有具体时间信息的军机处档折件，具名为《函呈购回洋人所拆堂子木料情形》。从信文开头的自称和信封抬头上看，发件人应系工部尚书张百熙，收件人是时任军机大臣的荣禄、王文韶、鹿传霖、瞿鸿禨。结合四位军机大臣的任职时间，可确认张百熙此函的呈递时间应在光绪二十七年七月礼亲王世铎被开去军机大臣差使⑫之后。

> 敬肃者，熙等奉到改建堂子谕旨，当即移会礼部督同司员等敬谨踏勘地址，方虑工程郑重选料不易，正踌躇间，适闻洋人将拆堂子正殿三楹木料琉璃瓦片等物，估价变卖。深恐其展转别移作他用，有亵二百余年列圣昭事上天之故物……因即随遣工程处司员带同翻译暨木厂商人与该洋人面商，令其让还，以资改建。洋人始以业经别售为词，继则抬高价值，磋磨再四，乃得以京二两平足银七千两售还……督同司员逐加拣择，除糟朽之料不计外，大梁柱托斗料各件，多楠木黄松，为近时所不易得者。铜驼荆棘之日，尤能见业于开国之初，固列圣在天之灵，所默为呵护也。
>
> ——张百熙《函呈购回洋人所拆堂子木料情形》⑬

从这封工部尚书张百熙致军机处的信函上看，工部耗资七千两白银购买了被驻京联军拆毁的堂子正殿三楹的琉璃、石片、旧楠木、黄松等木料以为新堂子建设之用。光绪二十七年十月十五日张百熙再上《奏为今昔情形不同此次估修禁城门座并大高殿堂子及地安门各工请准开单奏销免造细册事》⑭一折，希望能免去繁复的编制预算环节直接开工，以期早日完竣。在折后可看到光绪帝朱批允准。从种种迹象推测，南河沿堂子正式开工之期，似也应在此时。

表一 南河沿堂子重建制造的祭器、乐器的数量及制造部门

品名	数量	负责制造部门
磁暗龙白碢子	一对	景德镇御窑厂
磁青地龙碢子	一对	景德镇御窑厂
磁青地蓝龙大碗	二对	景德镇御窑厂
磁黄大碗	一对	景德镇御窑厂
磁茶壶	二把	景德镇御窑厂
扎板	十副	内务府广储司
弦子	一担	内务府广储司
枇杷	一张	内务府广储司

南河沿堂子的建设工程一直在清廷最高层的直接督导下加速进行，在现存档案材料中可看到大量在内务府、礼部、工部之间周转的催办行文。光绪二十八年（1902）八月二十二日，礼部向内务府行《为堂子立杆大祭皇上亲诣行礼咨请办理应用祭器等项抄录原呈粘单事致内务府等》一函[15]，透露了原计划的竣工时间和堂子内陈祭器的制造清单（表一）。

这批祭器拟由景德镇御窑厂制造，但是景德镇御窑厂却在一年后的光绪二十九年（1903）八月十九日通过内务府向礼部函复因缺乏图样和制造经验无法制造：

……今据该关（九江关）声称此项磁器厂署并无式样。详查本府磁库所载祭磁内亦无烧过式样成案。应咨礼部将应需各色磁祭器详造图册，并将式样颜色尺寸注明咨送本府等因前来。查本部则例恭祭堂子礼节并未载有祭品，亦未载明应用何项祭器，又详查会典图内亦未著有堂子磁祭器名目。其式样颜色尺寸无从查造图册相应咨覆内务府可也，须至咨者，右咨内务府。[16]

这一乌龙事件直到在三个月后的光绪二十九年十一月二十一日仍未见解决，堂子的主管官员堂子八品官崇恩又一次催促内务府尽快备办堂子祭器[17]。在之后的档案文献中尚未见到这一插曲的最终解决方案，鉴于光绪三十年（1904）元旦堂子即举行落成后的首次立杆礼，笔者不认为御窑厂能在一个月内制造完竣堂子大祭所需的所有祭器，推测在光绪三十年元旦的堂子祭祀典礼中，礼部应挪借了他处祭器应付差事。从这一小事中亦可看到，在20世纪初，清政府国家机构的行政效率已经十分低下，即便是清廷重点督办的事关皇室重大典仪活动的钦工项目亦多有拖沓延误。

光绪二十九年十月初五日，南河沿堂子终于完全竣工，张百熙的《奏为遵旨奏销特建堂子及地安门各工程用过银粮数目事》一折中披露了南河沿堂子工程建设工程总耗资额：

……此次续修堂子各工始终谨遵谕旨破除积习……计自二十八年二月十二日开工起堂子工程用过钱粮银十三万两……

总体而言，这一耗资数量远高于同期进行的其他坛庙修缮工作，这与其系完全新建可能有一定关系。或许也与堂子工程以工期紧张为名，未遵循制度化的预算编制报销流程，存在大量的不规范灰色支出密切相关。

堂子作为满族特有的宗教萨满教的祭祀场所，其人员配置也颇具特色，根据光绪二十八年九月二十二日看守堂子八品官崇恩的呈报[18]来看，堂子额定官员编制为八人，负责勤杂事务的苏拉员额为十二名。官缺皆为满缺，其人选只从八旗中拣任。

光绪三十年元旦，南河沿新建的堂子举行了迁址后首次大祭，光绪帝亦亲自参加，但这次祀典档案记载并不详尽，相比而言，光绪三十一年（1905）元旦的堂子祀典礼部档案文书保存较为完整，使我们可以从中基本还原这一充满满族特色的祀典仪式：

礼部谨奏为恭进礼节事，光绪三十一年元旦，皇上亲诣堂子行礼，是日内务府大臣豫入挂纸钱毕，王等长史护卫俱各按王等班次随挂纸钱，銮仪卫豫陈法驾卤簿于东华门外至堂子大门外。届时，礼部堂官奏请皇上具礼服乘舆出宫。午门鸣钟，满汉文武有顶戴官员以上于东华门外咸集跪送。所有和硕亲王以下、未入八分公以上及一品满洲大臣具朝服豫往堂子大门外西旁东向立候。皇上驾至，跪迎，后随入武备院。豫设皇上拜褥于月台正中，皇上至堂子大门外降舆，礼部堂官前引皇上至拜褥前立。鸿胪寺鸣赞官奏跪拜，与皇上行三跪九拜礼，王等俱随行礼。礼成礼部堂官前引皇上至降舆处乘舆，导迎乐作祐平之章，驾至百官跪迎，午门鸣钟，皇上还宫为此谨具奏闻。[19]

由此可知，堂子祀典的参与人员除皇帝外，还有所有和硕亲王以下、未入八分公以上及一品满洲大臣。从参与人员构成来说，堂子祭是清代国家祀典中民族属性最强的一个，也是在深度汉化的清代末期旗人社会中，为数不多的体现满汉之分的祀典仪式。在光绪帝在位期间，每年的元旦皇帝均出席堂子祀典仪式。宣统帝即位后，因其年幼，在清亡前并未亲行祀仪[20]。

在堂子建筑方面，在其仅仅完工三年之后的光绪三十三年（1907），堂子便经历了第一次维修[21]，到了光绪三十四年（1908），堂子已是"神树石鼓酥减……又神殿三间前坡望板满糟朽不堪，虽时木植沉陷情形较重"[22]，此时距离堂子整体完工仅有五年，尚处在保固赔修期内[23]。由此亦可鉴知这座耗资高达十三万两白银的皇家礼制建筑施工水平之粗疏。

三、堂子的消失

在 20 世纪初北京的政局动荡中，堂子似未受到严重的扰动，根据故宫院史档案材料的记载，堂子在清亡后短暂地为故宫博物院管理，又移交给北平坛庙管理所主导管理。

笔者在故宫博物院院办公室档案管理部门，看到收藏的一件未标明年份的材料上[24]明确地记载了堂子管理权在清帝逊位后的流转过程（图一）。

由材料可知，在民国十六年（1927），故宫博物院将太庙和堂子两处房产和内藏文物点交给北平坛庙管理所管理。截至此呈报件成文时，堂子累计遗失堂簾二架、描金竖柜一个、红油漆柜一个外，其他似均保存完整。从这封呈报件亦可看到，堂子因其所处位置临近太庙，似长期与太庙一起被共同管理。

舍此之外，在故宫博物院院办公档案管理部门收藏的中华民国二十一年（1932）清室善后委员会的点查报告中，也存有题名为《清堂子》的点查清册，从年份上应当正好接续了前述签报件的时间（图二）。

从清室善后委员会点查清册记载的堂子内部的陈设可知，在民国二十一年堂子内的桌张、柜陈设仍较为完整，但桌上陈供已完全不存，与前述故宫博物院秘书处致院长呈报件记载信息基本一致（图三）。

20 世纪 40 年代堂子的管理情况根据现有材料看不甚明晰，但可以明确的是及至在新中国建立伊始的机构设置和调整中其被划归北京文物整理委员会使用：

中央人民政府文化部文物局通知物字第一八二号……通知故宫博物院，前接你馆一九四九年十一月三日呈字二〇七号呈所请，你院所属堂子房屋借给文整会办公使用呈请备案一案，准予备案。[27]

应当认为，在新中国建立初期，故宫博物院就基本交出了南河沿堂子院落的房屋管理权。20 世纪 50 年代北京

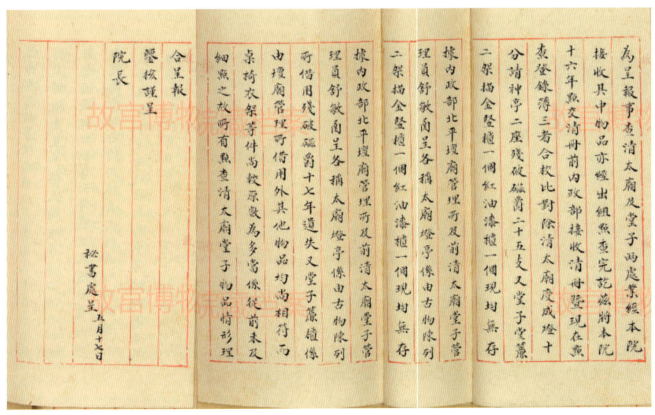

图一 故宫博物院秘书处致院长呈报件（佚年）

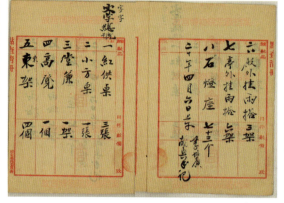

图二　清室善后委员会点查清　图三　清室善后委员会点查清册——清堂子册页2-页3㉗　图四　20世纪50年代北京文物整理委员会建设时
册——清堂子册㉕　　　　　　期影像

图五　北京文物整理委员会合影(后排的五位男士,自左至右分别是罗哲文、余鸣谦、杜仙洲、　图六　故宫东南侧南河沿区域遥感影像(左:1972年;右:
祁英涛、于倬云),后为南河沿堂子　　　　　　　　　　　　　　　　　　　　　1996年)㉛

文物整理委员会在堂子院落成立时曾有一组照片留存至今㉘(图四、图五)。

　　在北京文物整理委员会迁走后,堂子院落似乎被整体移交给北京饭店管理,笔者暂未找到这一管理权转换的明确档案材料辅证。根据王军对北京饭店设计师张镈㉙的采访记录㉚看,堂子在20世纪80年代曾被作为北京饭店的冷冻机房,拆除时间应在1985—1986年前后,这与1972和1996年两次遥感影像显示的情况基本吻合。从遥感图像上可以明确看到,20世纪90年代后堂子位置盖起北京饭店西楼,堂子院落完全被现代建筑叠压覆盖(图六)。

四、结语

　　南河沿堂子是庚子事变后清代皇室唯一在异地完全重建的皇家礼制性建筑。其耗资十三万两京平银,在庚子后北京的庙堂重建修缮中耗银数位居前茅,且由首席军机大臣庆亲王奕劻亲自选址,工部尚书亲自督建,受重视程度可见一斑。在光绪帝在位的最后四年,皇帝更是多次在新年元旦亲率满洲王公和一品满洲大臣赴堂子致祭。事实上,清代皇室发展到光绪末期,随着汉化程度逐步加深,皇室日常生活及典仪中体现的民族性实际已所剩无几,但堂子祭仍然基本保持了清初的各项礼仪制度,是清代皇室民族性的重要体现。从建筑的文物价值角度看,南河沿堂子保存了大量清初堂子的原始建筑材料,同时也是中国中央集权王朝兴建的最后礼制性建筑,其历史价值毋庸讳言。时至今日,堂子在地图上消失已有三十余年,其曾存在的印记已经消失殆尽,其所处位置和基本形制除了一些专业学者几乎无人知晓,希望本文能为这一最后的清代皇家礼制建筑群留下一些文字印记,使人们铭记它曾经的过往。

① 富育光：《清宫堂子祭祀辨考》，《社会科学战线》1988 年第 4 期。

② 白洪希：《清宫堂子祭祀研究》，《民族研究》1996 年第 4 期。

③ [日] 楠木贤道：《清太宗皇太极的太庙仪式和堂子——关于满汉两种仪式的共处情况》，《清史研究》2011 年第 1 期。

④ 蒋博光：《满族建筑》，《古建园林技术》1998 年第 3 期。

⑤ 傅同钦：《清代的祭堂子》，《北京文物与考古》第一辑，北京燕山出版社，1983 年。

⑥ 单士元：《故宫营造》，中华书局，2015 年，第 216 页。

⑦ 载涛：《禁卫军之建立与改编》，收录于中国人民政治协商会议全国委员会文史资料研究委员会编：《文史资料选辑》第 3 辑，中华书局，1960 年，第 113 页。

⑧ 奕劻：《奏为详细勘丈堂子规制绘图贴说并请简派大员专案新建事》光绪二十七年七月初七日，档号：04-01-37-0145-002，中国第一历史档案馆藏档案。

⑨ "第七款，大清国国家允定，各使馆境界，以为专与住用之处，并独由使馆管理，中国民人，概不准在界内居住。亦可自行防守。使馆界线，于附件之图上标明如后（附件十四）：西面图上系一、二、三、四、五等字之线；北面图上系五、六、七、八、九、十等字之线；东面之线系崇文门大街，图上十、十一、十二等字；南面图上系十二、一等字之线。此线循城墙南址随城垛而画。按照西历一千九百零一年正月十六日，即中历上年十一月二十六日文内后附之条款，中国国家应允，诸国分应自主，常留兵队分保使馆。"详见：赖骏楠编著：《宪制道路与中国命运·中国近代宪法文献选编（1840—1949）（上卷）》，中央编译出版社，2017 年，第 266 页。

⑩ 奕劻：《奏为查勘择地建盖堂子敬拟图式恭呈御览事》，光绪二十七年七月初七日，档号：04-01-37-0145-003，中国第一历史档案馆藏档案。

⑪《大清德宗景皇帝实录》卷四八四，光绪二十七年六月，第 11 页。

⑫ "命礼亲王世铎开去军机大臣差使，仍充御前大臣。"见：《大清德宗景皇帝实录》卷四八五，光绪二十七年七月，第 8 页。

⑬ 张百熙：《函呈购回洋人所拆堂子木料情形》，档号：故机 143745，台北故宫博物院院藏档案。

⑭ "兵燹之后百物昂贵，未便绳以例价，均饬厂按照市价覆实承办不准丝毫浮冒。臣等复详加考覆以期款不虚糜，曾经专摺奏明奉旨允准在案。所有此次估修各工并大高殿、堂子、地安门等工钱粮与寻常例修工程情形不同，伏乞天恩准予开单奏销，免其造具细册以节烦文而归简易。出自逾格鸿慈，除咨工部外谨附片具陈伏乞圣鉴训示谨奏。朱批：依议。"见张百熙：《奏为今昔情形不同此次估修禁城门座并大高殿堂子及地安门各工请准开单奏销免造细册事》，光绪二十七年十月十五日，档号：04-01-37-0145-016，中国第一历史档案馆藏档案。

⑮ "磁库为报堂事准礼部文称堂子应用磁祭器等项磁暗龙白碗子一对，磁青地龙碗子一对，磁青地蓝龙大碗二对，磁黄大碗一对，磁茶壶二把。本库已剳九江关烧造，其扎板十副，弦子一担，枇杷一张本库现已承应为此报堂，库使庆寿 十月二十二日，礼部为转行事祠祭司案具据看守堂子八品官崇恩自称因二十六年各国联军入都所有堂子地基归入洋界。并祭器桌张等项全行失去，此次新建堂子克期告成本年十月初一日立杆大祭，本年十二月三十日皇上亲诣行礼应用祭器桌张使物等项项宜呈请本部转行工部内务府等处赶紧办理，送交本处等情具呈到部相应抄录。原呈粘单转行内务府查照办理可也，须至咨者。"见《为堂子立杆大祭皇上亲诣行礼咨请办理应用祭器等项抄录原呈粘单事致内务府等》，光绪二十八年八月二十二日，档号：05-13-002-000333-0129，中国第一历史档案馆藏档案。

⑯《为咨复堂子磁祭器式样颜色尺寸无从查造图册事致内务府》，光绪二十九年八月十九日，档号：05-13-002-000339-0160，中国第一历史档案馆藏档案。

⑰ "堂子八品官崇恩呈称所有堂子内应用瓷碗子、黄大碗、扎板、弦子、琵琶等项均由内务府制备，现在堂子工程告竣前项磁器、乐器应请转行内务府迅速造送以备要差等因相应咨行贵府查照办理可也。"见《为堂子工程告竣应用祭器乐器迅速造送以备要差事致内务府等》，光绪二十九年十一月二十一日，档号：05-13-002-000968-0037，中国第一历史档案馆藏档案。

⑱ "礼部为咨行事祠祭司案呈据看守堂子八员官崇恩呈称：本处原有官八员现只一员悬缺七员，遇有大祭亲行并每日值宿一人万难兼顾请转行八旗挑补以应要差，又查本处向有苏拉十二名亦请转行内务府传知该旗领催带领苏拉赴差等因，查堂子工程将次报竣相应行文内务府传知苏拉等预备赴差可也。须至咨者，右咨内务府。"《为堂子工程将次报竣传知苏拉等预备赴差事致内务府》，光绪二十八年九月二十二日，档号：05-13-002-000961-0142，中国第一历史档案馆藏档案。

⑲《为光绪三十一年元旦皇上亲诣堂子行礼节事致宗人府等》，光绪三十年十二月二十八日，档号：06-01-001-000495-0143，中国第一历史档案馆馆藏档案。

⑳ 见《为宣统二年元旦奉旨停止皇上亲诣堂子及坤宁宫神前行礼事致宗人府》，宣统元年十二月初四日，档号：06-01-001-000500-0197，中国第一历史档案馆馆藏档案。《为宣统三年元旦皇上亲诣堂子行礼等项奉旨停止行礼事致宗人府》，宣统二年十二月十七日，档号：06-01-001-000500-0197，中国第一历史档案馆馆藏档案。

㉑ 见中义木厂商人武秉虔：《呈为油饰堂子内栅栏等处工程一律完竣事》，光绪三十三年十二月二十八日，档号：21-0108-0003，中国第一历史档案馆馆藏档案。

㉒《为请查勘修理堂子各工程事给民政部的片行》，光绪三十四年九月二十六日，档号：21-0106-0001，中国第一历史档案馆馆藏档案。

㉓ 笔者注：保固赔修制度是清代工程制度中约束施工方的一种质量追责制度。《大清会典事例》对清代的赔修制度有详尽记载："宫殿内岁修工程，均限保固三年。其余新建工程，并拆换大木，重新盖造者，保固十年。挑换詹望，揭宕头停者，保固五年。新筑地基、成砌石、砖墙垣者，保固十年。不动地基，照依旧式拆砌到底者，保固六年。补修拆砌者，保固三年。新筑地基，成筑三合土墙者，保固十年。不动地基，照依旧式成筑者，保固五年。新筑常例灰土墙，保固三年。如限内倾圮者，监修官赔修。"

㉔ 故宫博物院院办公室藏院史档案，档号：jfqggdatsl00047。呈报件结尾落款为五月十七日，从文内叙事看，其年代应晚于民国十七年。

㉕㉖ 故宫博物院院办公室藏院史档案，档号：wwzcds00090。

㉗ 故宫博物院院办公室藏院史档案，档号：19500869Z。

㉘ 图片及人员识别引自：https://weibo.com/ttarticle/p/show?id=2309404451214141030430

㉙ 张镈，中国近现代著名建筑师，主持设计了人民大会堂、北京饭店、民族饭店、友谊饭店、民族文化宫等建筑，其父为末任两广总督张鸣岐。

㉚ 陈伯超、刘思铎主编：《中国建筑口述史文库：抢救记忆中的历史》，同济大学出版社，2018 年，第 74 页。

㉛ 北京历史文化地理信息网：http://www.inbeijing.cn/histrv/webpage/historymap/hismapol.jsp?hiscode=40304&histitle=%E5%8C%97%E4%BA%AC%E5%8E%86%E5%8F%B2%E5%BD%B1%E5%83%8F%E5%9C%B0%E5%9B%BE

北京西城区博济庵现存建筑调查

吕玮莎

博济庵，全名为"莲花山下院长生观博济庵"，在今北京西城区和平门内前细瓦厂胡同 17 号（图一），山门南向，共二进院，现为民居。该庙原位于北京内城的西南部，民国时期[①]其先后归属北平的内二区、内七区等，地址为前细瓦厂 7 号（图二），因其东南临近西江米巷（今西交民巷[②]），而常被俗称为"西江米巷博济庵"。

一、博济庵踏查情况

笔者于 2009 年 7 月至 2020 年间多次对博济庵进行踏查，通过对比 20 世纪 30 年代北平研究院的调查报告和历史照片、民国时期档案资料等，发现其整体院落格局基本保存完整；又据此推测出博济庵的建筑形式、主殿堂设置等情况。

（一）院落布局

今博济庵，二进院落，大门为一座清水脊小门楼；前院有正房和耳房、东西房及耳房等；后院有正房、东西房等。

1. 山门

博济庵山门为一座独立的小门楼，这种形式的街门一般多用于小型寺庙或祠堂。山门为硬山清水脊、筒瓦，两层仿木椽子，遗存的瓦当上仍可见花卉图案。门额位置嵌有一块青石匾额，其为白底红框，上有大字朱笔楷书"莲花山下院"，并三个楷书小字"博济庵"，上款楷书"丙子重阳"，落款草书"吴佩孚"并钤朱色阴文印章一枚（章内字迹不可辨）。经查，"丙子"即 1936 年，重阳节（农历九月初九）是当年 10 月 23 日。朱字的颜色鲜艳，应为近年重描。

图一 前细瓦厂胡同 17 号博济庵（2009 年拍摄） 图二 博济庵位置（笔者标注，底图为 1934 年版《北平四郊详图》，引自：中国国家图书馆、测绘出版社编著：《北京古地图集》，测绘出版社，2010 年，第 326 页）

作者单位：北京奥运博物馆

20世纪30年代　　　　　　　　　　2020年　　　　　　　　　　博济庵山门

图三 博济庵山门对比图（20世纪30年代图引自：中国文化遗产研究院编：《北平研究院北平庙宇调查资料汇编·内二区卷》，文物出版社，2016年，第187页）

图四 博济庵前院正殿现状（南立面，2020年拍摄）　图五 博济庵前院正殿南檐外明间彩绘旧迹（2019年拍摄）　图六 博济庵前院正殿现状（北立面，2020年拍摄）

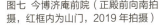

图七 今博济庵前院（正殿前向南拍摄，红框内为山门，2019年拍摄）　图八 博济庵后院原正殿位置（红框内为翻建后的屋顶，2020年拍摄）

另据档案记载，1934年住持宽珍曾"拟添开左右旁门二座，加立旗杆一对"③，今均未见，或早已无存或被拆除（图三）。

2.前院

前院格局、前殿及耳房、东西配殿及北耳房，均基本保存完好。

前殿面阔三间，东次间被后搭建的小房包围在内，不可见，原门窗均已无存；硬山顶，过垄脊，覆灰筒瓦（图四）；檐下两层木椽子，其南、北檐外及后（北）檐柱头上均可见彩绘旧迹（图五—图七）；后（北）墙开窗，应为后开。东、西耳房各一间形制也是硬山顶，过垄脊，筒瓦。东耳房旧貌可见，檐下未见彩绘痕迹，后（北）墙开一窗；西耳房已被粉刷一新，应为近年重修，旧貌难寻。

东、西配殿及其北耳房，均已翻修；院内影壁已无存。

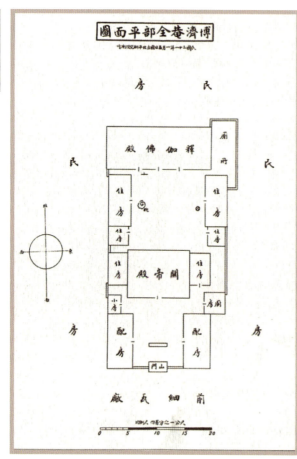

图九 1932 年绘制的博济庵全部平面图（引自：中国文化遗产研究院编：《北平研究院北平庙宇调查资料汇编·内二区卷》，文物出版社，2016 年，第 186 页）

图一〇 20 世纪 30 年代博济庵后院正殿及石碑（引自：中国文化遗产研究院编：《北平研究院北平庙宇调查资料汇编·内二区卷》，文物出版社，2016 年，第 187 页）

3. 后院

后院格局虽完好，但其原正殿、东西配殿及南耳房等，均已被拆除或重新翻建，原貌难寻（图八）。

（二）法物资产

原博济庵内的法物资产应包括供奉的造像和法器等等。

目前，院内房屋均已为居民住宅。据《1949—1978 北京文物博物馆事业记事》记载："1965 年 7 月 16 日，北京市文物工作队将西城区细瓦厂 15 号莲花山下院铸铁神像运回该队，同意拆除该院后殿 6 尊泥质佛像"[④]。推测原博济庵殿堂内的法物资产均已无存或下落不明。

（三）石碑

20 世纪 30 年代院内有两方石碑，一方名为《重修博济庵佛殿禅堂记》，立于后院正殿前西侧；另一方的名称与内容均不详，笔者从其初次登记的时间——1934 年 6 月推测，该碑很可能是住持宽珍所立，碑文应与她修缮博济庵庙宇有关[⑤]。

截止笔者踏查时，未见到原立于院内的两方石碑。据院内居民讲："石碑已不在院中，去向不明"。另一说[⑥]，两方石碑仍埋于后院私建的小厨房下。

二、民国时期博济庵建筑形式

综上所述，笔者对民国时期博济庵的建筑形式、主殿堂设置等情况，推测如下：

（一）建筑布局

博济庵是一座坐北朝南的二进院落，其沿庙宇建筑群中轴线自南向北依次为山门、影壁、前院正殿、后院正殿；前、后院正殿的东西两侧各有配殿及耳房（图九）。

从民国时期的历史照片中可知：原山门的正脊与垂脊均有瑞兽，门额处挂有一块木匾，原额内容不可见。前院正殿为关帝殿，其面阔三间，南面金柱设三门，均为隔扇式，中门为对开，两侧为单开。南侧东稍间廊下设一木架悬一铜钟，明间与西稍间的檐柱和金柱间的枋上悬一铁钟。后院正殿为释迦佛殿，其面阔五间，平面为凹字形，明间及两次间设三门，均为隔扇式对开。两稍间南立面为墙、东稍间的西立面及西稍间的东立面为门。明间檐下悬行楷"礼堂"匾额，阶条石下设垂带踏跺。殿前西侧立石碑一方（图一〇）。

（二）主殿堂设置情况

据 20 世纪 30 年代北平研究院调查资料等，推测前、后院的主殿内设置如下：

关帝殿内神像应处于北壁下，南向：中央明间供奉关帝像一尊，左右小童像二尊。按一般情况推测，该像前应设一供桌，供桌上设铁五供一组及铁座磬一件（其形如钵，用于礼拜神像时敲击），桌前另设铁香炉一座。东稍间供奉火神像一尊，西稍间供奉吕祖（吕洞宾）像或财神像一尊，其应各配小童像两尊作侍者。

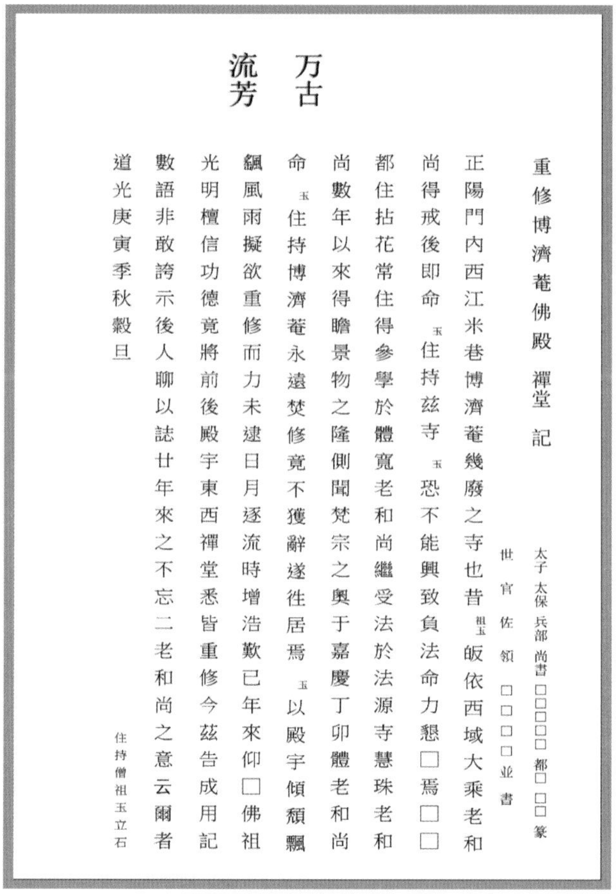

万古流芳

重修博済菴佛殿禪堂記

太子太保兵部尚書□□□□都□業□篆
世宮佐領□□□□□祖依西域大乘老和尚

正陽門內西江米巷博濟菴幾廢之寺也昔

尚得戒後即命□住持茲寺□恐不能興致負法命力懇□焉

都數年以來得瞻景物之隆側閒梵宗之奧于嘉慶丁卯體老和尚

住持博濟菴永遠修葺而力未逮日月逐流時增浩歡已年來仰□以殿宇傾頹□佛祖

命□玉擬欲重修將前後殿宇東西禪堂悉皆重修今兹告成用成

颷風雨□功德竟將前後殿宇東西禪堂悉皆重修今兹告成用成

光明檀信功德竟將前後殿宇東西禪堂悉皆重修今兹告成

數語非敢誇示後人聊以誌廿年來之不忘二老和尚之意云爾者

道光庚寅季秋穀旦

住持僧祖玉立石

图一一 《重修博济庵佛殿禅堂记》碑（阳）（引自：中国文化遗产研究院编：《北平研究院北平庙宇调查资料汇编·内二区卷》，文物出版社，2016年，第190—191页）

释迦佛殿内神像亦应位于北壁下，南向：明间中应供释迦佛像，东次间设地藏王菩萨像，西次间设"西山三才"像[7]；此外，殿内还有韦驮像一尊、菩萨像一尊、其他像若干尊、小童像二尊，及供桌、香炉等法器、随墙佛龛二至三个等。

通过研究可见，博济庵建筑规模不大，仅为一座二进院的普通小庙；其内既供奉佛教神像也供奉道教神像的现象，与清末时期三教合流的社会背景是一致的。

三、文字资料解读

本段主要对博济庵内的石碑碑文、民国时期档案等资料进行解读，以使今人更多地了解该庙的情况。

（一）对《重修博济庵佛殿禅堂记》的解读

博济庵后院正殿前西侧，曾立有一方清道光十年（1830）镌刻的《重修博济庵佛殿禅堂记》石碑[8]。碑阳额刻"万古流芳"，内容为重修博济庵的过程（图一一）；碑阴[9]额刻"因果不昧"，其内容为"功德主题名"，包括捐款人姓名、头衔、商户名号等。通过碑文内容，可知以下四点：

其一，该庵始建年代不详。其落成时间应早于清嘉庆十二年（1807）。

其二，碑文未提及该庵的始建者，仅记录了该庙的法脉传承关系：从拈花寺僧体宽和法源寺僧慧珠，传至僧祖玉（生卒年不详）。

其三，祖玉于清嘉庆十二年任该庵住持后开始着手修缮该庙。修缮工程至道光十年（1830）农历九月完成。重修后该庵前、后两进院内均建有正殿与东、西配殿等。

其四，祖玉修缮该庵的钱款来源是以募捐为主。

此外，据两条仅见标题但无具体内容的档案[10]记录："僧录司光绪三十四年（1908）印务批京乙件；僧录司城官光绪三十四年批京乙件"。"僧录司"是执掌寺院僧尼事务的官署。可知，至清末时博济庵是一座佛教寺庙。

（二）对民国时期档案的解读

民国时期，北平市政府曾对全市寺庙进行过三次调查[11]登记，其时间分别是1928年10月、1936年1月、1947年7月，其主要目的是为加强对寺庙的监督管理，调查的内容包括寺庙的建筑、财产、法物、人员等情况，并以填报表格的形式呈现。

现北京档案馆公开且可查到的民国时期有关博济庵的详细档案记录共有八件[12]，结合北京档案馆编《北京寺庙历史资料》中有关"1928年北平特别市政府寺庙登记"的内容，可将该庙的调查时间向前推至1928年。是故，本段对博济庵的叙述及整理的时间范围是1928—1947年。

1. 博济庵法脉传承

通过梳理档案记录可知：在1921—1947年的26年间，博济庵先后有11任主事者或负责人，其身份包括比丘（下文简称"僧"）、女居士、坤道等。正因主事者身份的不同，也使得博济庵的宗教属性及功用恰随主事者之间身份变化而变化：先由一座佛教僧寺转变为佛教尼寺，后从尼寺转化为道教宫观（表一）。现分为佛教僧寺、佛教尼寺、尼寺转宫观、道教宫观等四个阶段，分别叙述：

表一 1921—1947 年博济庵住持（主事者）交替情况统计表

序号	起始时间	住持身份	住持（主事者）	阶段
1	1921 年以前	僧	岫宽	僧寺
2	1921 年—1923 年 2 月		眼月	
3	约 1923 年—1925 年 11 月		眼睿	
4	1925 年 11 月以后—1926 年 8 月		眼成、眼德	
5	1926 年 8 月 24 日—1930 年 7 月		灵云	
6	1930 年 7 月—1934 年 1 月		悟文（别名宗镜）	
7	1934 年 2 月—1935 年 7 月	女居士	宽珍	尼寺
8	1935 年 7 月—1937 年 1 月	管理人（俗家）	张启奎	
9	1937 年 2 月—1944 年 1 月	女居士 / 坤道	李智莲	尼寺转宫观
10	1944 年 2 月以后	坤道	冯信芝	宫观

（1）佛教僧寺院阶段（1921—1934.1）

这期间博济庵的住持分别是：岫宽、眼月、眼睿、眼德和眼成、灵云、悟文。

1921 年以前僧岫宽以自己家财及募化的钱款，购买了博济庵、北极寺[13]两座庙产，并任住持[14]，岫宽生平不详。两座庙址虽相近，但在佛教宗派及法脉上的关系，则有待研究。

1921 年岫宽圆寂，僧眼月充任博济庵住持。因其不务正业、胡作非为，被人告发后失去住持资格[15]。眼月去世后，约 1923 年，长椿寺[16]僧眼睿到庙住持。眼睿，俗姓沙，北平人，时充长椿寺知客[17]。仅就眼睿的法号而言，其或与眼月为同门师兄弟，此时长椿寺或许与博济庵为同法脉关系。眼睿不在庙内居住，雇佣的看庙人偷卖庙中木料，被人告发，眼睿很可能因此受牵连，失去住持之位。同时，又有来自吴桥县[18]的二僧眼成和眼德与眼睿争夺住持之位。双方因住持的继承问题发生争执且上诉至法庭，最终以眼睿败诉而结束[19]。眼成和眼德与眼睿的关系，及其为何要与眼睿争夺庙产等问题，因资料缺乏而尚待研究。

眼成和眼德充任博济庵住持的时间应为 1925 年 11 月以后。因 1925 年 11 月 2 日《顺天时报》刊登一则名为《博济庵讼案 俗人无权过问》[20]的报道。这则报道或间接成为眼睿彻底失去博济庵住持之佐证。同时，也可弥补当时档案登记的不足。二僧在充任住持后不久，便将北极寺庙产卖与他人。

1926 年 8 月，眼成和眼德以"无暇兼顾本庙香火"为由，在中证人僧法璨（眼成、眼德之师）和律师的说合下，将博济庵庙产"赠与"西直门外极乐寺住持僧灵云并立有一纸白契[21]。灵云[22]，时年 46 岁，俗家姓张。他将"赠与"行为解释为："虽赠与之时移给盘费亦难明说，又称实际虽系买卖，但因佛教规矩，虽系表面上只能说是赠与。云买庙之款，系由募化得来……"[23] 由此看来，博济庵与极乐寺似乎没有法脉传承关系。1928 年 2 月 15 日，北京佛教协会向灵云发放庙产执照；1929 年 3 月 9 日，北平社会局批准灵云登记博济庵庙产。另据档案[24]记载：约 1929 年，灵云要求庙内租户迁出，但租户不愿搬走，于是双方引发激烈的争端，后"经法院判令，住户等迅即迁出交由灵云管业"。

1930 年 7 月，灵云以"身体软弱，力有不支"为由，向北平社会局递交更换住持的声请[25]，拟以悟文为博济庵住持并向其移交博济庵庙产、法物、文契、器具等，还出具了铺保[26]证明，为其担保的商号是位于北京西四牌楼附近的"宝聚煤厂"。悟文，时年 38 岁，俗姓伍，湖南衡阳人，时任弘慈广济寺监院之职并住在该寺内。是年 8 月 14 日，社会局还未对灵云的声请作批示时，又收到一份来自弘慈广济寺僧宗镜递交的声明[27]，称："新任博济庵住持悟文，即宗镜别名"。为其出具铺保证明的是广济寺内的一家古玩店"信义成记"。一个月后，社会局批准僧宗镜登记博济庵庙产的请求。又据 20 世纪 30 年代北平研究院的调查资料[28]"博济庵为广济寺下院"一句推测，这可能也与宗镜任住持有关。虽然博济庵备案信息称悟文是宗镜的别名，但笔者发现宗镜和悟文不是同一人[29]。

此外，从两家铺保"宝聚煤厂""信义成记"所处位置来看，或在弘慈广济寺之内，或在其周边，因或可能与该寺构成共生关系，因而为其作保。

（2）佛教尼寺阶段（1934.2—1937.1）

博济庵因住持身份的变化由僧寺转成尼寺，但其仅存 1 年多就随着住持尼的病逝而成为名义上的尼寺，之后因代管博济庵庙务的是俗家人，博济庵的宗教属性又发生新的转变。

1934 年 1 月 19 日，住持悟文向北平社会局递交"交替住持请与备案"的申请，称其因事要回原籍而不能兼顾博济庵住持之职，且无徒弟，并在广慈寺住持常参、紫竹林住持慧真、翠峰寺住持悟隐等三人的联名具保下，拟将博济庵庙产及住持之位交与宽珍。悟文的请求于同年 2 月 23 日被批准。

宽珍，女，时年 52 岁，住在西直门内安城胡同华严寺。查 1932 年版《北平拈花寺同戒录》："菩萨优婆夷戒[30]弟子：德修，字宽珍，壬午年（1882）生，系河北大兴县籍，于宛平县广济寺皈依显宗和尚座下。"[31]由此可知，宽珍是一名带发修行的女居士，其师是弘慈广济寺僧人显宗。1934 年 9 月，社会局批准她登记博济庵庙产[32]。

1935 年 7 月宽珍病逝。因其无徒，博济庵庙务暂由她俗家胞弟张启奎代管。张启奎为偿还宽珍生前所欠下的债务决定将博济庵卖给莲花山修持的乾道蔡义先，但此举遭到宽珍之师僧显宗的阻止。期间，张启奎与蔡义先、显宗等曾就该庙的所有权属进行激烈争执。最终，张启奎败诉，但他拒绝将博济庵交与显宗。直到 1937 年 4 月，女居士李智莲在双方均认可的前提下成为博济庵新住持[33]。纷争虽然结束，但却为日后博济庵宗教属性的转变埋下伏笔。

（3）尼寺转宫观阶段（1937.2—1944.1）

这是博济庵宗教属性转变的重要阶段，历时 7 年。

在僧显宗、乾道蔡义先等双方均认可并得到北平社会局批准的前提下，女居士李智莲充任博济庵住持。李智莲，女，时年 36 岁，河北宛平县人，住在总统府前花园三号。此时博济庵仍为佛教资产。

李智莲在充任住持后不久，称[34]：该庙的日常管理及各种开销等费用均由蔡义先的道观负责，及她又自述是蔡义先之徒孙，似乎预示着该庙应属道教资产。随后，李智莲用了五年的时间（1938—1943 年），将博济庵庙产由佛教资产变为道教资产。北平社会局于 1943 年 3 月批示：准许博济庵加"莲花山长生观下院"字样，但仍要保留"博济庵"原名，即"莲花山长生观下院博济庵"[35]。至此，博济庵完成了宗教属性的最终转变。

博济庵的纷争表面上起于其新住持的承继问题，但显宗与蔡义先争夺的背后却代表着两种不同的宗教势力，主要矛盾是双方在博济庵归属于佛教资产抑或道教资产上存在不同认识。

（4）道教宫观阶段（1944.6—1947）

1944 年 1 月李智莲去世。因其大徒弟吴信桂不愿充任博济庵住持，于是这年 6 月，其二徒弟冯信芝，便在铸钟娘娘庙住持[36]孙礼焕、九阳宫住持李礼志、长清观住持阮礼仪等同宗派的联名具保下充任博济庵住持[37]。冯信芝，女，时年 29 岁，涿县人，原在莲花山长生观修行。北平社会局在确认其继承住持上无争议后，便准予冯信芝进行庙产备案。

自此至 1947 年的第二次寺庙总登记[38]时，住持仍是坤道冯信芝。

2. 博济庵庙产情况

在 1928 年至 1947 年间，博济庵历任住持先后九次对庙产进行登记备案，时间分别是 1928 年一次，1930 年三次，1934 年、1936 年、1937 年、1942 年、1947 年各一次；除 1942 年住持李智莲追加博济庵庙产外，其余应均有原始登记表，但暂未找到 1947 年的登记表，仅查到《第二次寺庙总登记收表及审核调查簿》[39]，且内容仅为博济庵的庙名、住持、庙址、送表日期等等。因此，本段所述博济庵庙产的时间范围是从 1928 年至 1942 年。另外，1930 年因其"住持交替和别名"等原因，呈报了三次庙产，虽然前两次均已申请取消，但笔者发现这三次的内容均不同，故也将其一一列出，以作参考。

笔者将博济庵的档案记录（即原始登记表[40]）进行整理，并以《寺庙登记条款总表》和《寺庙概况登记表》为主，参照《寺庙法物登记条款表》《寺庙不动产登记条款表》和《寺庙财产登记表》《寺庙法物登记表》等内容，对其主要庙产进行汇总说明。此外，笔者还将 20 世纪 30 年代北平研究院的调查情况，及相关档案记录的内容作为补充

表二 博济庵不动产汇总统计表

填报年月	填报地址	本庙情况			附属田亩、房屋情况							备考
		住持姓名	本庙面积亩数	本庙房屋间数	附属土地亩数	附属土地地址	附属房屋间数	附属房屋地址	管理及使用状况	享有权利之种类	权利取得之时间	
1928	内二区前细瓦厂七号	灵云	二亩五分			无			自住部分出租			
1930.5		悟文	约二亩余						自住修养	除自住修养外，别无可取	1926.8.20	
1930.7											1930.7.12	
1930.8		宗镜	二亩余								1930.7	
1934.6		宽珍	一亩四分六厘三毫	26间	无		19间	坛子胡同	房屋概归自用	子孙小庙由住持管理之供佛焚修	1934.1	附属房屋栏：前住持悟文登记时载有坛子胡同房屋十九间，其实此房系上首老住持早已典押在外，悟文登记时未曾声明，闻典价甚重为千数百元，无力赎回
1936.9		宽珍（张启奎代）	亩四分六厘三						殿内供佛焚修，余房出租	使用权	1934.1	前住持悟文登记时有附属房屋十九间经前住持悟文典押在外，典价奇重，无力赎回
1937.4							19间	坛子胡同	供佛焚修	管理使用权	1937年	附属房屋十九间业修前住持典押在外
1942.11		李智莲		28间	七十二亩二分	大新庄（京南）24间	12间半	花园大院3号				
						驴驹胡同1号	24间	驴驹胡同1号				驴驹胡同房契抵押在外

说明。现将其庙产归纳为不动产和法物资产两大类：

（1）不动产汇总

博济庵的不动产主要包括房屋、土地等财产（表二）。

从 1928 年至 1937 年博济庵仅有房屋 45 间，分布于庙内、外。庙内房屋 26 间，土地面积一亩四分六里三毫[41]，约合 898.87 平方米[42]；前、后两进院落，26 间房为"北殿三间……东西配房各三间，又北面东西耳房各一间。北殿东西耳房各一间。后院北殿五间……东西配房各三间。又南边耳房各一间。"[43]（图一二）。庙外附属房屋 19 间，坐落于坛子胡同[44]，该处房屋被住持典押在外，且未被赎回，详细情况未知。又据北京佛教协会于 1928 年 2 月 15 日发放给住持灵云的庙产执照："证明灵云所有博济庵一所，共房四十五间"。这应指本庙房屋 26 间和坛子胡同

图一二 民国时期博济庵房屋示意图（笔者据 1932 年博济庵平面图绘制）

的 19 间房屋。由此可知，坛子胡同的房屋在 1928 年以前就已在博济庵名下，将其典押在外的住持很可能是灵云。

1942 年 11 月，博济庵时任住持李智莲为该庙添加房屋和土地两项资产。庙内房屋由原来的 26 间增加至 28 间；庙外房屋除坛子胡同的 19 间外，又增加了花园大院[45]和驴驹胡同[46]的房屋共计 36 间半，但其中 24 间房屋在外抵押。此时，博济庵名下共有房屋 83 间半，其中 43 间被抵押在外；还新增了位于京南大新庄的附属土地七十六亩二分，约合 46,817 平方米。

博济庵房屋的用途有自住、供佛焚修、部分出租等。除租给私人居住以外，还租赁给信卿家庭服装工业社（后改"信卿服装工业社"），其经理边秀芝（或孙秋恨）[47]，但出租时间暂未查到。另外，1919 年 9 月博济庵还曾作为"永年县旅京同乡会"[48]的登记地址。

此外，笔者在博济庵山门老照片上看到挂有一块"北平市私立普□学校"的匾额；又在档案中查到 1930 年 9 月北平社会局在批准宗镜为博济庵住持时，又批示："呈表均悉，据查原报尚属相符，既经取具负责铺保，应准登记，并仰遵照《监督寺庙条例》第九条之规定，将庙内收支款项及兴办公益慈善等事业，自登记之日起于每三个月终汇报一次，备查毋违……"[49]。由此可知，该校应属档案中的公益事业。

其余，院内还种植有三棵槐树用以美化环境；一眼水井也能为日常生活增添些许便利。

（2）法物资产汇总

博济庵法物资产主要包括供奉造像（佛像与神像）、法器及其他资产等，现分别汇总如下（表三）：

首先，造像情况。从登记表看，博济庵前、后的两座大殿是供奉焚修的主要场所，前殿供奉关帝、财神、火神等道教神像；后殿供奉释迦佛、菩萨和韦陀像等佛教造像，无画像类及经典卷册。截至 1937 年 4 月，庙内共有造像 35 尊，材质多为木、泥像两种，铁像一尊。

需说明的是：其一，造像有新增或漏报现象。1930 年 5 月比 1928 年新增 2 尊造像，1930 年 7 月比 5 月新增 15 尊造像，数量之多可能与该庙新换住持相关，前住持灵云称"因睹殿宇倾颓，佛像凋残，若不修理势难保存，以身体软弱，力有不支，情愿将此庵移交悟文接充住持管理寺务……"[50]。但在 1930 年 7 月和 8 月的两次记录中，虽仅

表三 博济庵法物资产汇总统计表

填报年月	填报地址	住持姓名	造像 前殿 关圣帝君	财神	火神	童	造像 后殿 释迦佛	菩萨	韦陀	其他像	童	佛龛	法器 铜钟	铁钟	铁磬	大鼓	铁香炉	供桌	经典	雕刻	其他
1928年	内二区前细瓦厂七号	灵云	1尊泥质	1尊泥质	1尊泥质	2尊泥质	1尊木质	1尊木质	1尊泥质	8尊泥质	2尊木质	2个	1口		1件		2个	2张		石碑一方	
1930.5																			无		
1930.7		悟文											2口								
1930.8		宗镜				6尊泥质	2尊木质					3个							无		
1934.6		宽珍	泥像3尊				铁佛像1尊；木.泥神像23尊								2件						石碑二方
1936.9		宽珍（张启奎代）											1口	1口		1面					槐树三棵；水井一眼
1937.4		李智莲	佛像8尊				佛像27尊(铁质1尊，其余均木、泥质)														

隔一个月，但8月比7月多增加2尊造像，及1个佛龛。其造像不排除是新增的，但也可能是7月漏报所致；佛龛据1934年9月20日《博济庵住持宽珍问话记录》记："（调查员）问：（博济庵）佛龛有无？（宽珍）答：此项佛龛是随墙修砌，并非木质，所以未填。"[51]暂不确定是否有造像。其二，造像位置变化。将1930年8月和1934年6月的造像登记数量相比，总量由23尊增至27尊，新增4尊。前殿的造像由原来的9尊减至3尊，后殿由14尊增至24尊。这可能是将前殿的6尊移至后殿后又新增4尊；但也不能排除漏报的可能性。那么，1934年6月时造像总量有可能是33尊。其三，代为呈报庙产现象。1935年7月住持宽珍病逝，其俗家胞弟张启奎代其呈报登记表，但该表中并未说明。故1934年6月和1936年9月造像数量相同。最后，新增造像或与寺庙性质改变有关。

其次，法器及其他资产情况。法器是作法事时使用的器物。大体分为礼敬、称赞、供养、持验、护魔、劝导六大类。从其登记表看，博济庵的法器主要以供养器和称赞器为主。供养器有香炉[52]、花瓶、烛台、供桌；称赞器有铜钟、铁钟、铁磬、大鼓。其中铁钟和大鼓在1934年6月前没有相关记录；铜钟仅在1930年7月中登记为"一大一小两口"，其余记录均为一口。铁香炉和供桌均为两件（或张），其分布应是前、后殿各一。但从1934年6月开始供桌未被记录其中，可能是被其他物件取代，或忽略未记。

最后，与上述记录略有不同的是20世纪30年代北平研究院调查的资料，称："北殿三间，中供关帝，左火神，右吕祖，均泥像，高五尺。铁磬一……铁五供一份。铁香炉一……廊左铜钟一，右铁钟一……后殿院北殿五间，中供释迦佛，木胎金身，高四尺。左北面地藏王菩萨，铜胎金身，高三尺五寸。右西山三才，泥胎金身，高亦三尺五寸……"[53]从该资料中所载的造像和法器质地来看，仅关帝、火神、释迦佛三尊造像与上述记录相符，未记载的有一尊铜胎像和一套铁五供[54]。

四、总结

本文通过梳理博济庵相关档案和资料，从博济庵僧侣的法脉传承关系方面探究该庙的宗教属性及其转变过程等内容；发现三普资料中有关始建年代、寺庙性质等错误，使今人更多地了解民国时期对寺庙的管理和社会生活的真实情况。对此得出以下两点认识：

首先，清末时北京城内庙宇林立，民国时动荡不安的社会环境，致使小庙多已名存实亡。僧尼将庙内闲置的房屋出租，以维持日常生计，或按政府要求开办学校、图书馆、孤儿院等公益事业，以维系庙产，其实际上的宗教性已被逐渐淡化。后来，这些小庙又被改为居民大院、办公场所、工业厂房等地使用，乃至其宗教性完全消失。或又因无人管理，倾圮无存，被彻底拆除或改造，导致其踪迹难寻、面目全非。

其次，博济庵不动产权属变化是认识"儒释道三教合流"现象的另一个思路。以往在谈及明清以来"儒释道三教合流"问题时，人们常以三教在思想方面的相互借鉴与融合的角度对其认识。但通过博济庵这座小庙的宗教属性的变化情况，令笔者认识到不同宗教势力之间相互争夺房产与田产的利益冲突，及其现实社会生活中的经济活动等，也是促进宗教融合的重要因素。

① 1928 年国民政府南迁后，北平市将内城改为六个区，外城改为五个区，内外城共十一个区。1945 年抗日战争胜利后，北平市行政区又被划分为内城七个区，外城划分为五个区，内外城共十二个区。

② 前细瓦厂胡同原南临半壁街。1965 年半壁街东部并入西交民巷，故今西交民巷，东起天安门广场，西至北新华街。

③⑤ 北京档案馆藏：《内二区博济庵僧人宗镜、宽珍登记庙产、交替主持的呈文及社会局的批示》，档案号：J2-8-106，第 149—153 页。

④ 北京市文物事业管理局：《1949——1978 北京文物博物馆事业记事（上）》，内部资料，1994 年，第 82 页。

⑥ 此说来源于：颐和吴老《北京西交民巷"博济庵"》。https://weibo.com/1213925802/Ih3b2II6N?type=comment#_rnd1630385454866

⑦ 关于"西山三才"像，笔者目前尚未找到与其相关的资料，尚待研究。

⑧ 中国文化遗产研究院编：《北平研究院北平庙宇调查资料汇编·内二区卷》，文物出版社，2016 年，第 186—195 页。

⑨ 碑阴资料详见：中国文化遗产研究院编：《北平研究院北平庙宇调查资料汇编·内二区卷》，文物出版社，2016 年，第 192—195 页。

⑩ 北京档案馆藏：《内二区博济庵僧人宗镜、宽珍登记庙产、交替主持的呈文及社会局的批示》，档案号：J2-8-106，第 57 页。

⑪ 从现有档案资料看，民国期间对寺庙的登记调查应为三次。1936 年 1 月，内政部废除了 1928 年 10 月拟具的《寺庙登记条例》，同时又公布了新的《寺庙登记规则》，且称此次为第一次寺庙总登记。1947 年 7 月，内政部据该规则中的"寺庙总登记每十年举行一次"的规定，准备进行第二次寺庙总登记。

⑫ 八件的档案号为：J181-19-39043、39045、39046、39047、39048 及 J2-8-106、1193、1398，其中前五件档案时间是 1923—1927 年，但仅有标题而无原文记录；后三件档案时间大约是 1930—1947 年，可查到原文记录内容。

⑬ 北极寺：据明嘉靖年间（1522—1566）成书的《京师坊巷志稿》记载："前细瓦厂，井一，桥一。宛平王志：北极寺在细瓦厂。"可知北极寺也是一座古刹。

⑭⑲㉓ 北京档案馆藏：《内二区博济庵僧人宗镜、宽珍登记庙产、交替主持的呈文及社会局的批示》，档案号：J2-8-106，第 57—60 页。

⑮ 北京档案馆藏：《内二区博济庵僧人宗镜、宽珍登记庙产、交替主持的呈文及社会局的批示》，档案号：J2-8-106，第 71—73 页。

⑯ 长椿寺位于北京宣武门外西南的下斜街，是一座禅宗佛教寺院。今北京宣南文化博物馆。

⑰ 知客：佛寺僧团的僧官职务之一。寺院中的知客僧多简称知客，主要有三种意思，一是寺院里专司接待宾客的僧人；二是禅刹中负责接待宾客的僧职；三是为禅林中司掌迎送与应接宾客之职称。

⑱ 吴桥县：今河北省沧州市吴桥县。

⑳ 1925 年 11 月 2 日《顺天时报》第七版刊登一则名为《博济庵讼案 俗人无权过问》的报道，原文如下："西交民巷博济庵，前因承继僧徒问题，发生纠葛，涉讼法庭，迄未解决，乃寄居该庵内住客刘玉林等，竟联名向警察厅递呈，控告该庙住持僧人眼睿伪造铺保，擅行出倒庙产，以及其他不端行为，请为查办，以维庙产等因，嗣经警察厅将该呈人传询后，以该庙产继承问题，现已在法庭涉讼，自应听候法庭办理，该具呈人刘玉林等，系在该庙内寄居人，无权干涉博济庵庙务，故对于刘某等所控各节，已饬驳不准云。"引自：首都图书馆藏：1925 年 11 月 2 日《顺天时报》第七千七百五十八号。

㉑ 白契：旧时指买卖田地房产未经官方登记盖印的契约。

㉒ 据 1932 年版《北平拈花寺同戒录》："知客大师：名（上）印（下）华，字灵云，庚辰年（1880）生，系河北延庆县籍，于本县玉皇阁礼（上）连（下）详师祝发，于光绪二十二年（1896）冬依万寿寺（上）德（下）果和尚圆具。"引自：傅印主编《同戒录》（全 2 册），宗教文化出版社，2011 年，第 84 页。

㉔ 北京档案馆藏：《内二区博济庵僧人宗镜、宽珍登记庙产、交替主持的呈文及社会局的批示》，档案号：J2-8-106，第 55—75 页。

㉕ 笔者使用"声请"二字是依据北京档案馆现存的有关博济庵档案资料中的标题。

㉖ 铺保旧时系以商店名义所做的保证，在保单上盖有商店的图章；其作用主要是以商店 房产及货物等 来担保庙产登记住持接续等属实，无其他纠纷。

㉗ 北京档案馆藏：《内二区博济庵僧人宗镜、宽珍登记庙产、交替主持的呈文及社会局的批示》，档案号：J2-8-106，第 15—24 页。

㉘㊸㊼ 中国文化遗产研究院编：《北平研究院北平庙宇调查资料汇编·内二区卷》，文物出版社，2016 年，第 186—187 页。

㉙ 详见笔者拙作《博济庵史料补遗》一文，待刊。

㉚ 优婆夷戒：女子在家受戒，称优婆夷，译曰近事女，其戒有五：杀、盗、淫、妄、及饮酒是。现一般称之为女居士。

㉛ 引自傅印主编《同戒录》（全 2 册），宗教文化出版社，2011 年，第 113 页。

㉜ 北京档案馆藏：《内二区博济庵僧人宗镜、宽珍登记庙产、交替主持的呈文及社会局的批示》，档案号：J2-8-106，第 93—96 页。

㉝ 北京档案馆藏：《内二区博济庵僧人宗镜、宽珍登记庙产、交替主持的呈文及社会局的批示》，档案号：J2-8-106，第 207—212 页。

㉞ 北京档案馆藏：《内二区博济庵僧人宗镜、宽珍登记庙产、交替主持的呈文及社会局的批示》，档案号：J2-8-106，第 252—253 页。

㉟ 北京档案馆藏：《内二区博济庵僧人宗镜、宽珍登记庙产、交替主持的呈文及社会局的批示》，档案号：J2-8-106，第 256—258 页。

㊱ 原资料称之为住持，后皆同。

㊲ 北京档案馆藏：《内二区博济庵僧人宗镜、宽珍登记庙产、交替主持的呈文及社会局的批示》，档案号：J2-8-106，第 116—120 页。

㊳㊴ 北京市档案馆藏：《北京寺庙历史资料》，中国档案出版社，1997 年，第 672 页。

㊵ 1928 年发布的《寺庙概况登记表》《寺庙人口登记表》《寺庙财产登记表》《寺庙法物登记表》；1936 年发布的《寺庙登记条款总表》《寺庙法物登记条款表》《寺庙不动产登记条款表》《寺庙人口登记条款表》。

㊶ 1934 年 9 月 20 日，调查员核查僧尼宽珍呈报博济庵庙产时的问询记录："（调查员）问：面积不符？（宽珍）答：前报登记是个约数，此次是实地丈量过，数目不错。"北京档案馆藏：《内二区博济庵僧人宗镜、宽珍登记庙产、交替主持的呈文及社会局的批示》，档案号：J2-8-106，第 98 页。

㊷ 民国时期一亩约为 614.4 平方米。

㊹ 坛子胡同位于前细瓦厂胡同西部北侧，因像坛子而得名。1935 年改名"谈志胡同"，1965 年与前细瓦厂胡同合并。

㊺ 花园大院：现已拆除。原位于西长安街地区东南部，南北走向，南起东绒线胡同，北抵西长安街。1965 年将四眼井和花枝胡同并入。

㊻ 驴驹胡同：现已拆除。原位于原宣武区东南部，东北起果子巷，西南与保安寺街、迎新街（原延旺庙）相同，1965 年被划入果子巷，驴驹胡同之名至此撤销。

㊼ 北京档案馆藏：工商税务档案，档案号 22-1-505 和 22-1-829。

㊽ 1919 年 9 月 15 日，河北永年人李士伟创办"永年县旅京同乡会"，10 月 16 日批准备案，会员 70 余人。

㊾ 北京档案馆藏：《内二区博济庵僧人宗镜、宽珍登记庙产、交替主持的呈文及社会局的批示》，档案号：J2-8-106，第 1—2 页

㊿ 北京档案馆藏：《内二区博济庵僧人宗镜、宽珍登记庙产、交替主持的呈文及社会局的批示》，档案号：J2-8-106，第 229 页。

[51] 北京档案馆藏：《内二区博济庵僧人宗镜、宽珍登记庙产、交替主持的呈文及社会局的批示》，档案号：J2-8-106，第 98 页。

[52] 在 1936 年 9 月和 1937 年 3 月的《寺庙法物登记表》中，香炉均在"礼器"一栏。

[54] 五供包括一尊香炉、两件蜡扦（亦称烛台）、两件花瓶。

北京大兴亦庄博兴路唐墓发掘简报

北京市考古研究院

　　为配合北京经济技术开发区河西区 X18-1F2-2 地块工程建设，2016 年 4 月，北京市文物研究所对该项目占地范围内发现的 1 座唐代墓葬（M1）进行了考古发掘。该墓葬发掘区位于北京市大兴亦庄，东邻博兴五路、西邻博兴路、南邻凉水河二街、北邻凉水河一街（图一），现将该墓发掘情况简报如下。

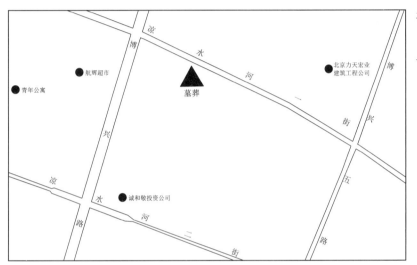

图一　墓葬位置示意图

一、墓葬形制

　　该墓位于发掘区东北部。南北向，方向 180°。竖穴土圹单棺砖室墓。由于破坏严重，券顶已不存。墓圹南北长 6.7 米，东西宽 1—3.2 米，深 1.48 米。由墓道、墓门、甬道、墓室四部分组成（图二，照片一）。

　　墓道：位于墓门南侧。平面呈梯形，南北长 3.8 米，东西宽 1—1.32 米，东西两壁垂直平整。底呈斜坡状，坡度 36°，坡长 4.1 米，深 0—1.48 米。

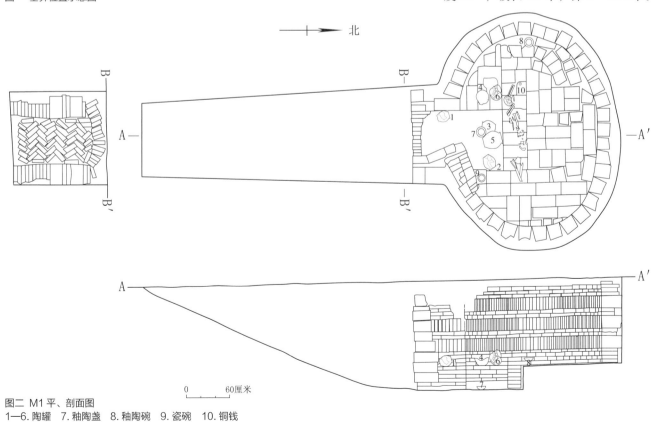

图二　M1 平、剖面图
1—6.陶罐　7.釉陶盏　8.釉陶碗　9.瓷碗　10.铜钱

照片一 M1

照片二 墓门

照片三 墓室

内填浅褐色五花土，土质致密，粘性大，含少量砖块、灰陶片。

墓门：位于墓道北部。拱券式结构，用绳纹青砖十卧一立、两卧一立向上砌筑，以上用立砖券顶，门高1.3米，宽0.65米，厚0.34米，券厚0.34米。封门用绳纹青砖呈倒"人"字形砌筑（照片二）。

甬道：位于墓门北部。平面呈长方形，因破坏严重，顶部拱券已毁，仅存残墙，东壁墙挤压变形。两壁残墙用绳纹青砖七卧一甃、两卧一甃向上砌筑。南北长0.62米，东西宽0.8米，高0.12米，墙厚0.17米，进深0.12—0.28米。

墓室：位于甬道北部（照片三）。平面呈椭圆形，南北径2.35米，东西径2.97米，现深1.1米。顶部拱券结构已毁，现存墓室残墙，四壁用长0.35米、宽0.16米、厚0.06米绳纹青砖错缝在铺地砖上四卧一甃、二卧一甃向上砌筑。墓室底部高于甬道底部0.37米。北部置有棺床，平面呈半圆形，用青砖两横两顺到四顺三横无序平铺，长2.6米，宽1.33米，高0.47米。东西两端置有器物台连接棺床，高0.47米。室内棺床南侧发现人骨架1具，腐朽严重，头骨移位，葬式、性别不明。室内填浅褐色五花土，土质致密。墓室西部出土陶罐6件、釉陶盏1件，墓室西部出土釉陶碗1件，中北部出土铜钱1枚，东南部出土瓷碗1件。

二、随葬器物

出土随葬品9件，有陶罐6件、釉陶盏1件、釉陶碗1件、瓷碗1件，另有铜钱1枚。

陶罐 6件。均为泥质灰陶，轮制。M1：1、M1：2形制相同。敞口，尖圆唇，束颈，溜肩，弧腹，平底。腹部饰数周凹弦纹，

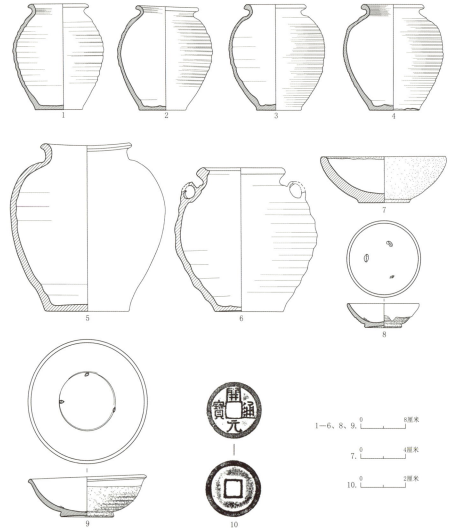

图三 M1 出土器物
1—6.陶罐（M1：1、M1：2、M1：3、M1：4、M1：5、M1：6）
7.釉陶盏（M1：7） 8.瓷碗（M1：9） 9.釉陶碗（M1：8） 10.开元通宝（M1：10）

照片四 陶罐（M1：1）

照片五 陶罐（M1：6）

照片六 釉陶盏（M1：7）

照片七 釉陶碗（M1：8）

照片八 瓷碗（M1：9）

照片九 开元通宝（M1：10）

通体遗有轮旋痕。M1：1，口径 11 厘米、腹径 16.6 厘米、底径 8.6 厘米、高 18.4 厘米（图三，1；照片四）。M1：2，口径 10.8 厘米、腹径 17 厘米、底径 8.4 厘米、高 18 厘米（图三，2）。M1：3、M1：4 形制相同。敞口，圆唇，束颈，折肩，鼓腹，平底。腹部饰数周凹弦纹，通体遗有轮旋痕。M1：3，口径 11 厘米、腹径 17.2 厘米、底径 8 厘米、高 18.4 厘米（图三，3）。M1：4，口径 11.4 厘米、腹径 18 厘米、底径 9 厘米、高 18.4 厘米（图三，4）。M1：5，敞口，尖圆唇，束颈，丰肩，鼓腹，下腹内收，平底。内腹部遗有轮旋痕。口径 16.4 厘米、腹径 28 厘米、底径 15.2 厘米、高 28.8 厘米（图三，5）。M1：6，敞口内敛，圆唇，束颈，溜肩，弧腹，平底内凹，颈肩部饰对称双系。通体遗有轮旋痕。口径 16 厘米、腹径 26 厘米、底径 12.4 厘米、高 25 厘米（图三，6；照片五）。

釉陶盏 1 件。M1：7，泥质红褐色陶。敞口，方圆唇，浅弧腹，平底。内施酱黄色釉，口沿内侧、外腹及底部未施釉。轮制。口径 11.4 厘米、底径 4.6 厘米、高 4 厘米（图三，7；照片六）。

釉陶碗 1 件。M1：8，泥质红陶。敞口，尖圆唇，深弧腹，饼足内凹。内底部遗三椭圆形支钉痕，上腹部及内侧施酱黄色釉，外下腹及足底未施釉。轮制，遗有轮旋痕。口径 20.4 厘米、底径 9.4 厘米、高 7 厘米（图三，9；照片七）。

瓷碗 1 件。M1：9，敞口，圆唇，深弧腹，饼足内凹。内壁及外壁上半部施青白色釉，釉面有冰裂纹，内底部遗三椭圆形支钉痕。轮制，遗有流釉及轮旋痕。口径 13.2 厘米、底径 6.6 厘米、高 4.2 厘米（图三，8；照片八）。

开元通宝 1 枚。M1：10，圆形，方穿，正背面郭缘较窄，正面楷书“开元通宝”四字，对读。钱径 2.5 厘米、穿径 0.6 厘米、郭厚 0.13 厘米（图三，10；照片九）。

三、结语

该墓遭到严重破坏，虽无墓志与明确纪年，但墓中出土器物及“开元通宝”为该墓年代的判定提供了重要依据。

圆形带墓道砖室墓为北京地区唐墓常见形制，有研究者认为该类墓出现于盛唐、流行于中晚唐[1]。北京地区唐墓与西安及南方地区唐墓有区域性差异，而与辽宁朝阳地区唐墓在形制上有诸多相近[2]。该墓墓室平面呈圆形，带梯形墓道、“凹”字形棺床，具有北京地区唐代晚期墓葬的特点，形制与密云大唐庄 M89、M122[3] 相似。

随葬器物中陶罐、釉陶碗、瓷碗都是北方地区晚唐墓葬常见的器物类型，其中陶罐与密云大唐庄 M106：2、石景山首钢园区 M1[4] 所出陶罐形制相近；釉陶碗 M1：8 外上壁及内壁施酱黄色釉，外下壁及足底未施釉，具有唐晚期特点。瓷碗 M1：9 施青白色釉，内底部遗三椭圆形支钉痕，与大兴三合庄瓷碗 M1：8⑤形制相近。瓷碗从初唐到五代时期碗底的足有明显的变化，碗底由饼底演化为圈足，经历了饼底、玉璧、圈足三个变化阶段，各个类型的流行时期基本对应着初唐、中唐至晚唐、晚唐五代这三个阶段。该碗下部快轮制作痕迹十分明显，留有多次加工的修制痕迹，反映了对器底制造技术仍不成熟，在拉胚成型后还需再进行修整，这与唐代烧制技术有关。

综合推断，该墓年代为唐代晚期。

发掘：张智勇

绘图：安喜林

摄影：张智勇

执笔：张智勇

① 张晓辉：《北京地区隋唐墓葬的分区与分期》，吉林大学硕士学位论文，2003 年。
② 北京市文物研究所：《门头沟曹各庄、桥户营 B 地块唐代墓葬发掘简报》，《北京文博文丛》2020 年第 4 辑。
③ 北京市文物研究所：《密云大唐庄：白河流域古代墓葬发掘报告》，上海古籍出版社，2010 年。
④ 北京市文物研究所：《石景山首钢园区东南区唐代墓葬发掘简报》，《北京文博文丛》2019 年第 4 辑。
⑤ 北京市文物研究所：《北京大兴四合庄唐墓考古发掘简报》，《华夏文明》2020 年第 10 期。

北京市朝阳区东坝唐墓发掘简报

北京市考古研究院

2021年4月3日至26日，为配合朝阳区东坝北西区域棚户区改造项目三期（北岗子站及国际医院周边用地）项目建设，北京市考古研究院对区域内发现的古墓葬进行了考古发掘。发掘区位于北京市朝阳区东坝乡后街村（图一），中心位置地理坐标为N39°58′28.40″，E116°33′15.52″。共清理墓葬10座，其中唐代墓葬4座、金代墓葬1座、清代墓葬5座。现将4座唐墓的发掘情况简报如下。

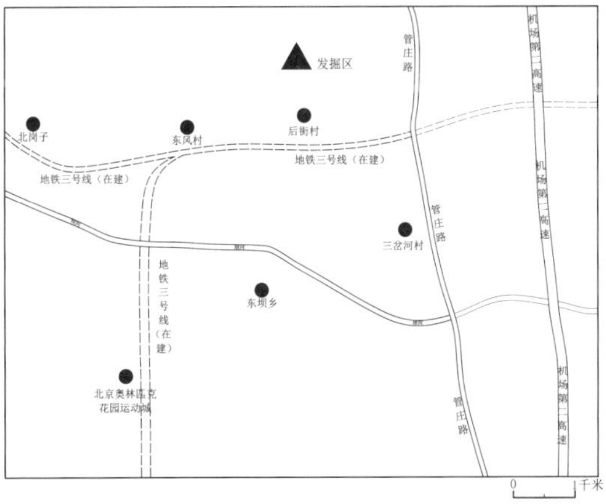

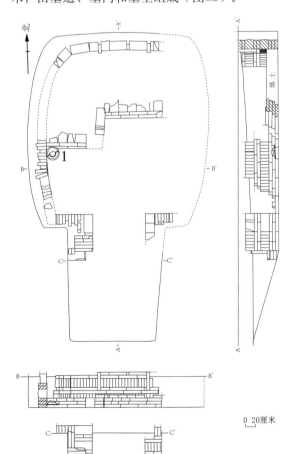

图一 发掘区位置示意图

一、M1

（一）墓葬形制

M1位于发掘区中部，东邻M5，南邻M2。开口于①层下，打破生土。墓向182°。整体呈"甲"字形，总长5.9米，由墓道、墓门和墓室组成（图二）。

图二 M1平、剖面图
1. 器盖

墓道位于墓室南部，开口平面呈南北向长方形，长2.18米，宽1.68—1.94米。底部呈南高北低斜坡状，坡度15°，坡长1.8米，深0—0.5米。墓道两壁与底部较平整。

墓门位于墓室南部，封门遭扰乱无存，仅残存东西两侧立柱，青灰砖砌筑，用砖规格为0.35米×0.17米×0.06米，单面绳纹，残存7层，下为三横一竖，上为两横一竖，残高0.64米。左侧立柱外端有两块外棱呈圆弧状的砖竖向而砌，底部用三块青灰砖铺垫，其中由下向上数第三块砖较特别，规格均为0.35米×0.17米×0.06米。

墓室平面呈弧方形，修建在南北长5.9米、东西宽1.68—2.86米、残深0.5—0.76米的土圹中。墓室南北长3.72米，东西残宽2.86米，破坏较严重，仅存部分砖壁。砖壁用青灰砖砌筑，西南部砖壁残存7层，高0.57—0.6米，下为三横一竖，上为两横一竖。用砖规格为0.35米×0.17米×0.06米，单面绳纹。北壁残存6层，高0.48—0.58米，用青灰砖一竖两横叠压垒砌，凸出2块立砖，一东一西，似为仿木结构木门，立砖规格为0.35米×0.17米×0.06米。棺床位于墓室北部，前脸用砖叠涩砌成，残存3—4层，东西残长2.27米，南北残宽1.88米，残高0.18—0.24米。因遭扰乱，棺床上平铺砖无存，棺床下填浅黄色砂土。墓室中部发现有随葬品。墓室底部未发现铺砖。未发现葬具，仅在棺床填

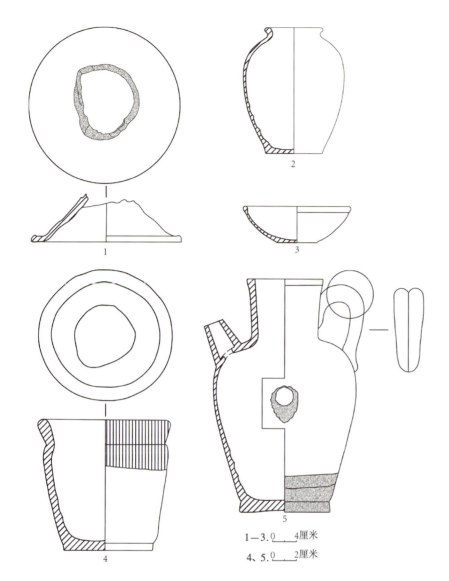

照片一 陶器盖（M1∶1）

照片二 陶罐（M1∶2）

照片三 陶灯碗（M1∶3）

图三 M1、M2 出土器物
1.器盖（M1∶1） 2.灰陶罐（M1∶2） 3.灰陶钵（M2∶3） 4.釉陶罐（M2∶1）
5.白瓷执壶（M2∶2）

土中发现少量肢骨，保存状况较差。

（二）随葬品

陶器 3 件。

器盖 1 件。M1∶1，出土于墓室西部器物台下面。残，泥质红陶。轮制，内外壁有明显修坯旋痕。盖面弧形，盖沿处有一周平口圈。口径 25 厘米、平口圈宽 2 厘米、平口圈沿至上残口高 6.8 厘米（图三，1；照片一）。

灰陶罐 1 件。M1∶2，出土于墓室扰土中。残，泥质灰陶。素面。轮制，内外壁有修坯旋痕。短颈，圆唇，口外翻，弧腹，平底。口径 10.2 厘米、最大腹径 17.6 厘米、底径 10 厘米、通高 21 厘米（图三，2；照片二）。

灯碗 1 件。M1∶3，出土于墓室扰土中。柄部残，泥质灰陶。用砖块雕凿、打磨制成。方圆形，一端残断，残长 13 厘米、残宽 12 厘米、厚 5.5 厘米、直径 8.5 厘米（图四；照片三）。

图四 陶灯碗（M1∶3）

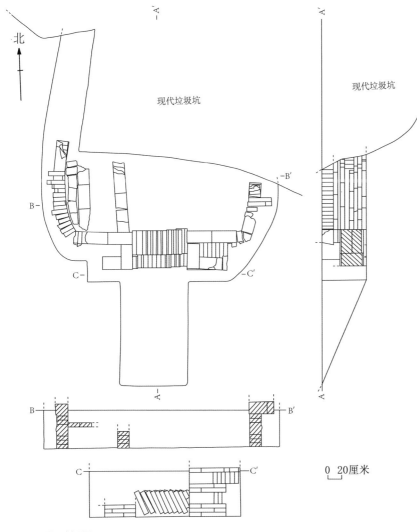

图五 M2 平、剖面图

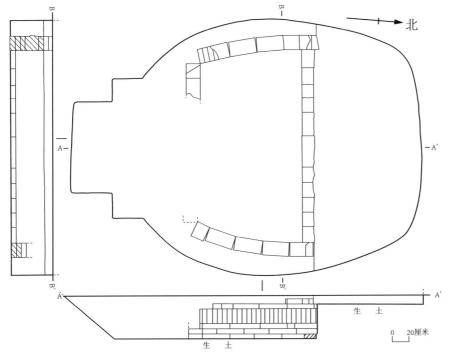

图六 M4 平、剖面图

二、M2

（一）墓葬形制

M2 位于发掘区中部，北邻 M1。开口于①层下，打破生土。墓向 181°。整体呈"甲"字形，总长 5 米，由墓道、墓门和墓室组成（图五）。

墓道位于墓室南部，开口平面呈南北向长方形，长 1.5 米，宽 0.98 米。底部呈南高北低斜坡状，坡度 23°，坡长 1.64 米，深 0—0.6 米。墓道两壁与底部较平整。

墓门位于墓道北侧、墓室南部正中位置，青灰砖砌筑，面宽 0.8 米，进深 0.52 米。封门残高 0.38 米，用青灰砖两横一竖斜向砌筑，用砖规格为 0.36 米 × 0.16 米 × 0.06 米，单面绳纹，底部用浅黄色填土铺垫。封门东、西两侧立柱高 0.38 米，长方形青灰砖两横一竖斜向砌成，用砖规格分别为 0.34 米 × 0.16 米 × 0.05 米、0.36 米 × 0.16 米 × 0.06 米。

墓室北部被现代扰坑破坏，平面形状不详，修建在南北长 5 米、东西宽 0.98—3.48 米、残深 0.6 米的土圹中。墓室南北残长 3.5 米，东西残宽 3.48 米，破坏严重，仅存部分砖壁。砖壁用青灰砖砌筑，东南部残存 8 层，高 0.7 米，下为三横一竖，上为两横一竖一横，用砖规格为 0.35 米 × 0.17 米 × 0.06 米，单面绳纹。器物台位于墓室西侧，用残砖砌成，南北向，亦遭扰乱，残长 1 米，残宽 0.9 米，残高 0.37 米，内填浅黄色黏土。器物台东侧发现有随葬品。墓室底部未发现铺砖。因遭扰乱严重，未发现葬具及人骨。

照片四 白瓷执壶
（M2：2）

照片五 灰陶钵（M2：3）

照片六 陶罐（M5：2）

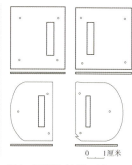

图七 铜带銙（M4：4）

0   1厘米

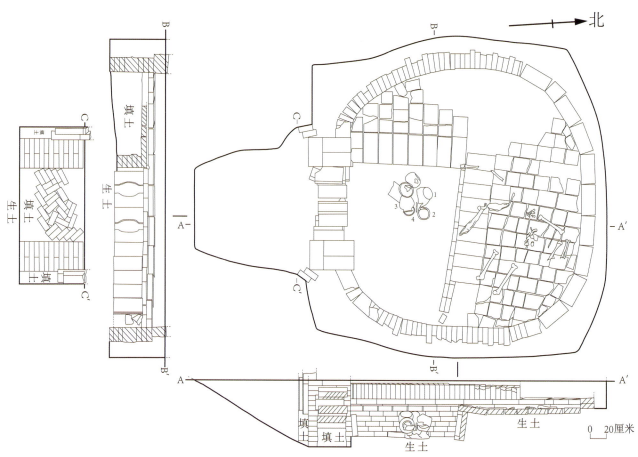

图八 M5 平、剖面图

（二）随葬品

瓷器 1 件，陶器 3 件，均发现于墓室扰土中。

1. 瓷器

白瓷执壶 1 件。M2：2，残。壶嘴、壶把及自口至颈部无存。白胎，较硬。溜肩，斜直腹，饼形底。通体施青白色釉，釉面光亮。以壶嘴至壶把为中心两侧各有一粘连痕迹，底部露胎。口径 6.6、最大腹径 12.5 厘米、底径 8 厘米、足高 0.9 厘米、残高 14.7 厘米、通高 19.8 厘米（图三，5；照片四）。

2. 陶器

釉陶罐 1 件。M2：1，轮制。口微敞，圆唇，口沿下 2 厘米处有一圈凹槽，深腹，平底。青黄色釉，釉面较光亮，有流釉现象。内壁自口沿往下至 1—2 厘米处施釉，外壁施釉面积近三分之一。底外壁有三处捏痕，有明显指纹。口外径 11.2 厘米、口内径 10.4 厘米、底径 7.5 厘米、高 10.5 厘米（图三，4）。

灰陶钵 1 件。M2：3，残。泥质深灰色陶。敛口，圆唇，弧腹，平底。腹部近底部有两道细弦纹。外底有四条

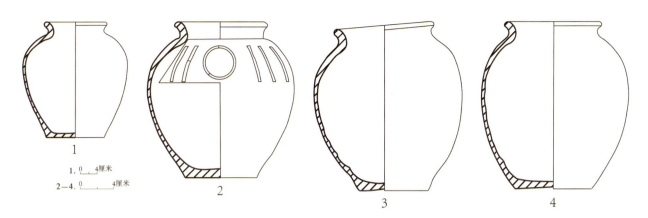

图九 M5 出土陶罐
1—4.陶罐（M5：1、M5：2、M5：3、M5：4）

图一〇 M5 出土器物
1.灯碗（M5：5） 2—5.陶器盖（M5：6、M5：9、M5：7、M5：8）

交叉弦线。口径 19 厘米、底径 7 厘米、通高 6 厘米（图三，3；照片五）。

陶甑 1 件。M2：4，泥质灰陶。破损严重，无法修复。

三、M4

（一）墓葬形制

M4 位于发掘区西部，南邻 M3。开口于②层下，打破生土。墓向 177°。整体呈"甲"字形，总长 4.28 米，由墓道、墓门、墓室组成（图六）。

墓道位于墓室南侧，开口平面呈南北向长方形，长 1.08 米，宽 0.52 米。底部呈南高北低斜坡状，坡度 40°，坡长 0.66 米，深 0—0.42 米。墓道两壁与底部较平整。

墓门位于墓室南部，因遭扰乱严重，封门无存，右侧近墓门处残存一层立柱残砖。

墓室平面呈弧方形，修建在南北长 4.28 米、东西宽 1.08—3.03 米、深 0.52 米的土圹中。墓室南北长 3.76 米，东西宽 3.03 米，残高 0.1—0.47 米，破坏较严重，仅存部分砖壁，用青灰砖砌成。西壁残存 6 层，由下往上为三横一竖两横砌筑，高 0.41—0.47 米；东壁残存两层，横砌，高 0.12 米。用砖规格分别为 0.33 米 ×0.17 米 ×0.06 米、0.34 米 ×0.18 米 ×0.06 米，单面绳纹。棺床位于墓室北部，东西长 2.92 米，南北宽 1.46 米，残高 0.41 米。棺床前脸仅存底部一层砌砖，棺床上未发现铺砖，棺床下为生土。棺床前发现随葬品。墓室底部未发现铺砖。因遭扰乱严重，未发现葬具及人骨。

（二）随葬品

陶器 3 件，铜带銙一组，均发现于墓室扰土中。

1. 陶器

陶碗 1 件。M4 : 1，泥质浅色灰陶。残损严重，仅存一底部残片，无法修复。饼形底。素面。残高 2—3.5 厘米、底径 5.5 厘米、底厚 0.6 厘米。

陶钵 1 件。M4 : 2，泥质浅灰色陶。残损严重，仅存两块口部残片，无法修复。敞口，圆唇，口沿外有一圈泥条。外壁素面，内壁距口下 1.5 厘米处满饰内凹的方坑纹。

照片七 灯碗（M5 : 5）

陶碗 1 件。M4 : 3，泥质深灰色陶。残损严重，仅存两块器底，无法修复。浅灰色胎。饼形底，外壁素面，内壁满施戳印点纹。残高 2—4 厘米、底高 0.4 厘米。

2. 铜带銙

M4 : 4，残。共 4 个组件。范铸，质地为红铜，有微小损伤。正面光滑，背面略粗糙。其中两个为长方形，M4 : 4-1，长 3.6 厘米、宽 3.2 厘米，顺长边一侧开有 1.9 厘米 ×0.4 厘米长方形穿孔，四角各有直径 0.2 厘米穿孔；M4 : 4-2，长 3.55 厘米、宽 3.25 厘米，顺长边一侧开有 1.8 厘

照片八 陶器盖（M5 : 6）

米 ×0.4 厘米长方形穿孔，四角各有直径 0.2 厘米穿孔。两个一端方一端半圆形，M4 : 4-3，长 3.4 厘米、宽 2.5 厘米，顺长边方头一侧有 1.8 厘米 ×0.35 厘米长方形穿孔，在长方形一端的两个角上各有一个直径 0.2 厘米穿孔，圆头一端中间有直径 0.2 厘米穿孔；M4 : 4-4，长 3.3 厘米、宽 2.8 厘米，顺长边方头一侧有 1.85 厘米 ×0.25 厘米长方形穿孔，在长方形一端的两个角上各有一个直径 0.2 厘米穿孔，在圆头一端中间有直径 0.2 厘米穿孔一个。通厚 0.1 厘米（图七）。

四、M5

（一）墓葬形制

M5 位于发掘区中部，西邻 M1。开口于①层下，打破生土。墓向 183°。整体呈"甲"字形，总长 5.03 米，由墓道、墓门、墓室组成（图八）。

墓道位于墓室南侧，开口平面呈南北向长方形，长 1.45 米，宽 0.96—1.75 米。底部呈南高北低斜坡状，坡度 28°，坡长 1.62 米，深 0—0.8 米。墓道两壁与底部较平整。

墓门位于墓道北侧、墓室南部正中位置，用青灰砖砌筑，面宽 1.67 米，进深 0.54 米。用规格为 0.35 米 ×0.17 米 ×0.06 米的单面绳纹青灰砖封门，立面呈"人"字形，底部用填土铺垫。封门墙保存完好，用青砖一顺一丁叠压垒砌，用砖规格为 0.35 米 ×0.17 米 ×0.06 米，单面绳纹，残高 0.78 米。立柱两端外侧各有两块立砖，立砖规格为 0.35 米 ×0.17 米 ×0.06 米。

墓室平面近圆形，修建在南北长约 5.03 米、东西宽约 0.96—3.8 米的土圹中，深 0.51—0.8 米。墓室南北长 3.58 米，东西宽 3.8 米。墓壁用青灰砖三横一竖叠压垒砌，残存 8 层，高 0.57—0.6 米，用砖规格为 0.35 米 ×0.17 米 ×0.06 米，单面绳纹。棺床位于墓室西、北两侧，平面略呈"L"形，残高 0.36—0.4 米。棺床西侧呈东西向，南北长 1.4 米，东西宽 1.2 米，北侧呈南北向，东西长 2.85 米，南北宽 1.5 米，表面用单面绳纹残青灰砖平铺。西侧棺床下填浅黄色黏土，北侧棺床下为生土。棺床前脸有两个壶门，青灰砖砌成，用砖规格为 0.35 米 ×0.17 米 ×0.06 米，单面绳纹，高 0.35 米，宽 0.14—0.17 米。西侧棺床为六层青灰砖错缝平砌而成。墓室底部未发现铺地砖。未发现葬具。棺床上及附近有被扰乱过的人骨，能分辨出有 2 个头骨、零星肢骨等。从遗存人骨判断，该墓为双人合葬墓。

（二）随葬品

陶器 9 件，铜器 2 件。除 4 件陶罐发现于棺床之前、器物台下面外，其余均发现于墓室扰土中。

1. 陶器

陶罐 4 件，均为泥质灰陶，轮制。M5 : 1，敞口，沿外翻，圆唇，短颈，圆溜肩，弧腹，平底。素面。口径 15 厘米、最大腹径 25 厘米、底径 14 厘米、高 26.6 厘米（图九，1）。M5 : 2，敞口，沿外翻，圆唇，短颈，圆溜肩，弧腹，平底。通体涂有白色粉底，脱落严重，肩部在粉底上有墨绘痕迹，残存有两组，每组由三竖线和一弧线组成。内外壁均有明显修坯旋痕。口径 11.2 厘米、最大腹径 17.6 厘米、底径 8.5 厘米、通高 18 厘米（图九，2；照片六）。M5 : 3，敞口，沿外翻，圆唇，短颈，圆溜肩，弧腹，平底。口部微有变形，一边高一边低。素面，内外壁均有明显修坯旋痕。口径 11.5 厘米、最大腹径 17.6 厘米、底径 8.4 厘米、高 18.6—19.6 厘米（图九，3）。M5 : 4，敞口，短颈，圆唇，沿外翻。圆溜肩，弧腹，平底。素面，内外壁存明显修坯旋痕。口径 12 厘米、最大腹径 17.4 厘米、底径 9 厘米、通高 19.2 厘米（图九，4）。

灯碗 1 件。M5 : 5，灯把一端断损。泥质灰陶。用砖雕凿，再经磨制而成。外观方圆形，内凿成圆凹形灯碗。敞口，圆唇。最大长度 13.8 厘米、最大宽度 12 厘米、高 6 厘米，碗最大深度 2 厘米、直径 8.5 厘米（图一○，1；照片七）。

陶器盖 4 件，形制相同，均为泥质灰陶。M5 : 6，形似乐器钹。盖面弧形，边缘平，宝珠形钮。盖面通体施有一层白色粉底，粉底上有墨线勾画的花瓣纹图案。口径 13 厘米、平口圈宽 2 厘米、通高 5 厘米（图一○，2；照片八）。M5 : 7，形似乐器钹。盖面微弧，边缘平，宝珠形钮。盖面通体施有一层白色粉底，脱落严重。口径 10 厘米、平口圈宽 2 厘米、通高 3.2 厘米（图一○，4）。M5 : 8，形似乐器钹。盖面弧形，边缘平，宝珠形钮。盖面通体施有一层白色粉底，脱落严重。口径 11 厘米、通高 4.7 厘米（图一○，5）。M5 : 9，外观呈伞状。盖面弧形，边缘平，宝珠形钮。盖面通体施有一层白色粉底，粉底之上有部分橘红色彩，隐约看出有墨线勾画的花瓣图案。口径 10.6 厘米、通高 4 厘米（图一○，3）。

2. 铜器

铜带扣 1 件。M5 : 10，范模铸造。损坏严重，仅存几块铜片。

铜钗 1 件。M5 : 11，锈蚀严重，仅存四个残段。

五、结语

4 座墓葬均为带墓道砖室墓，其墓室平面形状、器物台及棺床形式均为北京地区唐墓常见形制，出土器物除釉陶罐 M2 : 1 外，亦为唐墓常见随葬品。釉陶罐 M2 : 1 为清代陶罐，不知何种原因被扰到此处。这 4 座唐墓的发掘，为认识和研究北京地区唐代墓葬形制、丧葬习俗等增添了新的材料。

执笔：张利芳

探索文物古建活化利用 创新博物馆文化传播新形式

——"白塔之夜"活动的思考与实践

康 蕾

2022 年 8 月，国际博物馆协会时隔 15 年对博物馆定义进行了重新修订，在强调博物馆研究、收藏、保护、阐释和展示物质与非物质遗产等传统功能的同时，又以"可及性""包容性""多样性""可持续性"等众多首次出现的新表述凸显了博物馆职能的多元性和公共性，同时强调博物馆要"在社区的参与下，为教育、欣赏、深思和知识共享提供多种体验"。

近年来，文博行业蓬勃发展，博物馆数量、质量稳步提高，功能日趋完善，游客量逐年提升，日益展现其在社会发展中的重要作用。然而，博物馆发展不平衡不充分与人民美好生活需要之间的矛盾仍很突出。特别是众多中小博物馆、非国有博物馆在藏品、展览、教育、人才等方面存在明显的资源性短板，极大限制了其功能发挥和自身发展。白塔寺管理处就是这样一座历史文化内涵深厚但各类资源短缺的中小型历史遗迹类博物馆。

北京是中国封建社会后期的文明中心，它作为统一的多民族国家都城的历史始于元大都。1271 年，忽必烈亲自勘察选址并敕令尼泊尔工艺家阿尼哥设计建造白塔。白塔竣工后，忽必烈以塔为中心，营造了面积约为 16 万平方米的大圣寿万安寺，以此作为重要的政治、宗教、文化场所及皇室家庙。白塔是大都城的标志性建筑，作为元大都存世唯一完整的文化遗存，见证了北京城 750 多年的发展变迁，是北京地域文化的重要符号与象征。随着时代的变迁，白塔寺在历史上曾承担的宗教、政治、祭祀等初始功能已悄然改变。自 1980 年白塔寺开放至今，年参观游览量常年维持在 8 万到 10 万人次。

2021 年 6 月，白塔寺结束为期一年半的"中路文物修缮工程"重新对社会开放。为展示文物保护修缮成果，积极传播白塔寺历史文化，白塔寺管理处解放思想，主动求变，本着加强文物古建资源活化利用，推动中华优秀传统文化创造性转化、创新性发展的宗旨，策划了"白塔寺焕新开放特色夜场活动"，并在 2022 年升级打造为"白塔之夜"品牌活动。此活动在保证白塔寺文物安全、历史风貌及原有职能的基础上，从白塔寺历史功能及当代价值出发，依托现存文物资源和古建景观，用当代年轻人喜闻乐见的文化表达形式，将白塔寺历史文化内涵与中华优秀传统文化进行重构、融合和创新，主题横跨戏曲、非遗、民乐、中医养生等多个领域，采取夜间专场为主、日夜结合、线上线下联动的方式增加社会公众参与度，通过博物馆与社会资源共享融合，进一步创新博物馆文化深度体验的新形式，延伸博物馆内容供给，拓展白塔寺文化传播渠道，以更加多元的文化服务引领和满足公众精神文化需求，达到白塔寺文化的辐射传播效应，让文物古建在科学保护与活化利用中激发力量、彰显价值。

一、场景营造，构筑文化沉浸式体验新形式

文物古建是珍贵的历史文化遗产，承载着城市发展变迁的重要信息，具有独到的历史价值和艺术价值。目前，绝大多数文物古建以博物馆或旅游景区的身份，承担着传统的保护、参观、展示、教育等职能。近年来，"文化自信"理念的提出，使呼唤优秀传统文化回归、并探寻其回归的多元路径，成为全社会的共识。为更好地传承与创新文物古建的当代文化价值，包括白塔寺在内的众多文博机构开始探索尝试将自身文化内核与沉浸式业态的深度融合。

作者单位：北京市白塔寺管理处

图一 在白塔寺遇见梅兰芳　　　　　　　　　图二 无关风月话昆曲　　　　　　　　　图三 晚风电影院 玉塔贺华诞（解读出塔文物"罗德俊手书"）

　　"在白塔寺遇见梅兰芳——京昆艺术分享夜"和"无关风月话昆曲"，是白塔寺联合梅兰芳纪念馆等打造的以中国传统戏曲为主题的活动。杂剧承唐继宋，至元而大成。明代时杂剧衰落，部分曲调及演唱形式为昆曲所继承，其舞台生命依托于昆剧得以延续。京剧诞生于北京，承接宋元以来历经数百年的中国戏曲一脉，经徽戏秦腔汉调之合流，发展成为当今中国戏曲艺术之国粹。梅兰芳作为京剧艺术的一代宗师，已成为无数人了解京剧、爱上京剧的桥梁。大都是元代中前期杂剧艺术的中心，汇集于此的众多杂剧大家创作了脍炙人口的优秀戏剧作品。历史上，元杂剧不仅常在庙宇旁的戏台上演出，寺庙场景更在元杂剧的艺术构思中占据着重要位置。流传至今的《西厢记》《破窑记》等作品也许就曾在白塔旁上演。在曾经见证了杂剧和京剧诞生、发展、成熟的元大都文化遗址白塔下，将中国传统戏曲文化以创意的活动内容与创新的活动形式，向更广泛的受众群体普及传播，这就是"在白塔寺遇见梅兰芳"和"无关风月话昆曲"的创意初衷（图一、图二）。

　　活化利用古建景观，构建适宜传统文化表达和展示的环境氛围，营造鲜活的沉浸式体验感受。"在白塔寺遇见梅兰芳"活动中，当宫女簇拥着杨贵妃从缓缓开启的朱红殿门里款步而出，观众仿佛置身美轮美奂的皇家宫苑；当天女的彩绸与裙裾在身畔轻轻拂过，观众好似来到天女踏云而至的佛场；当翩跹而过的杜丽娘一袭水袖丹衣带起漫天花雨，观众仿佛又随着她去往了春色如许的园林。"无关风月话昆曲"活动中，由元代著名剧作家关汉卿所作的《关大王单刀赴会》那铿锵雄浑的曲调，穿越近千年的时光，在白塔下再次响起，杂剧七百多年的蓬勃生命力便跃然而现。百年古塔与千年戏曲邂逅，物质文化遗产与非物质文化遗产交相辉映，为古典戏曲中传统美学的鲜活表达营造了情景交融的艺术境界，两场活动不但成为中国传统戏剧穿越千年的追本溯源之旅，更成为发现和寻找传统美学精神的回归之旅。观众们更以"从未觉得戏曲还可以呈现得这么美"来形容他们沉浸式观演之后的心情。

　　除了场景营造，活动内容还在专业演员演绎＋职业戏曲人导赏的基础上设计融入相关文物的解读，观众更有机会在博物馆专家的带领下深入后台，从扮戏开始深入了解演员"入戏"的全过程，感受戏曲文化台前幕后的魅力。全新的沉浸式体现形式，让戏曲艺术从舞台聚光灯下遥不可及的精彩，变成身边触手可及的喜爱。既听热闹、又看门道，也让原本曲高和寡的戏曲艺术在"亲民"的过程中重新赢得了知音，使敬畏传统、尊敬经典再一次成为时代的主旋律。

二、创新重构，活化文物讲好故事的新手段

　　"晚风电影院 玉塔贺华诞"是一场庆祝建党百年的特别活动，通过白塔寺馆藏抗战文物结合经典影片的视听导赏，回顾中国共产党百年来波澜壮阔的发展史。活动在童声领唱的《国际歌》中拉开帷幕，随后以视频回顾了中国共产党走过的百年征程，当时间线行进到抗战时期，白塔寺工作人员穿插讲述了抗战文物"罗德俊手书"的发现过程及背后的故事（图三）。视频回顾结束后，特邀到场的纪录片《厉害了，我的国》的导演卫铁结合播放的精选影片片段，分享了台前幕后的故事和直击现场的感悟，与观众一起品读巍巍中华的大国风范。活动结束后，现场观众还用"白塔亮灯"的特殊方式一起为党庆生，为国祝福。这场活动以深刻的思想内涵、精巧的结构设计和新颖的内容呈现赢得了众多观众和业内人士的好评。

图四 古今光影里的白塔寺主题分享

图五 当 Z 世代遇上老中医（老字号中医药文化介绍）

"秋风沉醉的中秋民乐之夜"聚焦中国传统民乐，中央民族大学教授王溪和民乐演奏艺术家吴茜携笛、埙、箫、篪、古筝、古琴、箜篌等传统民族乐器演奏了《妆台秋思》《梅花三弄》《鸣琴·云》等多首中国古典名曲。演奏之余，艺术家们还为观众解读并阐释了这些器乐、古曲的前世今生与音乐特征。无论是距今 7000 年曾见于河姆渡文化遗址的埙，还是在曾侯乙墓与编钟同时出土且拥有"双手心朝内"特殊演奏技法的篪，或是最早见于《史记》、失传几百年后又涅槃重生的箜篌，源远流长的国韵之声在古老的白塔下奏鸣，清隽高雅的民乐文化也以通俗易懂的方式走近普罗大众，中华传统文化的艺术生机与时代魅力便在观众心中重焕滋长。

"古今光影里的白塔寺"主题分享活动邀请了三位主讲人。白塔寺业务研究人员康蕾以"古今光影里的白塔寺"为题，通过新老照片对比，将白塔寺百年的发展变迁娓娓道来（图四）；北京市考古研究院（北京市文化遗产研究院）的摄影高级技师王宇新以长期从事田野考古摄影和出土文物摄影的经历，生动讲述"我给文物拍照片"的故事；北京市摄影家协会会员、白塔寺合作摄影师许晓平结合自己拍摄的白塔寺及北京古建筑摄影作品，从构图、时间及相机设置等角度，分享如何拍摄一张有新意的文物古建照片。巧合的是，活动举办前夕，有网友配图发文质疑白塔寺修缮改动了大殿窗棂的形制，引起了广泛关注。这场活动通过线下分享＋线上直播的方式，在利用照片讲述文物故事的同时，用更早期的老照片回应了网友的关切。

多样文化的交互共存是文化发展的必然趋势。以馆藏文物与历史遗迹为代表的博物馆文化要想活起来、火起来，必须主动"破圈""扩圈"，打破以展览、讲座等传统模式为主的传播手段，在与其他文化圈层融合渗透的过程中，重组文物古建背后的文化逻辑，激活文物内在价值，不断借鉴、创新、丰富文物讲故事的手段和途径。如同上述三场活动中那些收藏在博物馆里的文物、出土于广阔大地上的遗产、凝固在老照片里的影像一样，通过沉浸式利用、活态化传承，在历史与今天的对话中"讲故事"，引导公众重新认识中华文明的悠久灿烂。

三、延伸边界，拓展博物馆文化区域辐射力

历史遗迹作为记录城市发展轨迹的重要标记，是城市地域文化最重要的载体，对城市空间形态、文化风貌的形成产生着深远的影响。文物古建活化利用首先要阐释或展示的，便是其拥有的独特价值和历史文化信息。白塔，始元而建屹立至今，与环绕周边的胡同小巷一起作为元大都的文化记忆，构成了今天北京独特的老城肌理，近千年来为城市发展输送着源源不断的生机。活化利用文物古建并发挥其文化的辐射作用，令其所承载的文化内涵以更加亲和的方式融入首都社会发展、服务百姓文化生活，让文物古迹与属地街区一起构筑社会、经济、文化、生态和谐共处、协调发展的区域环境，为北京历史文化名城保护与首都城市战略定位的实现提供博物馆支持。

"八月八·转白塔"非遗民俗文化日是白塔寺联合属地社区、商家及社会文化群体围绕传统节日共同打造的文化活动。转胡同、逛市集、打月饼、做灯笼、转塔看秀、听曲赏月……清朝就兴起的老北京金秋八月的传统民俗在非遗、文创等潮流文化的加持下变得更加多元。这既是对京城百姓延续百年的"八月八走白塔"的继承，又通过属地联动，充分发挥企业参与文化传承的社会责任，影响和调动社会资源参与历史遗迹的活化利用和博物馆文化传播，实现历史遗迹与城市公共空间的衔接渗透、融合共享。

"当 Z 世代遇上老中医"活动以中医药与养生文化为主题，从一张拍摄于 20 世纪 60 年代的白塔寺老照片中获得灵感，以曾在白塔寺内开设的"宏善施诊所"（即今天白塔寺药店的前身）为媒介，联合中国中医科学院、白塔

图六 2022"白塔之夜"12场活动

图七 "白塔之夜"引发媒体关注

寺药店等单位合作举办（图五），打破了老中医与"Z世代"两个看似截然不同的圈层之间的壁垒，以博物馆为平台，不仅探索了时下内循环消费主体"Z世代"的文化消费观念和意愿，也为老字号寻求年轻化、多元化的转型发展提供了助益。

　　"行摄白塔寺"打破了传统行摄活动"旅"与"拍"的简单结合。摄影发烧友不仅可以在专业摄影师带领下在白塔寺及周边胡同采风，切磋技艺、交流经验的同时，随行的文化达人还将老北京的故事娓娓道来，让光与影的相逢平添了几分人文韵味。基于地域文化渊源策划的博物馆文化活动，用以点带面的方式，外延了博物馆边界，让汇聚民俗风情的街区也能成为弘扬地域文化特色、形成区域文化热点的开放式博物馆。

从区域地标建筑到城市文化会客厅，白塔寺的功能和价值边界在不断拓展，通过一系列特色活动对文化表达形式的创造性转化和对社会力量参与路径及模式的创新性发展，提升了白塔寺的吸引力和影响力，拓展了白塔寺文化传播的广度和深度，也助力了属地消费升级。据调研，"白塔之夜"活动的出圈，给周边众多商家带来超 30% 的客流增长，催生一众网红打卡地的同时，也为白塔寺自身赢得源源不断的潜在客源，实现了区域协同发展愿景下，文物古建保护与活化利用的延伸。

四、雅俗共赏，打造特色鲜明的"博物馆 +"文化品牌

作为博物馆特色文化品牌活动，"白塔之夜"在策划过程中特别注重白塔寺文化内核的提炼及与各种优秀传统文化表现形式的深度融合，将白塔寺历史文化中所蕴含的民族文化、北京地域文化、尼泊尔异域文化、中国古建筑文化、庙会文化、爱国主义红色文化等以创意的活动内容与创新的活动形式呈现、输出。活动还积极为不同群体创造共享文化成果的机会，在拥抱年轻受众之余，为老年人、亲子群体提供参与公共文化活动、展示自身价值的平台。花式创意 + 跨界衍生从深度和广度两个层面规避了白塔寺自身资源不足的短板，线上线下 + 互动体验式的文化传播形式，也使雅俗共赏的博物馆文化赢得了良好的社会效益和经济效益。

2022 年，"白塔之夜"12 场活动线上线下参与人数达 3.12 万人次，观众满意度超过 95%。精良的活动内容、特色的创意形式、丰富的活动主题引发了媒体的广泛关注和高度评价（图六、图七）。20 余家媒体在多个平台发布近 30 篇报道；小红书、大众点评等自媒体上，"白塔之夜"活动的热度居高不下，线上传播累计触达超 300 万人次。公众对优质文化产品的热烈渴求以及"白塔之夜"活动的高品质、好口碑创造了开票秒光、一票难求的高人气，网络上甚至出现了大量抢票攻略、加价求票的帖子。值得一提的是，部分活动还尝试采用众筹模式举办，积极探索博物馆文化产品市场化运作的新途径，达到了艺术价值与商业价值的平衡，为推动文旅商融合的博物馆文化活动走可持续化、品牌化发展之路进行了有益的尝试。

长久以来，众多优秀传统文化及高雅艺术以阳春白雪之姿，在年轻人群体中知音难觅。随着多种沉浸式业态赋能博物馆文化传播，公众有了更多的机会走进传统文化，亲近非物质文化遗产。文物古建空间的活化利用，以亲民之姿将舞台拉回生活，又以惠民之态让高雅深入人心。"白塔之夜"正是通过与高雅艺术的近距离接触，让公众在亲近中华优秀传统文化的过程中，洗涤浮躁审美，提升欣赏水准，因获得幸福感而爱上并乐于成为传统文化的粉丝和传播者。成功的品牌运营使白塔寺的文物古建焕发了生机，也让"白塔之夜"成为 2022 年度博物馆延时开放的品牌项目。

培养文化认同、坚定文化自信是新时代博物馆凝聚国家认同、构筑时代精神的重要使命；深入研究历史，讲好中国故事，是博物馆活化利用文物，弘扬中华文化的社会职责；创新传播形式、提升文化体验，是博物馆满足公众需求，促进消费升级的有效手段。博物馆作为文物、文化遗产保护和传播的重要载体，要顺应新时代公众不断变化的文化需求，通过持续创新文化的表达模式，激活优秀传统文化的生命力。

每个博物馆都有独特的文化内核，馆藏文物不是决定博物馆赢得公众喜爱的唯一因素。众多中小博物馆要想实现文物古建的永续传承和活态利用，只有立足自身特色，主动求新求变，以满足公众对文化生活的需求和向往为己任，深入研究中华优秀传统文化创新性传播的路径与对策，促进传统文化与时代发展的衔接与融合，让历史文化遗产在有效利用中更好地浸润时代生活，成为城市的特色标识和公众的时代记忆，才能让历史文化走出一条适合自身特色的发展之路。这也正是"白塔之夜"的创意初衷与时代意义。

文化自信视域下博物馆"非遗技艺"教育项目研究
——以北京艺术博物馆"斫木堂"教育项目为例

孙秋霞

文化自信是对中华民族文化的自信,是对我国传统文化的认同,传承优秀的传统文化也是中华民族伟大复兴的重要条件。而博物馆是民族文化的保存者和记录者,也是为实现中华民族伟大复兴的中国梦而奋斗的见证者和参与者。

博物馆是致力于"收藏、保护并向公众展示人类活动和自然环境的见证物"的公共文化教育机构,在保护与传播非物质文化遗产、传统技艺方面承担着重要的责任。

一、博物馆的文化自信

博物馆的文化自信要从自身特点出发,才能在坚定文化自信建设的道路上发挥最大作用。博物馆最大的特点是实物的收藏,这些都是人类活动和自然环境的见证物。在博物馆教育方式、方法的多元化发展过程中,在科学性、知识性的基础上,重点突出公众的参与性、实践性、趣味性,这些实物藏品虽然具有可视性和可触摸性,但多数时候是静态的展示,缺乏博物馆观众的参与性和实践性。非物质文化遗产引入博物馆教育知识体系后,弥补了参与性差、实践性弱的缺点。博物馆更加容易创造一个沉浸式的教育环境,通过体验和实践环节帮助社会公众"在做中学",从而达到在博物馆中学习更多传统文化知识、感受古代劳动人民的智慧。"不忘历史才能开辟未来,善于继承才能善于创新"[①],博物馆里的实物藏品、非物质文化遗产等文化资源既是构筑中华民族文化自信的基石,也是博物馆文化自信的源泉。

二、博物馆与非物质文化遗产融合的必然性

非物质文化遗产不像传统观念中"文物"概念那样有三维空间的特征,但可以被人们感知到,例如口头文学、节庆、戏曲、传统技艺等,需要通过人的现实行为来呈现,成为博物馆"文物"这一物质载体的内容。例如北京地区智化寺的非物质文化遗产——京音乐,在智化寺保存有明确纪年的工尺谱本,还有传承的艺僧。正因为保存了曲谱、乐器、艺僧,这一传统音乐得以传承了500多年。在非物质文化遗产中,舞蹈是通过人的肢体来表达,音乐通过乐器与人的融合共通产生美妙的乐曲,营造技艺通过人在营造房屋的制作流程中来体现……因此非物质文化遗产蕴含了"中华民族特有的精神价值、思维方式、想象力和文化意识"[②]。

随着博物馆职能的内涵与外延的拓展,非物质文化遗产必然依托于"文物"载体进入博物馆的收藏、研究、保护、教育的职能范围。尽管非物质文化主要通过人的行为动态保存,但在人的行为过程后必然有物的产品,并有可能成为博物馆藏品,让后世的人们观察、研究、揣摩当时人的思维方式与创造力。

以北京艺术博物馆的藏品种类为例,北京艺术博物馆收藏有历代书法、拓片、印章、清代木雕版、明清家具、明清织绣、陶瓷、漆器等藏品,在这些藏品种类中不少制作的技艺都被列入了非物质文化遗产名录中,如中国书法、篆刻、木版印刷、家具制作技艺、刺绣等。由此可见,非物质文化遗产的技艺必然依托于"物"成为博物馆传播的

作者单位:北京艺术博物馆

序号	项目序号	编号	名称	类别	公布时间	类型	申报地区或单位	保护单位
1	395	Ⅷ-45	明式家具制作技艺	传统技艺	2006（第一批）	新增项目	江苏省苏州市	苏州红木雕刻厂有限公司
2	395	Ⅷ-45	家具制作技艺（京作硬木家具制作技艺）	传统技艺	2008（第二批）	扩展项目	北京市崇文区	北京市龙顺成中式家具有限公司
3	395	Ⅷ-45	家具制作技艺（广式硬木家具制作技艺）	传统技艺	2008（第二批）	扩展项目	广东省广州市	广州木雕家具工艺厂
4	395	Ⅷ-45	家具制作技艺（晋作家具制作技艺）	传统技艺	2011（第三批）	扩展项目	山西省临汾市	山西唐人居古典家居文化有限公司
5	395	Ⅷ-45	家具制作技艺（精细木作技艺）	传统技艺	2011（第三批）	扩展项目	江苏工美红木文化艺术研究所	江苏工美红木文化艺术研究所
6	395	Ⅷ-45	家具制作技艺（仙游古典家具制作技艺）	传统技艺	2014（第四批）	扩展项目	福建省仙游县	福建省古典工艺家具协会
7	395	Ⅷ-45	家具制作技艺（北京木雕小器件）	传统技艺	2021（第五批）	扩展项目	北京市东城区	北京市工艺木刻厂有限责任公司

图一 中国非物质文化遗产网关于传统家具制作技艺的条目（图片来源于 http://www.ihchina.cn/ ）

重要内容，而博物馆在收藏、研究、保护、传播教育"物"方面经验丰富，也必然成为非物质文化遗产的保护、研究、传播的重要文化机构。

三、以馆藏品为基础开发"斫木堂"非遗教育空间项目

北京艺术博物馆在开发"斫木堂"教育项目时，充分利用了明清家具制作技艺这一非物质文化遗产动态传播的特点，来展示和传播我国优秀的传统文化知识和传统手艺。

（一）北京艺术博物馆开发"斫木堂"非遗技艺教育空间的动机

北京艺术博物馆馆藏文物中明清家具数量多，制作工艺精良。在20世纪90年代就推出了"明清家具展"，备受观众喜爱，在家具展出十余年后撤展，并进行家具修复和维护的工作，从此精美的家具被收入库房。古典家具制作技艺于2006年第一批入选了国家非物质文化遗产名录。在图一的列表中，传统家具制作技艺共有7个条目，各具地域特点。

另外，在北京艺术博物馆主持家具修复工作的是"明清家具修复非遗传承人"，而修复工作室就设在了博物馆开放区域。在当下大力弘扬"大国工匠"、劳动精神并传播见贤思齐正能量的时代背景下，北京艺术博物馆决定研发木作教育空间，通过开展非遗传承人的动态展示、展览、讲座、体验与实践，既丰富了博物馆面向公众开展的教育活动，也切实践行了"让文物活起来"的指示精神，充分发挥出博物馆教育的社会功能。

（二）"斫木堂"教育空间课程的开发与落实

首先，制定目标。目标能起到指引方向、凝聚力量和激发潜能的作用，只有在总体目标的引领下，才能统一思想、突破困难、逐步落实。

北京艺术博物馆在研发落实"斫木堂"展教一体教育空间前，制定了教育的总体目标：做到继承与传播家具传统制作技艺，在体现科学性和知识性的基础上，突出公众的参与性、实践性和趣味性，传播坚韧不拔的"大匠精神"，从而让观众情感升华，对自我身份认同、对民族文化认同，实现文化自信。

图二 展示的木工工具受到关注

图三 参观的同学体验刨木头

图四 有经验的观众指点

图五 教育空间

其次，寻找传播木工传统手艺的突破点。"斫木堂"项目研发的对象是馆藏明清家具，既能体现传统技艺又要区别于家具展览，既要有木工的技艺特色，公众又得有一定认知度，那么突破点定位在哪？那就是我国木艺技艺的精华：榫卯结构。

榫卯不仅在家具中使用，在木结构的建筑中榫卯也是重要的组成部分。制作榫卯结构是木匠的基本技能，也是反映木匠手艺高低的准则，只要制作精湛，两块木结构之间能达到"天衣无缝"的程度。而公众对于榫卯是有一定了解的，因此教育项目研发的突破点精准定位在榫卯上，制作了科普展览，并以此为基点撬动项目展开。

再次，"展""教"一体，突出非物质文化遗产的动态传播特点。确定突破口后，我们策划了"古典家具与榫卯结构"科普展览，同时配套榫卯教具、木工工具展示。展览结合馆藏家具介绍我国家具的发展史、木工工具及作用、榫卯结构的类型以及在生活中的应用，让科普项目有知识、有互动、有模型地动态展示，其教育效果胜过千言万语的口头描述。

特别是展览中展示的木工工具，都是木匠根据实际工作需求而自制的，因此这些工具造型独特、实用功能强，这也足以体现非遗传承人对于这门手艺的钻研精神和创造精神，同时也吸引了青少年观众好奇的目光（图二）。

在教育空间中，"10后"的同学们第一次见到如此奇特的木工工具，对于用途十分好奇，认真聆听非遗传承人的介绍。

在观摩之后，一位同学在非遗传承人亲自指导下，体验使用刨子刨木头（图三），由于力道掌握不好，开始时很难有刨花，最后这位同学连自己刨的刨花也带走留作纪念。

在"展教"一体的实践过程中，发现很多60多岁的老年人在年轻时有做木工、打家具的经历。在博物馆开展

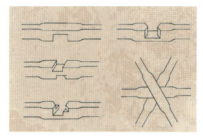  

图六 展览中三根直材交叉结合榫卯示意图　　图七 六根直材交叉组合的模型　　图八 博物馆展厅的大门及其窗户装饰局部

教育活动时，他们根据年轻时的经验，热情地指点正在体验榫卯结构的学生（图四），在这一互动过程中，抒发了老一辈艰苦朴素的情怀，这也是建立文化自信的情感基础。

最后，博物馆教育空间突出"体验"和"贴近生活"的准则。

博物馆传承与保护非物质文化遗产的重要意义在于，让其融入现代生活、展现当代价值。北京艺术博物馆在教育空间中营造"匠心"精神，布置的所有模型全部由非遗传承人设计制作。为了更好地提供体验服务，布置了专业的木工工作台、各类工具；准备了围裙、手套等；录制了非遗传承人木工入门教学视频，利用多媒体循环播放……建立健全服务设施和服务保障设施（图五）。

体验模型、教具的设计重在体现展览、模型与现实生活的紧密关系。例如图六展示的是"三根直材交叉"的榫卯结构示意图，在斫木堂中有模型展示（图七），是由六根这样的直材交叉组合起来形似雪花的模型，观众可以体验拼插、观察榫卯结构。如果对模型稍加改变并做进一步的美化处理，可以制作成在北京艺术博物馆中随处可见的窗户装饰（图八），让观众真正能够"知其然，知其所以然"。

总之，博物馆作为社会主义文化事业的重要组成部分，必然要承担起在文化自信建设中博物馆传承的作用与社会文化服务职能。博物馆以丰富的文化资源作为基石，以文化教育活动为途径，让"文物说话"，讲好中国故事，展示中华文化的独特魅力，坚定文化自信，推动中国特色社会主义文化走向繁荣。

① "在纪念孔子诞辰 2565 周年国际学术研讨会暨国际儒学联合会第五届会员大会开幕会上的讲话"。
② http://www.cflac.org.cn/xw/bwyc/202203/t20220314_586316.html 中国文艺网。

博物馆直播宣传的探索与思考

——以"博物馆奇妙之旅"系列直播活动为例

崔 凯

根据《中国互联网信息中心（CNNIC）第 39 次中国互联网络发展状况统计报告》，截至 2016 年 12 月，网络直播用户规模达到 3.44 亿，占网民总体的 47.1%。这一年，网络直播开始在人们的生活中频繁出现，无数直播平台如雨后春笋般拔地而起，被誉为"中国网络直播元年"。而第 49 次《中国互联网络发展状况统计报告》显示，截至 2021 年 12 月，我国网民规模达 10.32 亿，较 2016 年 12 月增长 2 倍。网络直播的最大优势在于它具有时效性、纪实性、现场感，同时运营成本低、传播范围广，能够进一步拉近博物馆与受众的距离，拓展博物馆的服务维度。同时，不断更新迭代的新媒体环境也为博物馆宣传带来了新的挑战，如何利用好直播，让更多博物馆走入大众视野，也成为当下博物馆宣传工作面临的新课题。

一、探索："博物馆奇妙之旅"的尝试

（一）2017—2018 年：摸索前行

2017 年起，北京市文物局与北京市政府新闻办、光明网等合作推出"博物馆奇妙之旅"系列活动，以网络直播的形式带领观众走进北京市多家博物馆，展示首都风范、古都风韵、时代风貌。

2017—2018 年的"博物馆奇妙之旅"处于摸索前行阶段，以活动前发布预告、活动中多账号转发的形式，通过微博账号"北京发布""北京文博""光明网"和"一直播"平台，带领观众走入首都博物馆、北京石刻艺术博物馆、北京西山大觉寺管理处、北京市团城演武厅管理处、清华大学艺术博物馆、北京大学赛克勒考古与艺术博物馆、北京古代建筑博物馆 7 家博物馆，总观看量达 652.5 万人次，微博话题"博物馆奇妙之旅"阅读量累计达 7 亿人次，首都博物馆、北京古代建筑博物馆两场直播观看量均达 170 余万人次，反响热烈，网友留言感叹"北京的文化资源好丰富"，点赞"体会中华之美的好去处"，希望"多一些此类的知识传播"。"博物馆奇妙之旅"品牌也自此初步有了一定的影响力，网友在发布博物馆游览相关微博时也会自发带上"博物馆奇妙之旅"的话题标签。

（二）2019—2020 年：多元化直播

2019 年起，"博物馆奇妙之旅"尝试在国际博物馆日期间，集中在 6 天时间内连续推出 10 场特别直播，以大容量、多元化的直播内容为公众提供丰盛的视听选择。为此，特在筹备过程中成立直播团队，统筹安排直播宣传工作：

一是各博物馆指定直播项目联络人，提供相关博物馆资料，直播团队提前到各博物馆进行踩点，掌握博物馆重点文物资料以拟定采访大纲，了解博物馆各处网络情况以避免直播卡顿；二是通过微博、微信、快手、抖音、今日头条、光明网等多平台多账号发布海报预告和直播链接，并在首都之窗、北京市文物局官方网站等展示的国际博物馆日活动专题页面上设立直播专区，观众既能看到接下来的直播预告，也能看到直播回顾视频，进一步扩大影响力，提升传播效果；三是直播当天拍摄博物馆重点文物短视频，于直播结束后通过国际博物馆日活动专题页面、微博、微信、抖音、快手等平台发布，进一步延长直播的影响力，也吸引观众亲身走入博物馆感受文物背后的故事。

2019 年，中国铁道博物馆东郊馆、中国铁道博物馆正阳门馆、民航博物馆、北京自来水博物馆、中国传媒大

作者单位：北京市文物局综合事务中心

学传媒博物馆、北京人民艺术剧院戏剧博物馆、中国园林博物馆、中国古动物馆、北京市古代钱币展览馆和北京汽车博物馆 10 场行业博物馆系列直播共计 1537.9 万人次实时观看并参与互动，每场平均播放量均超过 150 万人次，其中北京汽车博物馆专场观看量达 212 万人次；2020 年，宋庆龄故居、北京鲁迅博物馆、李大钊故居、李四光纪念馆、徐悲鸿纪念馆、梅兰芳纪念馆、福州新馆、老舍纪念馆、詹天佑纪念馆、郭沫若纪念馆 10 场名人故居纪念馆系列直播活动累计 3512.6 万人次观看，其中宋庆龄故居专场直播观看量达 468.6 万人次，"博物馆奇妙之旅"话题累计阅读次数已达 15.8 亿。2019 年博物馆奇妙之旅"5·18 国际博物馆日"特别系列直播活动荣获中华文物全媒体传播精品（新媒体）推荐项目入围奖。由此可以看出，集中数个具有特色的博物馆进行直播，能够成倍地放大直播影响力，也让公众能够更加充分地享受多姿多彩的博物馆文化供给。

二、思考：以直播打造公众的网络文化课堂

当下，公众的知识需求趋势向多样化、个性化和层次化发展，越来越多的观众希望在直播中获得大容量、多角度、全场景的丰富体验。越来越多的博物馆在不断调整自身定位，适应观众不断变化的需求。博物馆的观众追求的不仅仅是获取藏品的信息，更希望能通过与博物馆的联系体现自身的文化欣赏品位[①]。因此，博物馆需要在直播宣传中不断进行观念的革新，以开放的态度、创新的方式、鲜活的内容，呈现博物馆文化服务的新面貌。

（一）打造品牌，扩大直播观众群体

直播需要培养观众对于博物馆的黏性需求，博物馆直播与商业、体育类或游戏类直播不同，更容易贴近大众生活，也有博物馆爱好者作为相对固定的观众群体。尤其是中小博物馆缺少故宫博物院这类大型著名博物馆自带的 IP 流量，更需要特色化的品牌以增强影响力，适应观众不断变化的需求。因此，由博物馆行业主管单位或相关协会牵头进行统筹协调，能够更好地调动博物馆的积极性，统筹不同博物馆之间的优势，根据博物馆特色或节庆假日安排相应直播内容，抓住公众关注热点，用通俗易懂的语言将专业的内容传播给观众，用现代思维去引导观众接受传统文化的熏陶，打造博物馆和不同领域的跨界融合，将因新鲜感而进入直播间的观众培养为直播品牌的新粉丝，使得品牌影响度呈现阶梯式的增长。如"博物馆奇妙之旅"的观看量从 2019 年的 1,537.9 万人次，到 2020 年的 3,512.6 万人次，影响力与日俱增。

（二）提升体验，多种形式输出图文资料

博物馆直播大多以手机直播为主，提高便捷性的同时画面质量难以保证，手持手机的时候也会产生较多抖动，观众的体验感随之下降。此外，室内网络信号不稳定、室外收声效果欠缺等问题也会有所影响。在技术条件有限的情况下，博物馆可以对已有图文资料进行精加工，以图文直播或者微博实时更新等形式与直播配合输出，既可以更全面地介绍直播重点内容，也可以及时回答观众提问，在不影响直播进度的同时能够带给观众更流畅的观看体验。直播结束后，也可以将精彩的直播内容剪辑成短视频等形式，通过微信公众号、快手、抖音等平台定期推送给观众，实现直播资源利用最大化。

（三）增强互动，丰富直播内容

目前直播内容大多依托于展览，由策展人或讲解员带领观众沉浸式体验逛展览，充分发挥直播不受限于时间、地域限制的优势，为博物馆拓展更多潜在观众。在讲解的同时，直播内容也需要提前策划，一方面可以增加"揭秘感"，将博物馆中观众平时难以留意到的角落等隐蔽之处的"玄机"予以揭晓，既能吸引观众的注意力，也能吸引观众在下次参观之时亲自感受细节的魅力；另一方面可以增强互动性，在直播过程中设置一些观众可能会感兴趣的话题，在讲解过程中为观众设置悬念，引发观众的好奇心和共鸣，在直播尾声再公布答案，还可以为答对问题的观众准备博物馆文创礼品。每个观众在进行互动交流的同时，也是发现他们对博物馆诉求的最好时机，在直播的过程中和更多观众建立起沟通的桥梁，收集观众对于博物馆的需求，可以进一步分析观众感兴趣的博物馆话题，用以丰富后续直播的内容与形式。

三、结语

《2021 年文博新媒体发展报告》指出，随着国家出台政策鼓励创新以及媒介技术持续革新，在 2021 年疫情常态化大环境下，文博行业迎来了发展机遇期。数据显示，2021 年，文博微博官方账号共计 1635 个，粉丝总量达 6653 万，其中博物馆账号 649 个，约占 40%；文博微博发博量 37 万，视频发布量 5.3 万，总阅读量 56 亿次，转赞评总数达到 1039 万。在新冠肺炎疫情影响下，国内外文博机构更加重视新媒体宣发。

直播作为新媒体宣传的重要手段，从"讲"给公众听，拓展为邀请公众与博物馆"对话"，能够帮助博物馆与更多观众建立沟通桥梁，进一步加强公众的参与感和互动性，也为博物馆发挥社教功能带来了新的机遇。"通过互联网技术，数字技术，可以使更多没有机会走进博物馆的人们，也成为博物馆的忠实'新观众'，享受博物馆文化……博物馆的服务对象将从'千万观众'，扩大为'亿万观众'"[2]。因此，博物馆更应不断探索直播手段，整合博物馆丰富的信息资源，打造博物馆直播品牌，以高质量的直播内容满足观众的文化需求，将博物馆的公共文化服务延伸到广阔的网络世界。

① 曹兵武：《作为媒介的博物馆：一个后新博物馆学的初步框架》，《中国博物馆》2016 年第 1 期。
② 单霁翔：《我是故宫"看门人"》，中国大百科全书出版社，2020 年，第 215 页。

全媒体背景下新闻宣传活动传播路径研究

——以 2020 年中国国际服务贸易交易会文物及博物馆文化创意展区宣传推广策划为例

白燕飞

全媒体（Omnimedia）一词源于 1999 年成立于美国的"玛莎斯图尔特生活全媒体"公司，该公司对属下的报纸、杂志、广播、电视、网站等多种新闻媒体，进行统一管理，集中宣传和推广该公司面向社会公众所提供的家政服务项目及宣传方式[①]。此宣传方式的诞生，掀开了社会新闻传播进入全媒体的新篇章。近十年，全媒体发展势头迅猛，覆盖了社会生活的各个阶层。全媒体时代的到来给新闻宣传活动的传播带来了机遇与挑战。近年来，北京文物工作呈现蓬勃发展态势，北京市围绕重点工作内容，主动策划新闻宣传活动，在向社会发布北京文博工作成果的同时，也彰显了北京历史文化名城这张"金名片"。

一、全媒体介入给新闻宣传活动传播带来的优势

全媒体不仅仅是一种传播手段、一种媒介形态，更是一种传播理念和新的信息生产方式。其特质之一，便是集纳了多种媒介，融合了多种传播方式，利用数字技术的力量，融汇多元化的媒介信息。

（一）全媒体让新闻宣传活动的传播更具吸引力和可看性

与传统媒体相比，全媒体的出现增加了多样化的传播方式。从传统媒体多限于文字的报道到全媒体时代采用文字、声音、影像、动画、网页等多种媒体表现手段，利用音像制品、图书、报纸、杂志、网站等不同媒介形态，通过融合的广电网络、电信网络以及互联网络进行传播。这种传播媒介的多样化，使公众从文字到影像，通过不同的感官来对新闻宣传活动内容进行感触，增强了新闻宣传活动的可渲染性，对新闻媒体的主流舆论导向性起着重要作用。

（二）全媒体让新闻宣传活动的传播更具速度和时效性

全媒体背景下，信息传播速度发生巨大转变，使得新闻宣传工作的效率有了很大提升。在全媒体环境下，新闻内容的传播不再局限于时间、空间，基于网络以极快的速度传播。于社会公众而言，进入全媒体时代后，公众已习惯通过快速浏览、阅读方式获取新闻消息，微博、微信、直播、短视频、新闻客户端等多种渠道，使公众在短时间内获取新闻宣传活动的重要信息，体验到新闻鲜活的生命力，感受到新闻强烈的时效性。

（三）全媒体让新闻宣传活动的传播更具广泛性

据统计，截至 2022 年 12 月，中国网民规模达 10.67 亿，互联网普及率达 75.6%。对大众而言，全媒体的背景下接收新闻信息更加便捷，特别是由报纸的顺时性传播进而到网络技术的选择性传播。全媒体的介入使以现场活动报道为主的宣传形式扩展到全媒体融合方式，集纳多种媒介，融合多种传播方式，利用数字技术的力量，融汇多元化的媒介信息，极大地提高了新闻宣传活动的传播率和广泛性。

二、全媒体背景下新闻宣传活动传播的特点

（一）全媒体、多形式、覆盖式推广传播

全媒体时代，新媒体技术的发展为新闻宣传工作提供了多样化的模式，传播主体亦变得丰富多样。根据各类媒

作者单位：北京市文物局综合事务中心

体的传播优势和受众特点，采取不同的发布内容、发声方式及发声节奏，聚焦新闻活动宣传重点开展系列宣传报道成为新闻宣传活动的主阵地。整合电视、广播、报纸、网站、双微等不同平台资源，汇集文字、声音、影像、网页等多种媒体表现手段，应用线上线下，视频录播、音频转播、图文直播等展现形式，形成全媒体融合的宣传格局，为新闻宣传活动的传播营造了良好氛围。

（二）精准化、专题化宣传报道

全媒体背景下，精准化、专题化宣传报道的形式更为凸显。根据新闻活动整体宣传口径和时间节点，适时协调中央、市属新闻媒体进行宣传预热、新闻宣传、专题报道、深入报道等工作，分阶段、分层次大力宣传新闻活动，最大限度地发挥新闻媒体的作用。与重点媒体深度对接，采取不同的发布内容、发声方式及发声节奏，推出系列报道。努力争取广大受众对宣传报道内容的关注和认同，促使宣传效果最大化。

（三）互动式传播、体验式呈现

以互动式传播、体验式呈现代替单项式输入传播。如采用直播互动及视频平台等大众媒体，在充实主流媒体和专业媒体的宣传形式的同时，围绕重点展览、互动活动等内容，有针对性地面向普通市民推出系列接地气的宣传报道。激发公众线上参与活动的热情，提升宣传活动的互动性和参与性。

三、以中国国际服务贸易交易会为例阐述全媒体背景下新闻活动宣传的路径及效果

（一）找准宣传重点

文博创意展区首次亮相中国国际服务贸易交易会（以下简称服贸会）是深入贯彻习近平总书记对北京重要讲话精神和关于文物工作重要论述的生动实践，对北京打造国际知名的中国文物艺术品交易中心具有推进作用。此次宣传以服贸会为契机，全面展示北京地区文化与科技融合创新发展成果，提振发展信心，满足群众文化消费需求，增强中华民族文化自信。通过研读服贸会工作方案，明确举办服贸会的指导思想、目的意义，把握宣传方向；活动与项目负责人及相关领导深入交谈，明确宣传重点内容；围绕具体内容进行梳理整合，挖掘宣传重点。

（二）找准宣传路径

找准宣传路径的关键在于宣传方式与宣传内容的融合。围绕此次宣传活动涉及的宣传内容及重要时间节点，此次服贸会的宣传主要从面上宣传和深度宣传两个层次设计宣传路径。面上宣传通过充分借助各类阵地、平台、渠道，打造全渠道、多形式的传播。围绕服贸会开幕式邀请媒体进行现场报道，形成纸媒与网媒、大屏与小屏、传统媒体与新媒体相结合的全媒体传播态势。深度宣传主要通过发挥媒体特点，开展深度报道。就服贸会亮点内容，策划不同形式的深度报道。与北京市政府新闻办、新京报共同策划推出服贸会直播活动，直播观看量270.6万人次；与北京电视台《这里是北京》栏目共同策划推出"探班服贸会 文创馆长说"系列节目；与北京交通广播共同策划推出服贸会特别节目"文博文创新发展"；与北京城市广播共同研究推出服贸会3期系列节目"我在服贸会等你"；与中国文物报共同探讨，围绕展区博物馆文创产品邀请相关负责人进行介绍，并推出6个系列短视频。

（三）抓准目标受众

目标受众不仅受到所在文化传统的影响，他们还属于不同的社会群体，有着不同的个性化特征。分析目标受众所在群体的特征，个性特征，他们的选择性接触机制，只有这样才能对传播内容、传播效果进行良好的把握。受新冠肺炎疫情影响，此次宣传工作的目标受众定位于网络群体，这部分群体利用部分时间来浏览网页、观看短视频、直播等，有较强的信息接收能力，利于文博文化事业的推广传播。此次服贸会的宣传在微博主要建立话题共6个，总计阅读量330余万。微信公众号共发布相关内容70余条。与新京报联合推出的中国国际服务贸易交易会直播活动，北京文博百家号账号发布相关内容总计阅读量147.8万。同时，此次活动也获得了网友的一致好评。"一直想去敦煌玩一下，现在在游戏里也能实现咯""挺好的，品牌联名将文化创新""让文物活起来，让历史跃动起来"。

（四）握准宣传节奏

握准宣传节奏是提升宣传效果的关键。此次服贸会宣传分为三个阶段，即预热阶段、宣传高峰阶段、宣传巩固及收尾阶段。预热阶段主要围绕各展区展览内容、宣传亮点等进行宣传报道；宣传高峰阶段按照整体宣传思路，结合服贸会开幕式以及展区亮点，进行系列化、专题化报道；宣传巩固及收尾阶段结合文物及博物馆文化创意展区工作安排进行宣传巩固及收尾。确保宣传工作有节奏、有高潮、有特色。如充分利用新媒体传播规律，将"宣传高峰阶段"新媒体产品进行二次剪辑形成 1—2 分钟短视频运用于双微等各项新媒体报道中，不断转载发酵。北京文博账号在短视频平台抖音、快手发布相关内容共 20 条，观看量 11.5 万。

四、问题与建议

（一）宣传资源的科学配置

随着新媒体技术的发展，推动各种媒介资源、生产要素有效融合，加大创新力度是当下新闻宣传工作的重要实践。具体而言，文博宣传工作要以思想为主轴，以人物为牵引，以故事为主体，来回应时代关切和群众对高质量文化内容的需求，把"高冷"文博知识化作群众的身边小事。将宣传方式和宣传内容深度融合、使宣传效果最大化是本次宣传工作的一大难点，通过整合宣传资源，精准定位受众，丰富分众化、差异化的传播手段，形成各具特色的宣传阵地。

（二）宣传手段的创新与应用

在全媒体背景下，新闻活动的宣传工作需要不断创新、不断改进意识，充分利用先进的设备和网络技术，学会利用直播、短视频等多种新媒体方式来宣传，紧跟时代特色，让宣传的内容更加的丰富多样[2]。譬如，此次服贸会的宣传为更好地融合新媒体，充分发挥新技术创新和信息赋能作用，结合北京文博工作实际，利用直播方式有效衔接服贸会各版块内容。如何充分利用全媒体背景下新闻宣传的手段，高效地做好新闻宣传活动的传播工作，还需要继续深入研究、不断实践。

（三）新闻宣传人才的缺乏

全媒体背景下，要加强新闻宣传人员的培养，提升宣传人员的综合素质，不断增强其实践能力。全媒体时代是技术革新与创新的阶段，要求新闻宣传工作者符合当下趋势，具备高素质的综合能力水平，因此培育高素质新闻宣传人才，构建人才队伍是当下的必然选择[3]。通过自主学习、参加技术培训、外出交流学习等方式，学习新技术、新方法，逐步应用到新闻宣传活动工作中。夯实北京文博新闻宣传人才力量，助力于北京文博新闻宣传工作的有效推广，扩大新闻宣传影响力。

五、结语

全媒体时代，促使新闻活动宣传各方面都朝着内容丰富多样、传播迅速及时、传播形式多元化和大众交互共享等方式转变。因此，要善于利用全媒体的介入给新闻活动宣传工作带来的契机，攻坚克难、积极应对、把握机遇，更好服务于新闻宣传工作。

① 范红娟：《全媒体是媒体深度融合的方向》，《新闻爱好者》2019 年第 7 期。
② 孙海鹏：《新媒体时代燃气行业新闻宣传路径探寻》，《办公室业务》2022 年第 8 期。
③ 张丹阳：《新媒体形势下地方电视台如何做好对外新闻宣传工作》，《记者摇篮》2020 年第 9 期。

论剧院的"博物馆化"

杨学晨

如今，剧院与博物馆已同是城市文化的重要标志，在新的时代背景下，剧院与博物馆在城市化建设过程中愈发受到重视。不妨设想一下，走进一家剧院，本来是以观剧为目的的您，却突然发现还可以观赏到一场精致的展览，欣赏到高水准的展品，聆听到高水平的讲解，是不是觉得手中的票物超所值？如果恰好这个展览与今晚要观看的演出相关，那么是不是会提升您的观演体验？如果这个展览展示的内容刚好是您十分感兴趣的，您又会不会觉得这是一份额外的收获？这种情景正在越来越多的剧院、剧场中上演，而在世界博物馆发展语境里，这正是"博物馆化"的现实图景。

一、"博物馆化"理论及表现

学术界普遍认为，"博物馆化"的概念由捷克学者斯坦斯基于 1965 年提出。在他著名的"博物馆物——博物馆性——博物馆化"理论中，他认为"博物馆学不再仅仅局限于博物馆机构内"①，把"博物馆化定义为一种人类普遍倾向的表达，保护并对抗所有的自然变化和退化，客观现实的元素代表了文化价值，而作为文化存在的人，需要为自己的目的保护。他认为这是一个普世的过程，即赋予事物价值，这需要博物馆学重新设置它的基本目标，从创造价值的任务到对价值本身的研究"②。这一理念在当今社会中最具意义的是，鼓励人们用一种文化遗产的眼光与态度来对待所在的环境，并在其中进行关联思考③。

我国博物馆界曾在 20 世纪 90 年代对斯坦斯基的"博物馆化"理论展开讨论，在 1994 年第 4 期的《中国博物馆》中，刊登了当年国际博物馆协会博物馆学专业委员会年会的讨论文章。近年来，随着我国文化、旅游以及博物馆事业的发展，越来越多的机构和领域开始将博物馆特有的收藏、保管、展示、社教等系列工作方式应用于自身领域，如遗址、非物质文化遗产、画廊、剧院，甚至是大型商超。正如中国博物馆协会副理事长兼秘书长的安来顺先生在 2012 年接受《国家大剧院》采访时所说："这种博物馆化表现为，这些文化机构已经把注意力转移到过去只有博物馆才具备的功能，也就是与其领域相关的文化艺术品的收藏、保存和展示，甚至研究，其中展览展示与其领域相关联的文化艺术品也成为这些机构的重要组成部分。这些展览展示规模或大或小，藏品或来自自身收藏，或租借于其他艺术机构，或自己策划组织，或从外部整体借入。……这是博物馆功能，特别是展示功能外化的具体体现。"④

我们先来看画廊的案例，或许有助于理解这种趋势的具体表现。在过去的 15—20 年间，国际上一些大型画廊通过拓展资金投入、场地规模、展览活动运营等方面，实现了画廊艺术功能的扩大，使得商业画廊与博物馆之间的界限不断模糊化。具体表现在：一方面，商业画廊开始聘请曾任职于国内权威美术馆的策展人或艺术评论家为画廊发掘更具市场价值的作品或策划更具学术性的展览，如曾任华盛顿国家美术馆 20 世纪艺术部门总监的马克·罗森塔尔（Mark Rosenthal）在卸任后便接到了一个艺术画廊的请帖，邀请他去策划一位艺术大师的作品展。一个更加著名的案例是纽约高古轩画廊（Gagosian galleries）聘请了从美国当代艺术博物馆退休的前绘画与雕塑总策展人约翰·埃尔德菲尔德（John Elderfield）和前摄影策展人皮特·加拉西（Peter Galassi），以及艺术历史学家约翰·理查森（John Richardson），正因有了他们的协助，高古轩画廊的展览才能够吸引许多观众和大批艺术评论家，约翰·理查森为画廊策划的毕加索系列展更是好评如潮。其他案例还有 2013 年耶鲁大学艺术学院院长罗伯特·斯托尔（Robert

作者单位：国家大剧院

Storr）策划的纽约大卫·茨维尔纳画廊艾德·莱因哈特（Ad Reinhardt）个展等等，相当多的案例表明为数不少的画廊正在积极筹备、展出更多博物馆级别的作品。另一方面，一些顶尖的画廊也在不断扩大规模，想要为呈现博物馆级别的展览准备场地，如立木画廊（Lehmann Maupin）宣布将把在纽约的画廊搬入切尔西区一个面积达 8500 平方英尺（约 790 平方米）的空间里；玛丽安娜·博斯基画廊（Marianne Boesky Gallery）计划将画廊的现有占地面积扩大到 1.3 万平方英尺（约 1207.74 平方米）。有了充足的场地基础，再加上有着丰富策展经验或艺术家人脉资源的策展人的策划，一个高水准的艺术展便不难呈现了，尽管商业画廊举办展览的最终目的与商业行为无法脱离，但有些画廊会让观众免费参观展览，也会举办一些讲座、工作坊等常见于公益性美术馆的社会教育和公众参与活动，毕竟购买艺术品的人只是少数，画廊会通过举办公益活动吸引社会关注而储备潜在且长远的购买群体。

二、剧院"博物馆化"的优势

与画廊相较，剧院本身所承载的艺术普及和艺术教育服务等社会功能则更多地体现了公益属性，而这也使剧院的"博物馆化"更加顺理成章。剧场一经诞生就和艺术教育息息相关，早在古希腊时期，剧场就是市民的文化中心，在古老的狄俄尼索斯剧场中，可歌可泣的悲剧作品与哲学家的辩论在这里轮番"上演"，而去剧场看剧也早就融进了古希腊人的血液里，成为了他们独特的生活方式。在古希腊的民主城邦中，为了提高市民的文化素养，政府还会发给市民津贴，鼓励他们走进剧场去体验文化生活。而在现代国家中，国家剧院更是以其独特的优势，在国民审美教育体系中发挥着不可忽视的作用。国家剧院的美育功能可以大致分为三种，即物质之美、情感之美和道德之美。物质之美可以理解为在观众走进剧院时，这所艺术殿堂其建筑本身、空间设计、环境营造等带来的艺术上的熏陶。情感之美则是观众在参与到艺术审美活动中，通过欣赏某一表演艺术形式而产生的，亦即蔡元培先生所谓之"陶养感情"。道德之美在于通过剧目作品彰显出人们精神和社会生活中的伦理精神，正像古希腊的悲剧作品和莎士比亚的戏剧作品那样，表演艺术往往是一个民族当时现实生活的重现，为观众塑造了道德评判和道德反思的空间。

同剧院一样，博物馆也承载着美育的职能，是人们了解文化历史知识、培养艺术审美的主要场所。2022 年 8 月 24 日，国际博物馆协会（ICOM）在博物馆的新定义中提到：博物馆是为社会服务的非营利性常设机构，它研究、收藏、保护、阐释和展示物质与非物质遗产。向公众开放，具有可及性和包容性，博物馆促进多样性和可持续性。博物馆以符合道德且专业的方式进行运营和交流，并在社区的参与下，为教育、欣赏、深思和知识共享提供多种体验。博物馆的这种美育职能也被蔡元培先生论述过，他认为博物馆丰富的文物藏品、艺术陈列为人们的美育教育提供了坚实的物质基础，而人们走进博物馆，直观地观赏藏品则可以被看作绝佳的美育培养方式。与其他文化机构相比，博物馆的陈列语言具有强烈的融入感，与美育教育相得益彰，也形成了博物馆教育的公众性特征。

在国家层面，博物馆的教育功能日益为人们所重视。2021 年，国家文物局等九部门联合印发的《关于推进博物馆改革发展的指导意见》通知里，要求博物馆"广泛深入开展博物馆里过传统节日、纪念日活动，加强对中华文明的研究阐发、教育普及和传承弘扬，加强爱国主义教育和革命传统教育，培育人民文化生活新风尚。制定博物馆教育服务标准，丰富博物馆教育课程体系，为大中小学生利用博物馆学习提供有力支撑，共建教育项目库，推动各类博物馆数字资源接入国家数字教育资源公共服务体系。支持博物馆参与学生研学实践活动，促使博物馆成为学生研学实践的重要载体。倡导博物馆设立教育专员，提升教育和讲解服务水平，鼓励省级以上博物馆面向公众提供专业研究人员的专家讲解服务"。这份文件指出了博物馆的教育功能在于培养人民文化生活新风尚，从而提高全民族的文化自信，而这主要通过丰富教育课程体系、共建教育项目库、支持学生研学实践活动等方面来体现。近年来，博物馆日益成为中小学生课外实践的主要活动场所，在课余时间，老师会带领学生们走进博物馆，学习历史知识、了解文化遗产、领略考古艺术的魅力。配合校外实践，一些博物馆会为学校提供专业的讲解，或者提供活动场所，以便于老师们组织一些教学相关的活动。此外，很多博物馆也会配合展览推出专门的社会教育服务活动，以期更好地丰富本馆的课程体系，不断地吸引更多青少年参与其中。这些社会教育服务活动形式多样，主题丰富，氛围轻松活泼，是博物馆发挥教育职能的有力方式。

同样的社会教育服务活动也常见于各大剧院中，浏览剧院的官方账号可以发现，北京的国家大剧院、天桥艺术中心等剧场都推出过系列艺术普及和教育服务活动，包括知识讲座、剧目探班、戏剧讲演、平价音乐会等，为观众提供了一个走进剧场，了解表演艺术的机会。这些艺术教育活动与博物馆的社会教育服务活动异曲同工，都深深地吸引着广大艺术爱好者。剧院和博物馆相通的美育、社会教育职能，或许是剧院相较于画廊等其他文化机构在"博物馆化"方面所具有的一种天生的优势。

剧院适合"博物馆化"的另一个因素体现在剧院和博物馆二者日渐重合的观众群中。近年来，一些博物馆在探索将展馆与演艺相结合的尝试中收获颇丰。上海博物馆推出的"博物馆游艺·Museum Events"活动，以诗、舞、乐、戏、讲等多种形式，让博物馆成为一座文化的综合体，包括传习与创意（Apprenticing & Creating）、演绎与激发（Elaboration & Innovation）、映像与声音（Filming & Recording）、竞赛与游嬉（Competition&Recreation）四个系列。通过表演艺术和游戏的加入，使整个活动更为生动有趣。这一活动策划吸收"演艺"的形式来吸引博物馆的观众，也从侧面显示出"观展"与"观演"观众群的高度重合。此外，在很多社交平台展示中，一个颇具热度的戏剧表演结束之后，许多观众都会选择前往相关的博物馆、纪念馆进行打卡纪念，同时也借此机会对相关背景知识延伸了解。更有说服力的则是在国家大剧院的一次观众调查中，相关数据显示许多观众特地在演出之前前往展厅参观：2017年由国家大剧院和陕西省文物局联合推出的"唯寄歌舞寓长安——陕西古代乐舞文物特展"在展期内共接待参观观众88000余人次，观众抽样调查显示，有超过三分之一的观众是专程前来观看该展。由此可见，相似的观众群是剧院"博物馆化"的过程中一个得天独厚的优势，剧院可以以自身观众群为基础进行扩展，使剧院中的"博物馆"产生更大的社会影响。除了相似的观众群，剧院和博物馆也共同承载着一个民族共同体所共有的文化内涵。无论是博物馆中的文物、艺术品，还是剧院中的剧目、音乐会，都可以呈现出一个民族群体的多元文化，也就是民族的精神文化内核。因此，越来越多的学者认为，独立的民族国家可以借助其博物馆、美术馆、纪念馆和国家剧院等文化机构来塑造其国民的共同体意识，借助展览、演出增进国民对其民族国家和文化传统的认同，这就使得博物馆和剧院得以紧密地联合在一起。

三、剧院"博物馆化"的推进之路

"博物馆化"所包含的内容丰富，展览、收藏、研究、社会教育服务、文创等都可以成为它的表现形式。这些表现形式都可以建立在"展览"这个载体之上，而且也非"展览"这个载体莫属。换句话说，一个剧院的"博物馆化"，一定与展览息息相关、密不可分。

很多世界知名剧院都有内设的展示场所，比如纽约大都会歌剧院的底层就设有博物馆，专门展出大都会歌剧院100多年的历史；米兰斯卡拉歌剧院的博物馆大概有四五个小展厅，陈列着大量与歌剧及剧院历史相关的画作、手稿、雕塑、戏服。这些展览空间在剧院中相对独立，但又并未与剧院主体割裂开来，展览的主题多与表演艺术相关，剧院与博物馆在此巧妙结合，呈现出一种"你中有我，我中有你"的独特氛围。当然，基于剧院属性的不同，其展示方式和展品也有所不同。除纽约大都会歌剧院和米兰斯卡拉歌剧院外，国内也不乏这样的优秀案例，坐落于北京王府井大街的北京人民艺术剧院，有一座面积约1300平方米的国内首家展示话剧艺术的专业性博物馆，这里收藏着郭沫若、老舍、曹禺、焦菊隐等一代戏剧大师的手书文稿、手记、往来信件，还有北京人艺经典剧目的服装、舞台美术模型和经典剧照，整个博物馆就是一部北京人艺的活历史。对于观众来说，这样的展览无异于剧院的另一处"舞台"，在观看演出之余参观展览可以更好地帮助自己了解戏剧艺术的背景知识，延展关于表演艺术及艺术家的背景知识。同时，也可以烘托和营造观演前后的氛围，帮助观众更好地"入戏"，或者留下无穷的回味。

上述展览或博物馆模式常见于一些历史较为悠久的剧院，其展览内容依托于本院历史，也时常会举办一些相关题材的专题展，博物馆的展览和剧场、剧目一样成为了一个剧院特有的文化符号。

而就国内来说，许多新兴的剧院和小剧场并没有如此丰富的馆藏资源，其自身的历史和收藏也不足以支撑其举办一个成规模的院史展或者专题展。这些剧场如果想通过举办展览来丰富观演者的体验，又该怎么做呢？

2007年，坐落于北京西长安街上的国家大剧院正式开幕运营，同步投入使用的还有专门的展厅，院藏品征集和艺术展览随即成为规定"动作"，此举也正顺应了"文化机构博物馆化"的潮流。但与博物馆不同的是，因建院之初藏品征集刚刚起步，展览难免面临"无米下锅"的困境，然而挑战往往能够催生机遇，在征集工作不断推进的前提下，国家大剧院的展览充分打开思路，利用场地优势，综合采取自主策划组织、对外联络、整体借展等方式推出了一个又一个展览，也积极促成优秀艺术品收藏和接受来自社会各界的捐赠，逐渐形成自身独特的藏品体系。对于展览和收藏相互促进、立足展览开展丰富的社会教育方面也积累了一定的经验，在社会效益和经济效益方面均有所收益。例如2009年，国家大剧院联合意大利普契尼节日基金会共同策划了"今夜无人入睡——歌剧艺术主题展"展出普契尼、威尔第等著名作曲家的珍贵手稿，舞美设计图、老海报以及拍摄于1915年普契尼的唯一存世视频等，精致而用心的展览策划不仅为观众延伸了歌剧背景知识，还为观众提供了无数难得一见的艺术珍品，使观众不出国门也可以领略世界歌剧大师的魅力。国家大剧院的策展团队还秉持着弘扬中华优秀传统文化的理念，探索了以物质和非物质文化遗产为主题的系列展览。事实上，许多文化遗产本身就与表演艺术密不可分，除了一些本来就被列为非物质文化遗产的表演艺术如安塞腰鼓、蒙古长调外，还有许多物质文化遗产中也有表演艺术的元素，如画像砖、乐舞俑、壁画等等。国家大剧院的策展团队融合这些元素，推出了"中国古代音乐文物系列展""走近非物质文化遗产系列展""认识中外乐器系列展"，在联络展览的过程中，还收藏了民族乐器、戏出年画、戏出剪纸、皮影等院藏品。这些优秀的文化遗产借由国家大剧院的展览和收藏平台增加了曝光度，得到了更广泛的传播，吸引着众多文化艺术爱好者。而在致力于探索视觉艺术与表演艺术"通感"的系列主题展如"戏韵丹青""山水清音"国画展、"版音·版韵"版画展、"凝固的旋律"雕塑展中，通过展览则促成了批量艺术品的收藏。在推出展览、策划收藏的同时，国家大剧院还积极推出相关的社会教育服务，如讲座、讲堂、工作坊、对话会、研讨会等，逐渐将展览拓展为同时具备展、讲、演、研、藏功能的综合体，极大拓展了剧院单一的演出职能。

对绝大多数剧院来说，展览事业起步晚，底子薄。在实践的道路上，文博领域的先进经验能够为其提供非常有价值的参考，有些博物馆、美术馆和艺术院校、艺术机构还可以为剧院提供实实在在的资源支持与智力协助，助力剧院的艺术展览事业稳步前行。一直以来，人们习惯到剧院观赏艺术演出，到博物馆去寻访历史，剧院"博物馆化"这种看似与人们的思维模式相悖的趋势仿佛是随着现代技术的发展、人们素质的提高和文化的演进应运而生的，博物馆和剧院功能的外部延伸都在不断地扩大。英国有着与纽约百老汇（Broadway）齐名的世界两大戏剧中心之一的伦敦西区（London's West End），依托这一资源，英国伦敦的维多利亚和艾尔伯特博物馆（Victoria and Albert Museum）收藏了歌剧、戏剧服装、道具、舞美模型等相关的戏剧艺术品。V&A博物馆和伦敦西区的剧院、皇家艺术学院（Royal College of Art）有着长期的合作关系，基于这些收藏，V&A博物馆经常推出一些表演艺术相关的展览，并尝试打造了以歌剧（Opera）为主题的系列展览。得益于V&A博物馆精致的艺术收藏和策展人员精妙的布置，这些展览吸引了当地数以万计的戏剧爱好者、设计专业的学生前往参观，并得到了广泛的好评，实际也打造出了V&A博物馆以表演艺术为主题的一张文化名片。受其启发，我国的剧院不妨也可以加大与博物馆的合作力度，整合双方的资源优势，提升策展的专业性和展览的丰富性，在"博物馆化"的道路上注入更为专业的力量。

从以展览促进院藏品征集，到院藏品专题展览的推出；从展、讲、演、研社教服务模式的形成到展览衍生品的开发，在保证展览思想精深、艺术精湛、制作精良的前提下，"博物馆化"的剧院展览不仅可以形成差异化特色，更在创意策划、陈列设计、多媒体应用、展览运营、宣传推广、调研反馈等各个环节形成了一条产业链。这条产业链由展览从策划组织到推出收尾的各阶段节点组成，也从各节点上生发出几个系列的相关板块，牵一发而动全身，一念起而风生水起。

四、结语

随着人们生活水平的提高，人们对于精神文化生活的需求和热情越发高涨，人们渴望看到精彩的演出、精良的展览，期盼欣赏好的艺术作品，遵循"以人民为中心"的工作导向，剧院纷纷开始围绕艺术展览做文章，充分调动展览各个环节的活跃点，逐渐形成了一条完整的产业链。著名当代艺术家徐冰先生曾说："剧院展览的特殊价值也许正在于它介乎博物馆与剧院的中间地带，位置上的模糊性恰恰会带来内容上的丰富性。基于这种中间地带，剧院的展览完全可以为反观表演与展示提供一种新的视角，一种值得重视的学术价值。"

20世纪末，西方学者提出了"museum complex"（博物馆综合体）的概念，亦即一个博物馆除展馆外，还可以包含图书馆、影院、工作坊、咖啡厅、纪念品店等设施，使博物馆不仅可以拥有多元丰富的文化功能，也通过多种经营模式为本馆创收。这一理念也正在被越来越多的剧院采用，除了国家大剧院，北京天桥艺术中心、廊坊大剧院、南京大剧院以及即将开幕的北京艺术中心等都为我们展示出了"剧院综合体"这一理念，展览展示不仅在这些新兴剧院的展厅中，也分布于公共空间。笔者认为，在剧院"博物馆化"的进程中，展览作为"博物馆化"的触发器或着力点是最直接、最便捷，也是最有效的渠道。随着时间的推移，剧院"博物馆化"会涌现出越来越多的成功案例，期待业界关注与研究。

①③ 王思怡：《博物馆化：科学博物馆学派斯坦斯基的学术理论与影响综述》，《博物馆管理》2020年第4期。
② 薛仁杰：《博物馆物、博物馆性与博物馆化——对科学博物馆学三个关键概念的梳理与思考》，《古今文创》2020年第38期。
④ 易瑄：《剧院与博物馆 一种奇妙的组合》，《国家大剧院》2012年（2—3月），总第045期。

文旅融合形势下智慧博物馆建设的必要性分析

杜　媛

随着互联网时代的到来，信息技术得到极大的发展，大数据、物联网、人工智能、5G技术的出现以及相关企业的不断创新，革新了传统的旅游方式。与此同时，随着新冠肺炎疫情防控常态化和后疫情时代的来临，决定了以数字化驱动的智慧旅游不仅作为特殊时期的一种旅游方式，更是景区提升自身吸引力、打造智能景区的关键指标之一。作为地方文化载体之一的博物馆，具有收藏、科研、教育等重要功能，在文旅融合的内容上加入博物馆元素可以进一步提升文旅融合旅游业的文化内涵。而博物馆的智慧化建设则能够进一步提升游客在科学内涵活动以及新技术应用方面的学习体验。当前学术界的专家对于文旅融合形势下智慧博物馆建设的必要性也从不同的角度提出了自己的观点或看法，梁璐研究指出，文化和旅游相融合赋予了博物馆新的职能和时代含义，数字化、科技化、智能化技术备受广大人民群众的关注，也越来越被大众所接受，增强观众的体验感与获得感是当下博物馆智慧化改造的重要内容[①]。郭艳艳等研究发现，目前，数字资产已经成为一种新的博物馆核心资产形式，智慧博物馆的建设是对传统博物馆运营模式的流程再造[②]。智慧博物馆建设首先应该做好顶层设计，使科学技术为实际需求场景服务，加强关键技术的研发投入，为更好地阐释、展示文物所蕴含的价值服务。另有调查研究指出，随着信息技术的发展，互联网技术扩展了人们了解博物馆相关信息的途径，同时也为智慧博物馆的建设提供了更多的可能性[③]。但是由于不同类型博物馆的属性不同，核心职能不同，在智慧化建设过程中面临的问题也存在较大差异，但智慧化博物馆的建设都是要以内容数据为基础，以技术提升为保障，以服务受众为目标，因此智慧化博物馆建设最终还是要回归到对博物馆"物"的资源梳理以及大数据的规划和处理方面。

一、文旅融合的现状

近年来，随着我国旅游业的不断发展，不断地提升旅游业的文化内涵成为了一种趋势。将地域文化融入旅游发展，受到了当代年轻人的青睐，也为旅游业本身注入了新的活力，开辟了新的发展渠道。越来越多的旅游单位开始将文化和旅游紧密的结合在一起。文化与旅游的融合是时代发展的需求，与我国居民文化素质的整体提高有着密切的联系。广大旅游爱好者除了通过旅游来获得感官上的享受之外，也希望获得精神上的充盈。文化是人类精神文明的成果，能够丰富人们的内心世界，让人获得更多的心灵体验。因此，文旅融合已经成为了一种发展趋势。

目前文化旅游业的发展在内容、方式和环境方面都遇到了一些较为突出的困境。首先，在文化旅游业的发展内容方面，景点设计逐渐走向雷同化。随着旅游业的产业化发展，当一个地区的旅游元素受到公众喜爱之后，会被其他地区不加改变地模拟效仿。长此以往国内的很多景点都变得大同小异，所开发的旅游产品大都是一个模样。旅游内容的雷同化在很大程度上造成广大游客的审美疲劳，文化旅游业应该持续改进各地旅游地景区内容，通过不断地挖掘旅游景点独特性，如不同于他地的景色、文化内涵，为来自各地的广大旅游爱好者提供更多的审美、文化体验。其次，文化旅游方式存在趋同性。国内的绝大多数旅游单位都是采用线下景点观光、体验民俗、推销纪念品等方式，模式雷同，没有很好地体现当地文化旅游独有的旅游方式及其所蕴含的深层次内容，给广大旅游爱好者带来的始终是物质方面的体验，没有更为深刻的、更加有文化底蕴的精神或审美体验。最后，文化旅游业发展的环境方面，随着新冠肺炎疫情防控常态化，旅游业的发展遭受了非常大的冲击，客流量的减少、人口流动性减少所带来收入的减

作者单位：中国铁道博物馆

少无疑让传统的文旅融合变得非常艰难。

因此，文旅融合应当根据社会大环境的不断变化来调整发展方向，通过线上线下的有机结合来推动其长远发展。

二、文旅融合形势下智慧博物馆的必要性

（一）文旅融合形势下智慧化适应了当代旅游业信息化发展的客观要求

随着科技的不断发展，信息技术的日新月异，各行各业都通过信息技术手段来不断提升其发展的外延，最大限度地降低成本，最大限度地提高效率，进而获得更多收益。所以，在文旅融合形势下，构建智慧博物馆是信息化发展的客观要求[④]。当代人们生活在信息化社会之中，通过互联网，信息传输设备来获取目标信息，进而享受信息化带来的便捷已经成为常态。通过实践调查发现，绝大部分公众，特别是青年，他们都是通过各类网站，手机 App 等电子资讯载体来了解的具体内容，仅有少量的旅游爱好者是通过电视、报刊、杂志等载体来获得旅游景点的相关信息。旅游者获取旅游资源渠道的巨大改变，直接影响着旅游业的进一步发展。所以旅游单位应当紧跟时代的步伐，加强旅游产品的信息化开发，构建专门的电子资讯平台来满足当下广大旅游爱好者的需求。只有顺应了旅游业信息化发展的大趋势，旅游产业才能得到进一步发展。

（二）文旅融合形势下博物馆是丰富旅游景点文化内涵的必然选择

传统的旅游业非常注重旅游景点景观的开发，通过现代园林建设技术，不断地优化景点的各项基础设施建设，以景观美来吸引顾客[⑤]。作为旅游者，他们之所以选择一个旅游景点，就是希望能够获得不同身心体验，进而深层次地思考生活的意义。但是，千篇一律的景观设置很容易造成旅游者的审美疲劳，让广大旅行爱好者乘兴而来，扫兴而归。与以往的旅游爱好者不同，近年来，随着我国教育事业的不断发展，国民的素质普遍有了很大的提高，旅游的审美趣味发生了非常大的变化，希望能够通过旅游获得对的文化体验。通过文化内涵突出的旅游来获得心灵的体验。注重流域景点文化内涵的建设是当前旅游者审美趣味发生变化的客观要求，仅仅依靠相对单一的自然景观已无法满足广大旅游爱好者的现实需要。另外，从当代旅游业转型化发展的角度来看，过于单一的、人工化的景观设计也丧失了旅游产品本身的特色，不利于旅游产品的丰富与旅游产业的长远发展。将地区文化元素融入旅游业，进一步深化旅游业发展内涵势在必行。

在文旅融合形势下博物馆元素的加入，能够让广大旅游爱好者以最便捷的方式较为全面地了解一个地区的前世今生[⑥]。博物馆是一个地区历史文化的重要载体，通过博物馆的展览展示，旅游者能够比较系统地了解一个地区的文化发展脉络，获得深刻的人文体验。首先，博物馆的每一个文物都是真实历史的见证者，通过厚重的文物，旅游者能够直观地感受到地域文化的真实性。其次，不同地区博物馆的文物都具有自己的独特性。相对于国内日益雷同的旅游区景观设计来说，每个博物馆都馆藏着属于自身特色的文物，是地域独特文化的杰出代表。从历史的角度来看，由于地域的相对封闭性，在历史的长河中，不同地区的历史发展进度都有着一定的差异，而且在历史的传承过程中各类文物的遗留具有一定的偶然性。由此，造就了当前博物馆内文物的各不相同。都有非常突出的地域性。因此，在文旅融合的内容构建上，加大博物馆元素的作用，向广大旅游爱好者提供深厚的人文旅游资源，对于增加旅游业的内涵来说具有非常突出的效果，并且符合当前旅游爱好者的旅游需求。

（三）文旅融合形势下博物馆元素是弘扬传统文化的重要依托

弘扬中国传统文化一直以来是我们的责任。博物馆是传统文化的重要载体之一。通过调查研究发现，现阶段我国各个地区的博物馆中馆藏的文物，绝大多数都承载着千百年的历史文化，现当代文物的比例非常小。旅游者通过对博物馆的参观，能够从每件文物的构造与背后所承载的故事中获得一定的历史文化知识，直观地体验我国的传统文化。在我国传统文化的传承过程中，要想依靠年轻一代去大力弘扬中国传统文化，必须要加强他们对传统文化本身的体验性。而博物馆是最能够通过强烈直观性和深刻体验性来让广大青年全面认知并且积极弘扬中国传统文化的代表[⑦]。

（四）文旅融合形势下博物馆是树立文化自信的必由之路

文化自信的树立是一个漫长的过程，不仅需要每一个国人的努力，还需要文化部门、文化单位肩负起自己的责任，通过积极倡导和有效宣传来实现。博物馆是我国重要文化单位之一，承载着较为丰富的历史文化知识，在树立文化自信的过程中理应扮演重要的角色。因此，博物馆要肩负起自身的文化传承责任，不断探索新的文化传播渠道向社会大众宣传民族文化。

（五）文旅融合形势下智慧博物馆的建设是科技文化发展的必然结果

我国是名副其实的"博物馆大国"。在这样的背景之下，如何更好地保护、管理和利用博物馆及其资源日益成为当前乃至未来最重要的课题[8]。互联网技术、数字技术以及新一代人群的消费时尚和消费习惯的日益改变等，使得博物馆必须面对新技术和新应用的挑战，智慧博物馆由此应运而生。中国博物馆的智慧化建设既是博物馆行业发展，满足公众日益增长的文化需求的新举措，也是推进博物馆管理，整合博物馆资源，提升公众服务水平、服务能力的必由之路。"智慧博物馆"是在现代科技条件下逐渐成熟的崭新的博物馆形式，国内外许多博物馆领域的专家学者，都对这一新生事物很感兴趣，并作出了不少探索性的研究和分析。就目前而言，对于"智慧博物馆"概念的内涵与外延，还没有形成普遍共识。

从博物馆的教育功能来说，智慧化博物馆的建设突破了展览展示的空间限制，丰富了博物馆可展览展品的数量与种类，拓展了展品的展示方式，更为重要的是可以向公众更多维度地展示展品外观信息，传递展品背后所蕴含的科学内容。从博物馆的服务功能来说，智慧博物馆的建设便利了公众获取博物馆资讯，全方位地展览教育资源，有效实现公众与展品（藏品）、公众与公众、公众与博物馆各行业专家（教育、展览、藏品、研究等）的互动交流。

当代年轻人生活在信息化时代，对网络的依赖程度相对较高。绝大多数年轻人都通过网络来获得知识和信息，智慧博物馆的构建也符合当代年轻人获取信息和知识的特点。因此，智慧博物馆的建设也是弘扬传统文化、树立文化自信的一种新形式，是实现博物馆以人为本的理念、探索博物馆公众学习的新模式。

（六）文旅融合形势下智慧博物馆是新冠肺炎疫情防控常态化发展的必然选择

新冠肺炎疫情防控的常态化对于旅游产业产生了非常大的影响。特别是线下旅游遭到了重创，使得广大旅游爱好者想要实现跨地区旅游变得非常艰难。近两年的数据显示，我国大部分地区旅游产业的各项数据都在下降。线上旅游产品的开发能够在一定程度上减少新冠肺炎疫情带来的冲击，可以打破时间和空间的限制来给广大旅游爱好者提供虚拟世界的旅游资源，满足广大旅游爱好者的旅游需求。相对于线下旅游，线上旅游的资源更加丰富，能够带给旅游爱好者的视觉体验更为多元化。构建智慧博物馆也是在新冠肺炎疫情常态化发展背景下的必然选择。另外，当代年轻人普遍存在"宅"的习惯，相对于线下旅游，他们更愿意通过互联网渠道来获得一些精神需求，线上旅游产品的开发也非常契合他们的需求。

三、结束语

文旅融合形势下博物馆元素的加入是丰富旅游景点文化内涵的明智选择，智慧化则是适应当代旅游业信息化发展的客观要求，智慧博物馆的建设则是目前科技发展的必然趋势，也是新冠肺炎疫情常态化发展的必然选择。

文旅融合形势下建设智慧博物馆的必要性强，能够促进未来旅游业的长远发展，同时，也能够促进传统文化的广泛传播。但是，文旅融合形势下智慧博物馆的构建是一个过程，需要我们客观地看待建设过程中遇到的种种问题，并且采取积极措施来进行应对。

① 梁璐：《文旅融合形势下智慧博物馆建设的必要性分析》，《文化产业》2021 年第 26 期。

② 郭艳艳、李华飙、车大为、孔雯莉、管欣鑫：《科技让我们遇见更美好的未来——智慧博物馆论坛综述》，《中国国家博物馆馆刊》2022 年第 8 期。

③ 刘海、李昱锋、王晓钰、刘明阳、石钏宇、王宗超《基于大数据技术的智慧博物馆建设调查研究——以红旗渠纪念馆为例》《电脑知识与技术》2022 年第 6 期。

④ 商晨雯：《面向智慧博物馆的转型：高校博物馆在实践中的探索与展望》，《画刊》2022 年第 4 期。

⑤ 姚孺婧：《智慧博物馆视域下文化互动传播发展研究——以安徽民俗文化为例》，《文化产业》2022 年第 21 期。

⑥ 李晓羽：《智慧博物馆语境下博物馆安全防范体系的构建——以广西壮族自治区博物馆改扩建工程为例》，广西师范大学出版社，2022 年。

⑦ 贾瑞新：《浅析"互联网 +"背景下超级链接的博物馆——以智慧博物馆瑞安站"AR 首秀"活动为例》，《文物鉴定与鉴赏》2018 年第 13 期。

⑧ 邱鲤鲤、王雨晴、陈可嘉、阮驭申：《面向数字化时代的博物馆智慧化升级研究及策略——以鼓浪屿八卦楼为例》，《城市建筑》2021 年第 13 期。

路县故城遗址出土窖藏铜、铁器的初步保护修复

黄　星　魏　然　赵文华　崔兆艺

　　路县故城遗址位于北京市通州区潞城镇的西北部、北京城市副中心行政办公区的北部，是一处以路县城址为核心、由城址本体（城墙、城壕及其围合区域）、城郊遗址区和城外墓葬区等构成的大遗址。路县故城作为县级治所，从西汉一直延续至隋唐之前，也就是说两汉、魏晋和北朝时期为该城址的主要使用时期。2021年9月15日至28日，北京市考古研究院在配合北京城市副中心行政办公区水系（镜河北段）工程建设的考古发掘中，于路县故城城址外南部清理了一处魏晋时期的铜、铁器窖藏（编号2021TLGH499）。在考古发掘现场通过切台基、打托板的方法，整体提取运至实验室进一步进行保护处理。窖藏出土的铜、铁器物共计109件（套），其中铁器94件（套）、铜器15件。出土铜器主要有铜镜、铜铃、铜环首刀、铜砝码和铜熨斗等；铁器主要有铁权、铁镜、铁烛台、铁棘轮、铁斧、铁凿、铁削刀、铁铲、铁钳、铁镰、铁锄板、铁钩、铁环、铁钉等。路县故城遗址窖藏出土的铜、铁器对了解和认识魏晋时期路县故城地区的金属铸造业生产和技术水平、社会生产力发展水平和经济形态等情况，提供了一份十分难得的实物资料。现将对该窖藏出土的这批铜、铁器所做的初步保护与修复工作及取得的初步成果，简述如下。

一、窖藏器物保存现状

　　该窖藏开口于唐、辽时期的④层下，向下打破⑤层及西汉时期的⑥层。窖藏为一座口大底小、平面近似圆形的坑，坑内放置一件大铁罐，带盖。铁罐外东侧的上部有一件铁矛和一件铜镜。坑内填土中包含陶片、瓦片、砖块和炭屑等。铁罐内有大量铁器、铜器等。器物放置较为规整，大体可分为三层，上层主要有铁镜、铁甲片、铁烛台等，中层主要是铁凿、铁斧、铁铲、铁镰、铁钳、铁锄板、铜镜、铜铃、铜环首刀和铜熨斗等，下层则主要为铁钩、铁环、铁权、铁钉、铁棘轮、铁削刀、铜砝码等。铁罐内的中下部有黄褐色土，并掺杂黄色木屑、粉末等。窖藏的重量约57.8千克。出土的铜、铁器物表面都附着有一层黄褐色土垢（图一），其中铜器表面虽有不同病害（点腐蚀、裂隙、层状剥离、缝隙腐蚀、残缺、瘤状物、通体矿化等）和浅绿色粉状锈、黄白色结晶锈蚀产物，但质地比较坚硬，铜质基体保存较好[①]；铁器表面除了附着一层少量的黄褐色土垢外整体呈棕黄色，多数铁器表面全部被较厚的疏松锈蚀层及表面硬结物严密覆盖，部分铁器表面附着有木屑，但是大多数铁器锈蚀严重，有的锈蚀物结构酥松发脆，多处有裂隙及层状剥离现象，通体矿化、锈蚀物厚实导致铁器胎体几乎锈蚀殆尽，局部呈瘤状物凸起状[②]。

二、器物修复前的检测与分析

　　根据器物分析检测的结果，结合器物的病害

图一　窖藏器物出土状态

作者单位：北京市考古研究院

表一 离子色谱检测结果（mg/L）

填土位置	Cl⁻	SO₄²⁻	NO₃⁻	PO₄³⁻	总和
表面	4.357	28.817	14.659	–	47.833
上层填土	8.617	10.016		0.458	19.091
中层填土	7.636	10.633	–	–	18.269
下层填土	90.541	67.773	3.068	–	161.382
H499：323附着土壤	3.957	7.190	5.404		16.551
H499：325附着土壤	1.756	2.827	2.764		7.347

表二 便携式 X 射线荧光光谱仪检测结果（wt%）

名称	编号	Cu	Sn	Pb	Si	S	Fe	Ca	K	Al	P	Cl	Bal
铜镜	H499：124	52.358	30.565	2.939	0.601	2.224	0.139	–	–	–	–	0.114	9.842
铜灯盖	H499：142	47.642	20.116	7.94	1.158	4.065	0.43	–	–	–	0.042	2.163	15.091
铜熨斗	H499：314	57.228	12.478	2.687	1.263	4.123	0.808	–	–	–	0.02	7.273	12.405

注：Bal 列是未检出元素的含量

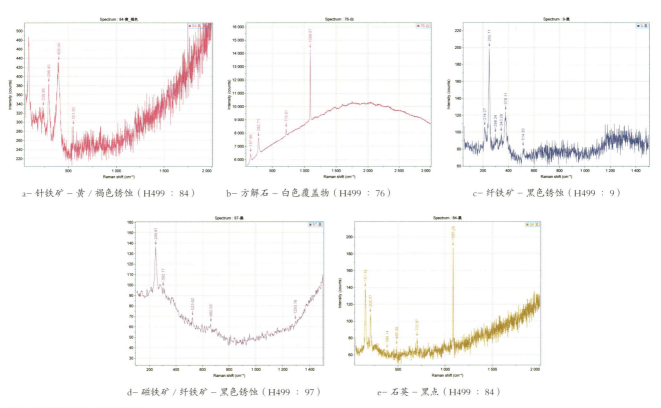

a– 针铁矿 – 黄/褐色锈蚀（H499：84）　　b– 方解石 – 白色覆盖物（H499：76）　　c– 纤铁矿 – 黑色锈蚀（H499：9）

d– 磁铁矿/纤铁矿 – 黑色锈蚀（H499：97）　　e– 石英 – 黑点（H499：84）

图二 铁器锈蚀物的拉曼分析结果

状况与表现形式，在严格遵循文物保护理念与修复原则下制定科学合理的保护修复技术步骤。主要步骤包括拍照、记录、清理、除锈、加固、脱盐、缓蚀、修复、封护等。为了深层次剖析器物的成分、结构、制作工艺和腐蚀老化机理等多方面的问题，运用 X 射线探伤技术来解析透视器物的（锈蚀状况、组织结构、纹饰、铭文、损伤、裂痕、铸造痕迹）；通过离子色谱分析方法，对铁罐内填土进行阴离子含量检测，判断是否含有有害氯离子；采用便携式 X 射线荧光谱仪，对铜器进行半定量分析；通过激光共聚焦拉曼光谱仪、X 射线衍射仪等分析检测方法，对不同的锈蚀物进行初步鉴别，为后续的保护修复提供科学依据；采取物理及化学处理方法（硝酸银滴定法），来检测器物中有害氯离子的存在情况，判断除锈是否完全。

（一）离子色谱分析（IC）

通过离子色谱（赛默飞 ICS-5000A PLUS）分析对铁罐表面及铁罐内部不同位置填土的 Cl^-、SO_4^{2-}、NO_3^-、PO_4^{3-} 等离子的含量进行检测，淋洗液 KOH，流速 1ml/min。土壤浸泡液制备：土壤经过 110℃ 干燥至恒重，研磨过筛，以水土比为 2∶1 浸泡入去离子水中，超声波 100 频 30min，静置沉淀并过滤。氯离子含量范围在 1.756—90.541mg/L 之间（表一）。下层填土的氯离子含量最高，结合铁罐内器物锈蚀严重的保存现状推测：在埋藏过程中，含有氯离子的环境使器物长期缓慢锈蚀，锈蚀脱离器物后，氯离子随土壤迁移至下层。

（二）铜器合金成分分析

使用便携式 X 射线荧光光谱仪（Niton XL3t 950）对路县故城遗址窖藏出土的三件铜器标本进行半定量分析。检测模式为矿石铜/锌模式，时间为 60 秒，检测时尽量避开锈蚀。检测结果显示，所有铜器均为铅锡青铜材质，同时检测到铜器表面含有 0.11%—7.27% 的氯元素（检测结果见表二），不利于铜器的长久保存，需及时去除。

（三）铁器表面锈蚀物分析

由于铁器表面均有大面积的锈蚀覆盖，锈蚀物外层呈土黄色酥粉状，易剥落，铁器表面多为黄、褐色混杂，少见白色、黑色覆盖物，部分锈蚀剥落处显露出黑色基体。各颜色锈蚀的成分复杂，通过激光共聚焦拉曼光谱仪(HORIBA Jobin Yvon XploRA Plus) 和 X 射线衍射仪（Bruker D8 Advance）等分析方法，对不同的锈蚀物进行鉴别，为后续的保护修复提供科学依据。对于有害锈蚀物应及时清除，防止其对文物造成更大的损害。随机选取具有代表性的铁器样品，分别刮取土黄色、黄/褐色、白色、黑色锈蚀物后进行拉曼光谱分析和 XRD 检测。

拉曼光谱分析结果（图二）显示，黄/褐色中 238.95、295.40、400.04、551.50cm^{-1} 与针铁矿（α-FeOOH）的特征峰相符[③]；白色覆盖物中 157.96、282.71、716.61、1089.97cm^{-1} 拉曼特征峰与方解石（$CaCO_3$）的完全吻合[④]；黑色锈蚀中 220.75、250.46；299.64、375.46、524.03、645.95cm^{-1} 与纤铁矿（γ-FeOOH）的特征峰接近[⑤]；黑色锈蚀中 302.17、523.62、662.03cm^{-1} 与磁铁矿（Fe_3O_4）的特征峰接近[⑥]，同时还出现了纤铁矿的拉曼峰；黑点中 151.35、205.07、384.14、486.08、700.97、1085.29cm^{-1} 与石英的特征峰相符[⑦]；土黄色酥粉状锈蚀和黑色覆盖物暂无拉曼检测结果。

XRD 检测结果显示：土黄色酥粉状锈蚀物中主要含有针铁矿（goethite；α-FeOOH；JCPDS 标准数据卡：81-0462）、纤铁矿（Lepidocrocite；γ-FeOOH；JCPDS 标准数据卡：76-2301）、四方纤铁矿（Akaganeite；β-FeOOH；

表三 铁器锈蚀物的 X 射线衍射分析结果

锈蚀物状态	位置	物相
土黄色酥粉状锈蚀物	锈蚀外层	β-FeOOH；SiO_2
		α-FeOOH；γ-FeOOH；SiO_2
		α-FeOOH；SiO_2
黄/褐色锈蚀	锈蚀外层	α-FeOOH
		α-FeOOH；SiO_2
		Fe_2O_3；SiO_2
白色覆盖物	锈蚀外层	$CaCO_3$；α-FeOOH；SiO_2
		$CaCO_3$；β-FeOOH
		$CaCO_3$；FeO；SiO_2
黑色覆盖物	锈蚀外层	α-FeOOH；SiO_2
黑色锈蚀	锈蚀内层	γ-FeOOH；SiO_2
		α-FeOOH；Fe_3O_4
		γ-FeOOH；Fe_2O_3
黑色	铁器表面	γ-FeOOH
		β-FeOOH

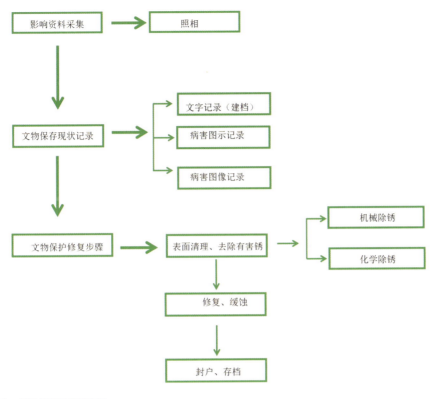

图三 器物保护修复流程图

JCPDS 标准数据卡：34-1266）和石英（Quartz；SiO₂；JCPDS 标准数据卡：70-2538）；黄/褐色锈蚀物主要是针铁矿（goethite；α-FeOOH；JCPDS 标准数据卡：81-0463）、赤铁矿（Hematite；Fe₂O₃；JCPDS 标准数据卡：52-1449）和石英；黑色锈蚀物主要是纤铁矿、赤铁矿、磁铁矿（Magnetite；Fe₃O₄；JCPDS 标准数据卡：76-0957）和石英；白色覆盖物主要含有方解石（Calcite；CaCO₃；JCPDS 标准数据卡：83-0577）、针铁矿、四方纤铁矿、方铁矿（Wuestite；FeO；JCPDS 标准数据卡：75-1550）和石英；黑色覆盖物主要是针铁矿和石英；黑色基体表面主要是纤铁矿和四方纤铁矿。X 射线衍射分析结果见表三。

结合拉曼光谱分析和 X 射线衍射分析的结果可知，路县故城遗址出土窖藏铁器的锈蚀产物主要是 α-FeOOH、β-FeOOH、γ-FeOOH 和少量的 Fe₂O₃、Fe₃O₄，CaCO₃、SiO₂ 则来自土壤。锈蚀物颜色的差异是由于它们的晶体结构、水合程度不同。靠近器物表面的 β-FeOOH 和 γ-FeOOH 是新生的铁锈，锈蚀物附着性好、致密但不稳定，黑色锈蚀和黄/褐色锈蚀为 α-FeOOH 和 γ-FeOOH 的中间混合层，锈蚀外层以土黄色的 α-FeOOH 为主，较疏松多孔且易剥落[8]。

不同晶型的羟基氧化铁的生成与环境有关，在氯离子影响下生成 β-FeOOH，在硫酸根离子的影响下生成 α-FeOOH 和 γ-FeOOH[9]。β-FeOOH 的晶体表面和隧道结构中都含有氯离子，表面吸附的氯离子会直接促进铁质文物腐蚀，并使腐蚀循环发生；隧道结构中的氯离子虽然不会直接参与腐蚀过程，但在后续的保护处理过程中也很难脱除，在环境因素影响下会转变为其他物相而释放，继而促进腐蚀，因此在铁质文物长期保存过程中仍是隐患[10]。所以 β-FeOOH 是铁质文物腐蚀损坏的关键腐蚀产物，锈蚀过程与青铜器上发生的"青铜病"类似，造成物理、化学两方面的损害。γ-FeOOH 是在土壤潮湿环境中首先形成的，它不能形成附着力强、致密的保护膜，之后再部分地全面地变成 α-FeOOH。在常温下这种转变过程是极其缓慢的。同时由于水分和氧气的进一步渗入，新的不稳定的 γ-FeOOH 又会不断生成，铁锈层厚度也就不断增加[11]。综上可知，α-FeOOH 是晶型比较稳定的羟基氧化铁，γ-FeOOH 不稳定但腐蚀过程缓慢[12]，β-FeOOH 对铁器的腐蚀危害最大。因此对于这批窖藏铁器来说，大量的 β-FeOOH 和 γ-FeOOH 都是铁器长期保存过程中的隐患，须及时去除。

三、保护修复方案的制定

（一）器物保护修复流程

通过对器物的保存现状进行综合评估以后，制定了如下保护方案（图三）。首先对文物进行保护修复前的拍照、称重、测量等工作。其次建立文物保护修复档案，将文物的基本信息与保存现状以文字、影像的形式录入档案（主要包括出土地点、年代、编号、保存环境、病害描述、病害图像与图示等）。最后在文物保护理念与修复原则的指导下实施保护修复技术路线（主要是文物表面清理与清洗、脱盐除氯、缓蚀、封护、粘接补配、做旧等），同时将保护修复过程使用的工具、材料、保护修复方法完整记录入档。总之，用科学合理的保护修复方案不仅能科学指导保护修复过程的开展，还能为以后再研究提供详实的文字、影像资料。

（二）保护修复使用设备与材料

工具：手术刀、錾子、凿子、锤子、毛刷、洗耳球、温度计、工笔刷、钢针、酒精灯、热熔枪、吹风机、电子秤、钳子、钢卷尺、锉刀、小沙袋、电磨机、电动刻字机、超声波洁牙机等。

材料：环氧树脂、锈土、微晶石蜡、宣纸、玻璃容器、AAA 胶、502 胶、石膏、凡士林、橡皮泥、虫胶、保鲜膜、脱脂棉、医用手套、防尘口罩、矿物颜料、热熔胶棒等。

试剂：去离子水、无水乙醇、丙酮用来清洗器物或用作试剂溶液；氢氧化钠用于金属脱盐；硝酸银、硝酸用于检测氯化物；苯并三氮唑（BTA）用于金属缓蚀；草酸、柠檬酸、六偏磷酸钠、酒石酸钾钠、EDTA 二钠盐用于除锈；聚乙烯缩丁醛、Paraloid B72 用于粘接、加固、封护等。

仪器：超声波清洗器、干燥箱、电磁炉、吸尘器等。

（三）保护修复的操作方法与过程

1. 铜器保护修复操作方法

（1）清理。对器物进行除锈之前，先对器物进行检查，其腐蚀程度、表面是否存在特殊的腐蚀特征、表面处理工艺、使用痕迹、相邻文物残留痕迹、包裹材料、有机残留物等[13]，选择安全有效的方法、试剂进行试探性的清理，这样做是为避免对文物造成二次损伤。

（2）清洗。是指以水作为主要清洗介质去除青铜文物表面妨碍展示、研究或保存的附着物，包括土垢、锈蚀产物以及可溶性、吸湿性盐、保护与修复残留附着物、处理过程中残余的化学试剂等[14]。一般采用去离子水（或蒸馏水）来进行清洗，质地较好的铜器可采用超声波清洗。

（3）除锈。青铜器与土壤或大气中的氯化物接触，就会发生化学反应而生成一种有害锈，成分为氯化亚铜，它是青铜器的主要隐患，肉眼观察氯化亚铜为灰白色的蜡状物，它遇上水分、氧气，很容易生成碱式氯化铜，这就是青铜器的另一种有害锈，俗称"青铜病"，又叫"粉状锈"，其表面呈绿色粉末状。所以必须要通过科学合理的物理和化学方法将铜器里产生有害氯化物的氯离子清除或者封闭，让它稳定于铜器内部，同时与外界的空气、水分完全隔绝。

a. 机械除锈

在不妨碍、不伤害铜器基体的手工操作下，认真细心地把铜器表面锈层和病害锈蚀产物用工具（手术刀、錾子、钢针、凿子等）进行敲震、削切、刮磨、挖剔清除，也可借助微型电磨机、超声波洁牙机、电动刻字笔等半自动机械来清除铜器表面的坚实硬结物和白色结晶状病害锈。

b. 化学除锈

根据铜器病害分布和质地保存情况，用化学试剂配制除锈液来除锈。采用 5% 硫脲和 5% 的柠檬酸混合溶液涂刷一价铜和二价铜伴生的锈蚀处[15]。不过这个要根据器物的体积大小、锈蚀状况、有无铭文图案等操作，以免次数多了、时间长了对文物整体美观造成一定的影响。

（4）缓蚀。BTA 被普遍认为是对金属腐蚀抑制最好的缓蚀剂，被广泛使用。如果没有减压设备，或者文物体积较大时，也可用 3%BTA 溶液浸泡，或用毛刷蘸取 BTA 溶液直接在器物上反复涂刷[16]。为了让 BTA 溶液充分渗透铜器减少挥发，所以需要多次浸泡、反复涂刷形成最好的透明保护膜。

（5）封护。用浓度 2%Paraloid B72 进行封护，其附着力强，透明性好，具有优异的耐光、耐候性，耐热性好，耐腐蚀，具有可处理性[17]。所以用 Paraloid B72 做封护不仅抑制了铜器继续腐蚀趋势，而且能有效的使铜器长久地保存下来。

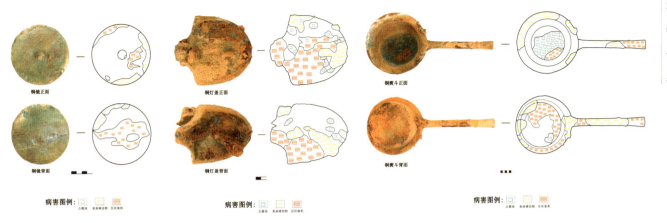

图四 铜镜病害图　　　　图五 铜灯盖病害图　　　　图六 铜熨斗病害图

2. 铜器的保护修复过程

以路县故城遗址窖藏出土的铜镜 H499 ： 124、铜灯盖 H499 ： 142、铜熨斗 H499 ： 314 三件标本铜器的保护修复为例来说明此次初步保护修复的情况。

铜镜 H499 ： 124，修复前直径 11cm，边缘厚 0.28cm，钮高 0.72cm，孔径 0.5cm，重量为 136g。经观察，部分铜镜纹饰清晰可见，但铜镜的正面、背面及边缘被一层黄褐色土垢覆盖，多处分布有不均匀的淡绿色有害锈和坚硬的黄白色结晶锈蚀产物，在钮心边缘及铜镜背部有少量的黄褐色层状堆积物病害，整体保存较完整（图四）。

铜灯盖 H499 ： 142，为残件。修复前通长 7.5cm，通宽 6.1cm，壁厚 0.22—0.26cm，重 88g。经观察，该铜灯盖整体被黄褐色土垢包裹，少数表层和底部中心依稀可见器物基体出现的淡绿色有害锈，表层和底部的两边缘都附着不均匀的层状堆积物，器物底部局部出现微小坑状点腐蚀病害，整体保存较好（图五）。

铜熨斗 H499 ： 314，修复前柄长 21cm，通高 0.52cm，口径 16cm，重 680g。经观察，可清楚看到铜熨斗的整体轮廓，该铜熨斗表层和底部均被一层黄褐色土垢包裹，其中口沿、底部、柄的中部均附着硬结物且已产生有害锈，口沿边缘部分出现坚硬的黄白色结晶锈蚀产物，器物正中底部出现分布均匀淡绿色有害粉状锈，整体保存较好（图六）。

根据三件铜器物表面病害（点腐蚀、硬结物、层状堆积物等）的分布情况及有害锈面积的大小，先用去离子水浸泡或者用脱脂棉蘸无水乙醇擦拭铜器表面的薄土，拿手术刀、塑料刷子刷洗剔除松软的泥土、沙粒。对于铜器上不能清除掉的硬结物、锈蚀产物，采用 5% 硫脲 +5% 柠檬酸的混合溶液涂刷或将脱脂棉糊于需要除锈的地方，之后将 2%—5%EDTA 二钠盐溶液滴在脱脂棉上。有害锈成分碱式氯化铜可与柠檬酸发生络合而溶解，释放出氯离子，而且柠檬酸兼有脱氯作用。操作期间不停地观察溶液颜色和铜器上硬结物、锈蚀物的松软变化情况，因为铜器跟浸泡溶液会发生反应，为了铜器不被再次腐蚀损伤，所以浸泡的时间根据锈蚀软化情况把握。待铜器上的锈蚀产物、硬结物的软化差不多时，借助手术刀、錾子、超声波洁牙机在掌握好力度与节奏的配合下进行清除。清理时尽量避免损伤铜器上的纹饰或铭文，重复以上的操作直至表面无锈蚀。

除锈后的铜器还需用去离子水或蒸馏水在超声波清洗机里冷热交替清洗，将铜器放置于超声波清洗水槽中，溶液浸没器物，超声波清洗机频率设置为 75Hz，振动 40 分钟，对每次清洗过溶液加入 6 滴 0.5mol/L(HNO₃) 酸化，再加 3 滴 0.1mol/L(AgNO₃) 溶液定性分析，仔细观察溶液是否浑浊，是否有大量的白色絮状物沉淀，直至浸泡溶液显示清澈为止，说明器物中的有害氯离子已减少。待有害氯离子定性检测完毕后，把铜器放入干燥箱（HTZ-6210L 型）快速干燥，温度调节 120℃，30 分钟。器物干燥后，用毛笔刷涂刷 3%BTA（苯骈三氮唑）乙醇溶液涂刷表面 2—3 遍，然后再放置通风处晾干。器物表面会出现少量的白色结晶，可用无水乙醇擦拭干净[18]。由于 BTA（苯骈三氮唑）乙醇溶液易挥发，而且有毒，所以操作的时候做了简单防护，为确保达到缓蚀效果就把整个铜器多涂刷了几遍。最后，用配制好的 2%Paraloid B72 丙酮溶液用毛笔涂刷封护。封护后放置通风干燥处自然晾干，肉眼观察铜器表面原有的

铜镜修复前　　　　铜镜修复后　　　　　　铜灯盖修复前　　　　　　铜灯盖修复后　　　　　　　　　铜熨斗修复前

铜镜修复后　　　　铜镜铭文拓片　　　　　　　　　　　　　　　　　　　　　　　　　　　　　　　铜熨斗修复后

铜灯盖修复后　　　　　　铜灯盖铭文拓片

图七 铜镜修复前、后照片　　　　　　图八 铜灯盖修复前、后照片　　　　　　图九 铜熨斗修复前、后照片

光泽和颜色自然协调，尽量做到了保持器物原状，最小干预，完美地展现器物造型、纹饰、铭文、质地的历史真实容貌。

以下是三件标本铜器此次初步保护修复后的具体情况：

铜镜 H499：124，修复后直径 10.9cm，边缘厚 0.23cm，钮高 0.7cm，孔径 0.52cm，重量为 127g。镜面略凸，圆形钮，以钮的轴线方向，隔钮对置直行铭文"富古市""长宜子"。两侧各一条互为倒置对称夔龙纹，身躯呈 S 形盘曲，形象生动，镜缘饰内向十六连弧纹，素缘（图七）。

铜灯盖 H499：142，修复后通长 6.6cm，通宽 5.9cm，盖顶有半圆形，钮高 0.5cm，孔径 0.32cm，壁厚 0.2—0.24cm，重 74.8g。铜灯盖为半椭圆形状，前端呈延伸内收弧状，顶端残留连接另一半灯体的合钮，以钮的轴线方向，隔钮对置直行铭文"宜子孙""大吉"。两侧各一条神兽瑞禽相互对置。灯盖底部里面有个高 0.5cm 的锥形物（图八）。

铜熨斗 H499：314，修复后口沿处有修补迹象，柄长 20.6cm，通高 0.5cm，口径 15.8cm，壁厚 0.21—0.23cm，口沿宽 1.8—2.1cm，重 632g。铜熨斗，侈口，宽平沿，浅直腹，圜底，沿腹间置，有宽而细的扁形长柄（图九）。

（四）铁器保护修复操作方法

1. 检测。用 X 射线成像技术来了解文物内部结构及文物腐蚀状况等，为文物的考古学研究提供依据[19]。

2. 除锈。在保持铁器原状和最小干预的原则下，手工干预处理器物表面薄土垢、疏松锈层，然后用物理或化学方法来清理铁器表面厚实的土锈、泥沙物、钙化硬结物等。特别需要注意的是，对于铁器脆弱、基体强度小的地方要进行临时加固，可使用环氧树脂、AAA 透明胶加固处理，避免铁器损伤程度加重。

（1）机械除锈

把包裹在铁器表面的锈蚀物和硬结物通过手工与机械相互结合的方法来处理掉。用手术刀、錾子、刻刀、钢针、凿子、锤子等工具进行敲震剔除疏松的土垢和铁锈；对于坚硬的锈蚀及硬结物，要借助打磨机、超声波洁牙机、喷砂机等来协助去锈，以便更好地达到除锈的效果。在这操作期间，一定要注意保留铁器附着的遗迹（漆皮、席纹等）。

（2）化学除锈

对于铁器上顽固的锈蚀，根据铁器的具体情况，配制质量比为 10% 草酸（$C_2H_2O_4$）、10% 柠檬酸（$C_6H_8O_7$）、10% 酒石酸（$C_4H_6O_6$）的试剂进行软化。酒石酸、草酸与柠檬酸等对铁锈有一定的软化作用，同时不会对铁器基体造成损伤，软化剂配合机械化可安全、快速地对表面有纹饰或珍贵铁器进行除锈[20]。

3. 脱盐。为铁器脱除氯化物。氯离子的存在是其不稳定和腐蚀得以循环发生的重要原因之一，环境中的少量水和氧气也易使器物中的氯化物发生反应。因而去除氯化物等有害盐，对保持铁质文物稳定性具有重要作用[21]。这种腐蚀氯化物就是 β-FeOOH 和 γ-FeOOH。

表四 所选铁器 X 射线探伤分析结果

序号	器物名	器物编号	照片	X 射线探伤	备注
1	铁甲片	H499：316		腐蚀严重，基本矿化	
2	铁烛台	H499：53		视图范围内可见铁烛台底部有不均腐蚀，少量的铸造缩孔和菱形图案及三枚撑心，整体未见裂隙	
3	铁镜	H499：257		视图范围内可见铁镜左边有少量的连弧纹和其他一些纹饰，右边腐蚀严重已无纹饰，少量的铸造缩孔	

表五 所选三件铁器的病害现状

序号	器物名	器物编号	照片	病害状况	保护修复史	备注
1	铁甲片	H499：316		表面硬结物；锈蚀层状剥离；点腐蚀；全面腐蚀	无	
2	铁烛台	H499：53		表面硬结物严重；局部锈蚀层很厚；层状剥离；点腐蚀；全面腐蚀	无	
3	铁镜	H499：257		表面硬结物；背面点腐蚀严重；层状剥离；边缘残；全面腐蚀	无	

4. 缓蚀。为了使铁器文物长期稳定地保存，通过缓蚀剂来减缓或阻隔铁器受外界因素影响（大气、水分、氧气、其他有害物等）的腐蚀速度。采用 BTA（苯骈三氮唑），先配制 2%BTA（苯骈三氮唑）乙醇溶液，可根据铁器的大小来选取缓蚀办法，大的可贴敷、涂刷缓蚀，小的可浸泡缓蚀。操作期间要做好防护，做好铁器缓蚀后，待其自然干燥即可。

5. 封护。由于铁的稳定性差，容易受到外界因素影响进而发生腐蚀。在清除铁器存在的有害物后，通过封护材料来给铁器构建一个稳定的微环境，这样不仅防止铁器与外界因素产生的有害物发生反应，还能延长铁器文物的寿命。一般采用最常用的封护材料有微晶石蜡或 Paraloid B72。

（五）铁器的保护修复过程

以路县故城遗址窖藏出土的铁甲片 H499：316、铁烛台 H499：53、铁镜 H499：257 三件铁器标本的保护修复为例来说明此次初步保护修复的情况。

铁器 X 射线探伤分析结果见表四，三件铁器的病害现状见表五。

铁甲片 H499：316，修复前长 4.2cm，宽 3.1cm，厚 0.14—0.18cm，重量为 12.5g。经观察，铁甲片的两面均被黄褐色土垢覆盖，但是铁甲片在窖藏中朝上的一面，表面除了覆盖的黄褐色土以外，还出现轻微的层状剥离；铁甲片在窖藏中朝下的一面，表面覆盖的黄褐色土垢很少，中部出现轻微层状剥离且边缘出现点腐蚀，整体保存较好

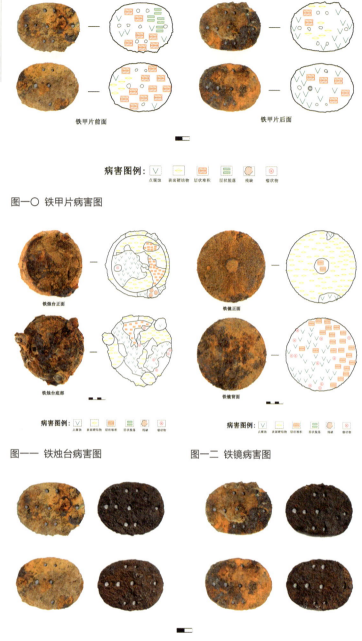

铁甲片前面　　　　　　铁甲片后面

病害图例：点腐蚀　表面硬结物　层状堆积　层状脱落　残缺　瘤状物

图一〇　铁甲片病害图

铁烛台正面

铁烛台底部

病害图例：点腐蚀　表面硬结物　层状堆积　层状脱落　残缺　瘤状物

图一一　铁烛台病害图

铁镜正面

铁镜背面

病害图例：点腐蚀　表面硬结物　层状堆积　层状脱落　残缺　瘤状物

图一二　铁镜病害图

图一三　铁甲片修复前、后照片

（图一〇）。

铁烛台 H499：53，修复前口径 11.5cm，通高 5.1cm，重量 547g。经观察，铁烛台上半部被厚实的土垢包裹，铁烛台的中部和耳部锈蚀严重，铁烛台底部的两个足部出现少量的白色硬结物，其他部位均出现不同程度的层状剥离现象，整个器物全面腐蚀，整体保存较好（图一一）。

铁镜 H499：257，修复前直径 16.4cm，边缘厚 0.44—0.65cm，钮高 1.1cm，孔径 0.52cm，重量为 477g。经观察，铁镜表面被一层黄褐色颗粒物状的硬结物所覆盖，边缘有几处可略清除看见锈蚀的铁镜基体，铁镜背面点腐蚀较明显，且分布于铁镜中部，整体全面腐蚀，但保存较好（图一二）。

先使用毛刷清扫铁器表层的沙粒浮土，在掌握好力度不破坏铁器基体的前提下，拿手术刀剔除薄一点的土垢和剥离的疏松锈层，拿小锤子敲击錾子，敲震掉可处理的堆积硬结物。像铁甲片上除了一层薄薄的锈土以外，剩下的就是已经剥离的疏松锈层，这时候得用打磨机轻轻地磨掉即可，正好不破坏铁器原来的面貌。铁烛台和铁镜的锈蚀硬结物比较厚实，而且还挺坚硬，这时候就得配制质量比为 5%—10% 的草酸溶液（注：水溶液是化学试剂与蒸馏水去离子水配制）进行软化。草酸对铁锈具有很好的溶解能力[22]。复杂坚硬的锈蚀在试剂软化后能直接剔除更好，若不能就得借助打磨机、超声波洁牙机处理，这样才能达到除锈的效果。

除完锈以后，三件铁器大致的历史容貌就展现出来了。为了防止三件铁器不再被自身的有害物腐蚀，需要进一步脱盐处理，清除铁器内含有的氯离子及可溶盐。由于三件铁器体积小，将除锈完成的器物放入 0.005mol/L NaOH 溶液中浸泡，让铁器中的氯化物等可溶盐、吸湿性盐溶解到水中。然后通过去离子水清洗器物，再放入超声波清洗机（CL-360G 型）中冷热交替清洗脱盐，超声波清洗机频率控制在 28KHz—90KHz，时间定为 90 分钟，此次操作重复了四次。为掌握可溶盐从铁器中溶解出来的情况，每次脱盐结束后，提取浸泡液，用硝酸酸化后，滴加硝酸银进行检测，若溶液中不再出现白色混浊，说明浸泡液及器物中氯离子含量已很少[23]。操作方法：在提取的浸泡液的试管里加入 5 滴 0.5mol/L（HNO_3）酸化，再加 3 滴 0.1mol/L（$AgNO_3$）溶液来检测浸泡液含有害氯离子的变化情况。然后放入干燥箱（HTZ-6210L 型）干燥，温度 160—250℃快速干燥。

铁器干燥后就得缓释处理，采用配制 2%BTA（苯骈三氮唑）乙醇溶液来浸泡或涂刷铁器，然后自然晾干即可。操作期间戴好口罩、护目镜、一次性手套，做好防护。

图一四 铁烛台修复前、后照片

图一五 铁镜修复前、后照片

封护一般选择常用的 Paraloid B72、微晶石蜡。可根据器物种类、大小、保存环境自己选择封护材料。以上三件铁器均使用 2%Paraloid B72 丙酮溶液进行整体涂刷封护，尽可能做到保持铁器现状微环境保存的稳定性。如果封护后器物表面出现眩光，可用脱盐后的锈土做旧。

以下是三件铁器此次初步保护修复后的具体情况：

铁甲片 H499：316，修复后长 4.1cm，宽 3.15cm，厚 0.1 ～ 0.13cm，重量为 5.9g，暂无定级。椭圆形，共有穿孔 8 个，分 3 列，中间 4 个，两侧分别有 2 个对称（图一三）。

铁烛台 H499：53，修复后口径 11cm，底径 9.3cm，通高 4.3cm，重量 454g，暂无定级。圆形盘状，平底，内底中间有尖状凸起的烛插，外底附三个柱状矮足，口沿上有三个与三足相对应的短耳，口沿外一圈锯齿纹（图一四）。

铁镜 H499：257，修复后直径 16.3cm，边缘厚 0.4cm，钮高 1.2cm，孔径 0.47cm，重量为 403g。镜面平，扁圆形大钮，镜缘无隆起，镜缘饰内向十六连弧纹，素缘（图一五）。

四、保存环境温湿度控制建议

根据《博物馆藏品保存环境试行规范》的相关标准和规定，铜、铁质文物保存推荐温度为 20℃ ±5℃，温度日波动范围 < 5℃，相对湿度为 40% ±5% 以下，环境相对湿度日波动范围 < 5%。但是，由于考古保护环境存在一定的缺陷，不能保证有特殊环境与设备储藏。所以可根据现有的存放设备和环境，以最大限度地使保护处理后的器物处于缺氧、低湿、密闭的相对稳定的微环境中，有效防止器物继续锈蚀，达到长期安全保存的目的。

五、小结

对于考古发掘出土的文物，应当树立现场预防性保护理念。在没有进行保护处理前，应当用密封性的设备来保持文物在出土时微环境的状态，然后尽快运到特定的实验室或者温湿度稳定可控的环境中进行保护处理。在本次路县故城遗址出土窖藏铜、铁器的六件标本器物初步保护修复过程中，根据器物的病害分布与腐蚀情况做了科学的检测分析，制定了科学合理的保护修复技术路线。尊重历史、保持原貌、根据出土标本保存现状、锈蚀程度和病害分布情况，以现代科学仪器检测分析为基础，通过（建档、清理清洗、除锈、脱盐、脱氯、缓蚀、封护等）操作程序，初步有效地保护修复了以上三件铁器和三件铜器标本。在保护修复使用工具和材料上，遵循了最小干预、修旧如旧、可再处理性、可识别性的基本原则；在整个修复过程中，以手工为主，以化学、机械为辅，最大程度地消除器物潜存的安全隐患（裂隙、孔洞、矿化）和内在的有害物隐患（氯化物），使器物恢复本来面目，还原其应有的历史价值、艺术价值及科学价值。

衷心感谢国家博物馆研究馆员杨小林、中国社会科学院考古研究所助理研究员韩化蕊、北京考古研究院董育纲老师在此次路县故城遗址出土窖藏铜、铁器保护修复过程中的指导和帮助！

① 国家文物局：《馆藏青铜器病害与图示》（WW/T 0004—2007），文物出版社，2008 年。

② 国家文物局：《馆藏铁质文物病害与图示》（WW/T 0004—2007），文物出版社，2008 年。

③ 张勇、柯捷、陆太进等：《黄色石英质玉石中"水草花"的物质组成研究》，《宝石和宝石学杂志》2012 年第 3 期。

④ 王玉、张晓彤、吴娜：《西藏拉萨大昭寺转经廊壁画颜料的拉曼光谱分析》，《光散射学报》2017 年第 1 期。

⑤ 张月玲、张然：《山东青州香山西汉墓出土凝结铁器锈蚀特征分析及科学保护》，《文物保护与考古科学》2014 年第 1 期。

⑥ 叶旭、丘志力、陈超洋等：《拉曼面扫描无损鉴定矿物包裹体：以彩虹方柱石中的磁铁矿包裹体为例》，《光谱学与光谱分析》2021 年第 7 期。

⑦ 尹艳山、尹杰、张巍等：《红外和拉曼光谱的煤灰矿物组成研究》，《光谱学与光谱分析》2018 年第 3 期。

⑧ 杨小林、潘路、葛丽敏：《辽代嵌金银饰铁器的保护研究》，《文博》2006 年第 5 期。

⑨ 王蕙贞、朱虹、宋迪生等：《秦汉铁器锈蚀机理探讨及保护方法研究》，《文物保护与考古科学》2003 年第 1 期。

⑩ 张然：《铁质文物腐蚀产物 β-FeOOH 的产生及危害》，《腐蚀与防护》2021 年第 11 期。

⑪ Evans U R：《金属的腐蚀与氧化》，科学出版社，1968 年，第 68—70 页。

⑫ 张月玲、张然：《山东青州香山西汉墓出土凝结铁器锈蚀特征分析及科学保护》，《文物保护与考古科学》2014 年第 1 期。

⑬⑭ 国家文物局博物馆与社会文物司：《博物馆青铜文物保护技术手册》，文物出版社，2014 年，第 57 页。

⑮ 许淳淳、潘璐：《金属文物保护——全程技术方案》，化学工业出版社，2012 年，第 116 页。

⑯ 宋迪生：《文物与化学》，四川教育出版社，1992 年，第 48 页。

⑰ 许淳淳、潘璐：《金属文物保护——全程技术方案》，化学工业出版社，2012 年，第 131 页。

⑱ 袁冲、涂建华：《古青铜器和铁器鉴赏修复保护的实用技艺》，四川大学出版社，2020 年，第 95 页。

⑲ 胡东波：《文物的 X 射线成像》，科学出版社，2012 年，第 5 页。

⑳ 马清林、沈大娲、永昕群：《铁质文物保护技术》，科学出版社，2011 年，第 76 页。

㉑ 马清林、沈大娲、永昕群：《铁质文物保护技术》，科学出版社，2011 年，第 78 页。

㉒ 国家文物局博物馆与社会文物司：《博物馆铁质文物保护技术手册》，文物出版社，2011 年，第 33 页。

㉓ 王浩天、张红燕、韩化蕊、李铭、郭俊峰：《魏家庄遗址出土铁器的保护修复》，《南方文物》2016 年第 4 期。